완전개정 제4판

대학도서관경영론

윤희윤 저

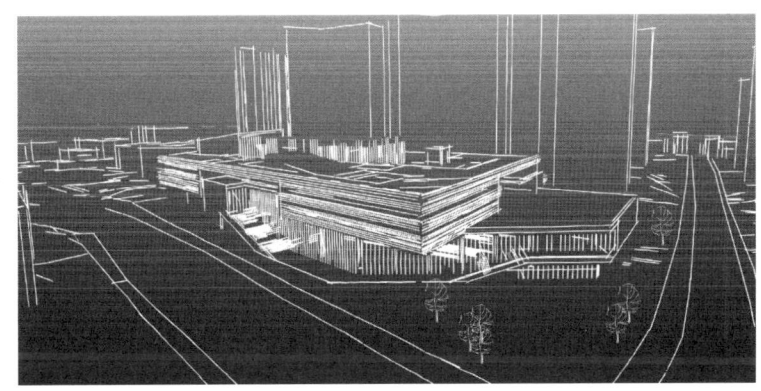

도서출판 태일사

Academic Library Management

- Complete Revised Fourth Edition -

by
Hee-Yoon Yoon
(Professor, Dept. of LIS, Daegu University)

CIP Data

대학도서관경영론 / 윤희윤 저. - 완전개정 제4판 - 대구 : 태일사, 2021.
xxii, 427p. : 삽도 ; 26cm.
색인포함.

ISBN 979-11-87268-48-2   93020

1. 대학도서관. 2. 학술도서관. 3. 대학도서관 경영. 4. 도서관 경영관리.
Ⅰ. 윤희윤. Ⅱ. 서명.

027.6   - KDC 6판
025.1977 - DDC 23th ed.

제4판 서문

다시 세월을 반추한다. 1970년대 고교 은사 권유로 도서관(학)과 인연을 맺었다. 학부 및 대학원 과정, 대학도서관 실무경험 17년에 기대어 학문의 씨줄(緯)과 현장의 날줄(經)을 조합하는데 매달렸다. 씨줄은 기준이자 원리이고 날줄은 응용과 변용이다. 씨줄과 날줄의 이숙(異熟, vipāka), 즉 과보가 1996년판 『대학도서관경영론』이었다.

초판 서문에서 필자는 "현장경험과 강의경력을 결집시키려고 노심초사하였으나 초학자(初學者)의 한계를 극복하지 못하였다"라고 실토한 바 있다. 그 때부터 25년간 계속된 지적 행각(行脚), 미화하면 만행(萬行)이다. 내적 충실화 및 지적 질서화가 명분이었다. 이제 제4판을 상재하면서 절필하고자 한다. 당나라 조주선사(趙州禪師)의 유명한 선문답인 방하착(放下着)과 착득거(着得去)가 제격이기 때문이다.

그 동안 현장과 학계의 개정 요구가 많았다. 해서 디지털 안테나로 학술커뮤니케이션의 변화와 파장을 추적하고 마이크로 현미경으로 대학도서관의 아킬레스건과 현주소를 스캔하였다. 논리적 함정과 오류의 수정, 통계데이터와 개정법령의 업데이트, 새로운 경영이론과 기법의 수용, 최근 동향과 사례의 인용 등을 통해 현재화에 주력하였다. 몽상과 반역, 독설과 비판, 논증과 각색을 통해 재구성하였다. 그럼에도 디지털 전환에 따른 지식생태계 다변화, 대학당국의 다운사이징 전략으로 인해 요동치는 학내에서의 입지와 위상, 디지털 추수주의로 사지에 내몰린 타임캡슐 역량 약화, 이용자 외면 및 우회현상 등은 불편한 진실이다. 지(知)가 시급하다. 그리고 행(行)을 지향해야 한다. 그래야 추락하는 날갯짓을 멈출 수 있다.

여전히 허술한 부분이 많다. 그럼에도 방하착과 착득거를 위안으로 삼는다. 마지막 탈고와 절필이 방하착이라면 사계의 질타와 추궁은 착득거다. 지적 만행을 멈추면서 천학비재(淺學菲才)의 업보는 지고 가겠다. 그 동안 가족, 사제, 동학제현 등 많은 인연에게, 그리고 태일사에게 감사한 마음을 전한다.

2021년 정초
무언계에서

제3판 서 문

지난 세월을 반추한다. 민주화로 대변되는 격동기에 학부를 마치고 대학도서관 현장에서 10년을 근무하였다. 1990년대 초반 학계로 둥지를 옮긴 후 일천한 경력에도 불구하고 용감하게 『대학도서관경영론』 초판을 출시한 바 있다. 그로부터 6년 만에 석고대죄하는 마음으로 완전개정 제2판을 발간하였다. 그리고 10년을 무책임하게 보냈다. 애써 변명하면 다른 관종과 비교할 때 대학도서관의 경영환경이나 관리기법 등에서 심각하게 고민해야 할 내용이 많지 않았기 때문이다. 더 솔직하게 말하면 어설픈 논리와 경박한 논객으로 경향각지를 동분서주하였기 때문이다.

그러다가 사계 동학과 현장 전문가들의 질타와 요구를 접하고 '知는 行을 지향한다'는 화두를 들었다. 계절이 바뀌도록 묵상단계를 벗어나지 못하여 탐석을 빌미로 여행하던 중에 우연히 찾은 산사 처마의 풍경에서 華嚴經 法性偈의 정수인 '初發心是便正覺'이 가슴을 비집고 들어왔다. 그래서 다시 전부 개정한 제3판을 상재한다.

총 10개 장(제1장 대학과 도서관의 이해, 제2장 경영관리의 이론과 기법, 제3장 조직의 형성과 관리, 제4장 인적자원의 계획과 관리, 제5장 예산의 배정과 관리, 제6장 건축계획과 공간구성, 제7장 가구설비의 계획과 관리, 제8장 정보기술의 수용과 관리, 제9장 경영관리의 측정과 평가, 제10장 경영관리의 지평과 미래)으로 구성하였던 제2판을 8개 장(제1장 경영환경의 이해, 제2장 경영이론과 기법, 제3장 조직구조와 관리, 제4장 인력구성과 관리, 제5장 예산편성과 관리, 제6장 건축계획과 관리, 제7장 경영평가와 동향, 제8장 경영관리의 미래)으로 압축·재구성하였다. 그 동안 새로 등장하거나 개발된 이론과 현장에 적용되는 경영기법, 조직개편 사례, 최신 통계데이터, 개정된 법령과 기준, 주요 관련연구 결과를 최대한 반영하고 전판의 논리적 오류와 모호성 등을 대폭 손질하였다.

그럼에도 불구하고 여전히 허술하다. 그것은 전적으로 필자의 淺學菲才 탓이다. 동학제현의 고언과 애독이 가파른 상승곡선을 그릴수록 『대학도서관경영론』을 탈각하기 위한 만행의 주기도 단축될 것이다. 가족과 많은 시절인연, 태일사에 감사한다.

2013年 初

無言界에서 윤 희 윤

제2판 서 문

　세기의 갈림길에서 「대학도서관경영론」의 첫 번째 탈각을 구상하였다. 그 당시에 필자의 初發心은 '매너리즘을 경계한다', '學者的 良心을 반추한다', '知는 行을 지향한다' 라는 것이었다. 해가 저물도록 원판의 각색과 변조는 고사하고 묵상의 굴레마저 벗어나지 못하였다. 차일피일하는 동안에 신세기가 도래하였고, 약속위반 내지 무책임성을 질타하는 전자우편이 자주 도착하였다.

　그러나 태생적 한계와 일천한 경험 그리고 어설픈 지식편린으로는 정신문화의 장구한 궤적과 변용을 관통할 수 없었다. 더 진솔하게 말하면 아톰(아날로그)에서 비트(디지털)까지의 거대한 시공간적 스펙트럼을 조리있게 형상화할 능력이 없었다. 그럼에도 초발심을 조탁하며 미로 속의 북극성을 찾아 나섰다. 그 시발점이 '대학과 도서관의 이해'이고, 종착지가 '경영관리의 지평과 지향성'이다. 계속된 夢想과 反逆으로 전면적인 수정과 가필이 불가피하였다.

　우선 콜럼버스(C. Columbus)의 航海經驗(어디로 항해하는지 몰랐고, 어디에 도착했는지 몰랐으며, 어디에 갔었는지를 몰랐다)을 집필의 기조로 삼아 인터넷 정보기술로 봉인된 '판도라 상자(pandora's box)' 속의 대학도서관을 해부하는 데 주력하였다. 그 이유는 이용자가 인터넷과 정보기술에 친숙할수록 도서관을 외면하고, 대학의 경영압박이 가중될수록 도서관을 홀대하며, 도서관의 경영관리가 부실할수록 학술적 정체성이 약화될 수밖에 없기 때문이다.

　다음으로 각 장과 절의 구성 및 체제를 새롭게 단장하였다. 초판의 장서관리(6장)와 정보봉사관리(7장)를 삭제하는 대신에 건축계획과 시설관리(8장)를 건축계획과 공간구성(6장) 및 가구·설비의 계획과 관리(7장)로 분리하고, 특히 정보기술의 수용과 관리(8장)를 신설하였다. 그것은 정보기술을 경영관리의 핵심요소로 상정해야 무수한 담론의 曲折과 高低를 평면화하고, 맹목적 수용의 銳角을 鈍化시키며, 효율적 관리방안을 모색할 수 있기 때문이다. 그 외에도 경영관리의 측정과 평가(9장)를 대폭 수정하고 재구성하였다.

　마지막으로 내용전반에 걸쳐 출판환경 및 정보매체의 변화, 커뮤니케이션 및 이용경로의 다양화, 인터넷 정보기술의 수용과 대중화, 관련법규의 개정과 조직개편 등에 따른 경영패러다임 및 적용기법의 최근 동향을 수렴하였다. 따라서 대학의 강의교재, 연구자의 학술자료, 사서직의 실무도구로 활용될 수 있을 것이다.

그러나 탈고한 지금에서야 대학도서관의 정체성을 실물장서의 수장공간과 디지털정보의 게이트웨이로 각색하면서 제시한 경영관리의 論據들이 얼마나 부조리하며, 천학비재의 我執과 過慾이 얼마나 허망한 것이었는지를 절감한다. 사계의 전문가를 우롱한 심경은 포겔버그(D. Forgelberg)가 "High County Snows"에서 노래한 다음의 대목으로 대신한다.

> The higher I climb, the more that I see.
> The more that I see, the less that I know.
> The less that I know, the more that I yearn.
> The more that I yearn, the higher I climb.

그렇다. 인쇄자료와 전자매체, 실물공간과 가상공간, 보존서고와 게이트웨이, 사서직과 정보전문직 등의 대립적 담론들에 대한 지적 창조물을 취사하고 검증하는 작업에 착수할 것이다. 지식은 행동이고, 타인과의 소통(체계)이며, 새로운 인식의 창출이자 비판이다. 그래서 '지의 논리'는 '행을 지향한다'라는 동사형에 더 주목할 것이다. 추락하는 것은 날개가 있고, 그 날갯짓은 閉曲線(closed curve)을 그린다고 하지 않았는가. 다시 구각으로 회귀하여 두 번째의 탈각을 준비할 것이다.

만유는 相依的 連接關係에서 발원하여 生住異滅을 반복한다. 그 동안 출간에 도움을 준 모든 因緣에 감사한다.

2002년 2월

연구실에서 윤 희 윤 識

차 례

서 문 • iii

제1장 경영환경의 이해

제1절 대학의 역사와 목적 ·· 3
1.1 대학의 기원과 발전 ··· 3
1.2 대학의 목적과 역할 ··· 7
1.3 대학의 과제와 지향성 ·· 11

제2절 대학과 도서관의 관계 ·· 12
2.1 도서관의 중요성과 위상 ·· 12
2.2 도서관의 유형과 특징 ··· 18
2.3 도서관의 업무와 기능 ··· 22

제3절 도서관 경영환경 분석 ·· 25
3.1 고등교육 정책 ··· 25
3.2 관계 법령 및 기준 ·· 27
3.3 대학 구성원 및 관련 조직 ··· 29
3.4 디지털 패러다임과 정보기술 ·· 31

제2장 경영이론과 기법

제1절 경영관리 기초이론 ··· 39
1.1 경영관리의 개념과 발전 ·· 39
1.2 경영관리의 원칙과 한계 ·· 44
1.3 경영관리의 특성과 기능 ·· 47

제2절 경영계획 수립과 적용 ········· 53
2.1 경영계획의 함의와 중요성 ········· 53
2.2 경영계획의 유형과 성격 ········· 54
2.3 경영계획의 구성요소 ········· 57
2.4 전략적 계획의 특성과 수립 ········· 59

제3절 경영기법 동향 ········· 65
3.1 다운사이징 ········· 65
3.2 아웃소싱과 위탁경영 ········· 68

제3장 조직구조와 관리

제1절 조직관리 기초이론 ········· 83
1.1 조직관리의 개념과 중요성 ········· 83
1.2 조직관리의 중요성 ········· 84
1.3 조직 구성원리와 부문화 ········· 86
1.4 조직구조의 구성요소와 변화 ········· 89

제2절 조직구조 유형과 사례 ········· 97
2.1 외형적 관계중심의 유형 ········· 97
2.2 내부 조직구조 중심의 유형 ········· 99

제3절 조직개편 동향과 지향성 ········· 111
3.1 조직구조의 현주소 및 특징 ········· 111
3.2 조직의 수명과 개편 동향 ········· 115
3.3 조직개편의 원칙 및 지향성 ········· 119

제4장 인력구성과 관리

제1절 인사관리 기초이론 ········· 133
1.1 인사관리의 개념과 원칙 ········· 133

1.2 인적관리계획의 과정과 내용 ································· 136

제2절 직무분석과 직무평가 ·· 137
2.1 직무분석의 개념과 목적 ····································· 137
2.2 직무단위 결정과 직무분석 ··································· 141
2.3 직무분석 사례와 특징 ······································· 143
2.4 직무평가의 목적과 과정 ····································· 146

제3절 인적 자원의 유형과 내용 ·································· 149
3.1 관장 ··· 149
3.2 부관장과 분관장 ··· 154
3.3 전문직원 ··· 156
3.4 비전문직원 ··· 170

제4절 정원관리와 채용배치 ······································· 172
4.1 정원관리 ··· 172
4.2 채용 및 배치관리 ·· 178
4.3 교육과 훈련 ·· 183

제5절 인사고과와 인사이동 ······································· 189
5.1 인사고과 ··· 189
5.2 인사이동 ··· 191
5.3 이직과 퇴직 ·· 195

제5장 예산편성과 관리

제1절 예산관리 기초이론 ·· 203
1.1 예산의 어원과 개념 ·· 203
1.2 예산의 종류와 비용구조 ····································· 204
1.3 예산관리의 중요성과 기본원칙 ······························ 212

제2절 예산관리 환경 분석 ··· 214

2.1 학술커뮤니케이션 경로의 다변화 ················· 214
　　2.2 대학 학술정보 이용행태 변화 ··················· 215
　　2.3 주요 출판사의 학술지 독과점화 ················· 217
　　2.4 학술지 라이선스 비용부담 심화 ················· 218

제3절 예산계획과 배정기준 ························ 221
　　3.1 예산계획 ································ 221
　　3.2 예산 배정기준 ····························· 222

제4절 예산편성 및 집행 ·························· 226
　　4.1 예산편성 과정과 방법 ························ 226
　　4.2 집행과 결산 ······························ 235

제6장 건축계획과 관리

제1절 건축계획 기초이론 ························· 243
　　1.1 건물의 가치와 지속성 ························ 243
　　1.2 건물의 공간적 함의와 특성 ···················· 246
　　1.3 건축의 불가피성과 동인 ······················ 248

제2절 신축 및 증개축 계획 ······················· 251
　　2.1 신축계획 ································ 251
　　2.2 증개축 계획 ······························ 262

제3절 공간 및 동선계획 ························· 265
　　3.1 공간계획 ································ 265
　　3.2 공간산출 및 배치 ·························· 272
　　3.3 동선계획과 사인시스템 ······················· 278

제7장 가구·시설계획과 관리

제1절 컴퓨터 워크스테이션 ········· 291
  1.1 워크스테이션의 중요성과 구성요소 ········· 291
  1.2 워크스테이션 VDT 증후군 ········· 294
  1.3 워크스테이션의 인간공학적 배치 ········· 295

제2절 가구와 배치 ········· 302
  2.1 가구의 종류 및 선정기준 ········· 302
  2.2 서가규격 및 배치 ········· 303
  2.3 열람테이블·의자의 종류와 배치 ········· 309
  2.4 캐럴의 종류와 배치 ········· 310
  2.5 데스크(카운터)의 종류와 배치 ········· 312

제3절 설비와 시설 ········· 313
  3.1 조명설비 ········· 313
  3.2 공조시설 ········· 319
  3.3 소음관리 ········· 323
  3.4 소방시설 ········· 328
  3.5 자료분실방지시스템 ········· 332

제8장 경영평가

제1절 경영평가 기초이론 ········· 343
  1.1 평가의 개념적 스펙트럼 ········· 343
  1.2 평가의 중요성과 한계 ········· 345
  1.3 평가의 유형과 과정 ········· 348

제2절 평가지표의 종류와 조건 ········· 351
  2.1 평가지표의 개념과 종류 ········· 351
  2.2 평가지표의 요건과 지향성 ········· 354

제3절	주요 평가시스템 분석	358
	3.1 국제단체(IFLA, ISO) 평가지표	358
	3.2 각국 도서관계 평가지표	361
제4절	경영평가의 기법과 사례	368
	4.1 경영평가 모형과 기법	368
	4.2 경영평가 영역과 사례	370

제9장 경영관리 지향성

제1절	지식생태계 변용과 과제	387
	1.1 지식생태계 지형의 변화	387
	1.2 지식생태계의 쟁점과 변용	389
	1.3 대학도서관의 한계와 과제	391
제2절	만트라와 정체성, 그리고 핵심가치	394
	2.1 도서관의 만트라	394
	2.2 상보적 정체성 확립	396
	2.3 핵심가치 및 핵심역량 강화	399
제3절	경영관리의 미래 지향성	403
	3.1 경영관리의 성찰과 몽상	403
	3.2 경영관리의 전략적 지향성	405

◆ 색인(국문·영문) / 409

표목차

⟨표 1-1⟩ 한국과 서양의 대학 연표 비교 ·· 7
⟨표 1-2⟩ 대학도서관 중요성 실증연구 사례 ·· 13
⟨표 1-3⟩ 대학도서관 관계법령 발췌 ·· 15
⟨표 1-4⟩ 대학도서관 주요 업무 ·· 23
⟨표 1-5⟩ 국내 대학수 및 학생수 증감 추이(1980-2020) ···················· 26
⟨표 1-6⟩ 미국 연구도서관(ARL) 대출건수·참고서비스 변화(1998-2018) ··· 33
⟨표 2-1⟩ 과학적 관리의 핵심이론과 특징 ·· 42
⟨표 2-2⟩ 대학도서관의 사명, 가치, 목적 및 목표 ································ 58
⟨표 2-3⟩ 전통적 계획과 전략적 계획 비교 ·· 60
⟨표 2-4⟩ 대학도서관 SWOT 분석과 경영전략(안) 비교 ····················· 63
⟨표 2-5⟩ 대학도서관 다운사이징 유형과 기대효과 ······························ 66
⟨표 2-6⟩ 대학도서관 다운사이징 명암 ·· 67
⟨표 2-7⟩ 일본 대학도서관 아웃소싱 현황(2019. 5 기준) ···················· 71
⟨표 2-8⟩ 국내 대학도서관 아웃소싱 대상과 순위 ································ 71
⟨표 2-9⟩ 대학도서관 아웃소싱 양면성 ·· 72
⟨표 3-1⟩ 대학도서관 조직의 부문화 기준 비교 ···································· 89
⟨표 3-2⟩ 대학도서관 조직구조적 특성과 변화요인의 상관관계 ·········· 95
⟨표 3-3⟩ 대학도서관 조직구조적 특성과 변화요인의 회귀분석 ·········· 96
⟨표 3-4⟩ 대학도서관의 관할주체에 따른 조직 유형 ···························· 97
⟨표 3-5⟩ 대학도서관 기능별 조직의 장점과 단점 ······························ 101
⟨표 3-6⟩ 대학도서관 주제별 조직의 장점과 단점 ······························ 103
⟨표 3-7⟩ 대학도서관 집권적 및 분권적 조직의 장점과 단점 ············ 106
⟨표 3-8⟩ 대학도서관 프로젝트 조직(팀)의 장점과 단점 ···················· 108
⟨표 3-9⟩ 대학도서관 팀제조직의 장점과 단점 ···································· 110
⟨표 3-10⟩ '도서관' 명칭의 비교 ·· 111
⟨표 3-11⟩ 대학도서관 조직구조 기본형태 ·· 112
⟨표 3-12⟩ 대학도서관 조직단위의 부문화 기준 ·································· 113
⟨표 3-13⟩ 대학도서관의 주제관 및 다른 캠퍼스 도서관 현황 ·········· 114
⟨표 3-14⟩ 기업체 팀제조직 실패요인 ·· 123

〈표 3-15〉 팀제 도입에 적합한 대학도서관 여건 ·· 124
〈표 3-16〉 대학도서관과 정보전산원 비교 ·· 127
〈표 4-1〉 미국과 영국의 도서관 직무분석표 비교 ·· 144
〈표 4-2〉 일본과 한국의 대학도서관 업무분석표 비교 ····································· 145
〈표 4-3〉 대학도서관 직무평가 방법 비교 ·· 148
〈표 4-4〉 교수겸직형 및 사서전담형 관장제 비교 ·· 150
〈표 4-5〉 국내 사립대학도서관 정규직원수 분포(2019년 말 기준) ··············· 156
〈표 4-6〉 주요 국가의 도서관 전문직원과 자격요건 ·· 157
〈표 4-7〉 미국도서관협회(ALA)의 사서직 핵심역량 ·· 158
〈표 4-8〉 미국 대학도서관 사서의 교수직·전문직 지위 부여(2018. 3 기준) ········ 164
〈표 4-9〉 국내 교육주체별 사서 양성과정 및 입학정원 ··································· 165
〈표 4-10〉 사서직의 표준직업분류표 및 일반직공무원 직급표상 위치 ·········· 168
〈표 4-11〉 주요 국가의 도서관 비전문직원과 자격요건 ··································· 170
〈표 4-12〉 대학도서관 비전문직원의 새로운 직명 ·· 171
〈표 4-13〉 대학도서관 정원산출 연구 ·· 174
〈표 4-14〉 대학도서관 사서직원 정원규정 변천 ·· 175
〈표 4-15〉 대학도서관 사서배치기준 ··· 176
〈표 4-16〉 한국도서관협회 대학도서관 정원배치 기준 ····································· 176
〈표 4-17〉 대학도서관 직원배치 개정모형과 산출근거 ····································· 178
〈표 4-18〉 사서직 공무원 임용시험 과목과 개정안 ·· 180
〈표 4-19〉 사서직 공무원 채용 관련 자격증 가산비율과 직급별 요건 ·········· 181
〈표 4-20〉 한국 및 일본 대학도서관의 직무교육 기대효과 비교 ··················· 184
〈표 4-21〉 국내 대학도서관 직원 1인당 교육훈련 참여시간(2017-2019) ···· 186
〈표 4-22〉 대학도서관 직원의 교육훈련에 관한 법적 근거와 기준 ··············· 187
〈표 4-23〉 대학도서관 인사고과 방법 비교 ·· 191
〈표 4-24〉 대학도서관 및 학내 부서간 인사이동의 순기능과 역기능 ············ 192
〈표 4-25〉 국공립대학도서관 직원의 직급별 승진 소요연수 및 임용범위 ···· 194
〈표 5-1〉 대학도서관 비용구성과 재원 ··· 205
〈표 5-2〉 대학도서관 감가상각비 산출방법과 사례 ·· 209
〈표 5-3〉 대학도서관 근무시간 및 인건비 산출 ··· 210
〈표 5-4〉 연구집단의 학문분야별 및 국가별 학술연구자료 중요성 비교 ······ 216
〈표 5-5〉 세계 10대 학술지 출판사의 JCR 비중(2014-2018) ························ 218

〈표 5-6〉 ARL 회원도서관의 자료비 평균 지출률 추이(1999-2018) ········· 219
〈표 5-7〉 국내 대학도서관 자요유형별 구입비 비율(2015-2019) ··········· 220
〈표 5-8〉 주요 국가의 대학 총예산 대비 도서관예산 비율(%) ··············· 223
〈표 5-9〉 대학도서관 예산의 항목별 배정기준 ···································· 223
〈표 5-10〉 미국 및 일본 대학도서관의 예산항목별 배정비율(%) ············ 223
〈표 5-11〉 미국·일본·한국 대학도서관의 자료유형별 예산배정 비율(%) ··· 224
〈표 5-12〉 대학도서관 이용집단별 예산배정 가중치 ···························· 225
〈표 5-13〉 대학회계에 포함되는 전임금 및 세입 ································ 226
〈표 5-14〉 국립대학도서관 국고예산 편성과정 ···································· 227
〈표 5-15〉 대학도서관 품목예산제도(LBS) 예시 ································· 228
〈표 5-16〉 품목별 예산제도(LBS)의 장점과 단점 ································ 228
〈표 5-17〉 대학도서관 성과주의 예산제도(PBBS) 예시 ························ 229
〈표 5-18〉 성과주의 예산제도(PBBS)의 장점과 단점 ··························· 230
〈표 5-19〉 대학도서관 계획예산제도(PPBS) 예시 ······························· 231
〈표 5-20〉 계획예산제도(PPBS)의 장점과 단점 ·································· 231
〈표 5-21〉 대학도서관 영기준 예산제도(ZBB) 예시 ···························· 232
〈표 5-22〉 영기준 예산제도(ZBB)의 장점과 단점 ······························· 233
〈표 5-23〉 대학도서관 사업별 예산제도(PBS) 예시 ····························· 234
〈표 5-24〉 사업별 예산제도(PBS)의 장점과 단점 ······························· 234
〈표 5-25〉 대학도서관 자료예산 배정공식 예시 ·································· 235
〈표 5-26〉 국립대학도서관 일반회계 결산과정 ···································· 236
〈표 6-1〉 주요 16개국 종이소비 및 인터넷 침투율 변화(1993-2015) ····· 244
〈표 6-2〉 국내 대학도서관 학생 1인당 장서수 변화(2010-2019) ········· 250
〈표 6-3〉 대학도서관 신축계획 전제조건 ·· 252
〈표 6-4〉 대학도서관 공간별 구성요소 ·· 266
〈표 6-5〉 서가당 자료유형별 수장기준과 면적산출 ····························· 268
〈표 6-6〉 대학도서관 공간규모 산출공식 ·· 272
〈표 6-7〉 대학도서관 공간별 면적산출 근거 및 기준 ·························· 273
〈표 6-8〉 가상 대학도서관 신축계획을 위한 공간규모 산출 사례 ·········· 274
〈표 6-9〉 대학도서관 서고배치 유형 ··· 280
〈표 6-10〉 대학도서관 사인시스템 종류와 표시내용 ··························· 281
〈표 7-1〉 대학도서관 워크스테이션 구성요소 및 부대가구 ··················· 292

〈표 7-2〉 이용자용 컴퓨터 단말기(노트북 포함) 적정 배치기준 ·········· 293
〈표 7-3〉 컴퓨터 테이블·의자의 인간공학적 지침(inch) ·········· 297
〈표 7-4〉 한국 성인의 평균 인체치수(cm) ·········· 297
〈표 7-5〉 인간공학적 VDT 지침(인치, 각도) ·········· 298
〈표 7-6〉 VDT 조명의 인간공학적 기준(lx) ·········· 302
〈표 7-7〉 대학도서관 주요 가구(비품), 설비, 정보기기 ·········· 302
〈표 7-8〉 대학도서관 모듈러 플랜의 장단점 ·········· 306
〈표 7-9〉 모듈치수별 표준서가(2련 6단 양면) 수장력 비교 ·········· 306
〈표 7-10〉 대학도서관 조명 배치방식과 적용공간 ·········· 316
〈표 7-11〉 대학도서관 서가조명 배치모형과 장단점 ·········· 316
〈표 7-12〉 국제표준 및 관련단체 도서관 조도기준 비교(lx) ·········· 317
〈표 7-13〉 대학도서관 공간별 적정 조도기준 ·········· 318
〈표 7-14〉 대학도서관 공간별 조명계획 ·········· 319
〈표 7-15〉 대학도서관 공기조화 방식 비교 ·········· 321
〈표 7-16〉 국내 대학도서관 공간별 적정 온습도 기준 ·········· 321
〈표 7-17〉 대학도서관 실내환경 기준 ·········· 322
〈표 7-18〉 대학도서관 허용소음 한계 모형 ·········· 326
〈표 7-19〉 대학도서관 소방시설 설치목적 및 기준 ·········· 330
〈표 7-20〉 대학도서관 내화구조 및 방화관리 ·········· 331
〈표 7-21〉 대학도서관 RFID 도입의 장점과 단점 ·········· 336
〈표 8-1〉 대학도서관 평가지표 종류 및 용례 ·········· 355
〈표 8-2〉 IFLA 대학도서관 성과측정지표 ·········· 359
〈표 8-3〉 ISO 11620 도서관 성과지표(2014년 제3판) ·········· 360
〈표 8-4〉 미국도서관협회(ALA/ACRL) 대학도서관 성과척도 ·········· 362
〈표 8-5〉 영국 HEFCE 대학도서관 성과평가지표 ·········· 363
〈표 8-6〉 일본 사립대학도서관협회 자기점검·평가 체크리스트 ·········· 364
〈표 8-7〉 한국도서관협회 대학도서관 평가지표 ·········· 365
〈표 8-8〉 교육부 대학도서관 평가지표(2020년) ·········· 366
〈표 8-9〉 대학도서관 경영성과 평가의 매트릭스 모형 ·········· 368
〈표 8-10〉 대학도서관 경영성평가 기법 비교 ·········· 369
〈표 8-11〉 대학도서관 규모의 경제성에 대한 로그-중다회귀분석 결과 ·········· 371
〈표 8-12〉 대학도서관 자료 이용가능성, 불만족·성과수준 산출 ·········· 373

〈표 8-13〉 LibQUAL+® 질문문항 및 차원의 진화 ·· 375
〈표 8-14〉 LibQUAL+® 질문문항과 척도구성 ··· 375
〈표 9-1〉 대학도서관의 정체성 기준, 시스템과 기능, 위상과 역할 변화 ················ 395
〈표 9-2〉 사서직 신5법칙 ·· 400

그림목차

〈그림 1-1〉 비문(주왕의 교육상황 점검 기록) ··· 3
〈그림 1-2〉 인도 간다라 왕국 탁사실라 대학(BC 7세기) ·· 4
〈그림 1-3〉 고대 아테네의 아카데미아와 리세움 위치 ·· 5
〈그림 1-4〉 중세 유럽의 대학 지도 ··· 6
〈그림 1-5〉 고등교육의 확대 과정 ·· 8
〈그림 1-6〉 대학 이념과 목적 및 목표의 관계(예시) ··· 9
〈그림 1-7〉 대학도서관 서고 ·· 16
〈그림 1-8〉 대학도서관 성격의 종합적 지형 ··· 19
〈그림 1-9〉 고대 알렉산드리아도서관과 세라피움 분관 ·· 20
〈그림 1-10〉 대학도서관 핵심기능과 역할의 상관관계 ··· 24
〈그림 1-11〉 대학도서관 경영관리의 주요 환경변수 ·· 25
〈그림 1-12〉 대학도서관 관련 주요 법령체계 ··· 28
〈그림 1-13〉 대학도서관 경영변화 동인 ·· 32
〈그림 1-14〉 학생 정보탐색 및 교수연구 출발점 비교 ··· 32
〈그림 2-1〉 대학도서관 경영관리 전모와 구성요소 ·· 40
〈그림 2-2〉 도서관 경영관리 발전과정 ·· 41
〈그림 2-3〉 대학도서관 경영관리 원칙과 한계 ·· 45
〈그림 2-4〉 대학도서관 경영관리 특성 ·· 48
〈그림 2-5〉 대학도서관 경영관리 기능 ·· 49
〈그림 2-6〉 일반경영(좌)과 대학도서관 경영기능의 순환 ······································ 51
〈그림 2-7〉 대학도서관 경영계획 유형과 중첩성 ··· 56
〈그림 2-8〉 대학도서관 경영계획 구성요소와 계층구조 ·· 57

〈그림 2-9〉 전통적 경영계획 과정	59
〈그림 2-10〉 대학도서관 전략적 계획 과정	62
〈그림 2-11〉 영화 'Downsizing' 포스터	65
〈그림 2-12〉 아웃소싱, 위탁, 민영화의 관계	69
〈그림 2-13〉 미국 대학도서관 아웃소싱 비교	70
〈그림 2-14〉 아웃소싱 비용추정과 손익분기점	73
〈그림 2-15〉 대학도서관 아웃소싱의 전략적 모형	76
〈그림 3-1〉 대학도서관 조직관리의 개념적 지형	84
〈그림 3-2〉 대학도서관 조직 유효성	85
〈그림 3-3〉 대학도서관 조직구성 기본원리 및 구조	86
〈그림 3-4〉 대학도서관 조직관리의 삼면등가 원칙	88
〈그림 3-5〉 대학도서관 조직구조 분화(예시)	90
〈그림 3-6〉 대학도서관 조직구조적 특성의 상관관계	91
〈그림 3-7〉 대학도서관 조직구조 변화요인	92
〈그림 3-8〉 대학도서관 조직구조 변화요인의 회귀방정식	96
〈그림 3-9〉 대학도서관 업무 집중화·분산화에 따른 조직 유형	98
〈그림 3-10〉 조직구조 구성부문	99
〈그림 3-11〉 대학도서관 조직도(상: 토론토대, 하: 교토대)	100
〈그림 3-12〉 라인과 스탭의 관계	100
〈그림 3-13〉 도후쿠대학(東北大學) 부속도서관 주제별 조직	102
〈그림 3-14〉 고베대학(神戶大學) 부속도서관 주제별 조직	102
〈그림 3-15〉 버펄로(Buffalo) 대학도서관 혼합형 조직	104
〈그림 3-16〉 원광대학교 도서관 혼합형 조직	104
〈그림 3-17〉 홋카이도대학 부속도서관 집권적 조직	105
〈그림 3-18〉 대학도서관의 분권적 조직개편 예시	106
〈그림 3-19〉 대학도서관 프로젝트 조직 구성(예시)	107
〈그림 3-20〉 대학도서관 팀제조직 유형	109
〈그림 3-21〉 동국대학교 중앙도서관 조직도	110
〈그림 3-22〉 대학도서관 조직 수명주기	116
〈그림 3-23〉 홍콩과학기술대학(HKUST) 도서관 조직구조 변화(2012 vs 2020)	117
〈그림 3-24〉 야마구치대학(山口大學) 도서관 조직구조 변화(2005-2020)	118

〈그림 3-25〉 울산대학 도서관 조직구조 변화(2008-2020) ·· 118
〈그림 3-26〉 한양대학교 백남학술정보관 조직(도서관+출판부) ·· 119
〈그림 3-27〉 대학도서관 조직개편 기본원칙 ··· 120
〈그림 3-28〉 대학도서관의 개방시스템 기반 조직개편 모형 ··· 122
〈그림 3-29〉 대학도서관 주제별 분화 과정 ··· 125
(그림 3-30) 도서관과 정보통신원의 기능적 상관성 ·· 126
〈그림 4-1〉 대학도서관 인사관리 기본원칙 ··· 134
〈그림 4-2〉 대학도서관 인사관리 계획 과정 ··· 136
〈그림 4-3〉 대학도서관 업무, 직위, 직무의 상관관계 ·· 138
〈그림 4-4〉 대학도서관 직무분석의 중요성 및 목적 ·· 139
〈그림 4-5〉 대학도서관 직무단위 결정원칙과 사례 ·· 142
〈그림 4-6〉 대학도서관 직무평가 목적 ··· 146
〈그림 4-7〉 대학도서관 직무평가 절차 ··· 147
〈그림 4-8〉 대학도서관장 리더십 지형 ··· 152
〈그림 4-9〉 영국 CILIP이 조사한 전문직원의 현재 사용기술 및 미래 요구기술 ············ 161
〈그림 4-10〉 대학도서관 전문직원의 미래지향적 역할 ·· 161
〈그림 4-11〉 사서직의 전문직성 스펙트럼 ·· 163
〈그림 4-12〉 국내 사서 자격요건과 자격증 취득경로 ·· 166
〈그림 4-13〉 국내 사서직의 전문직성 평가 ·· 169
〈그림 4-14〉 파킨슨 법칙의 공식 ·· 173
〈그림 4-15〉 도서관 정원 산출모형 ·· 174
〈그림 4-16〉 대학도서관 정원공식 ·· 177
〈그림 4-17〉 대학도서관 직원채용 과정 ·· 179
〈그림 4-18〉 대학도서관 인력 적정배치 요건 ··· 182
〈그림 4-19〉 대학도서관 직원의 교육훈련 유형별 선호도 ·· 185
〈그림 4-20〉 교육훈련과 지식·기술 습득의 상관관계 ·· 186
〈그림 4-21〉 대학도서관 교육훈련프로그램의 전략적 지향성 ··· 188
〈그림 5-1〉 총비용(좌) 및 평균비용 산출공식 ·· 207
〈그림 5-2〉 수서산출물 단기 총비용곡선 ·· 207
〈그림 5-3〉 수서산출물의 평균비용 및 한계비용 곡선 ·· 208
〈그림 5-4〉 한계비용 산출공식 ··· 208

〈그림 5-5〉 자료 감가상각비 산출공식 ··· 210
〈그림 5-6〉 인건비 산출공식 ·· 211
〈그림 5-7〉 비용-편익 분석 공식 ·· 212
〈그림 5-8〉 대학도서관 예산관리 기본원칙 ··· 214
〈그림 5-9〉 학술커뮤니케이션 사이클과 서비스 지형 ···························· 215
〈그림 5-10〉 대학 연구집단의 학술연구정보 선호도 스펙트럼 ············ 216
〈그림 5-11〉 OhioLINK 컨소시엄의 인쇄자료와 디지털 자료 이용비중(2018) ····· 217
〈그림 5-12〉 ARL 소속 대학도서관 지출 추이(1998-2018) ·················· 219
〈그림 5-13〉 일본 국공립대학도서관 1개관당 평균 자료비 추이(1975-2016) ······ 220
〈그림 5-14〉 대학도서관 예산과정 ·· 221
〈그림 5-15〉 ARL 회원관 대학 총지출 대비 도서관 지출비율 변화(1983-2017) ··· 222
〈그림 5-16〉 대학도서관 예산의 항목별 적정 배정기준 ······················· 224
〈그림 5-17〉 대학도서관 지출과 전자잡지 이용, 연구성과의 상관관계 ······ 225
〈그림 5-18〉 정부예산(국립대학도서관) 편성일정 및 국회심의 과정 ····· 227
〈그림 6-1〉 글로벌 종이 생산량(2005-2015) ·· 244
〈그림 6-2〉 대학도서관 건물의 공간적 함의 ·· 246
〈그림 6-3〉 미국 대학도서관 신축·리모델링 추이(2016-2020) ············ 248
〈그림 6-4〉 대학도서관 신축·증개축 동인 ·· 249
〈그림 6-5〉 대학도서관 건물의 노화곡선 ·· 251
〈그림 6-6〉 대학도서관 건물·공간의 하이브리드 지형 ························· 253
〈그림 6-7〉 대학도서관 신축계획 과정 ·· 254
〈그림 6-8〉 대학도서관 연간 장서증가율(좌) 및 한계수장률 산출공식 ····· 256
〈그림 6-9〉 대학도서관 한계수장곡선과 신축 시점 ······························ 257
〈그림 6-10〉 대학도서관 신축의 기본적 고려사항 ································ 257
〈그림 6-11〉 도산서원 광명실(좌)과 울산과학기술원 학술정보관 입지 ····· 258
〈그림 6-12〉 캘리포니아대학(UC Irvine)의 중앙도서관 및 과학도서관 위치 ···· 259
〈그림 6-13〉 미국 켄터키대학(UK) 주제별 도서관 배치 ······················ 260
〈그림 6-14〉 나고야대학(名古屋大学) 부속도서관 위치(東山 Campus) ···· 260
〈그림 6-15〉 대학도서관 신축계획의 단면적 및 층고 모형 ················· 261
〈그림 6-16〉 대학도서관 증개축 계획과정 ·· 262
〈그림 6-17〉 대학도서관 증축방식 ·· 264

〈그림 6-18〉 대학도서관 공간계획 기본원칙 ·· 265
〈그림 6-19〉 신문자료실 소요면적 산출공식 ·· 267
〈그림 6-20〉 서고 연면적 산출공식 ·· 269
〈그림 6-21〉 정보전산실 연면적 산출공식 ··· 271
〈그림 6-22〉 대학도서관 공간배정 모형 ·· 275
〈그림 6-23〉 대학도서관 자료공간 배치 기본모형 ··· 276
〈그림 6-24〉 대학도서관 출입구 및 로비공간 배치모형 ·································· 277
〈그림 6-25〉 대학도서관 중심의 교통로 및 동선계획 ····································· 278
〈그림 6-26〉 대학도서관 동선구성 모형 ·· 279
〈그림 6-27〉 대학도서관 사인시스템 기본원칙 ··· 282
〈그림 6-28〉 대학도서관 자료실 이용동선에 따른 사인시스템 구성 ················· 283
〈그림 7-1〉 이용자용 워크스테이션(회전목마형과 선형) ································· 293
〈그림 7-2〉 신체부위별 VDT 증후군 발생률 ·· 295
〈그림 7-3〉 워크스테이션 테이블·의자의 인간공학적 배치모형 ······················ 297
〈그림 7-4〉 VDT 사용자의 자세 및 동작 체크포인트 ···································· 299
〈그림 7-5〉 워크스테이션 자연광(좌) 및 인공조명의 반사휘광 최소화 모형 ······ 300
〈그림 7-6〉 대학도서관 워크스테이션 공간의 VDT 배치모형 ························· 301
〈그림 7-7〉 이용자의 서가 동작치수 및 시계 ··· 304
〈그림 7-8〉 대학도서관 표준서가(2련 6단 양면) 명칭 및 규격 ························ 304
〈그림 7-9〉 대학도서관 모듈러 계획 치수 및 사례 ·· 305
〈그림 7-10〉 자료배치 방식에 따른 서가간격 권장기준 ·································· 307
〈그림 7-11〉 자료실 배가모형 : 정상배가(상·중), 밀집배가(하) ······················ 307
〈그림 7-12〉 대학도서관 밀집배가(모빌랙) 모습 ··· 308
〈그림 7-13〉 대학도서관 자동서고시스템 구성 모형 ······································ 308
〈그림 7-14〉 도서관 적재하중 기준 ··· 309
〈그림 7-15〉 대학도서관 자료실 열람테이블 및 의자 배치 모형 ······················ 310
〈그림 7-16〉 대학도서관 캐럴 종류 및 배치 ··· 311
〈그림 7-17〉 대학도서관 대출데스크 배치모형 예시 ······································ 312
〈그림 7-18〉 인체 감각부위별 정보인지율 ··· 313
〈그림 7-19〉 소음원별 소음수준 ·· 324
〈그림 7-20〉 주요 국가 도서관 허용소음 한계치 비교(dB) ······························ 326

〈그림 7-21〉 러시아 사회과학학술정보연구소(INION) 도서관 화재(2015. 1. 30) ·············· 328
〈그림 7-22〉 국내 도서관 화재건수 및 발화요인(2010-2019) ······························· 329
〈그림 7-23〉 책 도둑 블룸버그(좌), 주작 소설(중, 2005) 및 퍼시벌 영화(2014) ············ 333
〈그림 7-24〉 대학도서관 BDS(좌)와 FRID 시스템 ·· 334
〈그림 7-25〉 신호 발생(좌) 및 재생·제거장치 ·· 334
〈그림 7-26〉 BDS 기대효과와 역기능 ··· 335
〈그림 7-27〉 RFID 기반 자료분실방지시스템 ·· 336
〈그림 7-28〉 우도(牛道)의 길 ·· 337
〈그림 8-1〉 대학도서관 경영평가 전모 ·· 344
〈그림 8-2〉 대학도서관 산출 및 결과의 차이 비교 ··· 344
〈그림 8-3〉 대학도서관 경영평가 과정 ·· 350
〈그림 8-4〉 대학도서관 통계, 기준, 척도 및 지표의 상관관계 ······························· 351
〈그림 8-5〉 대학도서관 경영성과 평가를 위한 통합시스템 전모 ····························· 356
〈그림 8-6〉 대학도서관 규모의 경제성에 대한 로그-회귀방정식 ····························· 371
〈그림 8-7〉 도서관(서비스) 지연시간 산출공식 ·· 372
〈그림 8-8〉 서비스 품질평가의 개념적 모형(Gap 이론) ······································ 374
〈그림 8-9〉 LibQUAL+®의 허용(용인)범위 및 서비스 품질평가 공식 ······················ 376
〈그림 8-10〉 대학도서관 투자효과(ROI) 수정 및 재수정 모형 ······························· 378
〈그림 9-1〉 지식생태계 지형의 변화와 대학도서관 역할 ······································ 388
〈그림 9-2〉 종이책의 종말 ·· 389
〈그림 9-3〉 학술정보 커뮤니케이션 과정(연구-출판·이용-평가) ······························ 391
〈그림 9-4〉 국내 대학도서관 현주소 SWOT 분석 ·· 392
〈그림 9-5〉 국내 대학도서관 경영전략 선택지 ·· 393
〈그림 9-6〉 힌두교 만트라 ··· 394
〈그림 9-7〉 교육학술정보센터로서의 대학도서관 정체성 ······································ 397
〈그림 9-8〉 대학도서관 전자잡지 접근경로 ·· 398
〈그림 9-9〉 대학도서관 핵심가치, 핵심역량, 경영성과(기여)의 연계성 ······················ 401
〈그림 9-10〉 국내 대학도서관 경영관리 성찰 ·· 404
〈그림 9-11〉 대학도서관 경영관리의 전략적 선택지 ··· 407

Chapter 1

경영환경 이해

제1절 대학의 역사와 목적
제2절 대학과 도서관의 관계
제3절 도서관 경영환경 분석

제1장

경영환경 이해

제1절 대학의 역사와 목적

1.1 대학의 기원과 발전

대학은 언제 시작되었으며, 최초의 역사적 흔적은 어디에 있는가. 그 기원에 대해서는 설립목적, 성격과 기능, 교육대상, 종교적 관점, 역사관 등에 따라 다양한 견해가 있다.

먼저 단순한 고등교육기관으로 규정할 경우, 가장 오래된 관학은 중국 주대(周代, BC 1046-256)에 지배계층을 위해 설립된 대학(大學)이다. 그 흔적이 〈그림 1-1〉의 비문이다. 당시 현인을 양성하기 위한 정심성의(正心誠意), 수기치인(修己治人), 격물치지(格物致知), 6예(六藝) 등을 교육하였다. 그리고 진대 박사관(博士官), 전한 태학(太學), 서진

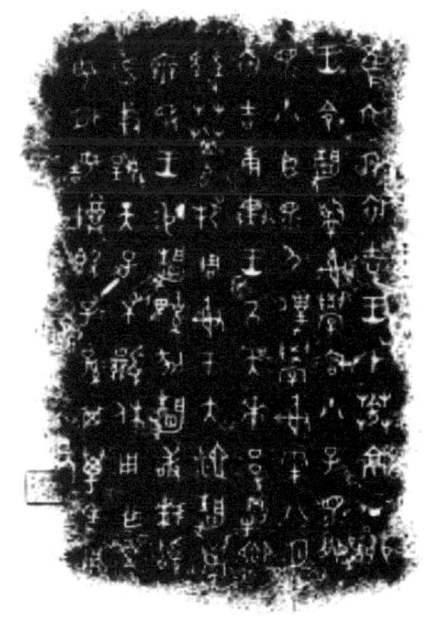

〈그림 1-1〉 비문
(주왕의 교육상황 점검 기록)

국자학(國子學), 수대 국자감(國子監)으로 이어졌다. 모두 중앙에 설치한 국립교육기관이다. 중국 관학제도는 고대 한국에 유입되어 고구려 소수림왕(372년)이 태학을, 통일신라 신문왕(682년)이 국학(國學)을 설립하여 귀족층 자녀를 관직자로 양성하는 데 치중하였다. 이에 고려 국자감과 조선조 성균관으로 계승되었다. 유교사상을 통치이념으로 삼아 유학자 및 정치인을 양산하고 현실문제를 비판하며 국가정책에 의견을 제시하는 등의 기능을 수행하였다. 그러나 구한말 개방화 조류가 엄습함에 따라 성균관은 폐지되고 근대적 대학제도가 도입되었다. 기독교계와 민간인이 설립한 사학(배재학당, 이화학당, 연희전문, 숭실학당, 한성사범, 경성의학교 등), 정부가 설립한 관학(보성전문학교 등)이 대표적이다.

고대 인도에도 대학이 존재하였다. BC 800년경 파키스탄 펀자브주 간다라(Gandhara) 왕국의 탁사실라(Takshashila, Taksha 돌+ shila 도시)에 힌두 신화에서 전설적인 통치자 바라타(Bharatá, 산스크리트어 भरत)가 설립한 〈그림 1-2〉의 탁사실라대학(Takshashila University)이다. 인도아리아인 바라타왕은 아들 이름인 탁사(Taksha)를 부여한 도시를 조성하고 불교대학을 설립하였다. 당시 바빌론, 그리스, 시리아, 중국 등의 유학생을 포함하여 1만 명 이상이 브라만교 경전(베다), 언어와 문법, 철학, 의학, 천문학과 수학, 정치, 상업, 문예 등을 교육받았다. 탁사실라(현 Taxila)는 고대 간다라 문화의 정수이자 다양한 종교(불교, 힌두교, 기독교) 성지이며, 대학교육 발원지다.

한편, 서양사관에 따르면 현대 대학(university)의 어원은 라틴어 'universitas'(전체, 우주, 학생·교사로 구성된 학문적 조합[1])이다. BC 387년 플라톤(Platon)이 고대 그리스의 아테

〈그림 1-2〉 인도 간다라 왕국 탁사실라 대학(BC 7세기)

네 서북쪽 아카데모스(Akademos) 숲에 설립한 아카데미아(Academia)와 BC 334년 아리스토텔레스(Aristoteles)가 아테네 도심(현 국회의사당 인근)에 만든 리세움(Lyceum, 고대 그리스어 Lykeion)을 대학의 원형으로 삼는다. 아카데미아는 529년 로마 제국의 유스티니아누스 대제(F.P.S. Iustinianus, 482-565)에 의해 폐쇄될 때까지 1천 년 지속된 유럽 최초 대학이다. 아리스토텔레스가 학생들과 정원을 산책하면서 진리를 토론하고 교육하는 곳이었으며, 후세 철학사는 그들을 소요학파(peripatiker)로 지칭한다. 리세움은 BC 86년 로마 공화정의 장군 술라(G.M. Sulla, BC 157-86)가 아테네를 약탈할 때까지 존속하였다. BC 323년 불세출의 영웅이자 위대한 정복자 알렉산더 대왕이 사망한 후 이집트 총독으로 임명된 프톨레마이오스 1세(Ptolemaios I. Soter)는 아카데미아와 리세움을 벤치마킹하여 왕립학술원인 무세이온(Museion)과 부설 알렉산드리아 도서관을 건립하였다.

이처럼 고대 그리스에서 출발한 서양의 대학교육은 철학(philosphia) 연구에서 시작하여 자유학문(liberal arts)으로 지칭되는 문법, 논리, 수사, 대수, 기하, 음악, 법학, 신학, 의학 등을 강의하였다. 중세에는 근대 대학의 모체를 형성한 수도원 학교(Cathedral School)의

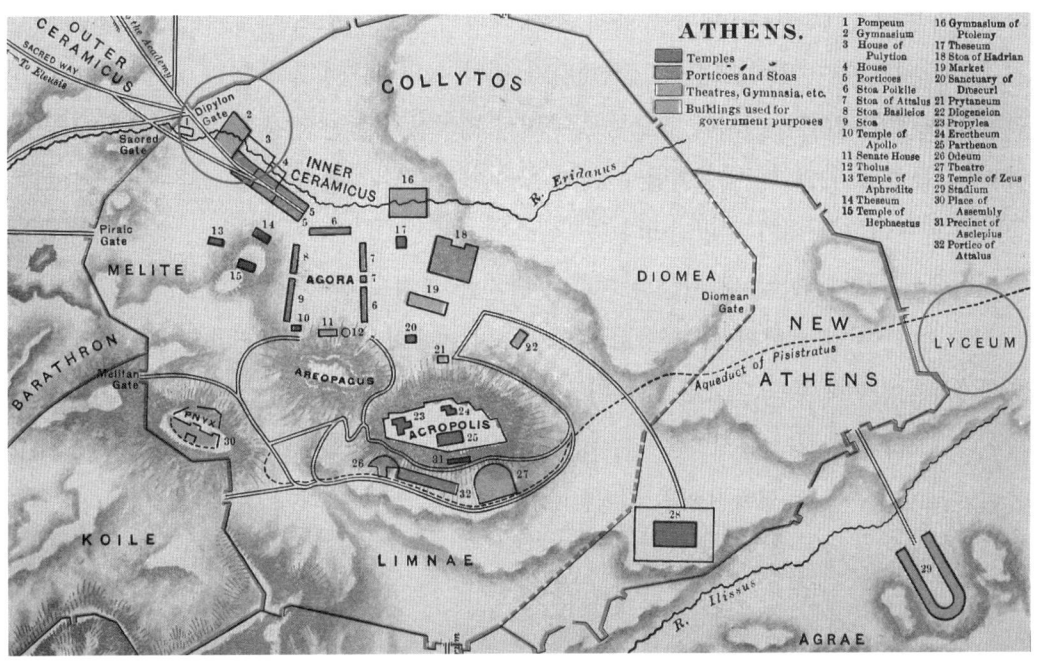

〈그림 1-3〉 고대 아테네의 아카데미아와 리세움 위치

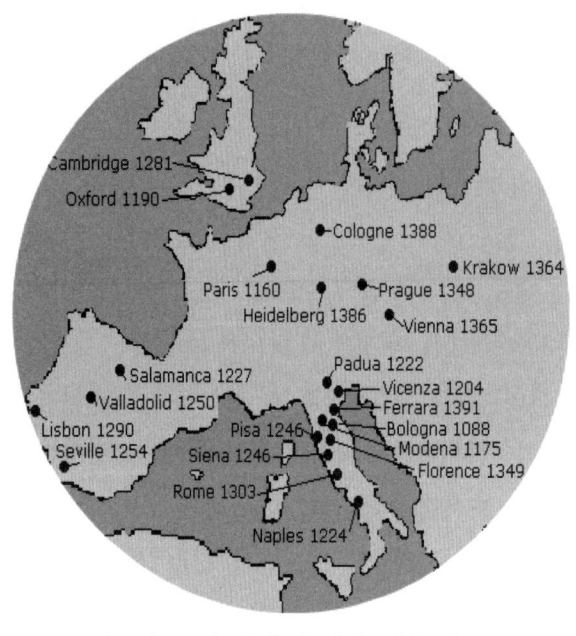

〈그림 1-4〉 중세 유럽의 대학 지도

신학부, 법학부, 의학부, 철학부 내지 학예학부를 중심으로 학문연구의 전통을 유지하려고 노력하였다. 그러나 학문탐구보다 성직자(聖職者) 양성에 더 치중하였다. 그 후 학문연구에 대한 사회적 관심이 고조되는 가운데 조합제도(guild system)를 도입한 교육기관이 필요하여 'universitas'로 발전하였다. 이러한 조합제도에 기반을 둔 대학은 〈그림 1-4〉와 같이 1088년 이탈리아 볼로냐대학(Università di Bologna)과 1160년 프랑스 파리대학이 가장 앞선다. 모두 민족·지역·계급을 초월한 학문연구 공간인 동시에 교수나 학생의 자치단체였다. 이어 파리대학을 모방한 영국 옥스퍼드대학이나 케임브리지대학은 유럽 초기 대학의 전형이었고, 미국에서도 1636년 설립된 하버드대학 등이 영국 모형을 답습하다가 점차 독일의 영향을 받았다. 그러나 미국 대학은 독자적인 정치적, 사회적 면모를 갖추면서 미국화 상징인 실용주의(實用主義)를 표방하였다. 특히 1862년 「토지증여법」(Morril Act) 제정을 계기로 학문의 실용성을 강조하는 농업계 주립대학이 대거 설립되었다.[2]

이상에서 개관한 한국 및 서양의 대학이 발전한 과정을 대비하여 연표로 구성하면 〈표 1-1〉과 같다. 서양 대학의 특징은 고대 그리스의 자유학문 사상에 기반을 둔 학문탐구와 운영자치인 반면에 한국은 교육기관 명칭인 동시에 소학과 구별되는 고등교육과정을 지칭하였다. 그러나 현재는 동서양을 불문하고 진리탐구를 이념적 토대로 학문연구와 교수활동이 이루어지는 고등교육기관을 지칭한다. 학제 및 교육내용에도 큰 차이가 없다.

〈표 1-1〉 한국과 서양의 대학 연표 비교

한국	시대	서양
■ 太學 : 고구려 소수림왕(372) ■ 國學 : 신라 신문왕 2년(682) ＊ 관직자 양성을 위한 고대 중국 고전을 교육시킴	고대 (BC 400- AD 9C)	■ 아카데미아 : 플라톤(BC 387) ■ 리세움 : 아리스토텔레스(BC 334) ＊ 자유학문(문법, 논리, 수사, 대수, 기하, 음악, 법학, 신학, 의학 등) 교육
■ 國子監 : 고려 성종 11년(992) : 경학을 개편하여 설치(후에 국학, 성균감, 성균관으로 개칭) ■ 成均館(왕립) : 조선 태조 원년(1392-1910) ; 서원(사립) ＊ 유학자, 정치·문화적 지도층 양성	중세 (10~15C)	■ 수도원학교(Cathedral School) ■ universitas(학생조합)와 college(교수조합) 등장 ＊ 성직자, 법조인, 의학자 등 전문인 양성 ■ 볼로냐대(1088), 파리대(1160), 옥스퍼드대(1190), 케임브리지대(1281), 하이델베르크대(1386), 쾰른대(1388) 등 ＊ 신사도 함양과 지도자 양성
■ 사학기관 : 배재학당과 연희전문(1885), 이화학당(1886), 한성사범 (1895), 숭실학당 (1897), 경성의학교(1899) 등 ■ 관학기관 : 보성전문(1905) 등 ＊ 신학문 적극 수용	근대 (16~19C)	■ 미국 하버드대학(1636), 농업계 주립대학 설립(1862년 모릴법 영향), 펜실베이니아주립대학(1749) ＊ 실용주의 교육 강조 ■ 독일 베를린대학(1810) 설립 ＊ 학문연구와 학자양성

1.2 대학의 목적과 역할

1.2.1 대학의 이념과 목적

지구촌에 존재하는 대학은 19,000개를 상회한다. 인재 양성과 학위를 수여하는 최상위 고등교육기관인 동시에 학문연구 및 진리탐구의 전당이다. 세속에 끄달리지 않고 고고함을 추구한다는 의미에서 상아탑(象牙塔)이다.

모든 대학은 건학이념, 기본철학, 비전과 핵심가치, 궁극적 목적을 압축한 이념 또는 사명을 설정하고 있는데, 그 원형은 근대 대학의 효시로서 학문(교육, 연구)의 자유를 표방한 베를린대학(훔볼트대학의 전신, 1810)에서 찾을 수 있다. 이 대학을 창설한 훔볼트(W. von Humboldt)가 주창한 이념을 압축하면 고독(Einsamkeit)과 자유(Freiheit)다. 그리고 세계 최초의 연구중심 대학이다. 미국 최초인 하버드대학은 케임브리지대학의 이념을 이

어받아 '유식한 목회자 양성'을 표방하였다. 현재는 '진리', '자유', '사랑', '홍익인간(弘益人間)', '행학일여(行學一如)', '실천존중(實學尊重)' 등이 대표적이다. 이들은 국가 교육정책, 대학의 운영목적과 교육내용을 규정하는 요소로 작용한다.

다만 동서양 대학발전이 시사하듯이 고등교육 이념도 당대 사조 및 제도와 연계·확대되어 왔다. 고대에서 중세까지는 〈그림 1-5〉에서 소수 지배계층에게 교육기회를 부여할 정도로 제한적이던 엘리트교육(elite education)이었고, 개인지도와 도제학습을 통한 지도자 양성 및 인격함양에 치중하였다. 근대는 다수의 상대적 교육권을 인정하여 대학 변혁을 초래한 대중교육(mass education)이 시행되었고, 집단강의 및 세미나 방식으로 지식과 기능을 전달하는 데 주력하였다. 현재는 보편적 고등교육 및 평생학습을 강조하는 만인교육(universal education) 시대며, 강의실 수업 외에 뉴미디어 방식(가상대학, 인터넷 강좌)으로 확대되고 있다.

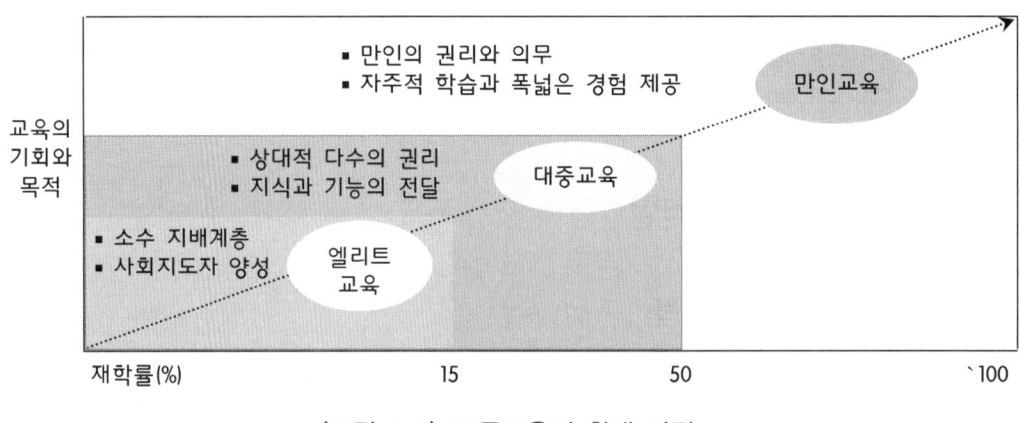

〈그림 1-5〉 고등교육의 확대 과정

그러나 대학의 이념(또는 사명)은 추상적이어서 목적과 목표로 구체화되는 것이 상례다. 일반적으로 목적(goal)은 결정 및 행위의 기제를 제공한다. 예컨대 「고등교육법」 제28조는 "대학은 인격을 도야하고, 국가와 인류사회의 발전에 필요한 심오한 학술이론과 그 응용방법을 가르치고 연구하며, 국가와 인류사회에 이바지하는 것을 목적으로 한다"고 규정하고 있다. 이러한 목적은 대학의 존재이유를 정당화할 뿐만 아니라 교육·연구를 통한 인재양성 및 국가발전에 기여해야 한다는 책무를 함축한다. 반면에 목표(objective)는 이념과 목적을 실현하기 위한 표적, 즉 구체적인 대상과 행위를 말한다. 가령 〈그림 1-6〉처럼 '수요

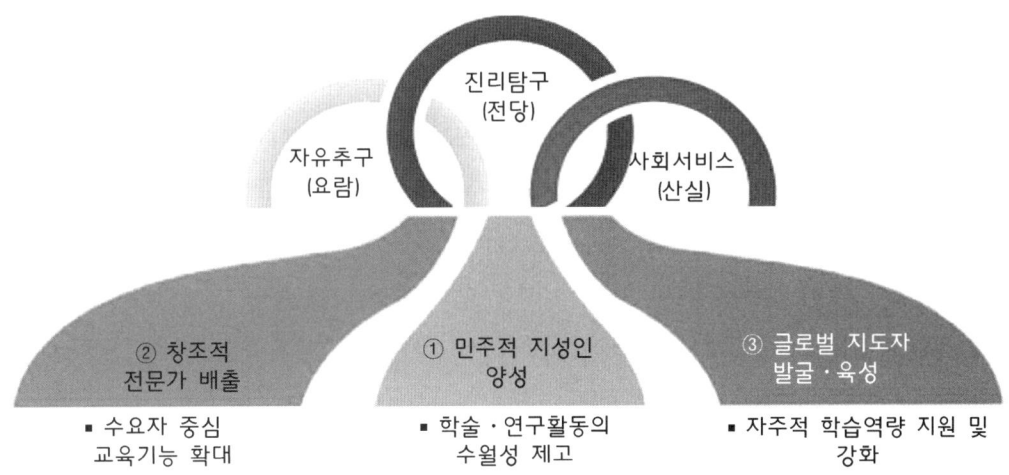

〈그림 1-6〉 대학 이념과 목적 및 목표의 관계(예시)

자 중심의 교육기능 확대, 학술·연구 수월성 제고, 자주적 학습역량 지원 및 강화' 등이 목표에 해당한다.

1.2.2 대학의 역할과 기능

대학의 이념과 궁극적 목적은 고급인재 양성과 학문발전에 있다. 이를 위해서는 3대 핵심기능이 필수적이다. 첫째는 기존 지식과 문화 및 가치 등을 전수하는 교육이고, 둘째는 신지식과 문화창조를 위한 학문탐구에 주력하는 연구활동이며, 셋째는 교육·연구의 결과를 사회에 환언하는 서비스다. 고급인력 양성이 교육기능이라면, 지식축적 및 창출은 연구기능이고, 각종 사회활동 참여는 사회봉사기능이다. 이들을 아우르면 지식·학문 계승 및 역사문화 창조로 집약할 수 있다.

(1) 교육기능과 내용적 분화

대학의 교육기능은 중세 유럽의 지식기관이 수도원 등에서 대학으로 이전되면서 주목받기 시작하였다. 이를 대표하는 대학이 옥스퍼드 및 케임브리지 등인데 소수를 위한 엘리트 교육을 지향하였다. 당시 대학은 철저한 자유학문교육을 통한 고급문화 전승, 지배계급 이데올로기 유지, 전문인력 양성에 주력하였다. 부언하면 신학, 의학, 법학 등 전문교육에 치중하면서 전통문화를 계승하고 엘리트를 양성하였다.

그러나 대학의 관념론적 교육기능은 18세기 중반에 시작된 산업화 및 전문직 분화에 편승하여 다양한 실무교육을 강조하는 방향으로 변모하였다. 인문학 중심의 자유학문교육과 직업인 양성을 위한 전문기술교육으로 양분된 사실이 방증한다. 그럼에도 대학의 가장 중요한 책무와 역할은 고급인력(高級人力) 양성이다. 최근 대학교육이 도구와 수단을 과도하게 강조하고 있으나 개인의 지적 향상, 지성적 및 정서적 함양 등이 전제되어야 고급인력을 배출할 수 있다.

(2) 연구기능과 학문적 발전

대학의 연구기능은 프러시아 제5대 국왕 빌헬름 3세(F. Wilhelm III)가 1810년 훔볼트와 공동 설립한 베를린대학을 중심으로 독일 대학개혁과 함께 본격화되었다. 이 대학은 철학에 기반을 둔 학문연구를 강조함으로써 진리탐구의 전당(殿堂)임을 선언하였고, 신지식을 창출하고 연구방법을 습득하게 하였으며, 강의나 시험보다 세미나를 통한 과학적 연구를 강조하였다. 이러한 학문 자유와 연구 헌신은 영미 대학개혁에 지대한 영향을 미쳤다.[3]

현재 대다수 대학은 교육기능과 연구기능을 병행하고 있다. 그럼에도 연구기능은 학생 및 연구집단의 학술적 공동체 형성을 통한 지식습득과 신지식 창출에 방점을 두어야 한다. 대학의 기본적 역할이 교육을 통해 지식을 보급·전수하고 연구를 전제로 지식을 창출·확장하는 것이라면, 교육과 연구를 결합하여 외부효과(外部效果)를 높이는 것은 사회적 책무다. 최근 대학교육에 학문성(academism)과 직업성(vocationalism)의 갈등이 심화되고, 연구도 산학협력 의존도가 심하다. 그러나 대학이 순수 학문연구를 통한 기초지식을 축적하는 데 치중해야[4] 학문발전을 기대할 수 있다.

(3) 사회봉사와 외연 확장

대학의 사회봉사는 19세기 초반에 등장한 계몽주의적 합리주의와 경험주의, 미국 및 프랑스 혁명의 충격, 미국사회의 실용주의적 요구 등이 요인으로 작용하여 등장한 기능이다.[5] 이에 따라 19세기 후반까지 다양한 특수 목적형 교육기관이 대거 설립되는 한편, 영국을 벤치마킹한 미국 대학이 사회적 요구에 부응하지 못함에 따라 새로운 형태의 대학을 설립하였다. 민주주의 이념과 실용주의적 가치를 구현할 목적으로 설립된 주립대학이 사회서비스 기능을 수행하는 모체로 발전한 점이 방증한다. 대다수 주립대학은 '모든 사회계층의 요구에 부응하는 다목적 교육과정을 채택하는 동시에 사회적 요구에 충실하게 서비스한다'는 목표를 지향하였다.

그 결과로 정착된 대학의 사회봉사는 교육 및 연구활동의 연장선에서 이루어지는 역할이자 기능이다. 교육·연구결과를 활용하여 국가 및 사회의 문화를 창출하고, 보존·계승을 지원한다. 가령 연구소는 지역문화를 발굴하고, 도서관은 인류의 지적 문화를 보존하며, 박물관은 선대 문화유적을 고증·복원한다. 또한 기관·단체의 위원회 활동, 세미나·토론회 참여, 정책·제도에 대한 비판과 자문, 사회발전을 위한 감시 및 대안 제시, 전시·전람회 개최, 지역주민을 위한 공개강좌, 다양한 평생학습프로그램 개설, 산학협력(테크노파크 설립, 벤처기업 양성, 위탁교육 등), 도서관 지역사회 개방, 무의촌 의료서비스, 농어촌 노력서비스 등도 대표적인 사회봉사다. 실제로 대다수 대학은 사회봉사 실적을 교수 업적평가에 반영하며, 교양과목을 개설·운영하고 있다. 그럼에도 사회봉사는 대학의 교육연구기능을 훼손하지 않는 범위 내에서 강조되어야 한다.

1.3 대학의 과제와 지향성

국내 대학은 본질적 목적과 사회적 역할을 통해 '지식탐구 및 실천의 도량, 지식생산과 통섭의 공간, 학문적 양심과 비판적 지성의 보루, 진리의 전당과 상아탑'으로서의 정체성을 확립하고 있는가. 그 존재이유와 사회적 역할의 중요성에도 불구하고 매스컴의 비판과 폄하는 심각한 수준이다.

부정적 키워드를 발췌하면 '시장을 섬기는 신전, 개혁의 무풍지대, 기초학문 고사위기, 거대한 취업 준비장, 취업이 지상목표인 기업연수원, 교수사회 연고주의와 상호지급보증제도, 학제간 폐쇄성, 술집과 당구장만 있는 대학가, 독서실로 전락한 대학도서관, 대출 1순위의 무협지와 소설' 등이다. 가히 정곡을 찌르는 표현이다. 시장경제 논리를 대입한 교육정책이 초래한 측면도 있지만, 대개는 대학이 자초하였다.

대학이 국가와 사회를 선도하는 지성집단(知性集團)이어야 한다는 당위에도 불구하고 심각한 낙후현상을 드러내고 있다. 교육부실과 연구침체, 대외적 폐쇄성과 자생적 의지의 저조, 타율적 및 권위적 운영의 관행, 영세한 재정, 학문교육과 직업교육의 갈등, 인문학 표류와 위기가 방증한다. 이러한 후진성은 신자유주의 교육정책, 재원확충이 동반되지 않은 학생수 증가, 교수학습 방법의 다양화, 고품질 교육수요 비등, 디지털 기술의 범용화 등과 결합되어 미증유의 난제를 양산하고 있다. 그 가운데 최대 난제는 대학의 기업화, 고등교육의 상업화, 학문의 직업화가 초래하는 학문적 순수성과 사회적 실용성의 갈등이다.

이유 여하를 불문하고 최대 두뇌집단인 동시에 지성조직인 대학은 진리탐구(眞理探究)와 인재양성(人才養成)에 무게중심을 두어야 한다. 어떤 것을 더 중시할 것인지, 어떻게 조화시킬 것인지는 대학의 몫이다. 이상과 현실이 절묘하게 조화될 때 대학의 생명력은 보증될 수 있다. 요컨대 캠퍼스는 고급인력이 습득해야 할 전문지식과 기존 지식체계를 초월하는 비판적 의지가 공존하는, 소위 '몽상(夢想)과 반역(反逆)'의 공간이어야 한다.

제2절 대학과 도서관의 관계

2.1 도서관의 중요성과 위상

2.1.1 도서관의 중요성

대학에서 도서관의 중요성은 도처에서 확인할 수 있다. 많은 대학 홈페이지의 초기 화면에 존재하는 도서관 아이콘이나 안내, 도서관헌장, 연차보고서, 명언명구 등이 대변한다. 예컨대 스탠퍼드 대학도서관 연차보고서는 "역사가에게 도서관은 과학자의 실험실 벤치와 동등하다"라는 케네디(Kennedy) 교수의 명언을 인용한 바 있다. 토교대학 부속도서관의 장래구상(將來構想)은 "세계 최고 수준의 연구교육거점을 지원하는 새로운 도서관기능 실현"으로 명시하고 있다.[6]

그럼에도 대학도서관이 인류 지식의 전당 또는 정보발신 거점으로 규정하고 중요성과 존재가치를 설파하더라도 수긍하지 않는 상황은 비일비재하다. 도서관이 대학 홈페이지 메인화면에 등장하거나, 오닐(R.M. O'Neil)이 '도서관을 캠퍼스 연구센터, 대학의 학술적 우수성을 가늠하는 잣대, 자존심의 원천'[7]으로 간주한 것처럼 총장 및 교수집단이 도서관의 중요성을 역설하더라도 대개 접대성 표현이기 때문이다. 따라서 도서관 및 사서직은 관행적이고 관념적 언어를 지양해야 한다. 서비스 집단을 대상으로 주기적인 인식도를 조사하고 교육·연구와의 상관관계를 분석하여 설득적인 언어로 대체하거나 재구성해야 한다. 그 동안 대학도서관의 중요성을 실증한 주요 연구결과를 간추리면 〈표 1-2〉와 같다.[8]

〈표 1-2〉 대학도서관 중요성 실증연구 사례

영역		연구자(연도)	목적과 내용	주요 결과
대학	학술적 우수성	Liu, L.G. (2001)	■ 미국 대학의 학술적 우수성과 도서관 장서구성의 상관분석	■ 도서관 학술지 종수가 많을수록 대학 학술프로그램이 우수하였음
	조성금 수입	Kaufman, P.T. (2008)	■ 일리노이대학(UIUC) 조성금 수입에 대한 도서관 기여도 분석	■ 대학 조성금 수입에 대한 도서관 기여도(ROI)가 1 : 4.38로 나타났음
	연구 경쟁력	윤희윤·김신영 (2008)	■ OECD 국가, 상해교통대학의 순위평가에 포함된 대학(264개), 2004년 「NCR」등재논문이 있는 국내 대학(69개) 연구경쟁력(논문수)과 도서관 학술정보의 상관·회귀분석	■ OECD는 연구개발비, 자료수, 자료비와 독립변수(SCI 논문수 R^2=98.6%), SJTU는 자료수, 교수수, 잡지종수와 독립변수(SCI 점수 R^2=63.7%), 국내 대학은 잡지종수와 자료비와 독립변수(논문수 R^2=69.9%)가 유의하였음
교수	학문적 우수성	Morgan, D.L. 등 (1976)	■ 미국 대학원 전담교수의 학문적 우수성과 도서관 장서수 등의 상관·회귀분석	■ 교수의 학문적 우수성에 대한 4개 변수의 설명력이 80% 이상이며, 장서수의 영향력이 가장 컸음
	연구 생산성	Budd, J.M. (1995)	■ ISI DB 이용한 교수 연구생산성과 도서관 지표의 상관분석	■ 교수 출판물수와 도서관 지출에 유의한 상관관계가 있었음
		Dundar, H. & Lewis, D.R. (1998)	■ 학술연구기관 교수의 연구생산성과 기관 제요소의 상관분석	■ 도서관 총지출이 교수 1인당 논문 생산에 긍정적 영향을 미쳤음
		윤희윤 (2004)	■ OECD 국가의 과학출판물 점유율과 대학도서관 지표 상관분석	■ 소장책수, 연차증가량, 자료비와 과학출판물은 정적 상관관계가 있었음
		Duy, J. & Larivieere, V. (2012)	■ 캐나다 대학도서관(42개)의 ILL 건수와 대학 연구활동 상관분석	■ 유의한 정의 상관관계가 있는 것으로 밝혀짐

	학술지 인용과 의존도	Tenopir, C. & Volentine, R. (2012)	▪영국 대학(6개) 연구자의 학술 독서활동과 도서관 의존도 분석	▪교수 학술독서 소비시간(448시간) 중 도서관 의존도는 41.7%(논문 67%, 도서 27%, 기타 15%)였음
		King, D.W. 등 (2004)	▪도서관 학술지 논문을 이용할 수 때의 지출비용 추정	▪도서관 학술지의 ROI가 1 : 2.9로 산출되었음
		Wilson, C.S. & Tenopir, C. (2008)	▪교수 학술지 투고논문 및 인용자료의 도서관 이용 가능성 조사분석	▪교수 논문생산에 활용된 논문의 95%, 인용논문의 90%가 도서관에서 이용 가능한 것으로 밝혀졌음
학생	학업 성취도	Wong, S.H.R. & Webb, T.D. (2011)	▪HKBU(Hong Kong Baptist University)의 학부생 학업성과와 도서관 자료이용 상관분석	▪도서관 자료를 많이 이용할수록 학생의 평균 성적이 높은 것으로 밝혀짐
		Gaha, U, 등 (2018)	▪2012-2015년 도서관 이용교육과 학생(1,256명)의 4년간 누적 학점 평균과의 상관관계 분석	▪도서관 이용교육 수업에 등록한 학생과 학점은 정적 상관관계가 있었음
		Scoulas, J.M & Groote, S.L.D. (2019)	▪공립 연구대학 학부생 및 대학원생의 도서관 방문, 자료이용, 공간만족도와 학업성과의 상관분석	▪학생의 공간만족도는 학업성취도와 부적 상관성, 자료(논문, DB) 이용은 학업성취도와 정적 관계가 있었음

요컨대 도서관은 대학의 학술적 우수성·연구비 조성·연구경쟁력 제고, 교수의 학문적 우수성·연구생산성·학술지 인용 및 의존도, 그리고 학생의 학업성취도 등과 유의한 상관관계가 있을 뿐만 아니라 기여도가 높다는 측면에서 중요성과 존재가치가 정당화될 수 있다. 따라서 대학과 정부는 '도서관의 교육학술정보서비스 환경을 충실하게 지원할 때 교수의 연구생산성과 학술적 경쟁력이 높아지고, 그 결과가 대학의 국내외 경쟁력 제고로 나타나며, 궁극적으로 국제경쟁력 강화로 귀착된다'는 사실을 각인해야 한다.

2.1.2 도서관의 학내 지위 및 위상

모든 대학도서관은 학부 및 대학원 교육과정 운영과 학술연구에 필요한 시설과 공간, 지식정보서비스를 지원할 목적으로 설립·운영되는 부속기관이다. 그 명칭은 대학도서관(college and university library), 학술도서관(academic library), 연구도서관(research library), 고등교육도서관(higher education library) 등으로 혼용되고 있다. 이러한 대학도서관의 법적 지위 및 담론적 위상을 논증하면 다음과 같다.

<표 1-3> 대학도서관 관계법령 발췌

구분			주요 내용
도서관법	제34조(설치)		① 「고등교육법」 제2조에 따른 대학 및 다른 법률의 규정에 따라 설립된 대학 교육과정 이상의 교육기관에는 대학도서관을 설치하여야 한다.
대학도서관 진흥법	제6조 (설치·운영)		① 대학의 설립자·경영자는 대학에 대학도서관을 설치하여야 한다.
대학설립· 운영규정	제4조(교사)		교사는 별표 2의 구분에 따른다.
	별표 2	교육 기본 시설	■ 강의실·실험실습실·교수연구실·행정실·도서관·학생회관·대학본부 및 그 부대시설로 하며, 도서관에는 다음 각 호의 시설을 두어야 한다. 1. 열람실·정기간행물실·참고도서열람실·서고 및 사무실 2. 열람실에는 학생정원의 20퍼센트 이상을 수용할 수 있는 좌석
		지원 시설	■ 체육관·강당·전자계산소·실습공장·학생기숙사 및 그 부대시설로 한다.
		연구 시설	■ 연구용 실험실·대학원 연구실·대학부설 연구소 및 그 부대시설로 한다.
		부속 시설	■ 공통시설(박물관, 주택 또는 아파트, 공관, 연수원, 산학협력단 시설과 그 부대시설, 학교기업의 시설과 그 부대시설 및 부속학교 등) 및 계열별 시설

　대학도서관의 법적 지위를 규정한 실정법은 「도서관법」, 「대학도서관진흥법」, 「대학설립·운영규정」이다. 각각에서 관련 조항을 발췌하면 <표 1-3>과 같다. 「도서관법」과 「대학도서관진흥법」은 대학의 도서관 설치를 의무사항으로 규정하고 있으며, 「대학설립·운영규정」 제4조 제1항 '별표 2'는 대학도서관을 대학의 교육과정 운영과 교수학습을 위한 교육기본시설로 명시하고 있다.

　그럼에도 캠퍼스 내에서 담론적 위상의 경우, 명목상으로는 대학의 심장이지만, 현실적 측면에서는 부정적 인식과 긍정적 의미가 혼재하는 박물관과 유사하고, 바람직한 표상의 측면에서는 교육학술정보 구심체다.

(1) 명목적 위상(대학의 심장)

　대학사회에서 도서관을 인체에 비유하면 심장(心腸, heart)인가, 맹장(盲腸, cecum)인가. 대학 구성원에게 회자되는 도서관의 명목상 위상에 대한 압권은 '대학의 심장'이다. 1876년 하버드대학 제24대 총장 엘리어트(C.W. Eliot, 1834-1926)가 규정한 촌철살인이다.[9] 심장은 캠퍼스에서 도서관의 중심성(centrality)에 대한 메타포다. 1930년대 건립된 예일대학

스털링 기념도서관(Sterling Memorial Library) 입구에도 "도서관은 대학의 심장이다"는 문구가 새겨져 있다. 이런 사례는 무수히 많다.

동서고금을 막론하고 도서관이 '대학의 심장'으로 회자되는 이유는 저명한 대학일수록 〈그림 1-7〉처럼 방대한 장서가 집적된 도서관을 보유할 뿐만 아니라, 캠퍼스 제반시설(연구실, 강의실, 세미나실, 기숙사 등)이 숙면을 취하는 심야에도 '대학의 물리적 화신'(化身)으로서의 조명을 밝혀 왔기 때문이다. 게다가 대학의 모든 주체와 시설이 자리바꿈을 계속하지만 도서관 장서는 시공간을 초월하여 자리매김을 지속한다. 해서 극단적으로 표현하면 캠퍼스 전체가 화마에 휩싸여도 도서관이 온전하면 대학의 역사와 연구는 계속된다. 요컨대 도서관과 소장자료는 인간의 심장처럼 대학의 요체인 동시에 최고 자산이자 자존심(自尊心)의 원천이다.

〈그림 1-7〉 대학도서관 서고

(2) 현실적 위상(박물관적 양면성)

대학에서 도서관의 본질적 정체성과 핵심역량을 좌우하는 요체는 충실한 장서개발과 체계적 보존이다. 그럼에도 대학 구성원의 도서관에 대한 현실적 인식은 박물관의 양면성에 비유할 수 있다.

이를 호의적으로 보면 도서관 장서가 박물관 소장품과 상이할 뿐, 통시적 지식정보와 정신

세계를 수집·보존하고 전수하기 때문에 박물관이 수집·복원·보존하는 기능과 유사하다. 특히 사본, 고문서, 희귀자료, 절판자료, 향토자료, 각종 회색문헌, 대학사료 등은 대상 매체를 달리할 뿐 과거의 지적 역사 및 기억을 집적한다는 관점에서 박물관의 역할과 동일하다.

반면에 부정적 측면에서 보면 도서관은 학내 부속기관의 하나에 불과하고, 인식도 또한 비슷한 수준에 머물고 있다. 실제로 많은 대학도서관이 '교수에게는 부정적 이미지의 박물관(불용자료 집적소), 학생에게는 공부방(일반 또는 자유열람실)'으로 인식되고 있다. 대학의 본령인 지식분만실은 '소리 없는 아우성'으로 들리고 각종 시험 및 취업준비로 거대한 취업 준비장을 방불케 한다. 그것이 불편한 진실의 현주소다.

(3) 바람직한 표상(교육학술정보 구심체)

대학은 교수학습을 통한 지식인 및 지성인 양성소, 학술연구를 통한 전문가 및 지식창조의 산실이다. 이를 위해서는 도서관도 인쇄자료와 보존중심의 정태적 공간에서 하이브리드 교육학술정보를 서비스하는 동태적 공간으로 변신해야 한다.

특히 대학도서관이 인터넷·디지털·모바일 시대의 정보유통 및 이용환경에 대응하고 디지털 전환(digital transformation)과 4차 산업혁명 시대를 선도하려면 디지털 핵심기술인 ABC(인공지식, 빅데이터, 클라우드 컴퓨팅)를 적극 수용하여 각종 지식정보에 대한 통정기능을 극대화하고 다양한 서비스를 적시에 제공해야 한다. 그것이 하이브리드 학술정보관(hybrid scholarly information center), 지식정보공유공간(knowledge and information commons), 정보포털(information portal), 주제게이트웨이(subject gateway)로서의 역할이다.

요컨대 대학도서관의 요체는 '통시적 및 공시적 지식정보의 집성체인 장서'다. 건물과 시스템이 아니다. 체계적인 장서구축이 배제된 정보포털과 게이트웨이도 아니다. 시공간을 초월하여 집요하게 수집·보존한 실물자료 보존서고와 디지털 가상서고의 융합이 대학도서관의 본질이다. 그 기반 위에서의 다양한 지식정보서비스가 바람직한 표상이다. 교수학습·학술연구(혈관)에 지식정보를 주입하여 캠퍼스에 지적 열기가 충만할 때 대학(신체)의 심장으로 각인될 수 있고 디지털 시대의 추락하는 위상을 복원할 수 있다.

2.2 도서관의 유형과 특징

대학도서관의 유형은 학제에 따라 전문대학, 단과대학, 종합대학으로, 설립주체를 기준으로 국립(특수법인)대학, 공립대학, 사립대학으로 나눌 수 있다. 그러나 학제나 설립주체 중심의 형식적 구분보다 기능과 역할, 장서 및 서비스 수준, 서비스 대상자 등을 조합하여 학부도서관, 학술(연구)도서관, 보존도서관으로 유형화하는 것이 바람직하다.

2.2.1 학부도서관

통상 학부도서관(學部圖書館, undergraduate library)은 학부 교육과정 및 학습활동에 필요한 시설공간과 자료서비스를 제공하는 도서관을 말하며, 학습도서관으로도 지칭된다. 이를 위한 요건 및 특징은 기본장서 약 5-15만 권을 구비하고[10], 지정도서제도(指定圖書制度, reserve book system)를 도입하는 것이다.

그 등장 배경과 역사적 흔적은 미국 대학에서 찾을 수 있다. 2차 세계대전이 종료된 후 학부생이 급증함에 따라 도서관의 공간 및 서비스 문제가 현안으로 부상하였다. 이를 해결하기 위해 1949년 하버드대학에 라몬트 도서관(Lamont library)이 독립된 건물로 출발한 것을 시작으로 학부도서관이 본격화되었다.[11] 이어 미네소타(1952), 미시간(1958), 사우스캘리포니아(1960), 프린스턴(1961), 코넬(1962), 텍사스(1963), 스탠포드와 UCLA(1966) 등이 별동 건물을 신축하거나 중앙관에 별치하였다. 그러나 1970년대 초까지 49개관(24개관은 독립건물, 25개관은 중앙관 내 별도 공간)에 달하던 학부도서관은 교과과정 및 교수방법 변화, 도서구입비 및 서비스 중복에 따른 예산부담, 대규모 연구도서관보다 취약한 서비스 수준 등으로 인해 1970년대 후반부터 지속적으로 감소하였다.[12]

국내 대학에서도 일부 대학이 학부도서관 또는 전공자료실이란 이름으로 설치한 적이 있었으나 현재는 거의 없다. 학부생의 접근·이용 편의성에도 불구하고 자료의 중복 구입, 사서의 분산 배치, 건물 유지·관리비 증가 등 경영관리 측면에서 효율성이 떨어지고 라이선스 전자자료의 제공과 이용이 급증하고 있기 때문이다.

2.2.2 학술(연구)도서관

일반적으로 대학도서관을 학술도서관(學術圖書館, academic library) 또는 연구도서관(research library)으로 지칭할 때는 학부·대학원의 교수학습 뿐만 아니라 학술연구를 지원하는 도서관을 말한다. 물론 후자에 무게중심이 있다. 학부도서관과 비교할 때 최대 차이점과 특징은 주제 전문지식 및 외국어 능력을 겸비한 사서가 학술연구정보를 개발하고 완전개가제로 운영하는 가운데 요구기반 내지 맞춤형 지식정보서비스를 제공하고, 개인독서·연구석(個人讀書·硏究席, carrel)을 갖추고 있는 점이다.

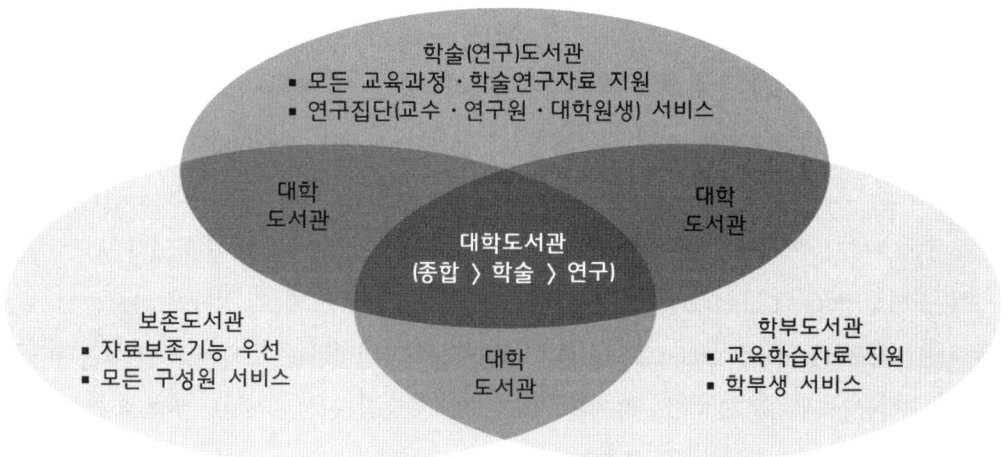

〈그림 1-8〉 대학도서관 성격의 종합적 지형

현재 대다수 대학도서관은 〈그림 1-8〉처럼 학술(연구)도서관의 성격이 강하다. 다만 북미연구도서관협회(ARL) 소속의 124개관이 대학도서관(공립 85개, 사립 31개) 위주로 구성되어 있음에도 공공도서관(Boston, New York), 연방도서관(LC, NAL, NLM, NARA, Smithsonian), 컨소시엄(Center for Research Libraries)이 포함되어 있듯이 대학도서관이 아니라도 연구도서관으로 규정할 수 있다.[13] 그럼에도 대학도서관이 캠퍼스 학술연구서비스를 총괄할 경우에 여러 곳에 산재하는 학부(학습) 또는 학과도서관, 주제도서관, 분관·분실, 보존관 등은 중앙관(본관) 소속이기 때문에 총칭하면 종합도서관(general library)이다. 따라서 학술(연구)도서관은 서비스 대상자 및 자료서비스에서 학부도서관과 구별되고, 도서관시스템 측면에서 중앙관 지위를 가지며, 기능적 관점에서 하이브리드 장서개발과 지식정보서비스뿐만 아니라 보존기능을 주관하므로 종합도서관에 해당한다.

한편, 대다수 유럽 대학은 중앙관보다 부문별도서관(departmental library)14)이나 주제도서관(subject-divisional library)15)을 먼저 설립하여 학술(연구)도서관으로 활용한 반면에 미국은 2차 세계대전 후 학생수가 급증하여 대학도서관 연구지원서비스가 지장을 받자 중앙관에 연구도서관 기능을 부여하는 대신에 학부도서관을 별도로 설치하였다. 그러나 한중일 대학도서관(중앙관)은 학부 및 연구도서관의 기능을 병행하고 있다.

2.2.3 보존도서관

유사 이래로 자료보존은 도서관의 핵심기능이다. 그 초기 흔적은 고대 이집트 알렉산드리아 도서관의 세라피움 분관이다. 프톨레미 3세(Ptolemy III, 재위 BC 246-222)가 이집트인 지구(Egyptian quarter)에 건립한 분관 겸 원격 보존시설이던 세라피스 신전의 세라피움 분관은 4세기 후반까지 복제한 파피루스 두루마리 42,800매를 보존하였다.

보존도서관(deposit library)은 현재적 이용가치가 극히 낮은 자료, 심하게 파오손된 자료, 별무이용 자료(little-used materials)의 복본 등을 별치·밀집하는 도서관을 말한다. 이러한 유형은 수장공간 부족문제 해소, 유지관리비 절감, 자료실 신선도 확보 등에 목적이 있다. 보존서고(storage stack)와 밀집배가(compact shelving)에 이어 공동보존서고(collaborative repository library)로 발전하고 있다. 1893년 아담스(C.F. Adams)가 주창한 이래로16) 설치된 외국 대학도서관의 주요

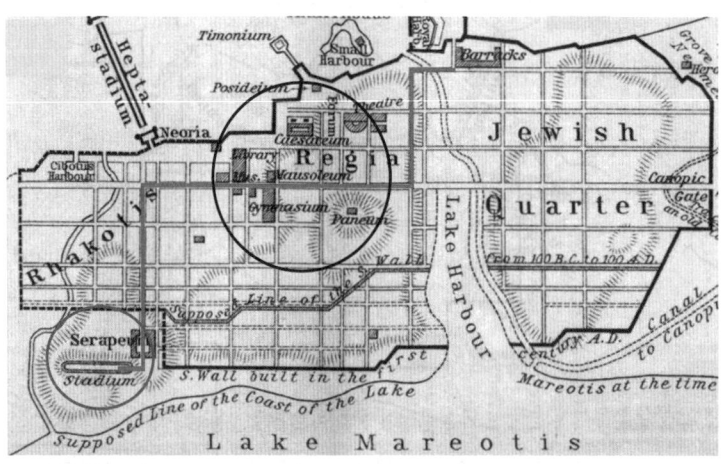

〈그림 1-9〉 고대 알렉산드리아도서관과 세라피움 분관

공동보존서고 사례는 다음과 같다.

- 미국 : 매사추세츠주 FCLD(Five College Library Depository), 캘리포니아주 SRLF(Southern Regional Library Facility), 콜로라도주 PASCAL(Preservation and Access Service Center for Colorado Academic Libraries), 뉴저지주 ReCAP(Research Library Collections and Preservation Consortium), 오하이오주 NORBD(Northwest Ohio Regional Book Depository), 매릴랜드주 WRLCS(Washington Research Library Consortium Storage), 미네소타주 MLAC(Minnesota Library Access Center)
- 스코틀랜드 CASS(Collaborative Academic Store for Scotland) : 6개 대학도서관이 사용하는 보존시설로서 에딘버러시 사이트힐 NLS 커즈웨이사이드 건물에 설치
- 독일 HBZ(Hochschulbibliotheks Zentrums) : 1982년 설치된 노르트라인 베스트팔렌(Nordrhein-Westfalien)주 공동보존도서관(연면적 3,800m^2, 서가길이 23.3km)
- 프랑스 CTLes(Centre technique du livre de l'enseignement superieur) : 1996년 완공된 50여개 대학도서관 공동보존센터(4층 건물 연면적 6,900m^2, 보존공간 서가길이 72km)
- 호주 CARM Centre : 빅토리아주 대학도서관 컨소시엄(Cooperative Action by Victorian Academic Libraries)이 운영하는 고밀도 보존서고(10개 대학공용, 수장량 100만권)

그러나 국내는 대학도서관 중심의 공동보존서고 내지 협동보존관이 없다. 그 동안 공동보존서고 구축의 필요성이 제기[17]되었으나, 대다수는 학내에 별동 보존관, 중앙관 내의 보존서고나 모빌랙을 활용한 밀집배가 형태로 축적하고 있다. 이러한 현상은 권역별 내지 설립주체별로 대학도서관 공동서고를 구축해야 하는 논거와 기대편익이 충분할지라도 개별 대학과 도서관이 자체적으로 해결할 수 있을 정도로 보존공간 부족이 심각하지 않음을 반증한다.

2.3 도서관의 업무와 기능

2.3.1 도서관 업무

대학의 3대 핵심기능은 교육, 연구, 사회봉사다. 이를 지원하기 위한 법정 교육기본시설인 대학도서관은 구성원의 교수학습, 학술연구, 사회활동에 필요한 지식정보를 제공하는 데 주된 목적이 있다. 그리고 업무수행에 지장이 없는 범위에서 시설 및 자료를 지역사회에 개방하고, 평생학습프로그램 등을 지역주민에게 제공한다. 대학도서관의 법정 업무는 「대학도서관진흥법」 제7조에서 다음 6가지로 규정하고 있다.

- 대학의 교육 및 연구에 필요한 자료의 수집·정리·보존 및 서비스 제공
- 교육 및 연구 활동에 필요한 지원
- 학생의 학습 및 수업활동에 필요한 지원
- 대학에서 생산한 각종 지식자원의 수집, 디지털화 및 운영
- 다른 도서관 및 관련 기관과의 상호협력과 서비스 제공
- 그 밖에 대학도서관의 기능 수행에 필요한 업무

그러나 실제 대학도서관이 수행하는 핵심업무와 순차성을 기준으로 구분하면 경영관리, 장서개발, 자료정리 및 DB구축, 지식정보서비스와 보존관리로 대별할 수 있다. 이들을 구체화하면 〈표 1-4〉와 같다.

① 경영관리는 도서관의 경영계획, 조직 및 인사관리, 예산편성과 집행, 건물과 시설공간관리, 주변 환경관리, 전산정보화 등이다.

② 장서개발 및 수서업무는 국내외 출판도서, 연속간행물, 시청각자료, 회색문헌, 서지 및 원문 DB, 전자자료, 인터넷 지식정보를 선정과 구입, 기증이나 교환, 다운로드와 링크 등의 방식으로 수집·개발하여 등록하고, 기관리포지터리(Institutional Repository)와 가상서고를 구축하는 행위를 말한다.

〈표 1-4〉 대학도서관 주요 업무

경영관리	장서개발(수서)	자료정리(DB구축)	지식정보서비스(보존)
▪ 경영계획 ▪ 조직·인력 관리 ▪ 예산편성 및 집행 ▪ 건물과 시설 공간관리 ▪ 관내외 환경 관리 ▪ 시스템(전산, 정보화) 관리	▪ 장서개발정책(CDP) 수립 ▪ 이용자 요구 분석 ▪ 서지정보 수집과 리뷰 ▪ 희망(추천)도서 리스트 관리 ▪ 실물자료 및 온라인 전자자료의 선택·구입과 라이선스 계약 ▪ 자료검수, 등록 등 ▪ 웹장서개발과 아카이빙 ▪ 기관(대학) 리포지터리 구축	▪ 주제분석과 분류 작업 ▪ 편목과 전거작업 ▪ 각종 장비(바코드, 라벨, 테이프, RFID) 부착 ▪ DB(OPAC, CD-ROM, On-line) 구축과 유지관리 ▪ 분류표 및 목록규칙 수정·보완 ▪ 재정리업무	▪ 열람, 대출, 참고질의서비스 ▪ 도서관, 자료이용, 정보검색 등 지도·지원서비스 ▪ 신간목차 및 최신정보주지서비스 ▪ 상호대차 및 원문제공서비스 ▪ Open Access Service ▪ 학습시설·연구공간 제공서비스 ▪ 학술지 등 제본과 서고관리(배가, 서가이동 등) ▪ 장서점검·평가, 제적·폐기 ▪ 파오손자료 수선과 복원 ▪ 매체 및 포맷의 재생과 변형

③ 자료정리 및 DB구축에는 수집된 자료에 분류표 및 목록규칙을 적용하여 체계적으로 정리하고 각종 서지·원문DB(OPAC, CD-ROM, On-line)를 관리하는 행위가 포함된다.

④ 지식정보서비스 및 보존업무의 경우, 전자는 교수와 학생이 소장 및 미소장 자료를 검색·입수할 수 있도록 지원하는 모든 서비스 업무로 자료열람·대출서비스, 도서관 및 자료검색 이용지도, 질의응답서비스, 정보검색지원서비스, 원격정보제공서비스, 오픈액세스(OA) 서비스, 학습·연구공간 제공 등이 대표적이다. 후자에는 제본·수선, 자료실 및 보존서고 관리, 장서평가, 장서점검과 제적·폐기, 파오손자료의 수선과 복원, 매체 및 포맷의 재생과 변형, 공동보존서고 참여 등이 포함된다.

2.3.2 도서관의 역할과 기능

대학도서관은 모체기관의 성격과 목적에 따라 수행하는 업무에서 차이가 있지만, 대체로 '경영관리 → 장서개발(수서) → 자료정리(DB구축) → 지식정보서비스 → 보존관리'의 반복적 순환을 통해 대학 및 사회에 기여한다. 다시 말해서 대학도서관의 존재 이유는 내적 업무의 충실화를 전제로 〈그림 1-10〉과 같이 대학 및 사회를 위한 중요한 역할과 기능을 수행하는 데 있다.

〈그림 1-10〉 대학도서관 핵심기능과 역할의 상관관계

첫째, 대학도서관이 수행해야 할 핵심적 역할은 교육·연구활동을 지원하기 위한 교수학습자료센터(educational and learning material center)와 학술연구정보센터(scholarly and research information center)다. 전자를 위한 기능은 학생에게 시설과 공간, 자료와 서비스를 제공하여 교육 및 학업을 충실하게 지원하는 것이고, 후자를 위해서는 교수에게 고품질 지식정보를 제공하여 학술연구를 최대한 지원하는 것이다. 도서관이 캠퍼스 지식정보서비스 구심체로서의 정체성 확립과 교수학습 및 학술연구 극대화에 기여하지 못하면 존속할 이유가 없다.

둘째, 대학도서관이 인터넷, 디지털, 모바일 시대에 부응하기 위해서는 하이브리드 지식정보공유공간(knowledge and information commons)과 디지털 게이트웨이(digital gateway)로서의 파생적 역할을 수행해야 있다. 전자를 위한 기능은 인쇄자료 중심의 실물서가와 디지털 정보의 가상서고를 구축하여 대학도서관의 정체성 및 핵심역량을 강화하는 것이며, 후자를 위해서는 인쇄자료 수집력 제약, 디지털 정보생산 및 유통채널의 다기화, 이용자 정보접근 및 검색이용 행태의 다양화 등을 감안하여 정보공유 및 포털사이트 기능을 제고시켜야 한다.

셋째, 대학도서관이 핵심적 및 파생적 역할을 충실하게 수행한다는 전제 하에 추가해야 할 부차적 역할은 캠퍼스의 기관 리포지터리(institutional repository)와 지역사회 개방서비스다. 전자를 위한 기능은 치밀한 장서개발 및 보존관리 측면에서 대학이 생산한 모든 원천자료의 실물수집 및 디지털 아카이빙을 병행하여 보존력과 활용성을 제고시키는 것이며,

후자를 위해서는 도서관의 장서, 시설과 공간, 서비스, 프로그램을 사회에 개방하여 지역민의 지식탐구, 자료·시설 이용, 독서활동, 여가생활에 기여해야 한다.

제3절 도서관 경영환경 분석

모든 조직체의 경영관리는 상황적합이론(contingency theory)을 중시한다. 동일한 맥락에서 대학도서관 경영활동이 시대상황에 부합하려면 학내외에서 영향을 미치는 변수 내지 인과관계가 있는 이해집단, 환경적 및 상황적 요소에 대한 이해가 전제되어야 한다. 이를 위한 환경변수를 군집하면 〈그림 1-11〉처럼 정책적 변수인 고등교육 정책, 제도적 변수인 도서관 관련 법령과 기준, 조직적 변수인 대학 구성원과 관련 조직, 사회적 변수인 디지털 정보기술로 대별할 수 있다.

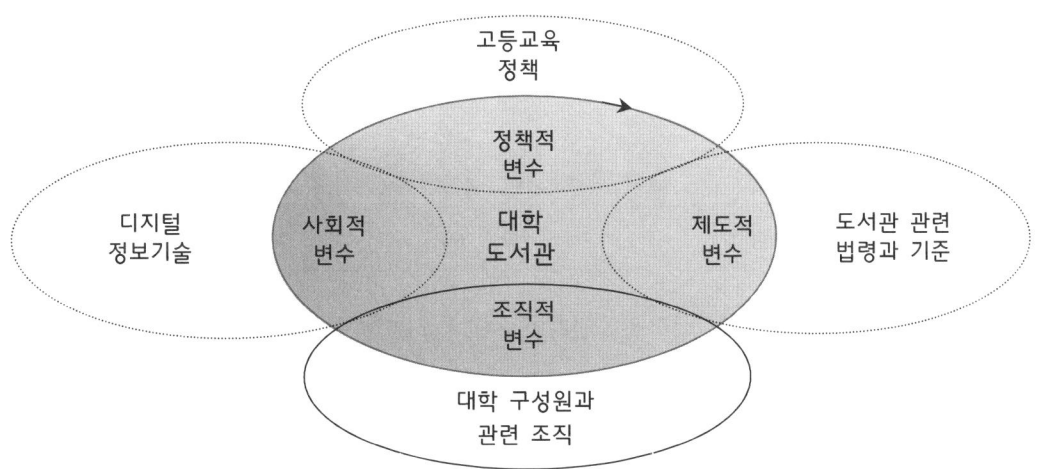

〈그림 1-11〉 대학도서관 경영관리의 주요 환경변수

3.1 고등교육 정책

대한민국은 부존자원(賦存資源)이 절대 부족한 국가다. 이에 주목한 역대 정부는 고등교육을 통한 고급 인재양성을 매우 중시하여 왔다. 그 후속 조치로 추진한 정책적 메뉴와 재정지원은 대학교육 및 도서관 운영에 지대한 영향을 미쳤다. 대표적인 정책사례는 대학의 양적 확충, 대학종합평가인정제에 이은 대학평가인증제 시행, 한국교육학술정보원 설립과 대학도서관 평가 등이다.

먼저 역대 정부가 추진한 대학 확충정책(특히 1980년대 7 · 3교육개혁조치에 의한 졸업정원제 실시, 2000년대 대학설립준칙주의 등)에 따라 〈표 1-5〉에서 알 수 있듯이 지난 40년간 4년제 대학수는 2.4배 이상, 학생수는 무려 5배 증가하였다.[18] 이처럼 학생수의 양적 확대정책은 대학도서관의 시설공간 및 자료서비스를 위한 예산지출 및 업무부담을 가중시켜 왔다.

〈표 1-5〉 국내 대학수 및 학생수 증감 추이(1980-2020)

구분	대학수	학생수	비고
1980	85	402,979	
1985	100	931,884	
1990	107	1,040,166	
1995	131	1,187,735	
2000	161	1,665,398	
2005	173	1,859,639	
2010	179	2,028,841	
2015	201	2,173,939	
2020	203	2,012,015	

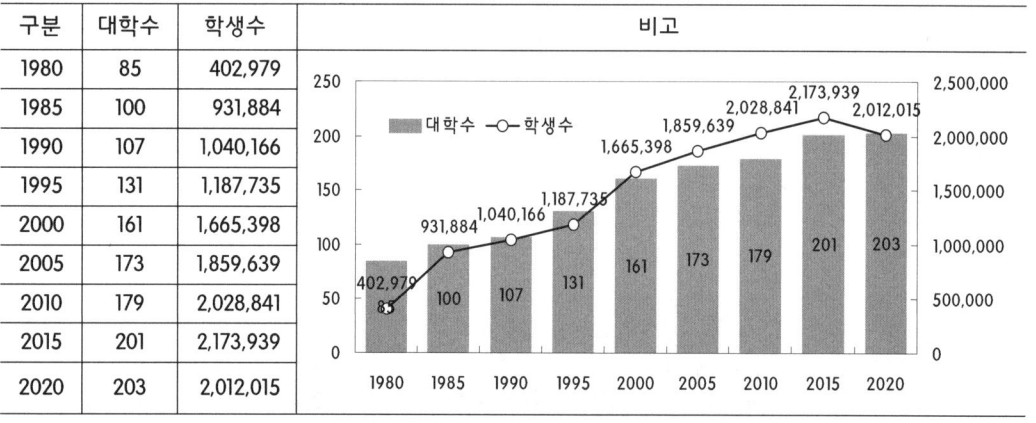

다음으로 1990년대 도입된 대학종합평가인증제(大學綜合評價認定制)는 대학에 자기성찰을 통한 수월성 제고의 기회를 제공한 긍정적 측면에도 불구하고 많은 왜곡과 파행이 있었다. 이를 준비하는 과정에서 만연된 '장서 부풀리기'는 양적 확충정책의 굴절을 대표하는 사례였다. 대학도서관계는 '장서수 = 장서수준'이라는 물량주의(物量主義)를 혁파해야 한다. 서고를 옥죄는 낡은 자료와 복본을 포함시킨 장서의 총량을 내세우거나 수장공간 부족을 외치는 것은 시대착오적 폐습이고 부메랑 효과(boomerang effect)는 장서수준 저하로 귀결될 수밖에 없다.[19] 2020년부터 대학도서관 평가가 본격 시행되고 있으나 장서수에 대한 양적 지표를 개선하지 않으면 장서 부풀기 폐습이 재연될 수 있다.

마지막으로 1999년 교육부 산하 특수법인으로 출범한 한국교육학술정보원(KERIS)는 대학도서관 뿐만 아니라 연구집단에게 고품질 정보서비스 기관으로서의 역할을 수행하여 왔다. 도서관 관련 사업은 「한국교육학술정보원법」 제6조에서 총 8가지(교육 및 학술연구정보의 제작·조사·수집 및 관리와 활용 연구, 교육정보제공체계의 구축 및 관리·운영, 교육 및 학술정보의 개발·유통에 필요한 정보의 체계화 및 표준화, 멀티미디어를 이용한 교육용 정보·자료의 연구·개발·발굴 및 보급, 각급 도서관 전산화 및 전자도서관의 구축 지원 등)로 규정하고 있다. 대표적인 실적이 국가 연구경쟁력 강화를 위한 RISS(Research Information Sharing Service) 제공, 일본 국립정보학연구소(NII)와 학술정보 공동활용체제 구축을 통한 서비스, 전자자료 국가컨소시엄 ACE(Academic library Consortia on Electronic resources) 주도, 현직자 교육훈련, 연구프로젝트 발주 등이다. 특히 포털사이트 RISS는 지식정보서비스 영역을 크게 확장시켰다. 또한 대학도서관 평가를 주관하고 있어 법적 위상 강화, 핵심인프라 충실화, 지식정보서비스 확대 등에 기여할 것으로 예상된다.

3.2 관계 법령 및 기준

모든 조직체는 법령에 근거하여 설치·운영된다. 대학도서관도 각종 법령 및 기준을 기반으로 설립되고 관리·운영되는 것이 상례다. 그러나 대학도서관에 영향을 미치는 법령은 최상위 헌법에서 최하위 규정에 이르기까지 무수히 많고 다양하다. 대학도서관과 관련된 주요 법령 및 기준을 간추리면 〈그림 1-12〉와 같다.

- 설립·운영 : 도서관법, 대학도서관진흥법, 대학설립·운영규정, 대학별 설치령(특수법인 국립서울대학교, 국립학교, 한국교원대, 한국방송통신대), 사립학교법 등
- 인사관리 : 국가 및 지방공무원법, 공무원교육훈련법, 공무원연금법령, 공무원 및 지방공무원임용령, 공무원 및 사립학교 교직원 의료보험법령, 공무원임용시험령, 기능직공무원시험과목지정, 공무원 및 지방공무원의 보수 및 수당규정, 국립의 각급학교에 두는 공무원의 정원에 관한 규정, 고등교육법령, 사립학교법령, 각 대학학칙과 규정, 도서관규정과 세칙(기준) 등
- 직제 및 사무분장 : 각 학교 설치령, 행정기관의 조직과 정원에 관한 통칙, 사립학교

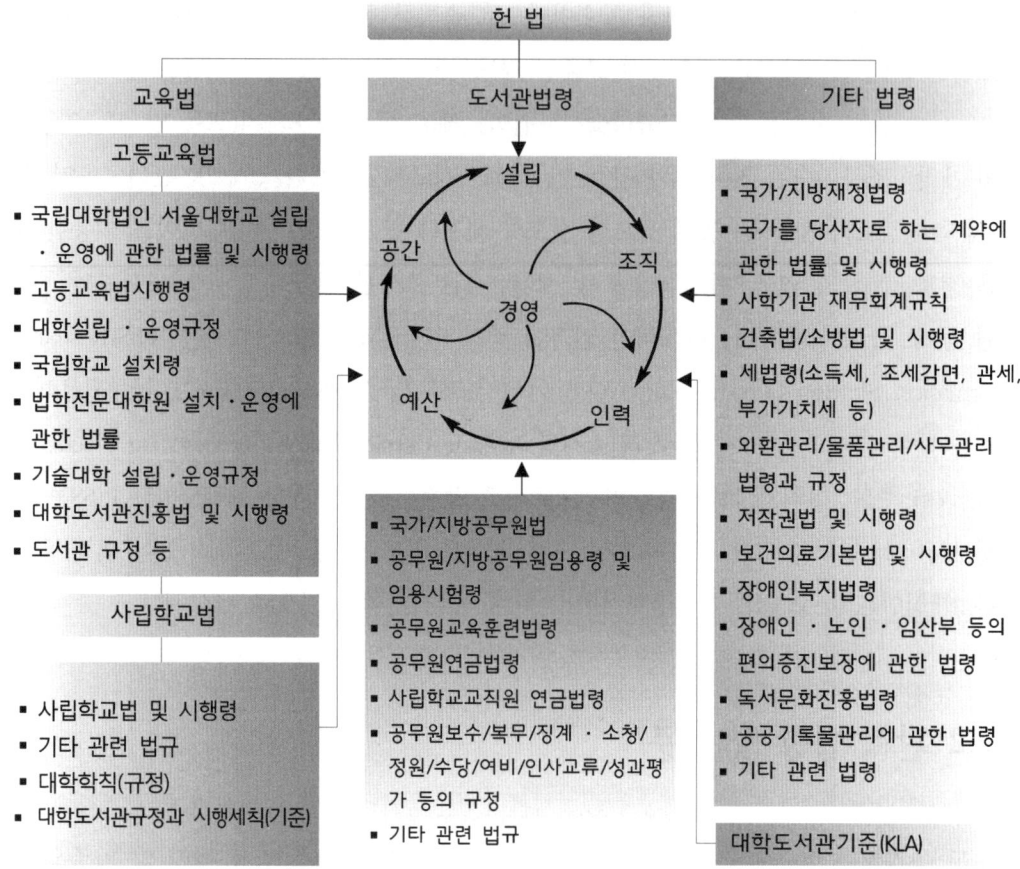

〈그림 1-12〉 대학도서관 관련 주요 법령체계

법령, 각 대학 및 도서관 규정 등

- 시설 및 자료기준 : 대학설립·운영규정, 건축법과 동법 시행령, 소방법 및 동법 시행령, 장애인·노인·임산부 등의 편의증진보장에 관한 법령 등
- 예산 및 회계 : 국가 및 지방재정법과 동법 시행령, 국가를 당사자로 하는 계약에 관한 법령, 계약사무처리규정, 국립교육기관 예산(안) 조정기준, 사학기관재무·회계규칙 및 특례규칙 등
- 물품구매·수입·관리 : 관세법, 대외무역법, 조달기금법, 외환관리법, 물품관리법 및 각 법률의 시행령, 음반 및 비디오물에 관한 법령, 저작권법령, 도서관자료의 교환·이관·폐기 및 제적의 기준과 범위(고시) 등

- 사무관리 : 사무관리규정 및 시행규칙, 지출관 사무처리규칙, 재무관 사무처리규칙, 계약사무처리규칙, 공문서분류 및 보존에 관한 규칙 등
- 세제혜택 : 법인세법, 조세감면규제법, 관세법, 소득세법, 부가가치세법, 상속세법 및 각 법률의 시행령 등
- 기타 : 국가정보화기본법, 독서문화진흥법, 공공기록물 관리에 관한 법률 및 동법 시행령, 한국도서관기준 등

3.3 대학 구성원 및 관련 조직

3.3.1 대학 구성원

(1) 총(부총)장

대학 총장 및 부총장의 도서관 인식은 인사 및 조직관리, 예산배정, 장서개발, 정보시스템 구축, 신축과 증개축 등에 지대한 영향을 미친다. 특히 총장이 도서관을 심장으로 중시할 때는 인력 및 예산을 확보하기 쉽지만, 맹장 정도로 인식할 경우에는 설득과 진언도 소용이 없다.

그리고 총장은 관장을 보임하고 도서관 중장기 계획을 검토·승인하며, 예산규모와 성취목적을 확정하고 업무실적을 최종 평가한다. 그 중 요체는 관장보임과 예산배정이다. 전문성·개혁성·리더십이 부족한 관장을 보임하거나 예산지원이 부실하면 도서관 발전을 기대할 수 없기 때문이다. 특히 관장 리더십에 대한 신뢰가 부족하면 도서관은 학내 영향력이 약화되고 정책결정에서 어려움을 겪게 된다.

(2) 교수집단

대학과 교수의 불가분성(indivisibility)은 교수와 도서관에도 적용된다. 그 만큼 교수가 도서관에 미치는 영향력은 어느 집단보다 크다.

먼저 통상 교수사회는 보수지향적이다. 과거 21세기를 대비한 교육개혁에서 정부당국과

교수집단이 첨예하게 대립한 사실이 방증한다. 시쳇말로 교수개혁이 대학개혁의 시발점이자 종착지라 할 수 있다. 그리고 교수는 교육연구 및 사회봉사[20]라는 본연의 역할 외에 대학운영에도 관여한다. 전자는 단독적인 반면에 후자는 학과(전공), 단과대학, 대학 전체의 정책을 결정할 때 참여한다.

다음으로 교수의 대학도서관 인식은 학문분야에 따라 상당한 차이가 있다. 인류의 정신문화 유산을 발굴·전수하는 데 천착하는 인문학자는 도서관을 '지식정보 보고(寶庫)'로 간주한다. 사회현상을 탐구하는 사회과학자는 대개 아날로그와 디지털이 공존하는 '유기적 학술정보센터'로 인식한다. 그러나 실험연구에 치중하는 과학자는 비공식 연구집단(invisible college), 학술대회, 전자학술지, 연구보고서 등을 선호할 뿐만 아니라 참여연구원을 통해 자료를 수집하는 비율이 높기 때문에 도서관을 '중고품 창고(倉庫)'로 격하시키는 경향이 있다.

따라서 대학도서관은 교수집단을 학문영역별로 세분화한 후 설득 및 마케팅 전략을 구사해야 한다. 특히 과학자를 위한 최신 정보서비스, 적극적 연구지원서비스, 프로젝트 연구정보서비스, 신속한 원문제공서비스, 디지털 주제게이트웨이 서비스, 학술지 DB 지원서비스 등을 강화할 때 부정적 시각을 약화시킬 수 있다.

(3) 학생집단

대학 구성원 중 학생집단은 규모가 가장 크다. 과거 대학도서관 개혁에 중대한 영향을 미친 바 있다. 1980년대 말에서 1990년대 초까지 일부 국립대 학부생이 주도한 도서관 개혁운동(改革運動)이 대표적이다. 그 결과, 도서관 내부에 존재하던 일반열람실의 단독 건물화, 중앙도서관 신축 등과 같은 외형적 혁신 외에 자동화, 개관시간 연장, 개가자료실 설치 등 내적 변화가 일어났다.

그럼에도 학생집단의 도서관 영향력은 자료수집, 공간구성과 편의시설 개선, 대출서비스, 개관시간 연장 등과 같은 세부적 영역에 국한된다. 가령 학생의 독서태도와 성향은 장서구성에, 학생정원 증가는 열람공간 확보에, 개가제 요구는 자료배치 및 자료실 운영에 영향을 미친다. 따라서 도서관은 학생의 인구통계적 특성을 기준으로 자료요구 및 이용행태를 분석하여 서비스 불만족을 해소하고 접근·이용 편의성을 높여야 강력한 우군을 확보할 수 있다.

3.3.2 학내 관련 조직

대학도서관의 정체성 및 기능적 측면에서 도서관과 밀접한 조직체는 본부, 정보통신원(전자계산소 후신), 시청각센터, 출판부, 박물관, 연구소, 장애인지원센터, 교수학습센터 등이다.

그 중 대학본부는 도서관의 인력충원, 조직개편, 예산배정, 리모델링이나 증개축, 주제관 또는 분관 설치, 정보시스템 구축 등에 지대한 영향을 미친다. 도서관은 위임권한이 아닌 기능이나 업무를 중심으로 본부와의 소통을 강화해야 한다.

그리고 캠퍼스 교육학술자료를 총괄해 온 대학도서관의 시스템 구축·관리를 정보통신원이 주관함에 따라 여러 대학에서 패키지형 전자자료를 둘러싼 갈등이 노정된 바 있다. 양자의 조직적 통합사례도 적지 않다. 대학 입장에서는 도서관과 정보통신원 예산이 제로섬 게임(zero-sum game)[21]에 불과하지만, 도서관은 예산총액의 상대적 축소로 인해 교육학술정보센터로서의 정체성이 약화될 수밖에 없다.

그 외에 도서관은 인쇄자료, 라이선스 전자자료뿐만 아니라 마이크로자료, 녹음 및 음반자료, CD·DVD 등을 수집·보존하고 요구에 대처해야 한다. 그러나 일부 대학에 존재하는 시청각센터는 자료의 중복구입 및 분산관리를 초래하고 도서관의 자료수집 및 시청각 자료서비스에 영향을 미친다.

3.4 디지털 패러다임과 정보기술

글로벌 메가트렌드의 일종인 디지털 패러다임(digital paradigm)과 정보기술은 도서관 경영관리에 다각도로 영향을 미치는 사회적 변수다. 이에 대다수 대학도서관은 인터넷 정보유통 및 이용행태를 분석하고 정보시스템 전산화, 장서개발 하이브리드화, 서지정보 및 소장자료 디지털화, 접근이용 및 제공서비스 온라인화 등에 주력하여 왔다. 그럼에도 디지털 정보유통 및 이용행태는 대학도서관 경영관리 전반을 압박하는 핵심변수로 부상하고 있

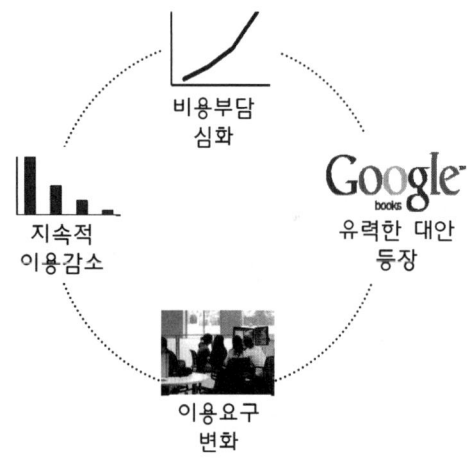

〈그림 1-13〉 대학도서관 경영변화 동인

다. 2011년 미국 대학리더십위원회는 디지털 패러다임을 기반으로 학술도서관 경영변화를 촉진하는 4대 동인을 〈그림 1-13〉[22]과 같이 제시하였다.

첫째, 도서관 경영변화를 불가피하게 하는 최대 변수는 비용부담 심화다. 그 비용은 건물 유지관리, 장서 보존관리, 인건비 등 지출에서 비롯된 것이 아니라 디지털 패러다임을 적극적으로 수용하는 데 따른 라이선스 전자자료 계약료의 급증에서 기인한다.

둘째, 대학 구성원이 도서관을 방문하지 않고도 방대한 학술연구자료에 접근할 수 있는 대안의 등장은 경영환경 변화를 촉구하는 최대 변수다. 대표적인 사례가 '지구촌 정보를 조직하여 보편적 접근과 유용성을 제공한다'는 구글(Google)의 야망이다. 구글의 성공여부와 무관하게 구성원의 도서관 의존도는 지속적으로 감소하고 있다. 도서관과 사서직이 심각하게 고민해야 할 대목이다. 가장 분명한 사례는 OCLC가 학생 정보탐색 및 교수연구의 출발점을 조사한 〈그림 1-14〉[23]다. 대다수 학생은 도서관 사이트보다 검색엔진, 위키피디아(Wikipedia), SNS(Social Networking Site)에서 정보탐색을 시작하며, 교수도 연구를 시작할 때 도서관을 출발점으로 인식하는 비율

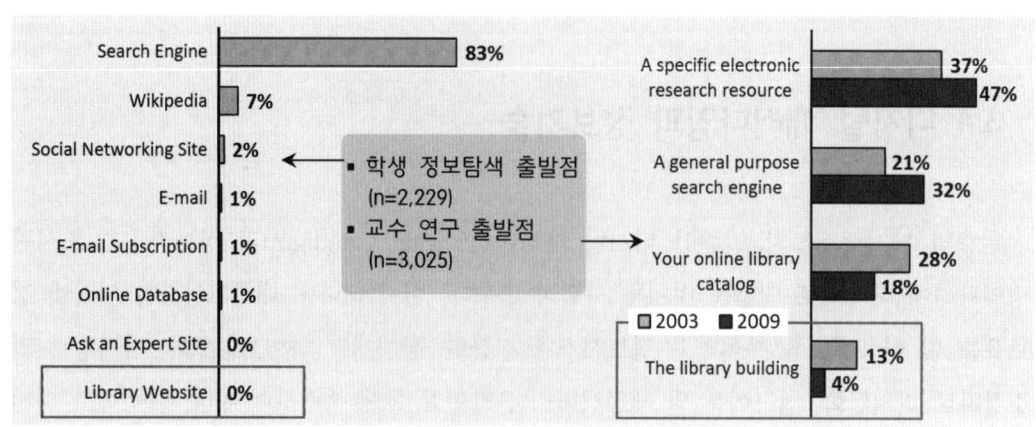

〈그림 1-14〉 학생 정보탐색 및 교수연구 출발점 비교

〈표 1-6〉 미국 연구도서관(ARL) 대출건수·참고서비스 변화(1998-2018)

구분	대출건수	참고서비스	비고
1998	366,873	147,644	
2000	310,251	121,637	
2002	313,209	100,656	
2004	314,522	87,896	
2006	279,606	73,587	
2008	248,979	61,210	
2010	245,960	55,850	
2012	198,489	43,968	
2014	154,374	35,577	
2016	129,563	28,147	
2018	116,575	24,186	

이 4%에 불과하였다.

셋째, 인터넷 정보자원과 라이선스 전자자료로 인한 도서관 실물장서 이용 및 참고서비스가 급속히 감소하고 있다. 그 동안 대출이 도서관의 자료서비스를 대표하였다면 질의응답은 사서의 참고서비스를 대변하는 지표였다. 지난 20년간(1998-2018) ARL의 1개관당 서비스 평균을 집계한 〈표 1-6〉[24]을 보면 대출은 68.2%, 참고서비스는 83.6% 감소하였다. 이러한 추세를 감안하면 장서개발정책, 자료서비스, 시설·공간운영, 조직체계, 인력배치 등을 전향적으로 재구성하는 경영전략이 필요하다.

넷째, 대다수 대학도서관이 예산부담의 심화에도 불구하고 팀워크 과제수행을 위한 토론·학습공간, 디지털 정보기술 및 웹기반 서비스, 전자자료(E-book, E-journal, Web DB) 확충 등 새로운 요구를 적극적으로 수용해야 한다. 다만 시설·공간 요구나 디지털서비스는 비교적 단순하고 개별적인 사안인 반면에 라이선스 전자자료는 예산확보, 인력 및 공간의 재배치 등과 연계되어 있다.

요컨대 미래에 대학도서관이 캠퍼스 심장으로 존속하려면 통시적 단행본, 저명한 학술지, 다양한 회색문헌 등으로 구성된 핵심장서 위에 고품질 전자자료를 추가하여 하이브리드 학술연구정보 거점 및 게이트웨이로서의 역할을 병행해야 한다. 이를 위해서는 디지털 패러다임을 적극 수용하여 보존서고와 열람·대출로 대변되는 고답적 정체성을 일신하여 디지털서비스, 정보검색지원서비스, 연구지원서비스 등을 강화해야 한다. 그 단초가 전략적 계획의 수립이며, 투입-산출 중심의 경영평가를 성과측정 및 기여도 평가로 확장할 필요가 있다.

 인용정보

1) 우니베르시타스(universitas)는 중세에 공동이익을 위해 구성한 '길드, 자치도시'와 같은 집단·단체에 범용되었다. 대학에서는 시설·장소보다 학문적 보편성(universality)에 가깝다. 대학을 지칭하는 고유명사로 정착된 시기는 15세기 이후로 추정된다.
2) 한기언, 大學의 理念(서울: 세광공사, 1979), pp.80-86.
3) V. Mallinson, *The Western European Idea Education*(Oxford: Pergamon Press, 1980), p.333.
4) H.R. Brown, *The Investment in Learning: The Individual and Social Value of American Higher Education*(San Francisco: Jossey-Bass Publishers, 1980), pp.296-297.
5) J.S. Brubacher and W. Rudy, *Higher Education in Transition*(New York: Harper & Row Publishers, 1968), p.143.
6) Stanford University Libraries, *Stanford University Libraries and Academic Information Resources 2007-2008 Report: Discovery and Outreach*, p.5. 〈http://library.stanford.edu/about_sulair/annual_reports/SULAIR_08AR.pdf〉 ; 京都大学図書館, 京都大学図書館機構将来構想 2020-2027(京都: 同図書館, 2020)
7) Robert M. O'Neil, "The University Administrators's View of the University Library," In *Priorities for Academic Libraries*, edited by T.J. Galvin and B.P. Lynch(San Francisco: Jossey-Bass, 1982), p.5.
8) Lewis Guodo Liu, "The Contribution of Library Collections to Prestige of Academic Programs of Universities: A Quantitative Analysis," *Library Collections, Acquisitions, & Technical Services*, Vol.25, No.1(2001), pp.49-65 ; Paula T. Kaufman, "The Library as Strategic Investment," *Liber Quarterly*, Vol.18, No.3/4(2008), pp.424-436 ; Yoon Hee Yoon, Kim Sin Young, "Correlation Analysis between University Research Competitiveness and Library's Scholarly Information in

OECD Nations and Korea," *Scientometrics,* Vol.74, No.3(2008), pp.345-360 ; David L. Morgan, Richard C. Kearney, and James L. Regens, "Assessing Quality among Graduate Institutions of Higher Education in the United States," *Social Science Quarterly,* Vol.57, No.3(Dec. 1976), pp.670-679 ; J.M. Budd, "Faculty Publishing Productivity: An Institutional Analysis and Comparison with Library and Other Measures," *College & Research Libraries,* Vol.56, No.6(1995), pp.547-554 ; H. Dundar and D.R. Lewis, "Determinants of Research Productivity in Higher Education," *Research in Higher Education,* Vol.39, No.6(Dec. 1998), pp.607-631 ; 윤희윤, OECD 국가의 대학도서관 분석과 시사점(서울: 한국교육학술정보원, 2004), pp.17-21 ; Carol Tenopir and Rachel Volentine, *UK Scholarly Reading and the Value of Library Resources: Summary Results of the Study Conducted Spring 2011*(JISC Collections, 2012), p.121 ; Donald W. King, et al., The Use and Outcomes of University Library Print and Electronic Collections(2004) ⟨http://web.utk.edu/~tenopir/research/pitts/Pitt_Use_Final.pdf⟩ ; Concepcion S. Wilson and Carol Tenopir, "Local Citation Analysis, Publishing and Reading Patterns: Using Multiple Methods to Evaluate Faculty Use of an Academic Library's Research Collection," *Journal of the American Society for Information Science and Technology,* Vol.59, No.9(2008), pp.1393-1408 ; Shun Han Rebekah Wong and T.D. Webb, "Uncovering Meaningful Correlation between Student Academic Performance and Library Material Usage," *College & Research Libraries,* Vol.72, No.4(July 2011), pp.361-370 ; Ula Gaha, Suzanne Hinnefeld, and Catherine Pellegrino, "The Academic Library's Contribution to Student Success: Library Instruction and GPA," *College & Research Libraries,* Vol.79, No.6 (Sept. 2018), pp.737-746 ; Jung Mi Scoulas and Sandra L. De Groote. "The Library's Impact on University Students' Academic Success and Learning." *Evidence Based Library and Information Practice,* Vol.14, No.3(Sept. 2019), pp.2-27.

9) Joanne R. Euster, "The Academic Library: Its Place and Role in the Institution," In *Academic Libraries: Their Rationale and Role in American Higher Education,* edited by Gerard R. McCabe and Ruth J. Person(Westport, Conn.: Greenwood Press, 1995), p.5.

10) 圖書館情報學ハンドブック編輯委員會 編, 圖書館情報學ハンドブック(東京: 同委員會, 1988), p.196.

11) Keyes Metcalf, "The Lamont Library," *Harvard Library Bulletin,* Vol.III(Winter 1949), p.29.

12) Elizabeth Mills, "The Separate Undergraduate Library," *College & Research Libraries,* Vol.29, No.2(Mar. 1968), pp.145-146 ; Henry W. Wingate, "The Undergraduate Library: Is It Obsolete?" *College & Research Libraries,* Vol.39, No.1(Jan. 1978), pp.29-33.

13) ARL. "List of ARL Members," ⟨https://www.arl.org/list-of-arl-members/⟩

14) 의학, 법학, 농학, 경영학 등 비교적 주제가 한정된 도서관을 말한다.

15) 대개 광범위한 주제영역(인문과학, 사회과학, 자연과학, 공학, 치의학 등)을 기준으로 부문화한 경우를 말하며, 국내 주제관이나 분관이 여기에 해당한다.

16) H. Joanne Harrar, "Cooperative Storage," *Library Trends,* Vol.19, No.3(Jan. 1971), p.320.

17) 윤정옥, 심경, 곽동철, "우리나라 대학도서관 공동보존서고의 구축 및 운영에 관한 연구," 한국도서관·정보학회지, 제8권 제3호(2007, 9), pp.25-51 ; 윤희윤. "대학도서관 공동보존서고 설립·운영모형 연구," 한국도서관정보학회지, 제45권 제3호(2014, 9), pp.37-61.
18) KOSIS, "고등교육기관 개황," 〈https://kosis.kr/statisticsList/statisticsListIndex.do?menuId=M_01_01&vwcd=MT_ZTITLE&parmTabId=M_01_01&parentId=H1.1;H1_2.2;#SelectStatsBoxDiv〉
19) 윤희윤, 장서관리론, 완전개정 제4판(서울: 한국도서관협회, 2020), p.297.
20) 교수는 주어진 시간의 40%를 연구, 40%를 교육, 나머지 20%를 사회서비스에 할애하기를 기대한다.(Marvin W. Peterson and R. Blackburn, "Faculty Effectiveness: Meeting Institutional Needs and Expectations," *Review of Higher Education,* Vol.9, No.1(1985), p.28)
21) 서로(L.C. Thurow)가 저술한 「The Zero-Sum Society: Distribution and the Possibilities for Economic Change, 1981」에 처음 등장한 제로섬 게임은 여러 사람이 영향관계에 있는 상황에서 각각이 취하는 이득의 합이 항상 제로이거나 그러한 상태를 말한다. 예컨대 상반된 이해관계가 있는 2인이 게임할 때 한 사람의 이익(손실)이 다른 사람에게 손실(이익)을 초래하여 양자 득실의 합이 늘 제로가 되는 게임이다.
22) University Leadership Council, *Redefining the Academic Library: Managing the Migration to Digital Information Services*(Washington, DC: The Advisory Board Company, 2011), p.5.
23) *Ibid.,* p.11.
24) ARL, "ARL Statistics Survey Statistical Trends 1998-2018," 〈https://www.arl.org/arl-statistics-survey-statistical-trends/〉

Chapter 2
경영이론과 기법

제1절 경영관리 기초이론
제2절 경영계획 수립과 적용
제3절 경영기법 동향

제2장

경영이론과 기법

제1절 경영관리 기초이론

1.1 경영관리의 개념과 발전

1.1.1 경영관리의 개념과 범주

도서관경영은 무엇인가. 이를 이해하려면 운영, 관리, 경영관리 등과 혼용되는 용어의 개념적 정의와 상호관계에 대한 해명이 필요하다.

라틴어 'operari'(일하다)가 어원인 운영(operation)은 '조직, 기업, 가계 등이 설정한 방식과 절차에 따라 반복하는 행위'다. 역시 라틴어 'manus'(무엇을 실행하다)와 이탈리아어 'maneggire'(manus 손 + agere 무엇을 실행하다)에서 유래한 관리(management)는 조직체를 운영하는 과정에서 '전략을 수립하고 가용자원 등을 투입하여 목표를 추구하는 활동'이다. 그리고 관리와 혼용되는 경영(management or administration)은 조직체의 포괄적 관리기능이다. 이들의 개념적 폭은 '경영 ≧ 관리 > 운영'으로 정리할 수 있다.

그럼에도 현대 경영학의 본산인 미국에서도 경영우위설(經營優位說), 관리우위설(管理優位說), 양자동위설(兩者同位說)이 혼재하며, 심지어 경영과 관리를 조합한 경영관리(經營管

理)도 범용되고 있다. 이러한 혼용은 여러 문헌정보학 저술[1])에서도 확인할 수 있다. 경영, 관리, 경영관리, 운영, 운영관리, 관리운영, 행정 등이 혼용되고 있다. 그 가운데 주목해야 할 키워드는 관리와 경영이다. 도서관이 운영단계에 접어들면 관리나 경영이 시작되기 때문이다.

먼저 양자 동위설을 주장한 도서관계 인물은 후지와라(藤原 祥三)가 대표적이다. 그는 경영관리(administration/management)를 "조직의 목적설정, 조직화, 계획, 조정, 동기부여, 통제를 통한 환경과 상황에 적응하는 과정"[2])으로 정의하였다. 스튜어트와 모란(R.D. Stueart & B.B. Moran)도 경영의 본질을 "계획, 조직, 인사, 지도, 통제를 통해 조직의 목표를 달성하기 위한 자원 활용"으로 간주하였다.[3])

다음으로 경영과 관리를 구분한 쿠사노(草野 正名)는 도서관경영을 운영적 측면(정리, 봉사, 총무 등)과 관리적 측면(계획, 조직, 유도, 조정, 통제 등)을 포괄하는 것으로 간주하였다.[4]) 일본 도서관문제연구회는 "도서관의 목적을 직접 실현하는 1차적 경영활동(대출, 수입, 정리, 참고업무, 집회 등)을 원활하게 추진하기 위한 2차적 경영활동(기획, 예산확보, 직원연수, 조직정비, 지휘계통 정비, 인사 등)을 관리로 규정하였다.[5]) 에반스(G.E. Evans)는 경영자(經營者, administrator)를 조직의 목적 및 운영방침을 결정하는 자로, 관리자(管理者, manager)를 경영자 지시를 이행하는 자로 규정하였다.[6])

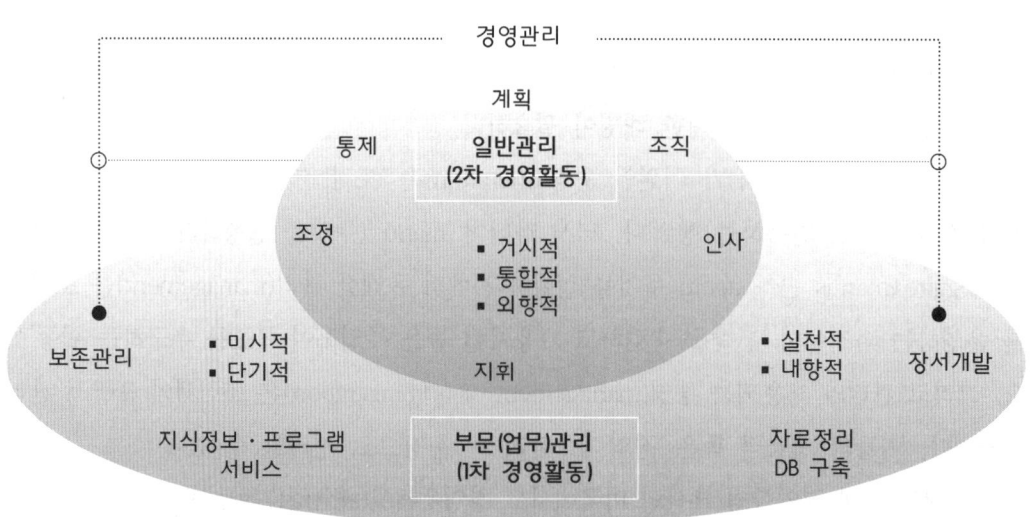

〈그림 2-1〉 대학도서관 경영관리 전모와 구성요소

요컨대 조직체의 경영활동을 관리기능(계획, 실행, 통제 등)과 업무기능(인사, 재무회계, 마케팅 등)으로 구분하여 관리를 경영의 일부로 간주하는 통설[7]이 온당하다. 양자를 포괄한 경영관리도 가능하다. 이러한 측면에서 대학도서관의 경영 또는 경영관리는 〈그림 2-1〉처럼 1차적 경영활동(업무관리)인 '장서개발, 자료정리, 지식정보서비스, 보존관리 등 부문관리(部門管理)와 이들을 효율적으로 수행하기 위한 2차적 경영활동(관리기능)인 계획, 조직, 인사, 지휘, 조정, 통제 등 일반관리(一般管理)를 포괄하는 경영활동'으로 정의할 수 있다. 부언하면 경영관리는 부문(업무)관리 위에 형성되는 경영자의 포괄적 및 통합적 관리기능이며, 특히 전략적 계획기능을 중시한다.

1.1.2 경영관리의 발전과 진화

어느 조직체를 막론하고 18세기 초반까지는 과거 경험주의에 바탕을 둔 경영관리가 지배적이었다. 그것은 직무수행 방식 및 체계적 교육훈련에 대한 고민이 거의 없었고, 기술과 직무를 연계하지 않은 채용이 관행이었으며, 도구나 과정이 표준화되지 않았음을 의미한다.

그러다가 18세기 중반 영국에서 시작된 산업혁명을 계기로 경제적 발전이 가속화되고 기업체 조직규모가 확대됨에 따라 경영관리에도 변혁이 일어났다. 그 시발점은 관료제를 요체로 하는 고전이론이 등장·성숙한 과학적 관리(科學的 管理)이며, 이어 반작용으로 인간적 요소를 가미한 신고전이론인 인관관계론(人間關係論)으로 진화하였다. 그리고 행동과학론, 의사결정론, 시스템적 접근, 상황적합이론, 학습조직 등이 혼재된 종합이론(綜合理論) 시대로 접어들었다.

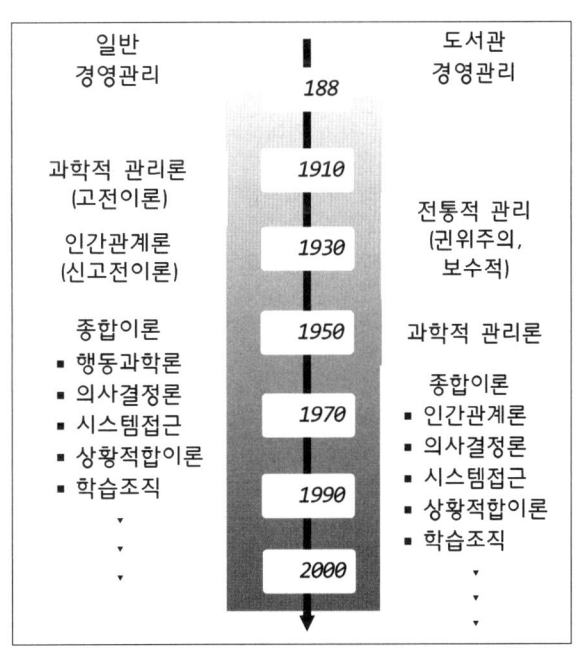

〈그림 2-2〉 도서관 경영관리 발전과정

이러한 경영관리 발전과정은 연대별 구간을 달리할 뿐, 대학도서관 경영관리에도 순차적으로 도입되었다. 환언하면 기업체 경영이론이 도서관에 접목되어 이론적 체계가 형성되었다.[8] 그 대략적 단계는 〈그림 2-2〉와 같이 1930년대 중반까지의 전통적 관리, 1950년대 과학적 관리, 그리고 1960년 이후의 종합이론 시대로 대별할 수 있다.

(1) 전통적 관리시대

1930년대 중반까지로 도서관이 권위주의와 보수적 입장에서 경험과 관행에 의존하여 관리되던 시대다. 그러나 기업경영에는 고전적 관리론을 대표하던 미국 테일러(F.W. Taylor)의 과학적 관리법, 프랑스 산업가 페이욜(H. Fayol)의 관리원칙(管理原則), 독일 베버(M. Weber)의 관료제(官僚制)가 도입되었다. 이들이 주창한 이론의 핵심과 특징은 〈표 2-1〉과 같다.

〈표 2-1〉 과학적 관리의 핵심이론과 특징

주창자	핵심 내용과 특징
Taylor (1856-1915)	■ 미국 공학자 겸 경영자로 과학적 관리법인 테일러 시스템(Talor system)을 제창함 ■ 시간·동작연구를 통해 1일 적정 작업량을 결정하고, 과업에 적합한 노동자를 선발·훈련하는 방법을 고안함 ■ 작업량 달성도에 따라 임금을 차별 지급하는 성과급제를 도입함 ■ 노동자가 기대하는 고임금과 사용자가 지급하려는 저노무비를 동시에 만족시키는 관리이념을 표방하고 절차를 탐구함 ■ 종래 라인조직을 기능조직으로 대체함
Fayol (1841-1925)	■ 프랑스 산업가로 조직의 경영목표 달성에 유효한 관리원칙을 제시함 ■ 14가지 관리원칙(분업, 권한, 규율, 명령일원화, 지휘일원화, 집중화, 계층화 등)은 미국에 큰 영향을 주어 경영관리론으로 발전하는 계기로 작용함 ■ 과학적 접근법을 수용하되, 관리방식은 하향식(top down)을 취함 ■ 조직 전체의 효율과 경영관리 측면을 강조하므로 노동자의 생산성 향상과 능률증진을 중시한 테일러 시스템과 대비됨
Weber (1864-1920)	■ 독일 사회학자(행동학파)로 조직의 합리성을 강조하는 이념형 모형으로서의 관료제를 제안함 ■ 관료제 특성을 7가지(계층성, 전문성, 고도의 공식화, 경력중시와 신분보장, 비인격성, 공사의 명확한 구분, 합법적 권한과 권력 행사)로 제시함 ■ 조직구조를 형성하기 위한 권한의 유형을 전통적 권한, 카리스마적 권한, 합법적·합리적 권한으로 구분함 ■ 조직체 경영관리론보다 조직관리론으로 간주됨

그러나 대학도서관에는 과학적 관리법이 적용되지 않았다. 도서관 장서 및 직원이 매우 적고 과학적 관리에 대한 관심이 저조하였으며, 대다수가 보수적 관리방식으로 운영되었기 때문이다. 일부 도서관이 과학적 관리를 제창하였지만 기업경영을 모방하는데 불과하였고,[9] 도서관 규모도 체계적 관리기법을 필요로 하지 않았다. 한편, 식민지 시대였던 국내는 1915년 제정된 「전문학교령」에 따라 개교한 보성·연희·이화·숭실·혜화 등이 「공립사립전문학교규정」 제5-7조에 의거하여 부속도서관이, 1924년 「경성제국대학관제」와 1926년 「경성제국대학 부속도서관규정」에 근거하여 동년 5월 부속도서관이 설립되었다. 따라서 도서관 규모를 감안하면 과학적 관리를 도입할 여지가 없었다.

(2) 과학적 관리시대

1930년대 후반에서 1950년대까지는 학내외 여건 변화, 장서·직원 증가, 신관리 방식의 필요성에 따라 과학적 관리와 원칙, 관료제 등을 도입하는 문제가 활발하게 논의되고 일부 도서관에 적용된 시대다.

그 흔적은 1937년 굴릭과 어윅(L.G. Gulick & L. Urwick)이 제안한 POSDCORB(Planning, Organizing, Staffing, Directing, COordinating, Reporting, Budgeting)가 도서관경영의 7대 요소로 확인되었다는 사실이 방증한다. 이어 하워드(P. Howard)는 도서관 관리기능의 체계화를 시도하였고, 쇼(R.R. Shaw)는 관리원칙 적용에 주력하였다.[10] 1930년대 말에는 비용분석, 정리업무, 목록이용 등에 관한 학위논문이 발표되고, 2차 세계대전 후에는 과학적 관리기법과 운영연구(運營研究, operation research)를 조합하여 실무에 적용하였다. 그럼에도 도서관 직무를 규정하고 적격자를 배치하는, 소위 사람과 직무를 결합하는 데 소홀하였다. 특히 다른 관종보다 장서와 인력이 많았음에도 과업관리(課業管理, task management)의 색채가 농후하였다.[11]

한편, 국내 도서관계는 식민 말기의 혼란, 해방 후 정치적 격동, 한국동란을 겪으면서도 체제를 확립하고 과학적 관리기반을 조성하였다. 이를 대표하는 사례가 조선도서관협회의 도서관사업 활성화, 국립도서관학교의 도서관 관리법 교육, 조선십진분류법과 조선동서편목규칙 제정, 듀이십진분류법 도입 등이다. 그러나 당시 대다수 도서관이 집권적 조직을 고수한 것을 감안하면 조직화 및 인사원칙에 근거한 과학적 관리는 부족하였다.

(3) 종합이론시대

1960년대 부터는 과학적 관리가 대다수 도서관의 조직관리 논거로 작용하였음에도 인간적 측면을 경시하여 새로운 도전에 직면하였다. 이를 주도한 인간행동학파는 효율성 중심의 과학적 논리(logos)에 반발하는 한편 심리학, 사회학, 문화인류학 기반의 인간적 정서(pathos)에 주목하였다. 그 결과로 산업심리학자 메이요(E. Mayo) 등이 주창한 인간관계론은 참가경영, 민주적 운영, 위원회제도, 의사결정 참여 등의 양태로 도입되었다.

그러나 인간관계론도 인간을 과도하게 중시하여 공조직 논리가 무시되는 취약점을 표출함으로서 조직행동론, 시스템이론 등의 출현에 빌미를 제공하였다. 이에 따라 경영이론은 밀림시대에 진입하였고 다양한 접근법인 인간행동, 의사결정, 수학, 사회시스템, 상황이론 등이 등장하였다.

이러한 발전과 진화는 1970년대 선진국 대학도서관이 원용한 데 이어 내재적 문제를 개선하는 수단으로 활용되었다. 대학의 양적 확대, 자동화 및 협력시스템 구축, 이용요구 증가 및 다양화에 편승하여 정보학, 커뮤니케이션, 수리통계학, 심리학을 도입하거나 경영기법에 접목한 사례연구가 증명한다.

이어 1980년대는 전략적 계획(strategic planning), 조직개편, 목표관리법(management by objective), 경영정보시스템(management information system), 총체적 품질관리(total quality management) 등이 원용되었다. 1990년대 이후에는 구조조정(restructuring)과 다운사이징(downsizing),[12] 아웃소싱(outsourcing)과 위탁관리(contracting out), 지식관리, 그리고 최근 글로벌 매가트렌드인 디지털 전환(digital transformation) 등이 대학도서관에 적용되고 있다.

1.2 경영관리의 원칙과 한계

대학도서관 경영관리에는 조직, 인력, 예산 등을 결합하는 원칙이 필요하다. 자주 거론되는 원칙과 한계를 집약하면 〈그림 2-3〉과 같다.

(1) 권한·책임 원칙과 괴리

권한과 책임의 원칙은 직무 전문화를 기준으로 분장한 사무에 권한(authority)과 책임(responsibility)을 동시에 부여하는 것을 말한다. 일반적으로 권한을 부여하면 상응하는 책임도 따라야 한다. 양자는 '동전의 양면'과 같아 유리되거나 편향될 수 없다.

그럼에도 관료제 성격이 강한 대학도서관의 경우, 권한은 조직 상층부에 집중되는 반면에 책임은 직원에게 가중되는 괴리현상(乖離現象)을 쉽게 목격할 수 있다. 이러한 이율배반적 사례는

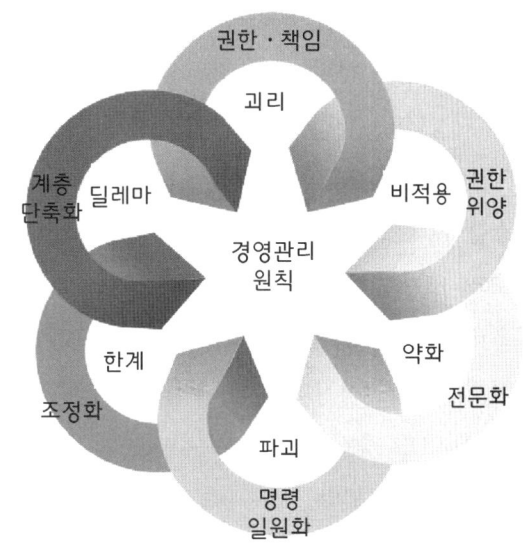

〈그림 2-3〉 대학도서관 경영관리 원칙과 한계

무수히 많다. 예컨대 자료선택 권한이 있는 사서가 외설자료 내지 편향도서를 선정해도 책임을 묻지 않거나, 학술지 관리 권한을 부여받는 직원이 계약 시기를 놓쳐 접근·이용이 불가능해도 귀책사유를 밝히지 않는 사례가 적지 않다.

(2) 권한위양 원칙과 비적용

권한 위양(委讓, delegation) 또는 위임의 원칙은 상급자가 직무의 일부를 하급자에게 위임할 때, 직무와 관련된 권한도 위양하는 것을 말한다. 이 원칙은 도서관 규모가 크고 업무 전문성이 높을수록 통솔범위가 좁아야 하고 권한도 대폭 위양해야 하므로 통솔범위와 직결된다. 다만, 권한을 위양해도 감독책임은 위양한 상급자에 귀속된다.

국내 대학도서관 관장제는 교수겸직형이 보편적이다. 그럼에도 권한은 대개 비전공 관장에게 집중되어 중장기 계획, 예산확보, 인력관리, 장서개발, 공간계획, 시스템구축 등에서 많은 한계를 드러내고 있다. 관장은 중간관리자에게, 중간관리자는 실무자에게 권한을 대폭 위양해야 위임받은 직원의 사기가 진작되고 조직몰입도(職務沒入度)가 높아질 수 있다.

(3) 전문화 원칙과 약화

모든 직원이 단일 직무를 수행하도록 분장하는 원칙을 전문화(專門化, specialization)라 한다. 수행업무 분할 및 조직편성 측면에서 분업화 또는 부문화(部門化, departmentation)로도 지칭된다. 이 원칙은 특히 기획업무, 주제별 자료선정, 주제분석과 분류작업, 편목업무와 DB 구축, Web DB 검색, 고서관리 등에 적용될 때 일관성과 수준 높은 지식정보서비스를 기대할 수 있다.

그러나 가령 편목업무의 경우, OCLC WorldCat, RISS 종합목록 등을 이용한 서지정보 다운로드가 보편화됨에 따라 전문성이 약화되고 있다. 과거 정리업무는 분류 및 청구기호 부여, 기본카드 작성과 복제, 부출카드 작성, 장비작업 등 순차성을 강조하였다. 그러나 현재는 서지DB 중심의 자체편목(original cataloging) 및 복제편목(copy cataloging)이 동시에 이루어지고 있다.

(4) 명령일원화 원칙과 파괴

도서관의 지휘명령(지시)-결과보고 체계를 단일화하는 것이 명령일원화(unity of command)다. 이 원칙은 관료제 계층조직에서 공리로 간주되어 왔으나, 최근 파괴현상이 심하다.

어떤 대학도서관이 기능별 조직체계 아래에서 주제나 자료유형을 가미한 프로젝트팀 등을 가동할 경우, 명령일원화 원칙이 약화될 뿐만 아니라 전문화 원칙마저 이탈하는 경우가 발생한다. 예컨대 대학도서관이 학술지 수집과 관리를 집중화할 경우, 매트릭스 구조가 불가피하므로 명령-보고체계는 일원화 원칙을 벗어난다. 또한 부서별 전문가로 구성된 태스크 포스가 존재하면 명령일원화 및 전문화 원칙이 동시에 파괴된다.

(5) 조정화 원칙과 한계

조정화(調整化, coordination) 원칙은 조직 구성원의 직무 및 역할을 조정·통합하는 것을 의미한다. 비록 전문화를 기준으로 직무를 분장하더라도 신정보기술과 다양한 정보매체 수용으로 전문성이 심화되는 경우, 동일한 직무를 복수 직원이 수행하는 경우, 그리고 비전문직 업무에는 조정이 필요하다.

최근 정보전산화로 수서·정리의 경계가 약화되고, 난이도와 순차성이 분명하던 정리업무도 서지DB 활용으로 전문직 업무의 비전문직화(非專門職化) 현상이 심화되고 있다. 또한 인터넷, 모바일, 디지털 정보서비스는 특정 부서가 전담하는 업무로 간주할 수 없을 만큼 보편화되고 있다. 그럼에도 전면적인 조직 개편, 업무 재분장 등을 검토할 때 부서 및 개인의 이기주의가 작동하여 조정이 어렵거나 왜곡되는 사례가 빈번하다.

(6) 계층단축화 원칙과 딜레마

조직체 계층수는 가급적 축소해야 한다는 원칙이 계층단축화(階層短縮化, less-hierarchy)다. 계층수가 많을수록 소통이 왜곡되거나 지체되어 비효율이 증가하기 때문이다. 다운사이징 또는 리엔지니어링 차원에서 추진되는 조직 통폐합과 슬림화, 태스크 포스 활용, 팀제 도입이 계층단축화 사례다.

그럼에도 모든 대학도서관 조직의 수직적 및 수평적 확장은 계속되는 속성을 가지고 있다. 가령 장서 및 시설의 규모가 증가하면 조직 확대 및 세분화가 불가피하지만, 조직이 방대할수록 관료화 및 경직성이 높아져 고비용-저효율 구조가 심화한다. 이를 해소하려면 경영개혁 또는 구조조정 차원에서 수직적 계층수 단축과 수평적 조직단위 통합이 필요하다. 이처럼 계층단축화에는 기본적 속성과 현실적 지향성을 함께 고려해야 하는 딜레마가 내재되어 있다. 그 폭은 통솔범위, 권한위양, 조정화 등에 영향을 미친다.

1.3 경영관리의 특성과 기능

1.3.1 경영관리의 특성

조직체는 설립주체 및 성격에 따라 추구하는 목적이 다르다. 모든 영리 조직은 이윤 극대화를 지상과제로 삼는 반면에 비영리 조직인 도서관은 서비스 극대화에 방점을 둔다. 특히 교수학습 및 학술연구를 지원하는 대학도서관은 다른 관종과 구별되는 〈그림 2-4〉와 같은 경영관리의 특성을 내포하고 있다.

(1) 경영인력의 풍부성

대학은 다양한 전공분야의 전문가 집단이 포진하고 있어 다른 관종보다 도서관 경영관리를 직접 담당하거나 간접적으로 지원 또는 자문할 인력이 풍부하다. 예컨대 전공별 교수가 참여하는 도서관(운영)위원회는 관장의 경영활동과 의사결정을 다각도로 지원할 수 있다. 대학에 관련 학과(문헌정보, 정보관리, 기록, 출판, 경영, 행정, 회계, 건축, 전자계산, 정보통신, 디자인 등)가 개설되어 있으면 경영관리 지원 및 자문이 더욱 용이하다. 또한 다른 관종보다 석박사 학위소지자 및 우수한 사서가 많을 뿐만 아니라 비전문 교수가 관장직을 수행하더라도 경영관리 부담이 극심하지는 않다.

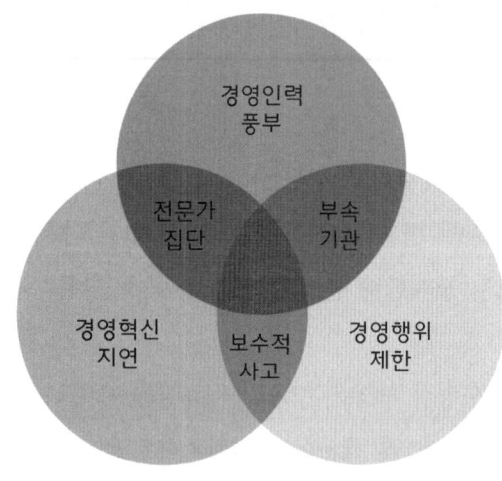

〈그림 2-4〉 대학도서관 경영관리 특성

(2) 경영행위의 제한성

대다수 대학도서관은 대학의 부속시설이다. 그러므로 전략적 계획, 증개축과 리모델링, 장서개발과 디지털화, 정보시스템 구축 등은 대학 마스터플랜 내에서 결정되거나 실행될 수밖에 없다. 그것은 도서관의 주요 계획이 대학사회의 정책적 및 정치적 지형에 따라 왜곡되거나 중단될 수 있음을 함축한다. 게다가 총장 및 이사회가 예산·인사권을 행사하기 때문에 관장은 인력과 사무를 총괄하고 배정된 예산을 집행하는 데 그치는 경우가 많다. 거시적으로 보면 대학 최고경영자인 총장과 달리, 관장은 단위기관 관리자에 불과할 정도로 재량권과 운신의 폭이 제한적이다.

(3) 경영혁신의 지연성

모든 조직체의 경영혁신은 전향적 사고와 전략을 전제로 한다. 이를 위해서는 기존 패러다임이나 질서를 해체하기 위한 사고와 인식, 가치관, 행동양식, 전략적 접근이 필요하다. 기업체 경영혁신 사례로는 기존 시스템 해체, 구조조정과 팀제도입, 연봉제 도입, 파격적 승진인사, 탄력 근무제 등을 들 수 있다. 그러나 대학도서관은 보수적 사고, 관료제 속성과 행정 편의주의, 부서간 소통기능 부족, 여전히 연공서열을 중시하는 인사관리, 교수겸임 관장제 등에서 탈피하지 못하고 있다. 대학이 시대사조에 둔감하고 교수집단이 상아탑에 안주하면 도서관의 경영혁신은 요원하다.

1.3.2 경영관리 기능과 순환

(1) 경영관리의 주요 기능

조직체의 경영관리에는 다양한 기능이 결합되어야 한다. 어떤 기능이 필요한지는 학자나 관점에 따라 다르지만, 대개 동일한 성격과 내용이 상이한 용어로 언급되거나 세분 또는 통합될 뿐 대동소이하다. 대학도서관 경영관리에는 〈그림 2-5〉와 같이 계획수립, 조직화, 인력배치, 지휘, 통제, 조정, 동기유발이 필요하다. 이들의 함의와 주요 속성을 구체화하면 다음과 같다.

첫째, 계획(計劃, planning)은 대학도서관 경영관리에서 최초로 이루어지는 핵심기능이다. 그 의미는 지향하는 비전이나 사명, 목적과 목표 등을 결정하고 대안을 선택하는 것을 말한다. 그리고 계획수립 과정을 기획(企劃)이라 한다. 모든 계획기능은 학내외 상황변수와 도서관 현주소의 조합을 필요로 한다.

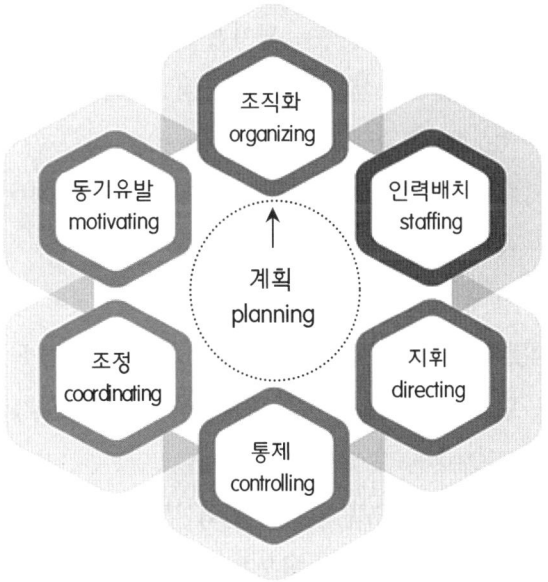

〈그림 2-5〉 대학도서관 경영관리 기능

둘째, 조직화(組織化, organizing)는 직원에게 직무를 분장하고, 책임과 권한을 부여하는 과정이다. 최근 글로벌 메가트렌드인 디지털 전환과 4차 산업혁명, 그리고 포스트 COVID-19 시대를 대비한 온라인, 디지털, 비접축을 기반으로 하는 지식정보서비스는 대학도서관 계획기능뿐만 아니라 조직화에도 매우 중요한 변수로 부상하고 있다. 조직화는 도서관 효율성 제고와 경영성패를 좌우함에도 관리도구의 하나일 뿐 그 자체가 목적일 수는 없다.

셋째, 인력배치(人力配置, staffing)는 충원, 인력계획 등과 혼용된다. 도서관 업무 및 서비스의 성공적 수행을 좌우하는 핵심기능으로서 조직화의 일부로도 취급된다. 그러나 조직화는 직무를 분장·편성하는 과정인 반면에 인력배치는 직무수행 주체를 확보·관리하는 기능이므로 구분할 필요가 있다.

넷째, 지휘(指揮, directing)는 대학도서관의 경영활동 중 직원 구성과 능력을 잘 파악해야 하는 기능인 동시에 리더십을 가늠하는 지표다. 특히 다른 관종에 비해 외국자료와 소급자료가 많고 이용자 지적 수준도 높기 때문에 중간관리자 이상의 리더십이 중요하다. 직원을 지휘·감독하는 능력과 덕목이 필수적이다.

다섯째, 통제(統制, controlling)는 도서관 업무가 계획에 따라 수행되는지를 점검·지시하는 기능인 동시에 계획 대비 결과를 평가하는 사후 관리기능이다. 통제는 물리적 내지 강제적 제약이 아니다. 도서관 통제기능에 영향을 미치는 요소는 대학 당국, 도서관 관리계층과 운영위원회, 학생단체, 법규 등이다.

여섯째, 조정(調整, coordinating)은 하부조직 단위·개인간 업무부담과 이해관계 등에 따른 갈등을 해소·조화시키는 기능이다. 일각에서는 조정을 관리기능에서 제외하지만, 도서관의 목적과 목표를 달성하는 과정에서 구성원의 능력 및 노력을 조정해야 할 상황이 자주 발생하므로 주요 기능으로 간주하는 것이 바람직하다. 대표적인 조정기능 사례는 정보 네트워크 구축, 학술지 구독취소, Web DB 구독, 디지털 장서개발, 개관시간 연장 등이다.

일곱째, 동기유발(動機誘發, motivating)은 직원의 적극적 자세와 자발적 행동을 촉진하는 기능이다. 도서관 관리계층은 인간관계, 사기진작, 소통 활성화, 의사결정 참여, 업무능력 신장, 실무교육 및 승진기회 부여 등 동기유발에 관심을 가져야 한다. 반면에 급여 불만, 열악한 근무조건, 이용자와의 갈등에 대한 일방적 질책, 과도한 간섭이나 통제 등 저해 요인은 적극적으로 해소해야 한다.

(2) 경영관리의 순환과정

일반 경영관리에서 제기능은 독립적인 것이 아니라 상호 연계되어 반복적 경영활동으로 표출된다. 이를 경영관리 순환(循環, cycle)이라 한다.

가장 자주 거론되는 순환과정은 〈그림 2-6〉의 PDCA(Plan, Do, Check, Act) 사이클이다. 과거 실적이나 미래 예측자료 등을 기반으로 계획(Plan)을 수립하고 실행(Do)한 후 계획과 결과를 비교하여 평가·점검(Check)하고 보완·개선(Act)하는 반복적 과정을 말한다. 2차 세계대전 후 슈하트(W.A. Shewhart)가 과학적 방법론을 바탕으로 고안하였고, 통계학자 데밍(W.E. Deming)이 널리 보급하였다. 해서 'Shewhart Cycle' 또는 'Deming Wheel'로도 회자된다. 다만 데밍은 후에 PDCA에서 Check 대신에 Study를 채택하여 PDSA로 개칭하였다.[13]

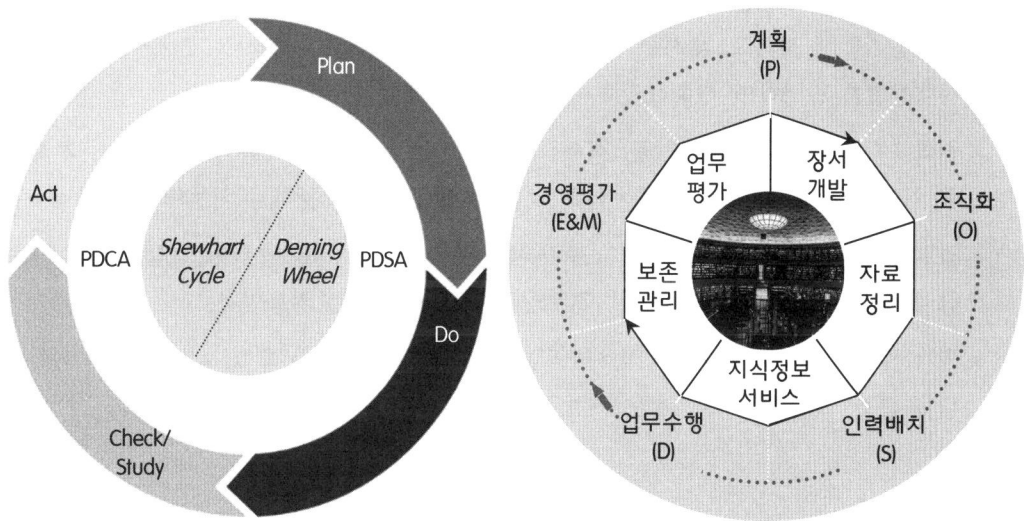

〈그림 2-6〉 일반경영(좌)과 대학도서관 경영기능의 순환

그러나 대학도서관 경영관리는 내부 업무 중심의 부문관리와 이들을 지원하는 일반관리로 구성된다. 전자는 관장으로부터 위임받은 중간계층의 위임적(委任的) 관리기능(장서개발, 자료정리와 DB구축, 지식정보서비스, 보존관리, 업무평가 등)인 반면에 후자는 관장의 직접적 관리기능(계획, 조직화, 예산 및 인사관리, 건물관리, 지휘와 조정, 통제 등)이다.

이러한 특수성을 감안하면 대학도서관 경영관리는 〈그림 2-6〉처럼 부문관리와 일반관리의 유기적 상관관계로 나타낼 수 있다. 따라서 미시(내부)적 측면에서 장서개발(Collection Development) → 자료정리(Organization and DB) → 정보서비스(Service) → 보존관리(Preservation) → 업무평가(Evaluation and Measurement)의 순환인 'COSPEM cycle'과 거시(일반)적 측면에서의 계획(Planning) → 조직화(Organizing) → 인력배치(Staffing) → 업무수행(Doing) → 경영평가(Evaluating & Measuring)의 순환인 'POSDEM cycle'이 상호작용하는 가운데 수행되고 다시 계획기능에 반영될 때 경영성과의 극대화를 기대할 수 있다. 각각을 상술하면 다음과 같다.

- 계획수립은 교수학습 및 학술연구를 지원하기 위한 장단기 계획수립이다. 중장기 발전방안, 전략적 계획, 장서확충 계획, 신축 및 증개축, 전문인력 개발, 디지털 아카이빙 등에 대한 시나리오와 방침이 대표적이다.

- 조직화는 대학도서관 조직형성을 위한 권한과 책임, 분화와 통합의 원리에 입각하여 조직형태를 결정하고, 부서를 편성하며, 직무를 규정하고 분장하는 기능이다. 조직은 시대상황을 반영하여 지속적으로 개편되어야 한다.

- 인력배치는 유능한 인재 충원, 적재적소 배치 및 사무분장, 주기적 직무순환, 계속교육 기회 제공 등을 통해 직무능력과 역할구조를 설정·보완하는 기능이다.

- 업무수행은 관리기능(지휘·지시, 동기유발, 통제, 조정 등)을 발휘하여 장서개발, 자료정리, 지식정보서비스, 보존관리, 업무평가 등을 수행하는 기능이다.

- 평가 및 측정은 통제기능을 적용하여 수행결과에 대한 비용-효과, 비용-효율, 비용-편익을 분석·측정하고 평가하는 기능이다.

제2절 경영계획 수립과 적용

2.1 경영계획의 함의와 중요성

2.1.1 경영계획의 개념과 함의

모든 대학도서관의 경영관리는 효율성을 추구해야 한다. 이를 위해서는 목표 내지 가치 지향적 계획을 수립한 후에 실행하는 것이 정도(正道)이므로 경영계획은 모든 행위의 단초가 된다.

그럼에도 경영계획은 포괄적인 용어일 뿐만 아니라 한계가 분명하지 않으며, 대상과 내용도 계속 변하는 속성을 가지고 있다. 맥클러(C.R. McClure)는 계획을 "조직의 목적과 목표를 확인하고, 달성할 프로그램이나 서비스를 개발하며, 목표와 프로그램을 대비해 성공 여부를 평가하는 과정"[14]으로, 스튜어트와 모란은 "조직이 무엇을, 왜 수행하는지를 모색하기 위한 의사결정과 행위를 개발하는 노력"[15]으로 정의하였다. 그 외에 계획은 정책입안 과정, 미래지향적 구상, 목표 달성을 위한 합리적 행동, 의사결정 및 문제해결 방법, 가치중립적 전략 등을 함축한다.

이러한 속성과 내용을 감안한 대학도서관 경영계획은 '전략적 관점에서 중장기 계획 및 경영활동의 미래지향성을 설정하는 과정이고, 관리적 차원에서 수립된 목적과 목표를 달성하기 위한 의사결정과 행위'로 정의할 수 있다. 계획은 경영관리 지침, 경영평가 준거, 후속계획의 근거로 활용된다.

2.1.2 경영계획의 유용성 및 중요성

도서관 경영계획은 모든 경영관리 업무 및 직무수행의 지침이다. 그럼에도 소홀한 이유는 경험과 직관에 의존하는 조직문화가 팽배하고, 계획과정이 난해할 뿐만 아니라 시간 소모적인 것으로 인식하기 때문이다. 그러나 경영계획은 다음에 적시한 유용성 및 중요성을 내포하고 있다.

- 학내외 환경을 이해하고 바람직한 대안을 강구하게 한다.
- 비전과 사명, 목적과 목표에 대한 이해력을 높이고 주의력을 집중시킨다.
- 가용자원의 투자순위를 내포하므로 예산배정의 준거로 작용한다.
- 조직전체, 부서단위, 프로그램, 개인의 책무와 역할을 결정하는 근거가 된다.
- 직무수행 평가에 대한 정보수집 및 통제를 용이하게 한다.
- 서비스 환경, 정보요구, 이용행태에 관한 상세한 정보가 포함된다.
- 현안 해결보다 미래지향적 기회를 제공한다.

최근 대학은 교육 개방화 및 국제화, 교육·연구기능 강화, 학생 만족도 제고, 감량경영 등을 추진하고 있다. 또한 인터넷, 디지털, 모바일로 압축되는 글로벌 메가트렌드에도 적극 대처해야 한다. 이에 따라 대학도서관은 예산축소와 자료수집력 약화, 하이브리드 장서 구성을 위한 황금비율(黃金比率, golden ratio) 설정, 디지털 장서개발 강화, 각종 DB의 품질관리, 서비스 만족 극대화, 투자효과 실증 등 난제에 직면하고 있다. 또한 이용자는 아날로그 자료와 공간서비스를 기대하면서 디지털 정보서비스에 이어 모바일서비스[16)도 요구하고 있다.

이러한 메가트랜드와 기대수준에 부합하려면 시대상황에 맞는 경영계획을 수립해야 한다. 모두 경영관리에서 계획기능이 중시되어야 하는 이유이기 때문이다. 따라서 계획의 무용론이나 경험 우선주의를 경계할 필요가 있다. 모체기관의 경영전략, 이용자의 지식정보서비스 요구, 디지털 패러다임을 조합하는 전략적 경영계획을 수립하고 실행과정에서 드러난 약점과 한계를 주기적으로 개정·보완해야 한다.

2.2 경영계획의 유형과 성격

도서관 경영계획은 다양한 각도에서 유형화할 수 있다. 시간적 범위에 따라서는 단기와 중장기, 내용을 기준으로 삼으면 부문과 종합, 구조 및 속성으로 구분하면 실행과 전략으로 나눌 수 있다.

(1) 단기 계획과 중장기 계획

통상 단기 계획(短期計劃)은 회계연도 내에 완료할 예정인 부문계획 내지 실행계획이다. 학술지 구독, 장서점검 및 평가, 자료실별 리모델링, 개가제 운영, 모바일 서비스, 상호대차·원문제공서비스 등이 대표적이다.

반면에 중장기 계획(中長期 計劃)은 1년 이상을 필요로 하는 계획이다. 이를 세분하면 1-5년이 중기 계획, 그 이상이 장기 계획이다. 중장기 계획은 유용한 경영정보를 수집하고 의사결정을 개선하며, 가용자원을 효율적으로 배정하고, 환경변화에 대한 이해를 촉진하는 메커니즘이다.[17] 대표적인 사례는 신축과 증축, 통합정보시스템 구축, 소급자료의 디지털 아카이빙, 기관 리포지터리 구축, 주제관 설립 등을 비롯한 기본(종합)계획이나 발전계획 등이다.

(2) 부문계획과 종합계획

내용적 범위에 따른 부분계획(部門計劃)은 대개 중간관리자가 주도하는 기능별 및 요소별 계획을 말한다. 기능별 계획은 장서개발과의 회색문헌 수집이나 디지털 장서개발, 자료정리과의 서지DB 품질관리나 원문DB 구축, 정보서비스과의 무인대출반납기 설치나 서가 이동 등이 대표적이다. 요소별 계획에는 부서별 하부조직 개편, 직원 재교육 방안, Web DB 이용교육 등이 포함된다.

그리고 종합계획(綜合計劃)은 관장의 포괄적 및 전략적 계획기능이다. 주요 사례로는 중장기 발전방안 수립, 주제별 분관시스템 계획, 학술연구정보망 구축, 디지털 보존계획, 전면 위탁계획 등을 들 수 있다.

(3) 실행계획과 전략적 계획

실행계획(實行計劃)은 기능 또는 직무단위를 중심으로 실천에 방점을 두고 수립하는 계획이다. 서가 재배치, 자료분류 특별규정 마련, 서비스 매뉴얼 작성, 학술지 제본, 파오손 자료 수선 등이 해당한다.

한편, 전략적 계획(戰略的 計劃)은 글로벌 메가트렌드, 고등교육정책 변화, 학생감소와 대학위기 등 학내외 위협을 극복하기 위한 미래지향적 계획을 말한다. 당면한 위기상황을 극복하는 동시에 비교우위의 역량 및 경쟁력을 확보하는 데 목적이 있기 때문에 전략적이다.

이상의 유형화에도 불구하고 대다수 대학도서관 계획에는 여러 유형이 혼재하는 경우가 많다. 각각의 시간적 스펙트럼, 구조적 성격이나 수록되는 내용이 〈그림 2-7〉처럼 중첩적이기 때문이다. 가령 단기계획은 대체로 부문계획과 실행계획인 반면에 중장기 계획은 종합계획이며 전략적 계획으로 수립될 수 있다. 부문계획은 단기에 종료되는 반면에 종합계획은 중장기적이고 미래 전략이 가미되는 것이 상례다. 예컨대 디지털 장서개발은 부분계획임에도 단기에 종료되기 어렵기 때문에 중장기 계획으로 수립되며 전략적 접근에 방점을 둔다. 완전 개가제로의 전환은 단기에 완료할 수 있지만 조직개편, 인력 재배치, 공간 재구성 등을 수반하므로 종합계획인 동시에 서비스 중심주의를 지향하는 전략적 계획에 속한다. 주제분관 설립은 구성원의 의견수렴 및 합의, 건물·공간 확보, 자료이관, 인력 재배치가 불가피하므로 중장기 종합계획에 해당한다. 신축계획도 위원회 구성, 입지선정, 공사기간, 시설·공간 계획, 자료이관, 조직개편, 직무 재분장 등을 감안하면 중장기 종합계획인 동시에 미래를 대비한 전략적 계획으로 간주할 수 있다.

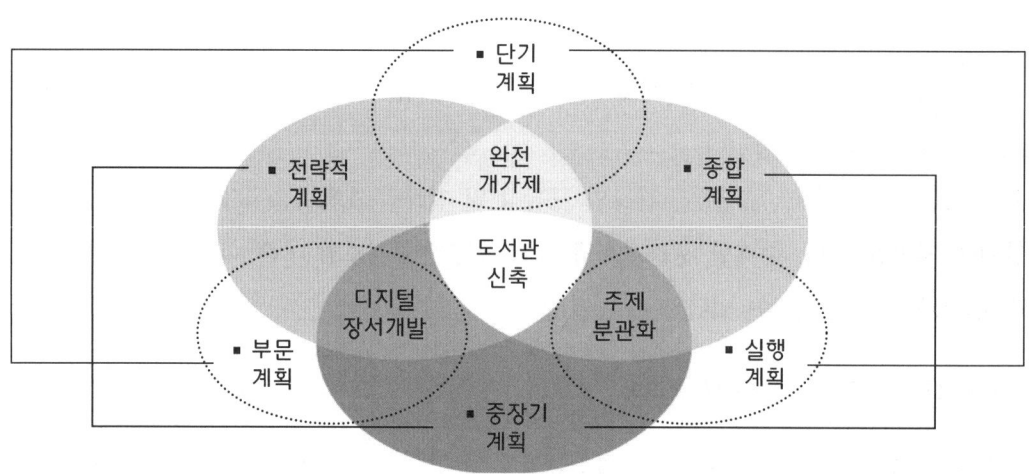

〈그림 2-7〉 대학도서관 경영계획 유형과 중첩성

2.3 경영계획의 구성요소

대학도서관이 경영계획을 수립하려면 구성요소와 그들의 계층관계를 이해해야 한다. 주요 구성요소는 〈그림 2-8〉과 같이 경영의 이념, 핵심 공유가치, 조직문화를 함축하는 사명과 임무, 목적과 목표, 전략과 정책, 프로그램과 프로젝트 등이다.

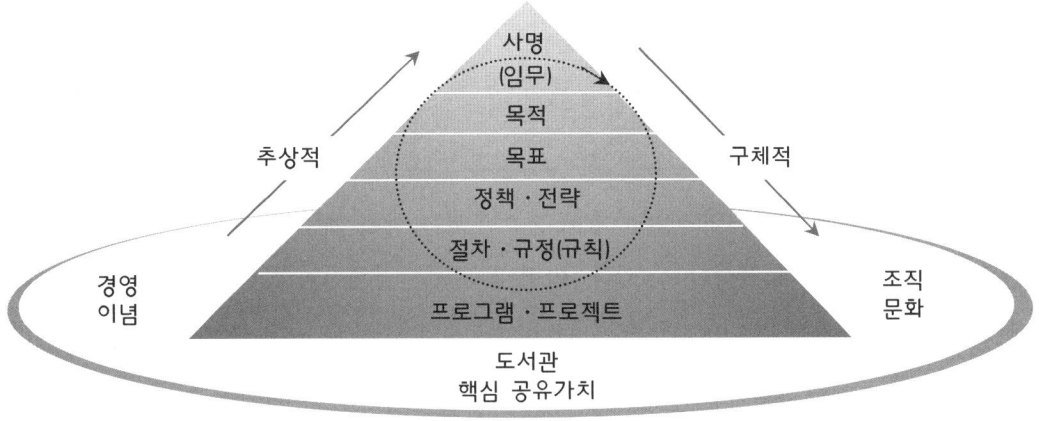

〈그림 2-8〉 대학도서관 경영계획 구성요소와 계층구조

(1) 사명과 임무

도서관 경영계획에서 비전(vision)과 사명(mission)은 최상위 개념이다. 비전은 열망(대의), 핵심가치, 철학을 포함한 미래상으로 도서관의 존재가치와 직결되는 전략적 용어다. 반면에 사명은 대학이 도서관에 부여한 임무를 말한다. 또한 사명은 목적과 목표를 설정하는 논거인 동시에 지침이 된다.

(2) 목적과 목표

도서관 경영계획에서 목적(目的, goal)과 목표(目標, objective)는 특히 일본에서 자주 혼용되고 있다. 그러나 목적은 대학도서관이 임무 수행을 통해 달성하려는 결과를 거시적, 추상적으로 압축한 것인 반면에 목표는 목적을 시간적, 계량적으로 구체화한 것이다. 통상

〈표 2-2〉 대학도서관의 사명, 가치, 목적 및 목표

	캘리포니아대(UC)		교토대(京都大)		고려대
비전	■ 세계 지식에 대한 가장 광범위한 접근 제공, 지식발견 촉진, 혁신적 지식서비스, 전략·기술 시스템 개발 선도	사명	■ 대학 기본이념을 바탕으로 세계 최고 수준의 교육·연구거점에 적합한 학술정보기반으로서의 역할	사명	■ 인류 지적 유산, 국제 사회를 위한 지식정보 확산과 공유 ■ 구성원과 지식공동체의 교육과 연구를 위한 지식정보 소통 공간
목적	1. 도서관 장서의 풍부화 2. 정보자원 발견 및 접근 극대화 3. 운영 효율성 및 전문지식 최대화를 위한 공유서비스 극대화 4. 학술 커뮤니케이션 참여 확대	목표	1. 최선의 접근 제공 2. 교육·연구활동 지원 3. 학생의 주체적인 학습 및 교양습득 지원 4. 학술정보유통의 거점 5. 지역사회 공헌 6. 전문직원 지식, 기능, 의식 향상	가치	1. 자유로운 사고로 학습하고 연구하는 미래 도서관 2. 정의로운 민족의 동량이 학문을 향유하는 도서관 3. 진리의 보고를 보존, 전승하는 보존도서관

목적은 여러 목표로 구성되기 때문에 목표를 아우르는 상위 개념이다. 또한 목적은 목표라는 형식으로 실행될 때 달성할 수 있다. 반면에 목표는 구체적이고 현실적이며, 측정 가능해야 한다. 이들에 대한 미국, 일본, 한국 사례는 〈표 2-2〉와 같다.[18]

(3) 정책과 전략

도서관 정책(政策, policy)은 경영관리의 방향에 대한 포괄적 방침 또는 하부 조직단위의 업무수행 및 의사결정에 대한 기본지침이다. 대개 관장이 결정하는 전반적 정책과 중간계층이 수립하는 부서별 정책인 시책이 혼재할 수 있다. 그런가 하면 전략(戰略, strategy)은 정책의 목적 및 목표를 달성하기 위한 주요 행동과 패턴을 말한다. 그 유형에는 조직개편, 인력개발, 성장과 혁신, 비용절감 등이 있다. 대다수 도서관 경영계획은 전략적 성격을 대거 함축하고 있음에도 기본계획, 종합 또는 발전계획, 중장기 방안 등으로 표현되는 경우가 많다.

(4) 프로그램과 프로젝트

계획의 구성요소 중 프로그램(program)은 대학도서관이 수행할 일련의 행동과정을 명시하고 단계별 담당부서, 착수·완료 시기, 진행순서 등을 기술한 문서다. 반면에 프로젝트

(project)는 프로그램의 부분적 실행계획이다. 가령 디지털 장서개발은 기본프로그램이고, 이를 라이선스 전자자료 개발과 인터넷 장서개발로 나누면 각각은 하위프로그램에 해당하며, 전자자료 개발에서 전자잡지의 구독기준 설정은 일종의 프로젝트다.

2.4 전략적 계획의 특성과 수립

2.4.1 전략적 계획의 배경과 유용성

(1) 전략적 계획의 등장과 개념

1970년대까지 대학도서관은 일반적 경영관리론에 근거하여 계획과 전략을 수립·적용하여 왔다. 그것은 관장과 중간관리자가 내적 업무를 기반으로 목적 및 목표를 달성하는 데 필요한 인적·물적 자원을 계획하고 지휘·통제하는 데 관심을 집중하였음을 의미한다. 이러한 전통적 경영계획을 수립하는 과정을 구성요소와 연계하면 〈그림 2-9〉처럼 비전·사명 수립, 목적·목표의 설정, 프로그램(프로젝트) 개발, 대안평가 및 최적 대안 선택, 예산요구와 배정, 실행으로 구분할 수 있다.

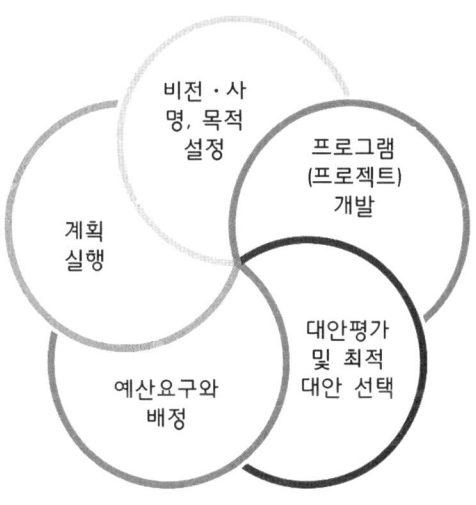

〈그림 2-9〉 전통적 경영계획 과정

그러나 1980년대부터 학내외 환경이 급변하고 대학에 대한 국가와 사회의 요구가 증가하자 전통적 계획을 대체하기 위한 전략적 접근을 고민하지 않을 수 없게 되었다. 그 결과로 부상한 대안이 전략적 계획이다. 이를 조어한 찬들러(A.D. Chandler)는 '기업이 장기 목적·목표 결정, 행동과정 선택, 자원배분 등을 유기적으로 계획·실행하는 지적 활동'으로 정의하였다.[19] 그러나 포이스터(T.H. Poister) 등은 '전략적 경영은 전략적 계획을 개발하고 정기적으로 개정하는 과정을 제공해야 한다'[20]고 주장하면서 전략적 계획이 전략적

〈표 2-3〉 전통적 계획과 전략적 계획 비교

구분	전통적 계획	전략적 계획
속성	▪ 현실 지향의 선택적 계획	▪ 미래 지향의 체계적 계획
전제	▪ 미래를 예측 가능한 것으로 인식함	▪ 미래를 예측 불가능한 것으로 상정함
비중	▪ 비전과 사명, 중장기 목적·목표 설정에 치중함	▪ 비전, 목적·목표 달성을 위한 전략 마련에 치중하며 지속적 과정으로 계획함
목적설정	▪ 조직 운영상 필요에 근거함	▪ 조직의 핵심가치와 사명에 근거함
의사결정	▪ 수동적, 개별적, 주관적 평가에 기초함	▪ 능동적, 팀단위 객관적 평가에 근거함
평가	▪ 증분식 평가, 결과의 부분적 추론	▪ 진단적 평가, 모든 가능한 결과 평가

경영의 핵심요소임에도 그 정수(精髓)는 아니라는 논지로 양자를 구분하였다.

요컨대 전략적 계획은 '도서관 내부의 강점과 약점, 외부의 기회와 위협을 조합하여 미래지향적 행동방향을 설정하는 것'이다. 따라서 '1 + 1 = 3' 내지 '시너지 계획'[21]으로도 지칭된다. 또한 도서관 전체를 위한 미래계획이므로 중장기 계획의 속성을 많이 내포한다. 다만, 중장기 계획은 목적과 목표를 달성하기 위한 실천적 계획인 반면에 전략적 계획은 기본이념(또는 핵심가치)과 지향성을 설정하는 개념적 계획에 가깝다. 양자를 비교하면 〈표 2-3〉과 같다.

2.4.2 전략적 계획의 특성과 유용성

전략적 계획은 학내외 환경변화와 불확실성을 예측하여 선제적으로 대응함으로써 변혁을 주도하려는 발상에서 출발한다. 따라서 현실지향적인 전통적 계획과 달리 미래지향성을 중시한다. 이 계획이 함축하는 특성은 다음과 같다.

- 계획의 목적, 분석, 예측보다 의사결정에 초점을 맞춘다.
- 계획의 기본원칙, 수립과정, 내재된 정신이 경쟁적이고 생산적이다.
- 계획수립에 참여와 논쟁을 허용하고 관대하다.
- 조직을 시스템으로 간주함에도 시스템분석, 경영과학, 중장기 계획 등과 달리 능동적이고 외향적이다.
- 계획을 수립하는 과정에서 결과까지 공식문서로 표현된다.

- 정태적 조직문화 및 관행을 탈피하려는 변신전략이다.

이러한 특성은 대학도서관의 현안과 연계되어 있다. 그 동안 대다수 대학도서관은 예산 부담 속에서도 정보전산화를 거의 완료하고 온라인 검색시스템도 구축하였다. 그럼에도 최근 정보매체 하이브리드화 및 정보서비스 다변화에 따른 디지털 지식정보서비스 확대, 디지털 전환 및 포스트 COVID-19 시대를 대비한 비접촉(비대면) 및 가상체험 서비스 요구, 연구지원서비스 강화, 복합공간화 등과 같은 난제를 해결하려면 전략적 접근이 절실하다. 이미 선진국 대학도서관에 보편화되어 있는 전략적 계획의 유용성은 다음과 같다.

- 디지털 패러다임 변화에 순응하는 계획인 동시에 미래지향적 목표 설정에 유용하다.
- 대학 차원의 조직적 요구와 구성원의 개인적 요구에 부응하도록 신축적이다.
- 도서관 자원 및 역량을 생산적인 영역으로 집중시킨다.
- 도서관의 역할과 업무에 대한 의사결정 기제를 제공한다.
- 미래지향적 명운, 존재이유, 존속가치에 치중한다.
- 조직환경적 압박과 기회를 이해하고 미래를 예측하며 적극 대처할 전략을 제안한다.
- 도서관 전체의 합의점 도출과 목적·목표를 이해시키는 데 유리한 리더십 도구다.
- 모든 직원의 정책부실·부재에 대한 인식, 정치·역학적 한계의 극복에 유용하다.
- 현실적 도전과 기회를 분석하여 미래 설계, 조직의 구조화 방식과 관계적 특성, 역할 재검토의 도구로 인정되고 있다.[22]

2.4.3 전략적 계획의 수립과정

전략적 계획을 수립하는 과정은 많은 자료와 연구에서 제시되었음에도 표준모형은 없다. 대개 계획수립 합의, 사명과 목적 등 설정, 내외부 환경여건 분석, 전략과제 확인, 최적 과제 결정, 추진계획 작성, 계획문서 입안, 실행과 평가 등이 포함된다. 그 가운데 순서에 대한 쟁점은 환경 분석과 사명·목적 설정이다. 후자를 전자 뒤에 위치시키는 모형이 많지만, 그 반대도 적지 않다. 다만 대학도서관은 교수학습 및 학술연구 지원을 핵심가치로 하는 경영이념과 비전을 전제로 내외부 환경을 분석한 후 사명과 목적을 설정하는 것이 바람

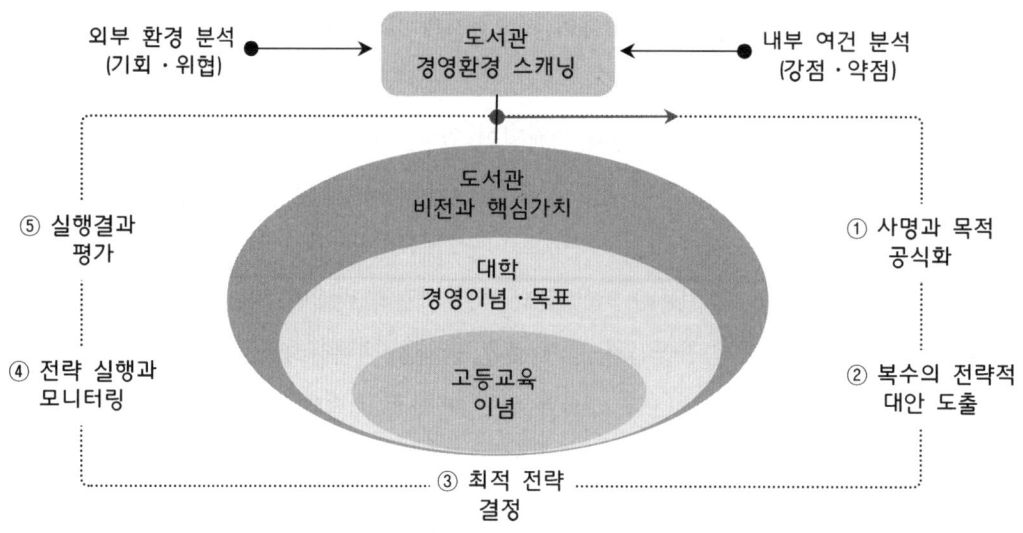

〈그림 2-10〉 대학도서관 전략적 계획 과정

직하다는 측면에서 〈그림 2-10〉처럼 제시할 수 있다.

(1) 내외부 경영환경 스캐닝

계획을 수립하려면 외부환경 및 도서관 내부여건을 스캔하고 조합하는 과정이 선행되어야 한다. 외부환경은 고등교육 정책, 사회경제적 여건, 디지털 패러다임, 관계법령 변화, 다른 도서관 정책과 서비스 등에 주목할 필요가 있다. 내부환경은 도서관의 인적 역량, 조직문화, 예산, 장서구성, 정보시스템, 지식정보서비스, 공간과 시설, 대외적 이미지와 인식 등이다.

이러한 학내외 환경요소를 추출·연계하는 방법에는 PEST(Political, Economical, Social and Technological)[23]와 법적·환경적 분석을 더 추가한 PESTLE가 있다. 그 외에 STEER(Socio-cultural, Technological, Economic, Ecological, and Regulatory)와 EPISTEL(Environment, Political, Informatic, Social, Technological, Economic and Legal)도 적용된다. 그럼에도 가장 보편적인 환경분석 방법은 1960-70년 스탠퍼드연구소에 근무한 험프리(A.S. Humphrey)가 개발한 것으로 내적 강점(Strengths)과 약점(Weaknesses), 외적 기회(Opportunities)와 위협(Threats)을 조합하는 SWOT 분석이다.

(2) 사명·목적 공식화

내외부 환경분석이 완료되면 이들을 학내외 경영환경, 대학 경영이념과 목표, 도서관의 핵심가치 및 비전을 결합하여 사명, 목적과 목표 등을 공식화한다. 사명(임무)은 대학이 도서관에 부과한 '교수학습 및 학술연구 지원'이라는 본령을 말하며, 다수의 목적으로 구체화되고 각각은 다시 여러 목표로 세분된다.

따라서 도서관은 SWOT 분석을 전제로 대학여건(사명과 목표, 경영전략, 교육·연구환경 등)과 현주소(인적 및 물적 자원, 지식정보서비스 수준, 구성원의 정보요구 및 이용행태 등)를 고려하여 사명과 목적을 명시해야 한다. 이 경우에 관장은 부서별 목적과 목표를 수합하여 전략적 중요성 순위를 결정한 후 최종 사명과 목적을 공식화하는 것이 바람직하다.

(3) 전략적 대안 도출

도서관이 미래지향적 사명과 목적을 공식화한 후에는 그에 부합하는 다수의 전략적 대안을 마련해야 한다. 이를 위한 범용적 도구인 SWOT 기법[24]을 이용하여 강점과 약점을 매트릭스 형태로 조합하면, 예컨대 〈표 2-4〉에 제시한 바와 같은 4가지 전략을 도출할 수 있다.

〈표 2-4〉 대학도서관 SWOT 분석과 경영전략(안) 비교

내부 여건 \ 외부 환경	기회(O)				위협(T)
강점(S)	▪ 내적 강점에 외부 기회를 결합하여 핵심 역량을 극대화하는 전략				▪ 내적 강점을 기반으로 외부 위협을 최소화 또는 분산하는 전략
	방대한 장서 + 라이선스 전자자료 확충	SO전략 (공격형)	ST전략 (다각화)	학술정보센터 + 포털서비스 강화	
약점(W)	장서 부족 + 전자형 ILL/DDS 강화	WO전략 (보완형)	WT전략 (방어형)	주제장서 취약 + 교수 추천제 내실화	
	▪ 내적 약점에 외부 기회를 접목하여 서비스 역량을 보완하는 전략				▪ 내적 약점을 최소화하고 외부 위협을 회피하기 위한 현실 유지 전략

(4) 최적 전략 결정

복수의 전략적 선택지 중에서 최적 전략을 선택해야 한다. 이를 위한 평가도구는 전략의 구체성, 측정가능성, 실현가능성, 현실성, 기한을 준거로 삼는 SMART(Specific, Measurable, Achievable, Realistic, Time-bound)가 대표적이다. 다만 대학도서관이 공격적 경영을 표방할 때는 SO전략이나 ST전략을, 방어형 경영이 바람직할 때는 WO전략이나 WT전략을 선택할 가능성이 높다. 그 중에서 강점과 기회를 조합하는 SO전략이 가장 바람직하다.

(5) 전략 수행 및 모니터링

도서관은 대학당국과 협의하여 최종 전략의 후속계획(조직정비, 인력지원, 자금 및 설비계획, 일정계획 등)을 준비하고 실행한다. 이 단계에서는 추진상황을 주기적으로 점검하여 목적과 방향을 이탈하지 않도록 관리해야 한다.

(6) 실행결과 평가

선택한 전략을 실행한 결과와 계획문서를 비교하여 평가한다. 그 결과는 대학도서관의 사명과 목적을 공식화하는 단계에 반영되어야 한다.

요컨대 전략적 계획은 현실화된 상황에 대처하는 반응적(reactive) 계획이 아니라 외부 환경변화에 주목하여 미리 혁신 및 생존방안을 모색하는 선제적(proactive) 계획이다. 최근 많은 대학이 교수학습 및 학술연구 경쟁력을 강화할 목적으로 전략적 계획을 수립·적용하고 있다. 동일한 맥락에서 대학도서관도 법정 기본교육시설 또는 명목상 교육학술정보센터에 안주할 것이 아니라 중요성과 존재이유를 극대화하는 전략적 시나리오가 필요하다.

제3절 경영기법 동향

3.1 다운사이징

3.1.1 다운사이징의 개념과 유형

1980년대 초반 IBM 왓슨연구소의 다운사이징(H. Downsizing)은 메인프레임보다 작은 고성능 컴퓨터 개발을 주창하였다. 그의 이름에서 유래된 축소지향적 경영기법이 다운사이징이다. 기업, 정부조직, 공공기관, 대학, 심지어 일상에 이르기까지 거의 모든 영역에서 다운사이징(down+sizing)은 소형화, 비용절감, 슬림화, 경량화, 체질개선 등을 위한 보편적 수단으로 활용되고 있다. 이를 대변하듯이 미국 영화감독 페인(C.A. Payne)은 〈그림 2-11〉과 같이 'Downsizing'이란 공상영화를 만들었고 2017년 베니스 영화제 개막작으로 공개되었다. 미래의 인구과잉, 자원고갈, 환경오염 등을 해결하는 방법으로 유기체 크기를 0.0364% 축소 시술하는 디스토피아적 영화다.

〈그림 2-11〉 영화 'Downsizing' 포스터

다운사이징은 비용절감 측면에서 '조직의 효율성을 제고시킬 의도로 규모변수를 의도적으로 축소하는 기법이자 전략'이다. 그러나 경영전략 차원에서는 '조직의 효율성과 생산성을 높이고 경쟁력을 강화하기 위해 인력구성, 비용구조, 업무프로세스 등을 재구조화하는 일련의 경영조치'다. 이러한 다운사이징이 공공부문에서는 구조조정으로 회자되는 가운데 총정원제와 기준인건비제, 직권면직(Reduction-in-force), 명예퇴직(Buyouts), 정년단축, 결원 미충원 등으로 변용되고 있다.[25] 긍정적으로 보면 경영합리화(經營合理化) 수단이지만, 비판적 관점에서는 인위적 축소를 의미하는 감량경영(減量經營)이다. 대학도서관의 다운사이징 사례를 유형화하면 〈표 2-5〉와 같다.

〈표 2-5〉 대학도서관 다운사이징 유형과 기대효과

유형	구체적인 사례	기대효과		
		비용절감	효율제고	경량화
인력 감원	■ 정규직원 축소, 자연감소 인력 미충원 ■ 도서관 밖으로의 인사이동과 미보충 ■ 한시적 대체인력(비정규직, 보조원) 활용	■	□	■
조직 통합	■ 다른 부속기관(전산원, 출판부 등)과의 조직적 통합 ■ 내부 과단위 및 계단위 조직의 수직적 통합 ■ 특정 부서 내 하위 조직단위의 수평적 통합·축소	■	□	■
예산 삭감	■ 자료구입비, 제본비 등 삭감 ■ 운영비, 직원 재교육비, 출장비 등 축소	■		
장서 폐기	■ 저이용 실물장서의 제적·폐기 ■ 모빌렉, 보존서고 등을 활용한 밀집배가	■	■	□

첫째, 가장 빈번한 유형은 정규직(正規職) 감원과 계약직 형태의 대체인력 활용이다. 어느 관종보다 장서의 연차증가량이 많아 공간 및 인적 수요가 증가할 수밖에 없음에도 직원 수를 줄이는 방향으로 다운사이징이 진행되는 경우가 적지 않다. 대표적인 사례가 상근직 축소, 자연감소(사직, 퇴직)에 따른 결원의 미충원, 도서관 밖으로의 인사이동, 한시적 대체인력(비정규직과 학생보조원)을 활용한 업무대행, 업무 아웃소싱 등이다.

둘째, 조직개편(組織改編)을 통한 다운사이징도 자주 목도할 수 있다. 그 양태는 도서관과 유관기관의 조직적 통합과 축소지향적 조직개편으로 나눌 수 있다. 전자는 도서관, 정보통신원(전자계산소), 출판부, 신문사 등을 단일 조직체계로 통합하는 사례가 대표적이고, 후자는 내부 조직 중 과단위 및 계단위의 수직적 통합과 부서간(예, 수서과+정리과) 또는 부서 내의 하위단위를 수평적으로 통합·축소하는 사례가 많다.

셋째, 자료구입비(資料購入費) 삭감이다. 재정적 어려움에 직면한 대학이 가장 선호하는 전략이다. 최근 10년간 국내 대학이 고가 등록금 때문에 사회적 비판을 받자 동결 또는 인하할 수밖에 없었고, 이를 보전하기 위한 조치로 여러 부속기관 중에서 지출규모가 최대인 도서관 예산을 우선 삭감하여 왔다. 그것의 정당성 또는 현실적 불가피성을 불문하고 다운사이징을 대표한다.

넷째, 저이용 장서의 제적·폐기 및 밀집배가를 통한 유지비 절감과 여유공간 확보다. 대다수 도서관이 수용하는 라이선스 전자자료는 방대한 보존서고의 중요성을 약화시킴에 따라 서고공간 축소 및 전용에 관대한 입장을 취한다. 특히 인터넷, 디지털, 모바일 정보유통이 심화될수록 실물장서를 수장하는 서고공간에 대한 거부감도 증가할 수밖에 없어 제적·폐기는 다운사이징을 위한 기법으로 활용될 가능성이 높다.

3.1.2 다운사이징의 명암과 지향성

1980년대까지 많은 기업체가 소형 서버, 개인용 컴퓨터 등을 활용한 정보시스템을 재구축하는 과정에서 다운사이징이 유행하였다. 이러한 흐름이 공공기관에 연착륙되고 도서관에도 적용되어 왔다.

그럼에도 교수학습 및 학술연구 지원을 중시하는 대학도서관에 다운사이징이 어떻게 적용되어 왔는지, 특징과 파장이 무엇인지에 대한 실증적 연구는 매우 적다. 1990년대부터 도서관 현장의 정원축소 및 조직개편 등에 적용된 다운사이징에 대한 단편적 연구나 사례를 종합한 명암은 〈표 2-6〉과 같이 집약할 수 있다. 요컨대 대학도서관의 다운사이징은 야누스와 같다. 그 빛이 감량경영을 통한 비용절감과 효율성 제고라면, 그림자는 사기저하 및 스트레스 증가로 인한 지식정보서비스 저하다. 그리고 다운사이징의 부정적 풍선효과는 교육학술정보센터라는 본질적 정체성 및 기능적 위상의 약화로 귀결될 수 있다.

대학도서관은 성장하는 유기체다. 이러한 고답적 인식을 기반으로 장서중심의 물량주의에 집착하거나 조직적 이기주의를 앞세울 경우, 고비용(高費用)-저효율(低效率) 구조가 불가피하여 다운사이징에 직면할 수 있다. 게다가 재정 압박이 심하고 입학정원을 채우지 못하는 대학일수록 생존전략, 경쟁력 강화, 구조개혁 차원에서 다운사이징을 추진하면 도서관도 자유로울 수 없다. 특히 2015년부터 교육부가 과학기술 변화와 학령인구 감소에 대비

〈표 2-6〉 대학도서관 다운사이징 명암

순기능(명)	역기능(암)
▪ 각종 비용(인건비, 운영비 등) 절감 ▪ 경영규모 경량(슬림)화 ▪ 기능(업무) 집약을 통한 업무 재설계 ▪ 경영관리 효율성 증대 ▪ 관장 및 중간관리자 의사결정지원시스템 개선 ▪ 커뮤니케이션(상의하달, 하의상달) 원활화	▪ 직원의 사기저하 및 불안감 증대 ▪ 업무 과부하에 따른 스트레스 증가 ▪ 심리적 위축과 동기유발 저해요인 증가 ▪ 감량경영에 따른 지식정보서비스의 질적 저하 ▪ 조직 충성도 및 몰입도 저하 ▪ 도서관의 정체성 및 위상 약화

하여 대학교육의 질적 혁신과 대학의 양적 축소에 무게중심을 두고 추진하는 대학 구조개혁은 도서관에도 그림자를 드리울 가능성이 크다.

그러나 대학도서관은 법령상 교육기본시설이다. 통시적 장서개발을 전제로 각종 지식정보서비스를 최대한 제공하되, 미소장 자료는 다양한 채널을 동원하여 적시에 제공하는 캠퍼스의 교육학술정보센터다. 대학이 다운사이징을 이유로 왜곡시키거나 무조건 축소할 대상이 아니다. 업무 과부하를 초래하는 정원 축소와 결원 미충원, 조직 몰입도 및 사기를 저하시키는 개편과 통합, 핵심역량을 약화시키는 자료구입비 삭감, 정체성을 훼손하는 대대적 장서폐기 등은 결코 바람직하지 않다.

어떤 경우에도 대학도서관의 정언적(定言的) 명제인 '하이브리드 장서개발 및 지식정보서비스 극대화'는 훼손되지 않아야 한다. 이를 보장하기 위한 다운사이징은 '경량화를 위한 전략적 조치'가 아니라 중장기 경영혁신을 위한 '보조적 수단'으로 인식되어야 한다. 기존 업무의 재설계 및 조직문화 개선이 병행될 때 다운사이징의 순기능이 제고될 수 있다.

3.2 아웃소싱과 위탁경영[26]

3.2.1 아웃소싱의 의미와 발전

모든 조직체의 생존전략은 핵심역량(核心力量, core competence)을 강화하는 데 방점을 둔다. 핵심역량은 1990년 프라하라드와 하멜(C.K. Prahalad and G. Hamel)이 기업경영에 도입한 개념[27]으로 '전문지식과 핵심기술을 결합한 조직체 능력'을 말한다. 이를 대학도서관에 적용하면 '다양한 주제 전문지식, 통시적 장서개발과 체계적 보존관리, 교수학습 및 학술연구 지원서비스, 지식정보 중심의 조직문화'에 대한 역량과 수준으로 규정할 수 있다.

대학도서관 핵심역량을 강화하기 위한 전략적 수단으로는 경영관리의 유연성 확보, 시대상황에 부합하는 조직체계 유지, 인적 역량의 극대화, 가용자원 활용성 제고, 디지털 정보기술 내면화, 통합정보시스템 구축과 접근성 강화, 규모의 경제성 추구, 합리적 다운사이징, 외부 자원의 적극적 활용 등이 있다. 그 가운데 외부(out)와 자원화(sourcing)를 합성한 경영기법이 아웃소싱(outsourcing)이다. 외주(外注), 하청(下請, subcontract),[28] 외부화,

외부 조달, 업무위탁 등과 혼용되는 아웃소싱의 보편적 정의는 '조직체가 수행하는 많은 업무 중 일부를 외부로부터 조달하는 방식'이다. 경영관리 측면에서는 '조직체가 비핵심적 내지 부차적 업무를 외부 자원에 의존하는 대신에 내부 역량을 핵심업무에 집중시키는 전략적 기법'이다.

이러한 함의의 아웃소싱은 민영화(民營化, privatization) 및 위탁(委託, contracting out)과 차이가 있다. 민영화는 재산(주식)을 매각 등의 방식으로 민간에 이양하는 것이고, 위탁은 핵심기능 및 운영관리 권한을 수탁자에게 일임하는 방식이다. 이 경우에 위탁사무의 직접적 관리책임은 수탁자(受託者)에게, 최종 감독책임은 위탁자(委託者)에게 귀속된다.[29] 이들의 개념적 범주는 〈그림 2-12〉처럼 '민영화 〉 위탁 〉 아웃소싱'으로 정리할 수 있다. 위탁은 민영화를 위한 전략적 과정일 수 있다. 위탁에서 운영관리 권한을 제외하면 아웃소싱이고, 반대로 아웃소싱에 운영관리 권한을 포함시키면 위탁이다. 아웃소싱은 미국에서, 위탁은 영국에서 범용되지만 혼용하는 경우가 더 많다.

도서관의 아웃소싱은 1901년 의회도서관(LC)이 표준규격 목록카드를 대량 생산·배포하면 시작되었다.[30] 1960년대 미국의 대다수 대학도서관이 출판사가 주도하는 조건부 일괄주문(approval plan)[31]에 의존하여 신간자료를 수집하였고, 1970-80년대는 소급입력 및 편

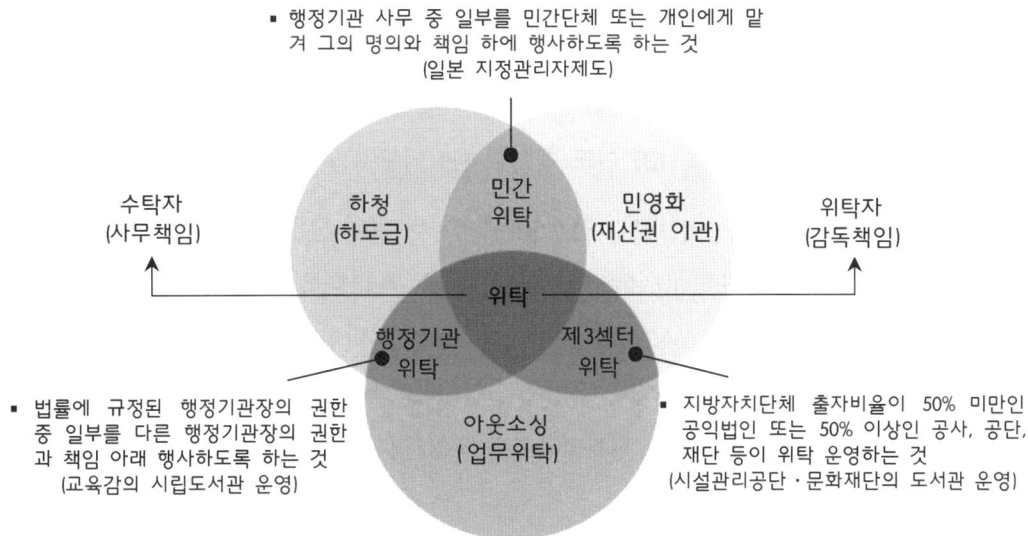

〈그림 2-12〉 아웃소싱, 위탁, 민영화의 관계

목업무에 아웃소싱을 적용하였다. 1980년대 후반부터 경영관리로 확대되어 비용절감이나 구조조정을 넘어 도서관 경쟁력을 강화하기 위한 전략적 수단으로 적용되었다. 최근에는 핵심기능으로 확대된 데 이어 경영관리 자체를 위탁하는 사례도 등장하고 있다. 2004년 전면위탁된 에도가와대학(江戶川大學) 종합정보도서관이 대표적이다.[32]

3.2.2 아웃소싱의 현주소

미국의 경우, 버나드(Claire-Lise Bénaud) 등이 ARL 회원관(69개)과 비회원관(70개)의 아웃소싱을 조사한 바 있다. 그 결과인 〈그림 2-13〉[33]을 보면 이용자를 위한 핵심업무인 각종 정보서비스(참고봉사, 상호대차, 문헌제공)의 아웃소싱 비율은 전체의 10% 이하로 나타났다. 그럼에도 장서개발에 아웃소싱 기법을 적용한 비율이 상당히 높은 이유는 각각 84%와 54%가 조건부 일괄주문 방식을 채택하였기 때문이다.

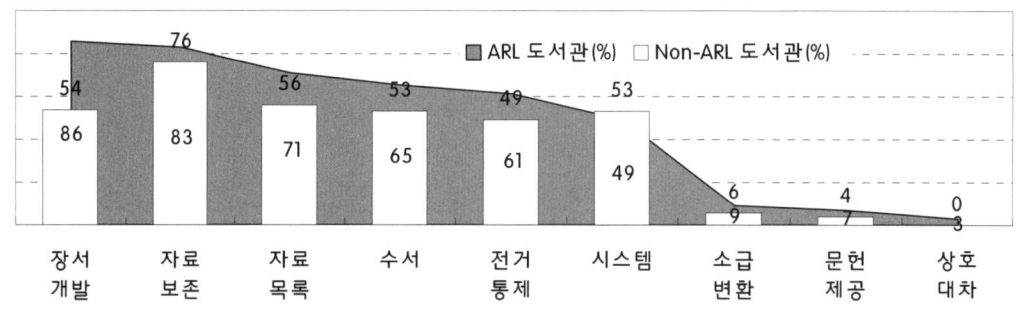

〈그림 2-13〉 미국 대학도서관 아웃소싱 비교

다음으로 일본 문부과학성의 「학술정보기반실태조사 결과보고」에 의하면 2019년 5월 1일을 기준으로 총 792개 대학 1,519개관(중앙관, 분관, 부국도서관·실) 중 전면위탁 비율은 8.4%(국립 0.0%, 공립 10.6%, 사립 10.3%)다. 부분 위탁인 아웃소싱은 〈표 2-7〉과 같이 청소, 제본, 경비, 시간외 개관업무, 접수·열람, DB 작성(목록소재정보)의 순으로 많았다.[34] 요컨대 장서개발, 자료정리, 지식정보서비스 등 핵심업무는 아웃소싱 대상에 포함시키지 않고 있다.

그리고 국내 대학도서관은 2005년 이후 아웃소싱 실태를 조사·분석하거나 통계를 집계

〈표 2-7〉 일본 대학도서관 아웃소싱 현황(2019. 5 기준)

구분		국립대 (285개)	공립대 (142개)	사립대 (1,092개)	소계 (1,519개)	실시율 (%)
DB 작성	목록소재정보	14	22	304	340	22.4
	원문정보	4	6	80	90	5.9
전산기 운용		22	37	162	221	14.5
복사		22	15	228	265	17.4
제본		196	44	428	668	44.0
접수·열람		23	22	330	375	24.7
청소		214	82	540	836	55.0
경비		152	76	415	643	42.3
시간외 개관업무		61	24	330	415	27.3
기타		36	14	122	172	11.3

비고 (실시율 %):
- 청소: 55.0
- 제본: 44.0
- 경비: 42.3
- 시간외 개관업무: 27.3
- 접수·열람: 24.7
- DB 작성 (목록소재정보): 22.4
- 복사: 17.4
- 전산기 운용: 14.5
- 기타: 11.3
- DB 작성 (원문정보): 5.9

한 사례가 없다. 2011년에 이어 2020년 10월 표본도서관을 선정하여 전자우편 및 전화로 확인한 결과, 아웃소싱 대상업무는 〈표 2-8〉과 같이 청소, 건물·시설 관리, 제본업무, 복사서비스, 시스템 구축·관리, 외국 학술자료 입수, 목록업무, 원문 DB 및 기관리포지터리 구축의 순으로 높게 나타났다.

〈표 2-8〉 국내 대학도서관 아웃소싱 대상과 순위

대상	업무내용	순위
청소	▪ 관내 각종 공간 청소	1
건물·시설관리	▪ 청소, 출입관리, 야간경비, 자유열람관, 소독, BDS 등	2
제본업무	▪ 학술지, 학위논문, 파오손 자료 등의 제본	3
복사서비스	▪ 자료실 복사기 운영과 서비스	4
시스템 구축·관리	▪ 시스템 구축과 마이그레이션, 네트워크, 홈페이지 등	5
외국 학술자료 입수	▪ 학술지 및 Web DB 라이선스 확보, 단행본 구입 등	6
목록업무	▪ 신규 MARC 작성, 소급입력	7
원문DB 구축	▪ 소장자료 스캔과 디지털화, 기관리포지터리 구축 등	8
시간외 근무	▪ 야간, 휴일 등의 근무	9
대출·안내서비스	▪ 야간 대출 및 안내 서비스	10
원문제공서비스	▪ 미소장 자료의 상호대차 및 원문서비스(ILL/DDS)	11

3.2.3 아웃소싱의 양면성과 쟁점

일반적으로 전면위탁, 즉 위탁경영은 공공도서관에 많이 적용된다. 대학도서관은 직영체제를 유지하는 가운데 규모의 경제를 추구하면서 핵심역량을 강화할 의도로 아웃소싱을 선호한다. 그 속에는 다운사이징도 포함되어 있다.

그렇다면 아웃소싱은 대학도서관의 핵심역량을 강화하는 데 기여하는가. 도서관 건물과 설비는 공적 시설이고 하이브리드 장서는 준공공재이며, 직원은 공무원 및 그에 준하는 신분을 유지한다. 시장경제 논리를 적용하는 민간부문과 사정이 다르다. 그럼에도 아웃소싱이 각광받는 이유는 비용절감, 서류업무 감소, 외부 전문지식과 정보기술의 활용, 가용자원의 핵심업무 집중화 등이다.35)

그 가운데 아웃소싱 기법을 채택하는 가장 현실적 이유는 비용절감이다. 대학 당국의 구조조정과 조직 슬림화, 내적 역량 부족, 대행업체 존재 등도 아웃소싱에 빌미를 제공한다. 아웃소싱은 조직을 슬림화하고, 감원 및 재배치를 수반하며, 관장을 비롯한 관리계층의 역할이 감독·통제에서 기획·조정으로 전환된다. 이에 따른 양면적 기대효과(期待效果)를 집약하면 〈표 2-9〉와 같다. 최대 쟁점은 '운영비 절감과 지식정보서비스 제고'로 압축할 수 있다.

먼저 '아웃소싱 = 운영비 절감(節減)'인가. 대개 영리기업은 아웃소싱을 도입하면 〈그림

〈표 2-9〉 대학도서관 아웃소싱 양면성

9긍정적 기대효과 9(positive expectation effect)	9부정적 후광효과 9(negative halo effect)
▪ 규모의 경제성 추구	▪ 경영관리의 유연성 제한
▪ 조직의 경량(슬림)화 및 유연성 확보	▪ 도서관 및 사서직의 정체성 약화
▪ 직무의 재분장 및 비효율성 제거	▪ 내적 처리역량 및 기술력 약화
▪ 인력 재배치에 따른 핵심기능 강화	▪ 구조조정 및 감원에 따른 불안과 사기저하
▪ 핵심역량 재고에 의한 생산성 증대	▪ 내부 정보 보안유지의 어려움
▪ 비용(인건비, 운영관리비 등) 절감	▪ 비용절감의 불분명성
▪ 지식정보서비스 수준의 제고	▪ 지식정보서비스 수준 및 역량제고의 한계
▪ 외부 노하우 및 전문기술 활용	▪ 시장경쟁을 통한 유능한 업체선정의 어려움

2-14)처럼 1-1.5년이 경과하면 손익분기점에 도달하므로 3년 내에 투입비용을 회수하고 누적적 효과로 인해 흑자로 반전되는 경우가 많다.36) 대학도서관도 내적 역량이 취약하여 디지털 정보기술을 적극 활용하는 영역과 단순 반복업무에 적용하면 손익

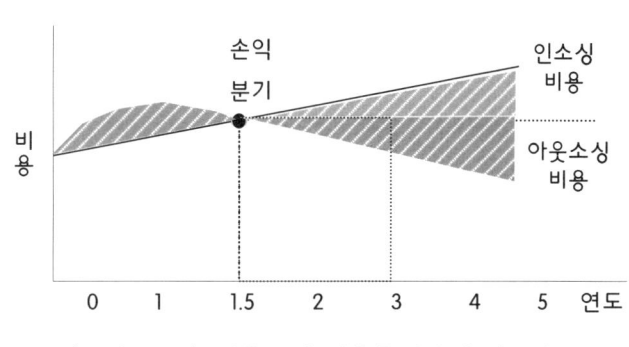

〈그림 2-14〉 아웃소싱 비용추정과 손익분기점

분기점이 기업체와 비슷할 수 있다. 그러나 아웃소싱으로 절감된 비용은 사서직 중심의 전문적 업무에 재투입될 때 핵심역량이 강화될 수 있기 때문에 총비용에는 변화가 없어야 한다. 실제로 정리업무 아웃소싱 결과, 분류 정확도는 16%에 불과하였고37), 목록 데이터의 오류가 많아 직원이 검증·수정하는 데 따른 비용부담이 가중된 사례도 적지 않다. 따라서 비용절감은 아웃소싱을 정당화하는 논리가 될 수 없다.

다음으로 '아웃소싱 = 지식정보서비스 제고(提高)'인가. 이 쟁점은 어떤 업무를 아웃소싱 대상으로 삼느냐에 따라 달라질 수 있다. 가령 디지털 전문지식과 정보기술을 보유한 민간업체에 대학도서관 정보시스템을 아웃소싱하면 내부 담당인력을 지식정보서비스 부문에 투입할 수 있어 긍정적 효과를 기대할 수 있다. 그러나 다양한 정보요구 및 이용행태 분석, 다년간 축적한 커뮤니케이션 경험과 노하우를 바탕으로 인간적 지원을 중시해야 하는 서비스 업무를 아웃소싱하면 영국 경제학자 그레샴(T. Gresham)이 주장한 '악화(惡貨)가 양화(良貨)를 구축(驅逐)'할 가능성이 높다. 따라서 아웃소싱이 지식정보서비스 수준을 제고시킬 것인지는 일부 업무로 단정하기 어렵고 일괄적으로 단언할 사안도 아니다. 어떤 업무에 적용하느냐에 따라 기대효과가 달라질 수 있기 때문이다.

3.2.4 아웃소싱의 조건과 대상

(1) 아웃소싱 환경조건

현재 대다수 조직체가 아웃소싱을 경영기법으로 채택하고 있듯이 대학도서관도 중요성

이 낮은 업무에는 외주방식을 적용해야 한다. 다만 아웃소싱의 근본적 한계나 부정적 후광효과를 감안하면 여유자원을 핵심기능에 재투입할 수 있고 경영관리 및 지식정보서비스 수준도 개선될 수 있어야 한다. 이를 위한 아웃소싱 환경조건을 제시하면 다음과 같다.

첫째, 아웃소싱은 핵심역량 강화를 위한 전략으로 인식해야 한다. 그것은 기존의 모든 업무를 제로 베이스에서 재검토·재구성하지 않으면 긍정적 효과를 기대할 수 없다는 것을 의미한다. 예컨대 디지털 정보시스템 구축이나 인터넷 장서개발을 아웃소싱하려면 대학 당국, 관장 및 중간관리자의 강력한 의지와 지원이 필요하다.

둘째, 대학도서관은 수행하는 핵심업무 및 조직의 핵심역량을 명시할 필요가 있다. 이를 위해서는 전체 직원의 토론·합의를 전제로 직무의 중요성, 난이도, 전문성을 기준으로 핵심업무를 결정하고 아웃소싱과 접목할 것인지를 고민해야 한다. 그렇지 않은 아웃소싱은 예산낭비 및 역량저하를 초래할 수 있다.

셋째, 어떤 업무를 아웃소싱할 것인지를 신중하게 결정해야 한다. 감원 내지 인력부족을 이유로 전문직 업무를 외주하거나 연계성이 중요한 업무를 아웃소싱할 경우, 전자의 부정적 부메랑 효과는 사서직의 정체성 약화로 표출되는 반면에 후자는 일관성 및 체계성 저하로 시너지 효과를 기대할 수 없다.

넷째, 아웃소싱은 시장거래(市場去來)를 전제로 한다. 대학도서관의 요구조건에 부합하는 지식과 기술, 인력과 조직, 경험과 숙련, 사업실적 등이 충분한 복수의 아웃소싱 업체가 경쟁하는 시장이 존재해야 한다. 그렇지 않으면 독과점에 따른 부실, 비용증가, 통제력 약화 등이 초래된다.

다섯째, 아웃소싱의 성패는 외주업체 선정 및 계약에 달려있다. 따라서 대학도서관은 아웃소싱을 추진할 내적 역량인 투입비용-산출편익 평가, 아웃소싱 업체와의 교섭 능력, 아웃소싱 결과의 검증 능력 등을 축적해야 한다.

모든 대학도서관은 인터넷, 온라인, 모바일 정보유통 환경의 도래에 이어 글로벌 메가트렌드로 회자되는 디지털 전환, 4차 산업혁명, 가상현실, 그리고 포스트 COVID-19 시대를 대비해야 한다. 이를 위해서는 원격수업 지원, 비접촉·비대면 교육정보 제공, 지구촌 학술연구정보의 온라인서비스, 가상공간 체험서비스 등을 강화할 필요가 있다. 모두 아웃소싱이 가능한 영역이다. 어떻게 준비해야 비용절감 차원을 넘어 교육학술정보서비스를 제고시킬 수 있는지를 고민해야 한다.

(2) 아웃소싱 대상과 지향성

대학도서관이 아웃소싱을 경영기법으로 선택하려면 적용할 업무 및 범위를 결정해야 한다. 통상 기업경영에서는 외부 시장을 통한 아웃소싱 비용과 내부적으로 처리하는 인소싱 비용을 비교하여 대상과 범위를 정한다. 그러나 비영리조직인 대학도서관은 주요 업무 및 프로세스를 자체적으로 처리·누적시킬 때 핵심역량이 강화될 수 있기 때문에 비용문제를 절대적 기준으로 삼는 것은 바람직하지 않다.

그렇다면 아웃소싱의 바람직한 대상 및 지향성은 무엇인가. 우선 대학도서관의 전략적 중요성과 아웃소싱의 현실적 위험도(危險度)를 평가할 필요가 있다. 전략적 중요성은 인소싱으로 확보할 수 있는 비교우위의 크기를 말하며, 현실적 위험도는 아웃소싱이 실패할 때 초래될 위험의 크기를 의미한다. 양자를 평가한 결과가 모두 높은 업무는 아웃소싱 대상에서 제외해야 한다.

이러한 맥락에서 정리업무 아웃소싱은 심사숙고가 필요하다. 자동목록시스템이 정리업무의 신속성과 편의성을 제공하지만 다양한 서지정보 및 주제지식을 바탕으로 수행하는 사서직의 편목기능을 대체할 수 없다. 자료정리의 노동집약성을 완화시킬 따름이다. 장서개발, 분류편목, 배가·보존, 지식정보서비스로 이어지는 핵심업무의 연계성 및 상관성을 감안하면, 정리업무를 아웃소싱하더라도 서비스 기능에 문제가 없다고 주장한다면 궤변이다. 일각에서는 "아웃소싱 자체가 도서관 경영과 서비스에 부정적 영향을 미치는 증거는 전혀 없다"[38]고 주장하지만, 아웃소싱 사례를 심층 분석한 스위트랜드(J.H. Sweetland)는 "도서관 업무의 아웃소싱은 만병통치약이 아니고, 비용이 절감되지 않는 반면에 서비스 질을 저하시키는 것"[39]으로 단언하였다. 고먼(M. Gorman)도 아웃소싱된 목록을 "도서관 성능기반 부패"로 혹평한 바 있다.[40]

요컨대 대학도서관 아웃소싱은 현상과 본질의 문제로 접근해야 한다. 전자가 현실적 불가피성과 기능을 우선한다면, 후자는 배후적 중요성과 가치에 방점을 둔다. 전자의 입장에서 아웃소싱은 필요악일 수 있고 후자의 입장에서는 존재적 의미가 없는 불요선이다. 이러한 불편한 진실을 극복하는 해법은 정론과 중도다. 대학도서관의 아웃소싱 모형을 제시한

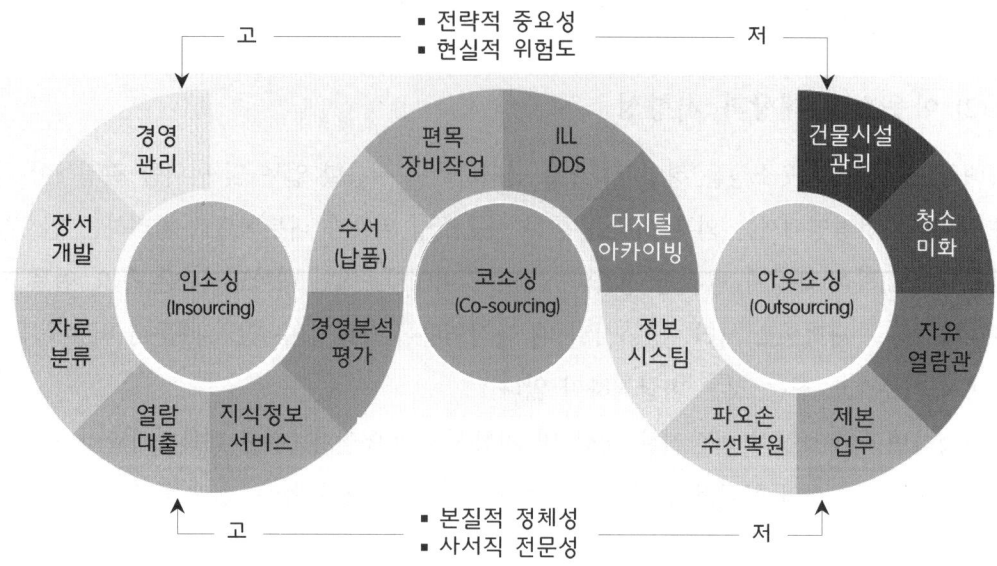

〈그림 2-15〉 대학도서관 아웃소싱의 전략적 모형

〈그림 2-15〉에서 경영관리, 장서개발, 분류업무, 지식정보서비스 등 비교우위 경쟁력(競爭力)과 직결되는 핵심역량이나 프로세스는 인소싱 방식이 바람직하다. 건물·시설 등 일반관리 업무는 아웃소싱하되 수서(납품), 편목, 도서관 상호대차·원문제공서비스(ILL/DDS), 정보검색과 이용지도, 보존관리는 대학도서관 사정에 따라 선택적으로 적용할 필요가 있다. 따라서 대학도서관은 아웃소싱에 대해 '중도적(中道的)' 입장을 견지하는 가운데 핵심역량을 강화하는 전략적 기법으로 인식할 때 본질적 정체성(正體性)과 사서직의 배타적 전문성(專門性)을 유지할 수 있다.

 인용정보

1) 국내에서는 'administration'을 '관리'로, 'library administration'과 'library management'를 '도서관 경영'으로 표기한 반면, 마루야마(丸山 昭二郎) 등은 'administration'을 '관리·경영'으로, 'management'를 '관리'로 번역하였고, 이도가(糸賀 雅兒)는 'administration'을 '관리운영'으로, 'management'를 '경영관리'로 표기하였다.(사공철 등편, 문헌정보학용어사전(서울: 한국도서관협회, 1996), p.35, 83 ; H. Young ed, ALA圖書館情報學辭典, 丸山 昭二郎 等譯(東京: 丸善株式會社, 1988), p.43 ; 糸賀 雅兒, "大學圖書館における經營管理と統計情報," 大學圖書館研究, 第21號(1982, 12), p.96)

2) 圖書館情報學ハンドブック編輯委員會 編, 圖書館情報學ハンドブック(東京: 日本圖書館協會, 1988), p.855.

3) Robert D. Stueart and Barbara B. Moran, *Library and Information Center Management,* 7th ed.(Weatport, Conn.: Libraries Unlimited, 2007), p.6.

4) 草野 正名, 圖書館の經營管理(東京: 內田老鶴圃新社, 1968), p.1.

5) 圖書館問題研究會編,圖書館用語辭典(東京: 角川書店, 1982), p.446.

6) G. Edward Evans, *Management Techniques for Librarians,* 2nd ed.(New York: Academic Press, 1983), p.25.

7) 日本圖書館協會, 圖書館ハンドブック, 第5版(東京: 同協會, 1990), p.323.

8) Evans, *op. cit.*, pp.40-48 ; Helen Howard, "Organization Theory and Its Application to Research in Librarianship," *Library Trends,* Vol.32, No.4(Spring 1984), pp.477-493.

9) Adrian Mole, "The Development of Library Management Concerns, 1870-1950," In *Studies in Library Management,* Vol.6, edited by Anthony Vaughan(London: Clive Bingley, 1980), pp.93-96.

10) Luther Gulick, "Management is Science," *Academy of Management,* Vol.8, No.1(March 1965), pp.7-13 ; Paul Howard, "The Functions of Library Management," *Library Quarterly,* Vol.10, No.3(1940), pp.313-349 ; Ralph R. Shaw, "Scientific Management in the Library," *Wilson Library Bulletin,* Vol.21, No.5(1947), pp.349-352.

11) Donald Coney, "Management in College and University Libraries," *Library Trends,* Vol.1, No.1(1952), pp.83-94.

12) 구조조정은 사업매각, 인원감축 등 외형적 변화를 추구하는 혁신전략인 반면에 다운사이징(규모

축소)은 감원과 비용절감 통한 최적 업무환경을 조성하는 경영전략이다.

13) http://en.wikipedia.org/wiki/PDCA

14) Charles R. McClure, "The Planning Process: Strategies for Action," *College & Research Libraries,* Vol.39, No.6(Nov. 1978), p.456.

15) Stueart and Moran, *op. cit,* p.66.

16) 스마트폰을 활용한 학술연구정보서비스는 전용 애플리케이션을 이용하는 방식과 스마트폰 웹브라우저를 이용하는 방식이 있다. 전자는 스마트폰 기능을 최대로 활용할 수 있는 반면에 OS가 상이하면 호환이 안 되고, 후자는 기기 종류에 관계없이 호환되지만 웹브라우저 간 렌더링과 마크업 언어의 차이로 버전 관리가 어렵다.

17) Brett Sutton, "The Modeling Function of Long-Range Planning in Public Libraries," *Library Administration & Management,* Vol.8, No.3(Summer 1994), p.151.

18) https://libraries.universityofcalifornia.edu/about/vision-and-priorities; 京都大学図書館, "京都大学図書館機構の基本理念と目標." 〈https://www.kulib.kyoto-u.ac.jp/modules/about/content/mission.pd〉; https://library.korea.ac.kr/about/overview/mission/

19) A.D Chandler, *Strategy and Structure: Chapters in the History of the Industrial Enterprise* (Cambridge: MIT Press, 1962), p.13.

20) Theodore H. Poister and Gregory D. Streib, "Strategic Management in the Public Sector: Concepts, Models, and Processes," *Public Productivity & Management Review,* Vol.22, No.3(March 1999), p.310.

21) 小泉 公乃, "図書館経営における経営戦略論," 情報の科学と技術, 第61巻 第8号(2011), p.294.

22) Duane Webster, *Strategic Plans in ARL Libraries, Spec Kit 108*(Washington, D.C.: Association of Research Libraries, 1989), p.i.

23) John Cox, "The Higher Education Environment Driving Academic Library Strategy: A Political, Economic, Social and Technological(PEST) Analysis," *The Journal of Academic Librarianship* (OAJ July 2020). 〈https://www.sciencedirect.com/science/article/pii/S0099133320301105〉

24) Alka Jain, "SWOT Analysis in Thirukkural: Comparative Analysis with Humphrey SWOT Matrix," *IOSR Journal of Business and Management,* Vol.17, Issue 1(Jan. 2015), pp.31-34.

25) 윤희윤, "대학도서관 경영개혁의 동향과 반추: 조직의 통합과 팀제를 중심으로," 제38회 전국도서관대회 한국도서관·정보학회 라운드 테이블 발표자료(2000. 9. 1), p.35.

26) 윤희윤, "도서관의 아웃소싱에 대한 비판적 연구," 한국도서관·정보학회지, 제31권, 제3호(2000, 9), pp.1-21.

27) C.K. Prahalad and Gary Hamel, "The Core Competence of the Corporation," *Harvard Business Review,* Vol.68, No.3(May/June 1990), pp.79-91.

28) 외주는 외부 자원의 활용이라는 측면에서 아웃소싱이며, 하청과 업무대행을 포함한다. 하청은 일부 업무의 외부 위임(발주)을 포함하는 광의의 아웃소싱이다.
29) 윤희윤, "공공도서관 위탁구상의 쟁점분석과 대응방안," 도서관, 제53권, 제3호(1998 가을), p.6.
30) Robert S. Martin, *The Impact of Outsourcing and Privatization on Library Services and Management* (Chicago: ALA, 2000), p.7. 〈http://www.ala.org/tools/sites/ala.org.tools/files/content/outsourcing/outsourcing_doc.pdf〉
31) 1960년대 초 Reed University 구내서점을 운영하던 아벨(R. Abel)이 고안한 것으로, 도서관 장서 프로파일(자료 유형, 주제, 언어, 출판국, 난이도 등 포함)에 부합하는 신간을 출판사나 서적상이 선정·공급하는 시스템이다. (윤희윤, 장서관리론, 완전개정 제4판(서울: 한국도서관협회, 2020), p.276)
32) 平岡 健次, "江戸川大学の図書館全面業務委託この1年," 大学図書館研究, 第75巻(2005. 12), p.76.
33) Claire-Lise Bénaud, Sever Bordeianu, *Outsourcing Library Operations in Academic Libraries: An Overview of Issues and Outcomes*(Englewood: Libraries Unlimited, 1998), pp.169-174.
34) 文部科学省 研究振興局参事官, 学術情報基盤実態調査 結果報告(東京: 文部科学省, 2020), p.76.
35) Richard W. Boss, "Guide to Outsourcing in Libraries," *Library Technology Reports,* Vol.34, No.5(Sept./Oct. 1998), p.566.
36) 앤더슨 컨설팅, 아웃소싱 경영, 이강락 옮김(서울: 21세기북스, 1999), pp.42-43.
37) Kyung Shim, Young-Mee Chung, "The Effect of the Quality of Pre-Assigned Subject Categories on the Text Categorization Performance," 정보관리학회지, Vol.23, No.2(2006. 6), pp.265-285.
38) Robert S. Martin, et al., *The Impact of Outsourcing and Privatization on Library Services and Management: A Study for the Amercian Library Association*(Chicago: ALA, 2000), p.55.
39) James H. Sweetland, "Outsourcing Library Technical Services: What We Think We Know, and Don't Know," *The Bottom Line: Managing Library Finances,* Vol.14, No.3(2001), p.173.
40) Michael Gorman, "The Corruption of Cataloging," *Library Journal,* Vol.120, No.15(1995), pp.32-34.

Chapter 3

조직구조와 관리

제1절 조직관리 기초이론
제2절 조직구조 유형과 사례
제3절 조직개편 동향과 지향성

제3장

조직구조와 관리

제1절 조직관리 기초이론

1.1 조직관리의 개념과 중요성

1.1.1 조직의 키워드와 개념

사회는 조직이다. 가족, 학교, 직장, 기관·단체 등 무수한 조직이 집합되어 사회를 구성한다. 조직의 일원이자 사회를 구성하는 주체는 인간이다. 요람에서 무덤까지 일하고 삶을 영위하는 가운데 지속적으로 상호작용한다. 그래서 조직 속에는 사람과 일이 함축되어 있다.

조직(organization)은 고대 그리스어 'ergon'(일, 작업) 또는 'organon'(도구, 수단)에서 유래되었다. 이를 정의하는 시각은 다양하다. 독일 사회학자 베버(M. Weber)는 '자본주의 하의 합리적 행정기구인 관료제(官僚制, bureaucracy)'로, 사회심리학자 리커트(R. Likert)는 '결합된 소집단'으로, 산업심리학자 메이요(E. Mayo)는 '개인의 사회적 욕구충족의 장(場)'으로, 정치경제학자 사이먼(H.A. Simon)은 '의사결정시스템'으로 정의하였다. 그런가 하면 근대 조직론 원조인 버나드(C.I. Barnard)는 "다수가 공동목적을 달성하기 위해 의도

적으로 조정한 행동시스템"[1]으로 규정하였다.[2]

이처럼 조직의 키워드는 공동 목적, 권한과 책임, 행동시스템 등이다. 여러 키워드의 유기적 상호작용을 전제로 하는 총체적 구조가 내포되어 있다. 이를 원용하면 대학도서관 조직은 '대학과 도서관이 설정한 사명과 목적을 달성할 목적으로 직무단위를 세분하고 권한과 책임을 체계화한 인간행동시스템'이다.

1.2 조직관리의 중요성

모든 대학도서관은 조직체계를 갖추고 있다. 그렇지 않으면 예산배정, 인력배치, 직무분장, 업무수행 등이 원천적으로 불가능하기 때문이다. 설령 조직체계가 존재하더라도 지속적으로 관리되지 않으면 도서관의 사명과 목적을 달성하는 경영도구로 간주할 수 없다. 다만, 조직관리는 다의성과 포괄성을 함축하고 있어 〈그림 3-1〉처럼 조직화, 조직구조, 조직도(표)와의 개념적 관계를 분명하게 설정해야 의미적 및 관리상 혼란을 막을 수 있다.

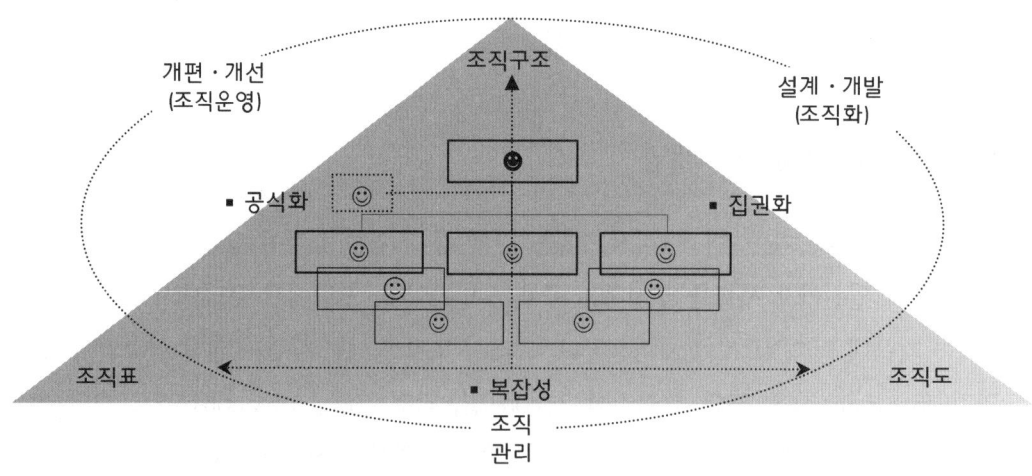

〈그림 3-1〉 대학도서관 조직관리의 개념적 지형

먼저 조직화(組織化, organizing)는 혼돈과 무질서한 상황을 해소하기 위한 개인적 의미창출 및 집단적 사회화 과정이다. 부언하면 조직을 설계하고, 유지·관리하며, 적시에 개편하는 동태적 과정이다.

다음으로 조직구조(組織構造, organization structure)는 조직화를 거쳐 형성된 조직의 구조적 특성(복잡성, 집권화, 공식화)을 의미한다. 인체 골격에 상당한다. 따라서 대학도서관 조직구조에는 부서편성, 보고체계, 권한과 책임, 인력배치와 직무분장, 커뮤니케이션 채널 등이 포함된다.

그리고 조직표로도 지칭되는 조직도(組織圖, organization chart)는 조직구조에서의 권한 및 지위관계, 계층구조, 부서명과 단위수, 업무분담, 라인-스탭 관계 등을 가시적으로 표현한 도표다. 그러나 조직도가 조직구조를 압축한 것임에도 내재된 구조적 특성을 포착하는 데 한계가 있다.

마지막으로 조직관리(組織管理, organization management)는 조직화 및 구조적 특성에 초점을 맞추되 조직의 '설계(개발) → 운영관리 → 개편(개선)'을 포괄하는 경영기능이다. 따라서 대학도서관 조직관리는 '모든 직무를 논리적으로 군집하고 직위와 인력을 결정한 후 개인 및 집단적 직무활동을 지원·조정하고 관리하는 경영활동'이다.

이러한 조직관리는 대학도서관 경영관리에서 인사관리와 함께 매우 중시되어야 할 기능이다. 그 중요성은 다음과 같다.

- 조직화에는 대학 및 도서관의 역사와 문화, 경영이념과 핵심가치, 비전과 사명, 목적과 목표, 각종 규모변수(직원, 장서, 공간 등)가 반영된다.
- 조직구조는 부서별 및 개인별 직무 범위에 대한 지침을 제공한다.
- 조직의 청사진인 조직도를 통해 수직적 및 수평적 분화와 통합, 부서설정 기준, 라인-스탭 관계, 권한과 보고체계, 소통채널, 부서별 업무내용 등을 개관할 수 있다.
- 조직관리는 경영관리의 효율성을 제고시킨다. 직원의 직무수행을 위한 행동체계를 규정하고, 계획수립 및 통제기능을 지원하며, 소통경로를 결정한다.
- 효율적 조직관리는 직무분장 및 업무수행에서 중복이나 불명확으로 인한 직원 갈등을 해소하는 동시에 개별적 활동을 조직목표에 연계시켜 직무성과를 높인다.
- 조직관리는 도서관 경영성과 및 조직 유

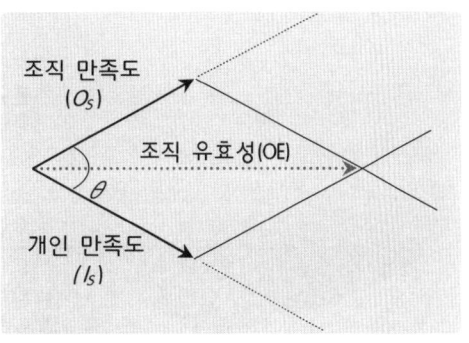

〈그림 3-2〉 대학도서관 조직 유효성

효성(organizational effectiveness)에 지대한 영향을 미친다. 최근 조직 지향성(조직목표)과 개인적 욕구(개인목표)는 양립되는 것으로 간주하고 〈그림 3-2〉처럼 조직 만족도(Os)와 개인 만족도(Is)가 통합되거나 간극이 최초화될수록 조직유효성(OE)이 증가하는 것으로 인식한다. 조직관리가 강화되어야 도서관 유효성도 높아질 수 있다.

1.3 조직 구성원리와 부문화

1.3.1 조직 구성의 기본원리

대학도서관이 중장기 발전계획 또는 전략적 계획에서 수립한 사명과 목적을 달성하려면 일정한 원리와 원칙에 근거한 조직을 설계·구성해야 한다. 그 기본원리는 〈그림 3-3〉처럼 외적 측면에서 '분화·통합(分化·統合)의 원리', 내적 측면에서 '권한·책임(權限·責任)의 원리'로 양분할 수 있다.

(1) 분화와 통합의 원리

조직의 외형적 측면에서 분화와 통합은 직능구조(職能構造)를 결정하는 원리다. 직능은 '수행해야 할 업무'를 말하고, 구조는 직무(job)와 직위(position)로 구체화된다. 통상

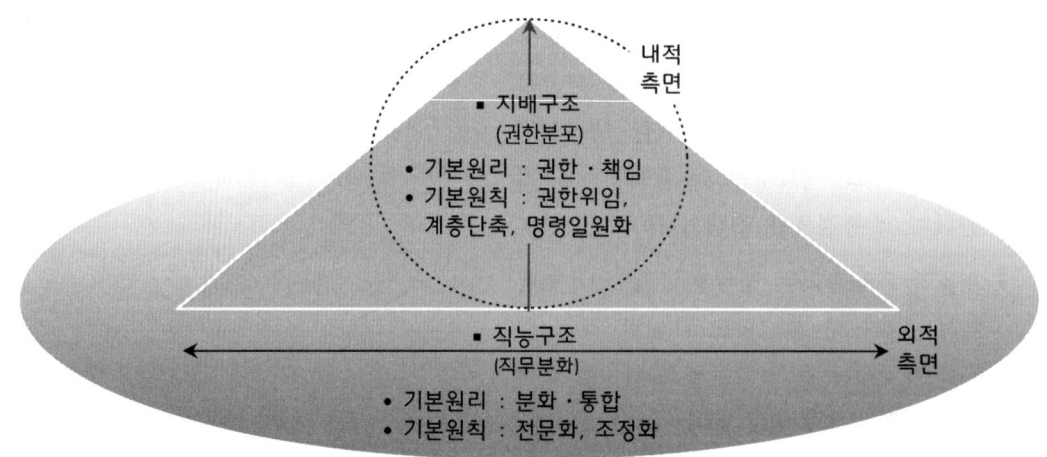

〈그림 3-3〉 대학도서관 조직구성 기본원리 및 구조

조직을 설계할 때는 통합보다 분화에 무게중심을 두기 때문에 직무분화와 밀접하다.

먼저 분화(分化, differentiation)는 대학도서관 직무를 장서개발, 수서, 자료정리, 지식정보서비스, 보존관리 등으로 구분하고, 예컨대 수서는 다시 계약과 구입, 기증과 교환, 등록 등으로 세분하듯이 일정한 기준에 따라 직무를 세분하는 것을 말한다. 이를 위한 수단에는 모든 직원에게 각각 직무를 부여하는 수평적(水平的) 분화인 '부문화'와 그 결과인 직무 상호간의 계층관계를 규정하는 수직적(垂直的) 분화인 '계층화'가 있다.

다음으로 통합(統合, integration)은 과도하게 세분된 여러 직무를 대상으로 처리의 중첩이나 투입 노력의 중복 등을 검토하여 조정·군집하는 것이다. 환언하면 지나친 분화의 역기능이나 부작용을 해결하기 위한 조정이다.

이러한 외형적 원리는 새로운 업무 추가, 조직단위 신설, 업무 재분장 등 다양한 이유로 조직이 비대하거나 비효율적일 때 적용된다. 조직을 최적화하기 위해서는 분화의 기제인 전문화(專門化) 원칙과 통합의 기제인 조정화(調整化) 원칙을 준수하는 것이 바람직하다. 대학도서관 직무단위가 증가할수록 전문화를 지향해야 하고 조정화의 필요성도 증가하기 때문이다. 직무에 대한 권한과 책임의 한계가 분명하지 않으면 불만과 갈등이 조성되며, 조직 효율성도 저하된다. 따라서 분화와 통합에는 권한과 책임이 수반되어야 한다.

(2) 권한과 책임의 원리

조직의 내면적 측면에서 권한과 책임은 직무수행에 필요한 지배구조(支配構造)를 결정하는 원리다. 통상 지배구조는 권한의 분포를 포함한 지휘·통제시스템을 지칭하지만, 대학도서관 조직구조의 근간 및 특성을 좌우한다.

먼저 권한(權限, authority)은 직위에 부여된 합법적·공식적 권리(right)다. 부언하면 관장이 부관장과 중간관리자에게, 그리고 과(팀)장 등 중간관리자가 실무자에게 직무이행을 지시·요구할 수 있는 직위상 권리다. 다음으로 책임(責任, responsibility)은 직책, 즉 직위에 수반되는 책무(責務, accountability)다.

그럼에도 권한과 책임은 동전의 양면과 같다. 가령, 관장에게 대학도서관을 총괄하는 권한이 부여되면 그에 따른 책임도 수반되므로 분리될 수 없다. 이 경우에 권한과 책임을 보유한 당사자는 직무를 수행해야 할 의무(duty)가 있다. 이들의 3위 일체가 〈그림 3-4〉의

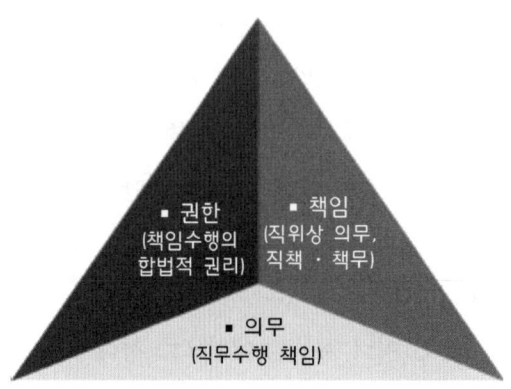

〈그림 3-4〉 대학도서관 조직관리의 삼면등가 원칙

삼면등가(三面等價) 원칙이다.

모든 대학도서관은 교수와 학생에게 다양한 교수학습 및 학술연구정보서비스를 제공하는 가운데 성장과 발전을 계속한다. 따라서 조직의 유연성을 확보하는 동시에 효율성을 제고시키기 위해서는 직무분장 및 수행에 따른 권한과 책임의 한계를 명시하되 중요성, 전문성, 난이도가 높은 직무일수록 통솔범위를 축소하는 방향으로 권한을 위양하는 등 기본원칙을 준수해야 한다.

1.3.2 조직단위의 부문화 기준

조직을 설계할 때 분화와 통합, 권한과 책임의 원리는 매우 중요하다. 그럼에도 조직단위(department)를 구성하려면 직무의 유사성을 기준으로 분화·통합하는, 즉 부문화(部門化, departmentalization)가 선행되어야 한다.

대다수 영리조직은 기능, 지역, 제품, 고객, 과정 등을 부문화 기준으로 삼는다. 그러나 대학도서관에 범용되는 부문화 기준은 기능(또는 업무), 주제, 자료유형, 이용자 등이다. 이들을 비교하면 〈표 3-1〉과 같다.

그 가운데 가장 보편적인 기준은 기능(또는 업무)이며, 최근 주제별 조직단위를 가미하는 사례도 증가하고 있다. 기능별 조직의 역기능인 부서간 경계와 소통의 어려움, 관리중심 사고와 행위를 극복하는 동시에 학과(전공) 또는 학문별로 편제된 대학 조직단위에 부합하는 주제별 부서를 추가할 경우에 서비스 집중화 및 전문화를 기대할 수 있기 때문이다. 대학도서관이 중앙관 조직체계를 여러 주제관으로 분리하지 않는 한 기능을 중심으로 과(팀)조직을 구성하고 주제, 자료유형, 이용자 수준으로 보완하고 있다.

〈표 3-1〉 대학도서관 조직의 부문화 기준 비교

기준	의미와 용례	장점	단점
기능	■ 업무 성격 및 흐름을 감안하여 유사한 기능(업무나 활동)을 동일한 부서에 군집하는, 대다수 도서관이 채택하는 전통적이고 보편적 기준임 ■ 예: 자료선정·구입·등록 등은 수서과(팀), 분류·편목·장비 등은 정리과(팀), 대출열람·참고서비스·정보검색 등은 서비스과(팀)에 편성함	■ 업무 전문성 제고 ■ 신속한 업무처리	■ 부서 이기주의와 부서간 단절현상 ■ 전체 업무에 대한 통찰과 이해 결여
주제	■ 대학도서관이 선호하는 기준으로 중앙관의 주제별화와 지리적 주제별화로 구분할 수 있음 ■ 예: 정보서비스 아래에 인문·사회·자연 등 자료실별 구분과 단과대학과 학부(학과) 소재지에 주제관(의학·법학 등)과 분관·분실을 두는 형태	■ 자료군집 및 이용 편의성 제고 ■ 사서의 주제전문성 강화	■ 자료중복에 따른 비용증가 ■ 전문직원의 신규 고용이 필요함
자료 유형	■ 장서량이 많고 그 종류도 다양한 도서관이 실(계, 팀) 수준 부서를 편성할 때 적용하는 기준 ■ 예: 참고실, 정기(연속)간행물실, 학위논문실, 시청각자료실, 서지정보검색실, 고서실 등으로 구분	■ 특정자료 요구 충족에 유리 ■ 관리의 일관성과 편의성	■ 이용자 접근동선이 길어짐 ■ 사서의 주제전문화에 역행함
이용자 수준	■ 대학도서관이 이용자 지적 수준을 고려하여 자료를 구분·배치할 때 적용하는 기준 ■ 예: 학부도서관과 연구도서관 구분, 대학원서비스나 연구지원서비스를 별도 조직으로 두는 경우	■ 이용행태 분석을 통한 밀착서비스가 가능함	■ 자료구분의 어려움 ■ 중복배치에 따른 비용증가

1.4 조직구조의 구성요소와 변화

1.4.1 조직구조의 구성요소

대학도서관 조직구조를 구성하는 요소는 복잡성, 집권화, 공식화이다. 이들은 조직의 구조적 특성을 대변할 뿐만 아니라 조직의 규모와 형태를 결정한다. 각각의 개념과 지표를 살펴보면 다음과 같다.

(1) 복잡성(complexity)

도서관 조직구조에서 복잡성(複雜性)은 내적 분화정도를 말한다. 직무를 수행하는 데 동

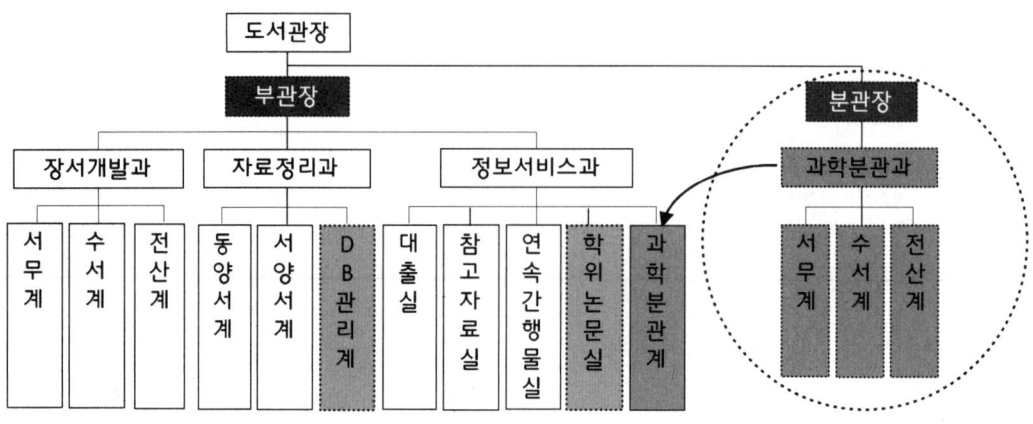

〈그림 3-5〉 대학도서관 조직구조 분화(예시)

원되는 지식과 기술의 수준을 지칭하기도 한다. 그 유형은 〈그림 3-5〉처럼 직무분화를 의미하는 수평적 분화(정리과의 DB관리계, 정보서비스과의 학위논문실, 과학분관 및 하부 수서계·정리계·대출계), 계층수 증가를 의미하는 수직적 분화(부관장, 과학분관과 하부 조직), 그리고 인력과 장서·시설의 지리적 분산을 지칭하는 장소적 분화(과학분관)로 나눌 수 있다. 수평적 분화는 상이한 직무수, 교육훈련 수준, 전문적인 업무수 등으로, 수직적 분화는 계층수로, 장소적 분화는 중앙관 외의 단위도서관수, 도서관간 거리나 소요시간, 직원 배치율 등으로 복잡성을 측정할 수 있다.

(2) 집권화(centralization)

조직의 집권화(集權化)는 의사결정권이 특정 개인 또는 조직단위에 집중되어 있는 정도를 말한다. 조직 내 의사결정권 분포에 방점을 둔다는 측면에서 지리적 집중화나 공간적 분화와 다르다. 예컨대 〈그림 3-5〉에서 과학분관계가 분관조직으로 격상되기 전에는 모든 권한이 관장에게 집중된 집권적 조직이지만, 독립된 후에는 관장의 권한이 분관장에게 위임되어 집권화도 완화된다. 이를 측정할 때는 조직적 특성인 관장의 권한 뿐만 아니라 전문직원의 의결과정 참여도까지 고려해야 한다. 따라서 집권화를 측정하는 지표는 관장의 정보수집 및 업무통제, 중간관리자의 재량권, 전문직원의 의결참여 등이다.

(3) 공식화(formalization)

조직의 공식화(公式化)는 직무표준화 정도를 말한다. 가령 편목업무에서 공식화가 심하면 담당자는 직무기술서, 상세한 규정과 규칙, 명시적 작업절차 등을 준수해야 하므로 재량권을 행사할 여지가 거의 없다. 다만 성문화되지 않은 규범이나 절차가 공식화에 포함되는지에 대해서는 논란이 많으므로 범주를 명시해야 지표 선정이 용이하다. 공식화 측정지표에는 규정의 세분화, 작업과정의 표준화, 직원 재량권, 감독 등의 정도가 포함된다.

이상에서 언급한 조직구조적 특성의 상관관계는 〈그림 3-6〉과 같다. 예컨대 자료실을 신설하면 수평적 분화에 따른 복잡성이 증가하지만, 전문사서를 배치하면 상세한 규정이 불필요하므로 집권화 및 공식화는 낮아진다. 반대로 신설된 자료실에 준사서(또는 비사서)를 배치하면 행위를 통제할 규정이나 지침이 필요하므로 집권화 및 공식화는 높아진다. 또한 어떤 부서에 전문사서를 집중 배치하면 재량권 확대로 집권화 및 공식화가 완화되지만, 인사관리의 효율성을 확보하려면 근무평정의 표준화가 불가피하므로 공식화는 심화될 수 있다. 이처럼 복잡성과 공식화, 집권화와 공식화 간에는 일관된 상관성이 없다. 사안에 따라 다르며, 어떤 후속조치를 취하느냐에 따라 결과도 달라진다.

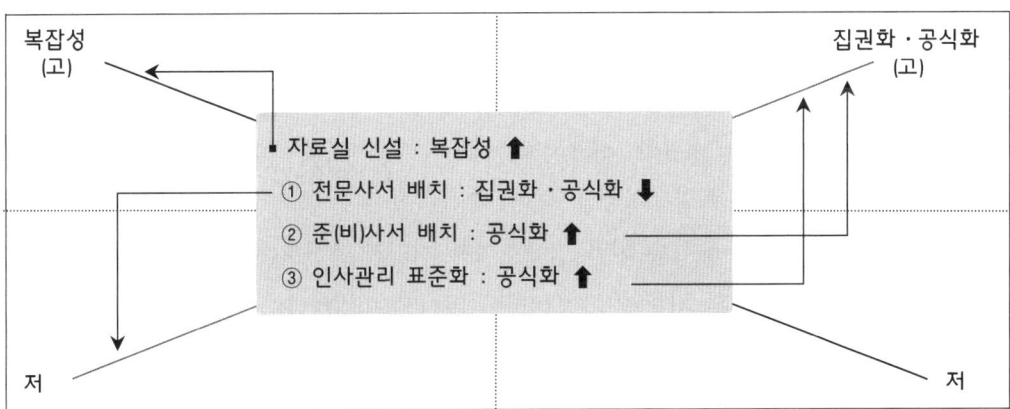

〈그림 3-6〉 대학도서관 조직구조적 특성의 상관관계

1.4.2 조직구조 변화요인

일반적으로 영리를 추구하는 기업조직, 정치지향성이 강한 정당조직, 위계질서를 강조하는 관료조직의 구조적 특성에 영향을 미치는 요인은 환경, 규모, 기술, 전략, 권력 및 통제 등이다. 이들이 국가자격증을 소지한 동질적 인력구성과 권한위양 및 전문성을 강조하는 대학도서관 조직에 적용되는지는 분명하지 않다.3) 그렇다면 왜 도서관 조직구조는 수시로 변하는가. 그 역사적 발전과 조직개편 양태에 근거한 학내외 변수를 검토할 필요가 있다. 대학도서관 조직구조에 영향을 미치는 주요 변수를 간추리면 〈그림 3-7〉과 같다.

(1) 대학 경영패러다임

가장 거시적인 요인은 대학 경영패러다임의 변화와 적용이다. 현재 많은 대학이 구조조정과 감량경영, 아웃소싱과 조직축소, 경영평가, 학생중심 학사운영, 특성화 전략, 디지털화 등에 주력하고 있다. 이러한 동향은 대학도서관 운영방식 및 조직구조에 직간접적으로 영향을 미친다. 정보통신원(전자계산소)과 통합, 디지털 도서관 구축, 정보검색실 설치, 주제별화, 팀제도입, 아웃소싱, 창의·학습공간, 복합문화공간 등이 대표적이다. 특히 조직계층 통합을 위한 팀제도입과 지리적 분산화는 조직구조의 전면적 개편을 초래하며, 주제별화는 서비스 조직으로의 변신을 의미한다.

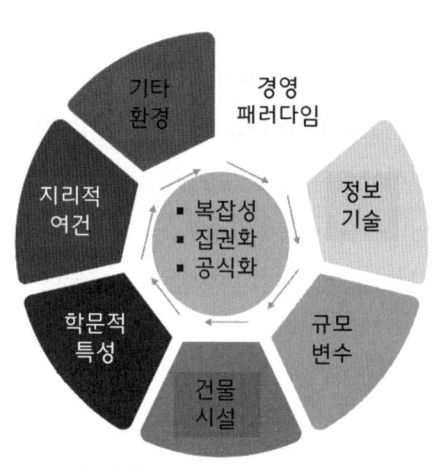

〈그림 3-7〉 대학도서관 조직구조 변화요인

(2) 디지털 정보기술 수용

인터넷 정보시스템, 라이선스 전자자료(E-book, E-journal, Web DB 등)와 같은 정보기술 수용도 조직구조 변화에 일조한다. 정보기술은 과정과 결과를 변화시키고, 업무형태 및 작업스타일이 변형되는 단계에는 조직변화가 불가피하다.4) 또한 정보기술 환경은 기능별 조직에 주제별 또는 이용자별 조직을 가미시키는 방향으로 변화를 유도하고 있다. 따라서 정보기술은 조직구조적 특성, 직무내용 및 처리방식을 변화시키고 부서경계를 초월하는 협력과 조정의 필요성을 증가시키는 동인이다.

(3) 도서관 규모변수

도서관을 대표하는 규모변수(規模變數)는 인력, 장서, 공간이다. 인터넷, 디지털, 모바일 환경의 영향으로 도서관 규모가 변하면 조직구조에 개편될 수밖에 없다. 예컨대 직원수 및 구성비율에서 변화가 일어나면 권한과 책임, 업무분장을 재조정해야 하므로 조직구조에 영향을 미친다. 또한 연간 5% 내외의 장서 증가는 수장공간 확충과 재배치로 이어지고 조직개편을 동반한다. 그 외에 대학 재정이 악화되면 도서관 예산도 감축되고 조직구조에 다운사이징 전략이 대입되며, 재정이 호전되면 조직 확장을 위한 개편에 착수할 있다.

(4) 도서관 건물과 시설·공간

도서관이 건물과 시설·공간을 확충하거나 변경하는 경우에도 조직구조에 변화가 일어난다. 가령 주제관이나 분관이 설치되면 장서 및 인력이 이동되고, 수장량이 증가하면 공간 확장 및 재배치가 불가피하며, 서비스 방식을 개선하거나 새로운 서비스를 도입하면 시설·공간의 용도변경과 재조정이 필요하다. 이처럼 신축과 증개축 등 건축적 측면은 물론 공간과 가구, 장서와 인력의 배치계획적 측면에서 변경요인이 발생하면 조직개편으로 이어진다.

(5) 캠퍼스 지리적 여건

대학 캠퍼스의 지리적 확장과 분화는 도서관 조직구조 개편과 직결되는 변수다. 예컨대 기존 도서관의 서비스 권역을 벗어나는 위치에 교육연구 건물이 신축되면 주제관 내지 분관계획을 검토해야 한다. 또한 다른 지역에 캠퍼스가 조성되면 도서관을 신설해야 한다. 장서 디지털화 및 온라인 이용을 이유로 반론을 제기할 수 있으나, 실물자료 수집과 인간적 서비스가 계속되는 한 거리와 이용의 비례법칙은 불변의 공리(axiom)이다. 따라서 기존 캠퍼스에 주제관이나 분관, 다른 캠퍼스에 도서관이 신축되면 자원이동 및 재배치가 불가피하고 운영방식도 분산형으로 전환되므로 조직구조에 상당한 변화가 일어난다.

(6) 대학의 학문적 특성

대학의 학문적 특성도 조직구조 변화와 밀접한 상황변수다. 대다수 교육연구시설은 학문적 밀접성을 기준으로 군집되어 있다. 이에 따라 많은 대학이 중앙관 외에 의학, 과학 등 주제별 분관을 설치·운영하고 있으며, 향후에도 증가할 개연성이 높다. 2009년 법학전문대학원 개설과 함께 법학도서관이 설립되었고 자료 및 직원 이동에 따라 개편된 조직구조가 대변한다.

(7) 기타 요인

그 외에 대학 역사와 전통, 구성원 의식수준과 조직문화, 이용요구의 다변화, 다른 도서관의 조직개편, 관계법령 개정 등도 조직구조 형태, 분화와 통합의 정도, 부서명칭 등에 영향을 미친다. 이를 방증하는 사례로 사립대학은 도서관과 정보통신원의 통합이나 팀제도입, 국립대학은 「국립학교설치령」 개정에 따른 수서과와 정리과의 통합이 대표적이다.

1.4.3 조직구조 변화요인 실증[5]

여러 상황변수가 대학도서관 조직구조의 변화와 밀접하다면 실제로 구조적 특성(복잡성, 집권화, 공식화)에 영향을 미치는지, 각각의 상대적 영향력은 어느 정도인지를 논증할 필요가 있다. 이를 위해 계량화가 가능한 직원수, 정보기술, 캠퍼스 복수화, 학문적 특성을 시계열적으로 분석하면 다음과 같다.

(1) 조직구조적 특성과 변화요인의 상관분석

먼저, 도서관 직원수는 〈표 3-2〉에서 복잡성과 높은 정의 상관관계가 있다. 직원수가 증가하면 직무 및 계층이 증가하기 때문이다. 집권화와의 상관성은 감소하는 추세지만 관장 권한, 중간관리자 재량, 직원 의결참여 등에서 실질적인 변화는 없다. 직원수가 공식화와 상관관계가 없는 것도 직원의 재량권이나 업무 표준화 등에서 변화가 없기 때문이다.

다음으로 정보기술은 복잡성과 높은 정의 상관관계가 있다. 각종 정보기술을 도입하면 수평적 및 수직적 분화가 일어나기 때문이다. 또한 집권화 및 공식화와도 상관관계가 비교

〈표 3-2〉 대학도서관 조직구조적 특성과 변화요인의 상관관계

요인	특성	복잡성 1970	복잡성 1980	복잡성 1990	집권화 1970	집권화 1980	집권화 1990	공식화 1970	공식화 1980	공식화 1990
직원수	1970	0.5534***			0.3241**			0.2322		
	1980		0.6085***			0.3622**			0.1959	
	1990			0.5748***			0.2777*			0.0631
정보기술	1990			0.6997***			0.3714**			0.3767**
캠퍼스 복수화	1970	0.4788**			0.1854			0.5049***		
	1980		0.5711***			0.2472*			0.4540***	
	1990			0.7455***			0.0136			0.3287**
학문적 특성	1970	0.6085***			0.3726**			0.1582		
	1980		0.4855**			0.2619*			-0.0406	
	1990			0.4855**			0.0617			-0.0870

유의수준 : * 0.1,   ** 0.05,   *** 0.01

적 높은 것은 기술도입에 따른 통제구조의 집권화, 업무절차의 표준화 경향에서 기인한다.

그리고 캠퍼스 복수화(複數化)는 복잡성과 정의 상관관계에 있다. 1980년부터 캠퍼스 확장과 분화에 따른 도서관(분관) 신설로 조직구조가 분산형(혹은 혼합형)으로 바뀌었거나 복잡해지고, 조직단위도 증가하였기 때문이다. 반면에 집권화와 무관한 것은 장소적 분화에도 불구하고 집권적 통제구조에 변화가 없기 때문이다. 공식화의 상관관계가 높은 것은 지리적 제약으로 독자적 업무수행과 재량권 부여가 불가피한 데서 기인한다.

마지막으로 학문적 특성은 복잡성과 비교적 높은 상관관계가 있다. 학문적 특성을 반영한 분관 설치에 따른 수평적·장소적 분화의 가속화에 기인한다. 그러나 집권화 및 공식화와는 상관성이 없다. 직원 재량권이나 업무 표준화에 미치는 영향력이 미약하기 때문이다.

(2) 조직구조적 특성과 변화요인의 회귀분석

먼저 조직구조의 복잡성에 영향을 미치는 요인은 정보기술, 직원수, 캠퍼스 복수화다. 이들이 유의수준 0.05에서 복잡성 변화를 설명하는 결정계수(決定係數, R^2)는 〈표 3-3〉에서 약 78%(정보기술 63% + 직원수 13% + 캠퍼스 복수화 2%)이며, 도출된 회귀방정식(回歸方程式, regression equation)은 〈그림 3-8〉과 같다. F값 및 유의도(Signif F)를 감안하면 회귀방정식은 매우 유의하므로 독립변수를 알면 복잡성 변화를 비교적 정확하게 예측할 수 있다.

⟨표 3-3⟩ 대학도서관 조직구조적 특성과 변화요인의 회귀분석

특성	변화요인	R^2	B	SE B	Beta	T	F
복잡성	정보기술	0.629	1.250	0.017	0.574	11.396(0.000)	134.834 (0.0000)
	직원수	0.757	0.195	7.446E-03	0.290	4.799(0.000)	
	캠퍼스 복수화	0.777	0.035	0.387	0.192	3.230(0.001)	
	(Constant)		3.989	0.447	8.907	0.000	
집권화	정보기술	0.121	-0.141	0.035	-0.347	-4.032(0.000)	16.257 (0.0001)
	(Constant)		23.142	0.398	58.070	0.000	
공식화	캠퍼스 복수화	0.308	2.250	0.437	0.411	5.147(0.000)	38.108 (0.0000)
	정보기술	0.394	0.093	0.022	0.326	4.084(0.000)	
	(Constant)		8.188	0.600	13.630	0.000	

* R^2의 값은 누적 계산된 것임

Y_{co} = 3.989 + 0.195X_1 + 1.250X_2 + 0.035X_3 (X_1 : 직원수, X_2 : 정보기술, X_3 : 캠퍼스 복수화)

Y_{ce} = 23.142 - 0.141X_2 (X_2 : 정보기술)

Y_f = 8.188 + 0.093X_2 + 2.250X_3 (X_2 : 정보기술, X_3 : 캠퍼스 복수화)

⟨그림 3-8⟩ 대학도서관 조직구조 변화요인의 회귀방정식

다음으로 조직구조의 집권화에 영향을 미치는 요인은 정보기술이다. 이 요인의 설명력(R^2)은 약 12%이다. 따라서 정보기술의 값이 산출되면 집권화의 변화를 어느 정도 예측할 수 있다.

마지막으로 조직구조의 공식화에 영향을 미치는 요인은 정보기술과 캠퍼스 복수화다. 양자의 설명력(R^2)은 약 39%(캠퍼스 복수화 31% + 정보기술 8%)이므로 이들의 값을 알면 공식화의 변화를 상당히 예측할 수 있다.

제2절 조직구조 유형과 사례

도서관 조직은 다양한 기준으로 유형화할 수 있다. 거시적으로는 대학과 도서관, 또는 중앙관과 단위도서관(주제관, 분관)의 외형적 관계를, 미시적으로는 내부의 조직구조적 특성에 주목하여 세분할 수 있다. 물론 외형적 관계보다 구조적 특성이 더 중요하고 복잡하다.

2.1 외형적 관계중심의 유형

외형적 조직의 유형은 다시 2가지로 나눌 수 있다. 하나는 관리주체를 기준으로 세분하는 것이고, 다른 하나는 학내에 존재하는 여러 도서관의 업무분담을 중심으로 관계를 유형화하는 것이다.

먼저 대학과 도서관의 조직적 관계는 〈표 3-4〉처럼 관할주체에 따라 부속형과 독립형으로 양분할 수 있고, 후자는 성격과 역할에 따라 세분할 수 있다.

〈표 3-4〉 대학도서관의 관할주체에 따른 조직 유형

유형	관할주체	도서관의 성격과 역할	사례(국가)
부속형	대학	대학	미국, 영국, 한국, 일본, 대만 등
독립형	정부(교육부)	대학	프랑스, 이탈리아, 스페인
	주정부(시)	대학 + 주립(시립)	독일, 오스트리아 등
	국가	대학 + 국립	노르웨이, 핀란드, 스웨덴, 덴마크

① 부속형 : 도서관이 대학 부속기구로 운영되는 경우다. 이러한 유형은 대개 대학설치령이나 대학별 규정에서 부속시설로 명시하고 대학이 관할하며, 구성원에 한정하여 지식정보서비스를 제공한다. 영미, 일본, 국내의 대다수 도서관은 부속형이다. 다만 「대학설립·운영규정」 제4조 제1항의 별표 3에서 도서관을 교육기본시설로 규정한 것과 대학별 조직표상 부속시설은 다른 차원이라는 점에 유의할 필요가 있다.

② 독립형 : 도서관이 대학 캠퍼스에 위치하지만 대학이 관할하지 않고 주립(시립)도서

관 또는 국립도서관 역할을 동시에 수행하는 경우다. 이러한 유형은 교육부(프랑스, 이탈리아, 스페인 등)가 관할하는 경우, 주정부나 시당국(독일, 오스트리아)에 소속된 경우, 그리고 국가(노르웨이, 핀란드 등) 관할 하에 있는 경우로 나눌 수 있다.

다음으로 대학 내 여러 도서관(중앙관, 주제관, 분관)의 관계를 기준으로 삼는 외형적 유형이 있다. 다만 시스템적 측면에서는 각각이 전체 조직의 구성단위가 되며, 이들의 조직적 관계는 〈그림 3-9〉처럼 일반관리(계획, 인사, 조직, 예산, 건물·시설 등)와 부문관리(장서개발, 자료정리, 지식정보서비스, 보존관리 등)를 수행하는 비중에 따라 집중형, 분산형, 절충형으로 나눌 수 있다.

① 집중형 : 주제관이나 분관은 건물·시설, 자료보존, 지식정보서비스를 담당하고, 중앙관(본관)이 대다수 일반관리, 장서개발, 정리업무를 전담하는 유형이다. 주로 분관(분실)에 적용하며, 관리(정리)집중의 색채가 강하다.

② 분산형 : 주제관이나 분관이 모든 업무를 독자적으로 수행하는 경우다. 새로운 캠퍼스 도서관이 대표적이다. 국내 의학도서관(분관)처럼 조직·인사·예산을 제외한 장서개발과 정리업무를 분산한 경우는 완전분산형으로 간주할 수 없다.

③ 절충형(부분 집중형) : 주제관 또는 분관이 건물과 시설, 보존관리, 지식정보서비스를 전담하는 대신에 장서개발과 정리업무는 중앙관과 주제관(또는 분관)이 분담하는 형태다. 국내외 많은 도서관이 채택하고 있다.

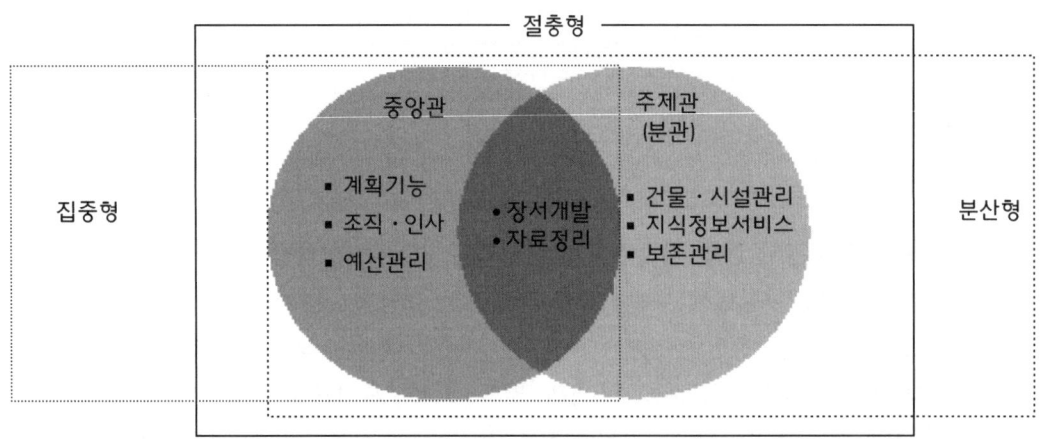

〈그림 3-9〉 대학도서관 업무 집중화·분산화에 따른 조직 유형

2.2 내부 조직구조 중심의 유형

도서관이 분화와 통합, 권한과 책임의 원리를 적용하여 설계 또는 개편한 조직구조는 〈그림 3-10〉처럼 전략부문(strategic apex), 중간라인(middle line), 운영핵심(operating core), 기술관료(technostructure), 지원스탭(support staff)으로 나눌 수 있다.[6] 어느 부문이 직능구조와 지배구조를 주도하느냐에 따라 조직의 유형이 달라진다.

대학도서관 조직에서 전략부문(관장)이 의사결정권을 독점하면 집권적 조직이고, 중간라인(과장 등)의 통제력이 강화되면 주제별 조직 내지 팀제조직이 가능하다. 운영핵심 부문(전문사서)의 역할과 통제력이 높아지면 의사결정의 분산화에 따른 전문적 관료제(professional bureaucracy)[7] 색채가 강하다. 또한 기술관료(정보기술 전문가)가 통제력을 발휘하면 기계적 관료제(mechanic bureaucracy)로, 지원스탭 입지가 강화되면 상호조정 및 통제기능을 강조하는 특임조직(adhocracy)으로 나타난다.

그럼에도 조직구조를 유형화하는 보편적 기준은 없다. 대학도서관 조직의 경우, 직능구조 측면에서는 기능별·주제별·혼합형이고, 지배구조 측면에서는 집권적 조직과 분권적 조직으로 양분할 수 있다. 최근에는 급변하는 학내외 환경을 감안하여 팀제를 전략적으로 신설하는 경우도 많다.

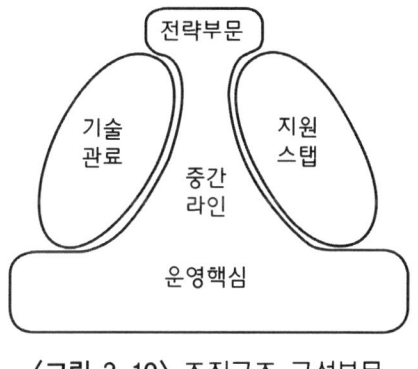

〈그림 3-10〉 조직구조 구성부문

2.2.1 직능구조에 따른 유형

(1) 기능별 조직

기능별 조직(機能別 組織, functional organization)은 도서관 조직을 부문화할 때 보편적 기준인 기능(업무, 활동)을 중심으로 구성한 형태다. 통상 조직 구성부문 중 중간라인에 속하는 과(팀)를 처리업무(technical services)와 이용서비스(public services)로 양분하거나 세

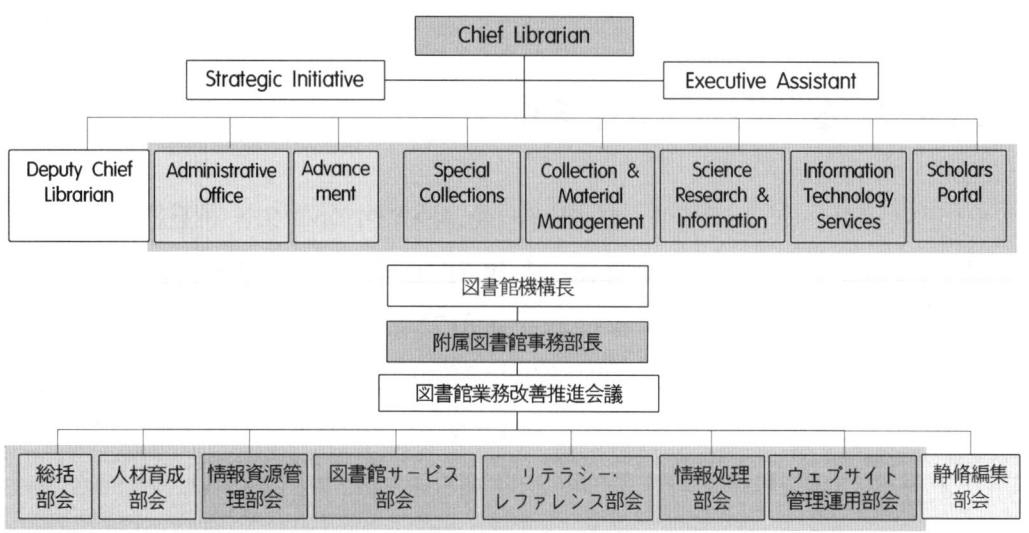

〈그림 3-11〉 대학도서관 조직도(상: 토론토대, 하: 교토대)

분하여 장서개발과, 자료정리과, 정보서비스과 등으로 구성하고 다수 계(실)를 두는 경우다. 기능별 조직은 대다수 대학도서관이 채택하는 보편적 모형이다. 주요 사례는 〈그림 3-11〉과 같다.

도서관 조직이 기능별 조직인지를 판단하는 기준은 라인부분 중간계층의 조직단위(부, 과, 팀) 명칭이다. 대학도서관 핵심업무는 라인부분을 중심으로 수행되며 수직적 계층구조에서 중간라인이 관장(전략부문)과 실무진(운영핵심 부문)을 연결하는 고리이기 때문이다. 라인(line)은 〈그림 3-12〉에서 전문직 업무(장서개발, 자료정리, 지식정보서비스 등)를 수행하는 사서직 중심의 인력을 지칭하는 반면에 스탭(staff)은 비전문직 업무(일반관리, 건물관리, 정보시스템 등)를 담당하면서 라인을 지원·조력하는 행정직, 정보기술자, 운영위원회 등을 말한다. 따라서 직계(계선)식 조직으로도 회자되는 라인조직(line organization)은 전문적 업무를 중심으로 구성되는 반면에 스탭기능을 위한 하부조직이 별도로 존재하지 않는 경우다. 초기에는 수직적 명령일원화 원칙을 중시하여 여러 도서관이 라인조직을 채택하였으나 규모변수 증가, 처리업무 복

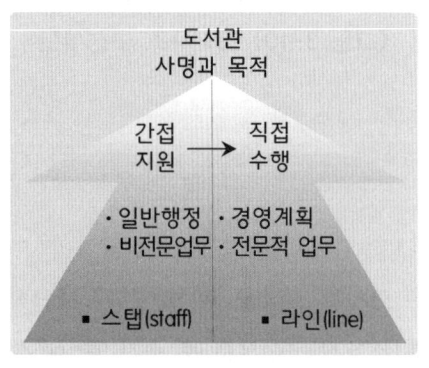

〈그림 3-12〉 라인과 스탭의 관계

잠성, 다양한 정보기술 수용에 따른 스탭기능의 중요성이 부각된 현재는 라인중심의 기능별 조직에 스탭부문을 가미하고 있다. 다시 말해 라인조직에서의 지휘명령권 일원화를 확보하되, 그에 따른 약점을 스탭부문이 지원·조언하는, 소위 직계식(直系式) 참모조직, 계선·막료식(系線·幕僚式) 조직으로도 역칭되는 라인·스탭조직을 유지하고 있다.

기능별 조직은 대학 조직문화가 안정적이고 외부 환경의 불확실성이 낮으며, 각종 정보기술이 일상적 도구로 활용되고, 조직규모가 작으면서도 내적 효율성을 중시하는 도서관에 적합하다. 이 유형의 장점과 단점은 〈표 3-5〉와 같다.

〈표 3-5〉 대학도서관 기능별 조직의 장점과 단점

장점	단점
▪ 유사업무 군집에 따른 규모의 경제성 추구	▪ 환경변화 둔감에 따른 경영관리·업무혁신 지연
▪ 가용자원(정보기술, 시설·장비 등)의 효율적 활용과 낭비 최소화	▪ 하위 조직단위간에 발생하는 갈등을 조정하기 어려움
▪ 고난도 전문적 업무(장서개발, 자료정리, 검색지원 등) 습득과 전수가 용이함	▪ 유능한 관리자 양성을 위한 별도 교육훈련 계획이 필요함
▪ 업무 집중화로 신속성과 전문성을 촉진함	▪ 업무 효율성이 저하될 가능성이 높음
▪ 부서 내 직무분장·역할조정 필요성이 감소함	▪ 결재, 정보교류 등의 소통 및 부서간 협조 한계

(2) 주제별 조직

1938년 미국 브라운 대학도서관(Brown University Library)이 처음 채택한 주제별 조직(主題別 組織, subject-divisional organization)은 장서 및 서비스를 주제(또는 학문영역)로 분화하여 조직단위를 서비스 지향적으로 구성한 것을 말한다. 더 세분하면 복수 캠퍼스에 다수 주제관을 설치한 형태와 단일 캠퍼스에 복수 주제관(또는 주제분관)을 운영하는 형태로 나눌 수 있다.

기업체의 사업부제(事業部制) 조직에 상당하는 주제별 조직의 기본요건은 일반관리를 제외한 대다수 과(팀)수준의 하부조직이 주제별 도서관(또는 주제분관)으로 구성되어야 한다. 부언하면 수서·정리를 각각의 주제관에서 분산형으로 처리해야 하는데, 이를 충족시키는 사례는 거의 없다. 따라서 하위 조직단위 중에서 주제관이 다수를 차지하면 주제별 조직의 색채가 강한 것으로 판단할 수 있다. 여기에 속하는 사례는 〈그림 3-13~14〉와 같이 소수 주제로 구성된 도후쿠대학(東北大学)과 매우 복잡한 전문도서관으로 분화된 고베

102 ▪ 제3장 | 조직구조와 관리

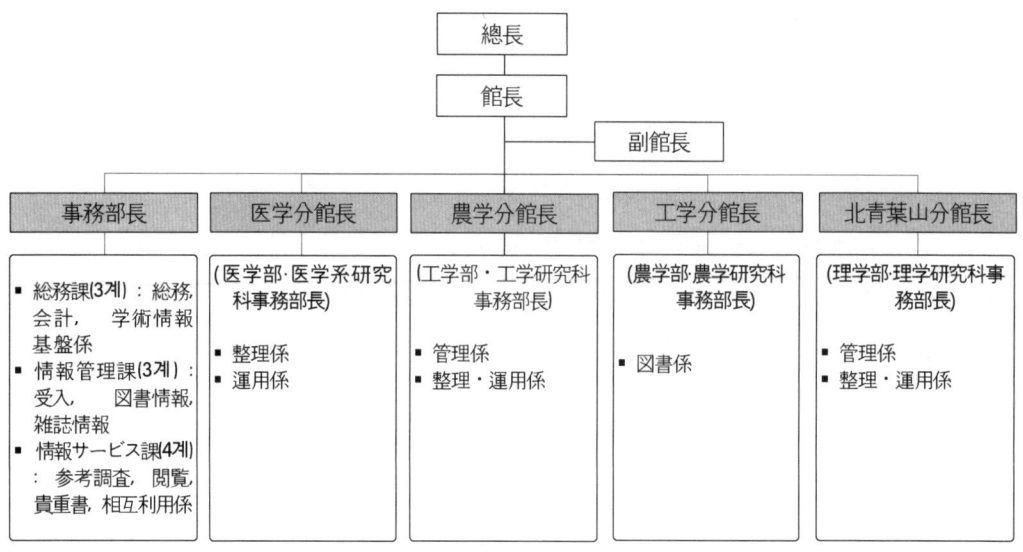

〈그림 3-13〉 도후쿠대학(東北大学) 부속도서관 주제별 조직

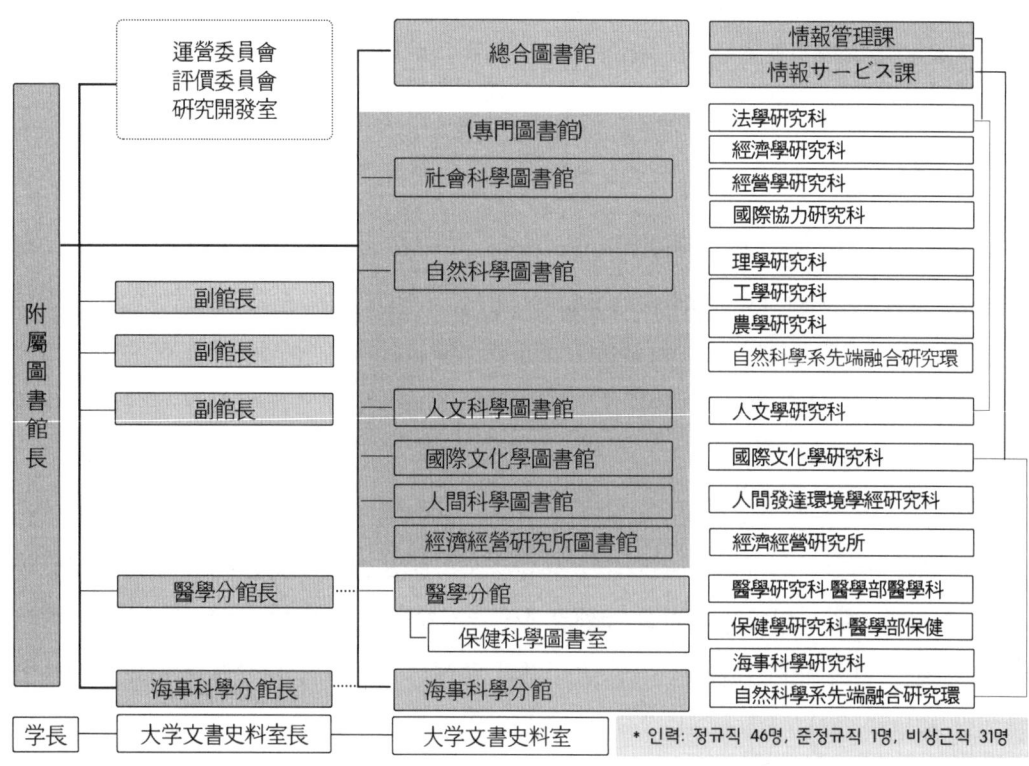

〈그림 3-14〉 고베대학(神戶大学) 부속도서관 주제별 조직

대학(神戶大学) 부속도서관 조직이 대표적이다.

이러한 주제별 조직은 캠퍼스가 여러 지역에 존재하는 대학, 단일 캠퍼스이지만 광대하여 중앙관을 이용할 때 도보로 5분 이상이 소요되는 경우, 단과대학과 연구소가 학문(전공)의 유사성 또는 인접성 측면에서 군집되어 있는 경우, 그리고 경영관리 효율성보다 접근·이용 편의성을 더 중시하는 경우에 적합하다. 이 유형의 장점과 단점을 비교하면 〈표 3-6〉과 같다.

〈표 3-6〉 대학도서관 주제별 조직의 장점과 단점

장점	단점
■ 이동거리 및 소요시간 단축으로 인한 접근·이용 편의성이 증대됨	■ 기본자료(교양서, 단행본, 학술지, 참고자료 등) 중복수집에 따른 비용증가가 불가피함
■ 주제(학문)별 체계적 장서개발에 유리함	■ 업무 분산화로 경영관리 효율성이 저하됨
■ 지리적 분산에 따른 업무처리 및 조직 몰입도가 증대됨	■ 복수 도서관간 경계영역 발생에 따른 소통기능 저하로 조정의 필요성이 증가함
■ 자료 군집화 및 지식정보서비스의 전문화로 만족도가 제고됨	■ 학제적 자료의 복본을 수집하지 않으면 이용자 불편이 가중됨
■ 주제전담(전문)사서 양성에 유리함	■ 전문인력을 충원하지 않으면 자료 분산배치로 인한 효율성 저하, 업무부담 가중이 우려됨

(3) 혼합형 조직

대다수 대학도서관은 기능별 조직임에도 그것의 단점과 한계를 보완할 의도로 주제, 자료유형, 이용집단, 정보기술 등을 조직구성 단위에 반영하고 있다. 이처럼 중간라인(과나 팀) 조직단위에 여러 부문화 기준을 가미한 형태가 혼합형 조직(混合型 組織, hybrid organization)이다. 이에 부합하는 사례로는 〈그림 3-15~16〉과 같이 버펄로 대학(University at Buffalo) 및 원광대학의 부속도서관을 들 수 있다.

어떤 도서관의 조직형태가 혼합형인지를 판단할 때, 예컨대 정보운영(서비스)과 아래의 자료실을 주제별(사회과학, 어문학, 인문과학, 자연과학, 예체능)로 편성한 경우는 주제별 조직으로 간주할 수 없듯이 혼합형 조직에도 해당하지 않는다는 것이다. 이 유형은 기능별 조직의 약점을 보완할 의도로 주제, 자료유형, 정보기술 등을 과(팀)수준의 조직단위 명칭으로 편성할 때 적용된다.

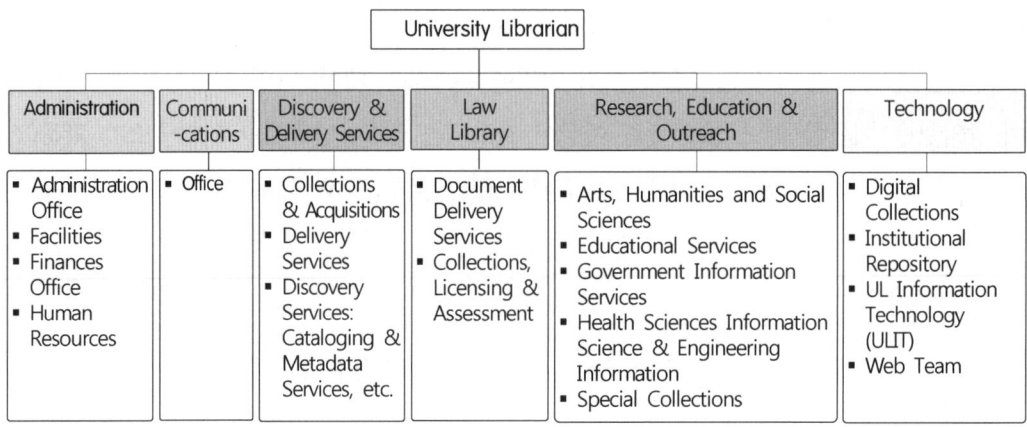

〈그림 3-15〉 버펄로(Buffalo) 대학도서관 혼합형 조직

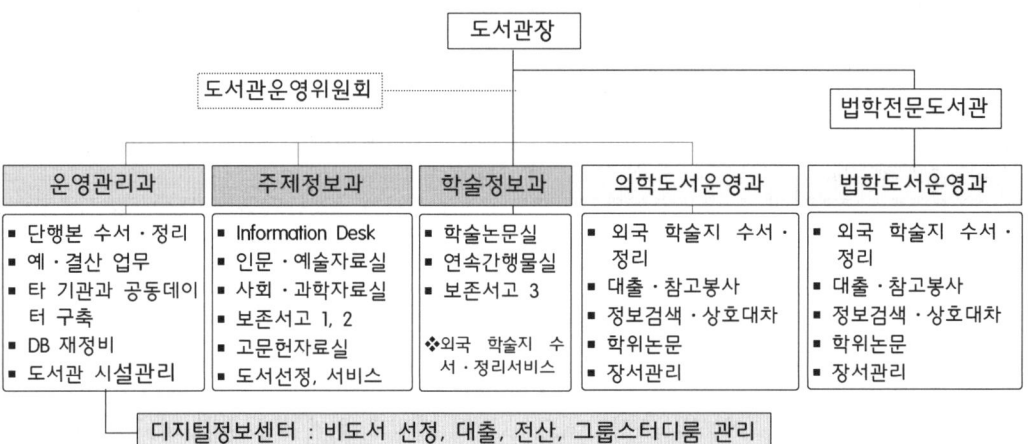

〈그림 3-16〉 원광대학교 도서관 혼합형 조직

2.2.2 지배구조에 따른 유형

(1) 집권적 조직

집권적 조직(集權的 組織, centralized organization)은 공식적 의사결정권이 지배계층(전략부문)에 집중된 구조를 말한다. 관장의 권력적 욕구, 개인적 리더십 강조, 관료제 조직문화, 각종 규정 확대, 조직의 통일성 추구 등이 복합적으로 작용한 결과다.

그럼에도 권한이 얼마나 집중되어야 집권적 조직으로 간주할 수 있는지에 대한 보편적 기

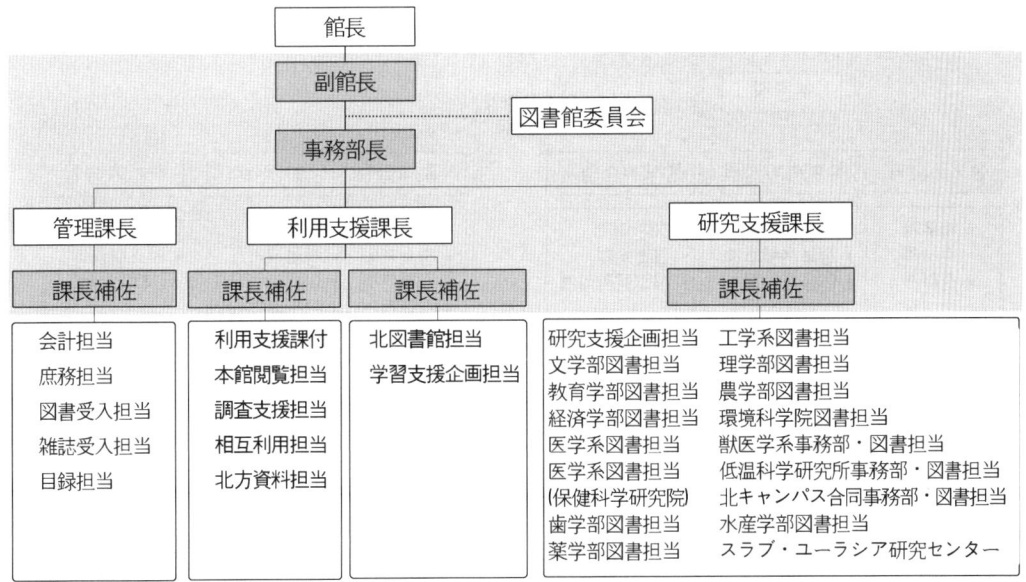

〈그림 3-17〉 홋카이도대학 부속도서관 집권적 조직

준은 없다. 비교를 통해 상대적으로 인식할 따름이다. 통상 오랜 역사를 자랑하는 대규모 도서관의 경우, 수직적 계층수가 많은 경우, 중간관리자에게 위임된 권한이 적은 경우, 지휘명령과 보고체계가 관장으로 일원화어 있는 경우는 그렇지 않을 때보다 집권적 조직으로 판단한다. 대체로 수직적 분화가 심하여 계층수가 많은 고층구조(高層構造, tall structure)를 취하게 된다. 이러한 조직유형은 〈그림 3-17〉의 홋카이도대학(北海道大学) 부속도서관에서 확인할 수 있다. 통상적인 계층보다 3개 층(부관장, 사무부장, 과장보좌)이 더 많은 총 6개로 구성되어 있을 정도로 수직적 분화가 심하다.

(2) 분권적 조직

분권적 조직(分權的 組織, decentralized organization)은 관장(전략부문)의 권한을 개별적 내지 임의적 위양이 아닌 중간계층에 제도적으로 위양한 구조를 의미한다. 관장은 대개 전략적 계획, 조직·인사관리, 조정과 통제 등에 관한 총괄적(總括的) 권한을 보유하는 반면에 부관장(주제관장) 또는 중간관리자는 소관부서의 기간적 집행업무를 관리할 권한을 보유하며, 직원은 실무적 권한을 갖는다. 이 경우에 위임권한은 라인부문에 한정되고 인사·예산까지 포함하므로 외형적 조직유형에서의 분산형과 다르다.

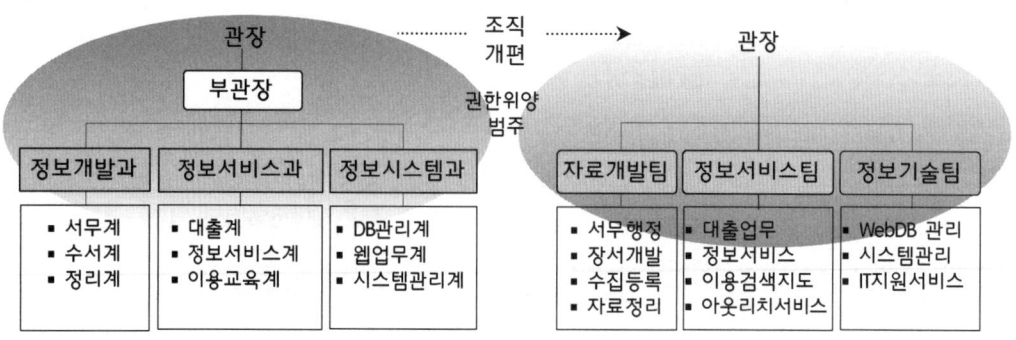

〈그림 3-18〉 대학도서관의 분권적 조직개편 예시

이러한 조직유형은 수집매체의 다양화, 정리업무 및 지식정보서비스의 복잡성 증가, 방대한 장서관리, 각종 정보기술 수용, 주제관 설립이나 주제별 자료실화 등에 따른 경영관리의 유연성을 확보하는 동시에 디지털 환경에 대응하는 데 유리하다. 도서관이 집권적 조직을 분권적 조직으로 개편하는 경우에 권한위양의 범주를 예시하면 〈그림 3-18〉과 같다.

물론 관장의 권한이 어느 정도로 위양되어야 분권적 조직인가 대해서는 집권적 조직처럼 상대적 개념이다. 계층수를 축소하였음에도 관장의 권한이 강화되는 사례도 있을 수 있기 때문이다. 이를 판단하는 기준은 하위계층에서 의사결정이 많거나 업무상 간섭이 적을수록 분권적 조직으로 간주할 수 있으며, 평면구조(平面構造, flat structure)를 취한다.

〈표 3-7〉 대학도서관 집권적 및 분권적 조직의 장점과 단점

구분	집권적 조직	분권적 조직
장점	▪ 관장의 리더십 행사가 용이함 ▪ 관리기능 집중화·통합에 효과적임 ▪ 사명·목적 달성을 위한 사고·행위의 통일성을 촉진함 ▪ 도서관 긴급현안 대응에 유리함	▪ 신속한 의사결정에 따른 업무추진이 용이함 ▪ 중간 조직단위의 수평적 협력이 원활함 ▪ 직원의 자발적 참여의식, 조직 몰입도, 책임감이 증대됨 ▪ 중간라인 이상의 관리자 육성에 유리함
단점	▪ 관장의 독점 지배체제에 따른 조직문화의 경직성이 우려됨 ▪ 하의상달식 의사소통이 활발하지 못하고 지연됨 ▪ 권한 집중화에 따른 중간라인의 역할과 운신이 제한적임 ▪ 관료적 조직문화로 창발성을 기대하기 어려움	▪ 관장의 지휘감독과 통제기능이 약화될 가능성이 높음 ▪ 직원의 역할증대, 이해협력이 수반되지 않으면 조직의 효율성이 저하됨 ▪ 권한위양에 따른 행정력 분산, 부서간 갈등으로 효율성 저하가 우려됨 ▪ 스탭부문의 전문지식 및 기술 활용에 한계가 있음

요컨대 지배구조 측면에서는 대다수 대학도서관 조직의 경우, 정도의 차이가 있을 뿐 집권적 및 분권적 속성을 내포하고 있다. 양대 조직유형의 장점과 단점을 비교하면 〈표 3-7〉과 같다.

2.2.3 전략적 접근에 따른 유형

많은 대학도서관이 디지털 패러다임 수용, 다운사이징 압박, 이용자 요구의 다변화, 조직 경직성 완화 등에 대응할 목적으로 조직을 개편하는 데 주력하여 왔다. 이를 대표하는 사례가 직능구조 하에서 특별임무를 수행하는 프로젝트 조직, 수직적 계층 및 수평적 조직단위를 축소한 팀제조직이다.

(1) 프로젝트 조직

프로젝트는 특별한 임무 또는 전략적 과제를 말한다. 그 속에는 유일성, 목적성, 한시성, 점진적 구체성 등이 내포되어 있다. 이를 위한 조직유형이 프로젝트 조직(project organization)이다.

그러나 동서양을 막론하고 대학도서관 조직 전체를 프로젝트 조직으로 구성·운영하는 사례는 거의 없다. 반면에 공식 조직도에는 나타나지 않지만, 〈그림 3-19〉와 여러 부서에서 선발된 인력으로 태스크 포스(task force)[8]를 구성하고 현안을 해결하면 소속부서로 복귀하는 방식의 한시적 프로젝트팀을 가동하는 사례는 무수히 많다. 프로젝트팀은 부서별

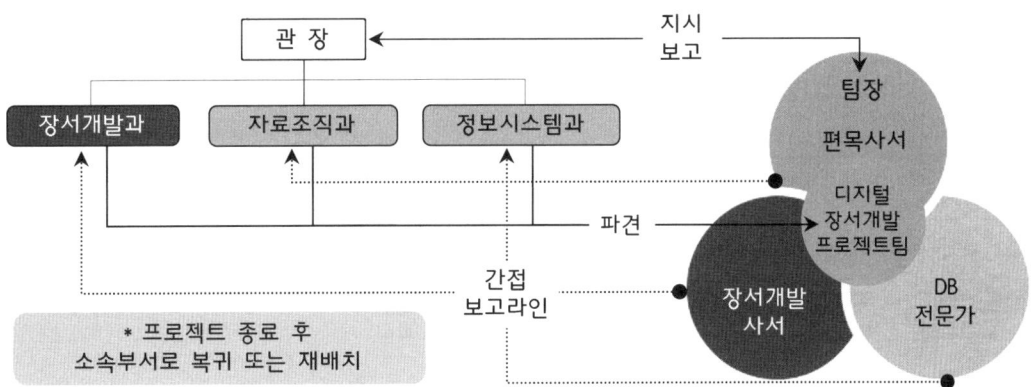

〈그림 3-19〉 대학도서관 프로젝트 조직 구성(예시)

전문가 및 복수 기능의 수평적 연계로 목표 지향성, 지식·정보 공유, 의사결정 통합화 등에 유리하고 중장기 발전 또는 전략적 계획 수립, 신축과 증축, 주제관 신설, 장서개발정책 성문화, 디지털 장서개발 추진, 핵심역량 강화 등에 유용하다.

일반적으로 기능별 부서에서 관리자(과장·팀장)는 지시자로서의 권한을 수직적으로 행사하는 반면에 프로젝트 관리자(팀장)은 조정자로서의 권한을 수평적으로 행사한다. 그리고 팀원은 원래 소속된 기능별 부서장의 지시에 대한 행정적 책임을 지면서 팀 내의 전문가와 함께 프로젝트를 수행한다. 대학도서관이 기능별 조직에 프로젝트팀을 접목할 때는 지시·보고체계의 매트릭스화가 불가피하기 때문에 전문화 및 명령일원화 원칙을 이탈하게 된다. 따라서 순차성과 형식적·외형적 계층구조를 강조하는 단순구조(單純構造)가 아닌 동시성과 실질적·내면적 협력구조를 중시하는 다차원구조(多次元構造)로 이해해야 통합·조정을 기대할 수 있다.

요컨대 기능별 조직에 프로젝트팀을 가미하면 지시·보고체계가 매트릭스 형태를 취하기 때문에 행렬조직(行列組織) 또는 매트릭스 조직(matrix organization)으로도 지칭된다. 디지털 전환, 4차 산업혁명, 포스트 COVID-19 시대에는 비접촉 온라인서비스 개발, 가상체험서비스, 지식정보 포털서비스와 주제게이트웨이 구축, 하이브리드 장서개발이나 디지털 마이그레이션 등에 프로젝트팀의 적용성이 높다. 프로젝트 조직의 장점과 단점을 정리하면 〈표 3-8〉과 같다.

〈표 3-8〉 대학도서관 프로젝트 조직(팀)의 장점과 단점

장점	단점
▪ 지식정보 유통환경에 신속한 대처에 유리함	▪ 자원의 중복 투입으로 인한 낭비요소가 발생함
▪ 기능별 전문가로 구성된 강력한 역량 확보	▪ 기능별 부서와 소통·관계의 약화가 우려됨
▪ 도서관 가용자원 및 역량의 집중화에 다른 시너지 효과가 기대됨	▪ 팀원의 우월주의, 자만심이 조직문화에 부정적 요소로 작용할 수 있음
▪ 팀장의 라인조직 위치에 따른 명확한 책임과 권한을 보유함	▪ 팀장의 역량과 리더십에 따라 프로젝트 성패가 좌우될 수 있음
▪ 도서관 현안·과제 중심 조직구성이 용이함	▪ 팀 중시에 따른 타부서 사기저하가 우려됨
▪ 팀 구성의 목적이 분명하고 자율적 업무수행으로 동기유발, 조직몰입도, 만족도가 증가함	▪ 전통적 기능조직에서의 전문화 및 명령일원화 원칙이 파괴됨

(2) 팀제조직

1990년 초반에 등장한 인터넷은 글로벌 지식정보 지형을 크게 변화시켰다. 온라인 접근과 무료 이용, 디지털 회색문헌의 다운로드, 인쇄잡지 중심에서 라이선스 전자잡지로의 무게중심 이동, 다양한 디지털서비스의 부상 등이 방증한다. 이에 따라 많은 대학은 다운사이징을 위한 팀제조직(team-based organization)을 전략적으로 도입하였다.9)

키워드인 팀(team)은 '상보적 기능 및 역량을 겸비한 소수 인력으로 구성한 소형 조직단위'를 말한다. 따라서 팀제조직은 '복수 팀 또는 팀원의 역할과 기능, 권한과 책임, 지시·보고 체계를 규정하고 수직적·수평적 관계를 확립한 소규모 조직시스템'이다. 그 유형은 기능별 또는 주제별 조직 내에 존재하는 조직단위로서의 팀, 여러 부서의 인력으로 구성한 한시적 프로젝트팀, 그리고 전체 조직구조를 팀제로 구성·운영하는 경우로 나눌 수 있다.

그러나 명실상부한 팀제조직은 대학도서관 조직구조에서 중간라인(과조직 수준)에 적용되었을 때를 지칭한다. 단순히 과 명칭을 팀으로 바꾸거나 계(실)조직을 팀으로 개칭한 사례는 팀제조직으로 간주할 수 없다. 팀제조직의 유형은 〈그림 3-20〉처럼 업무수준과 권한위양, 공식화 및 제도화의 정도에 따라 평면형(平面型), 대과형(大課型), 절충형(折衷型), 프로젝트형으로 구분할 수 있으며, 평면형과 대과형을 절충한 사례가 가장 많다. 그럼에도 영미, 일본 등 선진국에서 팀제조직을 채택한 사례는 매우 드물다. 반면에 국내는 사립대

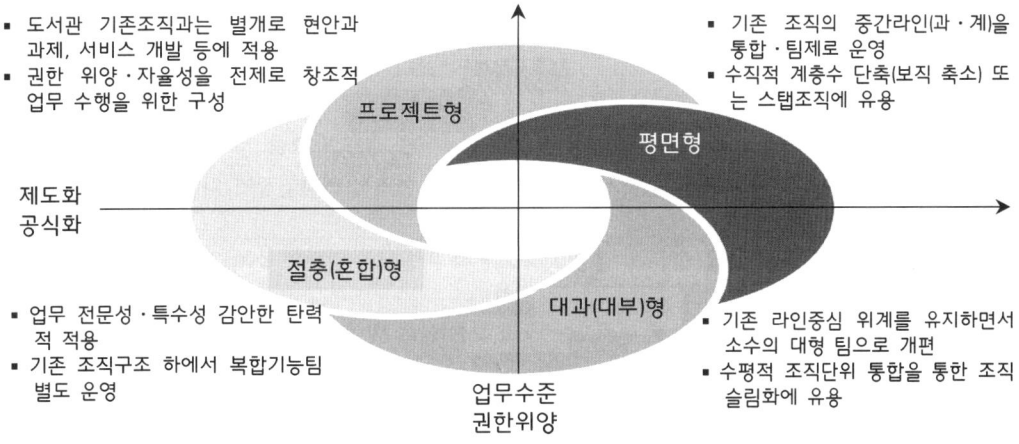

〈그림 3-20〉 대학도서관 팀제조직 유형

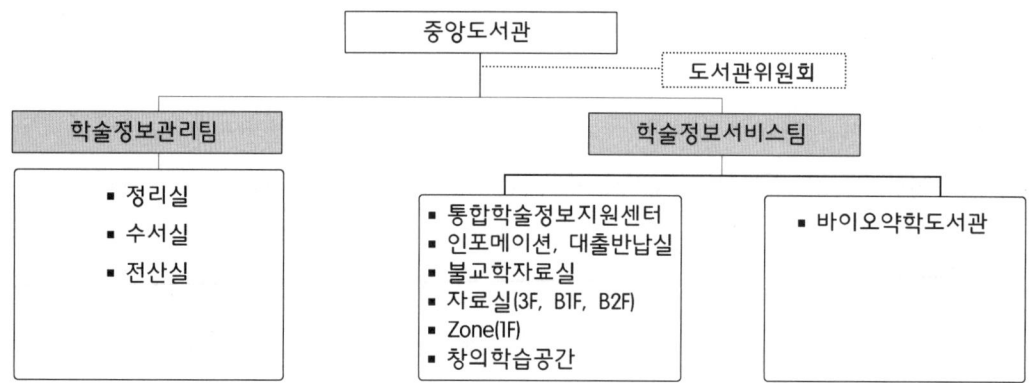

〈그림 3-21〉 동국대학교 중앙도서관 조직도

학을 중심으로 많은 도서관이 〈그림 3-21〉과 유사한 형태로 도입하고 있다.

왜 많은 대학도서관이 팀제조직으로 개편하고 있는가. 그 배후에는 내발적(內發的) 이유와 외생적(外生的) 변수가 있다. 전자는 대학 당국의 감량경영 때문이다. 후자는 디지털 정보유통 시대, 정보매체 다양화, 이용요구 다기화에 대응하려면 도서관의 핵심역량 및 학술정보서비스를 강화하는 방향으로 조직을 개편해야 하는 당위성에서 기인한다. 물론 전자에 무게중심이 있다. 자주 거론되는 팀제조직의 장점과 단점은 〈표 3-9〉와 같다.

〈표 3-9〉 대학도서관 팀제조직의 장점과 단점

장점	단점
▪ 학내외 급변하는 환경에 신속하게 대응하고 복잡 다양한 문제를 해결하는데 유리함	▪ 팀간 또는 팀원간 과열경쟁에 따른 조직이기주의 및 개인중심주의 조직문화가 우려됨
▪ 조직의 평면화 및 슬림화로 신속한 의사결정이 가능함	▪ 자율성과 책임성 기반의 팀제에 대한 관리통제가 부실하면 조직 효율성이 저하될 우려가 상존함
▪ 기술과 경험의 상호보완 및 공동작업에 따른 시너지 효과의 극대화에 유리함	▪ 업무중심 및 공동작업 방식에 따른 수평적 의사소통이 단절되는 경향이 있음
▪ 모든 직원의 의결과정 참여로 다양한 의견수렴 및 공통분모 도출이 가능함	▪ 합의제나 협력적 의사결정에 따른 시간비용이 증가할 가능성이 높음
▪ 직무능력 중심의 동기부여 및 전문가 양성에 유리함	▪ 개인적 마인드가 강하여 소속감이 약화될 우려가 있음
▪ 팀장 외 모든 팀원이 실무자이므로 인사고과 및 승진기준이 관리자 중심에서 전문가 지향적으로 전환됨	▪ 조직 평면화 및 팀별 성과주의로 인한 승진인사, 성과급, 업무분장 및 협조 등에서 갈등이 야기됨
▪ 팀제 문화는 개인의 능력, 창의성 발휘, 책임 관리운영 체계 조성에 유리함	▪ 팀장 리더십이 부족하면 조직관리 부담이 증가하여 팀운영이 어려울 수 있음

제3절 조직개편 동향과 지향성

3.1 조직구조의 현주소 및 특징

사회에 존재하는 모든 조직체와 마찬가지로 대학도서관 조직도 가변성이 높다. 지난 30년간 3차례(1992년, 2000년, 2010년) 국내 대학도서관 조직을 분석한 결과[10]가 방증한 바 있다. 2019년 말 데이터[11]를 추가하여 대학도서관 조직구조의 현주소와 주요 특징을 갖추리면 다음과 같다.

(1) '도서관' 명칭

국공립 및 사립대학도서관협의회 소속의 166개관(국공립 33개, 사립 133개)이 사용하는 명칭을 분석한 결과, 〈표 3-10〉과 같이 80.1%(133개관)가 '도서관'을 고수하고 있다. 모든 국립대는 「국립학교설치령」 및 「대학설립·운영 규정」에 따라 '도서관'을 명칭으로 사용하는 반면에 사립대의 19.9%는 학술정보원, 학술정보관, 학술정보처·문헌정보관 순으로 다른 명칭을 사용하고 있다. 법적 강제성이 없는 점, 변화와 혁신을 지향하는 조직문화, 경영혁신 내지 다운사이징 차원에서 학내 유관기관과의 조직적 통합에 따른 대체명칭 사용, 학술연구정보의 중요성 강조 등이 작용한 결과다.

〈표 3-10〉 '도서관' 명칭의 비교

구분	국립(개, %)	사립(개, %)		소계(%)
도서관	33(100.0)	100(75.2)		133(80.1)
학술정보원	0.0	17	33 (24.8)	33(19.9)
학술정보관		12		
학술정보처		2		
문헌정보관		2		
계	33	133		166(100.0)

비고: 도서관 133 | 기타: 학술정보원 17, 학술정보관 12, 학술정보처 2, 문헌정보관 2

그렇다면 '도서관'이란 명칭을 고수하는 것이 바람직한가, 아니면 개칭해야 하는가. 이에 대한 정론은 없다. 도서관 조직구조가 천차만별이듯 명칭도 선악의 문제로 접근할 사안은 아니다. 다만, 수집·제공하는 자료와 서비스 내용이 학술정보로 한정된다면 '학술정보원(관)' 등으로 지칭해도 무방하다. 그러나 모든 대학도서관은 '교수학습 및 학술연구정보 거점'이라는 보편성을 감안하면 매우 신중해야 한다. 포장과 내용이 괴리되는 '간판'은 본질적 정체성을 훼손하는 자충수가 될 수 있다. 오랜 역사와 전통을 자랑하는 선진국이 왜 '도서관'이란 명칭을 고수하는지를 자문해야 할 것이다.

(2) 조직구조 기본형태

도서관 조직구조의 기본형태는 통상 중간라인에 속하는 과(팀 또는 부)조직으로 판단한다. 이를 분석하면 〈표 3-11〉과 같이 과(팀·부) 조직과 계(실) 조직으로 양분할 수 있다. 전자는 72.3%인 반면에 과(팀)조직이 없는 후자는 27.7%(46개관)다. 과(팀·부) 조직을 둔 경우, 명칭을 과로 구성한 비율이 24.1%이고 팀이 48.2%(2개관은 부 명칭 사용)다. 이를 설립주체별로 나누면 국립대는 모두 과조직인 반면에 사립대는 팀조직이 더 많다.

〈표 3-11〉 대학도서관 조직구조 기본형태

구분	과조직(수)				팀·부조직(수)						기타 조직 (계·실)	비고
	1	2	3	4	1	2	3	4	5	6		
국립	5	11	0	0	0	0	0	0	0		17	
사립	12	7	3	2	49	23	5	1	1	1	29	비율(%) 24.1 / 48.2 / 27.7 과조직 / 팀조직 / 기타
소계(%)	17	18	3	2	49	23	5	1	1	1	-	
	40(24.1)				80(48.2)						46 (27.7)	
	72.3(120)											

이처럼 국립대가 조직단위를 과명칭으로 구성한 이유는 조직편성의 법적 근거인 「국립학교설치령」 제9조 제3항 별표 6에 따라 대학별로 '과 및 담당관'을 두도록 규정하고 있기 때문이다. 예컨대 강원대는 총 15개 과 및 담당관을 둘 수 있으며, 「강원대학교 학칙」 및 「강원대학교 조직운영에 관한 규정」에 의거하여 도서관에 2개과(학술정보지원과, 학술정보운영과)를 두고 있다. 다만, 공주대·금오공대·한국체대·한밭대 등은 과조직이 없고 2-3개팀을 두고 있는데 계(실) 수준 조직이기 때문에 팀제조직으로 간주할 수 없다. 또한

과조직 아래에 팀을 둔 경우도 팀제조직이 아니다.

따라서 대학도서관 조직구조의 전형은 1-2개로 편성된 과조직 및 팀제조직이다. 직능구조적 측면에서는 수서·정리와 정보서비스로 양분되는 기능별 조직, 지배구조적 측면에서는 관료제 기반의 집권적 조직의 색채가 강하다.

(3) 조직단위의 부문화 기준

도서관 조직단위를 부문화할 때 보편적으로 적용되는 기준은 기능이다. 이에 과(팀)조직에 가장 많이 등장하는 기능을 수서·정리(장서개발, 자료지원, 정보처리 등)와 정보서비스로 양분하여 분석하면 〈표 3-12〉와 같다.

〈표 3-12〉 대학도서관 조직단위의 부문화 기준

기준	수서·정리					정보서비스					비고
	기능	언어	자료유형	주제	혼합	기능	언어	자료유형	주제	혼합	
국립	23	10	0	0	0	0	0	18	7	6	
사립	102	14	11	0	6	0	0	52	13	70	
계(%)	125 (75.3)	24 (14.5)	11 (6.6)	0	6 (3.6)	0	0	70 (42.2)	20 (12.0)	76 (45.8)	

먼저 서무·행정 등 관리업무, 장서개발·자료조직 등 사서업무를 포괄하는 수서·정리에는 기능별로 부문화한 비율이 75.3%(125개관)로 절대 다수를 차지하는 가운데 언어(14.5%), 자료유형(6.6%)의 순으로 적용하였다. 그 이유는 자료의 언어별 및 유형별 구입방식이 상이하고 서지정보가 달라 양자를 구분·정리하는 것이 편리하고 일관성 유지에 유리하기 때문이다. 다음으로 지식정보서비스 하부조직에 적용된 부문화 기준은 혼합(45.8%), 자료유형(42.2%), 주제(12.0%)의 순이다. 이처럼 자료유형 및 주제가 50%를 상회하는 이유는 관외대출 제한자료(참고도서, 연속간행물, 고서 등)를 일반도서와 별치·관리할 필요가 있고, 최근 주제별(인문과학, 사회과학, 과학기술) 군집화를 통한 이용동선을 최소화하고 주제서비스를 강화하는 데 비중을 두기 때문이다.

요컨대 국내 대학도서관은 하부조직을 편성할 때 수서·정리에는 기능과 언어를, 정보서비스에는 자료유형과 주제를 많이 적용한다. 그러나 교육학술정보서비스를 극대화해야 하는 서비스 하부조직은 자료유형보다 주제를 우선 적용하는 것이 바람직하다.

(4) 주제관과 다른 캠퍼스 도서관

소규모 대학도서관은 대개 단일의 중앙관으로 운영된다. 그러나 대학 규모변수가 증가하면 장소적 분화가 불가피하여 캠퍼스 내외에 복수의 도서관을 설립·운영할 수밖에 없다. 이들을 도서관 시스템 측면에서 주제별 도서관(또는 주제분관)과 다른 캠퍼스 도서관으로 나누어 분석하면 〈표 3-13〉과 같다.

〈표 3-13〉 대학도서관의 주제관 및 다른 캠퍼스 도서관 현황

구 분	계열	주제	설립주체	국립	사립	소계(%)	비고 (2000년)
주제관 또는 주제별 분관	인문 사회계	사회과학		1	-	1(1.4)	
		경영학		1	-	1(1.4)	
		교육학		1	-	1(1.4)	
		국제학		1	-	1(1.4)	
		법 학		10	19	29(41.4)	4
		신 학		1	2	3(4.3)	
	이공계	과 학		1	3	4(5.7)	
		공 학		1	-	1(1.4)	
		산업과학		1	-	1(1.4)	
		의 학		10	11	21(30.0)	11
		치의학		2	-	2(2.9)	
		해양과학		1	1	2(2.9)	
		농 학		2	1	3(4.3)	
	소계(%)			33(47.1)	37(52.9)	70(100.0)	
다른 캠퍼스 도서관				8(24.2)	25(75.8)	33(100.0)	10

먼저 주제관(主題館)은 학문별 또는 학과(전공)별 구성단위를 감안하여 자료접근·이용의 편의성을 극대화하기 위해 설립·운영하는 도서관을 말한다. 총 70개의 주제관은 법학(29개), 의학(21개관), 과학(4개관), 신학과 농학(각각 3개관)의 순으로 많다. 법학분관은 2009년 개설된 25개 법학전문대학원(Law School)이 「법학전문대학원 설치·운영에 관한 법률」 제17조 제1항 및 동법 시행령 제10조에 따라 법학전문도서관을 설립·운영하는 데 따른 결과다. 그리고 2000년과 비교하여 의학분관이 배증한 이유는 대체로 중앙관과 다른 캠퍼스에 위치하는 의과대학의 교수·의료진, 학생에게 편의성을 제공할 목적으로 지속적

으로 설치하였기 때문이다.

한편, 대학도서관 시스템 측면에서 중앙관의 장소적 분화를 대표하는 또 다른 사례가 다른 캠퍼스 도서관이다. 2000년에는 사립대에 10개관이 존재하였으나, 현재 총 33개관(국립대 8개관, 사립대 25개관)으로 증가하였다. 그 배경의 하나는 복수 대학의 전략적 통합이고, 다른 하나는 기존 캠퍼스의 과밀화로 원격지에 새로운 캠퍼스가 조성됨에 따라 중앙관 자료와 서비스를 이용하기 어려운 교수와 학생을 위한 도서관을 설립하였기 때문이다. 그 반대도 있다.

3.2 조직의 수명과 개편 동향

3.2.1 조직의 수명주기

모든 조직체의 경영관리에서 금과옥조로 삼는 명제는 '조직 = 유기체(有機體)'다. 이 명제에는 조직이 물리학의 평형상태(平衡狀態, equilibrum state)와 생리학의 항상성(恒常性, homeostatis)에 해당하는 균형을 유지하기 위해 생성, 성장, 소멸을 반복하면서 변화·발전한다는 의미가 함축되어 있다.

이러한 명제와 함의는 대학도서관 조직에도 동일하게 적용된다. 학내외 다양한 상황변수에 주목하여 수시로 재편하고 안정화를 지향하지만, 시간이 흐르면 또 다른 변수로 인해 카오스 상태가 된다. 이때 교란요인을 주체적으로 통제하면 새로운 안정상태로 복귀하는 반면에 그렇지 못하면 쇠퇴한다.

따라서 대학도서관 조직에 제품의 수명주기(壽命週期, life cycle)를 차용하면 〈그림 3-22〉와 같다. 신설 도서관에 해당하는 성장기(形成期)는 소수 인력으로 구성되는 단순 집권적 구조다. 성장기(成長期)는 수서, 정리, 서비스 등 핵심기능을 부서화한 공식적 구조가 형성된다. 전략부문 열정, 구성원 서비스 요구, 직원 조직몰입도가 높아져 급성장한다. 이어 성숙기(成熟期)에 들어서면 안정적이고 능률적이며, 규정·규칙의 공식화 및 의사결정 분권화가 촉진된다. 마지막으로 쇠퇴기(衰退期)는 고도의 집권화, 갈등·불만 증폭, 예산축소, 인건비 상승 등으로 인해 규모변수가 축소되고 서비스 불만이 급증한다. 따라서 안주하면 기능적 소멸이 불가피한 반면에 혁신전략을 수립하고 강력한 리더십을 발휘하면 소생할 수 있다.

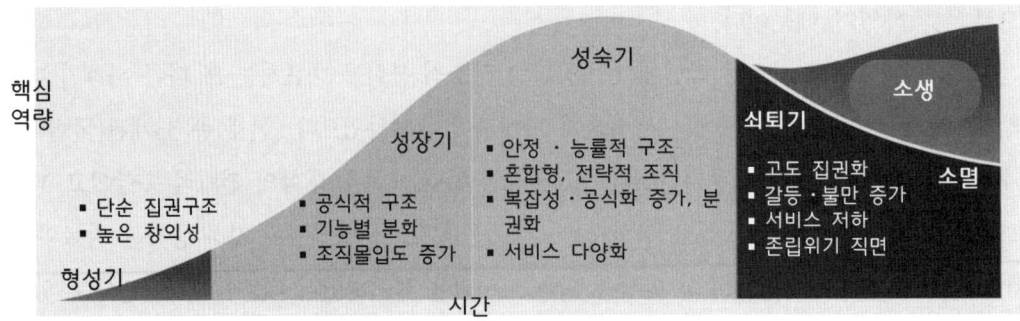

〈그림 3-22〉 대학도서관 조직 수명주기

다만, 모든 대학도서관 조직이 시계열적 수명주기를 거치는 것은 아니다. 어떤 도서관에는 성숙기가 지속되는 반면에 또 일부는 대학의 무관심과 방치로 형성기를 탈피하지 못한다. 고도 성장기에서 갑자기 쇠퇴하는 경우도 있다. 결국 조직의 수명주기는 도서관의 역사와 위상, 대학의 관심과 지원, 직원의 역량 및 열정과 유의한 관계가 있다. 그럼에도 수명주기에 주목해야 하는 이유는 대학도서관 조직이 불변의 무기체(스냅사진)가 아닌 변화와 발전을 계속하는 유기체(동작사진)로 인식해야 최적화된 조직구조로 유지할 수 있기 때문이다.

3.2.2 조직개편 동향

대학도서관 조직은 성장기와 성숙기에 많은 변화가 일어난다. 외부 환경변화를 수용하여 교수학습 및 학술연구정보서비스를 강화하는 한편, 경영합리화 방안을 지속적으로 모색하기 때문이다. 그 단초가 조직개편이라면, 가시적 결과는 조직구조 변화다. 최근 주요 동향을 살펴보면 다음과 같다.

(1) 수평적 분화와 통합

대학이 도서관에 다운사이징을 강요할 경우, 수직적 및 수평적 조직단위의 통합은 불가피하다. 그런가 하면 핵심역량을 강화하고 지식정보서비스를 극대화하는 전략을 추진할 때는 분화와 신설이 필요하다.

모든 도서관 조직은 유기체이고 상황적합성을 추구해야 하기 때문에 주기적으로 개편한다. 그 결과로 부서명이 변경된 사례는 무수히 많다. 예컨대 2008-2012년 대비 2021년 현

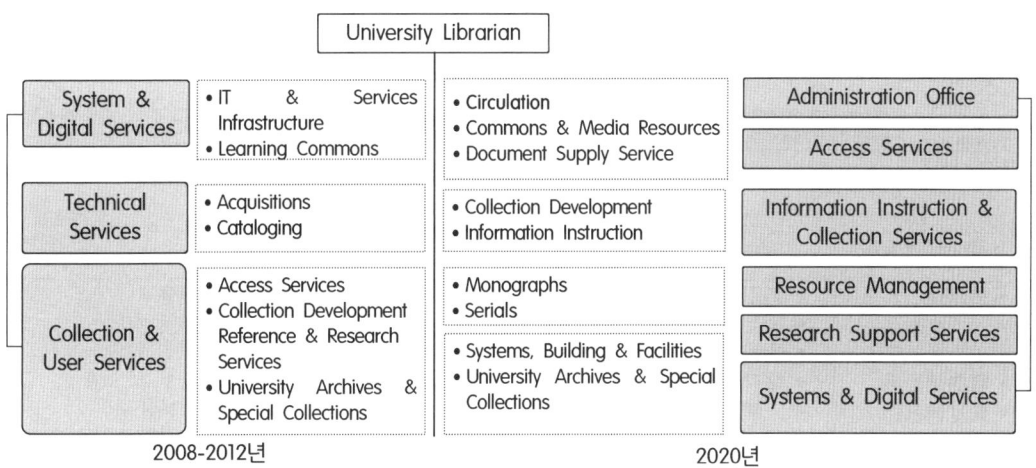

〈그림 3-23〉 홍콩과학기술대학(HKUST) 도서관 조직구조 변화(2012 vs 2020)

재 홍콩과학기술대학(Hong Kong University of Science & Technology) 도서관 조직을 비교한 〈그림 3-23〉[12]을 보면 3개과에서 6개과로 확대되고, 명칭도 전부 변경되었다.

(2) 수직적 확대와 축소

도서관 규모변수가 계속 증가하면 조직단위 및 계층수가 늘어나고 구조적 복잡성이 심화된다. 이에 따른 조직 비대화는 역설적으로 축소지향적 조직개편의 동인으로 작용하는 사례가 많다. 그런가 하면 다운사이징 전략을 대입하면 계층수 축소와 함께 수평적 조직단위도 통합되는 경향이 있다.

특히 대학이 미래 생존전략, 전략적 계획, 구조개혁, 조직 재구성 등을 추진하는 경우, 부속기관을 중심으로 불요불급한 조직단위를 통폐합하는 사례가 많다. 그 희생양의 우선순위로 도서관이 자주 거론된다. 따라서 도서관의 다운사이징은 불가피하고, 조직의 슬림화 및 평면화, 수직적 계층 및 수평적 단위부서 통합, 팀제도입 등 후속조치를 준비해야 한다. 다운사이징 위주의 조직개편 사례로는 야마구치대(山口大)의 부속도서관 조직개편을 들 수 있다. 2004년 4월 모든 국립대의 법인화를 계기로 2005년 개편된 내용, 2012년 재개편된 조직, 그리고 2020년 말을 기준으로 다시 축소된 조직도를 비교하면 〈그림 3-24〉와 같다.[13] 이처럼 야마구치대 부속도서관 조직개편은 부서명칭 변경 및 신설, 조직단위 통합과 분리, 수직적 계층 축소, 수평적 단위통합을 포괄하는 사례다.

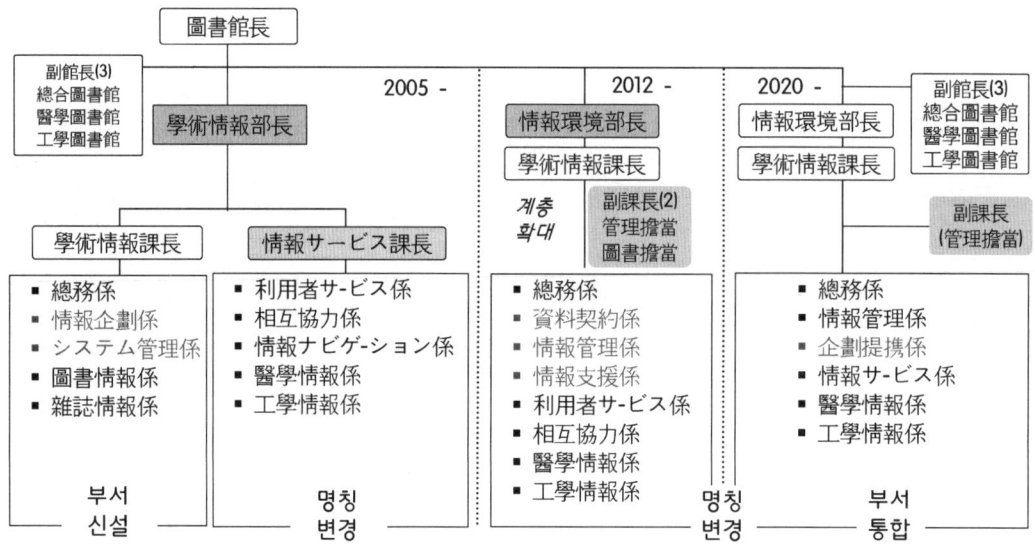

〈그림 3-24〉 야마구치대학(山口大學) 도서관 조직구조 변화(2005-2020)

(3) 조직구조의 전면적 개편

도서관 조직구조를 전면 개편하는 경우는 많지 않다. 그러나 도서관 규모변수와 비교할 때 조직이 비대하여 효율성이 극도로 낮은 경우, 기능별 조직을 팀제조직으로 전환하는 경우, 그리고 학내 유관기관과 전략적으로 통합할 때는 전면적 조직개편이 불가피하다.

먼저 도서관 규모변수(연면적, 장서, 인력 등)에 비해 지나치게 세분된 계층수와 수평적

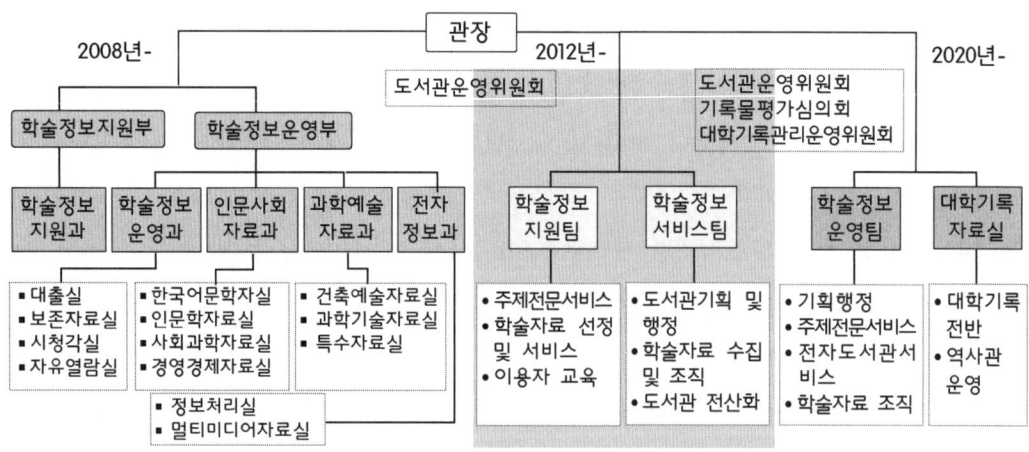

〈그림 3-25〉 울산대학 도서관 조직구조 변화(2008-2020)

조직단위를 팀제로 전면 개편한 사례는 〈그림 3-25〉의 울산대학 도서관이다. 2008년에는 2부(학술정보지원부, 학술정보운영부) 5개(학술정보지원과, 학술정보운영과, 인문사회자료과, 과학예술자료과, 전자정보과) 13개실로 구성된 기능별 계층구조였으나, 2012년 팀제를 도입하여 계층수를 축소하고 수평적 하부조직을 대거 통합하였다. 현재는 2개 조직단위(학술정보운영팀, 대학기록자료실)로 재편·운영하고 있다.

다음으로 학내 유관기관(정보통신원, 출판부, 대학사료실 등)과 전략적으로 통합하여 조직구조를 전면 개편한 사례도 다수 있다. 명지대, 아주대, 울산대, 한양대 등이 있다. 예컨대 한양대 백남학술정보관은 〈그림 3-26〉과 같이 도서관과 출판부를 통합하였으며, 학술정보부 아래는 학술기획운영팀과 연구정보팀을 두고 있다.

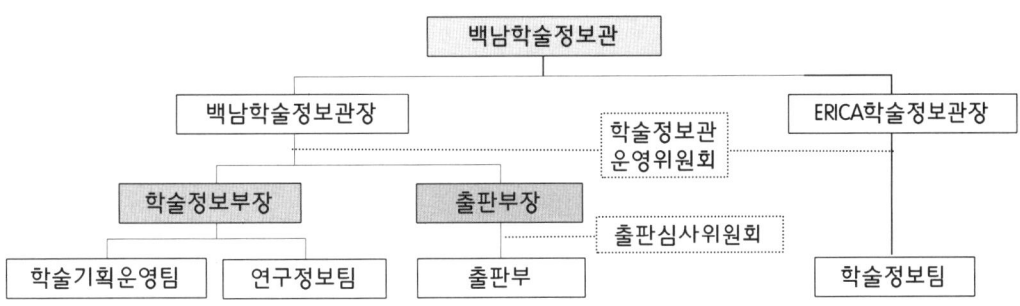

〈그림 3-26〉 한양대학교 백남학술정보관 조직(도서관+출판부)

마지막으로 1985년 컬럼비아대학이 도서관과 전자계산소(정보통신원)를 통합한 이래 1990년대에 양대 조직을 통합·재편한 사례가 증가한 바 있다. 대개는 소규모 대학, 신설 대학, 이공계 중심 대학에 적용되었다. 그러나 전략적 조직개편을 통해 시너지 효과를 제고시킨 사례는 드물다. 오히려 후에 양자를 분리한 경우가 더 많다.

3.3 조직개편의 원칙 및 지향성

3.3.1 조직개편의 기본원칙

모든 조직은 다수의 공리(公理, axiom)를 함축하고 있다. 하나는 기능을 중시하는 관료제적 계층구조이고, 다른 하나는 가변성이 높은 유기체다.

우선 동서를 막론하고 도서관 조직은 피라미드형 관료제다. 그 특징은 노동의 분업화와 전문화, 지배구조의 명확화, 규칙·절차의 시스템화, 의사결정의 집중화, 능력위주의 채용과 승진 등이다. 그럼에도 도서관계는 관료적 형식주의(red tapism)와 경직성을 비판하여 왔다. 목표의 전치(goal displacement), 보수주의, 상향적·수평적 소통기능 제한, 비인간화 등을 초래하고, 전문직 업무수행 및 이용서비스에 비효율적인 것으로 간주하였기 때문이다.14) 이러한 관료제적 약점을 보완하기 위해 주제별 조직, 프로젝트 조직, 팀제를 가미하였다. 그런가 하면 대학이 추진한 다운사이징, 구조조정, 행정개혁, 경영혁신 전략에 따라 부서명칭 변경과 축소, 유사기관과의 통합 등 다양한 양태로 조직구조를 개편하였다. 최근에는 인터넷 기반의 지식정보 유통환경을 선도할 의도로 조직구조를 수시로 개편하여 왔으며, 미래에도 계속될 수밖에 없다.

그렇다면 대학도서관은 어떤 원칙에 입각하여 조직구조를 개편해야 하는가. 대학의 역사와 전통, 이념과 사명, 목적과 목표, 캠퍼스 문화 등이 상이하기 때문에 정론은 없다. 모든 도서관의 조직양태가 다르다는 사실이 방증한다. 그럼에도 교육학술정보센터로서의 핵심역량을 극대화할 목적으로 조직구조를 개편할 때는 〈그림 3-27〉에 적시한 기본원칙을 반영하는 것이 바람직하다.

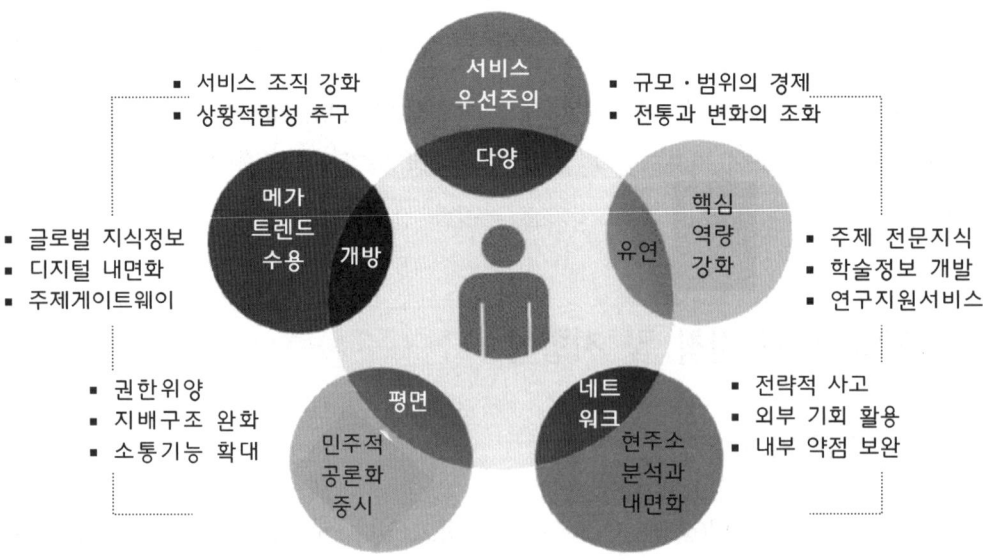

〈그림 3-27〉 대학도서관 조직개편 기본원칙

① 서비스 우선주의(優先主義) : 거시적 측면에서 도서관이 대학의 심장으로 자리매김하려면 교수학습 및 학술연구 활동을 적시에 지원해야 한다. 따라서 조직을 개편할 때는 지식정보서비스에 무게중심을 두고 상황적합성, 규모·범위의 경제, 전통과 변화의 조화, 일관성 및 영속성 등을 접목하는 전략적 사고가 필요하다.

② 핵심역량(核心力量) 강화 : 도서관이 교수 및 학생에게 다양한 지식정보서비스를 적시에 제공하려면 핵심역량을 확보해야 한다. 이를 위한 최초 경영도구가 조직관리이므로 조직을 개편할 때는 장서개발과 지식정보서비스로 대표되는 핵심역량을 강화하는데 무게중심을 두어야 한다.

③ 현주소(現住所) 분석과 내면화 : 조직개편에는 철저한 자아성찰이 전제되어야 한다. 이를 위해서는 외적 요소(기회와 위협)와 내부 요소(강점과 약점)를 SWOT 분석하여 전략적 선택지를 마련할 필요가 있다. 그 다음에 교육학술정보센터 및 디지털 게이트웨이 기능을 극대화할 수 있는 전략을 조직개편에 적용해야 한다.

④ 민주적 공론화(公論化) 중시 : 조직개편에는 하향식(top-down) 전략이 아닌 상향식(bottom-up) 의견수렴 과정이 준수되어야 한다. 전자는 전략부문(관장)이 주도하는 구조개혁에 적합한 반면에 후자는 학내외 환경변수에 주목하여 점진적으로 개편할 때 유리하다. 따라서 관장은 기본방향을 제시하고 중간라인 및 운영핵심 부문이 조직개편 내용을 주도해야 심리적 부담, 조직적 저항, 부작용을 최소화할 수 있다.

⑤ 글로벌 메가트렌드(Megatrend) 수용 : 최근 디지털 전환(digital transformation), 4차 산업혁명, 가상현실(virtual reality), 복합공간화 등이 글로벌 메가트렌드로 회자되고 있다. 그 저변의 공통적 속성인 개방화(Opening), 유연화(Fexibility), 다양화(Diversity), 평면화(Flattening), 네트워크화(Networking), 그리고 글로벌화(Globalization)를 조직개편에 수용해야 한다.

3.3.2 조직개편의 미래 지향성

(1) 개방성 및 상황적합성 추구

대다수 대학도서관의 조직개편은 일관성, 안정성, 조화에 무게중심을 두고 있다. 그러나 대학 경영위기 및 학내외 환경의 급변을 감안하면 미래 조직개편은 조직적 안정보다 지식생태계의 가변성에 적극적으로 대처해야 한다.

따라서 대학도서관이 조직개편의 기본원칙에 입각한 지향성을 모색할 때는 미래 적합성 여부를 가장 중시해야 한다. 이를 위해서는 조직을 개방시스템으로 간주할 필요가 있다. 조직은 투입-산출의 유기적 시스템이다. 외부 환경변수가 조직개편 전략의 선택적 동인으로 작용하고, 전략이 대학 및 도서관의 영향요소와 결합되어 조직의 기본구조를 결정하기 때문이다. 따라서 조직개편에 착수할 때는 '상황적합성'을 금과옥조로 삼아야 한다. 이러한 지향성을 적용한 조직개편 모형을 제시하면 〈그림 3-28〉과 같다. 조직의 주요 범주는 상황변수와 설계요소이고[15], 상황변수가 조직형태와 결합되어 조직의 효율성이 결정된다.[16] 다만, 조직환경이 저마다 상이하기 때문에 조직화에 따른 기대효과는 동일하지 않다.

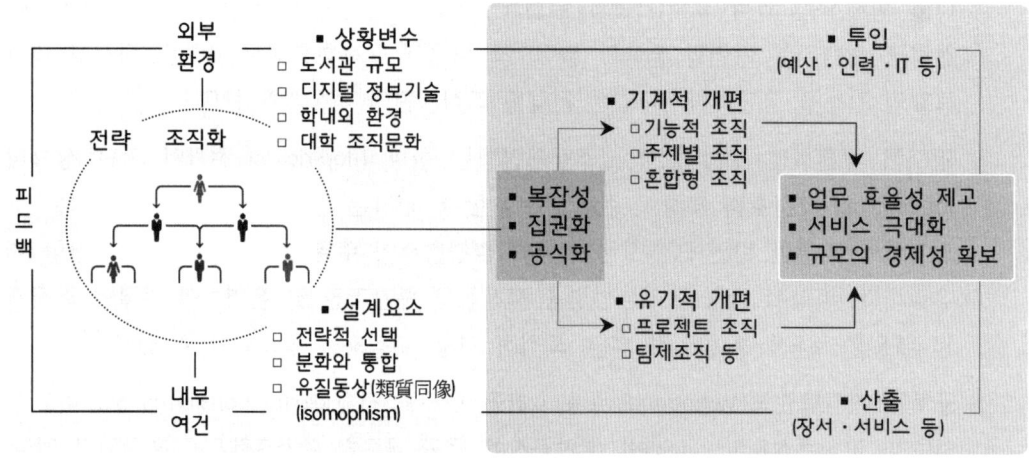

〈그림 3-28〉 대학도서관의 개방시스템 기반 조직개편 모형

(2) 팀제의 신중한 수용

팀제는 조직개편의 원칙으로 제시한 개방화, 유연화, 평면화에 부합한다. 그럼에도 주로 국내 사립대에 도입된 팀제는 다운사이징 색채가 강하다.

이러한 팀제로의 조직개편은 향후에도 확대될 개연성이 있다. 그러나 신중한 접근이 필요하다. 기업체 팀제조직이 실패한 요인을 분석한 〈표 3-14〉[17]를 보면 사전준비 소홀, 구성원의 수용의지 부족, 계층조직 관행, 제도적 지원(평가, 보상) 미흡 등의 순으로 높게 나타났는데, 대학도서관에도 해당되기 때문이다. 팀제를 도입한 대학도서관의 업무분장 및 조직도와 대비한 문제점은 다음과 같다.[18]

〈표 3-14〉 기업체 팀제조직 실패요인

요인	비율(%)
최고 경영층 참여 리더십 부족	9.3
전문능력 부족	1.5
구성원 수용의지 부족	24.6
계층조직 관행	19.2
사전준비 소홀	30.0
제도적 지원 미흡	10.0
과제 불명확	5.4

- 사전준비가 소홀하다. 과거 기능별 계층구조를 고수하면서 과조직을 단순히 팀명으로 개칭하거나 직급·직책을 분리하지 않은 사례가 많다. 팀제의 본질 및 목적에 대한 몰이해(沒理解), 개인·부서별 이기주의가 반영된 결과다.
- 일부는 조직을 과도하게 슬림화(수평적 통합)하여 기형적 공룡과 같다. 대과형 팀제는 대학본부가 주도한 다운사이징의 역기능이며, 통솔범위 원칙을 감안하면 팀장이 많은 팀원을 통괄하면서 조직 효율성을 높일 수 있을지 의심스럽다.
- 종래 기능별 계층구조에서 연공서열을 중시하는 관행이 팀제조직에도 적용되고 있다. 팀장의 자격 및 대상을 명시한 규정이 존재하지 않는다는 사실이 방증한다.
- 팀제는 업무프로세스의 전면적 재구성을 전제로 한다. 그럼에도 과거 계층조직과 팀제조직을 비교하면 달라진 것이 별로 없다. 포장만 바꾼 팀제로는 종래의 약점이나 한계를 해소하기 어렵다.
- 팀제의 성패는 관장 권한의 위임과 팀장 역할에 달려있는데, 그 동안 조직문화나 관행을 감안하면 회의적이다. 관장은 도서관 통괄권을 제외한 대부분을 팀장에게 위임하고, 팀장은 유연한 리더십과 해박한 전문지식을 바탕으로 팀을 주도해야 한다.
- 팀제는 평면적 조직시스템이다. 그럼에도 관장이나 팀장은 수직적 계층구조에 익숙한 사고로 조직을 관리한다. 통제 및 지시 위주의 관리방식과 의사결정을 전문가에게 일임하고 조직정보를 공유하지 않는 한 시너지 효과를 기대하기 어렵다.
- 팀제는 중간라인 폐지나 결재라인 축소에 이어 조직문화, 직무분석 및 인사평가시스템, 보고체계, 의사결정과정의 변혁을 요구한다. 이를 위해서는 관련 규정 및 제도가 보완되어야 하는데, 그렇지 않다. 사고와 발상을 전환해야 한다.

〈표 3-15〉 팀제 도입에 적합한 대학도서관 여건

전반적 환경	조직 및 인적 자원	업무(기능)와 서비스
▪ 신설 도서관(부서) ▪ 변화와 혁신을 지향하는 도서관 ▪ 조직규모가 방만하고 인사적체가 심한 도서관	▪ 직원 간 직무수행 능력에서 편차가 적은 부서 ▪ 직급, 연령 등이 비슷한 경우 ▪ 직무지향적 부서 ▪ 핵심인재 발굴·육성이 필요한 부서	▪ 고도 전문성을 요구하는 핵심업무 (장서개발, 연구지원서비스 등) ▪ 이용자 밀착형 또는 현장성이 강한 업무와 기능 ▪ 직원 간 상호작용과 피드백이 강조되는 업무와 서비스

그러므로 팀제는 모든 대학도서관의 조직개편을 위한 만병통치약이 아니고 정론일 수도 없다. 팀제조직이 적합한 대학도서관 환경은 〈표 3-15〉와 같다. 이러한 조건에 일부 해당되면 조직 전체를 팀제로 개편하거나, 모두 조건에 부합하지 않으면 팀제를 적용할 수 없다는 의미가 아니다. 게다가 조직개편에서 팀제를 우선해야 한다는 명제도 아니다. 그럼에도 관료제 계층조직이 장기판(將棋板)이라면 팀제조직은 바둑판에 비유할 수 있다. 장기판의 착지점은 90개(9×10)이고 개체들의 신분과 서열이 명확한 계층구조인 반면에 바둑판의 착지점은 361개(19×19)이고 모든 개체가 수평적 네트워크 구조다. 따라서 장기판에 해당되는 관료제 계층구조보다 바둑판에 상당하는 팀제가 직원의 자율성과 역량을 더 중시하므로 조직 유연화 및 평면화에 유리하다.

요컨대 조직구조를 개편할 때는 전략적 사고와 유연한 자세를 견지하면서 어떤 대안이 주어진 상황에 적합한 조직인지를 숙고해야 한다. 팀제 본질을 왜곡하거나 유행을 추수하는 식의 조직개편은 바람직하지 않다. 특히 '전부가 아니면 전무'라는 전체주의 사고도 경계해야 한다. 왜 선진국 대학도서관이 팀제조직으로 전면 개편한 사례가 거의 없는지도 반면교사로 삼을 필요가 있다.

(3) 주제별 지식정보서비스 강화

국내 대학도서관의 서비스 부서가 분화되어 온 과정은 〈그림 3-29〉와 같이 집약할 수 있다. 초창기 수서·정리 및 열람서비스로 양분된 기능별 조직에서는 자료를 유형별 또는 언어별로 배치하였기 때문에 주제별 서비스는 불가능하였다. 1990년대 초반 개가제 풍조에 따라 일반자료를 소수 학문(주제)별로 군집하거나 주제별로 세분하였다. 극히 일부 대학도서관은 중앙관 내의 주제자료실에서 캠퍼스 전역의 주제관으로 개편하였다.

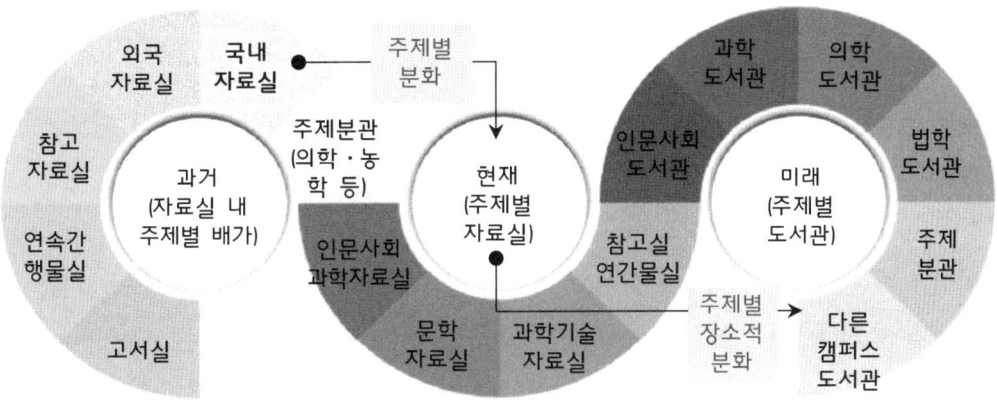

〈그림 3-29〉 대학도서관 주제별 분화 과정

그럼에도 국내 대학도서관의 주제별 서비스는 매우 부실하다. 그 이유는 2가지로 수렴된다. 하나는 취약한 주제전문성(主題專門性)이다. 원죄는 학부교육시스템에 있지만, 장기간 근무하면서도 주제지식을 확보하지 못한 현장도 책임을 면할 수 없다. 다른 하나는 자료를 주제별로 군집하지 않은 데서 찾을 수 있다. 주제별로 재구성한 경우에도 극히 일부가 완전 분산제를 채택할 뿐 대개는 열람·대출과 서고관리를 담당한다. 주제별화에 대한 이해 부족, 관행과 현실을 우선하는 사고, 건물구조 및 수장공간의 한계, 분산화에 따른 중복자료 구입예산 낭비 등이 저변에 있다.

그러나 대학도서관이 교수학습 및 학술연구를 최대한 지원하려면 주제별 조직화를 통한 지식정보서비스의 전문화가 필수적이다. 이를 위해서는 '경영 효율성(效率性)'과 '이용 편의성(便宜性)'의 딜레마를 극복해야 한다. 따라서 단일 건물에 군집해야 하는 경우는 수집·정리를 특정 부서에 집중하고 장서개발 및 서비스를 학문영역별로 분산하는 '혼합형 조직'으로 개편할 필요가 있다. 그 반대로 복수 건물에 주제(학문영역)별 군집이 가능한 경우는 '주제별 조직'으로 개편하는 것이 바람직하다. 요컨대 인터넷·디지털·모바일 기반의 정보유통 시대에는 모든 학술연구정보서비스의 주제별 조직화가 서비스 편의성을 극대화하고 주제전문성을 제고시키는 첩경이다.

(4) 학내 유관조직과의 유기적 협력

도서관은 캠퍼스의 심장이자 교육학술정보 구심체다. 대학이 존재하면서 정립된 정체성이다. 어떤 반론을 불허하는 불변의 진리다. 그럼에도 정보전산화에 이어 디지털 패러다임이 대학도서관의 본질적 정체성을 흔들고 위상을 격하시키고 있다. 예컨대 많은 대학도서관에서 정보통신원이 전산화를 주도하였다. 최근에는 정보통신원이 캠퍼스의 정보공유지, HW/SW, 라이선스 자료(E-book, E-journal, Web DB 등) 등을 관리·유통시키는 관문으로 자리매김하는 경우도 증가하고 있다. 불편한 진실이다.

이러한 역설은 대학이 입학자원 감소, 재정적 압박, 미래 생존전략 등을 이유로 다운사이징 전략을 추진하면서 기능적 중복성 내지 유사성을 감안하여 도서관과 정보통신원을 통합하는 조직개편으로 발전하였다. 그 시제는 완료형이 아니라 도처에서 진행 중이다. 그렇다면 양대 기관의 조직적 통합은 바람직한가, 아니면 필요악인가. 이를 해명하기 위해 기능적 상관관계를 분석한 〈그림 3-30〉을 보면 정보기술과 정보시스템을 공유하면서도 각각 상이한 방식으로 교육연구기능을 지원하고 있다. 도서관은 각종 지식정보 게이트웨이와 서비스를 중시하는 반면에 정보통신원은 다양한 정보인프라 구축과 정보기술 게이트웨이를 강조한다.

요컨대 도서관은 교육학술정보서비스에서 배타적 위상을 확보하고 있지만 정보기술 측면에서 정보통신원에 의존적이다. 그러나 양자의 정체성과 지향성, 인력구성과 특성, 조직문화 등을 비교한 〈표 3-16〉을 보면 차이점이 더 많다.[19] 정체성과 목적, 인프라와 철학, 조직문화가 다르다. 도서관은 무료서비스 원칙을 중시하는 반면에 정보통신원은 수익자 부담원칙을 적용한다. 어차피 정보통신원은 장서개발 및 서비스 주체가 아니고 도서관은

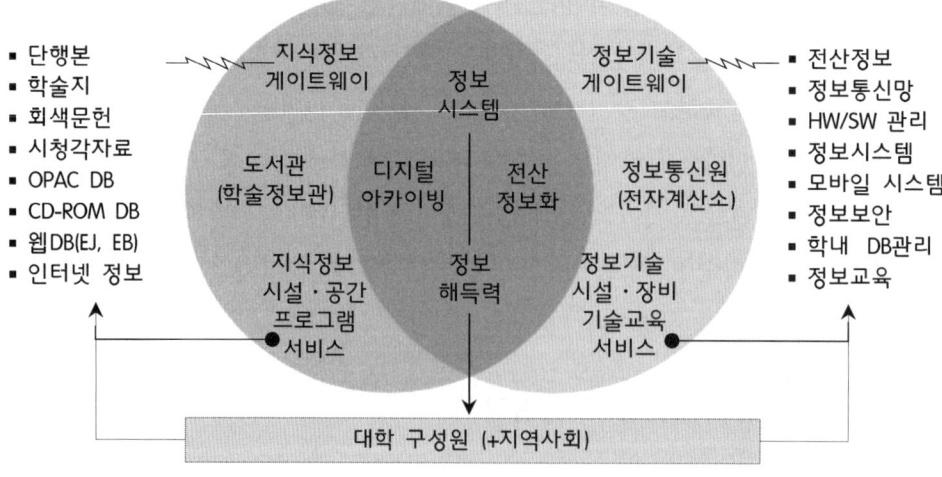

〈그림 3-30〉 도서관과 정보통신원의 기능적 상관성

〈표 3-16〉 대학도서관과 정보전산원 비교

구분	도서관(학술정보관)	정보전산원(전자계산소)
정체성 목적 지향성	■ 대학 교육학술정보 집적소 ■ 교수학습 및 학술연구기능 지원 ■ 지식정보 수집·제공·보존에 주력하며, 장서지향적임	■ 캠퍼스 정보시스템 허브 ■ 행정업무 및 교육학술기능 지원 ■ 정보인프라 구축·유지·갱신을 중시하며, 기술(기계) 지향적임
인력 구성과 특성	■ 사서자격증 소지자와 여성이 많음 ■ 협력의지가 강하고, 다양하고 즉시적 요구에 민감함 ■ 지식정보 분석 및 서비스 능력 소지	■ 정보통신 자격증 소지자와 남성이 많음 ■ 배타적이고, 일정이 명확한 프로젝트에 많은 시간을 소비함 ■ 시스템 설계 및 구축 기술 확보
조직 문화	■ 인간적 접촉을 강조하는 개방형 조직 ■ 관료적 조직문화가 지배하고 장서 및 서비스 중심임 ■ 집단적이고 정태적 분위기 ■ 업무의 명확성과 순차성을 강조하며, 무료 제공서비스와 이용자를 중시함 ■ 이직률이 매우 낮음	■ 기술적 접촉을 중시하는 폐쇄형 조직 ■ 팀지향적 평면형 조직문화가 우세하고 정보기술에 무게중심을 두고 있음 ■ 개별적이고 동태적 분위기 ■ 프로젝트 기법을 이용하며, 유료 서비스와 도구를 강조함 ■ 이직률이 비교적 높음
정보 기술	■ 업무수행의 보조수단(도구)이며, 수용하되 그대로 사용함	■ 업무수행의 절대적 동력이며, 수입하되 보완·가공하거나 혁신함

정보시스템을 주도하지 못하는 이상, 조직적 통합보다 유기적 협력을 통한 경계영역 확장이 바람직하다. 따라서 양자를 통합하여 '학술정보관' 등으로 개칭하는 것은 본질과 정도를 이탈한다. 보직축소나 비용절감보다 도서관 위상저하에 따른 통시적 장서개발 및 다양한 지식정보서비스의 부실이 우려되기 때문이다. 도서관은 전산 담당자나 계수준 조직단위를 '정보기술팀'으로 확대·개편하여 협력창구로 활용하는 지혜를 발휘해야 한다.

대학도서관의 조직관리, 모두를 만족시키는 이상적 조직모형은 있을 수 없다.[20] 저마다 역사와 전통, 학내 조직기구, 전략과 정책, 도서관과 유관기관의 통합 또는 연계 여부, 도서관 공간규모와 인력 등 상황변수가 다르기 때문이다. 내적 상황이 변하면 실물공간을 분석하고 외부 여건이 요동치면 가상공간에 주목하여 조직개편의 진폭을 결정해야 한다. 도서관이 조직개편을 경영합리화 및 생존전략 기법으로 인식한다면 지배구조의 관료성(官僚性)을 약화시키고 직능구조의 유연화, 평면화, 개방화를 적극적으로 수용해야 핵심역량 강화, 주제정보서비스 확대, 정보기술 활용성 제고를 기대할 수 있다.

인용정보

1) C.I. Barnard, *The Function of the Executive*(Cambridge, Mass.: Harvard University Press, 1956), p.116.

2) 草野 正名, 圖書館の經營管理(東京: 內田老鶴圃新社, 1968), pp.31-32.

3) William Walter Wicker, "The Growth and Development of the Organizational Structure of University Libraries," *Unpublished Ph.D. Dissertation,* The Florida State University, 1977, pp.170-171 ; 尹熙潤, "大學圖書館組織의 變化要因考," 圖書館學論集(韓國圖書館·情報學會), 第16輯(1989, 12), pp.221-249 ; Patricia M. Larsen, "The Climate of Change : Library Organizational Structures, 1985-1990," *Reference Librarian,* Vol.34 (1991), p.88 ; Joe A. Hewitt, "What's Wrong with Library Organization? Factors Leading to Restructuring in Research Libraries," *North Carolina Libraries,* Vol.5, No.1(Spring 1997), p.3.

4) Adrienne Adan, "Organization Change in Law Libraries: The Impact of Automation on Traditional Library Structure," *Law Library Journal,* Vol.81, No.1(Winter 1989), p.102.

5) 尹熙潤, "大學圖書館 組織構造의 變化要因에 관한 硏究," 박사학위논문, 성균관대학교 대학원, 1993, pp.44-77.

6) Henry Mintzberg, *Structure in Fives: Designing Effective Organizations*(Englewood: Prentice-Hall, 1983), p.262.

7) 전문가 집단이 주도하는 대학, 병원, 도서관 등에서 찾아볼 수 있는 조직구조로 직무가 표준화되어 있음에도 많은 학습과 시간을 투입해야 숙지할 수 있다. 권력·권한이 공식적 지위에서 나오는 기계적 관료제와 달리 전문성이 원천이다.

8) 상이한 기능단위 또는 목적단위의 개인으로 구성되어 결과보고서를 제출한 후 해산되는 기획집단을 말한다. 상설기구로 존속할 경우에는 '팀, 조정위원회, 프로젝트그룹'으로도 지칭된다 (Peggy Johnson, "Matrix Management: An Organizational Alternative for Libraries," *Journal of Academic Librarianship,* Vol.16, No.4(Sept. 1990), p.225)

9) 윤희윤, "대학도서관 경영개혁의 동향과 반추: 조직의 통합과 팀제를 중심으로," 한국도서관·정보학회지, 제32권, 제1호(2001. 3), pp.45-48.

10) 尹熙潤, "大學圖書館 組織構造의 改善模型硏究," 圖書館學(韓國文獻情報學會), 第22輯(1992, 6), pp.397-441 ; 윤희윤, 대학도서관경영론, 완전개정판(대구: 태일사, 2002), pp.129-133 ; 윤희윤, 대학도서관경영론, 완전개정 제3판(대구: 태일사, 2013), pp.118-124.

11) 국공립대학도서관협의회, 국립대학도서관보, 제38집(2020), pp.287-327 ; 한국사립대학교도서관협의회, 2019 회원교 편람(서울: 동협의회, 2020), pp.290-430.

12) http://library.ust.hk/ ; http://repository.ust.hk/dspace/bitstream/1783.1/6429/1/Session10A_Soong.pdf

13) 上田　照賀, "図書館の名称変更と事務組織再編について," 山口大学図書館報, Vol.70(2005. 2) 〈http://www.lib.yamaguchi-u.ac.jp/lib-nws/ln01/ln01-4.html〉 ; 山口大学図書館概要(2011). 〈http://www.lib.yamaguchi-u.ac.jp/abstracts/digital-gaiyo-2011.pdf〉 ; 山口大学図書館, "組織機構図," (2019.7.1 현재). 〈http://www.lib.yamaguchi-u.ac.jp/abstracts/soshiki/soshiki-h30.pdf〉

14) Ken Jones, *Conflict and Change in Library Organizations: People, Power and Service*(London: Clive Bingley, 1984), pp.29-33 ; Michael Gorman, "The Organization of Academic Library in the Light of Automation," *Advances in Library Automation and Networking,* Vol.1(1987), p.156 ; Hugh C. Atkinson, "The Impact of New Technology on Library Organization," In *The Bowker Annual of Library and Book Trade Information,* 29th ed., compiled & edited by Julia Ehresmann(New York: R.R. Bowker, 1984), p.112.

15) R.H. Hall, *Organizations: Structures, Processes, and Outcomes,* 4th ed.(Englewood: Prentice-Hall, 1987), p.101.

16) A. Grandori, *Perspectives on Organization Theory*(Cambridge: Ballinger Pub., Co., 1987), p.1.

17) 임창희, 가재선, 한국형 팀제(서울: 삼성경제연구소, 1995), p.168.

18) 윤희윤, "대학도서관 경영개혁의 동향과 반추," pp.45-48.

19) 윤희윤, "대학도서관 경영개혁의 동향과 반추," pp.42-45 ; Steven J. Herro, *The Impact of Merging Academic Libraries and Computer Centers on User Services*(Mankato: Minnesota State University, 1998), pp.10-14.

20) Evelyn Daniel, "Information Resource and Organizational Structure," *Journal of American Society for Information Science,* Vol.34, No.3(May 1983), pp.222-228.

Chapter 4

인력구성과 관리

제1절 인사관리 기초이론
제2절 직무분석과 직무평가
제3절 인적 자원의 유형과 내용
제4절 정원관리와 채용배치
제5장 인사고과와 인사이동

제4장

인력구성과 관리

제1절 인사관리 기초이론

1.1 인사관리의 개념과 원칙

1.1.1 인사관리의 태동과 개념

모든 조직체의 경영활동에서 요체는 인사관리(personal management)다. 그래서 '인사(人事) = 만사(萬事)'는 만고불변의 진리다. 가령 범부(凡夫) 대중이 모이면 인재(人在)가 되고, 인재(人才)를 모으면 인재(人材)가 되며, 이를 잘 관리하면 인재(人財)가 된다. 그 반대면 '인재(人災) = 만사(萬死)'다.

이러한 중요성에도 불구하고 18세기 중반까지는 기업체마저 인력의 계획적 관리에 소홀하였고 고용관리(雇傭管理, employment management) 수준이었다. 인사관리는 20세기 초반에 정립되었다. 양자를 구분하여 고용관리는 사업현장 중심의 단순직과 작업직 등 블루칼라(blue collar)를, 인사관리는 사무실 중심의 전문직과 관리직 등 화이트칼라(white collar)를 지칭하기도 한다. 최근에는 화이트칼라와 블루칼라, 창조적·파격적 신세대를 지칭하는 골드칼라(gold collar), 인터넷과 디지털 마인드로 무장한 네트세대(net generation)

를 아우르는 인적자원관리(human resource management)로 확대되고 있다.

인사관리는 사용자와 근로자 사이의 고용관계(인력선발 및 채용, 직무분장과 인사이동, 임금지급, 노사관계 등)가 성립되는 모든 조직체에 존재하는 경영관리 기법이다. 조직체에 소속된 모든 인력의 총체적 관리다. 따라서 대학도서관 인사관리는 '인재의 선발에서 퇴직까지 체계적으로 관리하는 일체의 경영활동'으로서, 경영성패를 좌우한다.

1.1.2 인사관리의 기본원칙

도서관 경영관리에서 인적 자원의 비중은 절대적이다. 지속적 충원, 체계적 교육훈련이 전제될 때 지식·경험이 축적되어 핵심역량이 제고될 수 있으며, 그것을 바탕으로 교수 및 학생의 지식정보서비스 만족도가 극대화될 때 성공적인 경영관리로 간주할 수 있기 때문이다.

그러나 내생적(內生的) 제고이론이나 귀납적(歸納的) 성공논리는 대학도서관 인사관리에서 부분집합에 불과하다. 환언하면 충원과 교육훈련은 지속적인 성장과 발전을 위한 필요조건이지만 충분조건은 아니다. 선발에서 퇴직까지 계획적·체계적 인력관리가 더 중요하다. 이를 위해서는 인사관리에서 금과옥조로 삼는 〈그림 4-1〉의 기본원칙을 준수해야 한다.

첫째, 적재적소(適材適所) 원칙이다. 직무의 성격과 내용, 중요성, 난이도 등을 고려하여 가장 적합한 직원을 배치해야 한다는 의견이다. 예컨대 디지털 정보해득력이 약한 직원에게 인터넷 및 Web DB 검색교육을 맡기는 경우, 전문사서에게 비전문직 업무를 분장하는 사례, 서비스 마인드가 부족한 직원에게 지식정보서비스 업무를 맡기는 것은 적재적소 원칙을 이탈한다.

둘째, 인사평정의 공정성(公正性) 원칙이다. 직무분장, 근무평정, 보직이동, 승급·승진,

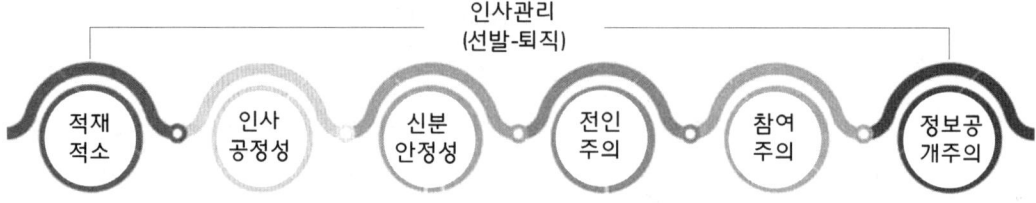

〈그림 4-1〉 대학도서관 인사관리 기본원칙

포상과 문책 등에서 객관성과 공정성을 확보해야 한다는 것을 말한다. 실제로 업무역량이 부족함에도 승진하거나 요직에 배치되는 사례가 적지 않다. 그 결과는 인사이동에 대한 불만과 후유증으로 표출될 수밖에 없으며, 조직문화에도 부정적 요소로 작용한다.

셋째, 신분 안정성(安定性) 원칙이다. 직무수행 중의 위법이나 탈법, 고의적 과실이 아닌 경우에는 신분을 보장해야 한다는 것이다. 설립주체로 보면 사립대학도서관 직원이 공무원인 국공립대학도서관 직원보다 안정성이 약하고, 다운사이징이나 구조조정의 희생양이 되기도 한다. 그러나 신분의 안정성이 가장 취약한 집단은 단기 계약제로 채용된 비정규직이다. 대학도서관의 역량을 약화시키는 요소로 작용하는 경우가 많다.

넷째, 전인주의(全人主義) 원칙이다. 도서관 직원의 인간성을 포함한 인간적 측면을 중시·존중하는 인본주의를 말한다. 이를 위해서는 개인적 기대(신분 안정성 보장, 인간공학적 환경, 충분한 복리후생 시설 등)와 조직적 배려(소속감 및 자긍심 고취, 사명감 촉진, 성취·업적 보상, 원활한 소통채널 등)를 조합한 동기유발이 중요하다.

다섯째, 참여주의(參與主義) 원칙이다. 대학도서관이 인사관리 기본방침을 정하거나 실행할 때 대다수 직원의 의사결정 참여를 보장해야 한다는 원칙이다. 그것이 전제되어야 인사관리의 정당성이 확보될 뿐만 아니라 민주적 노사관계도 정립될 수 있다.

여섯째, 정보공개주의(情報公開主義) 원칙이다. 대학도서관의 인력계획, 직무분석 및 평가, 인사평정 등이 공개·공유될 때 승진과 이동, 보직부여, 인센티브, 상벌에 대한 수용문화가 정착되고 불만을 해소할 수 있다.

이러한 기본원칙은 모든 대학도서관이 중시해야 할 인사관리 규범이다. 이들을 준수할 때 인사관리의 폐해인 권위주의, 비밀주의, 비인간성이 최소화될 수 있다. 대학 당국과 관장이 적시에 적재를 확보하여 적소에 배치하고 지속적인 직무교육 및 동기유발 과정을 통해 교수 및 학생의 지식정보서비스 만족도를 극대화하려면 직원을 조직운영의 주체로 인식해야 한다. 그것이 인사관리의 출발점이기 때문이다.

1.2 인사관리계획의 과정 및 내용

인사관리계획은 인력계획, 인사계획, 인력관리계획, 인적자원계획 등과 혼용된다. 인력계획(manpower planning)은 인력 수급방안을 결정하는 과정이고, 인사계획(personnel planning)은 인적자원 활용계획으로서 조직, 제도 등에 대한 계획을 포함하며 인력계획을 요체로 한다. 인력관리계획(workforce plan)은 인력을 적시에 확보·활용하기 위한 중장기 계획이고, 인적자원계획(human resource planning)은 인력의 양적 수요를 예측·결정하고 수급·배치·이동 등을 중시하며 인력(또는 인사)계획이라고도 한다.

이러한 인사관리계획을 수립하는 과정은 대학 및 도서관에 따라 다를 수 있다. 다만 사전단계인 직무분석을 포함하여 모집과 채용, 배치와 업무분장, 교육훈련, 이동과 승진, 이직과 퇴직에 이르기까지의 일반적인 흐름을 제시하면 〈그림 4-2〉와 같다. 그 가운데 핵심

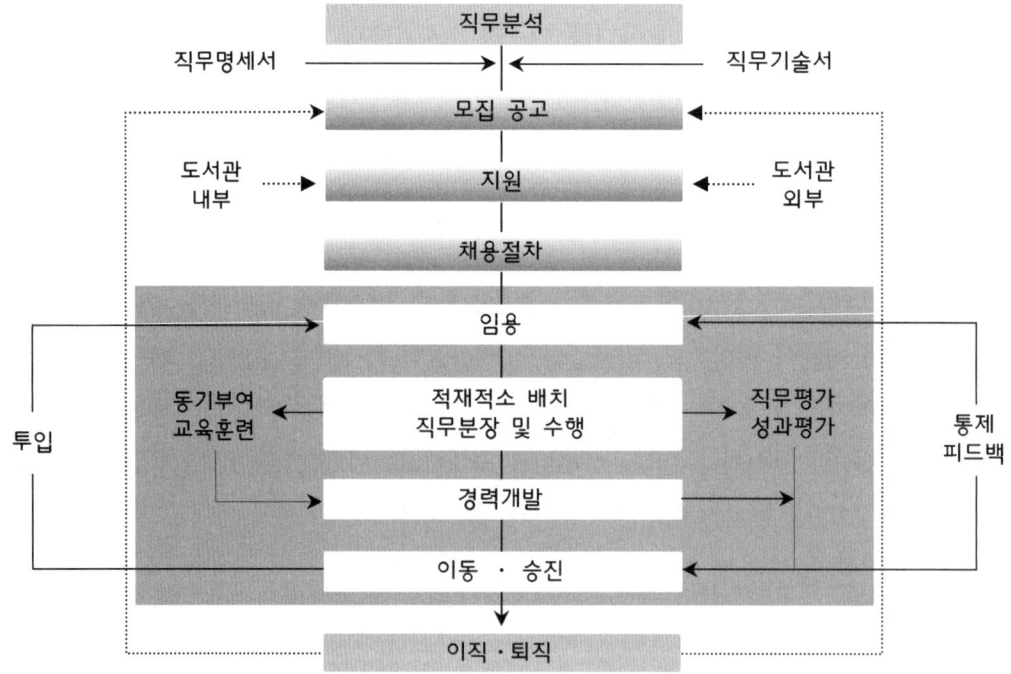

〈그림 4-2〉 대학도서관 인사관리 계획 과정

은 임용에서 이동·승진까지다.

먼저 인사관리계획을 수립하려면 기초자료 확보를 위한 직무분석이 필요하다. 이를 바탕으로 최초 기능인 모집 및 채용과정을 거친다. 대학도서관이 직원을 모집하는 이유는 사직과 퇴직으로 인한 결원 발생, 업무량 증가, 주제관(분관) 설립, 연장서비스 등에 따른 충원이 필요하기 때문이다.

다음으로 신규 인력을 채용하면 임용 후 적재적소 원칙에 따라 배치하고 직무를 분장한다. 이 때 모집공고에 명시한 부서에 배치하거나 자격 및 능력에 감안하여 직무를 분장하는 것이 바람직하다. 그러나 다년간 직무수행 과정에서 학내외 환경변화, 새로운 서비스 및 정보기술 도입, 직무 재정비, 관리기법의 복잡화 등에 직면할 수밖에 없어 자기개발 및 승진요건을 충족시키기 위한 다양한 직무교육이 필요하다.

마지막으로 임용 및 경력개발 과정을 거치는 동안 직무평가나 인사평정에 기초하여 인사이동이 이루어지고, 개인적 사정이나 법령과 내규에 따라 이직·사직·퇴직하게 된다. 이에 따른 후속조치로 모집·충원과정이 반복된다.

요컨대 인사관리가 대학도서관 경영관리의 요체라면, 유능한 인재의 원활한 수급계획은 인력개발의 정수에 해당한다. 따라서 정교한 인사관리계획이 수립되어야 인적 역량의 강점과 약점을 파악할 수 있고 미래 수요에 대비할 수 있으며, 당면한 충원계획이나 인사이동에 유용한 자료로 활용할 수 있다.

제2절 직무분석과 직무평가

2.1 직무분석의 개념과 목적

2.1.1 직무분석의 개념과 범주

도서관 조직·인사관리에서 직무는 매우 중시되는 키워드다. 직무와 그것의 분석은 무엇을 의미하는가. 이를 이해하기 위해서는 자주 혼용되는 업무(과업), 직위, 책무와의 범주

적 관계를 살펴볼 필요가 있다.[1]

먼저 업무는 달리 표현하면 과업(課業, task)이다. 세분된 동작을 기능적으로 연결하여 수행하는 특정한 작업으로, 직무의 하위 개념이자 최소 단위다. 직위(職位, position)는 개인별로 수행하는 모든 업무의 집합을 말하며 책임이 수반된다. 그리고 직무(職務, job)는 업무수준 및 가치를 기준으로 유사한 복수 직위를 군집하되, 구분이 가능한 직위의 집합이다.

다음으로 이들의 개념적 범주는 '업무(과업) ≦ 직위 ≦ 직무(책무)'로 표현할 수 있으며, 상관관계를 예시하면 〈그림 4-3〉과 같다. 가령 어떤 대학도서관에서 총 8명이 장서관리를 11개 업무로 세분·수행할 경우, 직위는 8개이지만 직무는 6개로 군집하거나 더 세분할 수 있다. 분명한 사실은 인사관리에서 업무, 직위, 직무는 기본지식에 속하며, 그 출발점이 직무분석이다. 각각에 대한 분별과 공통적 인식을 전제로 직무를 분석해야 혼란과 오류를 차단할 수 있다.

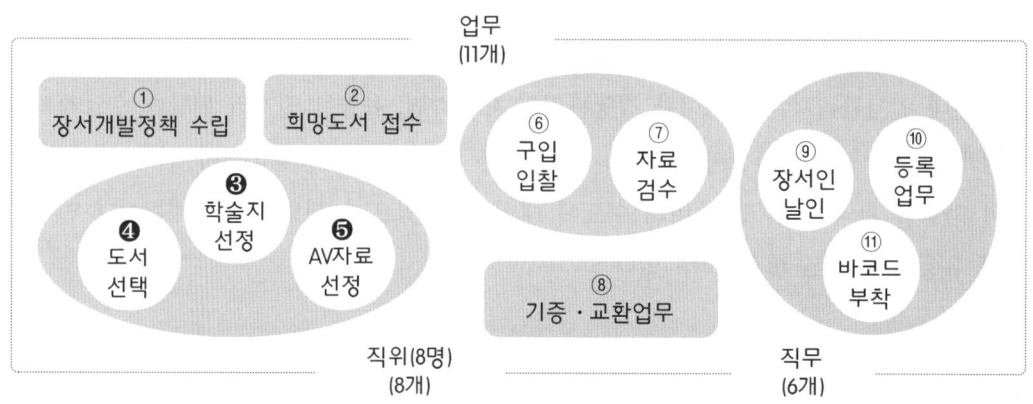

〈그림 4-3〉 대학도서관 업무, 직위, 직무의 상관관계

요컨대 업무를 분석단위로 삼는 업무분석(業務分析, task analysis)은 세분된 업무와 그들의 관계에 주목하는 반면에 직무분석(職務分析, job analysis)은 업무흐름, 필요한 역량, 지식과 기능의 연관성을 감안하여 동일한 또는 유사한 업무를 군집한 직무를 분석단위로 삼는다. 따라서 대학도서관 직무분석은 '직원이 수행하는 각종 직무정보(가치와 중요성, 성격과 난이도, 수행요건, 성과와 책임 등)를 체계적으로 수집·분석하는 과정과 활동'이다.

2.1.2 직무분석의 중요성과 목적

도서관 직무분석은 모든 직원의 직무수행에 대한 엑스레이(X-Ray) 촬영이다. 직무분석 자체에 논점이 있는 것이 아니라 분석한 결과를 어떻게 활용할 것인가에 방점이 있다. 모든 직무를 독립적으로 간주하는 모자이크형(Mosaic type) 분석이 아니라 부분과 전체를 기능적으로 연접시켜 조직적 분석을 지향해야 한다는 것을 의미한다. 이러한 직무분석의 중요성과 목적, 용도는 〈그림 4-4〉와 같다.

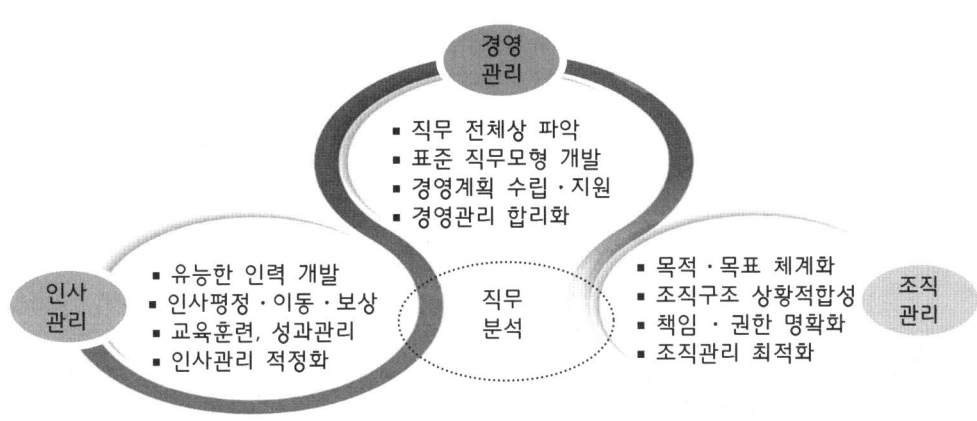

〈그림 4-4〉 대학도서관 직무분석의 중요성 및 목적

- 모든 직무와 그들의 상관관계에 대한 전체상을 제시한다. 직무를 분석하면 기능적 활동의 전모를 파악하고 각각의 표준 작업량을 산출할 수 있다.

- 표준 직무모형(職務模型) 개발에 유용하다. 직무분석 결과에는 직무명과 작업량 등이 제시되므로 표준직무 개발의 근거가 되며, 근무환경이나 작업조건의 변화를 추정하여 업무 재편성이나 인력배치에 활용할 수 있다. 또한 직무 표준화(직무단위와 처리방법)와 인사관리 전산화(직종 및 직무의 분류, 경력관리)를 기대할 수 있다.

- 경영계획(經營計劃) 수립에 유용한 정보를 제공한다. 어떤 직무가 얼마나 많이 수행되는지, 왜 중요한지, 보강·개선할 직무가 무엇인지 간파할 수 있다.

- 경영합리화(經營合理化)를 위한 필수 전제조건이다. 특히 직무보다 인간중심주의, 능력

보다 연공서열형 조직문화가 지배적인 도서관이 경영합리화 방안을 강구할 때는 반드시 직무를 분석해야 한다. 또한 직원이 개별적 또는 협력하여 수행해야 할 사무분장을 적시하고 영역과 책임을 명시하는데 기초자료가 된다.

- 상황적합적 조직관리(組織管理)에 유용한 정보를 제공한다. 도서관이 최적의 조직체계를 확보하려면 직무분석을 토대로 개편·정비해야 한다. 또한 직무분석은 업무흐름을 파악하고 역량강화 방안을 마련하는 데 유용하다.

- 가장 중요한 목적은 유능한 인력개발(人力開發)에 있다. 직무기술서에는 업무, 직무, 책무에 필요한 지식과 기술, 능력이 포함되므로 인력채용이 직무분석에 기초한다는 것을 보증하는 동시에 직무요건에 적합한 인재를 선발·배치할 수 있다.

- 인사평정과 이동배치, 보상시스템, 정원관리 등을 위한 기초자료로 활용된다. 도서관은 직무분석을 전제로 목적과 목표를 달성하는데 필요한 직무를 발굴하고 적재적소 배치원칙을 적용할 수 있다. 또한 보상결정을 위한 근거자료로 활용하면 일관성 및 공평성 확보에 유리하다.

- 직무분석은 직원의 교육훈련 및 성과관리(成果管理)에 유용하다. 신입 직원의 예비교육과 기존 직원의 역량제고를 위한 수요를 파악·시행하는 데 도움이 된다.

- 직무분석은 직제개선(職制改善)의 논거로 활용할 수 있다. 직무의 수행빈도, 중요성, 난이도, 자격요건 등을 분석하여 전문적 업무와 비전문적 업무를 구별할 경우에 직제개선의 논거 뿐만 아니라 사서직 전문성 강화에 유리하다.

요컨대 직무분석의 중요성과 목적은 조직 및 인사를 포함한 경영관리를 개선하고 합리화하는 데 있다. 그럼에도 국내 대학도서관계는 표준 작업량 산출, 업무개선, 직무평가, 인력계획에 필요한 기초자료를 수집할 목적으로 직무 자체를 계통분석하는 행위로 이해하는 경우가 많다. 그러나 직무의 성격과 난이도 등을 분석하지 않으면 부서편성, 인력배치 및 수급계획, 업무분장, 정원관리를 위한 근거자료로 활용하는 데 한계가 있다.

2.2 직무단위 결정과 직무분석

2.2.1 직무단위 결정기준과 원칙

도서관 직무의 스펙트럼은 매우 단순한 것에서 고도 전문지식·기술을 요구하는 것에 이르기까지 매우 넓다. 이를 분석하려면 직무단위 구성기준에 대한 이해가 필요하다. 그 기준은 범위대상형과 수행능력형으로 양분할 수 있다.

먼저 범위대상형(範圍對象型)은 범위와 대상이 명확하고 수행방법이 정형화된 업무를 대상으로 직무단위를 구성할 때 적용하는 기준이다. 비사서직의 사무보조, 신착도서 장비, 복사서비스, 서가배열 등이 대표적이다. 그러나 범위와 대상이 동일하여도 적용하는 시스템·기술이 상이하면 다른 직무로 간주하며, 범위와 대상이 달라도 업무내용이 동일하면 하나의 직무로 간주한다.

다음으로 수행능력형(遂行能力型)은 비정형적 업무를 직무단위로 나눌 때 적용한다. 주제분석, 장서개발, 대출연구, 조직개편, 경영관리, 경영평가 등이 여기에 속한다. 사서직 업무에 요구되는 능력, 기술, 난이도 등을 비교하면 쉽게 결정할 수 있다. 다만 업무내용에 변화가 많을 때는 그 범주 내에서 난이도가 가장 높은 업무가 어떤 것인지를 파악하고 다른 업무와 구별될 정도로 특징적인 것이라면 개별직무로 간주해야 한다.

그럼에도 양자를 기준으로 대학도서관 업무를 구별하기란 쉽지 않다. 특히 사서직 업무에는 범위대상형과 수행능력형이 혼재하기 때문이다. 따라서 직무단위를 구성할 때는 〈그림 4-5〉와 같이 3대 원칙을 준용할 필요가 있다.

① 동종유사성(同種類似性) 원칙 : 동일하거나 유사한 성격의 업무를 군집하는 원칙이다. 가령 교수연구지원서비스를 위한 9개 개별업무(추천도서 구입, 신착안내서비스, 웹장서개발, 자료분류, 목록작업, DB 구축, 대출서비스, 참고정보서비스, 원문제공서비스)에 동종유사성 원칙을 적용하면 3개 직무단위(❶ 추천도서 구입 + 웹장서개발, ❷ 자료분류 + 자체편목 + DB 구축, ❸ 신착안내서비스 + 대출서비스 + 참고정보서비스 + 원문제공서비스)로 군집할 수 있다.

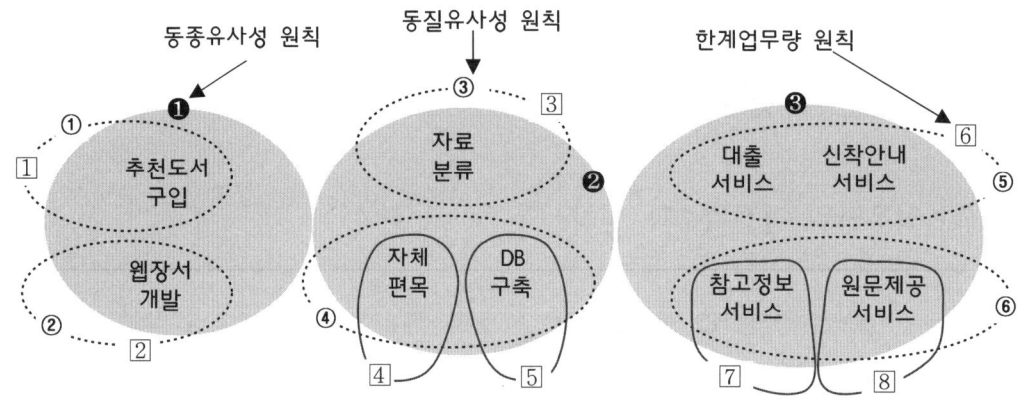

〈그림 4-5〉 대학도서관 직무단위 결정원칙과 사례

② 동질유사성(同質類似性) 원칙 : 직무 난이도, 요구지식 및 기술이 동질적이거나 유사한 것끼리 군집하는 원칙이다. 예컨대, 9개 업무를 동질유사성 원칙으로 나누면 6개 직무단위(① 추천도서 구입, ② 웹장서개발, ③ 자료분류, ④ 자체편목 + DB 구축, ⑤ 신착안내서비스 + 대출서비스, ⑥ 참고정보서비스 + 원문제공서비스)로 구분할 수 있다.

③ 한계업무량(限界業務量) 원칙 : 단일 또는 복수 업무를 직무단위로 결정할 때 직원 1인당 업무량 한계를 구분기준으로 삼는다. 혼자 수행할 업무량이 너무 적으면 가장 근접하거나 유사한 성격의 다른 직무에 편입시킨다. 이를 적용하면 9개 업무를 8개 직무단위(1 추천도서 구입, 2 웹장서개발, 3 자료분류, 4 자체편목, 5 DB 구축, 6 신착안내서비스 + 대출서비스, 7 참고정보서비스, 8 원문제공서비스)로 군집할 수 있다.

2.2.2 직무자료 수집 및 직무분석법

먼저 도서관 직무를 분석하려면 직무자료 및 관련정보 수집이 선행되어야 한다. 이를 위한 방법으로는 자기기입법, 면접법과 관찰법, 설문지법, 데이컴(DACUM)법[2] 등이 범용되고 있다. 그러나 저마다 장단점이 있기 때문에 혼용하는 경우가 많다.

다음으로 직무자료 수집이 완료되면 직무를 분석한다. 그 방법은 대상직무의 성격, 수집할 직무자료의 용도, 분석조건 등에 따라 다양하게 구분할 수 있다. 실제로 다음과 같이 여러 방법이 적용된다.

첫째, 직무분석 목적에 따라 주로 업무항목표를 이용하는 업무지향적 분석과 설문지법을 적용하는 실무지향적 분석으로 나눌 수 있다. 전자는 수행하는 업무의 시간이나 빈도, 중요성 등을 분석한다. 후자는 직무수행에 필요한 지식, 기술, 능력을 중심으로 분석한다.

둘째, 직무분석 수준에 따라 수직적 분석, 수평적 분석, 역동적(力動的) 분석으로 나눌 수 있다. 수직적 분석은 업무를 계층구조로 구성·세분하고 각각에 대한 상세하고 다양한 정보를 분석한 후 조직단위 계층별로 수합하여 전체 직무정보를 확보하는 방법으로, 수직적 연결고리를 중시한다. 수평적 분석은 직무간 수평적 연계성을 파악하는 것으로서, 개별 프로세스를 분석단위로 삼아 각각에 요구되는 직무를 시계열적으로 분석한다. 역동적 분석은 수직적 및 수평적 직무를 연계하여 현재 뿐만 아니라 미래 직무 및 수행조건을 파악한다.

요컨대 직무단위를 결정할 때는 업무지향적 또는 수직적 분석법이 유리하지만 수행능력형과 수평적 분석법을 배제시킬 수 없다. 또한 직무 자체를 분석할 때도 여러 방법 중 하나를 채택하되 기존의 분석결과와 비교하거나 전문가 검증을 통해 보완할 필요가 있다.

2.3 직무분석 사례와 특징

도서관 직무분석은 조직·인사관리 측면에서 매우 중요하다. 그럼에도 대학도서관 직무를 분석한 국내외 사례는 극소수에 불과하다.

우선 미국은 1948년 미국도서관협회(ALA)가 모든 관종에 적용될 수 있는 공통업무를 추출할 의도로 직무표(list of duties)를 제시한 바 있다.[3] 도서관 전체 업무를 〈표 4-1〉처럼 13개로 대별한 후 각각에 예속되는 281개 업무를 다시 전문적 및 비전문적 직무로 구분하였다. 양자의 비율은 59.4%(167개) : 40.6%(114개)였다. 그러나 오래되어 실용성이 매우 낮다.

다음으로 영국은 1963년 영국도서관협회(CILIP 전신)가 도서관 업무를 전문적 직무와 비전문적 직무로 구별하기 위해 기능별로 세분하였다.[4] 모두 12개로 대별하고 각각을 세분·제시하였다. 양자의 구성은 62.2% : 37.8%였다. 1974년 개정판에 수록된 직무수는 〈표 4-1〉과 같이 총 234개였으며, 전문적 직무와 비전문적 직무의 구성비율은 64.5%(151개) : 35.5%(83개)였다.[5]

〈표 4-1〉 미국과 영국의 도서관 직무분석표 비교

미국도서관협회(ALA)				영국도서관협회(LA)			
직무	전문	비전문	소계(%)	직무	전문	비전문	소계(%)
1. 일반관리	24	17	41(14.6)	1. 일반관리	27	16	43(18.4)
2. 인사관리	29	7	36(12.8)	2. 인사관리	27	6	33(14.1)
3. 직원의 자기개발	7	7	14(5.0)	3. 홍보활동	15	5	20(8.5)
4. 홍보활동	16	7	23(8.2)	4. 자료선택과 처분	15	2	17(7.3)
5. 자료선정	19	0	19(6.8)	5. 자료수집과 제적	9	8	17(7.3)
6. 자료입수	16	18	34(12.1)	6. 편목, 분류, 색인	24	10	34(14.5)
7. 편목과 분류	15	11	26(9.3)	7. 정보업무와 독자원조	14	2	16(6.8)
8. 자료 기계적 처리	1	9	10(3.6)	8. 대출업무	6	13	19(8.1)
9. 등록과 대출	7	16	23(8.2)	9. 자료·장비의 생산, 준비, 보존, 저장, 처리	14	21	35(15.0)
10. 참고업무	8	1	9(3.2)				
11. 독자원조	16	4	20(7.1)				
12. 자료 물리적 유지	6	9	15(5.3)				
13. 서가·파일의 관리	3	8	11(3.9)				
계 (%)	167 (59.4)	114 (40.6)	281 (100.0)	계 (%)	151 (64.5)	83 (35.5)	234 (100.0)

마지막으로 2000년 일본도서관협회(JLA)가 발표한 대학도서관 업무분석표를 재구성하면 〈표 4-2〉처럼 5개 항목(경영관리, 자료관리, 자료조직, 이용서비스, 시스템 활용과 운용관리) 168개 업무로 나눌 수 있다. 항목별 비율은 이용서비스 29.2%(49개), 경영관리 26.8%(45개), 자료관리 23.8%(40개), 자료조직 13.7%(23개), 시스템 활용과 운용관리 6.5%(11개)의 순이다. 그리고 전문성이 높은 업무(P)는 70.3%(118개), 기본적 업무(B)는 20.8%(35개), 일반적 업무(G)는 8.9%(15개)로 제시되었다.[6] 국내는 2009년 김신영이 대학도서관협의회 소속의 4년제 10개관을 대상으로 189개 직무를 설문·분석한 바 있다.[7] 그 결과, 전문직 직무는 43.9%(83개), 준전문직 직무는 29.6%(56개), 비전문직 직무는 26.5%(50개)로 나타났고, 직무 영역별 전문직 업무는 이용서비스(23개), 장서관리(20개), 경영관리(16개), 자료조직(15개), 정보시스템 구축과 관리(9개)의 순으로 많았다.

〈표 4-2〉일본과 한국의 대학도서관 업무분석표 비교

일본도서관협회						국내 대학도서관 연구				
대항목	중항목	업무단위수			소계(%)	영역	중항목	전문성 평가		
		전문적	기본적	일반적				전문직	준전문직	비전문직
1. 경영관리	경영관리	18	·	5	45 (26.8)	1. 경영관리 (16)	경영계획	5	1	0
	자기점검·평가	2	·	·			서무행정	0	5	3
	인사관리	8	·	2			인사·조직관리	5	3	4
	홍보활동	2	·	4			재무·시설관리	1	1	11
	긴급사태 대비	2	·	2			대외협력·홍보	5	3	1
2. 자료관리	자료수집·처분	12	10	·	40 (23.8)	2. 장서관리 (20)	장서개발계획	7	2	0
	자료의 배치	4	5	·			대학환경 분석	2	1	0
	자료보관·보존	5	4	·			자료평가와 선정	4	2	0
	-						자료수집과 등록	3	11	6
							서가, 서고관리	1	4	3
							자료보존	3	0	5
3. 자료조직	주제분석·목록	18	3	·	23 (13.7)	3. 자료조직 (15)	자료정리계획	2	2	0
	자료 장비	1	1	·			자료분류·목록	10	4	0
	-						장비작업	0	0	3
							서지DB 관리	2	1	0
							협동(분담)목록	1	2	0
4. 이용서비스	서비스종합조정	3	·	·	49 (29.2)	4. 이용서비스 (23)	이용서비스 계획	5	0	0
	열람·대출	6	5	·			이용교육	6	0	0
	이용자 원조	10	·	2			대출서비스	2	6	6
	이용교육	4	1	·			참고정보서비스	6	3	0
	참고서비스	13	2	·			주제전문서비스	3	0	0
	상호협력업무	2	1	·			문화프로그램서비스	1	3	0
5. 시스템 활용·운용관리	도입·유지	4	3	·	11(6.5)	5. 정보시스템 구축·관리 (9)	정보시스템 계획	2	1	3
	인터넷 기반정비	4	·	·			정보시스템(HW/SW) 구축·관리	2	0	3
	-						홈페이지 구축관리	1	1	1
							디지털도서관 경영	4	0	1
	계 (%)	118 (70.3)	35 (20.8)	15 (8.9)	168 (100.0)		계 (%)	83 (43.9)	56 (29.6)	50 (26.5)

2.4 직무평가의 목적과 과정

2.4.1 직무평가의 개념과 목적

직무분석이 완료되면 그 결과를 직무기술서(職務記述書, job description)와 직무명세서(職務明細書, job specification)로 정리한다. 전자는 개별직무의 특성에 초점을 맞추어 기본사항(직무명, 개요, 목적, 주요 역할과 책임, 자격요건 등)을 약술한 문서다. 후자는 직무기술서를 기초로 직무수행 방법과 절차, 사용장비와 도구, 작업조건, 역량요건(교육, 지식·기술 수준, 육체적·정신적 능력 등)을 추가한 문서다.

이러한 직무기술(명세)서를 바탕으로 대학도서관 직무의 상대적 가치와 질적 차이를 평가하는 절차가 직무평가(職務評價, job evaluation)다. 다시 말해 직무평가는 직급체계를 확립하고 직무(성과)급제 실시에 필요한 근거자료를 확보할 목적으로 직무의 복잡성과 작업속도, 지식·기술·능력의 정도, 분석적 사고의 범위와 수준, 통솔범위, 내외적 접촉수준, 재정책임 등을 평가하는 행위다.

따라서 직무평가는 인사고과(人事考課)와 다르다. 직무평가는 직무별 상대적 중요성이나 가치를 평가하는 것이고, 인사고과는 인사이동에 반영할 목적으로 근무성적을 평가하는 것이다. 대학도서관 직무평가의 목적과 용도는 〈그림 4-6〉과 같다.

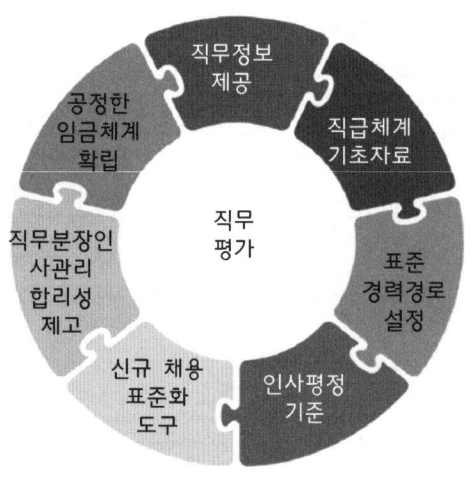

〈그림 4-6〉 대학도서관 직무평가 목적

- 모든 직무의 상대적 중요성이나 유용성에 관한 객관적 정보를 알려준다.
- 직제, 직급, 보직 등의 체계를 확립하는 기초자료로 활용된다.
- 직무의 중요성 및 난이도에 따라 표준 경력경로를 설정하는데 유용하다.

- 직무평가 요소의 중요성과 배점은 인사평정 기준으로 활용할 수 있다.
- 신규직원 채용기준 및 선발절차를 합리화하고 표준화하는 도구다.
- 충원배치나 인사이동을 단행할 때 개인별 능력과 직무별 요건을 결합할 수 있어 직무분장 및 인사관리의 합리성을 제고시킨다.
- 가장 중요한 목적은 직무의 상대적 가치에 따른 공정한 임금체계 확립에 있다.

2.4.2 직무평가 절차 및 방법

직무평가 절차는 직무정보 파악과 분석, 직무기술서·직무명세서 작성을 전제로 위원회 구성, 평가방법 결정, 직무평가, 직무별 임금결정으로 구분할 수 있다. 이를 대학도서관 직무평가에 원용하면 〈그림 4-7〉과 같다.

첫째, 직무평가위원회를 구성한다. 그 구성은 관내에서 선임하는 방안, 대학 전체로 확대하는 방안, 외부 전문가를 위촉하는 방안이 있다. 평가의 객관성과 현실성을 담보하려면 합동위원회(도서관 + 대학 + 외부)가 바람직하다.

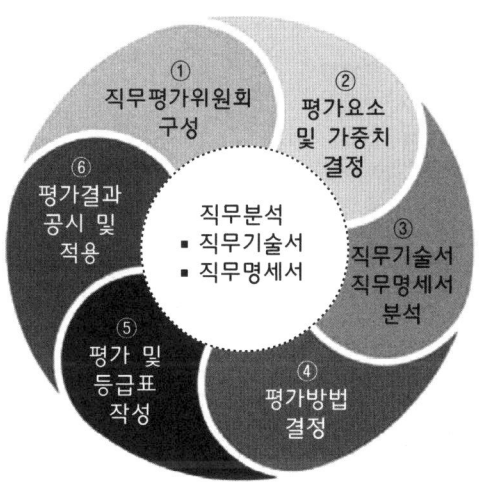

〈그림 4-7〉 대학도서관 직무평가 절차

둘째, 평가위원회에서 직무평가요소를 결정한다. 그 기준으로는 보편적 적용성, 직무별 특징 및 중요성 대변, 객관적 관찰·판단의 가능성이 범용된다. 그리고 통상 숙련도(교육수준, 경험, 지식기술, 판단력 등), 육체적·정신적 노력, 감독수준과 책임, 작업조건(스트레스, 위험도 등)이 평가요소로 채택된다.

셋째, 평가할 기준직무를 선정한 후 직무기술서 및 직무명세서와 대조하여 분석한다.

넷째, 적용할 평가방법을 결정한다. 그 방법은 정량적 평가인 점수법(Point Method)과 요소비교법(Factor Comparison), 정성적 평가인 서열법(Ranking Method)과 이를 발전시킨 분류법(Classification Method)이 대표적이다. 이들을 비교하면 〈표 4-3〉과 같다.[8]

〈표 4-3〉 대학도서관 직무평가 방법 비교

구분		개요	장점	약점
정량적 (분석적) 방법	점수법 (PM)	▪직무구성 요소(지식, 능력, 작업환경 등)의 중요성에 따라 점수를 부여·합산한 후 총점을 비교하여 직무별 상대적 가치 결정	▪상대적 직무차이의 계량화·평가에 용이함 ▪평가기준이 명확하여 직원 및 관리자가 이해하기 쉬움	▪직무별 공통 평가요소 선정, 점수배정이 어려움 ▪전문적 평가기술이 필요하며, 많은 시간·비용이 소요됨
	요소 비교법 (FC)	▪일부 핵심직무를 기준직무(key job)로 선정·평가한 요소와 타직무 평가요소를 비교하여 모든 직무의 상대적 가치 결정	▪주관성이 최소화되고, 많은 직무에 적용 가능함 ▪기준직무가 양호하면 점수법보다 합리적이고 타직무와의 비교·평가 가능함	▪기준직무 선정이 어렵고 복잡하며 시간 소모적임 ▪기준직무를 변경할 때마다 전체 평가척도를 변경해야 함
정성적 (포괄적) 방법	서열법 (RM)	▪직무의 가치와 중요성, 기여도를 기준으로 모든 직무를 비교하여 가장 높은 직무에서 가장 낮은 직무로 서열화	▪이해하기 쉽고, 시간·비용이 적음 ▪신속·간편하게 직무등급을 부여할 수 있음	▪직무수가 많고 내용이 복잡하면 실효성이 낮음 ▪서열화가 주관적이고, 논리적 설명이 어려움
	분류법 (CM)	▪직무기술서를 이용해 각 직무등급(전문·비전문·계약직 또는 5-9급)을 대표할 기준직무를 선정·평가하여 등급별로 분류	▪이해하기 쉽고 이용하기가 편함 ▪단순 명료하고 시간·비용이 상대적으로 적게 듦	▪내용이 복잡하고 직무가 많으면 분류의 정확성을 담보할 수 없음 ▪직무등급 결정 및 직무분류에 주관성이 높음

다섯째, 직무평가 후 요소별 가중치를 합산하여 직무별 상대적 중요성과 가치를 부여하고 등급표를 작성한다.

마지막으로 직무평가 결과를 직원에게 공시하고 신규채용, 직급구조 개선, 노동조합과의 임금협상, 직무분장, 조직개편과 인사관리 등에 적용한다.

이처럼 직무평가는 모든 대학도서관이 수행해야 할 기본적인 경영활동이다. 특히 직위를 신설하여 인력을 충원하거나 새로운 시스템과 서비스를 도입할 경우에는 직무분석 및 평가가 선행되어야 한다. 그럼에도 대다수 대학도서관은 직무평가의 중요성을 인식하지 못하고 있다.

제3절 인적 자원의 유형과 내용

도서관 업무는 행정중심 업무(서무·인사·예산·건물 등)와 자료중심 업무(장서개발·자료정리·지식정보서비스·보존관리 등)로 대별할 수 있다. 이에 따른 인력의 경우, 조직계층 측면에서는 전략부문(관장, 부관장·분관장), 중간라인(과·팀장, 계·실장), 운영부문(실무자), 그리고 보조원으로 구성된다. 직종으로 구분하면 교수직, 행정직, 사서직(또는 기술직), 고용직, 임시직, 계약직 등이 있다. 그러나 업무의 성격 및 난이도를 조합하면 관장, 부(분)관장, 전문직원, 비전문직원으로 대별할 수 있다.

3.1 관장

3.1.1 관장제 유형과 한계

대학의 부속시설인 도서관은 시설과 공간, 다양한 지식정보와 각종 서비스를 통해 교수학습 및 학술연구를 지원한다. 이를 통괄하는 관장은 교수겸직형과 사서전담형으로 나눌 수 있다.

먼저 교수겸직형(敎授兼職型) 관장(library director)은 교수가 교육·연구기능을 수행하면서 관장직을 겸하는 경우다. 한국과 일본이 대표적이다. 양국의 대다수 대학도서관은 「학칙」 또는 「직제」에서 '조교수 또는 부교수 이상'을 관장에 보임하도록 규정하고 있다. 일부 사립대는 사서나 사무직에게도 문호를 개방하는 법적 근거를 마련하고 있으나 실제 관장에 보임되는 사례는 드물다.

다음으로 사서전담형(司書專擔型) 관장(head librarian, chief librarian, university librarian, dean of library)은 대개 문헌정보학 석사학위 이상을 소지하고 다년간 관리경력을 축적한 사서가 전담하는 경우다. 미국을 비롯한 구미 선진국에 사례가 많다. 많은 부속기관 중 고도의 전문성을 요구하는 박물관, 정보통신원, 각종 연구소 등을 전문가에게 맡기듯이 교수

〈표 4-4〉 교수겸직형 및 사서전담형 관장제 비교

구분	교수겸직형	사서전담형
총장(교수) 인식	■ 인간관계, 논공행상, 예우·경로우대를 중시하는 순환보직형 명예직	■ 수준 높은 전문지식과 기술, 오랜 실무 및 관리경력을 중시하는 상근제 전문직
비교 우위 강점	■ 대학당국, 재단(법인)과의 전략적 교섭에 유리함 ■ 대개 학내에서 영향력이나 발언권이 강해 예산·인력 확보에 유리함 ■ 관리자이자 이용자 입장이기 때문에 이해집단과의 원활한 소통이 기대됨	■ 전문지식이 풍부하고 관리경험이 많아 조직 장악력이 강함 ■ 통상 교수직 관장제보다 재임기간이 길어 경영관리 일관성 유지에 유리함 ■ 재임 동안 경영혁신, 전략적 추진과제에 대한 실천력을 강화할 수 있음
현실적 한계	■ 전문지식 부족에 따른 인력관리 및 업무 장악력에 한계가 있음 ■ 짧은 재임 때문에 경영관리의 일관성을 담보할 수 없고 전략적 추진력도 약함 ■ 이용중심주의, 서비스 지향성으로 인해 직원의 사기저하를 초래할 여지가 많음 ■ 거시적 사고에 따른 현실성이 약함	■ 교수 중심 대학문화에서 전략적 교섭력이 약하고 예산·인력 확보에 제약이 따름 ■ 이용자와의 소통과정에서 내부 지향적 내지 방어적 태도가 우려됨 ■ 동료집단인 직원들의 조직이기주의에 따른 경영혁신이 쉽지 않음 ■ 현실적 사고로 인한 전략성이 약함

에 필적하는 학위와 역량을 겸비한 전문사서가 관장직을 수행한다.

어떤 유형이 더 바람직한가. 이를 판단하려면 총장과 교수집단의 도서관 및 관장직에 대한 인식, 대학 보직문화와 관행, 도서관 직원의 심리와 기대, 현실적 한계 등을 살펴볼 필요가 있다. 양자를 비교한 〈표 4-4〉를 보면 각각 강점과 한계가 있다. 교수겸임제는 명분주의(名分主義)와 일반성을 강조하는 반면에 사서전담제는 합리주의(合理主義)와 전문성을 중시한다. 사서전담제가 정론임에도 국내 사정은 그렇지 않다.

이러한 불편한 진실의 원죄는 사서직에 있다. 따라서 사서직 관장을 제도화하기 위해서는 총장의 논공행상 사고와 보직관리, 교수집단의 보직지향성, 학내 구성원의 사서직에 대한 비하적 태도, 고위 행정직의 반발과 형평성 제기, 사서직의 매너리즘과 학위 취약성 등을 극복해야 한다. 이들을 방치한 채, 그리고 사서직이 스펙관리에 소홀하면서 선진국의 전문직 관장제를 주장하고 학계가 동조하는 것은 어불성설이다.

3.1.2 관장직 전문성 강화

모든 대학도서관은 교육학술자료를 적시에 수집하여 최대한 서비스는 캠퍼스의 지식정보 허브로 자리매김해야 한다. 이를 위해서는 급변하는 학내외 환경을 예측·분석하여 효율적 경영관리, 강력한 교섭력, 원만한 대외관계 유지, 전략적 계획 등을 주도할 전문직형 관장이 필요함에도 국내에는 비전문가를 보임하는 관행이 계속되고 있다.

어떻게 해야 선진국형 제도로 개선될 수 있는가. 사서전담제를 가로막고 있는 제도적, 의식적, 현실적 요인을 해소하는 노력이 선행되어야 한다. 이러한 저해요인을 방치하거나 묵과한 채 사서전담제를 주장하는 것은 설득력이 없고, 해법도 아니며, 성사될 수 없다. 사서직의 철저한 자아성찰을 전제로 발상과 전략을 바꾸어야 한다. 다음과 같은 단계적 전략을 집요하게 추진할 필요가 있다.

① 현행 교수겸직형 관장제는 실정법에 근거한다. 하자가 없다. 이를 극복하려면 사서직 관장제가 가능하도록 관계법령 및 대학규정을 개정해야 하는데, 그 전단계로 도서관, 정보통신원, 박물관 등에 경로우대나 논공행상이 아닌, 전공 및 관련 분야 교수를 보임하는 문화를 조성해야 한다.

② 학내에 도서관 경영관리를 전공하거나 비교적 정통한 교수가 없으면 차선책을 강구해야 한다. 행정경험과 경영지식을 겸한 교수를 보임하되, 그것도 어려우면 도서관을 중시하는 교수가 바람직하다.

③ 거시적인 안목이 필요하다. 외부에서 유능한 교수, 문헌정보학 박사학위를 소지한 현직자를 대상으로 공개채용방식을 도입한다. 전자는 도서관 조직진단과 경영개혁을 추진할 때 적합하고 구미 제국에 사례가 많다. 후자는 전략적 발전계획을 수립하거나 새로운 서비스 및 마케팅 기법을 도입할 때 유리하다.

④ 그럼에도 대다수 대학의 전통과 관례를 감안하면 외부 공모를 기피할 것이다. 이러한 현실을 극복하려면 사서직이 교수에 필적하는 석박사학위를 취득해야 한다. 교수집단이 도서관 및 사서를 과소평가하는 대학문화에서 사서관장제는 감부생심(敢不生心)일 뿐만 아니라 사서직의 전문직화가 어렵기 때문이다.

⑤ 특히 중간보직자는 계속교육을 통한 자기계발과 경영능력을 축적하고 지식정보서비스 역량을 제고시켜야 한다. 교수가 사서직을 신뢰하는 가운데 서비스 기능이 극대화될 때 강력한 우군이 될 수 있다. 대학정책을 주도하는 교수집단이 사서직의 전문성과 역량을 인정하지 않으면 관련 규정 개정은 고사하고 관장직도 포기하지 않을 것이다.

⑥ 자격요건을 갖추고 인간관계를 통한 인식전환을 배경으로 사서직의 전문성과 관장직

전문화를 설파해야 한다. 그래야 사서직을 교수직과 대등한 시스템으로 격상시키고 사서전담형 관장제를 확립할 수 있다.

요컨대 사서관장제의 선행조건은 중장기 안목, 자기성찰, 교수에 필적하는 자격요건과 핵심역량 확보, 학술논문 생산과 발표, 연구프로젝트 참여, 밀착형 연구정보지원서비스 등이다. 그 기반 위에서 인간적 접촉을 통한 논리적 설득이 필요하다. 무작정 당위성을 주장하거나 선진국 사례에 대한 언어적 유희로는 성사될 수 없다. 도서관과 사서직의 초발심(初發心)이 절실하다.

3.1.3 관장의 리더십과 역할

도서관은 학내에서 규모변수가 가장 큰 부속기관이다. 따라서 관장은 대학 및 도서관의 사명과 목적을 달성하도록 유도하는 역량, 즉 총괄자로서의 리더십을 발휘해야 한다.

그 스타일은 관계지향 및 업무지향적 측면에서 〈그림 4-8〉처럼 5가지로 구분할 수 있다. 인간중심형(人間中心型)은 조직문화와 인간관계를 중시한다. 대개 원로교수가 관장을 맡았을 때 쉽게 목격할 수 있으며, 시간이 경과하면 무사안일형(無事安逸型)으로 전락하는 경우가 많다. 업무집중형(業務集中型)은 도서관 실무에 깊이 관여하고 가시적 성과에 집착한다. 전공교수나 전문사서가 관장에 보임될 때 자주 나타난다. 이상형(理想型)은 권한위양을 통한 분권화, 서비스 중심의 인사관리, 직원 역량강화 등을 통해 경영성과를 제고시킨다. 그러나 국내의 경우, 1-2년에 불과한 보임기간이나 교수겸직제로는 이상형을 기대하기 어렵고 인간중심 내지 무사안일로 전락할 개연성이 있어 절충형이 바람직하다.

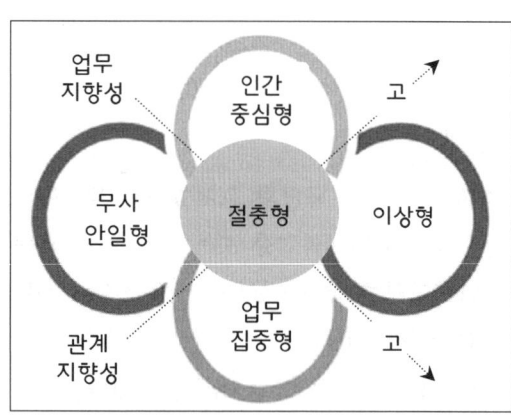

〈그림 4-8〉 대학도서관장 리더십 지형

모든 관장은 디지털 전환(digital transformation), 가상현실(virtual reality), 4차 산업혁명,

포스트 COVID 시대를 선도해야 한다. 이를 위해서는 디지털 정보유통 패러다임을 적극 수용하고, 학내 유관기관과 유기적으로 협력하며, 하이브리드 교육학술자료를 체계적으로 개발하고, 맞춤형·비접촉 지식정보서비스를 강화하는 정책개발과 리더십 발휘가 중요하다. 실제 관장직을 수행한 경험을 바탕으로 바람직한 역할을 우선순위로 제시하면 다음과 같다.

① 유능한 협상가(Good Negotiator) : 가장 중요한 역할은 인적 및 물적 자원을 확보하고, 조직개편 및 인사관리의 파행을 막는 일이다. 관장은 학내 복잡한 역학관계를 이해하고 총학장, 교무위원회, 행정책임자 등과 원만한 관계를 유지하면서 협상하는 솔로몬의 지혜(Wisdom of Solomon)를 발휘해야 한다.

② 전략적 계획가(Strategic Planner) : 대다수 대학도서관이 미시적 측면에서는 예산확보, 수장공간 확충, 시스템 업그레이드, 패키지형 전자자료의 라이선스 계약, 디지털·모바일 서비스 강화 등의 난제에 직면하고 있으며, 거시적으로는 아날로그와 디지털, 규모 확대와 다운사이징, 실물소장과 원격접근, 원형보존과 디지털화 등의 대립적 가치를 조화시켜야 한다. 따라서 전략적 사고와 기획능력이 매우 중요하다.

③ 조직관리자(Organizational Manager) : 관장 직무에서 조직관리가 소홀하게 취급되는 경향이 있다. 그러나 업무프로세스 개선, 합리적 업무분장, 효율적 조직운영 및 건강한 조직문화 형성, 수직적 및 수평적 소통의 활성화, 직원 경력개발 촉진 등은 조직관리의 핵심요소다. 관장이 조직관리 역량을 발휘하지 못하면 사명과 목적의 달성은 고사하고 일상적 정보공유 및 시너지 효과도 기대할 수 없다.

④ 도서관 전문가(Library Professionals) : 모든 대학도서관은 교수학습 및 학술연구에 필요한 고품질 지식정보서비스를 적시에 제공하는데 목적이 있다. 따라서 관장은 하이브리드형 장서개발을 비롯한 핵심업무에 정통해야 정책수립 및 의사결정의 오류나 왜곡을 차단할 수 있다.

⑤ 도서관 현안 해결사(Library Issue Solver) : 도서관 규모변수는 방대할 뿐만 아니라 학내 단위시설 중 일시적 체류 및 유동인구가 가장 많은 곳이다. 이에 따른 자료납품 및 아웃소싱 업체와 마찰, 다른 학내기관과의 긴장, 내부 조직단위·직원간 갈등, 직원과 이용자의 충돌, 이용자 불만표출 및 건의사항, 홈페이지 및 정보시스템 오류 등이 빈번하다. 이러한 현안을 해결하는 최종 책임은 관장에게 있다.

3.2 부관장과 분관장

3.2.1 직제의 법적 근거

부관장과 분관장은 관장의 경영관리를 보좌·지원하는 직위다. 그 직제의 근거가 국가마다 상이하고, 명칭 또한 부관장(associate librarian or dean, assistant or associate library director, associate or deputy university librarian 등)에서 관장보, 사서장, 부장, 사무국장에 이르기까지 다양하다.

대체로 규모변수가 크고 오랜 역사를 자랑하는 도서관일수록 부관장제를 도입하는 비율이 높다. 가장 보편화된 국가가 미국, 일본 등이다. 예컨대 워싱턴 대학도서관은 「Librarian Personnel Code」 제2장(직급과 지위) 아래 'Section A: Rank'에서 '사서는 자격에 따라 Assistant Librarian, Senior Assistant Librarian, Associate Librarian, or Librarian에 임명된다'[9]고 규정한 것처럼 대학(교수)규정에 따른 도서관 인사내규로 정하고 있다. 일본 「国立学校設置法施行規則」 제13조의 2는 '분관에 분관장을 두며, 교수 또는 조교수를 보임하되 필요하면 사무직원으로 충당할 수 있다'라고 규정하고 있다. 그런가 하면 「大阪大学附属図書館規程」 제5조의 2는 "부관장은 본 대학의 교수 중에서 관장이 지명하는 자를 보임한다"라고 규정하고 있다.[10]

국내의 경우, 미국과 일본처럼 법령에 부관장(또는 분관장)을 명시한 사례는 없지만, 여러 대학도서관 규정에서 확인할 수 있다. 그러나 국립대에서 부관장을 보임하는 경우는 거의 없다. 사립대도 극히 일부가 보임하며, 그들의 직종별 분포는 사서직, 행정직, 기타 순으로 많다.

3.2.2 부관장의 역할과 실효성

왜 부관장제를 도입하는가. 그 배경은 도서관 규모변수가 증가할 경우, 과(팀)조직의 수평적 분화가 불가피하고 그에 따라 가중되는 관장의 통솔범위 및 조직관리 부담을 완화하는데 있다.

　이러한 부관장은 '관장의 경영관리를 보좌하고, 유고 시에 도서관을 대표하는 것'이 기본적 책무이자 역할이다. 그 외에 예산·인력계획 수립과 추진, 복수 조직단위 관리, 직원 복무관리 및 근무평가, 관장과 직원의 중개기능, 부서간 갈등·대립의 조정, 프로젝트팀(또는 태스크포스) 관리, 직원 대표기능 등이 있다. 특히 사서직이 부관장으로 보임될 때 기대되는 효과는 다음과 같다.[11]

- 도서관 운영 및 정책에 관한 특정 업무의 지속적 수행
- 대외협력 업무 강화
- 관내 업무추진의 획기적 강화
- 사서 권익 및 지위향상에 따른 사기진작으로 전문적 업무에 대한 사명감 고취
- 학내에서 도서관 위상이 높아지고 있다는 사실을 실무사서에게 인식시킴

　그럼에도 부관장제는 수직적 계층화(階層化)를 심화시켜 결재라인이 증가하고 의사결정을 지연시킬 수 있다. 교수겸직형 관장제의 전문성 문제, 도서관 규모변수, 조직단위 설치기준 등을 감안하여 부관장제의 실효성 및 타당성을 검토할 필요가 있다.

　우선 교수겸직형 관장제의 한계를 보완하는 전략으로 간주하면 사서직이 부관장에 보임되어야 한다. 이를 충족시키지 못하면 '옥상옥'에 불과하다. 다음으로 도서관 규모변수 측면에서 거점 국립대 도서관의 직원 및 조직단위가 대다수 사립대보다 방대함에도 전자는 부관장제를 도입하지 않은 반면에 후자는 일부가 보임하고 있다. 만약 사립대 사례가 정당하다면 국립대는 법적 근거의 부재로 도입하지 않는 것이고, 국립대가 합리적이라면 사립대가 조직을 방만하게 운영하는 것으로 평가할 수 있다. 그리고 조직단위 설치기준을 중심으로 현재 규모변수가 부관장제 도입에 적합한지를 논증할 필요가 있다. 이를 위한 준거가 공공부문 기구설치의 일반요건인 「지방자치단체의 행정기구와 정원기준 등에 관한 규정」 제6조 제5항(과는 … 12명 이상의 정원이 필요한 업무량이 있는 경우에 한하여 설치한다)이다. 2019년 말을 기준으로 사립대학도서관 정규직원 분포를 집계한 〈표 4-5〉를 보면 135개관 중 97%가 45명 이하이고 대부분 3개과(팀) 이하를 두고 있으므로 부관장제를 도입할 이유가 없다.

⟨표 4-5⟩ 국내 사립대학도서관 정규직원수 분포(2019년 말 기준)

직원수(명)	도서관수(%)	누적율(%)	비고
0-8	47(34.8)	34.8	
9-15	47(34.8)	69.6	
16-45	37(27.4)	97.0	
47-105	4(3.0)	100.0	
계	135(100.0)	-	

요컨대 소수 대규모 대학도서관을 제외하면 조직설계 기본원리나 법적 기준 측면에서 부관장제를 도입하는 논거가 부족하다. 그럼에도 교수겸직형 관장제, 대학본부 중심의 조직인사 관행, 상대적 위상이 취약한 사서직 등 한국적 특수성을 감안하고, 사서직의 핵심역량 및 전문성을 강화하며, 사서전담형 관장제를 확립하려면 부관장제 도입의 중요성을 설파할 필요가 있다.

3.3 전문직원

3.3.1 전문직원 자격요건

도서관 전문직원은 대학(원)수준 문헌정보학 교육과정을 이수하거나 자격증을 소지하고 실무에 종사하는 전문사서(專門司書, professional librarian)를 총칭한다. 1976년 ALA가 발표한 「도서관 교육 및 인력활용 성명서」는 전문직원(professional staff)을 "도서관의 목적을 설정하고 … 해결방안을 공식화하고 이론을 실무에 적용하며, 도서관 자료 및 서비스 프로그램을 성공적으로 계획·조직하고 … 직무를 수행하는 직원"으로 명시하였다.[12]

이러한 수준에 부합하는 주요 국가의 전문직원 구분 및 최소 자격요건을 정리한 ⟨표 4-6⟩[13]을 보면 국가마다 약간씩 차이가 있다. 미국의 최저 기준은 대학원 석사학위이고, 영국은 도서관정보전문가협회(Chartered Institute of Library & Information Professionals)가 인정하는 회원 자격이다. 반면에 일본과 한국은 문헌정보학 학사학위 이상으로 규정하고 있다. 이에 따라 국내의 학계와 현장은 2급 정사서 이상을 전문직원으로 인식한다.

〈표 4-6〉 주요 국가의 도서관 전문직원과 자격요건

구분		자격요건
미국	사서/전문가	▪ 석사학위(MLS · MLIS)/해당분야 전문학위
	상급사서/상급전문가	▪ 사서/전문가 자격요건 + 적절한 경험과 계속적인 전문성
영국	인정사서 (Certification)	▪ 도서관정보분야 정규직원 근무경력 2년 이상 + 업무기반 훈련이나 기타 직원계발 참여자
	공인사서 (Membership of CILIP)	▪ CILIP 인증 LIS 학위나 졸업 후 자격을 소지하고 CILIP이 인증한 자 ▪ CILIP이 인정하는 해외 도서관정보 자격 ▪ 다른 주제·전문분야 학위나 그것에 상당하는 전문경험 보유자 ▪ 스코틀랜드 자격체계 10등급 또는 잉글랜드·웨일즈·북아일랜드에서 HE4 등급으로 간주되는 비인증 도서관정보 자격증 소지자
	공인사서 (Fellowship of CILIP)	▪ CILIP 공인자격 명부에 6년 이상 등재된 MCLIP 소지자 ▪ 2회 연속 MCLIP를 재인증 받은 자
일본	사서	▪ 대학 졸업자로서 도서관에 관한 과목 이수자 ▪ 사서보 경력 3년 이상 + 사서강습 수료자
한국	정사서 (1급)	▪ 문헌정보(또는 도서관)학 박사학위 취득자 ▪ 2급 정사서 + 문헌정보(도서관)학 외 박사학위 또는 정보처리기술사 자격 취득자 ▪ 2급 정사서 + 도서관 근무경력 또는 문헌정보(도서관)학 연구경력 6년 이상 + 석사학위 취득자 ▪ 2급 정사서 + 도서관 등 근무경력 9년 이상 + 지정교육기관 교육과정 이수자
	정사서 (2급)	▪ 대학에서 문헌정보(도서관)학을 전공·졸업한 자 또는 법령에서 동등한 학력을 인정한 자로서 문헌정보학 전공자 ▪ 문헌정보(도서관)학 석사학위 취득자 ▪ 교육대학원에서 도서관(또는 사서)교육 석사학위 취득자 ▪ 문헌정보(도서관)학 외의 석사학위 취득자 + 지정교육기관 교육과정 이수자 ▪ 준사서 + 석사학위 취득자 ▪ 준사서 + 도서관 등 근무경력 3년 이상 + 지정교육기관 교육과정 이수자 ▪ 대학 졸업하고 준사서 + 도서관 등 근무경력 1년 이상 + 지정교육기관 교육과정 이수자

3.3.2 전문직원 핵심역량과 역할

도서관 전문직원이 확보해야 할 노하우와 경험, 지식과 기술은 매우 광범위하고 다양하다. 2000년 이후의 주요 연구결과 및 전문직 단체가 제시한 학술사서의 핵심역량(총체적 지식, 기술능력)을 간추리면 다음과 같다.

2003-2005년 일본 도서관정보학회가 주도한 「정보전문직 양성을 위한 도서관정보학 교육체제 재구축에 관한 종합적 연구」에서 나가타(永田 治樹)는 정보전문직이 구비해야 할 지식과 기술을 3개 영역(중핵, 실현, 범용·이전가능)으로 구분·제시하였다.14)

- 중핵 지식·기술 영역 : 기존서비스(2차 자료·참고도서, 자료목록법·온라인목록시스템, 참고조사서비스, 정보검색기술, 도서관·문헌이용교육, 열람·대출서비스), 도서와 도서관(고전적, 자료보존, 미디어 역사, 장애인서비스, 도서관건축, 도서관사, 서지학), 새로운 서비스(네트워크정보원, 연속간행물, 전자잡지, 관청간행물·특허자료, 기타 비도서자료 및 이용기기, 원문제공서비스, 도서관업무시스템 운용·관리), 자료조직화(메타데이터, 분류법·주제명법, 색인법, 초록법, 2차 자료/DB작성), 장서형성(분야별 전문자료, 자료선택, 장서구축 및 평가, 주제전문지식)

- 실현 지식·기술 영역 : 도서관기준과 네트워크(지적재산권·저작권, 도서관 네트워크·도서관협력, 이용자 프라이버시, 도서관 관계법규·기준), 정보·출판유통(지적 자유·검열, 외국 대학도서관 사정, 출판·학술정보 유통, 고등교육 사정)

- 범용적 및 이전 가능한 지식·기술 : 커뮤니케이션(고객케어, 홍보활동, 웹콘텐츠 구축·관리, 프리젠테이션 기술, 문서·기획서 작성, 회화·접대, 연구조사법, 이용교육 교수법), 정보기술(DB 등의 운용·관리, 네트워크 운용·관리, 프로그래밍), 경영관리(경영이론·수법, 대학 행·재정, 예산관리·회계), 외국어(영어, 기타)

2009년 미국도서관협회(ALA)가 최종 승인·채택한 사서직 핵심역량은 〈표 4-7〉과 같다. 적용대상은 문헌정보학 석사학위 취득자며, 관종에 따라 더 전문화된 지식을 소지할 필요가 있음을 명시하였다.15)

〈표 4-7〉 미국도서관협회(ALA)의 사서직 핵심역량

영역	세부 내용
1. 전문직 기초지식	① 도서관 및 정보전문직의 윤리, 가치, 기본원리 ② 민주주의 및 지적 자유를 촉진하기 위한 도서관 및 정보전문직 역할 ③ 도서관 및 사서직 역사 ④ 인간 커뮤니케이션 역사와 도서관에 미치는 영향 ⑤ 관종별 도서관 및 밀접한 정보기관 ⑥ 도서관 및 정보전문직에 중대한 영향을 미치는 국가차원 및 국제사회의 공공적, 정보적, 사회경제적, 문화적 정책과 경향 ⑦ 도서관 및 정보기관 운영과 관련된 법적 기제(저작권, 프라이버시, 표현의 자유, 평등권,

		지적재산권 등과 관련된 법률) ⑧ 도서관, 사서, 기타 직원, 서비스에 대한 효과적인 옹호의 중요성 ⑨ 복잡한 문제를 분석하고 적절한 해법을 찾는데 사용된 기술 ⑩ 효과적인 커뮤니케이션 기법 ⑪ 전문직의 전문영역별 인증 및 라이선스 요건
2. 정보자원		① 지식정보 수명주기와 관련된 개념과 현안 ② 자료의 평가, 선정, 구입, 처리, 축적, 제적을 포함한 수서 및 처분과 관련된 개념, 현안, 방법 ③ 다양한 장서의 관리에 관련된 개념, 현안, 방법 ④ 보존을 포함한 장서유지와 관련된 개념, 현안, 방법
3. 지식정보 조직		① 지식정보 조직 및 재현에 포함된 원리 ② 지식정보 조직에 필요한 단계별, 기술적, 평가적 기술 ③ 정보조직에 사용된 목록시스템, 메타데이터, 색인작성, 분류기준 및 방법
4. 정보기술 관련지식과 기술		① 도서관 등의 자원, 서비스, 이용에 영향을 미치는 정보, 통신, 지원기술과 관련 기술 ② 전문직 윤리 및 지배적 서비스 규범과 응용에 부합하는 정보, 통신, 지원 및 관련 기술 적용 ③ 기술에 기반을 둔 제품과 서비스의 사양, 유효성, 비용-효율성 평가방법 ④ 기술개선을 위해 부상하는 기술과 혁신의 파악·분석에 필요한 원리와 기법
5. 참고 및 이용자 서비스		① 참고 및 이용자 서비스의 개념, 원리, 기법 ② 다양한 정보원에서 정보를 검색, 평가, 조합하는데 사용된 기법 ③ 지식정보 자문, 중개, 안내에 사용된 방법 ④ 정보리터러시 및 정보역량의 기법과 방법, 수치·통계리터러시 ⑤ 서비스 개념과 서비스를 촉진·설명하는데 사용된 옹호의 원리와 방법 ⑥ 이용자 요구와 선호, 커뮤니티 다양성에 대한 평가 및 대응 원리 ⑦ 현재 및 부상하는 환경조건이 적절한 서비스, 자원개발 설계·이행에 미치는 영향 평가에 적용된 원리와 방법
6. 연구		① 양적 및 질적 연구방법 기초 ② 도서관 분야의 중요한 연구결과 및 문헌 ③ 새로운 연구의 실제적 및 잠재적 가치를 평가하는 원리와 방법
7. 계속교육과 평생학습		① 도서관 및 다른 정보기관 실무자의 계속적인 전문성 개발의 필요성 ② 이용자 평생학습을 위한 도서관 역할 ③ 학습이론, 교육방법, 성과측정과 도서관 및 다른 정보기관에의 적용 ④ 지식정보 탐색, 평가, 이용에 사용된 개념, 과정, 기술의 교육·학습에 관련된 원리
8. 경영관리		① 도서관 및 다른 정보기관의 계획 및 예산편성 원리 ② 효과적 인사실무와 인력개발 원리 ③ 도서관 서비스 및 성과 평가에 관한 배후 개념 ④ 파트너십, 협업, 네트워크 개발을 위한 배후 개념과 방법 ⑤ 변형적 리더십과 관련된 배후 개념과 주요 방법

2010년 캐나다연구도서관협회(Canadian Association of Research Libraries)는 21세기 연구도서관 사서가 구비해야 할 핵심역량의 대강을 7가지 영역으로 대별한 후 구체적으로

제시하였다.[16]

- 기초지식 : 사회적·문화적·경제적·정치적·정보환경, 사서직과 전문적 실천, 도서관이나 도서관 시스템, 대규모 기관조직(캠퍼스의 환경, 조직, 의사결정주체와 과정, 사명과 목적 등), 기타 제도적 환경(도서관 조직·운영에 영향을 미치는 지역, 지방, 국가 및 국제기관), 다양한 수준(자금과정, 규정)의 고등교육 환경, 학술커뮤니케이션 모형과 실제, 학술도서관과 관련된 법적 문제

- 인간관계 기술 : 새로운 경험과 지식을 위한 적응성·유연성·열정, 커뮤니케이션과 옹호, 협상력, 변화관리, 의사결정, 문제해결, 혁신성, 다양한 집단과의 협력활동, 마케팅, 멘토링, 제안서 및 보고서 작성기술, 프리젠테이션 기술

- 리더십과 관리 : 리더십, 재정관리, 인적자원 관리, 서비스 및 자료관리, 리스크 관리, 프로젝트 관리, 평가, 파트너십과 협업

- 장서개발 : 학술출판 사이클, 장서개발과 관리, 디지털 큐레이션, 디지털 보존, 장서관리와 보존, 기록물 관리

- 정보해득력 : 학습과 교수, 비판적 사고와 평생학습, 참고서비스, 고객관리

- 연구활동 및 전문직에 대한 기여 : 연구와 출판, 학술대회(세미나) 발표, 공식적 스터디, 사서직 교과목 교육, 학술회의(세미나, 워크샵 등) 관리, 전문단체 활동, 전문직 또는 주제전문지식과 관련된 활동에의 적극적 관여, 연구과제 지원, 연구모형과 방법에 대한 지식, 연구자금계획서 작성

- 정보기술 능력 : 도서관 통합시스템, 웹기술, 전자자원 관리, 웹페이지 개발, 기관 리포지터리, 학습관리시스템, DB 관리

그리고 2010년 영국 CILIP이 도서관 전문직원(응답자수 3,027-3,240명)을 대상으로 현재 사용하는 기술과 향후 10년 내에 요구될 것으로 예상되는 기술을 조사한 결과는 〈그림 4-9〉와 같다. 전자는 인간관계, 고객서비스, 정보통신, 일반관리, 정보평가의 순으로, 후자는 온라인 의사소통, 정보통신, 비즈니스, 마케팅, 정보평가, 웹출판, 정보관리의 순으로 높았다.[17]

이처럼 전문직원의 핵심역량 및 역할에 대한 입장은 국가마다 상이하다. 그럼에도 대학도서관은 통시적 장서개발과 다양한 지식정보서비스를 지원하는데 무게중심을 두어야 한

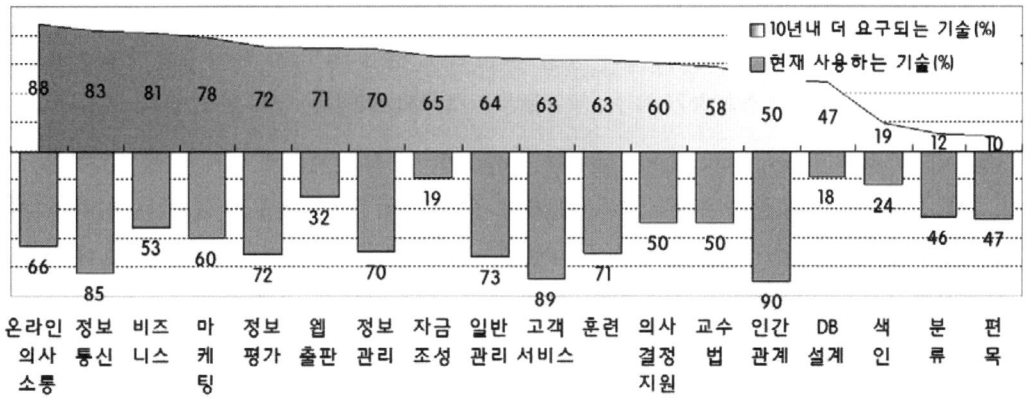

〈그림 4-9〉 영국 CILIP이 조사한 전문직원의 현재 사용기술 및 미래 요구기술

다. 그것이 본질이고 존재이유이기 때문이다. 동일한 맥락에서 전문직원은 실물공간과 가상서고, 자료집적소와 정보게이트웨이, 대출서비스와 온라인서비스를 융합해야 한다. 이러한 핵심역량을 기반으로 전문직원의 미래지향적 역할을 제시하면 〈그림 4-10〉과 같다.

① 통시적 장서개발가(Diachronic Collection Developer) : 모든 대학도서관은 집요한 장서개발과 무결성 보존관리를 전제로 다양한 지식정보서비스를 제공해야 한다. 그 출발점인 장서개발이 부실하면 종착지인 서비스도 취약할 수밖에 없다. 따라서 전문직원은 통시적 장서개발을 미래지향적 역할의 정수(精髓)로 인식해야 한다.

② 지식정보 게이트키퍼(Knowledge and Information Gatekeeper) : 대학도서관은 아날로

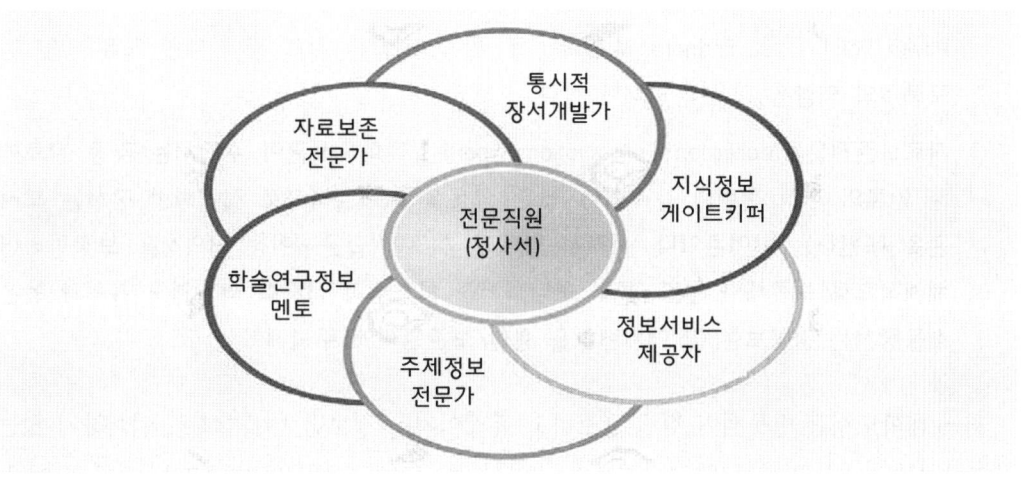

〈그림 4-10〉 대학도서관 전문직원의 미래지향적 역할

그자료 집적소와 디지털정보 게이트웨이다. 이를 위해서는 장서개발 및 서비스 과정에서 편중과 편향, 오류와 왜곡 등을 차단해야 한다. 따라서 이용자의 기회비용 및 서비스 불만을 최소화하기 위한 게이트키퍼로서의 역할을 강화해야 한다.

③ 정보서비스 제공자(Information Service Provider) : 대학도서관의 현재적 존재이유는 지식정보서비스 제공하는 데 있다. 따라서 전문직원은 구성원에게 정보안내서비스, 대출·참고정보서비스, 원문제공 및 상호대차서비스, 라이선스 전자자료 검색·이용 지원서비스, 디지털 및 모바일서비스 등에 주력할 필요가 있다.

④ 주제정보 전문가(Subject Information Specialist) : 대학도서관 전문직원은 기능 전문가인 동시에 주제정보 전문가로 자리매김해야 한다. 주제정보 전문가는 주제(학문)별 배경지식을 기반으로 장서개발, 자료조직, 지식정보서비스, 교수학습 및 학술연구 지원서비스를 담당하는 사서를 말한다. 이를 위해서는 서비스 외연을 정보검색 교육, 주제지식을 활용한 학습상담, 전공별 글쓰기 지원서비스, 학위논문 작성 지원서비스, 연구지원서비스 등으로 확대하는 것이 바람직하다.

⑤ 학술연구정보 멘토(Academic and Research Information Mentor) : 대학도서관은 캠퍼스의 디지털 정보접근 패러다임을 선도하는 조직체다. 서지 및 원문정보의 디지털화, 다양한 라이선스 전자자료의 온라인 제공, 인터넷 장서개발과 가상서고 구축 등에 주력하고 있다. 그럼에도 대학 구성원은 OPAC, Web DB와 전자잡지, 주제게이트웨이 사이트 등을 검색·이용하는데 어려움을 겪고 있다. 취약한 정보해득력과 복잡한 검색시스템 때문이다. 따라서 전문직원은 자료이용, 정보검색, 인터넷 정보추적, 학위논문 및 보고서 작성에 필요한 각종 소프트웨어(참고문헌 기술법, SPSS & SAS, Power Point, Excel, Endnote, Mapping 등) 활용, 저작권 침해 등에 대한 교육자 및 멘토로서의 역할을 더욱 강화해야 한다.

⑥ 자료보존전문가(Collection Conservation Expert) : 대학도서관이 수집하는 각종 자료에는 인류의 지적 편린이 농축되어 있고, 그들을 시계열적으로 질서화한 장서는 도서관을 대변하는 아이콘이다. 따라서 당대와 후대의 접근·이용 편의성을 보장하려면 체계적으로 보존해야 한다. 특히 형태서지적 희소성과 잠재적 학술연구 가치가 높은 실물장서는 원형보존 및 매체변환을 통한 보존관리에 주력해야 한다.

최근 대학도서관 방문객이 점점 감소하고 홈페이지를 정보탐색 출발지로 인식하지 않는 상황이 심화되고 있다. 추락하는 것은 날개가 있다. 날개가 부실하면 추락할 수밖에 없다.

미래 대학도서관과 전문직원이 공룡(dinosaur)의 전철을 답습할 것인지, 아니면 불사조(不死鳥, phoenix)의 화신이 될 것인지는 핵심역량 강화에 달려 있다.

3.3.3 사서직 전문직성 평가

(1) 전문직 기준과 쟁점

사회에서 회자되는 전문직(專門職, profession)은 고등교육기관에서 전문지식과 응용기술을 습득한 후 법정 자격증(면허증)을 취득하고, 서비스 정신과 엄격한 윤리강령에 입각하여 직무를 자율적으로 수행하면서 교육훈련과 연구활동을 계속하는 직업군을 총칭한다. 따라서 어떤 직업이 전문직으로 인정받기 위해서는 일정한 요건(고등교육, 자격인정제, 자율적 직무수행, 서비스 공공성, 전문단체 구성, 윤리강령 제정, 사회적 인정시스템)을 충족시켜야 한다.

그렇다면 사서직은 전문직인가 또는 전문직성을 확보하고 있는가. 사서직은 도서관에서 장서개발, 자료조직, 지식정보서비스, 보존관리 등의 직무를 수행하는 직업이다. 이에 따른 직업적 특성은 전문지식과 각종 기술을 활용하여 지식정보서비스를 제공하는 전문성, 자료와 시설공간 및 정보기술을 연계해야 시너지 효과가 극대화되는 특수성, 이용만족도로 직업적 가치가 평가되는 객관성, 다년간 실무경험 및 교육훈련을 거쳐 축적된 지식세계와 풍부한 경력이 업무에 투영되는 누적적 순환성 등으로 집약할 수 있다. 그럼에도 사서직의 전문직성에 대해서는 〈그림 4-11〉처럼 부정론과 긍정론이 혼재하고 있다.

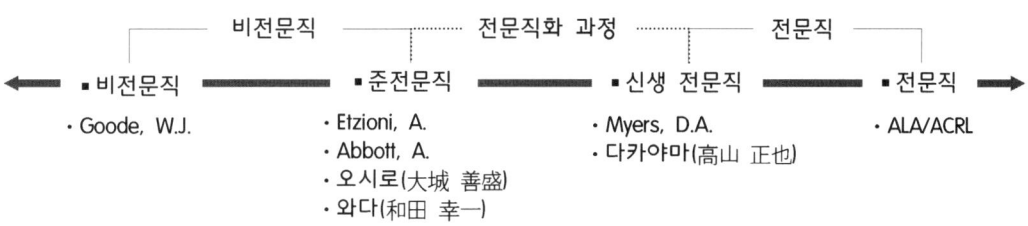

〈그림 4-11〉 사서직의 전문직성 스펙트럼

먼저 부정적인 인물은 컬럼비아대 사회학자 구드(W.J. Goode)가 대표적이다. 그는 일반적으로 전문직이 장악하는 권한 하에서 고객은 안정감을 얻고 독자적 판단이나 처방을

양도하는데 동의하지만, 도서관 고객은 그렇지 않을 뿐만 아니라 사서도 처방할 수 없는 것으로 단정하였다.[18]

다음으로 중도적 인물은 사서직을 준전문직으로 규정한 에치오니(A. Etzioni), 애보트(A. Abbott), 메이어스(D.A. Myers), 오시로(大城 善盛), 와다(和田 幸一), 다카야마(高山 正也)를 들 수 있다.[19] 그 가운데 메이어스는 사서직을 사회사업가, 간호사, 보험관리사, 토지중개사, 직업상담가 등과 함께 전문직화 과정에 있는 신생 전문직으로 분류하였고, 다카야마도 정보전문직을 대표하며 전문성을 확립하는 과정에 있는 것으로 평가하였다.

마지막으로 긍정적으로 간주하는 단체는 ALA 산하의 대학연구도서관부회(ACRL)가 대표적이다. 1971년 '대학도서관을 위한 교수신분지침'을 제정하였고, 1992년 '대학사서를 위한 교수신분기준'으로 개정하였으며, 2001년과 2007년에 이어 2010년에도 재개정하였다.[20] 실제로 1999년 북미연구도서관협회(ARL)가 총 111개관을 분석한 결과, 51%(57개관)가 교수직 지위, 38%(42개관)가 종신 재직권, 35%가 교수직과 종신 재직권을 부여하였고, 2008년 보린(M.K. Bolin)이 토지기금대학(Land Grant Universities) 학술사서의 교수직 대우를 조사·분석한 결과, 사서직의 80%가 교수요원이고, 그 중 85%는 정년보장 트랙을 적용받는 것으로 나타났다.[21] 그리고 2018년 3월을 기준으로 현황을 집계한 〈표 4-8〉을 보면 교수직 부여는 76.1%로 나타났다.[22]

〈표 4-8〉 미국 대학도서관 사서의 교수직·전문직 지위 부여(2018. 3 기준)

구분	비율(도서관수)		비고
교수지위 부여 + 정년보장	57.3(164)	76.1	
교수(또는 교직원) 지위 부여 + 정년 비보장	18.8(54)		
전문직 지위의 혼합	8.1(23)	8.1	
교수지위 비부여	9.8(28)	15.8	
교수지위 비부여 + 정년보장	6.0(17)		

(2) 국내 사서직의 전문직성 평가

국내 사서직에 직업사회학의 전문직 판단기준(전문지식·기술 습득, 자격 인정제도 확립, 서비스 공공성과 공익성, 전문직 단체의 구성과 운영, 윤리강령의 제정·공포, 사회적

〈표 4-9〉 국내 교육주체별 사서 양성과정 및 입학정원(* 대부분 정원기준 없음)

구분	대학수	과정	정원
4년제 대학	35	학사	1,328
		석박사*	-
전문 대학	5	전문학사	290
		학사	55
사서 교육원	3	준사서	300
		2급 정사서	200
		1급 정사서	80
평생 교육원	4	전문학사(2년제, 준사서)	150
		전문학사(3년제, 2급 정사서)	150
		학사학위(2급 정사서)	910
계	47	-	3,463

비고(교육주체별 대학수 및 입학정원)
- 4년제 대학: 35 (1,210명)
- 전문대학: 5 (580명)
- 평생교육원: 4 (345명)
- 사서교육원: 3 (1,328명)

대학수 / 입학정원

* 석사과정 42개(일반 29+교육 13), 박사과정 23개, 석박사과정을 포함하면 정원은 3,463+임

공인시스템)을 적용하여 전문직성을 평가하면 다음과 같다.

가. 전문지식·기술 습득

2020년 말을 기준으로 〈표 4-9〉와 같이 총 40개 대학(4년제 대학 35개, 전문대학 5개)이 사서 양성과정을 개설·운영하고 있다. 석사과정은 총 42개 대학원(일반대학원 29개, 교육대학원 13개), 박사과정은 23개 대학원에 개설되어 있으며, 기타 3개 사서교육원과 4개 평생교육원에서도 사서를 양성한다.[23] 그 외에 국립중앙도서관, 한국교육학술정보원, 대학도서관협의회도 연수과정을 개설하여 현직자를 교육훈련시키며, 학술대회·세미나 등의 방식으로 직무교육을 제공하고 있다. 따라서 고등교육 및 직무교육시스템은 사서직의 전문직성을 인정하는 데 부족함이 없다. 다만 현재 학부교육이 주제전문가를 양성하기 어렵고 대학원 재학생도 대개 문헌정보학을 전공한 학부생이나 현직자이기 때문에 주제전문성을 강화하기 위한 대안 모색이 필요하다.

나. 자격인정제도 확립

사서자격제도는 「도서관법」 제6조 제2항의 규정에 근거한 동법 시행령 제4조 제2항 별표 3에서 규정하고 있다. 이에 따라 다양한 교육기관에서 문헌정보학을 전공(복수전공, 부

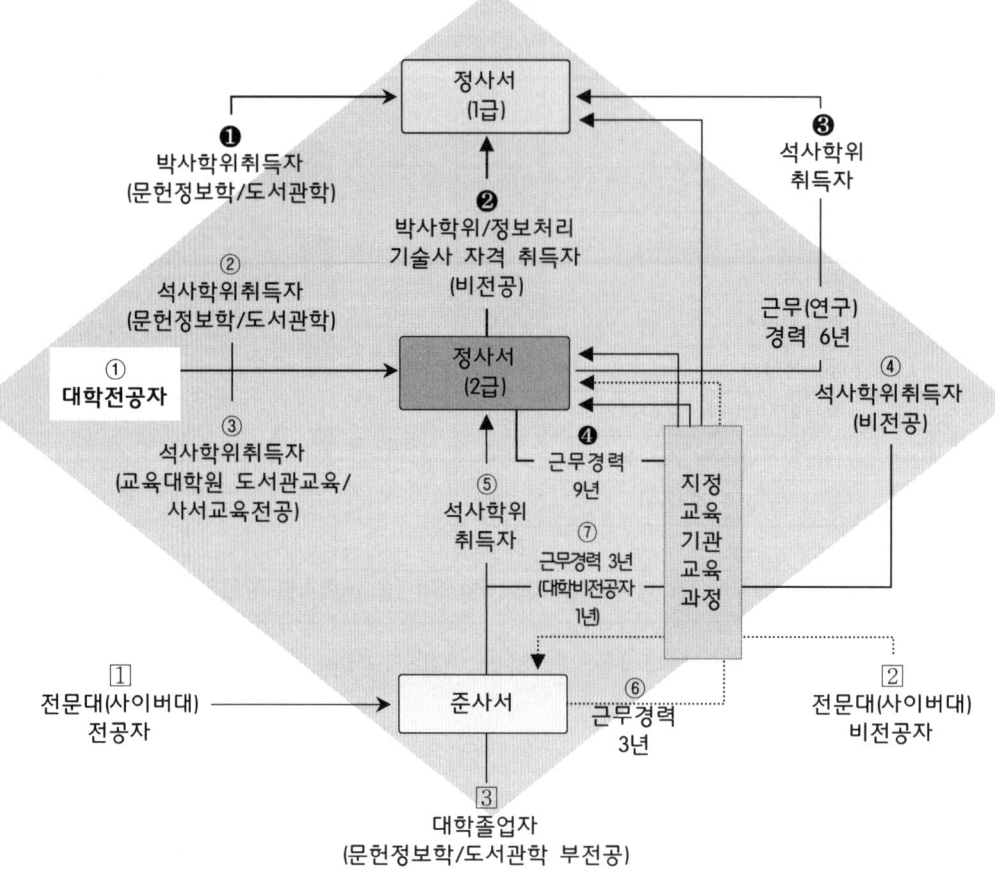

〈그림 4-12〉 국내 사서 자격요건과 자격증 취득경로

전공)하거나 소정의 교육과정을 이수하면 국가자격증을 수여한다. 사서의 자격요건과 자격증 취득과정 및 경로는 〈그림 4-12〉와 같다. 그 중 1급 정사서 자격요건은 선진국 및 국내 다른 전문직과 비교해도 손색이 없다. 그럼에도 미국은 ALA가 인정하는 대학원 석사학위(MLA 또는 MLIS) 소지자가 전문직의 최저 기준이며, 영국도 CILIP 공인사서(MCLIP와 FCLIP)를 전문직의 준거로 삼는 반면에 국내는 대개 2급 정사서부터 전문직으로 간주한다. 이러한 기준은 대학도서관 업무를 전문직 및 비전문직 업무로 대별하여 정사서에게 전문직 업무, 준사서와 기타 직원에게 준전문직 및 비전문직 업무를 분장하는 측면에서 유용할 수 있지만, 학부출신에게 수여하는 2급 정사서 자격증으로는 다른 전문직처럼 사회적으로 공인받는데 부족하다. 게다가 사서에 준사서가 포함되어 있는 점도 전문직성 주장의 아킬레

스건으로 작용한다.

다. 서비스의 공공성과 공익성

서양 문화권에서는 중세부터 성직자, 법조인, 의사가 3대 전문직으로 확립되었다. 그러나 법적 중재역인 법조인이 사리사욕을 탐하고, 생명과 건강을 책임지는 의사가 인명을 경시하거나 개인적·집단적 이해에 집착하는 사례를 자주 목격할 수 있다. 반면에 사서직은 애타적 봉사주의에 입각하여 직무를 수행하며, 개인적 편익보다 지식정보서비스를 통해 외부효과(外部效果)를 발생시킨다. 따라서 관종을 불문하고 사서직이 수행하는 지식정보서비스 및 자료보존의 공공성과 공익성은 전문직 요건에 부합한다.

라. 전문직 단체 구성·운영

사서직이 전문직으로 인정받으려면 권익을 옹호하는 직능조직(職能組織)이 존재해야 하고, 전문지식과 기술을 습득하고 확장·갱신하는 학술단체(學術團體)가 필요하다. 이러한 측면에서 1947년 4월 한국도서관협회가 창설되었고, 1990년 10월 직능조직인 전국사서협회가 결성되었으며, 2012년 2월 한국사서협회가 출범·활동하고 있다. 또한 도서관협의회(한국대학도서관연합회, 국공립 및 사립대학도서관협의회, 전문대학도서관협의회, 한국의학도서관협의회 등)와 한국문헌정보학과교수협의회도 구성되어 있다. 그리고 1970년 한국도서관학회(한국문헌정보학회 전신)를 필두로 경북도서관학회(한국도서관·정보학회 전신), 한국정보관리학회, 한국서지학회, 한국비블리아학회, 한국기록관리학회 등의 순으로 창립되어 학술적 또는 실무적 소통을 강화하고 있다. 따라서 외형상 부족함이 없다. 그러나 내용적으로는 특히 전문직 대표단체인 한국도서관협회가 1925년부터 시작한 ALA의 대학원 문헌정보학과 인증시스템, CILIP의 공인사서 자격제도와 같은 권한을 확보하지 못하고 있다.

마. 윤리강령 제정·공포

어떤 직업이 전문직으로 인정받기 위해서는 사회적 책무성과 자정기능을 강조하는 윤리강령이 필요하다. 그것은 직업상 준수해야 할 덕목을 정하는 자율규범일 뿐만 아니라 사회적 책무와 역할을 표명한 약속이기 때문이다. 사서직의 경우, 1967년 대구에서 개최된 전국공공도서관회의에서 '도서관헌장(圖書館憲章)'이 최초로 제정·공포되었고, 1993년 전국사서협회가 '사서활동강령(司書活動綱領)'을 발표하였으며, 1997년 10월 30일 제35회 전국도서관대회에서 「도서관인 윤리선언」이 공포되었다. 따라서 윤리강령은 사서직의 전문직성 기준에 부합한다.

바. 사회적 공인시스템

직업의 전문직성을 평가할 때 가장 중요한 요건이 사회적 공인 여부다. 다른 모든 요건이 충족되어도 제도적 장치가 부실하거나 사회가 인정하지 않으면 전문직으로 규정할 수 없다. 사서직의 사회적 공인 여부는 표준직업분류표상 위치, 일반직공무원 직급표상 편제, 도서관계의 전문직(교수직, 연구직) 지위 부여 등으로 가늠할 수 있다.

〈표 4-10〉 사서직의 표준직업분류표 및 일반직공무원 직급표상 위치

표준직업분류표					일반직공무원 직급표								
대분류	중분류	소분류	세분류	세세분류	직군	직렬	직류	계급 및 직급					
								3급	4급	5급	6급	7급	8급	9급
2 전문가 및 관련 종사자	28 문화·예술·스포츠 전문가 및 관련직	282 큐레이터·사서 및 기록물관리사	2822 사서 및 기록물관리사	28221 사서	행정	사서	사서	부이사관	서기관	사서사무관	사서주사	사서주사보	사서서기	사서서기보

먼저 표준직업분류표상 사서직의 위치는 「한국표준직업분류표」에서 확인할 수 있다. 이 분류표는 모든 직업을 10개(관리자, 전문가 및 관련 종사자, 사무 종사자, 서비스 종사자, 판매 종사자, 농림어업 숙련 종사자, 기능원 및 관련 기능 종사자, 장치·기계조작 및 조립 종사자, 단순노무 종사자, 군인)로 대분류하였다. 사서직은 〈표 4-10〉[24]처럼 '전문가 및 관련 종사자'에 분류되어 있어 전문직으로 간주할 수 있다.

다음으로 일반직공무원 직급표상 사서직의 편제는 국공립대학도서관 사서에 적용되는 「공무원임용령」과 「지방공무원임용령」에 규정되어 있다. 각각의 제3조 제1항 별표 1을 발췌한 〈표 4-10〉에서 사서직 국가공무원은 행정직군(行政職群) 아래 16개 직렬(교정, 검찰사무, 철도공안, 행정, 직업상담, 세무, 관세, 사회복지, 통계, 사서, 감사 등) 중의 하나로, 사서직 지방공무원은 8개 직렬(행정, 세무, 전산, 교육행정, 사회복지, 사서, 속기, 방호) 중의 하나로 사서직렬(司書職列)을 두고 있다. 따라서 사서직은 연구직 및 지도직 공무원인 박물관 학예연구직이나 기록연구직과 달리 행정직군에 예속되어 전문직이 아니다.

마지막으로 도서관계의 전문직 인정부여는 2019년 말을 기준으로 대학도서관에 근무하는 정규직 총 1,873명 중 사서자격증 소지자가 83.8%[25])에 달할 정도로 다른 관종보다 월등히 높음에도 국공립대학 사서직은 행정직군 아래 일반직 공무원이고, 대다수 사립대는 행정직 또는 기술직 아래에 편제되어 있다. 따라서 교수직 지위는 고사하고 전문직(연구직)으로도 인정받지 못하고 있다.

이상을 종합하면 〈그림 4-13〉처럼 국내 대학도서관 사서직은 일반적 기준과 사회적 인정시스템 측면에서 전문직 위상을 확보하지 못하고 있다. 사서직 전문직성에 대한 현장과 학계의 아전인수식 해석, 여성위주의 직업적 이미지와 사회적 편견, 교수집단의 부정적 시각 등도 저해요소로 작용하기 때문이다. 또한 정사서 및 준사서의 공존도 사서직 전체의 전문직성을 확보하는데 걸림돌

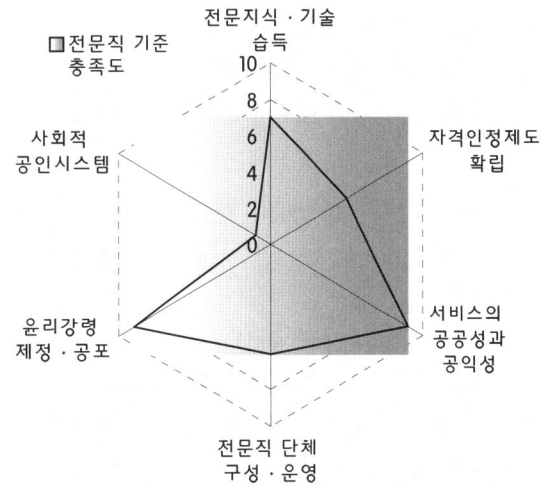

〈그림 4-13〉 국내 사서직의 전문직성 평가

이다. 이를 극복하려면 학계는 사서의 업무적 전문성과 직업적 전문직성을 구분하고, 정사서로 국한한 논리 개발이 필요하다. 도서관계는 직무분석을 통해 전문직 업무와 비전문직 업무를 구분하여 전문직성 확보에 주력해야 한다. 사서직 스스로는 지속적인 교육훈련과 전문성 제고를 통해 주제별 장서개발과 학술연구정보서비스 역량을 강화해야 한다. 그리고 전문직 단체는 교육시스템, 자격제도, 사서직제 등의 제도적 개선을 추진해야 한다. 사회가 공인하지 않는 전문직성을 무작정 주장하는 것은 치기에 불과하다. 초발심과 주체의식, 그리고 결자해지가 요구된다.

3.4 비전문직원

3.4.1 비전문직원 자격요건

도서관 비전문직원(非專門職員, non-professional)은 전문직 업무를 보조·지원하는 인력을 총칭한다. 그 명칭에는 준전문직원(準專門職員, paraprofessional staff), 하위 전문직원(subprofessional staff), 보조원(library associate or assistant, support or supporting staff), 사무원(clerk) 등이 있다.

〈표 4-11〉 주요 국가의 도서관 비전문직원과 자격요건

구분		자격요건
미국	도서관보조원 (전문가보조원)	▪학사학위(LIS 학습 우대) 또는 학사학위 + 추가학업
	도서관기술보조원 (기술업무보조원)	▪최소 2년제 대학수준 학업이나 준문학사(Associate in Arts) 또는 고등학교 이후 수준의 해당기술 + 해당분야 교육배경
	서기	▪상업학교 졸업 혹은 상업과목이수 + 실무
영국	준전문직/기타 직원	▪자격요건 없음
일본	사서보	▪사서의 자격을 소지한 자 ▪「학교교육법」 제9조 제1항의 규정에 따라 대학 입학자격이 있는 자로서 사서보 강습을 수료한 자
	사무직원 등	▪자격요건이 없음
한국	준사서	▪전문대학(사이버대학 포함) 문헌정보(도서관)과를 졸업한 자 또는 동등 이상의 학력소지자로서 문헌정보(도서관)과를 전공한 자 ▪전문대학(사이버대학 포함) 이상의 학력소지자 + 지정교육기관 교육과정 이수자 ▪대학졸업자로 재학 중 문헌정보(도서관)학을 부전공한 자
	기타 직원	▪자격요건 없음

이러한 비전문직원 구분 및 자격요건을 주요 국가로 한정하여 집약하면 〈표 4-11〉[26]과 같다. 영미는 물론 한일 양국에서도 큰 차이는 없다. 다만, 국내는 「도서관법」 제4조 제2항 별표 3에서 규정한 준사서를 비전문직원으로 인식하고 있다. 대학도서관에는 설립주체

를 불문하고 일반직, 기능직, 임시직, 고용원, 전산직, 기계직, 사무보조원 등이 비전문직원으로 근무하고 있다.

3.4.2 비전문직원 구성과 역할변화

과거 수작업 환경에서는 비전문직원이 행정업무 보조(문서수발, 우편물 수령과 발송, 타이핑, 연락 등), 단순 반복형 수서·정리(주문서 작성, 자료검수 및 등록, 카드복제, 부출목록 작성, 장비작업, 목록카드 파일링 등), 정보서비스 지원(대출·반납, 배가 및 재배치, 파손도서 수선, 사물함 관리, 기타 업무 등)을 담당하였다. 그런데 디지털 패러다임, 인터넷 정보유통, 모바일 캠퍼스, 라이선스 자료의 온라인 서비스, 정보전산화로 인해 비전문직원의 직명, 직무와 역할에서 많은 변화가 일어나고 있다.

첫째, 직명이 복잡하고 다양하다. 여전히 'library assistant'가 보편적이지만, 도서관 보조원, 매체전문가, 행정보조원, 기술보조원, 컴퓨터 전문가(computer specialist), 기술원(technician) 등으로도 지칭되고 있다. 또한 〈표 4-12〉처럼 정보기술 도입과 운영, DB 및 네트워크 구축·관리, 인터넷 검색, 홈페이지 제작과 갱신, 자료보존 등과 관련된 다양한 직명이 추가되고 있다.

〈표 4-12〉 대학도서관 비전문직원의 새로운 직명

수서정리	정보서비스와 자료보존	정보시스템
■ Library Technician ■ Technical Assistant ■ DB Manager ■ Curatorial Assistant ■ System Analyst	■ Service Assistant ■ Delivery Worker ■ Search Specialist ■ AV Technician ■ Library Conservator	■ Network Specialist ■ Web Master ■ Web Designer ■ Graphic Designer ■ Internet Librarian

둘째, 새로운 직무가 부여되고 있다. 비전문직원은 수서·정리 전산화, 정보기술과 벤더 서비스 활용, 정보접근 및 검색채널 다양화에 따른 온라인 주문 담당, 편목 및 서지DB 구축, 대출관리, 정보접근·검색 중개, 학생보조원 관리 등의 역할을 수행하고 있다.

셋째, 전문직 업무를 수행하는 비율이 증가하고 있다. 대표적인 영역이 전문직 업무의 비전문직화(非專門職化)가 심한 편목 및 참고서비스다. 전자는 전문직원이 전담하였으나 출판시 목록정보(Cataloging in Publication), WorldCat 등을 통한 서지정보 활용과 아웃소싱 확대로 비전문직 업무로 대체되고 있다. 예컨대 북미연구도서관(ARL) 회원관의 1990년과 1998년 편목직원을 비교한 결과, 25% 감소하였다.[27] 후자는 인터넷 때문에 대학도서관 참고질문서비스가 급감하자 비전문직원을 참고데스크에 배치하는 비율이 증가하고 있다.

이처럼 비전문직원은 새로운 직무의 추가 및 역할 증대로 인한 육체적 및 정신적 부담이 가중되고 있다. 그럼에도 지위와 보상은 크게 개선되지 않고 있다. 비전문직원을 위한 지식 및 기술교육 강화와 상응하는 위상과 편익을 제공하기 위한 제도적 개선이 뒤따라야 한다.

제4절 정원관리와 채용배치

4.1 정원관리

4.1.1 정원관리의 중요성

통념상 정원은 조직체에 필요한 인력의 상한선(ceiling)이다. 도서관의 경우, 정원은 대체로 업무수행에 필요한 적정 인원수를 말하며, 그 유형은 법령(조례, 규정 포함)에 명시된 법정정원(法定定員), 조직·기구가 결정되면 책정하는 기구정원(機構定員), 국가나 대학의 정책방향에 따라 책정하는 정책정원(政策定員), 업무량 증감에 따라 변동되는 산정정원(算定定員)으로 나눌 수 있다. 이들을 회귀방정식으로 표현하면 'Y=$\alpha+\beta X$'가 된다. α는 법정·기구·정책 등의 정원이고, βX는 산정정원이다.

도서관은 4대 정원 가운데 법정정원이나 기구정원을 체계적으로 관리해야 한다. 그 이유는 '파킨슨 법칙(Parkinson's law)'과 '피터 원리(Peter Principle)'가 적용되기 때문이다. 전자는 1955년 영국군에 복무하던 파킨슨(C.N. Parkinson)이 해군병사와 군함은 급감한데 비해 해군본부 공무원수는 급증한데 의문을 품고 공식 〈그림 4-14〉를 제시하였다. 이 법칙은 '공무원수는 수행해야 할 업무의 경중이나 유무와 무관하게 연간 5.17-6.56% 증가한다'[28]는 사회생태학적 가설을 증명한 것으로, 정원 확대와 조직 비대화를 비판하였다. 후자는 1969년 컬럼비아대학 교수 피터(L.J. Peter)와 작가 헐(R. Hull)이 '관료제 하에서 경력을 중시하여 무능할 때까지 승진하는 경향이 있고, 조직 비효율성을 초래한다'는 역설을 주창한 이론으로, 경력 위주의 승진 병리현상과 막대한 사회적 비용부담을 조롱한 블랙유머다.

$$x = \frac{100(2km + p)}{yn} \%$$

- x : 매년 필요한 신규 인원수
- k : 부하 임용을 통해 승진하고자 하는 인원수
- m : 부서 내에서 소견서 작성에 소요된 시간수
- p : 임용 및 퇴직 시의 연령 차
- y : 원래 총인원수
- n : 효과적으로 관리되는 조직단위수

〈그림 4-14〉 파킨슨 법칙의 공식

그럼에도 정원관리는 운영·실무주체인 인력을 선발, 유지, 관리하는 경영활동이므로 중시해야 한다. 다만 정원은 상황에 따라 변동되므로 직무분석을 전제로 계획하고 채용·관리할 필요가 있다. 다음과 같은 중요성 때문이다.

- 현재 직원이 적정 수준을 초과하거나 부족한지를 판단하는 기준이 된다.
- 직급별 및 부서별 정원은 인력채용 및 이동배치에 준거로 활용할 수 있다.
- 장서 및 서비스의 생산성과 지불 가능한 임금수준을 연계하여 채용할 수 있는 적정 수의 인력을 파악하는데 유용한 데이터를 제공한다.
- 직무별 명확한 목표와 자격 규정으로 우수한 인력채용 및 육성을 지원한다.
- 조직·인사관리 합리성, 운영 탄력성, 업무 추진력을 제고시켜 최적화에 기여한다.

4.1.2 정원 산출방법

도서관 정원에는 많은 변수가 영향을 미친다. 대학 변수로는 구성원수, 개설학과(전공), 교과과정 등이, 도서관 변수로는 연면적과 배치구조, 장서규모와 연차증가량, 직무의 범위와 내용, 정보시스템화, 업무시간 등을 들 수 있다.

이러한 변수 가운데 업무시간을 적용한 사례는 테일러(F.W. Taylor)의 시간·동작연구와 시바타-키무라(柴田-木村) 모형이 대표적이다. 테일러는 '1인당 업무량 합이 총업무량이다'는 명제를 설정하고 〈그림 4-15〉를 이용하여 표준시간(標準時間)을 결정한 후 개인별

- 테일러 모형
① 표준시간 = 기본시간(준비시간+순작업시간)+여유시간
   (직장여유+작업여유+개인여유+피로여유)
② 월간 업무량 = 단위당 표준시간 × 월간 총업무량
   (개인별 또는 업무별)
③ 정원 = $\dfrac{월간 총업무량}{월간 실제 작업일수 \times 1일 실제 작업시간}$

- 시바타-키무라(柴田-木村) 모형
① 정원 = $\dfrac{연간 업무량}{1인당 연간 표준작업시간}$ + 부가정원

〈그림 4-15〉 도서관 정원 산출모형

업무량을 측정하여 월간 업무량을 산출하고 필요한 인원수를 결정하였다. 대학도서관의 경우, 집단적 및 반복적 업무가 많은 부서에 적합하다. 시바타-키무라 모형은 '1인당 연간 표준 근무시간 총화가 연간 사무량이다'는 전제에서 출발하며, 실무자가 작성한 업무량 및 작업시간을 근거로 실적을 집계하여 적정 인원을 산출하였다.[29] 대학도서관의 경우, 지식정보서비스 부서에 적용할 수 있지만, 데이터가 조작·왜곡될 가능성이 있다. 그 외에 일정한 간격을 두고 관찰한 결과로 인원수를 추정하는 방법, 업무흐름을 이용하여 시간·동작을 분석한 후 표준시간과 비교하여

〈표 4-13〉 대학도서관 정원산출 연구

연도	학자(기준)	정원산출 모형
1973	Baumol W.J. & Marcus, M.	■ 사서직원수: - 0.6153 + 0.3258 × 장서수(단위: 1만권) + 3.9027 × 학생당 교육비(단위: 1천 달러)
1975	Marchant, M.P	■ 전문직원수(Y): 22.9 + 0.235X1 + 67.8X2 (X1: 장서수(단위: 1만권), X2: 도서관 분산화 지수 ; X2 = B2/Ct, B: 분관수, Ct: 총장서수(단위: 1천권)
1981	Stubbs, K.	■ 전문직원수: 11.84 + 0.0000274 × 소장자료수 (R^2 = 0.86)
1995	ALA/ACRL Standards for College Libraries	■ 학생 500명당 1명(정규학생수 1만명까지) 그리고 나머지 학생수에 1명 + 학생 1천명당 1명(정규학생수 1만명 초과시) 그리고 나머지 학생수에 1명 + 장서 1만권당 그리고 나머지 장서수에 1명 + 연차증가 5천권당 그리고 나머지 증가량에 1명
1999	손정표	■ 사서직원수(L): 3.016 + 0.016C - 0.008Ad + 0.031G + 0.069S + 0.043MB (C: 총장서수(단위: 1천권), Ad: 연간 증가책수(단위: 100권), G: 대학원생수(단위: 10명), S: 학부생수(단위: 백명), MB: 자료구입비(단위: 천만원)
2000	PAARL Standards for Academic Libraries	■ 정규 직원수: 최소 학생 500명당 사서 1명 + 보조원 3명 + 학생 1천명당 사서 1명
2003	Varalakshmi, R.S.R.	■ 학생 500명 이상(대학원 과정 제공, 1일 8시간 근무기준): 사서 1명 + 준사서 2명 + 보조원 2명 ■ 등록 학생 1000명 이상(대학원 후 과정 제공, 1일 8시간 근무기준): 사서 1명 + 준사서 2명 + 보조원 4명

인원수를 산출하는 방법, 직원과 관련된 규모변수의 상관계수와 결정계수를 추출하여 인원수를 계량화하는 방법 등이 있다.

그러나 대학도서관 업무시간을 실측하여 정원을 산출한 사례나 연구는 거의 없다. 그런가 하면 〈표 4-13〉처럼 대학도서관과 관련된 각종 규모변수(등록생수, 1인당 교육비, 장서수 및 연차증가량, 건물수, 분관수 등)를 추출한 후 회귀분석하여 정원을 산출한 사례연구는 다수 있다.[30]

4.1.3 국내 대학도서관 정원기준

국내 대학도서관 정원기준은 법정기준과 권장기준으로 양분할 수 있다. 전자는 폐지된 「도서관법 시행령」을 비롯한 「국립의 각급 학교에 두는 공무원의 정원에 관한 규정」(약칭 국립학교공무원 정원규정), 「대학도서관진흥법」(약칭 대학도서관법)이며, 후자는 한국도서관협회가 제시한 '대학도서관기준'이다.

먼저 법정 사서직원 배치기준은 〈표 4-14〉와 같이 1965년 제정된 「도서관법 시행령」에서 처음 규정되었고, 1988년 전부 개정된 후 1991년 「도서관진흥법 시행령」 부칙에서 폐지하였다. 그로부터 24년이 경과한 2015년 모든 대학도서관을 적용대상으로 하는 「대학도서관진흥법 시행령」 제5조 제1항 별표 1에서 사서 및 전문직원의 배치기준을 정하였다. 그러나 실제 국립대학도서관의 사서직 공무원 정원을 규정한 법령은 「국립의 각급학교에 두는 공무원의 정원에 관한 규정 시행규칙」(교육부령 제218호)이며, 제2

〈표 4-14〉 대학도서관 사서직원 정원규정 변천

연도	구분	법령	주요 내용
1965 3.26	제정	도서관법 시행령 (대통령령 제2086호) 제6조 제1항 3호	• 대학과 대학교에는 그 학생수가 500인 이하인 때에는 2인의 사서직원을 두며, 그 학생수가 500인을 초과한 때에는 그 초과하는 800인마다 1인의 사서직원을 증치한다.
1988 8.16	전부 개정	도서관법 시행령 (대통령령 제12506호) 제4조 별표 2	• 대학의 학생수가 1천인 이하인 경우에는 사서직원 4인을 두되, 그 학생수가 1천인 이상인 경우에는 그 초과하는 학생수 1천인마다 사서직원 1인을 더 두며 장서가 2만권 이상인 경우에는 그 초과하는 2만권마다 사서직원 1인을 더 둔다
1991 4.8	폐지	도서관법 시행령 (대통령령 제13342호) 부칙 제2조	• 「도서관법 시행령」은 이를 폐지한다. 다만, 별표 2 중 대학도서관과 학교도서관에 관한 사항은 다른 대통령령에서 이에 관하여 정할 때까지 그 효력을 갖는다.

조 제1항 별표 1은 사서직의 직급별 정원을 〈표 4-15〉와 같이 정하고 있다.

〈표 4-15〉 대학도서관 사서배치기준

대학도서관진흥법 시행령 (별표 1)			각급 학교 공무원 정원 규정 시행규칙(별표 1)	
산출기준	최소 배치기준 인원		직급	정원(명)
	전문대학	대학		
학생이 1천명 이상이고, 장서가 5만권 이상인 경우	사서 2명 이상	사서 3명 이상	서기관(4급) 또는 사서사무관(5급)	2
학생이 1천명 미만이거나 장서가 5만권 미만인 경우	사서 1명 이상	사서 2명 이상	사서사무관(5급)	27
			사서주사(6급)	210
비고 1 학생수 : 학부과정 재학생수 + 대학원과정 재학생수 장서수 : 등록된 도서관자료 중 인쇄 · 필사 · 시청각 · 마이크로형태 · 전자자료(전자책에 한정)의 총수			사서주사보(7급)	149
			사서서기(8급)	102
			사서사기보(9급)	16
			계	506

다음으로 2013년 한국도서관협회가 「한국도서관기준」에서 제시한 대학도서관 직원기준은 〈표 4-16〉과 같다. 이 권장기준은 과거 법령 제·개정과 별개로, 법적 기준이 너무 낮아 대학도서관의 목적과 기능을 효율적으로 달성하기 어렵다는 판단하에 상향 조정을 유인하기 위한 인력지침 및 경영지표를 제시하는 데 방점을 두었다.

〈표 4-16〉 한국도서관협회 대학도서관 정원배치 기준

구분	직종	인원	산출기준	비고
기본 인력	사서직	4명	▪ 학생 : 1,000명 ▪ 장서 : 50,000권	학생수 : 학부·대학원 편제정원 합 비사서직 : 사무직(행정직)+기능직(사무보조·건물 및 시설관리 등)
	비사서직	3명		
증원 인력	사서직	1명 1명	▪ 학생 : 1,000명을 초과하는 1,000명당 ▪ 장서 : 50,000권을 초과하는 50,000권당	학생 : 학부·대학원 편제정원 합
	비사서직	1명	* 사서직원 증원수의 70%	사무직(행정직)+기능직(사무보조·건물 및 시설관리 등)+정보기술전문가 (근로학생·용역청소·경비인력 제외)

* 전문대학은 4년제 대학과의 서비스 부담량 차이를 고려하여 대학 기준의 80% 이상을 확보해야 함

그럼에도 현행 법정기준은 법리적으로 충돌할 뿐만 아니라 내용에도 심각한 한계를 내포하고 있다. 주요 법리적 쟁점과 문제를 적시하면 다음과 같다.

첫째, 법리적 측면에서 「국립학교공무원 정원규정」과 「대학도서관법 시행령」은 상충된다. 전자는 모든 국립대학을 대상으로 규모변수에 근거하여 대학별 및 직급별 사서정원을 배정하는 방식인 데 비해 후자는 모든 대학도서관에 공통적으로 적용되는 최소 배치기준이다.

둘째, 법제적 측면에서 통상 조직구성 및 인력배치는 일반법에서 규정하며, 특별법에 명문화한 사례는 거의 없다. 그럼에도 특별법인 「대학도서관법 시행령」에 사서·전문직원의 최소 배치기준을 규정한 이유는 정부 및 대학의 도서관 다운사이징이나 홀대에 대응하거나 전문인력을 확보하려면 법적 근거가 필요하기 때문이다.

셋째, 법령의 적용성 및 실효성 측면에서 국립대학도서관에는 「국가공무원법」에 근거한 「국립학교공무원 정원규정」이 적용될 뿐, 「대학도서관법」에 근거한 「대학도서관법 시행령」의 배치기준은 실효성이 전혀 없다.

넷째, 내용적 측면에서 「대학도서관법 시행령」에서 최소 배치기준으로 정한 '대학 2-3명(전문대 1-2명)'은 최악이다. 그 동안 대학도서관계가 거세게 반발하였으나 개정되지 않고 있다. 최근 사립대학에서 법적 최소기준을 악용하여 도서관 직원을 줄이거나 학내 다른 부서로 이동시키는 사례도 포착되고 있다.

따라서 차제에 대학도서관계는 상충하는 양대 규정의 적용상 유불리를 심각하게 고민할 필요가 있다. 거의 적용되지 않음에도 「대학도서관법 시행령」의 최소 배치기준을 존치시키는 것이 대학도서관에 유리하다고 판단한다면 법적 기준의 개정에 모든 역량을 집중해야 한다. 이를 위한 개정모형과 사례별 산출근거를 예시하면 〈표 4-17〉과 같다.

요컨대 학생 1천명 및 장서 5만권 이하인 대학도서관은 기본인력 7명(사서 4명 + 비사서 3명)을 확보하고, 그 이상이면 사서는 '학생 1천명을 초과하는 1천명당 1명'을, 장서 5만권을 초과하는 5만권당 1명'을 각각 증원하는 방향으로 개정하는 것이 바람직하다. 그리고 증원 비사서는 사서수의 2/3(또는 70%)를 책정하면 무리가 없다.[31] 이러한 정원 산출모형에 가우스 함수(Gaussian function)[32]를 대입한 공식은 〈그림 4-16〉과 같다.

- L(사서수) = 0.00215 × S(학생수) ± 1(or 2)
- T(총직원수) = L + 2/3 L

〈그림 4-16〉 대학도서관 정원공식

〈표 4-17〉 대학도서관 직원배치 개정모형과 산출근거

개정 모형	사례		산출근거			
	학생	장서 (50권 기준)	사서	비사서	계	비고
1. 기본인력 ■ 사서 : 학생 1천명 및 장서 5만권 이하 4명 2. 증원인력 ■ 사서 : 학생 1천명 이상이면 초과하는 1천명당 1명 + 장서 5만권 이상이면 초과하는 5만권당 1명 ■ 비사서 사서의 2/3(또는 70%)	5,000	25만	12	7	19	기본인력 사서 4명 + 증원인력 사서 8명 [(4천명 ÷ 1천명) + (20만권 ÷ 5만권)] + 비사서 7명(사서 12명 × 2/3)
	10,000	50만	22	14	36	기본인력 사서 4명 + 증원인력 사서 18명 [(9천명 ÷ 1천명) + (45만권 ÷ 5만권)] + 비사서(사서 22명 × 2/3)
	15,000	75만	32	21	53	기본인력 사서 4명 + 증원인력 사서 28명[(1.4만명 ÷ 1천명) + (70만권 ÷ 5만권)] + 비사서(사서 32명 × 2/3)
	20,000	100만	42	27	69	기본인력 사서 4명 + 증원인력 사서 38명[(1.9만명 ÷ 1천명) + (95만권 ÷ 5만권)] + 비사서(사서 42명 × 2/3)
	25,000	125만	52	34	86	기본인력 사서 4명 + 증원인력 사서 48명[(2.4만명 ÷ 1천명) + (120만권 ÷ 5만권)] + 비사서(사서 52명 × 2/3)

4.2 채용 및 배치관리

4.2.1 채용관리

(1) 채용과정

대학도서관 인사관리에서 채용과 배치는 접합활동(接合活動)으로 간주되어 왔다. 그러나 채용은 모집을 통해 업무에 적합한 자질과 능력을 갖춘 인재를 선발·고용하는 직무지향적(job-directed) 활동이다.

그 과정은 〈그림 4-17〉처럼 인사계획에 근거하여 공고나 추천의뢰 → 서류준비 → 서류접수 → 시험 또는 서류심사와 면접 → 신체검사와 신원조사 → 채용의 순으로 진행된다. 물론 인사방침, 직무성격과 수준, 지원자수 등에 따라 추가 또는 생략될 수 있고 순서도 바뀔 수 있다. 그럼에도 모든 대학도서관의 인용채용에는 공식적이고 투명한 절차가 필요하다. 지원자의 정확한 정보를 입수할 수 있을 뿐만 아니라, 절차가 진행될수록 지원자 정보

와 모집기준의 일치성 여부를 정확하게 파악할 수 있기 때문이다.

요컨대 채용과정은 인력 선발의 첫 단계다. 투명하고 객관적이며 합리적 선발기준을 적용해야 유능한 인재를 확보할 수 있고, 업무 효율성도 기대할 수 있다. 따라서 중장기 계획, 현재 직원의 학력·연령 분포, 전문직과 비전문직 구성비율 등을 감안한 인력수급

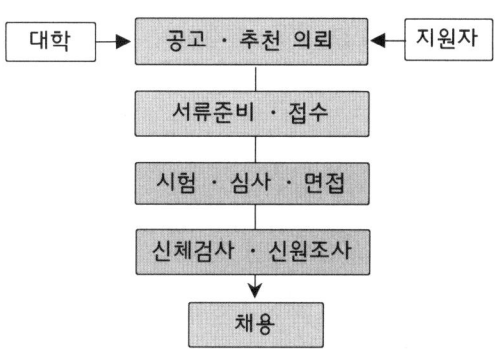

〈그림 4-17〉 대학도서관 직원채용 과정

및 개발계획에 의거하여 채용절차의 정당성과 유연성을 확보해야 한다. 특히 결원을 보충할 때는 해당직무에 적합한 인재를 특채하는 방안도 적극 검토하는 것이 바람직하다.

(2) 채용방식과 시험제도

직원 채용방식에는 공개경쟁과 경력경쟁이 있다. 대학 또는 도서관에 따라 특채방식을 적용하는 사례도 적지 않다.

우선 공개경쟁(公開競爭)의 법적 근거는 「국가공무원법」 제28조(신규채용) 제1항(공무원은 공개경쟁 채용시험으로 채용한다)과 「공무원임용령」 제2장(신규채용) 제1절(공개경쟁채용) 제11-15조 및 대학별 규정이다. 이를 위한 채용정보는 추천공문, 매스컴, 웹사이트 등을 통해 입수할 수 있으나, 도서관과 관련 구직 및 구인사이트(JobLIST, Get a Job!, 사람인, 리쿠르트, 도메리, 사서e마을 등)가 범용성이 높은 정보공간이다.

다음으로 경력경쟁(經歷競爭) 또는 특별채용(特別採用)의 법적 근거는 「국가공무원법」 제28조(신규채용) 제2항(… 경력 등 응시요건을 정하여 같은 사유에 해당하는 다수인을 대상으로 경쟁의 방법으로 채용하는 시험으로 공무원을 채용할 수 있다)과 「공무원임용령」 제2절(경력경쟁채용) 제16조 및 대학별 규정이다. 이 방식은 선발할 직위에 부합하는 경력 소지자를 대상으로 적격성 구비 여부를 판정하거나 공개경쟁이 부적당 또는 곤란한 경우에 제한적으로 실시되며, 지원자 직무수행 능력을 검증하는 제도다. 그 유형은 완전특별채용과 제한경쟁특별채용으로 세분된다. 전자는 사서직에 결원이 발생하거나 정원이 늘어났을 때 내부의 비사서 중 자격증 소지자나 하위직을 대상으로 특채하는 경우다. 후자는 제

시한 자격요건(경력, 자격증이나 점수, 외국어 구사력 등)에 합당한 자로 제한하여 경쟁시험을 통해 선발하는 방식이다.

어느 방식이 바람직한지에 대한 정론은 없다. 노동력의 시장지향성이 확립된 선진국은 동일한 직무에 동일한 임금을 지급하는 속직무주의(屬職務主義)를 채택하고 있어 어떤 직위에 결원이 발생하면 자격요건을 제시하고 공개 선발하는 사례가 많다. 국내는 노동력이 조직지향성이고 종신고용을 전제로 연차적으로 임금이 상승하는 속인주의(屬人主義)가 강하므로 대개 '사서자격증 소지자'로 명시하여 공개경쟁 또는 추천식 제한경쟁으로 채용하고

〈표 4-18〉 사서직 공무원 임용시험 과목과 개정안

구분				현행	개정안	비고
5급 이상	공채	1차	필수	언어논리영역, 자료해석영역, 상황판단영역, 영어, 한국사	좌동	-
		2차	〃	자료조직론, 도서관경영론, 참고봉사론, 정보학개론	자료조직론, 도서관경영론, 정보봉사론	□과목명 변경 □정보학개론 삭제
			선택	인문과학서지, 자연과학서지, 사회과학서지, 동양서지, 도서관사, 자료선택론 중 1과목	인문사회과학정보원, 과학기술정보원, 동양서지, 도서문화관사, 장서관리론 중 1과목	□과목명 변경 □일부 과목 통합
	경채 전직 승진	1차	필수	헌법, 행정법	좌동	-
		2차	〃	자료조직론, 도서관경영론	〃	
	공승	1차	〃	헌법, 행정법, 영어	〃	-
		2차	〃	자료조직론, 도서관경영론, 자료선택론	자료조직론, 도서관경영론, 장서관리론	□과목명 변경
6-7급	공채	1차	〃	국어(한문포함), 영어, 국사	좌동	-
		2차	〃	헌법, 자료조직론, 도서관경영론, 정보봉사론	〃	-
			선택	참고봉사론, 자료선택론, 서지학개론, 정보학개론 중 1과목	장서관리론, 서지학개론, 문헌정보학개론 중 1과목	□과목명 변경 □참고봉사론 삭제
	경채 전직 승진	1차	필수	행정법	좌동	
		2차	〃	자료조직론, 도서관경영론	〃	
8-9급	공채	1차	〃	국어, 영어, 국사	〃	
		2차	〃	자료조직개론, 정보봉사개론, 사회, 수학, 과학, 행정학개론 중 2과목	자료조직개론, 정보봉사개론	□사회, 수학, 과학 폐지
	경채 전직 승진	1차	〃	사회	〃	
		2차	〃	자료조직개론	〃	

있다. 유능한 직원이 이직하더라도 유사한 역량을 갖춘 인재를 특채하는 사례는 거의 없다.

한편, 어떤 채용방식을 적용하든 시험 및 면접과정을 거쳐 적임자를 선발하는 경우가 보편적이다. 이를 위한 사서직 공무원 시험과목은 「공무원임용시험령」 제7조 제1항 별표 1에서 규정하고 있는데, 개정안과 함께 제시하면 〈표 4-18〉과 같다. 2022년부터는 공무원의 전문성 강화를 통해 행정서비스 품질을 높이기 위해 '사회, 과학, 수학'을 제외한 '자료조직개론과 정보봉사개론'이 필수시험과목이다. 국립대는 직원을 채용할 때 사서직 시험과목을 적용하고 사립대는 준용한다. 도서관에 따라 시험과목에 언어(영어, 일본어, 한문 등)와 정보처리, 자동화 시스템, 정보검색을 추가하는 사례가 적지 않다.

그 외에 「공무원임용시험령」 제18조 제1항 별표 5는 '공무원 채용 · 전직시험의 응시에 필요한 자격증'을, 제27조 제1항 별표 8은 '경력경쟁채용시험 등의 응시자격'을, 제31조 제1항 별표 10은 '채용시험 특전'을 규정하고 있다. 그 중에서 사서직 공무원과 관련된 자격증 가산비율 및 직급별 요건을 발췌하면 〈표 4-19〉와 같다.

그리고 시험 또는 서류심사가 종료되면 통상 3배수 예비 합격자를 대상으로 면접을 실시한다. 시험으로 확인되지 않는 지원자의 가정환경, 경력, 성격과 사고방식, 판단력과 가치관 등과 대학도서관 이해도 등을 보충적으로 파악하는 데 유용하다. 자주 사용하는 면접유형은 다음과 같다.

- 정형적(定型的) 면접 : 표준화된 면접평가기준표로 면접하는 방식이다.
- 비정형적 면접 : 면접내용을 정형화하지 않은 채 면접자가 일반적이고 광범위한 내용

〈표 4-19〉 사서직 공무원 채용 관련 자격증 가산비율과 직급별 요건

구 분	직무분야	채용계급	자격증별 가산비율		
워드 · 정보처리 자격증 가산비율	사무관리 분야	일반직 6급 이하	컴퓨터활용능력 1급		1%
			워드프로세서 1급, 컴퓨터활용능력 2급		0.5%
경력경쟁채용 등을 위한 자격증 구분	5급	6급	7급	8급	9급
	1급 정사서(5)	1급 또는 2급 정사서(6)	2급 정사서(3)	2급 정사서	준사서
채용 및 전직시험 응시 자격증 구분	5급 이상	6 · 7급		8 · 9급	
	1 · 2급 정사서	1 · 2급 정사서, 준사서		1 · 2급 정사서, 준사서	

( )은 해당 자격증을 소지한 후 관련분야에서의 연구 또는 근무경력을 말한다.

을 질문하면 자유롭게 대답하는 방식이다.
- 스트레스 면접 : 난해한 질문을 통해 감정의 기복과 안정성, 인내심과 상황대처 능력 등을 관찰하는 특수 기법이다.
- 패널(위원회)면접 : 다수 패널(panel)이 단독 또는 복수 피면접자를 대상으로 윤번제로 질문하는 방식이다.

4.2.2 임용배치의 원칙과 요건

임용은 채용과정을 거친 후의 인사발령을 말하며 배치를 수반한다. 따라서 배치는 임용의 후속단계로 인사대상자를 적절한 직위에 임명하는 인력지향적(人力指向的, person-directed) 활동이다.

새로 채용 또는 승진한 인력을 배치할 때는 적재적소(適材適所) 원칙을 준수해야 한다. 적재적소는 〈그림 4-18〉처럼 직무상 요건(인격과 능력, 직무수행 환경, 조직상 지위)과 개인적 요건(신체·정신적 특성, 교육경력, 적성, 태도와 의지)의 조합을 최적화하는 것을 말한다. 전자는 직무분석과 평가, 시간·동작연구 등으로, 후자는 인사기록, 적성검사, 근무평정 등으로 파악할 수 있다.

대학도서관이 수집매체의 다양화, 자료처리 및 제공서비스의 온라인화, 접근·이용 경로의 다기화, 정보요구의 세

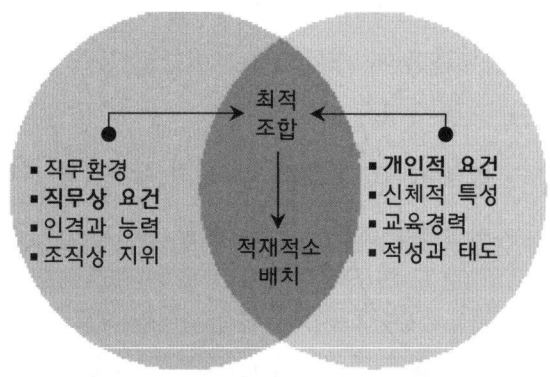

〈그림 4-18〉 대학도서관 인력 적정배치 요건

분화에 이어 인터넷 가상공간으로 이동하는 환경에 선제적으로 대처하려면 전문지식, 실무경험, 예지력이 풍부한 인력을 적소에 배치해야 한다. 채용보다 더 중시되어야 할 인사관리는 특히 디지털 마인드와 새로운 정보기술 수용력이 강한 전문인력에게 인터넷, 디지털, 모바일 지식 정보서비스를 담당할 수 있도록 배치·관리하고 교육·훈련기회를 지속적으로 제공해야 한다.

4.3 교육과 훈련

4.3.1 교육훈련의 중요성과 목적

도서관이 정교한 인력계획을 전제로 유능한 인적자원을 확보·배치하더라도 지속적인 교육훈련 기회를 제공하지 않으면 인적 역량이 강화될 수 없다. 따라서 교육훈련은 대학도서관 전체의 핵심역량을 강화하는 전략으로 간주해야 한다. 특히 인력개발이 도서관의 경영성과 제고 및 지속적 발전을 좌우한다는 사실이 입증되면서 직원 능력개발에 주력하는 추세다.

이를 위한 전략에는 실무연수, 재교육, 계속교육, 직무교육 등이 있다. 재교육과 계속교육은 새로운 지식과 기술을 습득하고 경력을 축적하면서 전문직으로 발전하기 위한 학습인 반면에 직무교육은 실무연수, 세미나 참석, 학위과정 등을 포함하는 가장 포괄하는 용어다. 따라서 대학도서관 직무교육은 '직원이 학내외의 각종 주체(대학, 도서관, 학협회, 정부기관, 민간기구 등)가 제공하는 교육훈련을 통해 직무수행에 필요한 최신 동향, 전문지식, 정보기술 등을 습득·확장하는 학습활동'으로 정의할 수 있다.

이러한 직무교육의 목적은 무엇이며, 왜 중요한가. 과거 한국교육학술정보원과 일본 국립대학도서관협회 인재위원회가 각각 도서관 및 직원에게 설문한 결과를 비교하면 〈표 4-20〉과 같다.[33] 이들을 포함한 직무교육이 고품질 장서개발과 지식정보서비스를 담당하는 직원에게 지속적이고 반복적으로 제공되어야 하는 이유와 중요성, 그리고 목적은 다음과 같다.

- 교육학술정보의 생산·유통환경에 대한 인식과 이해 촉진
- 대학 구성원의 정보접근·검색행태 다변화에 따른 선제적 준비와 대응
- 인터넷 및 디지털 정보기술 기반의 업무수행 감각과 능력 개발·유지
- 도서관 정보전산화, 하이브리드화, 온라인화에 따른 주요 업무(경영관리, 장서개발, 자료조직, 정보서비스, 보존관리 등)에 대한 재교육 및 핵심역량 강화

〈표 4-20〉 한국 및 일본 대학도서관의 직무교육 기대효과 비교

한국 대학도서관	비율(기관)	일본 국립대학도서관	비율(기관)
이해·인식 변화	66.2(174)	최신 동향·사례로 업무개선 기회나 기획	94.5(86)
지식획득	54.0(142)	업무 직결 연수기회(목록강습회 등) 확보	72.5(66)
커뮤니티 형성	28.9(76)	경영·서비스 본연의 자세를 위한 재교육	72.5(66)
업무능력	26.0(68)	연수기회를 통한 인적 네트워크 형성	70.3(64)
자신감	4.2(11)	국제적 시점에서 관리능력 구비	46.2(42)
승급 및 승진	3.0(8)	연수실시를 통한 평가	36.3(33)
기타	1.5(4)	기타	6.6(6)

- 기능적 특수성(저작권, 라이선스, 모바일 서비스 등)에 대한 이해와 실무 적용
- 다양한 지식정보 세계에 대한 경험 축적 및 실용지식 확충
- 직무의욕 고취, 승진과 보상에 대한 동기유발, 승진기회 제공
- 사서직의 전문성, 직업적 자존감, 위상 및 만족도 제고
- 동료집단과의 인적 네크워크 형성을 통한 외연 확대 및 정보교류
- 과거 이수한 정규 교육과정에 대한 실무적 보완

4.3.2 교육훈련의 유형과 내용

교육훈련의 유형은 시행주체를 기준으로 관내교육과 관외교육, 수준 및 대상별로는 초임자 과정, 중간관리자 경력과정, 관리직 과정 등으로, 적용범위에 따라 국가가 주도하는 전국적 수준, 시도(교육청)가 주관하는 권역별 수준, 민간기구(학·협회, 대학, 업체 등)가 실시하는 전국 또는 지역별 수준으로 나눌 수 있다. 그 외에 방법에 따라 집합교육과 사이버교육으로 나눌 수 있다.

이러한 유형에 대한 선호도는 〈그림 4-19〉처럼 업무기능별 교육, 전문주제별 교육, 주제별 워크숍, 국외 도서관 연수, 각종 학협회 세미나, 국내 도서관 연수, 멘토의 순으로 높았다.[34] 교육수준, 실시주체와 적용대상, 연수방법, 선호도 등을 불문하고 국내에서 제공되는 교육훈련을 빈도 순으로 유형화하면 다음 7가지로 나눌 수 있다.

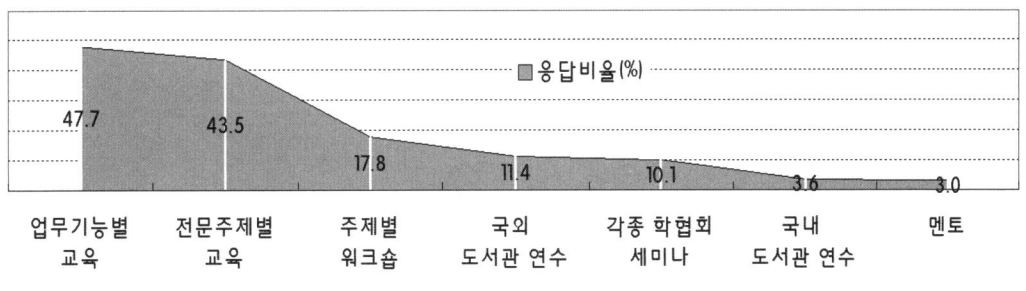

〈그림 4-19〉 대학도서관 직원의 교육훈련 유형별 선호도

첫째, 가장 대표적인 교육훈련은 국립중앙도서관의 현직자 직무연수다. 집합교육과 사이버교육이 있으며, 전자는 대개 2-5일 진행된다. 한국교육학술정보원도 대학도서관 직원에게 소수 프로그램을 제공하고 있다.

둘째, 국공립 및 사립대학도서관협의회의 세미나는 초청강연 또는 주제특강, 현직자 및 업체의 사례발표 등으로 진행된다. 그러나 세미나 기간이 1-2일에 불과하고 내용도 산만한 경우가 많다.

셋째, 학회 및 관련단체의 학술대회, 세미나 워크숍이 있다. 최근 문헌정보학의 실용성과 현장성을 강조하는 추세에 맞추어 현직자가 발표·토론자로 참여하는 경우가 증가하고 있다.

넷째, 대학 및 대학원에서 학위를 취득하는 경우다. 특히 석사과정을 이수하는 실무자가 점증하는 추세다.

다섯째, 대학 사서교육원 및 평생교육원, 전문대학 심화과정 등에 등록하여 사서자격증을 취득하거나 업그레이드하는 과정이 있다.

여섯째, 개별도서관이 외부에 직무교육을 위탁하거나 전문가 초청세미나 등의 형식으로 재교육 프로그램을 제공한다.

일곱째, 소수를 대상으로 해외 연수프로그램을 제공하는 사례도 있다.

국내 대학도서관의 경우, 최근 3년간(2017-2019) 직원 1인당 직무관련 및 전체 교육훈련 참여시간을 집계하면 〈표 4-21〉과 같다.35) 따라서 「대학도서관진흥법 시행령」 제5조 제2항에서 '사서 및 전문직원 업무수행 능력 향상'을 위해 이수하도록 규정한 연간 27시간 이

〈표 4-21〉 국내 대학도서관 직원 1인당 교육훈련 참여시간(2017-2019)

구분	도서관 직무관련 교육	전체 교육훈련	비고
2017	24	46	
2018	29	46	
2019	31.3	50.5	

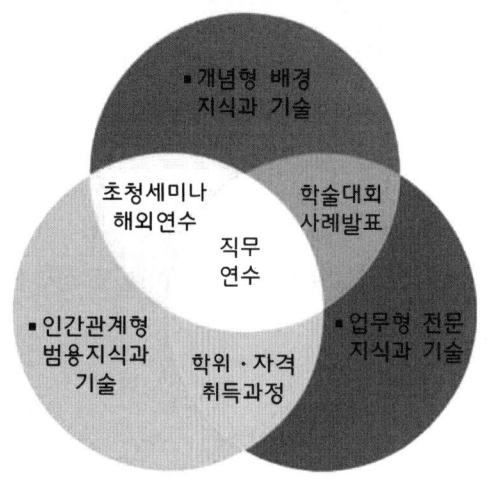

〈그림 4-20〉 교육훈련과 지식·기술 습득의 상관관계

상을 충족시키고 있다.

대학도서관 직원이 교육훈련을 통해 습득하는 핵심 내용은 지식과 기술이다. 이를 교육훈련 유형과 연계하면 〈그림 4-20〉처럼 개념형, 인간관계형, 업무형으로 구분할 수 있다. 개념형은 디지털 사회, 학내외 환경변화, 도서관 구성요소 및 기능, 이용자 등을 이해하는데 유용한 배경지식과 기술이다. 인간관계형은 조직 구성원으로 활동하는데 필요한 소통기술, 복무자세, 상황판단 능력, 적응력 등 범용지식과 기술을 말한다. 업무형은 실무와 관련된 연구개발, 경영관리, 장서개발, 자료조직, 주제서비스, 자료보존, 평가, 협력시스템, 독서교육, 정보검색 및 해득력 등에 관한 전문지식과 기술이다.

따라서 교육훈련은 배경지식·기술에서 직무수행을 위한 전문지식·기술까지 다양성과 유용성을 확보해야 한다. 내용이 부실하거나 교육기회가 부족하면 자아만족 및 조직몰입도 저하, 이용불만 증대, 경영성과 저조, 직업의식 약화, 수동적 업무태도 등을 초래하는 반면에 충실하면 지식정보서비스 제고, 동기부여 및 사기진작, 업무성과 및 직무만족도 증가, 이직률 저하에 기여한다. 교육훈련프로그램은 선택적 기회가 아니라 필수과정으로 인식해야 한다.

4.3.3 교육훈련의 충실화 방안

도서관 직원의 교육훈련에 관한 법적 근거는 「도서관법」, 「대학도서관진흥법 시행령」, 「공무원 교육훈련법 시행령」, 「지방공무원 교육훈련법 시행령」, 대학별 규정 등이 있다. 법령의 주요 내용을 발췌하면 〈표 4-22〉와 같다.

〈표 4-22〉 대학도서관 직원의 교육훈련에 관한 법적 근거와 기준

법적 근거	대상과 직급	주요 내용 및 연간 최저 이수시간
도서관법 (제6조 제4항)	모든 대학도서관	■ 국가 및 지방자치단체는 도서관직원의 전문적 업무수행 능력향상을 위하여 노력하고 이에 따른 교육기회를 제공하여야 함
대학도서관진흥법 시행령 (제5조 제2항)	〃	■ 학칙으로 연간 27시간 이상 정해야 함
공무원 교육훈련법 시행령 (제11조의3 제1항 별표 1)	■ 국립대도서관 4급 이하	■ 100시간 이상(단, 중앙행정기관장이 업무특성과 학습 여건 등을 고려하여 80시간 이상으로 조정·운영할 수 있음)
지방공무원 교육훈련법 시행령 (제7조 제1항 별표 1)	■ 공립대도서관 2급 이하 일반직·기능직 공무원	■ 2·3급은 30시간 이상, 4급은 50시간 이상, 5급 이하는 80시간 이상, 기능직은 30시간 이상

이러한 법적 근거에 따라 국립중앙도서관은 1997년에는 7월 7일자로 교육훈련 전담부서인 '사서연수과'를 설치하고 7월 18일자로 「공무원교육훈련법」에 근거한 전문교육훈련기관으로 지정받은 후에는 「도서관법」 제6조 제3항(국가의 교육기회 제공의무)과 제19조(업무) 제5호(도서관 직원의 교육훈련 등 국내 도서관에 대한 지도·지원 및 협력), 동법 시행령 제9조(도서관 직원의 교육훈련)에 근거하여 모든 관종을 위한 교육훈련을 주관하고 있다. 한국교육학술정보원, 대학도서관협의회, 학계도 대회, 관장회의, 실무자 세미나, 워크숍 등을 통한 교육훈련 기회를 제공하고 있다.

그럼에도 교육훈련 주체를 불문하고 여러 측면에서 비판적인 시각이 많다. 그 이유는 어디에 있는가. 프로그램 구성과 내용, 교육방식, 강사진 등이 복합적으로 작용하고 있다. 따라서 인터넷, 디지털, 모바일로 대표되는 대학도서관 지식정보 이용행태의 변화에 맞추어 지식정보서비스를 재설계하고 핵심역량을 강화하는데 우선순위를 두는 방향으로 보완

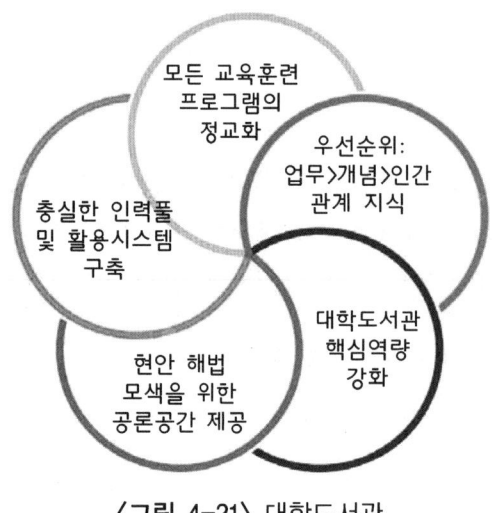

〈그림 4-21〉 대학도서관 교육훈련프로그램의 전략적 지향성

내지 개선해야 한다. 이를 위한 지향성을 제시하면 〈그림 4-21〉과 같다.

첫째, 모든 교육훈련 프로그램은 개설목적과 기대효과를 극대화하는 방향으로 구성되어야 한다. 이를 위해서는 교육내용과 표적집단 간에 부조화가 일어나지 않도록 정교한 설계 및 시행이 필요하다.

둘째, 장기 집합교육은 도서관 직원에게 필요한 지식과 기술의 우선순위를 설정하여 교육프로그램에 적극 반영해야 한다. 그 비중은 업무형 전문지식, 개념형 배경지식, 인간관계형 범용지식의 순으로 중시하는 것이 바람직하다.

셋째, 집합교육과 단발성 세미나를 불문하고 교육프로그램은 핵심역량 강화와 직결되어야 한다. 교육학술정보 유통에 대한 배경지식, 주제별 장서개발을 위한 전문지식과 기법, 인터넷 기반의 최신 주제정보서비스 전략, 도서관 및 서비스의 마케팅 기술, 학문영역별 정보이용행태 연구, 이해집단과의 소통강화 기법, 저작권 및 도서관 관련 법제 등은 지속적으로 제공해야 한다.

넷째, 세미나와 학술대회의 경우, 주요 지식정보 환경의 변화나 시급한 현안을 치열하게 논의하고 해법을 모색하는 장을 제공해야 한다. 현재 도서관계가 시행하는 대다수 연례행사는 접대성 초청특강 내지 기조강연, 보편성을 상실하거나 벤치마킹이 어려운 사례발표 등이 일색일 정도로 피상적이고 형식적이다. 그 속내를 들여다보면 '염불보다 잿밥'에 치중하는 경우가 많다.

다섯째, 교육훈련프로그램에는 식견과 경험이 풍부한 전문가를 위촉해야 한다. 학연이나 인간관계에 기대어 전문성이 약한 강사를 초청한 결과는 시간 및 비용낭비를 초래할 따름이다. 주제(전공)별로 충실한 인력풀과 활용시스템을 구축할 필요가 있다.

제5절 인사고과와 인사이동

5.1 인사고과

5.1.1 인사고과의 중요성

인사고과(employee rating)는 인사평정, 인사평가, 근무평정(merit rating)과 혼용된다. 일본에서는 인사고과가 보편적 용어인 반면에 국내는 인사고과 또는 인사평가가 범용되고 있다. 그러나 법적 용어는 근무성적평정이다.

인사평정은 도서관 직원의 인적 특성이나 능력을 평가·비교하여 서열화 또는 평점화하는 것을 말한다. 주로 승진 후보자 서열을 결정하거나 승진을 결정할 때 적용한다. 인사고과는 인사평정에서 직무수행 능력요건에 비중을 둔다. 인사고과를 발전시킨 인사평가는 목표 달성과정과 성취여부를 평가요소로 삼는다. 그리고 근무성적평정은 「공무원 성과평가 등에 관한 규정」 제4조에서 그 종류를 4급 이상의 국가공무원에 적용하는 성과계약(成果契約) 평가와 5급 이하의 근무실적과 능력을 평가하는 근무성적(勤務成績) 평가로 구분하고 있다.

따라서 인사고과는 대학도서관 직원의 근무태도, 수행능력, 근무성적과 성과, 적성과 장래성 등을 객관적으로 평가하여 공정한 인사이동 및 인력개발에 활용하는 인사관리 기능이다. 1970년대 도서관계에 본격 적용된 인사고과가 조직·인사관리에서 중요한 배경과 이유는 다음과 같다.

첫째, 인사고과는 직무분석 및 평가를 정당화된다. 인사고과가 직무분석 및 평가를 전제로 하기 때문이다.

둘째, 인사고과는 인사이동(승진, 배치전환, 포상과 징계 등)을 위한 기초데이터를 제공한다. 직원의 근무태도, 적성과 능력, 업적과 성과 등을 평가하고 현재적 및 잠재적 특성과 가치를 파악해야 공정한 인사가 가능하다.

셋째, 인사고과는 인력낭비를 줄이고 유능한 인재개발 수단이다. 대학도서관이 통제·사정형 평가를 인재육성 및 인력개발형 평가로 전환하려면 인사고과가 필수적이다.

넷째, 인사고과는 대학도서관 조직역량을 총체적으로 평가하는 기제다. 직원의 복무자세와 태도, 직무능력과 실적, 조직 경영성과 등을 연계·평가하면 조직의 총체적 현주소를 파악하고 보완하는데 활용할 수 있다.

다섯째, 인사고과는 처우의 불공정, 인사이동에 따른 불평과 불만 등을 해소하고 조직문화를 안정시키는데 기여한다.

5.1.2 인사고과의 원칙과 방법

모든 도서관의 인사고과는 절대평가를 지향해야 한다. 그 이유는 상대평가시스템을 적용할 경우에 부서간 갈등과 알력이 심화되고 부서 내의 직원간 견제심리가 팽배하여 팀워크를 해치거나 조직문화에 악영향을 미치기 때문이다. 이를 위해서는 다음과 같은 기본원칙이 준수되어야 한다.

① 사실평가(事實評價) 원칙 : 선입견이나 추측을 배제하고 근무태도, 수행능력, 근무성과 등을 근거로 평가한다.
② 기간 불소급(不遡及) 원칙 : 과거 실적 등을 배제한 채, 인사고과 기간 내의 근무상황과 결과를 평가한다.
③ 평등성(平等性) 원칙 : 성별, 연령, 학력, 근속연수 등 속인적 요소를 감안하지 않고 평등하게 평가한다.
④ 직무평가(職務評價) 원칙 : 직무와 무관한 사생활 등은 배제하고 오직 직무수행 능력과 성과를 평가한다.
⑤ 후광효과(後光效果, halo effect) 방지 원칙 : 인사고과에서 빈번한 오류 중의 하나가 후광효과다. 특정 사건이나 부분적 인상이 다른 요소나 평가 전체에 영향을 미치는 것을 말한다. 이를 방지하려면 적용을 1회로 제한하여 여러 평가요소에 반영되지 못하도록 조치해야 한다.

이러한 원칙에 입각하여 평가할 때 적용하는 방법은 성적순위법(rank-order method), 평정척도법(rating scale method), 기록평가법, 다면평가법, 자기신고제(self-description), 목표관리법(management by objective), 외부 평가센터(assessment center)에 의한 평가법 등이 있다. 그 중 도서관계가 많이 채택하거나 유용성이 높은 방법을 비교하면 〈표 4-23〉과 같다.

〈표 4-23〉 대학도서관 인사고과 방법 비교

유형	방법의 개요와 적용대상	장·단점
성적 순위법	■ 모든 직원의 근무성적, 능력, 상벌, 재직기간 등을 점수화하여 순위를 부여하는 방법	■ 평가에서 주관성 배제가 어려움
평정 척도법	■ 각 평정요소를 서열로 표시하는 분석적 평가법 ■ 평가요소 범위를 연속적(10-1)으로 나타내는 연속척도법과 단계별(수, 우, 미, 양, 가 등)로 표시하는 비연속척도법이 있음	■ 가장 전통적이고 범용됨
기록 평가법	■ 객관적 기록에 근거한 근무성적 평가법으로 산출기록법과 근무태도기록법이 있음 ■ 산출기록법은 단위시간당 평균 업무량을 기록하거나 업무처리 소요시간을 표준 작업시간과 비교하고, 근태기록법은 근무상태(결근, 조퇴, 지각, 외출, 연가 등)에 대한 평가	■ 도서관 표준 작업시간에 대한 기준이 없어 적용하기가 쉽지 않음
다면 평가법	■ 상사, 동료, 부하가 교차 평가하는 입체적 평가 ■ 상사의 왜곡된 평가에 따른 부당성을 줄이고, 객관성과 공정성을 확보하려는 취지에서 등장, 주로 기업체 인사고과에 적용됨	■ 객관성과 실효성 확보가 어려움
외부 평가법	■ 외부 평가센터가 주관하는 객관적 방법 ■ 부서별 대상직원을 선발하여 일정기간 합숙훈련하며 개인별 및 집단별 과제를 수행하게 한 후, 다수 평정자가 과제평가, 직무시험, 면접 등의 방식으로 능력 평가	■ 객관성을 확보할 수 있음 ■ 대규모 도서관에 적용성이 높음

5.2 인사이동

5.2.1 인사이동의 유형과 목적

도서관 인사이동(人事移動)은 정기적 인사, 조직의 전면적 개편, 핵심기능 분화 및 통합, 새로운 직무와 서비스 도입, 사무분장 조정, 승진, 병가와 휴직, 이직과 충원 등에 따른 후속조치다. 통상 인사이동은 직위나 직급 또는 직무가 바뀌는 것을 총칭한다. 다만, 그 방향이 수평적이면 배치전환(配置轉換, transfer)이고, 수직적이면 승진(昇進, promotion)이나 강등(降等, demotion)이며, 계약이 종료되면 사직 또는 퇴직이다.

대학도서관 인사이동에서 초미의 관심사는 배치전환과 승진이다. 전자는 도서관 상호간, 도서관과 학내 다른 부서간, 중앙관과 분관(주제관), 관내 부서간, 특정 부서 내의 계(실)수준에서 이루어지는 수평적 인사이동을 말한다. 이 경우에는 신분과 보상에 변화가 없다. 후자는 직급이 상향되는 수직적 인사이동이다. 급여와 호봉만 올라가는 승급(昇給, within-grade salary increases)과는 구별된다. 대다수 승진인사는 보직부여 및 인사이동을 수반한다.

최근 국내 대학도서관 인사이동에서 주목해야 할 대목은 국립대학의 도서관 상호간 인사발령, 사립대학의 도서관과 학내 다른 부서간 배치전환이다. 전자는 6급(사서주사) 또는 5급(사서사무관) 승진에 따른 대학 및 도서관간 연쇄적 배치전환을 말한다. 다른 시도로 이동되는 사례도 많아 개인적 부담이 크지만, 도서관 정원관리나 인적 역량 등에는 손실이 거의 없다. 반면에 사립대학도서관에 적용되는 후자는 사서직이 행정부서로 또는 일반직이 도서관으로 이동하는 경우다. 이러한 현상은 특히 일본 사립대학도서관 인사에서 일반화되어 있다.[36] 그 순기능과 역기능은 〈표 4-24〉와 같다.

〈표 4-24〉 대학도서관 및 학내 부서간 인사이동의 순기능과 역기능

구분	순기능	역기능
개인	▪ 도서관 중심 시각의 확장 · 거시화	▪ 사서직 정체성과 전문성 약화 우려
	▪ 새로운 업무환경에 적응하기 위한 자아개발 · 역량강화 기회와 동기부여	▪ 도서관 업무변화, 새로운 서비스 도입, 조직문화에 대한 현실감각과 정보력 취약
	▪ 다양한 직렬과의 인간관계 확장 및 역량발휘에 따른 승진 가능성 증가	▪ 도서관 직원과의 인간적 유대관계 약화와 복귀할 경우의 심리적 부담 증가
도서관	▪ 인사이동된 사서직이 능력을 발휘하면 도서관에 대한 대학당국이나 행정부서의 이해폭 확장	▪ 유능한 인력유출에 따른 핵심역량 약화, 인사관리 및 조직운영의 제약, 적재적소 인력배치 및 사무분장의 어려움 등
	▪ 예산 및 인력확충, 시설개선 등을 위한 지원 · 설득 세력 확보	▪ 동일한 역량을 갖춘 인력이 충원되지 않을 경우, 다른 직원의 사기저하 및 업무부담 증가
	▪ 대학 경영전략, 도서관정책의 방향성 등에 대한 정보입수와 대처에 유리	▪ 대학당국 및 행정직의 도서관 평가절하, 일방적 인사이동 관행화 내지 파행 가능성 상존 등

그럼에도 공정한 인사이동, 특히 승진제도는 근무성과에 대한 보상으로서 동기부여, 자아발전을 촉진할 뿐만 아니라 대학도서관 역량을 강화하는데 매우 중요하기 때문에 가장 중시되어야 할 인사관리 영역이다. 인사이동의 주요 목적은 다음과 같다.

- 적재적소 원칙에 입각하여 재배치함으로써 개인적 역량을 최대한 활용할 수 있다.
- 동일한 부서나 직위에 장기간 머무를 경우에 초래되는 근무의욕 저하, 업무수행 의지와 능력의 정체나 퇴보를 막고 사기를 진작시킨다.
- 주기적 직무순환(job rotation)을 통해 다양한 직위 및 직무를 경험·축적하면 개인적 역량강화 및 조직발전에 기여한다.
- 관내외 상황변화로 직무수요가 증가하거나 공백이 발생할 때 신속하게 대처하는 동시에 인사계획에 유용한 정보를 제공한다.

5.2.2 승진기준과 결정방법

(1) 승진기준

대개 승진 후보자는 인사고과 및 내부 경쟁을 거쳐 결정된다. 이러한 경쟁구도는 승진 집착으로 이어지고 후유증도 야기한다. 따라서 승진인사에 따른 부작용이나 후유증을 해소하려면 승진기준을 마련해야 한다. 연공서열주의, 능력주의, 절충주의가 범용되고 있다.

첫째, 연공서열주의(年功序列主義, seniority)는 근무 경력이 많을수록 상위 직무도 잘 수행한다는 전제 하에 근속연수, 연령, 경력, 학력 등 사람을 중시하는 동양의 온정주의(溫情主義) 및 운명공동체 풍토에 기반을 둔 제도다. 부언하면 대학도서관 근무연수와 직무수행을 정적 상관관계로 간주하여 연공서열에 따라 승진시키는 방식이다. 그러나 연공서열은 조직을 정체시키고, 유능한 인력의 이직을 촉진하며, 맹목적 충성과 현상유지 심리를 유발하기 쉽다.

둘째, 능력주의(能力主義, merit or competence)는 직무수행 능력과 실적을 중시하는 서양의 합리주의(合理主義)와 이익공동체 정신에 기반을 둔 제도다. 적재적소 배치원칙과 조직관리 효율성 측면에서 바람직하다. 다만, 국내의 대다수 대학도서관은 직무의 객관적 분석·평가에 기초한 직위분류시스템을 적용하지 않기 때문에 승진인사가 불신받는 사례가 적지 않다.

  셋째, 절충주의(折衷主義)는 직원의 속인적 요소(학력, 근속연수, 연령 등)를 기준으로 하는 신분자격(身分資格)과 직무적 요소(지식과 기술, 적성과 태도, 역량 등)를 기준으로 삼는 직무자격(職能資格)을 결합한 제도다. 자격승진제도(資格昇進制度)와 혼용된다.

  어떤 승진기준이 가장 바람직한가. 연공주의나 능력주의는 각각 제도로서의 존재가치가 있음에도 한계를 내포하고 있다. 하나를 선택해야 한다면 능력주의를 우선해야 한다. 그러나 국내 대학도서관의 조직문화, 인사관행, 승진의 후폭풍 등을 감안하면 절충주의가 바람직하다.

(2) 승진 소요기간과 결정방법

  대학도서관 직원의 직급별 승진에 필요한 최저 연수, 즉 소요기간은 설립주체에 따라 다르다. 국공립대는 법적 기준을 적용받는 반면에 사립대는 법령을 준용하되 대학별 학칙이나 인사규정에서 정한다.

  우선 승진 소요연수의 경우, 국가공무원인 국립대학도서관 직원은 「공무원임용령」 제31조 제1항, 지방공무원인 공립대학도서관은 「지방공무원임용령」 제33조 제1항이 적용된다. 각각에 규정된 직급별 승진 소요연수는 〈표 4-25〉와 같다.

〈표 4-25〉 국공립대학도서관 직원의 직급별 승진 소요연수 및 임용범위

승진 소요연수		승진임용 범위		
직급	국공립대	결원수	국립대(국가공무원)	공립대(지방공무원)
4급	3년 이상	1명	결원 1명당 7배수	결원 1명당 4배수
5급	4년 이상	2명	결원 1명당 5배수	-
6급	3.6년 이상	3-5명	결원 1명당 4배수	-
7·8급	2년 이상	6-10명	결원 5명 초과 1명당 3배수+20명	결원 10명 초과 1명당 3배수+0명
9급	1.6년 이상	11명 이상	결원 10명 초과 1명당 2배수+35명	결원 10명 초과 1명당 2배수+35명

  다음으로 승진임용 결정방법의 경우, 국립대학도서관 직원은 「공무원임용령」 제33-34조의 규정에 따라 7급 이하 공무원은 필기시험이나 실기시험을, 6급이 5급으로 승진할 때는 3가지 방법(승진시험, 보통승진심사위원회 심사, 승진임용 심사대상 중 일부는 승진시험, 또 일부는 보통승진심사위원회 심사)을 적용한다. 공립대학도서관 직원은 「지방공무원임

용령」 제30조 제2항 및 제38조 제2항에서 각각 국가공무원과 동일하게 규정하고 있다.

한편, 도서관 직원이 승진시험 또는 보통승진심사를 거쳐 상위직급에 임용되려면 승진후보자 명부가 작성되어야 한다. 이를 위한 직급별 결원수에 대한 승진임용 범위는 「공무원임용령」 제33-34조 별표 5와 「지방공무원임용령」 제30조 제1항 및 제38조 제3항 별표 4에서 〈표 4-25〉와 같이 규정하고 있다. 예컨대 사서사무관(5급) 직급에 결원수가 3명이면 후보자 명부에는 사서주사(6급) 총 12명이 포함되며, 이들은 소속장관이 결정하는 승진시험이나 보통승진심사위원회 심사대상이 된다.

그리고 일반승진시험의 경우, 임용권자는 「공무원임용령」 제34조 제6항의 규정에 따라 승진시험을 요구할 당시의 '후보자 명부상 성적 50% + 제2차 시험성적 20% + 승진임용 직급에 상응하는 기본교육훈련과정의 성적 30%'를 합산하여 고득점자 순으로 임용한다. 보통승진심사위원회 심사는 승진심사를 진행할 당시의 '후보자 명부상 성적 70% + 승진임용 예정직급에 상응하는 기본교육훈련과정의 성적 30%'를 합산하여 고득점자 순으로 명부를 작성하고 대상자를 결정한다. 이 때 순위명부 점수가 동일하면 후보자 명부상 선순위자를 승진대상자로 한다.

5.3 이직과 퇴직

이직은 사직(resignation), 해직(discharge), 퇴직(retirement) 등을 사유로 도서관과 개인의 근로계약이 종결되는 것을 말한다. 해직이나 정년퇴직을 제외한 이직은 자기발전, 사고 및 인식의 차이, 직장 부적응 등 가치중심적 이유와 보수, 신분, 개인사정 등 이해타산적 이유에서 기인하는 경우가 많다.

이러한 이직은 신규인력 대체, 신정보기술 도입, 채용제도 합리화 등을 통해 조직에 활력을 제공하고 임금 및 근무여건을 개선하는 순기능이 있지만 지나치면 귀속감과 업무능률이 저하되어 대학도서관의 사명 및 목적을 달성하는 데 저해요소로 작용한다. 따라서 공정한 인사이동, 능력우선 승진, 동기유발시스템, 교육훈련 확대, 전문직화(또는 연구직화)를 위한 제도적 장치를 통해 인재의 이직을 최소화해야 한다.

인용정보

1) 윤희윤, 공공도서관정론(대구: 태일사, 2017), pp.281-283.

2) 교육과정 개발에 널리 사용된 'Developing A Curriculum'의 약칭이다. 특정 직무에 노련한 전문가들이 워크숍을 통해 직무를 개발하거나 내용을 분석하는 방법으로 단기에 의도한 결과를 도출할 수 있지만 확인·검증하는 조치가 필요하다. 또한 전문가 구성이 바람직하지 못하면 심각한 왜곡과 오류가 초래된다.

3) American Library Association, *Descriptive List of Professional and Non-professional Duties in Libraries: Preliminary Draft*(Chicago: ALA, 1948)

4) Library Association, Sub-Committee of the Membership Committee, *Professional and Non-professional Duties in Libraries*(London: LA, 1963), pp.11-73.

5) Library Association, *A Working Party of the Research and Development Committee, Professional and Non-professional Duties in Libraries,* 2nd ed.(London: LA, 1974), pp.13-81.

6) 日本図書館協會, 專門性の確立と強化を目指す研修事業検討ワーキンググループ(第2次)報告書(2000). 〈http://www.jla.or.jp/portals/0/html/kenshu/kenshuwg/siryo2.pdf〉

7) 김신영, "직무분석을 통한 대학도서관 직무모형 개발 연구," 박사학위논문, 연세대학교 대학원, 2008, pp.75-79.

8) Wiktor Adamus, "A New Method of Job Evaluation," 〈http://www.isahp.org/2009Proceedings/Final_Papers/106_Adamus_REV_FIN.pdf〉 ; http://www.ashworthblack.co.uk/jobevaluation.htm ; http://ncoss.org.au/projects/msu/downloads/resources/information%20sheets/16_JobEvaluationMSU.pdf ; http://en.wikipedia.org/wiki/Job_evaluation

9) University of Washington Libraries, *Librarian Personnel Code,* p.7. 〈http://www.lib.washington.edu/about/employment/hr/libpersonnelcode〉

10) 大阪大学附属図書館規程. 〈http://www.osaka-u.ac.jp/jp/about/kitei/reiki_honbun/u035RG00000138.html〉

11) 정재영 등, 대학도서관 사서직제 현황 및 개선방안에 관한 연구(인천: 한국사립대학교 도서관협의회, 2010), pp.27-28.

12) American Library Association, *Library Education and Personnel Utilization*(Chicago: ALA, 1976), p.3.

13) American Library Association, *Library And Information Studies And Human Resource Utilizatio*

n: A Statement of Policy(Chicago: ALA, 2002) 〈http://www.ala.org/offices/sites/ala.org.offices/files/content/hrdr/educprofdev/lepu.pdf〉 ; CILIP, CILIP Chartership Handbook. 〈http://www.cilip.org.uk/filedownloadslibrary/qualifications/chartershiphandbook10.pdf〉 ; http://www.cilip.org.uk/jobs-careers/qualifications/cilip-qualifications/pages/default.aspx ; 일본 「図書館法」제4조 및 제5조 ; 한국 「도서관법 시행령」 제4조 제2항 별표 3

14) 永田 治樹, "大学圖書館における情報専門職の知識・技術の体系: LIPER大学図書館調査から," 圖書館雜誌, Vol.99, No.11(2005), pp.774-776.

15) American Library Association, ALA' Core Competences of Librarianship, Final version(2009). 〈http://www.ala.org/educationcareers/sites/ala.org.educationcareers/files/content/careers/corecomp/corecompetences/finalcorecompstat09.pdf〉

16) Canadian Association of Research Libraries, Core Competencies for 21st Century CARL Librarians(Ottawa: CARL, 2010) 〈http://carl-abrc.ca/uploads/pdfs/core_comp_profile-e.pdf〉

17) The Chartered Institute of Library and Information Professionals, Defining Our Professional Future: Report to CILIP Council(Birmingham: CILIP, 2010), pp.37-41.

18) William J. Goode, "The Librarian: From Occupation to Profession," Library Quarterly, Vol.31, No.4(Oct. 1961), pp.306-320.

19) Lee W. Finks and Elisabeth Soekefeld, "Professional Ethics," In Encyclopedia of Library and Information Science, edited by Allen Kent, Vol.52(New York: Marcel Dekker, 1993), p.305 ; Andrew Abbott, "Professionalism and the Future of Librarianship," Library Trends, Vol.46, No.3(1998), pp.430-443 ; Donald A. Myers, Teacher Power: Professionalization and Collective Bargaining (Lexington: Lexington Books, 1973) ; 大城 善盛, "準專門職とアメリカニの大學圖書館司書: 大學圖書館司書の專門職化研究(4)," 圖書館界, Vol.31, No.5(Jan. 1980), p.337 ; 和田 幸一, "日本の大學圖書館員の専門職性: 美國との比較," 情報の科學と技術, 第51卷, 第4號(2001), pp.208-212 ; 高山 正也, "情報專門職問題の基礎理論: 總論," 情報の科學と技術, 第48卷, 第6號(1998), p.373.

20) American Library Association, Association of College and Research Libraries, "ACRL Guidelines for Academic Status for College and Research Libraries," College & Research Libraries News, Vol.51, No.3(Mar. 1990), pp.245-246 ; American Library Association, Association of College and Research Libraries, "Standards for Faculty Status for College and Research Libraries," College & Research Libraries News, Vol.53, No.5(May 1992), pp.317-318 ; http://www.ala.org/acrl/standards/guidelinesacademic.

21) Charles B. Lowry, "The Status of Faculty Status for Academic Librarians : A Twenty-year Perspective," College & Research Libraries, Vol.54, No.2(Mar. 1993), p.165 ; Martha Kyrillidou, "Educational Credentials, Professionalism, and Librarians," 〈http://www.arl.org/newsltr/208_209/edcred.html〉 ; Mary K. Bolin, "A Typology of Librarian Status at Land Grant Universities," Th

e Journal of Academic Librarianship, Vol.34, No.3(May 2008), p.223.

22) WordPress.com., "Academic Librarian Status,"(Mar. 22, 2018). 〈https://academiclibrarianstatus.wordpress.com/〉

23) 윤희윤, 한국 공공도서관을 말한다(대구: 태일사, 2020), p.100.

24) 통계청, 한국표준직업분류(대전: 통계청, 2017), p.2 ; 「공무원임용령」 제3조 제1항 별표 1(일반직공무원의 직급표) 및 「지방공무원임용령」 제3조 제1항 별표 1(1급부터 9급까지의 공무원 직급표)

25) 교육부, 한국교육학술정보원, 2019년 대학도서관 통계분석 자료집(대구: KERIS, 2019), p.76.

26) American Library Association, *Library And Information Studies And Human Resource Utilization: A Statement of Policy.* 〈http://www.ala.org/offices/sites/ala.org.offices/files/content/hrdr/educprofdev/lepu.pdf〉 ; Library Association College of Further and Higher Education Group, *Guidelines for College and Polytechnic Libraries,* 4th ed.(London: Library Association, 1990), p.18 ; Library Association, Qualifications for Library Assistants(London: LA, 1998) ; 日本 「圖書館法」 제5조 제2항 ; 한국의 「도서관법 시행령」 제4조 제2항 별표 3

27) Stanley Wilder, "The Changing Profile of Research Library Professional Staff," *ARL Bimonthly Report,* No.208-209(Feb.-Apr. 2000). 〈http://www.arl.org/newsltr/208_209/chgprofile.html〉

28) C. Northcote Parkinson, *Parkinson's Law and Other Studies in Administration*(Boston: Houghton Mifflin, 1957), pp.1-13 ; http://www.berglas.org/Articles/parkinsons_law.pd ; http://www.berglas.org/Articles/parkinsons_law.pdf

29) 紫田啓次, 木村仁, 事務管理(東京: 第一法規社, 1971), pp.132-133.

30) W.J. Baumol and M. Marcus, *Economics of Academic Libraries*(Washington, D.C.: American Council on Education, 1973), p.38 ; Maurice P. Marchant, "University Libraries as Economic Systems," *College and Research Libraries,* Vol.36, No.6(Nov. 1975), pp.293-295 ; Kendon Stubbs, "University Libraries: Standards and Statistics," *College & Research Libraries,* Vol.42, No.6(Nov. 1981), p.529 ; Association of College and Research Libraries, "Standards for College Libraries, 1995 Edition," *College & Research Libraries News,* Vol.56, No.4(Apr. 1995), p.250 ; 손정표, "대학도서관 직원수 산출공식에 관한 연구," 한국도서관·정보학회지, 제30권, 제1호(1999, 3), pp.87-88 ; Philippine Association of Academic and Research Libraries, *Standards for Academic Libraries for 2000.* 〈http://www.dlsu.edu.ph/library/paarl/pdf/standards/standards2000.pdf〉 ; R.S.R. Varalakshmi, "Measurement of College Library Performance: An Evaluative Study with Standards," *International Information & Library Review,* Vol.35, No.1(2003), pp.34-35.

31) 윤희윤, "대학도서관기준의 동향분석과 개정안 연구," 한국도서관·정보학회지, 제42권, 제2호(2011, 6), pp.5-28.

32) 사서직원(L)은 $4+[(S-1,000)\times(1/1,000)]+[(C-50,000)]\times(1/50,000)=2+[S\times1/1,000)]+[C/50,000)-1.67]$ = $2+[(x/1,000)]+[50x/50,000)-1.67]=[S/1,000]+[S/600]+1$ or 2(S: 학생수, C: 장서수, [x]: Gauss Function,

[1,6]=1, [2,3]=2)가 된다. 따라서 사서직원수(L)=0.00215×S±1(or 2)이다.

33) 国立大学図書館協会 人材委員会, "図書館職員の研修事業に関する調査," (2009). ⟨http://www.library.osaka-u.ac.jp/others/janul/jinzai/kensyu08a.pdf⟩ ; 한국교육학술정보원, 대학도서관 사서 전문 재교육 과정 개발(서울: KERIS, 2008), p.78.

34) 한국교육학술정보원, 대학도서관 사서 전문 재교육 과정 개발, p.96.

35) 교육부, 한국교육학술정보원, 대학도서관 통계분석 자료: 2017-2019.

36) 日本図書館協会, "専門職制度検討チーム報告: 非正規雇用職員が数の多くを占める時代におけ時代におけ職員制度のあり方 について," (2019. 3). ⟨http://www.jla.or.jp/Portals/0/data/iinkai/seisakukikaku/senmonshokuseido.pdf⟩

Chapter 5

예산편성과 관리

제1절 예산관리 기초이론
제2절 예산관리 환경 분석
제3절 예산계획과 배정기준
제4절 예산편성 및 집행

제5장

예산편성과 관리

제1절 예산관리 기초이론

1.1 예산의 어원과 개념

도서관 경영관리에서 예산(budget)은 조직 및 인사와 함께 매우 중요하다. 그 어원은 라틴어 'bulga'(작은 주머니 또는 배낭)이며, 12세기 프랑스어 '부떼뜨'(bougette, 작은 가죽가방)로 변용되었고, 15세기 영어권에서 사용되었다. 예산의 현대적 함의는 영국 재무상이 재정설명서를 가죽가방에 넣어 하원에 제출하는 관행에서 찾을 수 있다. 원래는 가죽가방이었으나 정부 재정계획서(財政計劃書)로 변용되었다.

예산은 조직체가 '회계연도의 세입·세출을 명시한 기록'이다. 더 줄이면 화폐단위로 계수화한 경영계획이고, 재무용어로는 예산계획 또는 예산문서다. 이와 혼용되는 용어로 예산편성(豫算編成, budgeting)과 재정(財政, public finance)이 있다. 전자는 연간 지출예산을 문서화하는 과정이고, 후자는 주로 공공기관(국가나 지방공공단체)이 공적 재원을 취득·집행·관리하는 과정과 행위를 말한다. 재정관리의 목적은 자원의 효율적 배분, 소득 재분배, 경제안정화에 있다.

따라서 대학도서관 예산은 연간 수행할 업무(활동)에 소요될 금액을 표기한 계획문서(計劃文書)로 정의할 수 있다. 그 요체는 예산액인데, 주요 비목(費目)을 경비의 성질로 나누면 인건비, 자료비, 운영비로 대별할 수 있다.

1.2 예산의 종류와 비용구조

1.2.1 예산의 종류

도서관 예산의 종류는 성립시기에 따라 본예산(제출 예산), 수정예산(의결되기 전의 수정안), 추가경정예산으로, 범위에 따라 일반예산, 부서별 예산, 특수목적 재정계획으로, 지출하는 경비의 성격을 기준으로 자본예산, 운영예산, 임시예산, 특별예산으로 세분할 수 있다. 그럼에도 통상 장단기 계획을 중심으로 자본예산, 운영예산, 현금예산으로 나눈다.

(1) 자본(투자)예산

자본예산(資本豫算, capital budget)은 각종 고정자산(자료구입비, 가구설비 및 정보기기 구입비, 부지매입 및 건축비 등)에 지출하는 투자예산(投資豫算)을 말한다. 그러나 도서관에 따라 자본예산이 아닌 운영예산으로 기자재나 가구 등을 구입하고 있어 양자가 명확하게 구분되지 않는 경우도 있다.

(2) 운영(경상)예산

운영예산(運營豫算, operating or current budget)은 회계연도에 대학도서관을 운영·관리하고 교육학술자료 및 지식정보서비스에 사용하는 예산이다. 고정적 지출비 성격이 강하여 경상예산(經常豫算)으로도 지칭된다. 인건비, 자료비(정리비, 수선·복원비, 제본비 등), 설비비(임대료, 수리·유지비, 감가상각비 등), 관리비(유지·보수, 전기료, 보험료, 출장·회의비 등), 간접비 등이 포함된다.

(3) 현금예산(자금)

현금예산(現金豫算, cash budget)은 대학도서관의 현금 유입·유출계획에 편입되는 예산이다. 개인과 단체의 기부금, 대출 연체료, 자료분실 변상액, 자료복사비, DB 출력비, ILL/DDS 이용료, 시설공간 사용료, 평생회원비 등이 포함된다.

1.2.2 비용구조의 이해 및 분석

(1) 비용의 구성과 재원

비용은 경비를 말한다. 도서관은 외부 예산환경 및 내부 비용분석을 전제로 예산계획을 수립해야 한다. 비용구조와 단위비용을 추계하지 않은 채 수립하는 계획은 논거와 정당성을 확보하기 어렵기 때문이다. 일반적으로 대학도서관 예산은 비용적 측면에서 자본적 경비와 경상 지출비로 구분한다. 그러나 실제 편성·지출하는 모든 비용은 〈표 5-1〉처럼 인건비, 자료비, 기타 운영비로 구분할 수 있다.

〈표 5-1〉 대학도서관 비용구성과 재원

구분	비목	재원
인건비	■ 급여, 수당, 상여금, 복리후생비 등 ■ 기타(의료보험료, 연금 불입액 등)	국고, 대학회계(국공립) 자체예산(사립)
자료비	■ 장서개발비(구입 및 처리) ■ 장서유지비(제본, 수선, 소독, 탈산, 매체변형)	〃
기타 운영비	■ 건물·시설의 운영·유지비(청소, 냉난방, 전기, 수도, 보험료) ■ 운영관리비(통신, 우편, 연료, 홍보, 회의, 출판, 전시) ■ HW/SW 지출비(구입, 수리, 유지, 업그레이드, 네트워크) ■ 장비 임대·유지비 ■ 감가상각비(건물, 정보기기, 장비, 가구, 자료 등) ■ 직원 훈련·개발·출장비 ■ 각종 단체회비, 제세공과금 등	비목에 따라 국고, 대학회계, 도서관 예산 등에서 지출

먼저 인건비(人件費)는 모든 직원에게 지급되는 각종 비용(급여, 상여금, 제수당, 복리후생비 등)이다. 국공립대는 국고 및 대학회계(국가 및 지방자치단체 지원금 + 대학 자체수입금)에서, 사립대는 대학 자체예산에서 지출한다.

다음으로 자료비(資料費)는 다양한 교육학술자료(도서, 학술지 중심의 연속간행물, CD-ROM과 DVD, 전자자료(전자책, 전자잡지, Web DB), MF자료, AV자료, 고서 등)를 수집하거나 라이선스를 확보하고 디지털 매체로 변환·유지하는 데 투입되는 제비용이다.

국공립대는 국고 및 대학회계로, 사립대는 자체예산(일부는 국가지원)으로 충당한다.

마지막으로 기타 운영비는 건물·시설관리비, 각종 HW/SW 구입 및 임대료, 장비 임대·유지비, 감가상각비, 교육훈련비, 학협회 회비, 제세공과금 등이다. 이들은 비목에 따라 국고, 대학회계, 도서관 예산으로 지출한다.

(2) 비용의 성격과 유형

비용은 부과방식에 따라 직접비와 간접비, 변동성 여부를 기준으로 고정비와 가변비, 산출방식에 따라 평균비용과 한계비용, 이용가치에 따라 명시적 비용과 암묵적 비용, 유효수명을 고려한 감가상각비로 나눌 수 있다.

가. 직접비와 간접비

직접비(直接費, Direct Cost)는 대학도서관 업무나 프로젝트 수행에 투입되는 인건비, 장비비, 출장비, 자료비 등이고, 간접비(間接費, Indirect Cost)는 특정 업무나 프로젝트에 직접 부과할 수 없는 건물 유지관리비, 냉난방비, 보험료 등이다. 양자를 합산한 것이 총비용(總費用, TC = DC + IC)이다. 다만, 도서관에 따라 인건비, ILL/DDS 비용, 일부 장비비 등에 대한 구분 및 지출기준이 상이하고, 일부 중복되어 구분이 쉽지 않다.

나. 고정비와 가변비

고정비(固定費, Fixed Cost)는 대학도서관이 매년 고정 지출하는 인건비, 건물 및 정보기기의 감가상각비, 보험료, 재산세 등이다. 가변비(可變費, Variable Cost)는 업무(서비스)량과 연동하여 증감되는 자료구입 및 정리비, 소모품비 등이다. 다만 비정규직 인건비나 복사기 임대료 등은 가변적임에도 업무량 증감에 따라 변동되지 않기 때문에 준가변비(準可變費, Semi-variable Cost)로 간주한다. 따라서 총비용 산출공식은 〈그림 5-1〉처럼 'TC = 총고정비(Total Fixed Cost) + 총가변비(Total Variable Cost)'다. 예컨대 대학도서관이 구입하는 컴퓨터 가격(P_{ct})과 대수(c_t)에 대한 총고정비(TFC)는 '$P_{ct} \times c_t$'다. 그러나 인건비가 일정하여도 산출단위를 증가시키면 직원을 추가 투입해야 하므로 총가변비(TVC)는 '$P_1 \times I$'이다.

요컨대 총비용은 고정생산비(固定生産費)와 가변생산비(可變生産費)의 합인 'TC = $P_1 \times I$

```
TC = TFC + TVC              AFC = TFC/Qa
TFC = Pct × ct              AVC = TVC/Qa = P × (L/Qa) =
TVC = Pl × l                         P × (1/APP1)
TC = Pl × l + Pct × ct      ATC = AFC + AVC

Pct : 컴퓨터 단말기의 가격, ct : 단말기수 ;    Qa : 수서산출량, L : 노동량(labor),
Pl : 인건비, l : 직원수                    P : 인건비, APP : 평균노동생산
```

〈그림 5-1〉 총비용(좌) 및 평균비용 산출공식

+ Pct × ct'가 된다. 수서산출물에 소요되는 제비용을 곡선으로 예시하면 〈그림 5-2〉[1]와 같다. 총고정비는 산출수준과 무관하게 50달러지만, 총가변비는 산출량이 늘어나면 점 A까지 감소하는 비율로 증가하다가 점 A를 지나면 점증한다. 이 때 고정비용곡선의 수직거리는 총산출량과 동일하기 때문에 총비용 및 총가변비용곡선 기울기도 동일하므로 산출량 증가에 따라 총비용과 총가변비도 동일한 양으로 증가한다.

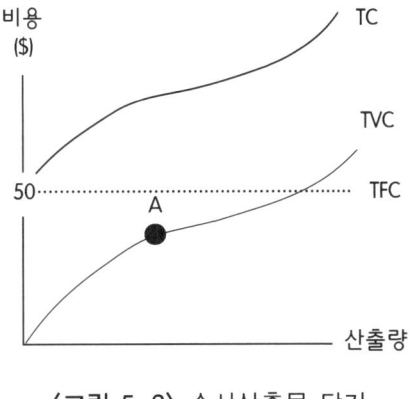

〈그림 5-2〉 수서산출물 단기 총비용곡선

다. 평균비용과 한계비용

먼저 평균비용(平均費用, Average Cost)은 총비용함수의 개념에 따라 평균고정비(AFC), 평균가변비(AVC), 평균총비용(ATC)으로 세분할 수 있다. 이들을 각각 평균비용으로 표현하면 대학도서관의 생산성을 분석하는데 편리하다. 평균고정비(AFC)는 〈그림 5-1〉에서 총고정비(TFC)를 산출량(Qa)으로 나눈 것으로 산출량이 증가할수록 총고정비가 감소한다. 도서관 건물의 보험료, 조명 및 난방비 등이 여기에 해당한다. 반면에 평균가변비(AVC)는 총가변비(TVC)를 산출량(Qa)으로 나눈 것이다. 이 때의 Qa/L은 평균노동생산과 동일하기 때문에 그 반대인 L/Qa는 1/APP1과 같다. 만약 노동가격이 일정하면 평균가변비는 평균노동생산과 역방향으로 변한다. 따라서 AVC 곡선의 어떤 지점은 직원을 추가 투입할수록 오히려 기회비용[2]이 증가한다. AFC와 AVC를 합산한 ATC는 비용곡선 형태를 이해하는 데 유용하다. 예컨대 수서산출물의 평균비용곡선인 〈그림 5-3〉을 보면 고정적 투입요소(컴퓨

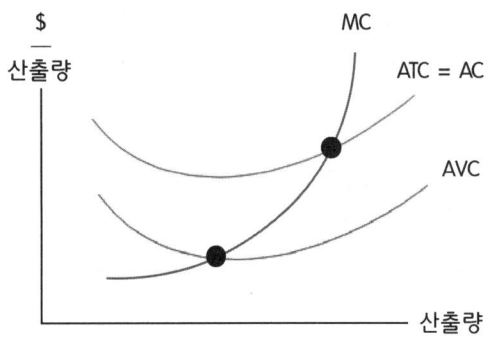

〈그림 5-3〉 수서산출물의 평균비용 및 한계비용 곡선

$$MC = TC/Qa = TVC/Qa$$
$$= w(\Delta L) / (\Delta Qa) = w/MP1$$

TC : 총비용,   TVC : 총가변비용
Qa : 수서산출량,   L : 노동량(labor)
w : 임금,   MP : 한계실물생산

〈그림 5-4〉 한계비용 산출공식

터)의 효율성은 산출량이 늘어날수록 증가하지만, 가변적 투입요소(직원)의 효율성은 감소율로 증가하다가 극에 도달한 후 감소한다.

다음으로 한계비용(限界費用, Marginal Cost)은 산출물을 1단위씩 추가할 때의 총비용(총고정비 + 총가변비) 변화를 말한다. 이를 공식화하면 〈그림 5-4〉와 같다. 예컨대 수서직원 임금이 단위당 10달러이고 산출량(MP1)이 5단위일 때, 1명을 추가하면 산출량도 5단위로 증가한다. 반대로 산출량을 1단위 증가시키려면 1/5명의 직원, 즉 2달러가 필요하므로 한계비용(w/MP1)은 0.2달러가 된다. 일반적으로 대학도서관의 한계비용은 고정비와 무관한 반면에 평균비용과 유관하다. 한계비용이 평균비용(또는 가변비나 총비용)보다 낮으면 평균비용이 감소한다. 가령 수서부문의 단위당 평균비용이 4달러이고 추가단위 생산에 2달러가 소요된다면 모든 생산단위에서 평균비용은 감소한다. 마찬가지로 〈그림 5-3〉에서 한계비용곡선이 평균비용곡선 위에 있을 때는 산출량이 증가할수록 평균비용도 증가하고, 그 극소점(極小點)에서 양대 비용곡선이 교차한다.

라. 명시적 비용과 암묵적 비용

통상 명시적 비용(明示的 費用, Explicit Cost)은 도서관의 급료, 재료비, 보험료, 설비비, 이자 등 화폐비용이고, 암묵적 비용(暗黙的 費用, Implicit Cost)은 도서관 가용자원의 대안적 이용가치(기회비용)를 말한다. 예컨대, 도서관 직원 10명이 연간 5천 권을 구입하고 주당 50시간 개관한 결과, 지출이 총 10만 달러이고 수입이 5만 달러라면 수입이 지출보다 5만 달러 적지만, 수입액에 암묵적 비용인 서비스 생산자본 및 가치가 누락되어 있다. 따라서 경제학적 측면에서는 EC와 IC를 합산하여 도서관 생산비로 간주해야 한다.

마. 감가상각비

감가상각비(減價償却費, depreciation cost)는 자연적 노화, 기술적 낙후, 인위적 파오손 등으로 인한 고정자산 가치(수명) 감소를 가격으로 환산하여 회계연도에 할당하는 비용이다. 산출공식은 〈표 5-2〉처럼 정액감가상각(正額減價償却, Straight-line Depreciation), 산출물감가상각(産出物減價償却, Production Depreciation), 배액감가상각(倍額減價償却, Double-declining-balance of Depreciation)으로 나눌 수 있다.

〈표 5-2〉 대학도서관 감가상각비 산출방법과 사례

구분	개념	산출공식	산출 사례
정액 감가상각	▪구입물 총비용에서 잉여가치(剩餘價値, 품목가의 10%)를 제외한 차액을 평균(유효)수명으로 나눔	(총구입비용 - 잉여가치) ÷ 평균(유효)수명	▪자료분실방지시스템 : 구입비가 2천만 원(기기비 1,800만 원 + 부가세 180만 원 + 운송비 20만 원)이고 유효수명이 10년이면 감가상각비는 연간 182만 원
산출물 감가상각	▪정액감가상각에서의 연도(유효수명)를 산출량으로 대체한 것	(총구입비용 - 잉여가치) ÷ 산출량	▪복사기 : 구입비가 2백만 원이고 10만매를 복사할 수 있으면 1매당 감가상각비는 18원
배액 감가강삭	▪정액 감가상각률의 2배를 계상하는 방식	[(총구입비용 - 잉여가치) ÷ 평균(유효)수명] × 2	▪컴퓨터 : 2015년 1천만 원을 지출한 컴퓨터 유효수명이 5년이면 정액방식의 2배를 적용한 2020년 누적감가상각비는 9백만 원이므로 서버 가치는 구입연도의 10%인 1백만 원

이러한 감가상각비 산출방식은 정보기기나 가구 등에 유용하다. 그러나 실물장서의 경우, 내용적 이용가치에 따라 유효수명이 결정되므로 감가상각비를 산출하기 어렵다. 그럼에도 회계사들은 자료 유효수명을 3-10년으로 설정하여 감가상각을 적용해야 한다고 주장한[3] 반면에 크리스찬슨(E. Christianson)은 표준 기대수명을 모든 장서에 적용하도록 제안한 바 있다.[4] 그런가 하면 마르맨(E. Marman)은 도서, 정기간행물, 시청각자료의 잔여 유효수명에 근거한 감가상각비 산출모형을 〈그림 5-5〉처럼 제안한 바 있다.[5] 이 모형은 주제를 선정한 후 수명측정에 관한 선행연구를 근거로 기대 유효수명을 추정하고, 표본 100권을 추출하여 판권연도와 구입원가를 확인한 다음에 추출한 판권연도 및 구입원가에 표본수를 곱하여 각각 평균을 계산한다. 이렇게 산출한 잔여 유효수명 산출공식(L = C - (D

$$V = \left[\frac{C - (D - A)}{C}\right] \times B \times N$$

V : 감가상각비,   A : 표본의 평균 판권연도
B : 평균 구입가,   C : 기대 유효수명
D : 현재연도,   L : 잔여 유효수명(C-(D-A)/C)
N : 장서수

〈그림 5-5〉 자료 감가상각비 산출공식

- A) / C)에 평균 구입가(B)와 장서수(N)를 곱하면 주제장서의 감가상각비가 된다. 가령 표본의 평균 판권연도(A)가 2012년, 평균 구입가(B)가 20달러, 기대 유효수명(C)이 20년, 현재연도(D)가 2022년, 장서수(N)가 5천 권이면 모집단의 감각상각비(V)는 1만 달러가 된다.

(3) 비용 분석방법

도서관 제비용은 다양한 기준과 방식으로 분석할 수 있다. 모든 업무를 인건비와 기타 비용으로 나누어 분석·합산하거나, 인건비를 포함한 단위당 비용을 기능별 또는 업무별로 산출할 수 있다. 그 외에 업무성과나 규모의 경제성을 측정할 목적으로 비용-효과, 비용-효율, 비용-편익을 분석할 수도 있다.

가. 인건비 분석

도서관 인건비가 산출되면 총비용도 추계할 수 있다. 그러나 인건비 산출은 업무별 표준 소요시간을 측정해야 하는데 개인별 능력, 직무 난이도, 처리과정 전산화 정도에 따라 달라지기 때문에 쉽지 않다. 그 대안으로 급여와 근무시간을 대비한 시간당 비용산출 방법이 많이 사용된다.

가령 〈표 5-3〉에서 정리담당 사서의 연봉이 3천만 원이고 주당 40시간 근무할 경우, 연간 총근무시간은 2,080시간이고 시간당 인건비는 14,423원이다. 그러나 업무 외적인 일(접대, 회의, 휴식 등)을 감안하면 1일 8시간을 업무에 전념하기 어렵기 때문에 총근무일수(시간)에서 법정 휴가일수(20일),[6] 연평균 병가일수(6일), 하루 근무시간 중 휴식시간(약 15분

〈표 5-3〉 대학도서관 근무시간 및 인건비 산출

구분	연간 근무시간	시간당 인건비
총근무 시간	8시간(1일) × 260일 = 2,080시간	3천만 원 ÷ 2,080시간 = 14,423원
순근무 시간	7.5시간(1일) × 234일 = 1,755시간	3천만 원 ÷ 1,755시간 = 17,094원

씩 2회)을 제외해야 한다. 따라서 실제 연간 근무일수는 234일, 1일 근무시간은 7.5시간으로 감소하고 시간당 인건비는 17,094원으로 증가한다.

이러한 인건비 산출을 공식화한 미엘케(L. Mielke)는 생산시간에 근거하여 직접비용을 분석하는 공식을 〈그림 5-6〉7)과 같이 제시하였다. 이를 적용하여 근무시간(1일 7시간 기준)을 산출하면 1,512시간 [(365일 - (주말과 주일 104일 + 법정 공휴일 15일 + 유급휴가 15일 + 병가 10일 + 기타 5일)]이고 연봉 3천만 원인 직원의 시간당 인건비는 19,841원(3천만 원 ÷ 1,512시간)이 된다.

$$D = A - (W + H + V + S + P)$$

A : 1년(365일), W : 주말, H : 휴일,
V : 유급휴가, S : 병가,
P : 개인이 사용한 일수

〈그림 5-6〉 인건비 산출공식

나. 단위비용 분석

단위비용(單位費用, unit cost)은 대학도서관이 어떤 산출물을 생산하는데 투입한 총비용에 대한 단위당 평균비용이다. 이를 분석하려면 산출단위를 결정하고 각각을 합산해야 한다. 산출단위는 각종 업무나 서비스이고, 총비용은 업무나 서비스를 위한 인건비에 비품과 소모품을 합산한 비용이다. 가령 대학도서관이 연간 2억 원을 지출하여 2만 권을 정리할 경우, 단위비용 산출공식[N단위 산출비용(CN) / 단위수(N)]을 적용한 1권당 정리비용(단위비용)은 1만 원이다. 그 외에 기능별 소요시간을 측정하여 단위비용을 산출할 수도 있다. 만약 연간 2억 원을 지출하여 2만 권을 정리하는데 소요된 총시간 중 분류가 40%, 편목이 30%, 기타 장비작업이 30%라면 1권당 분류비용(단위비용)은 4천 원(2억 원 × 0.4) ÷ 2만 권)이고, 역으로 1권당 단위비용을 근거로 1권당 분류비용[4천 원 = (2억 원 ÷ 2만 권) × 0.4]을 계산할 수 있다. 다만, 도서관 업무의 단위당 평균비용에는 간접비, 한계비용, 암묵적 비용 등이 내재하거나 복합적으로 영향을 미친다는 점에 유의해야 한다.

다. 투입-산출 분석

대학도서관이 인건비나 단위비용을 산출하더라도 그것으로 업무성과나 규모의 경제성을 파악할 수는 없다. 투입물과 산출물을 비교하여 비용 대비 효과, 효율, 편익을 분석해야 한다.

먼저 비용-효과(cost-effectiveness)는 주어진 비용수준에서 최대 성과를 확인하는 산출지향적(產出指向的) 분석으로, 업무성과 및 서비스 수준의 극대화에 주목한다. 주요 지표는 이용자수, 대출건수, 서비스 만족률 등이다.

다음으로 비용-효율(cost-efficiency)은 최소 비용으로 목표한 산출수준을 측정하는 투입지향적(投入指向的) 기법으로, 목표 달성여부에 방점을 둔다. 대표적인 척도가 단위비용이다. 가령 목록업무에서 자체편목보다 복제편목 비율을 높이면 비용이 감소하여 정리업무 효율성이 증가한다.

마지막으로 비용-편익(cost-benefit)은 투입비용(또는 소요비용)과 산출편익을 대비하는 가치지향적(價值指向的) 분석이다. 단기 분석보다 장기적 의사결정에 자주 사용되며, 특히 건물 리모델링, 디지털 장서 개발을 위한 서버 구입 등 자본투자를 결정할 때 유

$$투자효과 = \frac{절감비용}{투자비용}$$

$$회수기간 = \frac{투자비용}{절감비용}$$

〈그림 5-7〉 비용-편익 분석 공식

용하다. 이를 위한 방법에는 〈그림 5-7〉과 같이 투자효과(投資效果, Return on Investment)와 회수기간(回收期間, payback period)이 있다. 어떤 대학도서관이 단열공사에 1천 만원을 투자하여 연간 연료비 절감이 250만 원이라면 연간 수익률은 25%, 회수기간은 4년이 된다. 다른 부문에 투자한 경우보다 수익률이 높거나 회수기간이 짧으면 훌륭한 투자로 간주할 수 있다.

이상의 투입-산출 분석은 편익이 지출비보다 많아야 한다는 것을 전제로 한다. 다만 비용-효과는 일정한 수준의 효과를 유지하면서 서비스 투입비용을 절감하거나 효과를 제고시키면 달성되는 반면에 비용-편익은 편익가치가 지출비보다 높음을 증명해야 정당화될 수 있다.

1.3 예산관리의 중요성과 기본원칙

1.3.1 예산관리의 중요성

대학도서관 예산은 통상 학년도 단위로 수립한다. 내용적 측면에서는 연간 수행업무 뿐만 아니라 중장기 사업계획을 포함하며, 구조적 관점에서는 연간 예상되는 수입액(세입)을 지출계획인 세출형식으로 구성·배분한다. 그 함의 및 관리의 중요성은 다음과 같다.

- 예산은 인력과 함께 도서관 경영자원의 요체일 뿐만 아니라 모든 직무수행을 정당화하는 요소다. 중장기 발전계획, 하이브리드 장서개발정책, 다양한 지식정보서비스 전략 등을 수립하더라도 예산이 수반되지 않으면 무용지물이기 때문이다.
- 예산은 도서관의 모든 활동을 집약한 문서로 향후 행동방향을 제시한다. 편성내역을 보면 연간 수행할 우선순위와 골자를 간파할 수 있고 추진일정도 가늠할 수 있다.
- 예산은 도서관의 정책적 및 실무적 계획기능 외에 조정과 통제, 커뮤니케이션, 실적평가, 동기부여 등을 포함하므로 성과측정 및 관리통제의 수단이다.
- 회계연도에 편성·집행한 예산은 익년도 예산요구 및 계획수립을 위한 기초데이터로 활용될 뿐만 아니라 재정주체에게 설명할 원천자료다.
- 예산관리는 경영관리 효율성, 장서개발 최적화, 지식정보서비스 극대화 및 만족도 등에 결정적인 영향을 미친다.
- 예산관리는 합리적 계획, 효율적 집행관리, 객관적 평가가 전제되어야 낭비와 부실을 막을 수 있다.
- 예산편성 및 집행결과는 도서관이 당초 설정한 목적·목표의 달성여부를 평가하거나 타당성과 적절성을 판단할 때 중요한 근거가 된다.

1.3.2 예산관리의 기본원칙

대학도서관은 학내 부속시설 중 규모변수가 가장 방대하다. 그 만큼 많은 예산이 투입된다. 그 재원이 국립대는 세금이고, 사립대는 등록금 비중이 절대적이다. 따라서 예산계획을 수립하고 편성·집행하는 과정에서 합리성, 타당성, 적법성을 확보해야 한다. 이를 위해 준수해야 할 기본원칙은 〈그림 5-8〉과 같다.

① 회계연도 독립성(獨立性) 원칙 : 회계연도에 사용할 경비의 재원은 당해연도 수입으로 조달·지출해야 한다.
② 재정운영 건전성(健全性) 원칙 : 대학도서관은 수입과 지출의 균형을 통해 재정적 적자를 초래하지 않아야 한다.
③ 총계주의(總計主義) 원칙 : 모든 수입은 세입으로, 모든 지출은 세출로 잡아 대학도서관 예산으로 편성해야 한다.

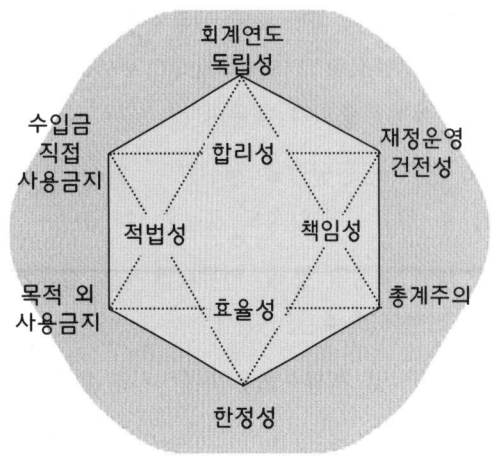

④ 한정성(限定性) 원칙 : 예산연도 및 항목 간에는 한계가 명확해야 한다. 이를 위해서는 회계연도 독립성을 준수해야 하며 초과 지출하지 않아야 한다.

⑤ 목적 외 사용금지(使用禁止) 원칙 : 대학도서관 세출예산은 편성목적 외 용도로 사용하지 않아야 한다.

⑥ 수입금 직접 사용금지(使用禁止) 원칙 : 모든 수입금(현금예산)은 직접 사용할 수 없고 대학 지정기관에 수납되어야 한다. 다만, 사립대의 경우, 「사학기관 재무·회계 규칙」 제6조에서 '입찰보증금, 계약보증금 등 보관금과 잡종금'은 예외로 규정하고 있다.

〈그림 5-8〉 대학도서관 예산관리 기본원칙

도서관 예산항목 중 인건비는 경상비에 속하고 운영비는 비중이 낮기 때문에 '예산 = 자료비'로 간주해도 무방하다. 따라서 예산계획을 수립하기 전에 고려해야 할 주요 환경변수는 자료비와 관련된 학술커뮤니케이션 경로, 대학 연구집단의 학술정보 선호도 및 이용행태, 전자자료 라이선스 비용이다.

제2절 예산관리 환경 분석

2.1 학술커뮤니케이션 경로의 다변화

도서관 입장에서 학술커뮤니케이션은 자료의 생산·유통, 수집과 보존, 접근과 이용, 재생산의 반복이다. 최근에는 학술연구 저작권, 가격문제, 대안적 출판모형, 접근이용 방안, 오픈 액세스 등으로 영역이 확대되고 있다.

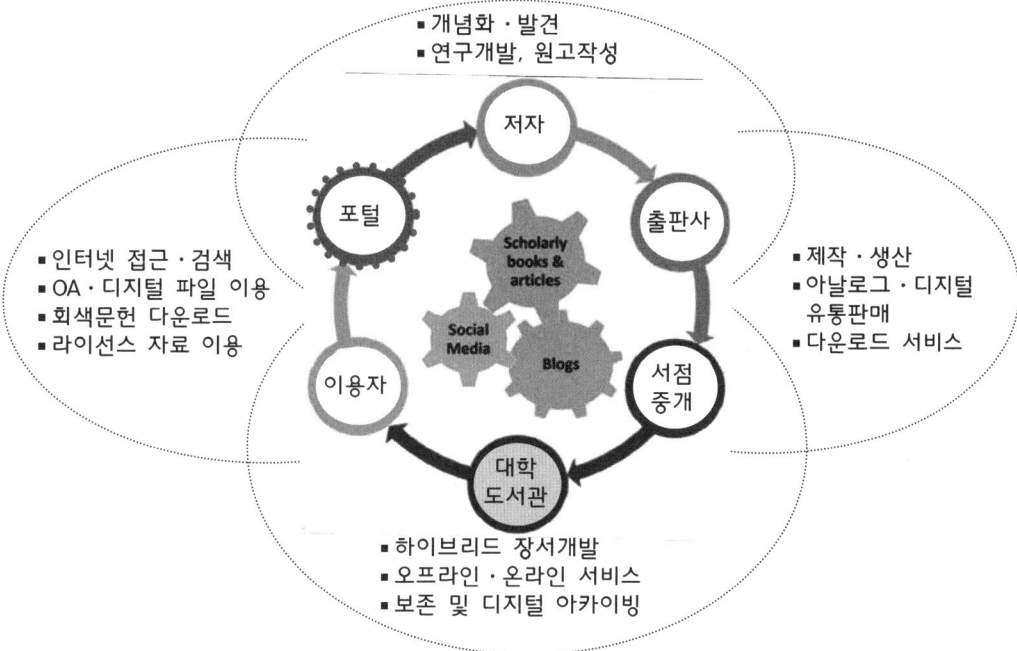

〈그림 5-9〉 학술커뮤니케이션 사이클과 서비스 지형

　가장 보편적인 학술커뮤니케이션 사이클은 아이디어의 개념화 및 발견, 제작·생산과 유통, 대학도서관의 자료수집 및 라이선스 확보, 접근·검색과 이용, 보존과 아카이빙을 반복하는 과정이다. 과거의 전통적 이용경로는 〈그림 5-9〉에서 저자와 출판사가 실물자료(도서, 학술지, 회색문헌, 기타)를 생산하고 도서관이 수집·보존하면 방문대출 또는 원격 이용하였다. 그런데 1990년대 중반부터 인터넷 기반의 다양한 전자자료를 온라인, 모바일, SNS로 이용하는 비율이 증가함에 따라 대학도서관 입지가 약화되고 있다.

2.2 대학 학술정보 이용행태 변화

　대학 연구집단이 선호하는 학술연구정보는 전공분야에 따라 약간 차이가 있다. 통상 인문계 교수는 단행본과 원전을 중시하는 반면에 이공계 연구자는 최신 학술지와 연구보고서를 많이 이용한다. 그리고 사회과학자는 세부 전공에 따라 다르지만, 역시 학술지에 방점을 둔다.

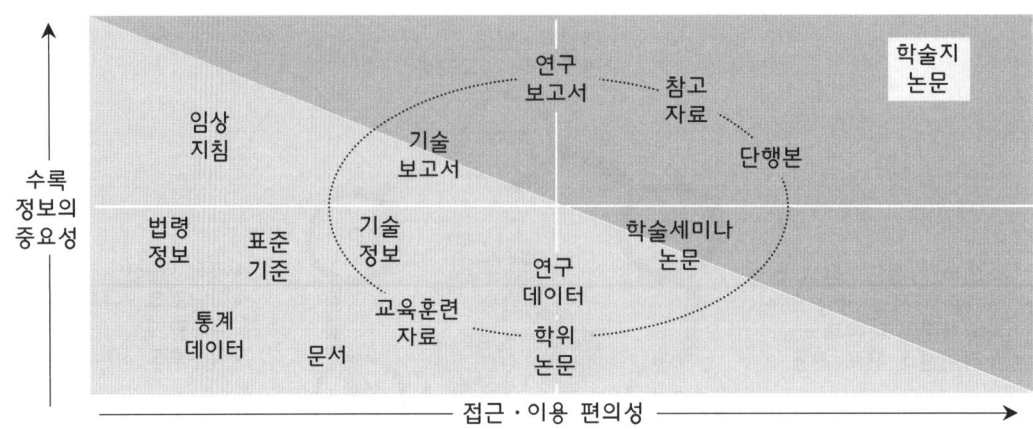

〈그림 5-10〉 대학 연구집단의 학술연구정보 선호도 스펙트럼

〈표 5-4〉 연구집단의 학문분야별 및 국가별 학술연구자료 중요성 비교

구분	학문분야						국가/대륙					
	과학	의학	컴퓨터 과학	공학	사회 과학	인문 예술	미국 캐나다	중앙 남미	유럽 러시아	호주뉴 질랜드	아시 아	아프 리카
학술지	1.44	2.21	1.75	2.22	1.63	1.40	2.37	1.69	2.03	2.33	1.71	1.79
학술서	1.79	2.65	2.61	2.60	1.92	1.57	2.71	2.14	2.45	2.33	2.12	2.06
회의자료	3.19	2.69	2.04	2.65	2.81	2.73	2.91	3.24	2.84	3.08	2.49	2.62
교재, 핸드북	2.13	3.00	2.84	2.64	2.64	2.45	3.02	2.55	2.97	3.25	2.47	2.21
전문·무역잡지	2.63	2.25	2.84	2.77	2.70	3.05	2.94	2.62	2.95	3.08	2.68	2.58
표준	3.38	2.67	2.87	2.59	2.80	3.06	2.75	2.82	3.39	3.27	2.77	2.85
정부문서, 보고서	3.44	2.46	3.02	3.01	2.48	2.70	2.95	3.03	3.22	3.08	2.69	2.68
매뉴얼·스펙시트	3.00	2.97	3.06	2.57	3.37	3.65	3.00	3.07	3.48	4.08	3.04	2.89
신문·뉴스사이트	3.25	3.08	3.41	3.39	3.72	2.62	3.42	2.83	3.37	3.83	2.96	2.86
블로그	3.81	3.08	3.00	3.50	3.13	3.26	3.74	3.24	3.58	4.09	2.97	3.15
대중서	3.56	3.42	3.70	3.50	3.44	4.12	4.15	3.32	4.12	4.09	3.25	3.23
쇼셜 미디어	4.06	3.52	3.74	4.10	3.29	3.50	4.25	3.79	4.09	4.50	3.53	3.45
기타	3.75	4.13	3.40	3.20	2.90	3.00	4.93	4.50	5.07	4.20	4.15	3.14

1 절대 필수적, 2 매우 중요함, 3 중요함, 4 다소 중요함, 5 전혀 중요하지 않음

그럼에도 전반적 이용행태는 사독제(査讀制, Peer Review)가 적용되는 학술지 비중이 가장 높다.[8] 그 이유는 최신 연구동향 파악, 중복연구 방지, 배경정보 수집을 위한 선행연구 분석, 연구비를 신청할 때 제시한 연구결과 게재지 조건, 대학 교수업적 평가에서의 비

중 등이 복합적으로 작용하기 때문이다. 이어 단행본, 참고자료, 학술회의 자료, 회색문헌 등을 많이 이용한다. 자료에 수록된 학술연구정보의 중요성 및 접근·이용 편의성을 기준으로 선호도 스펙트럼을 제시하면 〈그림 5-10〉과 같다. 2018년 티노퍼(C. Tenopir) 등[9]이 각국 연구자 591명(과학 30명, 의학 48명, 컴퓨터과학 63명, 공학 193명, 사회과학 199명, 인문예술 48명 기타 10명)을 조사·분석한 〈표 5-4〉가 방증한다. 더욱 명시적인 데이터는 2018년 OhioLINK에 참여하는 117개관(88개관은 오하이오주 소재 대학도서관) 중 34개관의 컨소시엄 활동을 분석한 결과, 〈그림 5-11〉과 같이 라이선스 학술지(EJ), 디지털 학위논문(ETD), 전자도서, DB 순으로 많이 이용하였다. 인쇄자료 이용은 전체의 9.84%에 불과하였다.[10]

이처럼 연구집단이 가장 중시하는 학술지는 개인적으로 구독하기 어렵기 때문에 대학도서관이 제공할 수밖에 없다. 그것도 접근·이용의 편의성을 감안하면 전자버전을 우선해야 한다. 그러나 라이선스 학술지는 개별 종수가 아닌 패키지 형태로 유통될 뿐만 아니라 매년 물가상승률을 훨씬 상회하는 비율로 인상되고 있어 대학도서관 예산계획에서 최대 난제로 부상하였다.

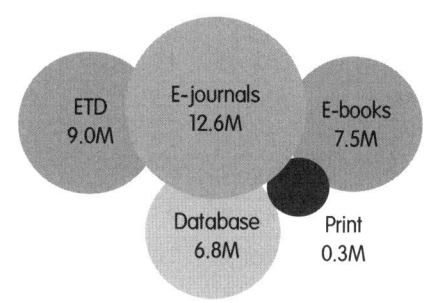

〈그림 5-11〉 OhioLINK 컨소시엄의 인쇄자료와 디지털 자료 이용비중(2018)

2.3 주요 출판사의 학술지 독과점화

지식정보시장에서 총아로 부상한 학술지는 공공재인가, 사적재인가. 그것은 공공재의 비경합성(non-rivalry)과 사적재의 배제성(exclusivity)을 함축하므로 준공공재(semi-public goods)로 간주하는 것이 합당하다. 공급적 측면에서는 물량을 늘릴수록 평균비용이 한계비용에 근접할 정도로 감소하는 반면에 편익적 관점에서는 공급비용이 편익보다 낮은 비율로 증가하지만 지불능력이 없으면 배제되기 때문이다.[11]

그럼에도 지구촌 학술연구정보 유통시장은 소수 출판사가 독과점하고 있다. 2014-2018년 「Journal Citation Report」에 수록된 주요 출판사의 각종 지표별 점유율을 정리한 〈표 5-5〉에서 확인할 수 있다. 10대 출판사가 수록종수(12,201종)의 62.8%(7,665종)를 점유하는 반면에 나머지 모든 출판사는 합해도 37.2%에 불과하다. 이러한 독과점화로 학술지 가격은 물가상승률이나 고등교육지수보다 훨씬 높은 비율로 인상되어 왔다. 국내의 경우, KESLI 컨소시엄을 통한 전략적 협상에도 불구하고 학술지 구매자(소비자)인 대학도서관의 지위를 '갑'에서 '을'로 전락시켰고 예산부담을 심화시켜 왔다.

〈표 5-5〉 세계 10대 학술지 출판사의 JCR 비중(2014-2018)

구분	종수 (%)	논문수 (%)	인용 (%)	영향계수 (IF)
Elsevier	1,849(15.1)	24.9	26.8	22.2
Springer	1,904(15.6)	15.4	12.0	17.5
Wiley	1,267(10.4)	9.7	12.0	12.8
T&F	1,222(10.0)	4.8	2.8	6.9
Sage	630(5.2)	2.5	2.0	4.1
OUP	287(2.3)	2.2	3.8	3.1
ACS	56(0.5)	2.8	5.1	1.3
Kluwer	242(2.0)	2.1	2.7	2.3
IEEE	166(1.4)	2.3	2.0	2.0
RSC	42(0.3)	2.4	1.8	0.9
계	7,665(62.8)	69.1	71.0	73.1

비고 (학술지 종수 점유율 순위): Springer 15.6, Elsevier 15.1, Wiley 10.4, T&F 10.0, Sage 5.2, OUP 2.3, Kluwer 2.0, IEEE 1.4, ACS 0.5, RSC 0.3. JCR 수록종수 점유율(%). Top-10 62.8%, 기타 37.2%.

2.4 학술지 라이선스 비용부담 심화

대다수 대학도서관은 인터넷, 디지털, 모바일 기반의 학술연구정보 유통환경과 연구집단 이용행태 변화에 적극적으로 대응하기 위해 라이선스 전자자료 수집비중을 늘리고 있다. 그 요체는 패키지형 전자잡지와 Web DB다. 양자를 수용하는 데 따른 비용부담은 그 동안 대학도서관이 배정해 왔던 자료유형별 예산구조를 통째로 뒤흔드는 동시에 최대 압박요인으로 작용하고 있다.

먼저 지난 20년간(1998-2018) 지구촌 연구도서관계를 대표하는 ARL 소속 대학도서관의 지출비율을 집약한 〈그림 5-12〉를 보면 총 지출은 68% 증가한 반면에 자료비 지출은 123%, 전자형 연속간행물인 계속자료는 166% 증가하였다.[12] 약 23% 증가한 단행본과 비교하면 무려 143%나 더 많다. 인쇄형 과학기술의학(STM) 학술지의 가격 급등에 이어 패키지형 전자잡지의 라이선스 비용이 급증한 데서 기인한다. 〈표 5-6〉에서 ARL 회원관 전체의 1개관당 평균 계속자료 지출비율도 전체 자료비의 그것보다 높다.[13]

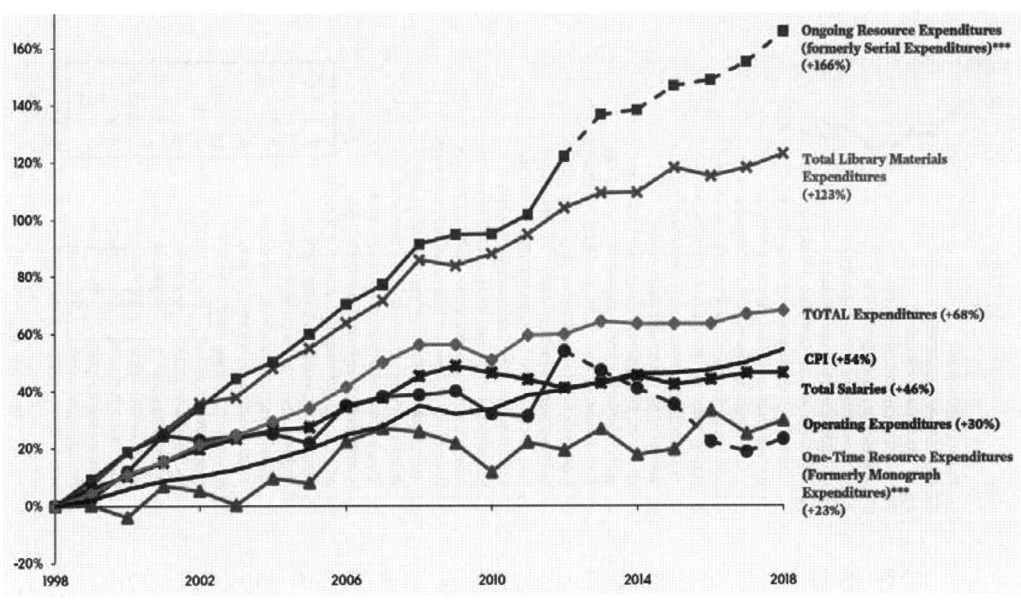

〈그림 5-12〉 ARL 소속 대학도서관 지출 추이(1998-2018)

〈표 5-6〉 ARL 회원도서관의 자료비 평균 지출률 추이(1999-2018)

구분	평균 지출비율(%)		비고(증감 추이)
	도서관 자료	계속자료 (전자자료)	
1999-2000	6.3	6.7	
2001-2002	5.8	7.6	
2003-2004	6.3	6.5	
2005-2006	7.3	8.1	
2007-2008	5.8	4.9	
2009-2010	0.7	1.4	
2011-2012	5.3	8.1	
2013-2014	2.0	4.7	
2015-2016	2.6	2.1	
2017-2018	1.3	1.9	

다음으로 지난 40년간(1975-2016) 일본 국공립대학도서관의 예산지출 증감추이를 집약한 〈그림 5-13〉[14]을 보면 대학 총경비 중 도서관 예산은 절반(약 2% → 1%)으로 감소하였다. 자료유형별 지출의 경우, 도서와 인쇄잡지는 감소하는 반면에 전자잡지와 DB는 증가하는 추세다.

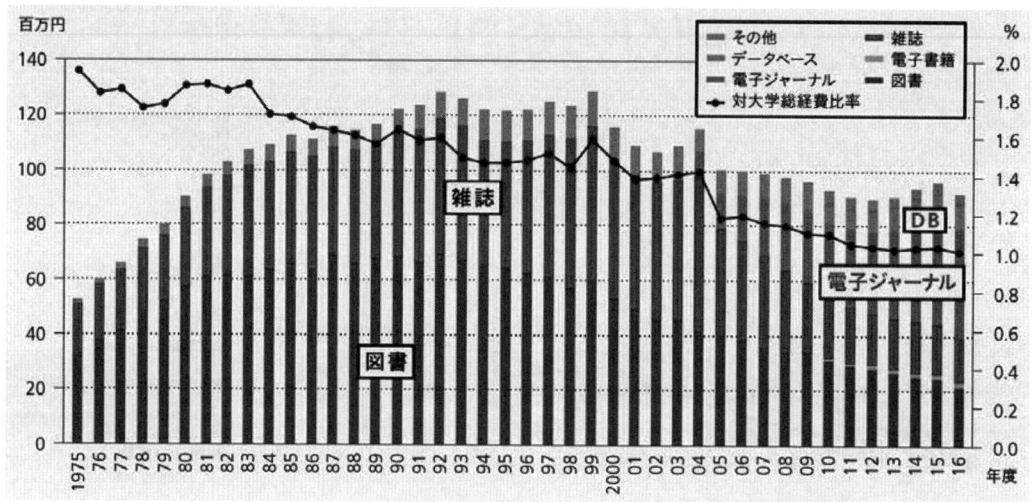

〈그림 5-13〉 일본 국공립대학도서관 1개관당 평균 자료비 추이(1975-2016)

〈표 5-7〉 국내 대학도서관 자요유형별 구입비 비율(2015-2019)

구분	전자자료 (%)	기타 자료 (%)	비고 (전자자료 유형별 구입비 비율, 2019)
2015	64.2	35.8	
2016	64.8	35.2	
2017	65.5	34.5	Top-10 62.8% / 기타 37.2%
2018	65.3	34.7	
2019	67.5	32.5	
평균	65.4	34.6	

마지막으로 국내 대학도서관의 최근 5년간(2015-2019) 결산액을 기준으로 자료구입비 비율을 집계·비교하면 〈표 5-7〉과 같다.[15] 전자자료와 기타 자료의 구입비 비율은 평균 '65.4% : 34.6%'로 전자자료가 2배에 근접한다. 그리고 전자자료의 유형별 구입비는 Top-10 전자자료의 비중이 62.8%이고 세부적으로는 전자잡지와 Web DB가 94.8%로 절대적인 비

중을 차지하고 있다.

요컨대 대학도서관은 인터넷 및 디지털에 기반을 둔 학술커뮤니케이션 경로에 다변화에 따른 이용자 우회현상을 좌시할 수 없고, 연구집단의 학술지 의존도 심화에 주목하여 자료비 지출을 늘려왔다. 그럼에도 학술지를 독과점한 주요 출판사는 패키지형 DB의 라이선스 가격을 지속적으로 인상하여 대학도서관 예산부담을 심화시키고 있다.

제3절 예산계획과 배정기준

3.1 예산계획

대다수 조직체의 예산과정은 계획서 작성, 배정과 편성, 집행과 결산, 감사로 단순화할 수 있다. 이를 대학도서관에 적용하면 〈그림 5-14〉처럼 대학이 예산계획 및 편성지침을 통보하면 대개 서무행정 부서가 주관하여 예산자료를 수집하고 계획서를 작성한 후 승인절차를 거쳐 집행하고 결산내역을 작성·보고하는 순서로 진행된다.

이러한 예산계획은 대학도서관 재무관리에서 거시적 순환과정이고, 미시적으로는 사명과 목

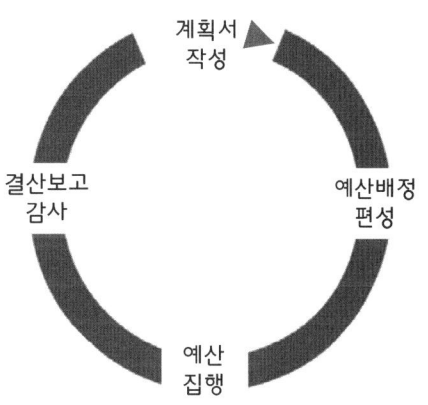

〈그림 5-14〉 대학도서관 예산과정

적을 달성하기 위한 경영계획의 일부다. 그 요체는 충분한 재원을 확보하는 일이다. 예산만큼 가변적이고 정치적인 영향 받는 경영자원도 없기 때문이다. 예산계획서를 준비할 때 논리적 정당성과 현실적 적합성을 확보하여 대학 및 예결산위원회 등에 설명책임을 강화해야 한다.

이를 위해서는 예산배정과 관련된 단계별 의사결정자를 이해할 필요가 있다. 대학도서관 예산은 통상 총장(이사회)이 최종 결정하며, 배정된 예산총액 중 자료비는 관장 및 대

학 예산책임자(국립대 사무국장, 사립대 기획처장 등) 소관사항이다. 그리고 확정된 자료비의 도서관별(주제관, 분관, 분실), 자료유형별, 주제별 배분은 관례상 주무 부서장이 계획하고 관장이 확정한다.

3.2 예산 배정기준

3.2.1 대학 총예산 대비 도서관 예산

도서관이 대학의 교수학습 및 학술연구를 최대한 지원하기 위해서는 충분한 예산을 확보해야 한다. 이에 대한 기준은 국가나 학자에 따라 다르다.

오랫동안 대학도서관계 규범으로 간주된 ALA 「Standards for College Libraries, 1995년」과 영국 국립·대학도서관상임회(Standing Conference of National and University Libraries)는 대학 총예산(자본적 경비와 시설유지비 제외)의 6%를 제시하였다.16) 일본 「國立大學圖書館改善要項」은 대학 총경상비의 10%, 2013년판 「한국도서관기준」은 대학 총경상비(인건비 포함, 시설비·병원비·산학협력단 회계 제외)의 5%를 권장하였다.17)

그러나 실제로 대학 총예산의 5% 내외를 도서관에 배정하는 국가는 없다. 지난 34년간(1983-2017) ARL 회원관의 대학 총지출 대비 도서관 지출의 점유비율 변화를 나타낸 〈그림 5-15〉가 방증한다.18) 계속 감소하는 추세다. 2019년 말을 기준으로 미국, 일본, 한국을 비교한 〈표 5-8〉을 보면 모두 3% 이하이며, 한국이 가장 낮게 배정하고 있다.19)

이처럼 대학 총예산 대비 도서관 예산의 비중이 낮은 이유는 대학이 재정적 어려움에

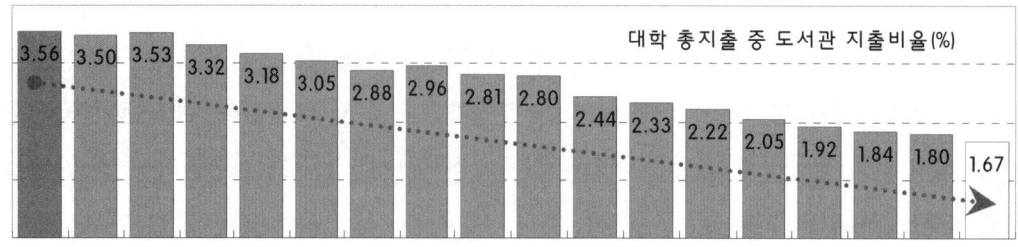

〈그림 5-15〉 ARL 회원관 대학 총지출 대비 도서관 지출비율 변화(1983-2017)

〈표 5-8〉 주요 국가의 대학 총예산 대비 도서관 예산 비율(%)

구분	도서관수 (개)	대학 총예산 대비 도서관예산 비율	비고
미국(ARL, 2017)	114	1.67	미국(ARL, 2017): 1.67
일본(2019)	792	2.00	일본(2019): 2.00
한국(국공립대, 2019)	52	1.26	한국 국공립대(2019): 1.26

직면하자 부속기관 중 예산규모가 가장 방대한 도서관의 자료비 및 운영비를 축소하기 때문이다. 그럼에도 고품질 교육학술자료 및 지식정보서비스를 제공하여 교육·연구경쟁력을 강화하기 위해서는 대학 총예산 대비 도서관예산의 비율을 높여야 한다. 특히 국내 대학도서관의 지식정보 인프라가 영미 및 일본의 절반에 미달하는 점을 감안하면 선진국 배정수준을 비교 잣대로 삼는 것은 바람직하지 않다. 오히려 선진국보다 높게 배정해야 격차를 줄일 수 있기 때문이다. 따라서 대학도서관은 예산부서와 교수를 상대로 적정 배정기준의 중요성을 설파해야 한다.

3.2.2 도서관 예산의 항목별 배정

도서관이 대학 총예산의 5%를 확보하지 못하는 상황에서 차선책은 배정된 예산의 항목

〈표 5-9〉 대학도서관 예산의 항목별 배정기준

구 분	인건비	자료비	기타
ALA 「Standards for College Libraries」	50-60	35-45	-
일본 「國立大學圖書館改善要項解說」	50-60	30-40	10
KLA 「한국도서관기준, 2013」	50±10	40±10	10

〈표 5-10〉 미국 및 일본 대학도서관의 예산항목별 배정비율(%)

구분	인건비	자료비	운영비	비고
미국 ARL (2018년, 116개)	42.32	46.05	11.63	미국: 인건비 42.32, 자료비 46.05, 운영비 11.63
일본 (2019년, 782개)	27.7	48.7	23.6	일본: 인건비 27.7, 자료비 48.7, 운영비 23.6

별 배정비율을 적정하게 유지하는 것이다. 주요 국가의 예산항목별 권장기준은 〈표 5-9〉와 같이 인건비 50%, 자료비 40%, 기타 운영비 10% 내외다. 실제 미국과 일본의 예산항목별 배정비율을 집계한 〈표 5-10〉을 보면 약간의 차이가 있다.[20] 그러나 국내는 예산항목별 배정비율을 확인할 수 없다. 관료적 행정과 잘못된 관행에서 기인한다. 한국도서관협회, 국공립사립대학도서관협의회 통계자료, 국가도서관통계시스템, 교육부 및 한국교육학술정보의 「대학도서관 통계분석 자료집」 등 어디에도 인건비를 포함한 항목별 배정금액을 제시한 데이터는 없다.

어느 조직체든 경상비에 속하는 인건비가 예산총액의 50%에 미달하면 구성원 업무부담이 증가하는 반면에 60%를 상회하면 예산운영에 심각한 제약이 따른다. 인

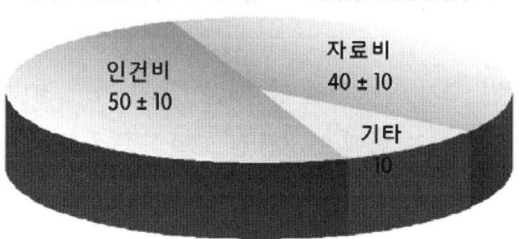

〈그림 5-16〉 대학도서관 예산의 항목별 적정 배정기준

건비 비중이 과도하면 자료비와 운영비 축소가 불가피하고 그 반대가 되면 업무적 및 심리적 부담이 가중되므로 적정 비율을 유지해야 한다. 따라서 대학도서관 예산항목별 배정은 〈그림 5-16〉처럼 '인건비 50%±10%, 자료비 40±10%, 기타 10%'로 구성하면 무리가 없다. 그리고 인건비 중 약 2%를 교육훈련비로 책정해 인적 역량을 강화할 필요가 있다.

3.2.3 자료유형(매체)별 배정

도서관 총예산 중 자료예산의 배정비율은 40-50%가 적정 수준이다. 자료예산은 도서비(단행본, 전자도서), 연속간행물비(인쇄잡지, 전자잡지, Web DB), 기타 자료비(시청각자

〈표 5-11〉 미국 · 일본 · 한국 대학도서관의 자료유형별 예산배정 비율(%)

구분	단행본(도서)	연속간행물(잡지)	전자자료	기타(시청각 포함)	비고
미국 ARL (2018년, 116개)	14.5	-	78.7	5.8	
일본 (2019년, 782개)	22.2	16.3	58.2	3.9	
한국 (2018년, 247개)	23.0	6.5	69.9	0.7	

료, 제본비 포함)로 구분할 수 있다. 주요 국가 대학도서관의 자료유형별 배정비율은 〈표 5-11〉과 같이 인쇄도서는 20% 정도인 반면에 라이선스 전자자료(전자도서, 전자잡지, Web DB)는 70% 내외를 차지할 정도로 비중이 높다.[21]

그렇다면 자료유형(또는 매체)별 예산배정 비율은 어느 정도가 적정한가. 과거 마틴(M.S. Martin)이 연속간행물 지출한도를 자료예산의 60-70%[22]로 제안한 바 있으나, 패키지형 전자잡지와 Web DB를 수용해야 하는 현재는 준용할 여지가 없다. 대학의 성격, 학술연구 비중, 구성원의 선호도 및 이용행태를 우선 고려하여 결정하는 것이 최선이다. 예컨대 연구 및 대학원 중심 대학은 전자학술지에 예산을 집중하는 반면에 나머지는 자료유형별 균형을 유지할 필요가 있다. 전자잡지 이용과 연구성과는 〈그림 5-17〉과 같이 매우 유의한 정적 상관관계가 있기 때문이다.[23]

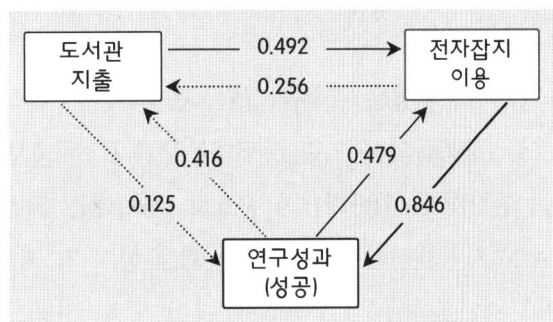

〈그림 5-17〉 대학도서관 지출과 전자잡지 이용, 연구성과의 상관관계

3.2.4 학문영역(이용집단)별 배정

대학도서관이 수집하는 단행본과 학술지의 학문영역(또는 이용집단)별 예산배정에 대한 적정 기준은 없다. 각 대학이 자료유형별 이용데이터를 논거로 배정비율을 결정하는 것이 현실적이다.

다만, 과거 영국도서관협회(LA)가 이용집단별로 자료예산을 배정할 경우에 학생(학부생 + 대학원생)에게는 동일한 배율을 적용하되, 교수는 학부생의 4-5배, 연구자는 학부생의 2배,

〈표 5-12〉 대학도서관 이용집단별 예산배정 가중치

구분	학부생	대학원생		교수
		석사	박사	
미국 ARL	1-2	4-5		8-10
캐나다 CARL	1	3.5		
Stanford University	1	2.8		2.4
Univ. of West Florida	1	2	2.5	

교육·연구를 겸하는 교수는 연구교수의 2배[24]를 제시한 것은 여전히 참고할 만하다. 또한 북미 대학도서관이 적용한 〈표 5-12〉[25]의 이용집단별 가중치(加重値) 비율도 준용할 수 있다.

제4절 예산편성 및 집행

4.1 예산편성 과정과 방법

4.1.1 예산편성 과정

도서관 재원은 대학을 설립·운영하는 주체에 따라 다르다. 국립대학의 수입은 국고보조금, 등록금의 순으로, 사립대는 등록금, 국고보조금의 순으로 많다. 세출의 경우, 국립대는 산단회계, 일반회계의 순으로, 사립대는 교비, 법인회계의 순이다.

2015년 제정된 「국립대학의 회계 설치 및 재정 운영에 관한 법률」(약칭 : 국립대학회계법) 제11조 제1항은 국립대학에 국가 및 지방자치단체의 지원금과 대학 자체수입금을 통합·운영하는 대학회계를 두도록 하였고, 제2항은 대학회계에 포함되는 전입금과 세입을 〈표 5-13〉과 같이 규정하고 있다. 사립대학에도 적용된다.

이러한 이유로 대학의 예산편성 기본원칙, 구체적 적용기준, 방법 등이 유사함에도 실제 대학도서관 예산편성 과정은 설립주체와 재원에 따라 달라진다.

〈표 5-13〉 대학회계에 포함되는 전입금 및 세입

국가·지방자치단체 전입금	대학 자체수입금 세입
1. 국가의 일반회계 및 특별회계로부터의 전입금 2. 지방자치단체로부터의 전입금	1. 「고등교육법」에 따라 설치·운영되는 교육과정 … 등에 따른 학생 또는 등록생 입학금, 수업료 및 그 밖의 납입금 2. 「평생교육법」 제2조제2호에 따른 평생교육기관 등록생의 수업료 3. 해당 대학에 입학 또는 등록하고자 하는 사람으로부터의 전형료 4. 대학원생 논문심사료 5. 수수료·사용료 및 불용물품 매각대금 6. 이월금 7. 다른 회계로부터의 전입금 8. 이자수입 9. 무형자산 및 도서매각대금 10. 그 밖의 수입

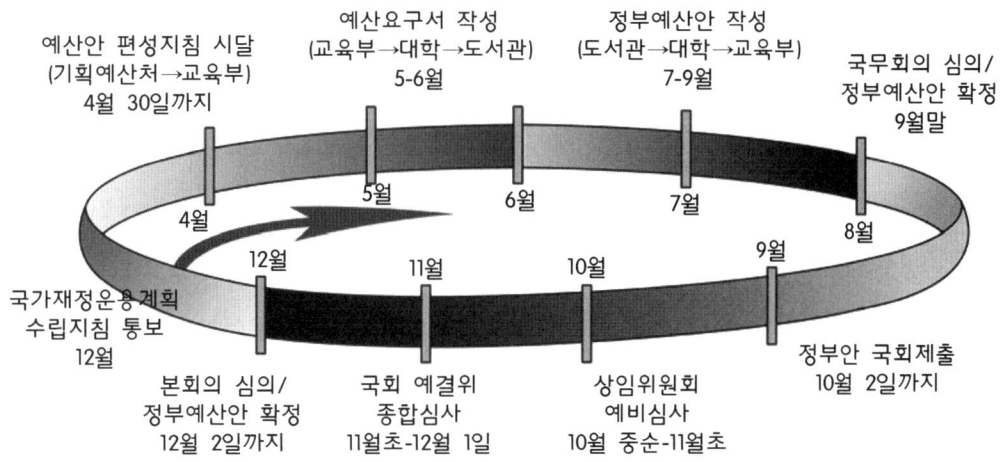

<그림 5-18> 정부예산(국립대학도서관) 편성일정 및 국회심의 과정

먼저 국립대학도서관 예산 중 일반회계에 속하는 국고보조금은 정부예산에 포함되어 편성된다. 그 일정 및 국회심의 과정을 시계열적으로 제시하면 <그림 5-18>과 같다. 그리고 대학도서관 예산의 편성·승인절차는 <표 5-14>[26)]와 같다. 다음으로 사립대학도서관은 교육부 예산지침과 무관하다. 통상 대학 예산부처에서 편성지침을 작성하고 총장 결재를 받아 시달하면 도서관은 지침에 의거하여 예산요구서를 작성·제출한다. 이어 대학본부(기획처)는 제출받은 예산요구서를 재정(또는 예산결산)위원회에 회부·심의한 다음에 최종안을 마련하여 총장 및 재단이사회 승인을 받으면 확정된다.

<표 5-14> 국립대학도서관 국고예산 편성과정

교육부 ↓	■ 정부 예산편성지침 시달 ■ 대학에 예산요구서 제출요청(4월초)
총 장 ↓	■ 도서관에 예산요구서 제출요청
관 장 ↓	■ 부서별 예산자료 수집 및 조정 ■ 예산요구서 제출
총 장 ↓ 사무국 예산담당관 ↓	■ 공통경비, 대학본부 사업 추가 ■ 요구서 조정 및 우선순위 결정 ■ 전년도 집행실적 분석 ■ 대학전체 예산요구서(안) 작성 ■ 재정(예결산)위원회 검토
총장결재 ↓	■ 예산요구서 최종안 작성 ■ 교육부 제출(4월 30일까지)
제출(교육부) ↓	■ 예산규모 조정 등 수정·보완
교육부 (예산서 확정)	■ 기획재정부장관에게 제출 (5월 31일까지)

4.1.2 예산편성 방법

(1) 품목별 예산제도

1920년대에 등장한 품목별 예산제도(品目別 豫算制度, Line-item Budgeting System)는 〈표 5-15〉처럼 주요 품(항)목을 인건비, 자료비, 소모품비, 여비, 기타 경비 등으로 구분한 후 각각에 예산액을 배정하는 방식이다. 대체로 전년도 예산편성이 양호하다는 전제 하에 증액된 예산을 원가(또는 물가)상승률에 비례하여 품목별로 안배하는 방식이기 때문에 증분식(혹은 적립식) 예산(incremental budget)으로도 지칭된다.

〈표 5-15〉 대학도서관 품목예산제도(LBS) 예시

LBS 품(항)목 구성	배정액(천원)
▪ 인건비(급여, 수당 등)	1,000,000
▪ 자료비(구입·구독료, 계약료, 임대료 등)	1,000,000
▪ 소모품비(가구, 비품, 사무용품 등)	5,000
▪ 여비(출장비, 회의비)	2,000
▪ 기타 경비(보험료, 전기료 등)	10,000

모든 대학도서관에 보편적으로 적용되는 LBS의 특징은 지출할 대상을 품목별로 나누어 한계를 명시함으로서 집행과정에서 품목 간 전용을 금지하고 유용이나 부정을 방지한다. 또한 적용시한이 당해연도며, 성과보다 비용에 방점을 두는 투입·통제지향적이다. LBS의 장단점은 〈표 5-16〉과 같다.

〈표 5-16〉 품목별 예산제도(LBS)의 장점과 단점

장점	단점
▪ 편성이 용이하고 이해하기 쉬움	▪ 품목간 전용이 어려움
▪ 사전 및 사후통제가 가능함	▪ 집행 및 성과가 경시되며, 지나치게 형식적임
▪ 지출관 권한과 재량을 제한하고 지출항목과 금액이 명백하여 회계책임도 분명함	▪ 예산편성 및 집행과정에서 자유재량을 제한함으로써 예상하지 못한 상황에 유연하게 대응하기 어려움
▪ 계수조정이 용이하고, 특히 삭감할 때 이해집단의 반발이 적음	▪ 세부 지출대상에 중점을 두기 때문에 도서관사업의 전체 개요를 파악하기가 쉽지 않음
▪ 동일한 목적의 사업이 품목별로 분산되어 통제하기 쉬움	▪ 정책이나 사업의 우선순위가 무시될 수 있고, 대안을 체계적으로 분석하지 않음
▪ 예산의 부당한 집행이나 부정을 방지하는데 효과적임	▪ 성과관리의 가치를 구현할 수 있는 기제와 운영시스템을 제시하지 못함

그런가 하면 LBS에 융통성을 부여할 의도로 일정한 예산을 대학도서관에 일임하는 방식이 일괄지출예산제도(一括支出豫算制度, Lump Sum Budgeting System), 일명 총괄예산제도)다. 대학이 예산편성지침을 하달할 때, 가령 품목예산에서 구입·구독료, 라이선스 계약료, 임대료 등으로 구분하던 자료비를 일괄 배정하고 도서관이 세목별로 결정한다. 따라서 LBS보다 편성·집행과정이 유연하고 전용이 쉽지만, 집행 및 성과의 연계성이 약하다.

(2) 성과주의 예산제도

1930년대 미국 제32대 대통령 루스벨트(F.D. Roosevelt)는 대공황으로 침체된 경제부흥, 일자리 창출, 경제구조 개혁 등을 위한 뉴딜정책(New Deal)을 추진하였다. 정부사업 규모가 증가함에 따라 효율적 관리, 서비스 전달체계가 필요하였다. 이에 LBS로는 해결할 수 없다고 판단하여 약점과 한계를 보완한 예산기법이 1950년대 개발된 성과주의 예산제도(Performance-Based Budgeting System)다.

PBBS는 정부 사업계획을 기초로 예산을 편성하는데, 예산과목을 기능별(정책사업, 단위사업 등)로 나누고 각각을 세분한 후에 세부사업별로 '단위원가 × 업무량'[27])을 산출하여 예산액을 정하는 방식이다. 따라서 항목별 편성이 아닌 사업단위별 배정, 투입보다 산출량과 비용에 초점을 맞춘 결과주의, 예산 관리기능, 편성·집행의 효율성 강조, 목표달성 여부의 평가 및 공개가 특징이다. 이 제도의 대학도서관 적용을 예시하면 〈표 5-17〉과 같다.

국내는 외환위기 직후인 2000년부터 정부 부처별 예산편성에 도입·확대하였으나, 대학도서관에 적용된 사례는 거의 없다. 일부 계량화할 수 있는 연간 증가책수, 열람·대출책

〈표 5-17〉 대학도서관 성과주의 예산제도(PBBS) 예시

PBBS 편성과정	정책사업	세부사업	도서관 목적과 목표	소요예산	성과(산출량)
성과목표 설정 → 사업계획 수립 → 예산편성 집행 → 성과측정 보고 (피드백)	디지털 장서개발	웹정보자원 개발	목적 : 심층웹 디지털 정보자원(PDF) 개발을 통한 주제별 가상서고 구축 목표 : 대학 구성원의 웹정보자원에 대한 접근성 제고를 통한 교육학술 지원기능 강화	원가 100원 × 업무량 1만 건 = 100만 원	2만 건

수, ILL/DDS 건수 등을 제외한 인적 서비스는 데이터 수집과 단위원가를 산출하기 어려울 뿐만 아니라 예산계획을 수립하는데 많은 시간과 노력이 필요하기 때문이다. PBS의 장단점은 〈표 5-18〉과 같다.

〈표 5-18〉 성과주의 예산제도(PBBS)의 장점과 단점

장점	단점
▪ 예산관리의 투명성과 신뢰성이 높음	▪ 품목별 예산제보다 작성 및 이해하기 어려움
▪ 예산집행에서 상당한 신축성이 보장됨	▪ 중장기 계획 및 단위사업과 비용 간 연계가 약함
▪ 예산정보 계량화로 합리적인 예산배정 결정과 편성시간을 단축할 수 있음	▪ 단위사업의 우선순위 결정과 정책대안 분석에 한계가 있고 사업구분과 단위원가 산정이 쉽지 않음
▪ 성과정보가 공개되어 부서 간 협력과 회계책임이 강화됨	▪ 현금지출 주체와 회계책임이 불명확하게 될 우려가 있음
▪ 성과지향적 체계로 예산관리의 질적 개선이 가능함	▪ 측정단위 결정과 원가분석을 위한 회계 및 예산전문가가 필요함

(3) 계획예산제도

미국 제36대 대통령 존슨(L.B. Johnson)이 위대한 사회사업을 시작하자 연방정부 지출이 급증하였다. 이에 사업 간 예산배분에서 비용-편익을 비교하여 합리성을 제고하는 방안이 논의되었다.

1965년 연방정부의 모든 부처에 도입된 계획예산제도(Planning Programming Budget System)는 중장기 기본계획(Planning)과 단기 예산편성(Budgeting)을 사업계획(Programming)과 연결하여 자원을 합리적으로 배분하는 제도다. 부언하면 계획기능과 예산을 프로그래밍으로 연계한 시스템적 기법으로 5년 단위의 장기 관점과 계획지향성, 사업계획 및 결정에 방점을 두었다. 따라서 PBBS와 비슷하지만 최종 사업단위 결정과정이 연역적이고 시스템적이며, 시계가 장기(5-7년 단위 연동계획)라는 점에서 차이가 있다. 이 제도를 대학도서관에 적용·예시하면 〈표 5-19〉와 같다.

이처럼 PPBS는 도서관 목적 및 목표를 달성하기 위한 복수 사업계획(프로그램)을 준비하여 각각 소요예산을 추계한 다음에 비용-효과를 분석하여 최적 사업계획을 선정하고 예산을 배정하는 다년간 자금계획서라 할 수 있다. 1961년 맥나마라(R. McNamara)가 미국 방부에 도입한 이래로 행정기관, 대학, 산업체 등에서 채택하거나 준용하였고 일부 도서관

도 대학의 사명과 목적, 프로그램과 성과를 연계하는 방식으로 도입한 바 있으나, 여러 기능을 수행하는 도서관에 부적합할 뿐만 아니라 계획과정이 복잡하여 확대·적용되지 못하였다. PPBS의 장단점을 정리하면 〈표 5-20〉과 같다.

〈표 5-19〉 대학도서관 계획예산제도(PPBS) 예시

PPBS 편성과정	프로그램	목적	목표	예산배정 (1천 달러)	
사명, 목적·목표 진술 중장기 기본계획 수립 프로그램(사업계획) 개발 비용데이터 수집 → 대안 평가 및 선정 ← 비용-편익 분석 평가데이터 수집 → 예산배정과 집행 ← 측정지표 개발 프로그램 측정과 유효성 평가	경영관리	■경영(조직·인사·예산) 관리 경영 합리화	■조직개편과 인력낭비 최소화 ■적재적소 배치와 역량 극대화	급여 100 수당 20 운영비 20 자본비 10	150
	봉사업무	■신속한 이용자서비스와 만족도 제고	■ILL/DDS 만족도 제고 ■Web DB 검색지원 강화	급여 100 수당 20 운영비 40 자본비 60	220
	자료정리	■비용-효과적 자료접근 준비	■편목업무 아웃소싱과 비용절감 ■업무진단을 통한 정리시간 단축	급여 50 수당 10 운영비 20 자본비 20	100
			총액	470	

〈표 5-20〉 계획예산제도(PPBS)의 장점과 단점

장점	단점
■하향식 접근에 따른 사업(프로그램)에 대한 자원배분이 용이함	■도서관 사업별 목적과 목표를 정확하게 제시하기 어려움
■의사결정 절차를 일원화함	■지나친 중앙집권화를 초래함
■장기적 사업계획의 신뢰성을 높임	■사업계획별 공통단위 설정·측정이 어려움
■자원의 합리적 배분을 통한 비용절감이 기대됨	■지나친 전문화로 재교육 등이 필요하고, 예산전문가 확보가 어려움
■연동적인 계획·운영으로 계획변경에 신축성을 기할 수 있음	■고도의 기술과 전문성, 집권화와 조직 통합적 운영 등이 전제되어야 함
■도서관 통합운영이 가능하므로 부서간 갈등을 완화시킴	■예산의 분석적·합리적 측면을 강조한 반면 정치적 또는 축적된 경험이 무시됨

(4) 영기준 예산제도

1970년대 미국 정부기구 팽창에 대한 반발과 예산감축 요구를 반영하여 등장한 예산편성 기법이 영기준(零基準) 예산제도(Zero Based Budgeting)다. 피어르(P.A. Pyhrr)가 창시한 ZBB는 전년도 예산편성을 중시하는 LBS와 반대로 제활동에 대한 비용-편익을 제로 베이스에서 분석하여 사업채택 여부를 결정하고 우선순위에 따라 예산을 편성한다.[28]

국내는 1983년 정부예산 편성지침에 포함된 적이 있다. 맥마스터대학(McMaster University) 경영도서관에 적용된 사례[29]를 참고하여 ZBB 편성과정을 예시하면 〈표 5-21〉과 같다. 서비스 부문 인건비 지출의 경우, 대안 1은 전년도 예산에서 기타 경비를 축소하고, 대안 2는 개관시간을 단축하면서 임시보조원을 해임하며, 대안 3은 참고보조직을 신설하고, 대안 4는 개관시간 단축으로 발생하는 여유직원을 참고업무에 지원하고 서비스 수준을 낮추는 방안이다. ZBB 편성절차를 구체적으로 기술하면 다음과 같다.

① 도서관 정책의 기본방향, 목적과 목표, 전체 및 세부계획을 설정한다.
② 예산 결정단위(가령 서비스 부문에서 대출, 참고서비스, 기타)를 선정하고, 복수 패키지를 작성한다. 결정단위를 선정할 때는 조직수준, 대안 수, 가용시간 제약성 등을 감안해야 하며, 각 패키지에는 단위평가 정보(목적이나 목표, 수행방법, 소요예산, 비용-편익분석, 기각될 경우의 결과와 대안 등)가 포함되어야 한다.

〈표 5-21〉 대학도서관 영기준 예산제도(ZBB) 예시

ZBB 편성과정	예산항목		2019-2020	2020-2021(대안)			
				1	2	3	4
예산계획 → 예산결정단위 및 패키지 선정·보고 → 복수 패키지의 순위결정 → 패키지 결정과 대안 선정·실행 (집행/수정)	인건비	사무직	10,000	10,000	10,000	10,000	10,000
		일반직	6,000	6,000	6,000	6,000	6,000
		대출직	24,000	24,000	12,000	18,000	18,000
		참고보조	-	-	-	8,000	-
		임시보조	3,000	3,000	-	1,200	1,800
	기타 경비	제본	400	400	400	400	400
		수리	500	300	300	300	300
		장비	200	150	150	150	150
		복사인쇄	300	250	250	350	250
		소모품	400	300	300	300	300
	총액($)		44,800	44,400	29,400	44,700	37,200

③ 작성된 모든 패키지의 우선순위를 정한다. 패키지 작성자는 우선순위를 표기한 2-4개 패키지를 하위 통합수준(계·팀장)에 제출하고, 하위 통합수준은 복수 패키지를 확정하여 중간 통합수준(과장)에 보고한다. 이어 중간 통합수준은 복수 패키지의 우선순위를 정하여 관장에게 제출하면 패키지별 대안을 최종 결정한다.

④ 대안별 집행의 주체, 절차, 시기, 방법 등을 확정하고 실행한다.

그럼에도 ZBB를 적용한 도서관 사례는 거의 없다. 예산편성을 영점(zero point)에서 계획하고, 모든 구성원의 다단계 의사결정 참여 및 평가과정이 필요하기 때문에 적용하기가 쉽지 않다. 이 제도의 장단점은 〈표 5-22〉와 같다.

〈표 5-22〉 영기준 예산제도(ZBB)의 장점과 단점

장점	단점
▪ 합리적 의사결정에 근거한 예산 재분배가 가능함	▪ 우선순위 결정, 대안개발 등에 고도 전문지식과 기술이 필요함
▪ 재정 경직화를 방지하는 동시에 운영의 탄력성 확보에 유리함	▪ 과중한 업무부담에도 사업효과의 계량화가 불가능한 분야에 적용하기 어려움
▪ 상향식 의사결정을 지향하므로 도서관 직원의 참여를 확대함	▪ 장기적 안목이 결여되어 신규사업을 개발하는 데 한계가 있음
▪ 자원배분에 필요한 정보를 수집·분석하기 때문에 예산낭비가 줄어듦	▪ 도서관 직원이 예산축소를 우려해 왜곡된 사업분석 및 평가자료를 제시할 가능성이 있음
▪ 예산편성의 민주성과 운영의 신축성을 지원함	▪ 목표 달성도 판단과 산출척도 설정이 어려움

(5) 사업별 예산제도

종래의 LBS를 대체한 사업별 예산제도(Program Budgeting System)는 2007년 한국 중앙정부에, 2008년 지방자치단체에 전격 도입되었다. 모든 예산과정(계획, 편성과 배정, 집행과 결산, 평가, 환류)과 체계를 사업중심으로 구조화하고 그 성과를 예산과 직접 연계하는 성과지향적 기법이다.

PBS의 키워드인 사업(program)은 동일한 정책적 목표를 달성하기 위한 단위사업(project)의 합집합이며, 정책적으로는 독립성을 가진 최소 단위다. 예산편성 기본구조는 〈표 5-23〉처럼 '기능-사업(정책사업, 단위사업, 세부사업[30])-목(세목)'으로 계층화되어 있다. 기존 LBS가 '목' 중심 예산편성이라면 PBS는 '사업'이 중심이다.

〈표 5-23〉 대학도서관 사업별 예산제도(PBS) 예시

예산편성 기본구조 비교				예산편성 예시			
품목별 예산제도(LBS) || 사업별 예산제도(PBS)						

품목별 예산제도(LBS)		사업별 예산제도(PBS)		예산편성 예시			
회계구분	일반/특별/기금	분야(12)	대기능	정책사업	단위사업	세부사업	예산(천원)
장(5)	대기능	부문(44)	중기능	1. 학술연구정보서비스 강화	(1) 디지털 장서 개발	장서 디지털화	10,000
관(16)	중기능	정책사업(심의)	성과별/성과측정			웹 자료 다운로드	5,000
항/세항(자율)	조직별(실과 소)	단위사업(심의)	회계별 경상·투자			⋮	
세세항(대 4, 소 8)	경비유형별	세부사업(자율)	내부관리용		(2) 전자자료접근극대화	전자잡지 종수 확대	60,000
목(37)	예산편성비목	목그룹(8)	국제분류기준(GFS)			Web DB 최적화 연구	5,000
세목(109)	심의/집행비목	편성비목(30)	심의/집행비목			⋮	

요컨대 다른 제도와 비교한 PBS의 최대 특징은 자율성과 책임성을 강조하며, 품목중심을 사업위주로, 투입요소를 산출요소로, 통제중심의 관리를 성과위주의 평가로 전환한 점이다. 사업(프로그램)을 중시하는 측면에서 PBBS 및 PPBS와 혼동할 수 있다. 그러나 PBBS는 프로그램 산출량과 단위비용을, PPBS는 프로그램 목적과 목표를, PBS는 프로그램 성과를 기준으로 편성한다는 점에서 각각 차이가 있다. 현재 모든 국립대학도서관은 PBS를 적용하는 반면에 사립대학도서관은 여전히 LBS가 보편적이다. PBS의 장점과 단점은 〈표 5-24〉와 같다.

〈표 5-24〉 사업별 예산제도(PBS)의 장점과 단점

장점	단점
▪ 사업계획 목적, 소요예산, 성과의 연계에 따른 의사결정이 용이함	▪ 단위사업별 총예산 규모를 파악하기가 쉽지 않음
▪ 사업별 총액범위 내에서 지출의 자율성과 성과에 대한 책임성이 강화됨	▪ 사업목적, 정책분석, 성과에 대한 관심이 미흡할 수 있음
▪ 투입, 산출, 성과의 연계가 분명하여 성과를 객관적으로 평가할 수 있음	▪ 사업단위별 목적과 목표를 명확하게 설정하고 계량화하기 어려움
▪ 예산의 용처가 분명하여 합리적 배정에 따른 비용절감이 기대됨	▪ 예산배정을 위한 최적 대안의 선택이 쉽지 않음
▪ 사업별 예산규모, 성과와 정책적 영향을 객관적으로 파악할 수 있음	▪ 모든 사업 및 예산결정 과정에 집권화가 우려됨

(6) 공식예산제도

도서관 자료예산 배정에 적용되는 공식예산제도(公式豫算制度, Formula Budgeting System)는 여러 변수(교수수, 학부 및 대학원생수, 교육과정수, 학점수, 수업시간수, 자료이용·인용데이터, 자료유형과 출판종수, 평균 가격과 인상률 등)를 조합하여 공식을 만든 후 중앙관과 분관, 자료유형과 주제, 학과별 및 이용집단별로 적정 예산을 배분하는 방식이다.

과거 미국 대학도서관계가 많이 개발·적용하였다. 1940년대는 73.3%가, 1970년대도 67.5%가 적용하였다. 1980년대 이후는 40%로 감소하였지만[31] 여전히 대다수 대학도서관이 학과(전공)별 내지 학문영역별, 주제별, 이용집단별 예산배정의 편파성을 해소하는데 유용하다. 이를 위한 공식은 여러 변수를 선정한 후 회귀분석, 선형계획법, 목표계획법 등을 적용하여 배정모형을 개발하고 조정계수를 추가한 방정식에 이르기까지 다양하다. 그 가운데 적용성이 높은 배정공식을 예시하면 〈표 5-25〉와 같다.[32]

이러한 FBS는 LBS를 채택한 대학도서관에 유용하다.[33] 그럼에도 기존 배정공식은 특정 대학도서관을 위한 모형이기 때문에 범용성이 낮다. 따라서 각 대학도서관은 학내외 상황변수를 투입한 자관의 배정공식을 개발할 필요가 있다.

〈표 5-25〉 대학도서관 자료예산 배정공식 예시

학과별 배정공식	비 고
$a = (0.00154 \times t) + (0.00602 \times c) + (0.01561 \times h) + (0.00518 \times f) + (0.06251 \times p) - 1.56631$	t : 출판종수, c : 제공된 과정수, h : 프로젝트와 학위논문 수, f : 교수수, p : 1종당 가격
$X = \dfrac{A + 2B + 2.5C + 3D + E + 2F}{11.5}$	A : 대학 저학년 과정 비율, B : 대학 고학년 과정 비율, C : 대학원 과정 비율, D : 학점시간 비율, E : 주제별 도서의 평균가격 비율, F : 주제별 잡지의 평균가격 비율

4.2 집행과 결산

예산이 계획과 시작이라면 결산은 집행결과의 정리 및 종결이다. 사전적 의미는 세입예산 수입과 세출예산 지출을 확정적 계수로 표시하는 행위다. 또한 회계연도에 집행한 내역을 집계한 보고서다. 다만 결산이 종료되어도 집행책임은 해제되지 않는다. 회계감사를 통한 평가과정이 남아있기 때문이다.

국립대학도서관 일반회계를 중심으로 결산과정을 정리하면 〈표 5-26〉과 같다. 도서관이 '정부결산보고서 작성지침'에 따라 단위사업별 실적분석 및 결산개요를 작성·제출하면 총장은 각종 보고서(세입세출결산, 채권 현재액, 기금결산, 국가채무결산, 결산개요 등)를 작성하여 재정(예산)위원회 등에 회부·확정하고, 교육부장관에게 보고하면 교육부는 2월말까지 기획재정부장관에게 제출한다. 이어 기획재정부는 세입세출결산보고서, 계속비결산보고서, 국가채무총보고서를 첨부하여 국무회의에 회부하고 대통령 재가를 거쳐 6월 10일까지 감사원에 제출한다. 마지막으로 감사원은 세입세출결산보고서를 감사한 후 8월 20일까지 기획재정부장관에게 감사보고서를 송부하고, 정부는 새로운 회계연도가 시작되는 날로부터 120일 전까지 국회에 제출·통과되면 당해 회계연도 예산집행에 대한 책임이 해제된다. 반면에 대학회계의 결산은 총장이 도서관에서 제출한 집행실적에 근거하여 세입세출결산개요 및 세출예산결산서를 작성한 다음, 재정(예결산)위원회 등에 보고하고 통과되면 종료된다.

한편, 결산의 후속과정인 회계감사는 정기감사와 특별감사로 나눈다. 감사기관에 따라서는 자체감사, 대학감사, 교육부 감사, 감사원 감사로 구분할 수도 있다. 그 가운데 보편적인 정기감사의 주체는 대학의 성격에 따라 다르다. 국립대는 반드시 회계감사원

〈표 5-26〉 국립대학도서관 일반회계 결산과정

기획재정부/교육부 ↓	▪ 정부의 결산지침 시달
총장 ↓	▪ 결산보고서 작성지침에 의거 ▪ 도서관 결산보고목록서 제출요구

관장 ↓	▪ 단위사업별 실적분석
	  (물량, 사업시기, 집행상황, 사업실적 등)
	▪ 결산개요 작성, 제출
	  (지출, 일상경비지출, 국가채무증감,
	  물품관리 등 계산서 작성)

총장 ↓	▪ 세입세출결산보고서 작성
	  (회계별, 소관별, 계정과목별로 구분)
	▪ 계속비결산보고서 작성
	▪ 국가채무계산서 작성
	  (국채, 차입금, 차관 등)

교육부/기획재정부 ↓	▪ 세입세출결산보고서 작성 제출
감사 ↓	▪ 세입세출결산보고서 감사보고서 작성 ▪ 국회통과
국회	▪ 결산심의 통과

감사를 받지만, 사립대는 「사립학교법시행령」 제9조의5에 따라 공인회계사 감사를 받는다. 다만 사립대학이 국가의 특별지원비(도서구입비 등)를 배정받은 경우는 계산서와 수지예산서에 공인회계사 감사보고서를 첨부하여 교육부에 제출해야 한다.

 인용정보

1) Bruce P. Schauer, 도서관경영경제학, 손정표, 윤희윤 공역(서울: 경인, 1995), p.164.
2) 어떤 재화를 단일 용도에 사용하는 비용은 그 재화를 차선의 다른 용도에 사용하지 못하며 상실한(기회를 놓친) 편익(benefit)과 동일하다. 이 경우의 편익을 비용으로 환산한 것이 기회비용(opportunity cost)이다.
3) Inez L. Ramsey and Jackson E. Ramsey, *Library Planning and Budgeting*(New York: Franklin Watts, 1986), p.27.
4) Ellory Christianson and Michael Carpenter, "The Depreciation of Materials: A Rejoinder," *Library Administration & Management*, Vol.6, No.1(Winter 1992), pp.42-43.
5) Edward Marman, "A Method for Establishing a Depreciated Monetary Value for Print Collections," *Library Administration & Management*, Vol.9, No.2(Spring 1995), pp.94-97.
6) 미국의 경우, 5년 이상 근무한 사서의 유급 휴가일수는 20-25일이다.(Guy Redvers Lyle, *Lyle's Administration of the College Library,* 5th ed. Caroline M. Coughlin and Alice Gertzog (Metuchen, N.J.: Scarecrow Press, 1992), p.463)
7) Linda Mielke, "Cost Finding," In *Encyclopedia of Library and Information Science,* Vol.51, edited by Allen Kent(New York: Marcel Dekker, 1993), pp.195-208.
8) M. Ware, M. Mabe, *The STM Report: An Overview of Scientific and Scholarly Journal Publishing*(International Association of Scientific, Technical and Medical Publishers, 2015) ; R. Johnson, A. Watkinson, and M. Mabe, *STM: International Association of Scientifics, Technical and Medical Publishers,* 5th ed.(International Association of Scientific, Technical and Medical Publishers: Hague, 2018)
9) Carol Tenopir, Lisa Christian, and Jordan Kaufman, 2019. "Seeking, Reading, and Use of Scholarly Articles: An International Study of Perceptions and Behavior of Researchers,"

Publications, *MDPI, Open Access Journal,* Vol.7, No.1(Mar. 2019), pp.1-23.

10) OhioLINK, Issue Brief: It's Not What Libraries Hold; It's Who Libraries Serve Seeking a User-Centered Future for Academic Libraries.(Jan. 23, 2020), p.8.

11) 윤희윤, "학술정보 유통위기 및 해소전략의 해부," 정보관리연구, 제36권, 제1호(2005, 3), p.5.

12) Association of Research Libraries, "Expenditure Trends in ARL Libraries 1998-2018," 〈https://www.arl.org/wp-content/uploads/2019/10/expenditure-trends.pdf〉

13) Association of Research Libraries, "Ongoing Resources vs Total Materials Expenditures: Yearly Increases in Average Expenditures 1998-2018," 〈https://www.arl.org/arl-statistics-survey-statistical-trends/〉

14) 船守 美穂, "オープンアクセスへの道," *NII Today,* No.82(2018. 12), p.9.

15) 한국교육학술정보원, 2019 대학도서관 통계 분석(대구: 한국교육학술정보원, 2019), p.22.

16) American Library Association/Association of College and Research Libraries/College Library Standards Committee, "Standards for College Libraries," *College & Research Libraries News,* Vol.56, No.4(April 1995), p.255 ; Martin M. Cummings, *The Economics of Research Libraries*(Washington, D.C.: Council of Library Resources, 1986), p.12.

17) 日本圖書館協會, 圖書館法規基準總覽(東京: 同協會, 1992), p.484 ; 한국도서관협회, 2013년판 한국도서관기준(서울: 동협회, 2013), p.134.

18) Association of Research Libraries, "Library Expenditures as a Percent of Total University Expenditures, 1982-2017," 〈https://www.arl.org/arl-statistics-survey-statistical-trends/〉

19) ARL, "Library Expenditures as a Percent of Total University Expenditures, 1982-2017 ; 文部科学省 研究振興局情報課, 令和元年度 学術情報基盤実態調査結果報告(東京: 文部科学省, 2019), p.55 ; 國公立大學圖書館協議會, 國立大學圖書館報, 第38輯(2020), pp.269-272.

20) ARL, "Expenditure Trends in ARL Libraries 1998-2018," ; 文部科学省, 令和元年度 学術情報基盤実態調査結果報告, pp.54-60.

21) ARL, "Library Expenditures as a Percent of Total University Expenditures, 1982-2017"; 文部科学省, 令和元年度 学術情報基盤実態調査結果報告(2019) ; 한국교육학술정보원, 2019 대학도서관 통계 분석.

22) Murray S. Martin, *Academic Library Budget*(Greenwich: JAI Press, 1993), p.186.

23) Research Information Network, *E-journals: Their Use, Value and Impact Final Report: A Research Information Network Report*(London: RIN, 2011), p.29.

24) John Hutchins, "Developing a Formula for Library Resources Sharing," In *Resource Management in Academic Libraries,* edited by David Baker(London: Library Association Publishing, 1997), p.122.

25) John S. Clouston, "How Much is Enough? Establishing a Corridor of Adequacy in Library Acquisitions," *Collection Management,* Vol.19, No.3/4(1995), p.61 ; David Holmes, "Commentary on the 1998-1999 CARL Statistics(May 2000) ; Ellis Mount and Paul Fasana, "An Approach to the Measurement of Use and Cost of a Large Academic Research Library System," *College and Research Libraries,* Vol.33, No.3(May 1972), pp.199-211.

26) 尹熙潤, "大學圖書館의 豫算管理過程에 관한 分析的 考察," 國會圖書館報, 第26卷, 第1號(1989, 12), pp.64-65.

27) 단위원가(unit cost)는 하나의 업무측정 단위 또는 성과단위를 산출하는 경비이고, 업무량은 달성할 업무를 측정단위로 표시한 양이다.

28) 尹熙潤, "大學圖書館의 零基準豫算制度 適用에 관한 硏究," 國立大學圖書館報, 제13집(1995, 6), pp.91-114.

29) Elise Hayton, "Zero Base Budgeting in a University Library," *Special Library,* Vol.71, No.3 (Mar. 1980), pp.169-176.

30) 정책사업은 도서관 사명과 전략을 실현하기 위한 최상위 계층의 사업단위로, 기능(분야·부문)으로부터 직접 도출되어 하위계층인 단위사업 및 세부사업을 설정하는 근거가 되는 1차적 사업단위를 말한다. 도서관 신축계획, 장서개발정책 등이 여기에 해당된다. 단위사업은 도서관정책을 성과목표 형태로 구체화하고 정책사업을 더 세분한 사업단위며, 본 예산서에 나타나는 최하위 사업단위다. 장서개발 정책사업에서 Web DB의 라이선스 확충방안이 해당된다. 그리고 세부사업은 사업별 예산구조에 포함되는 사업단위 중 최하위계층 사업단위로서 본 예산서에는 나타나지 않으나, 정책사업과 단위사업을 구체적으로 실행하기 위해 매년 새로 편성하는 최소 단위사업이다. 라이선스 사업에서「Science Direct」계약이 세부사업에 속한다.

31) Wanda V Dole, "PBA: A Statistics-based Method to Allocate Academic Library Materials Budgets," (2002). 〈http://lueng.co.uk/departments/dis/lisu/downloads/statsinpractice-pdfs/dole.pdf〉

32) William H. Walters, "A Regression-based Approach to Library Fund Allocation," *Library Resources & Technical Services,* Vol.51, No.4(Oct. 2007), pp.263-278 ; Lois Schultz, "Library Materials Budget Allocation," (Feb. 23, 2005). 〈library.nku.edu/about_the_library/.../ulac/ulac.../2005-02-23.ppt〉

33) Vicki L. Gregory, "Formula Budgeting in Academic Libraries," In *Encyclopedia of Library and Information Science,* Vol.49, edited by Allen Kent(New York: Marcel Dekker, 1992), pp.259-267.

Chapter 6

건축계획과 관리

제1절 건축계획 기초이론
제2절 신축 및 증개축 계획
제3절 공간 및 동선계획

제6장

건축계획과 관리

제1절 건축계획 기초이론

1.1 건물의 가치와 지속성

고금을 막론하고 대학도서관은 통시적 장서가 내장된 건물이다. 이러한 함의와 정체성은 미래에도 계속될까. 미래 대학도서관이 교육학술정보를 수장한 건물·공간적 정체성을 지속하려면 인터넷, 디지털, 모바일의 파죽지세(破竹之勢)가 학술커뮤니케이션 지형을 흔들고 아날로그 자료가 궁지에 몰리는 상황에 대한 반론이 필요하다. 그래야 건축계획 및 공간관리의 당위성이 확보될 수 있다.

가장 중요한 논점은 종이 소비량이 급감하여 종이시대가 종언을 고할 것인가에 있다. 지난 11년간(2005-2015) 글로벌 종이 생산량의 통계데이터를 보면 〈그림 6-1〉[1]과 같이 거의 변화가 없다. 오히려 포장지는 상당히 증가하는 추세다. 또한 지난 22년간(1993-2015) 주요 16개국 종이소비와 인터넷 침투율을 비교한 〈표 6-1〉에서도 신문용지는 감소하는 반면에 인쇄·필기용지는 큰 변화가 없다.[2] 따라서 미래에도 종이를 매체로 하는 인쇄자료

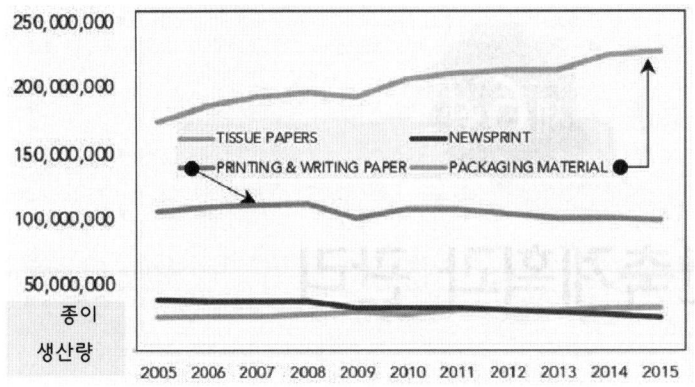

〈그림 6-1〉 글로벌 종이 생산량(2005-2015)

의 생산과 유통은 계속될 것이다.

그럼에도 전자책이 종이책을 대체한다는 '참을 수 없는 경박함'이 정론처럼 확산되어 왔다. 그 주역은 디지털 전도사(傳道師) 네그로폰테(N. Negroponte)다. 그는 1995년 「Being Digital」을 출간하면서 과거 아톰에서 미래 비트로의 변화는 막을 수도 돌이킬 수도 없고, 아톰(원자) 세계에서는 중력을 느끼며 역학적 세계를 산책하는 것으로 만족하였으나 비트 세계가 출현하면서 정보의 DNA를 구성하는 최소 원자단위인 비트는 색깔도 무게도 없으면서 빛의 속도로 여행한다고 주장하였다.[3] 이어 2010년 캘리포니아주 레이크 타호(Lake Tahoe)에서 개최된 '기술 미래' 회의에서 킨들(Kindle)의 전자책 판매가 종이책을 추월한 사례를 들어 '5년 내 종이책은 멸종한다'고 예측하였다.

그로부터 10년이 경과하였지만, 종이책은 여전히 건재하다. 인류의 기록문화사를 지배해 온 종이매체에 대한 디지털 논객의 몰이해가 초래한 허상이다. 디지털 전환, 4차 산업

〈표 6-1〉 주요 16개국 종이소비 및 인터넷 침투율 변화(1993-2015)

구분	신문용지 (kg/capita)	인쇄·필기용지 (kg/capita)	인터넷 침투율(%)	비고
1993	13.2	30.8	0.3	
1995	14.3	33.3	1.2	
1997	14.6	35.5	3.9	
1999	14.8	35.5	10.6	
2001	15.4	36.6	20.0	
2003	14.4	39.2	30.6	
2005	14.8	40.2	37.9	
2007	14.3	42.1	45.9	
2009	11.3	33.2	51.3	
2011	11.1	35.1	56.7	
2013	9.3	32.0	62.0	
2015	8.0	31.5	68.4	

혁명이 글로벌 메가트렌드로 부상하고 있음에도 서물시대(書物時代)는 계속되고 있다. 만약 종이책이 종지부를 찍으면, 해서 모든 지식정보 매체가 디지털 파일로 대체되면 대학도서관 건물과 서고의 중요성도 급격히 약화될 것이다. 신축하거나 증개축을 통한 수장공간 확장은 중단되어야 한다. 그런 상상은 쉽지 않다. 다음과 같은 논리에서 기인한다,

첫째, 종이 소비가 계속되고 있다. 그것은 시장수요가 존재한다는 것을 의미한다. 그럼에도 출판계가 디지털 자료로 방향을 선회하면 전자책은 가파른 상승곡선을, 종이책은 급속한 하강곡선을 그릴 것이다. 그러나 이윤 극대화를 중시하는 출판계가 쉽게 선택할 수 있는 전략적 선택지가 아니다. 변곡점(變曲點)을 결정하는 주체는 소비자이기 때문이다.

둘째, 전자책이 지식정보 시장에서 종이책의 대체재(代替財)로 인식·유통되는데 한계가 있다. 전자책은 기능적 및 디지털 성능(기능성, 편의성, 휴대성, 축적성 등)에서 종이책보다 우수하다. 그럼에도 전자책은 지난 2천년간 철옹성을 구축한 종이책의 인간공학적 및 아날로그적 감성(후각적 향기, 페이지 이동의 촉감, 소유 및 전시의 시각적 만족도, 행간을 더듬는 재미와 온기, 보이지 않는 유전인자와 경외심 등)을 대체하기 어렵다.

셋째, 국내외에서 전자책이 종이책을 추월하였다는 증거로 제시한 판매데이터의 절반 이상은 소위 장르소설(무협, 애정, 추리 등)이다. 환언하면 수요공급(需要供給) 측면에서 대학도서관이 수집·보존·제공하는 교육학술자료의 요체는 여전히 비소설 학술서다.

넷째, 인류 기록매체 변용 및 지식정보 유통에서 인쇄자료가 점유하는 비중을 감안하면 전자책과 종이책은 대체성 문제가 아니라 상보성 차원으로 인식해야 한다. 라디오와 TV, 수작업과 첨단공법 등이 공존하듯 종이책과 전자책도 변증법적(辨證法的) 발전구도 내에서 변용과 화해를 계속할 따름이다.

따라서 종이책의 소장패러다임을 배제한 디지털 접근주의는 정당하지 않다. 지구촌에 유통되는 종이책이 순식간에 역사의 뒤안길로 사라지지 않는 한 대학도서관은 실물자료 수집·보존을 위한 건물과 공간을 확보해야 하고, 연차증가량에 비례하여 제적·폐기하지 않으면 수장공간 확충을 고민해야 하며, 모든 장서를 디지털 파일로 변환하지 않는 이상 당대와 후대를 위한 건물은 필수적이다. 이러한 인식이 전제될 때 건축계획과 공간관리도 유의미하다.

1.2 건물의 공간적 함의와 특성

1.2.1 공간적 함의

모든 대학도서관 건물은 '계획(Planning) + 설계(Design) + 건축(Architecture) + 예술(Art)'의 총체인 동시에 무수한 자재와 공법이 결합된 구조물이다. 다만 실제 도서관 건물을 언급할 때는 조형물 자체보다 기능·공간적 개념과 함의를 지칭하는 경우가 더 많다. 그것은 대학 설립과 더불어 도서관이 존재해 왔고, 자료수집·보존과 지식정보서비스를 통해 교수학습과 학술연구를 지원하는데 무게중심을 두기 때문이다.

이러한 측면에서 대학도서관 건물의 공간적 함의는 〈그림 6-2〉처럼 수용공간(受容空間), 사무공간(事務空間), 이용공간(利用空間)으로 대별할 수 있다.[4] 수용공간은 기능수행에 필요한 사람(직원과 이용자), 자료(실물자료와 디지털정보), 가구와 정보기기 등을 위한 공간이고, 사무공간은 직원이 직무를 수행하는 공간이며, 이용공간은 구성원의 자료접근·이용에 필요한 공간이다.

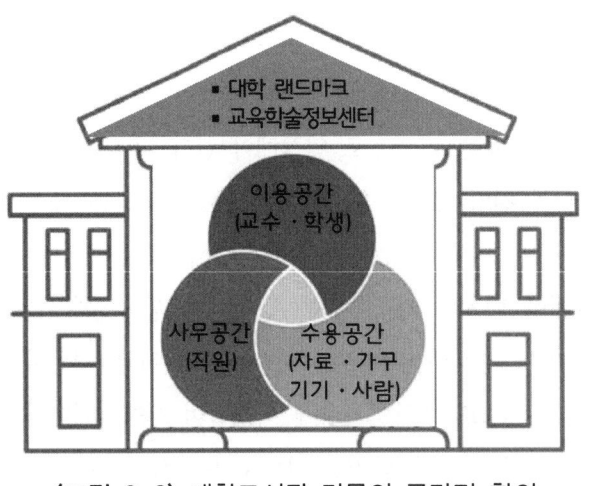

〈그림 6-2〉 대학도서관 건물의 공간적 함의

따라서 대학도서관의 3대 공간은 통시적 장서개발, 정교한 자료조직, 다양한 지식정보서비스, 과학적 보존관리에 필수적이다. 그 함축적 결과가 상징적 측면에서 대학의 학술적 랜드마크이고, 기능적 관점에서 교육학술정보서비스 공간이다. 양자가 어우러지면 대학의 심장이 된다.

1.2.2 공간적 특성과 요건

모든 대학도서관 건물은 다른 관종과 마찬가지로 인간과 자료가 상호작용하는 공간이다. 이러한 상호작용은 학내에 존재하는 무수한 건물과 차별화되는 특성을 내포하고 있다.

- 외관은 대체로 대학의 역사와 이미지를 반영한다.
- 내부 공간은 확장을 중시한다. 일반 사무실은 사람과 가구(정보기기)를 수용하는 공간이지만, 도서관은 사람과 가구 외에 방대한 장서를 보존·관리하는 공간이다.
- 다양한 공간(업무, 자료, 이용 외 세미나실, 회의실, 휴게실, 식당) 등이 혼재하는 복합공간이다.
- 공간구성이 매우 까다롭고 복잡하다. 다양한 자료를 보존하고, 여러 종류의 가구와 정보기기를 수용하며, 복합적 기능을 제공해야 하기 때문이다.
- 자료수집에서 서비스까지 유기적으로 연계되는 동선계획(動線計劃)을 강조한다.
- 건축구조 측면에서는 특별하게 설계·시공된다. 자료수장과 보존관리를 위해서는 자연재해, 온습도, 공조, 조명, 방음, 방화, 분실방지, 적재하중, 운송시스템 등에서 일반건물보다 세심한 계획이 요구되기 때문이다.

이러한 특성은 대학도서관 건물의 외형, 공간구조, 기능에 영향을 미치는 요소로 작용한다. 그래서 건축공학적 측면에서는 철근과 콘크리트로 대표되는 '구조기술(構造技術)' 수용을 거쳐 승강기·전기·공조·위생시설 등 '설비기술(設備技術)' 혁신을 반영하였고 디지털 정보유통을 중시하는 '정보기술(情報技術)' 혁신을 지향해 왔다. 그러나 더욱 중요한 것은 기능적 측면이다. 실물장서 보존을 위한 폐쇄형 공간에서 접근이용을 강조하는 개방형 공간으로 탈바꿈해야 한다. 이를 위해 구비해야 할 요건은 다음과 같다.

- 건물 및 공간관리의 경제성
- 공간구조의 단순·신축성을 통한 여유공간 확보와 확장
- 다양한 정보기기, 가구설비, 서비스의 수용성과 상호작용성
- 이용자 공간의 친숙성과 편의성, 그리고 안락성
- 업무수행의 효율성과 자료보존 환경의 적절성

요컨대 대학도서관은 직원과 이용자, 자료와 이용자, 아날로그와 디지털, 하드웨어와 소프트웨어, 가구와 정보기기, 이용과 보존이 공존하는 공간이다. 따라서 자료접근·이용 편의성, 공간활용 신축성, 미래 확장성, 정보기술 적합성, 규모의 경제성, 시스템적 통합성을 중시하되 상충되지 않아야 한다.

1.3 건축의 불가피성과 동인

1.3.1 신축·증개축 추이

대학이 캠퍼스 종합계획을 근거로 우수한 도서관을 신축하더라도 시간이 경과하면 증개축이 불가피하다. 건물 노화, 장서 증가 등 여러 동인이 복합적으로 작용하기 때문이다.

국내의 경우, 연도별로 집계된 공식통계는 없지만, 리모델링 사례는 무수히 많다. 반면에 미국은 매년 「Library Journal」 12월호에 건축데이터를 집계·발표하고 있는데, 최근 5년간(2016-2020) 신축 및 개축한 대학도서관수는 〈그림 6-3〉과 같다.[5]

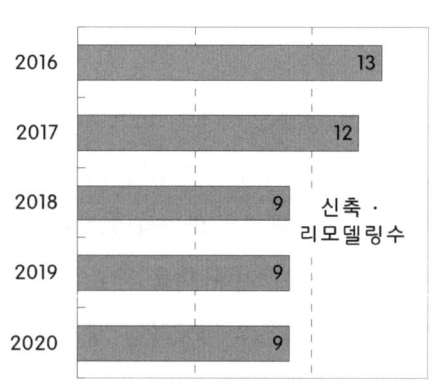

〈그림 6-3〉 미국 대학도서관
신축·리모델링 추이(2016-2020)

이러한 신축 및 리모델링 사례는 미래에도 계속될 것이다. 따라서 1990년대 중반부터 기술결정주의와 디지털 패러다임을 바탕으로 제기된 아날로그 시대의 종언, 종이책 사멸, 도서관 건물·공간의 무용론은 역사와 현실에 대한 몰이해가 초래한 코메디에 불과하다. 대학도서관은 현재적 이용자를 위한 지적 호기심과 지식정보 수요를 충족시키는 서비스 공간인 동시에 학문 후속세대를 위한 타임캡슐이다. 그 울타리가 건물이다.

1.3.2 신축·증개축의 동인

세계 도처에서 대학도서관을 신축하거나 증개축하는 이유는 어디에 있는가. 미국 도서

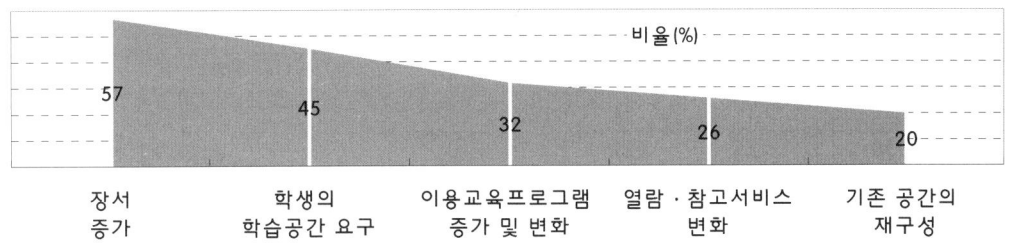

〈그림 6-4〉 대학도서관 신축·증개축 동인

관정보자원위원회(Council on Library and Information Resources)가 10년간(1992-2001) 신축·증개축 프로젝트를 조사한 결과, 건축을 촉진한 동인은 〈그림 6-4〉와 같이 장서증가, 학생의 학습공간 요구, 이용교육프로그램 증가 및 변화, 참고·열람서비스 변화, 기존 공간의 재구성 순으로 나타났다.[6] 그 외에 건물 수명, 전략적 계획도 영향을 미친다. 이들에 국내 사정을 추가하면 다음과 같다.

(1) 외부환경 변화와 요구

도서관 외부환경은 캠퍼스의 지리적 변화, 다양한 정보기술 수용, 대학 개방화 등이 대표적이다. 1980년대 입학정원 증가에 따른 과밀화를 해소하기 위해 여러 대학이 별도 캠퍼스를 조성하고 도서관을 신축하였다. 또한 일부 대학은 캠퍼스 부지의 효율성을 제고시킬 목적으로 도서관을 수직적으로 증축하거나, 캠퍼스 확장에 따른 이용불편을 해소하기 위해 주제관(또는 분관)을 신축하였다. 그런가 하면 정보전산화와 디지털 정보기술 도입으로 별동형 학술정보관을 신축하거나 정보검색실, 창의·융합학습 공간, 디지털 메이커 존, 가상현실(VR) 체험공간, 정보활용교육실, 북카페, 스카이 라운지 등을 설치함에 따라 공간구조가 크게 변하였다. 기타 대학의 필요성과 지역주민 요구가 결합되어 사회에 개방하는 추세도 공간구성에 영향을 미치고 있다.

(2) 내적 필요성과 구성요소 변화

대학도서관 건축계획에 결정적인 영향을 미치는 내부 구성요소는 장서(藏書) 증가다. 최근 10년간(2000-2019) 국내 대학도서관의 학생 1인당 장서수는 〈표 6-2〉와 같이 지속적으로 증가하고 있다. 1990년대 중반부터 디지털 맹신론이 '디지털 파피루스'를 외치며 종이책

〈표 6-2〉 국내 대학도서관 학생 1인당 장서수 변화(2010-2019)

구분	4년제 대학	전문대학	계	비고(4년제 대학)
2010	62	23	53	
2011	58	23	51	
2012	60	25	53	
2013	61	26	54	
2014	62	27	56	
2015	66	28	59	
2016	71	35	63	
2017	72	33	65	
2018	76	36	68	
2019	78	38	71	

사멸을 주장하였지만, 연평균 4-5%씩 장서가 증가하고 있다. 이에 따른 수장공간 부족을 해소하기 위해 신축과 증개축, 불용도서 폐기, 디지털 마이그레이션, 밀집서고 설치, 분담수집 및 공동보존 등 다양한 방안을 강구하고 있다. 다만 개별관 입장에서 보면 신축과 증축을 제외한 모든 대안은 미봉책에 불과하다.

다음으로 새로운 정보매체 등장, 인터넷·디지털 정보이용, 라이선스 전자자료도 건물과 공간에 영향을 미친다. 디지털 자료와 매체변환은 수장공간을 절감하는데 유리한 반면에 개가제는 자료 및 열람공간의 확장을 초래한다. OPAC 시스템은 카드목록 공간을 제거하였지만, 정보검색실 설치로 공간수요는 증가하였다. 결국 온라인 검색기능 강화와 이용서비스 개선은 건물기능의 전환, 인력·가구의 재배치, 공간의 유연성(柔軟性)을 요구하고 있다.

그 외에 학부생의 학습공간과 세미나실, 연구집단의 소요공간 기준도 상향되는 추세다. 이에 따라 자료중심 도서관과는 별개로 일반열람실을 신축하거나 서고 내 연구용 캐럴을 설치하는 사례가 증가하고 있다.

(3) 건물 노화 및 수명감소

모든 건물은 완공된 날로부터 자연적, 인위적, 건축적 이유로 노화가 시작된다. 노화율(老化率)이 100%에 도달하는 기간이 건물의 수명(lifetime) 또는 내구연한(耐久年限, durable years)이다. 대학도서관 건물의 정상적 노화곡선(老化曲線, T)과 개보수에 따른 연장 노화곡선(T')은 〈그림 6-5〉과 같다.[7] 이를 판단하는 기준에는 물리적(또는 구조적) 내구연한과 기능적 내구연한이 있다. 전자는 건물구조 측면에서 내구성을 측정하여 감가상각비를 산정할 때 적용하는 기준이며, 건물이 낡아 붕괴될 위험이 있으면 신축계획으로 이어진다. 후자는 공간계획에 오류가 있거나 순사용(純使用)

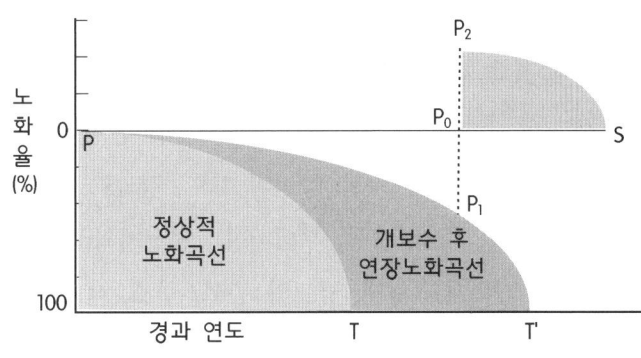

〈그림 6-5〉 대학도서관 건물의 노화곡선

면적의 한계도달 여부를 판단하는 기준이며, 공간활용에 심각한 제약이 따르면 증개축 또는 신축이 불가피하다.

(4) 전략적 의도와 접근

대학에서 빈번한 사례는 아니지만, 전략적 접근도 도서관 건축의 동인으로 간주할 수 있다. 대학이 설립 몇 주년 등을 명분으로 도서관을 신축하거나 기업체 기부금을 활용해 초대형 또는 최첨단 건물을 신축하는 사례도 있다.

제2절 신축 및 증개축 계획

2.1 신축계획

2.1.1 신축계획의 전제조건과 기본원칙

도서관은 역할 및 기능적 측면에서 대학의 심장이지만 건축적으로는 캠퍼스에 존재하는 여러 건물 중 하나에 불과하다. 따라서 도서관 건축은 캠퍼스 종합계획의 범주 내에서 계획되는 것이 상례다.

캠퍼스계획(campus plan)은 대학의 미래 발전방향을 예측하여 다양한 시설공간을 계획하고 그들의 특성과 상호관계를 고려하여 종합적으로 설계하는 과정이다.[8] 혼용되는 마스터플랜(master plan)은 캠퍼스 계획에서 제시된 건물의 위치와 배치관계를 도식화한 것으로서 환경분석(입지와 지질, 능선과 고도, 경사도, 연면적, 기후, 식생), 배치계획(교육, 연구, 지원, 공용, 주거, 운동, 부대시설), 동선계획(대로, 중소로), 조경계획(배경, 시설지역, 중핵지대), 건축계획(형태, 규모와 층고, 구조, 색채) 등을 포함한다.

〈표 6-3〉 대학도서관 신축계획 전제조건

구분	전제조건
입지와 방향	▪ 접근편의성 : 도보로 5분 거리 내 ▪ 정면 : 남(동)향
외형과 규모	▪ 대학의 역사와 전통 ▪ 교육학술정보센터 이미지와 미적 우수성 ▪ 규모의 경제성과 확장
공간과 동선	▪ 사람, 자료, 가구·정보기술의 수용 ▪ 공간별 및 기능적 상호작용 ▪ 동선의 최단 거리화 및 비간섭
배치	▪ 가구·정보기술의 연계성과 가변성
조경	▪ 자연환경에의 순응성, 친화성, 건강성

이처럼 캠퍼스 계획과 연계하여 대학도서관 신축계획을 수립할 때는 〈표 6-3〉의 전제조건을 충족시키는 것이 바람직하다. 대학 캠퍼스가 다양한 교육·학술, 교양·문화, 공존과 소통이 혼재하는 도시 축소판이 되기 위해서는 각종 시설공간의 적절한 배분과 효율적 동선이 필수적이다. 마찬가지로 대학도서관이 교수학습 및 학술연구에 필요한 시설공간, 하이브리드 지식정보와 다양한 서비스를 지원하려면 신축계획을 수립할 때 다음과 같은 기본원칙을 준수할 필요가 있다.

① 교육학술정보센터로서의 정체성 부각 : 외형은 순간 포착을 통해 대학도서관임을 인지할 수 있어야 한다. 건물의 형태, 디자인, 색채, 마감재 등에 대학과 도서관의 정체성이 투영될 때, 양자가 연계·연상될 수 있다.

② 기능적 효율성과 쾌적성 : 건물구조의 지능화가 필수적이다. 이를 위해서는 정보기술의 인간공학적 배치, 외벽의 25%[9] 이상을 강화유리로 시공한 자연광 흡수, 공조시설의 계통구분(zoning)을 통한 기능적 효율성 제고, 에너지 및 조명시설의 최적화, 내외부 소음발생 및 전도의 차단이 필요하다.

③ 신축성(flexibility)과 확장성(expansibility : 내부공간의 가변성과 확장성이 매우 중요한 이유는 다양한 정보매체, 장서의 지속적 증가, 주제자료실 및 개가제 보편화, 정보요구 및 이용행태 다변화, 인터넷 및 웹서비스 확대 등에 따른 자료수장 및 이용공간의 재배치가 빈번하기 때문이다. 따라서 신축계획을 수립할 때는 외형이나 배치보다

가변성과 확장성을 더 중시해야 한다.

④ 하이브리드 공간화 : 대학도서관은 인쇄자료 중심의 전통적인 열람·대출과 ILL/DDS를 제공하는 동시에 인터넷·온라인·모바일을 통한 디지털서비스로 외연을 더욱 확장해야 한다. 이를 위해서는 〈그림 6-6〉처럼 실물공간과 가상공간을 유기적으로 연계한 하이브리드 건축계획과 지식정보의 내비게이션 기능이 필수적이다.

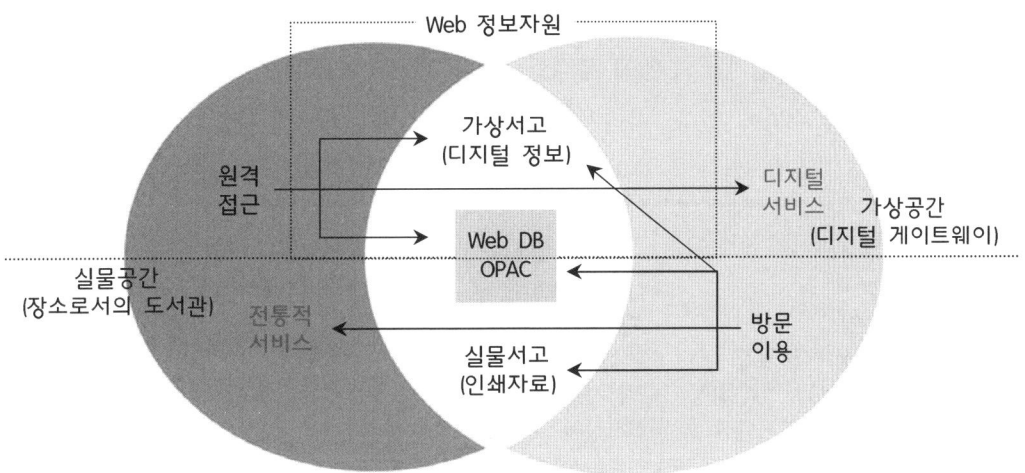

〈그림 6-6〉 대학도서관 건물·공간의 하이브리드 지형

⑤ 접근·이용의 편의성과 개방성 : 대학 구성원의 도서관 접근·이용 편의성은 신축계획에서 가장 강조해야 할 원칙이다. 이용만족도와 직결되기 때문이다. 직원·자료의 동선과 이용자 동선의 분리, 협동수업이나 팀작업을 위한 중소형 세미나 공간 및 연구용 캐럴공간 확보, 정보검색실 설치, 복사·스캔장비 구비, 정보기술을 활용한 디지털 정보서비스 등을 신축계획에 반영해야 한다.

⑥ 정보기술 수용성(acceptance) : 도서관이 인터넷, Web DB, 디지털 정보의 통합시스템을 구축하여 학내외 학술정보 접근검색 및 제공기능을 강화하기 위해서는 각종 정보기술과 부대장비를 수용할 수 있는 공간계획이 필요하다. 또한 사전에 모바일 네트워크를 위한 매립형 정보통신용 콘센트를 충분히 확보해야 한다.

⑦ 새로운 요구공간 반영 : 도서관은 정숙성과 정태적 분위기를 일신하기 위한 디지털 정보공유공간(digital information commons)으로 변신해야 하며, 그 요체는 학습공간 제공이다. 이를 위해서는 스터디 라운지, 전자형 로비와 독서실, 멀티미디어랩 등을 설치하고 식음료 반입규제를 완화하여 카페 분위기를 창출하고 다양한 학생지원서

비스(글쓰기, 상담과 자문, 기술지원, 경력개발, 학습 및 교육지원, 개인지도, 컴퓨팅과 통신, 외국어 프로그램, 장애인)를 제공해야 한다.

2.1.2 신축계획 과정

도서관이 신축계획을 수립할 때는 사서직의 적극적 참여가 중요하다. 아무리 훌륭한 건물을 구상하더라도 핵심기능 수행에 부적합하거나 접근·이용의 편의성을 보장하지 못하면 가치가 반감될 수밖에 없다. 따라서 〈그림 6-7〉의 계획과정에 충실해야 한다.

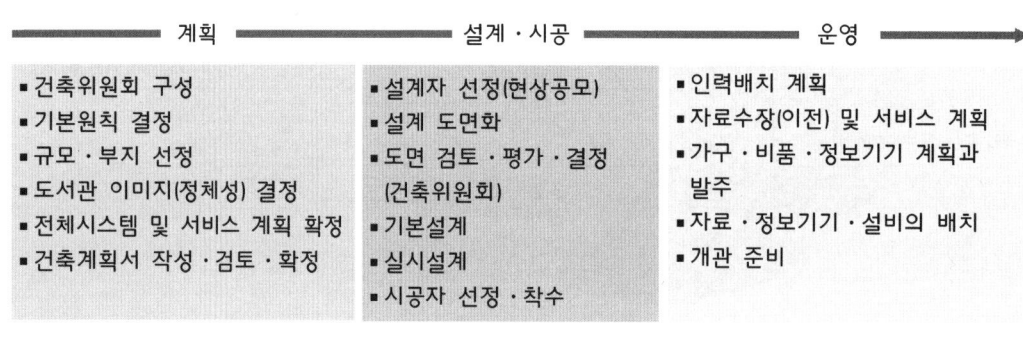

〈그림 6-7〉 대학도서관 신축계획 과정

(1) 계획과정

최초의 가장 중요한 단계는 신축계획 수립인데, 도서관이 주도해야 한다. 여기에는 건축위원회 구성, 기본방침 및 부지 확정, 이미지(정체성) 결정, 전체계획과 단위도서관 서비스계획, 건축계획서 작성, 건축전문가 및 사서에 의한 기능 검토가 포함된다.

- 건축위원회는 도서관측의 관장·전문직원·자문가, 대학측의 기획 및 시설책임자, 이용자측의 교수 및 학생대표, 그리고 건축전문가로 구성해야 한다.
- 건축위원회는 도서관 운영방침, 입지 및 환경조건, 이미지와의 정합성 등을 고려하여 건축의 필요성, 서비스 기본원칙과 이념, 시스템계획(중앙관, 분관, 주제관 등 배치계획), 단위도서관 서비스계획(수준과 내용, 자료수집·배치·보존방침, 조직과 인력 등), 공간규모와 구성내용, 설비조건 등을 결정한다.
- 건축위원회는 신축계획서를 준비한다. 이 문서에는 서문(위원회 명단과 역할, 계획서

의 취지와 기능), 본문(대학 연혁과 목표, 도서관정책, 공간구성과 조건, 설계 및 부지 기준, 연차계획, 소요비용, 공간별 세부시방서 등), 기타(색인, 용어설명, 부록, 참고문헌)가 포함되어야 한다.

- 사서와 건축가는 계획문서에 필요한 제기능이 적절하게 반영되어 있는지를 검토한다. 통상 도서관 건물과 특성에 대한 양자의 인식은 다르다. 건축가는 건물 형태와 구조(외형과 내부 모양, 구조역학)에 치중하는 반면에 사서는 업무 및 서비스 기능을 중시한다. 건축가는 건물이 무엇인지를 고민하지만 사서는 건물이 무엇을 해야 하는지에 더 주목한다.[10] 따라서 양자의 소통이 원활해야 훌륭한 건물이 창출될 수 있다.

(2) 설계·시공과정

도서관 설계·시공은 통상 건축가가 주도한다. 따라서 도서관은 건축가와의 지속적인 소통을 통해 신축계획서에 명시된 기본이념이 설계에 충실하게 반영되도록 노력해야 한다. 이 과정에 포함되어야 할 주요 내용은 다음과 같다.

- 설계경기(지명 또는 공개설계), 선정위원회, 면접, 수의계약, 설계입찰 등의 방식으로 선정된 설계자는 건축계획과 제반조건을 분석하고 구조 및 설비를 검토하여 기획설계를 도면화한다. 도면은 건축위원회에 제출되고 당초계획과 일치하는지를 체크한다.
- 도서관과 건축가의 의견이 통일되면 기본설계(基本設計) 및 실시설계(實施設計)에 들어간다. 이 과정에서 모형 시안이 제작되고, 관련 법규(건축법, 소방법 등)가 검토된다. 그리고 기본설계에 기초하여 부분별 세부내역을 검토한 후 실시도면을 작성한다.
- 시공자를 경쟁입찰방식으로 선정하고 실시도면에 근거하여 공사를 진행한다.

(3) 운영과정

도서관은 신축건물의 설계 및 공정에 맞추어 개관을 준비한다. 여기에는 직원의 선임과 이동, 조직구조 편성과 개편, 규정 제정, 서비스 계획과 운용세칙 마련, 자료수집 및 배가 방식 결정과 발주, 가구·비품·정보기기 등의 계획과 발주, 홍보와 개관식 준비가 포함된다. 그리고 완공되면 준공검사를 거쳐 자료와 가구 등을 반입·배치하고 운영한다.

2.1.3 신축시기 결정

도서관 건물은 구조역학 및 공간구성 측면에서 약 30년을 유지할 수 있도록 시공하는 것이 관례다. 커리(A. Curry) 등은 정보기술이 건물에 미치는 영향을 고려하여 "구조는 50년, 설비는 15년, 시설과 비품은 7년간 유용하도록 계획해야 한다"[11]고 주장한 바 있다.

그러나 신축계획의 최대 동인은 장서증가 따른 수장공간 부족이다. 도서관 장서의 연평균 증가율을 4-5%로 계상하면 20-25년이 지나면 장서가 배증함에 따라 공간부족에 직면한다. 따라서 신축시기를 판단하려면 장서의 핵심변수인 연차증가율(年次增加率, Annual Growth Rate), 한계수장률(限界收藏率, Percentage of Marginal Capacity), 서가점유율(書架占有率, Occupied Percent of Shelves)을 분석·산출해야 한다.

$$\left(1 + \frac{g}{100}\right)^N = \frac{E}{B} \rightarrow 1 + \frac{g}{100} = \left(\frac{E}{B}\right)^{1/N}$$

g(연차증가율) = 100[(E/B) - 1]
g : 비례중항률(geometric mean rate), 즉 연차증가율
B : 시작연도의 장서수, E : 최종연도의 장서수
N : 총연수(시작연도 - 최종연도)

$$OPS = \frac{PMC}{(1 + AGR)^4}$$

OPS : 서가점유율
PMC : 한계수장률
AGR : 연차증가율

〈그림 6-8〉 대학도서관 연간 장서증가율(좌) 및 한계수장률 산출공식

먼저 연차증가율은 윌리스(R.E. Wyllys)가 산술평균의 오류를 해소할 목적으로 개발한 〈그림 6-8〉[12]의 좌측 공식으로 계산할 수 있다. 한계수장률은 서가 1련의 표준규격을 91.4cm(36인치), 각 단의 여유공간을 평균 12.7cm(5인치)로 계상하면 서가당 86%[(91.4cm - 12.7cm) ÷ 91.4cm × 100]가 된다. 이처럼 연차증가량과 한계수장률이 결정되면 〈그림 6-8〉의 우측 공식을 이용하여 서가점유율을 산출할 수 있다.

다음으로 현재 서가점유율이 산출되면 최적 신축시기를 결정할 수 있다. 예컨대 연차증가율이 2%이면 서가점유율이 80%일 때, 3%이면 75%에서, 5%이면 70%에서, 9%이면 60%에서 각각 신축계획에 착수해야 통상 소요기간인 4년 후에 직면할 한계수장을 피할 수 있다. 연차증가율과 서가점유율을 연결한 〈그림 6-9〉에서 각 교차점은 부(負)의 기울기를 갖

는 한계수장곡선(限界收藏曲線)이고, 교차점의 궤적이 대학도서관 신축 시점이다.

2.1.4 신축입지 선정기준과 사례

도서관 신축계획에서 건물의 입지와 위치는 매우 중요하다. 입지는 접근·이용의 편의성을 좌우할 뿐만

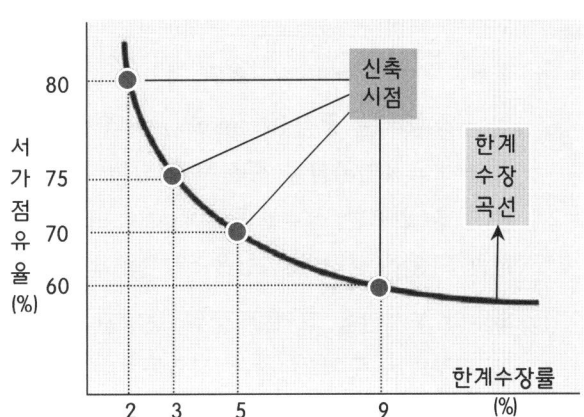

〈그림 6-9〉 대학도서관 한계수장곡선과 신축 시점

아니라 캠퍼스 내의 주요 동선구성에 결정적인 영향을 미치기 때문이다. 그럼에도 실제 위치를 선정하는 과정은 매우 복잡하고 시간 소모적이며, 게다가 정치적으로 결정되거나 왜곡되는 사례도 적지 않다.

신축입지 선정의 파행과 왜곡을 차단하려면 〈그림 6-10〉의 기본적 요건을 우선 검토하는 과정이 필요하다. 그런 다음에 캠퍼스의 연면적과 출입구, 교육학습시설 및 연구동 배치, 도서관 소요면적과 층고, 확장 가능성, 구성원의 주요 동선과 접근거리, 주차공간 등을 조합하여 선정해야 한다. 이를 위한 바람직한 입지선정 기준을 제시하면 다음과 같다.

〈그림 6-10〉 대학도서관 신축의 기본적 고려사항

① 지형은 견고성 및 증개축을 감안하면 사질토(砂質土)보다 암반지대(岩盤地帶)가 바람직하다.

② 부지는 가능한 한 평지를 선정하며, 출입구 좌우의 경사는 심하지 않아야 하다.

③ 방위는 동서로 지축(地軸)을 형성하는 남향으로 설정하여 주광을 최대한 흡수할 수

있어야 한다.
④ 위치는 캠퍼스 전역에서 최단 시간에 접근할 수 있고 심리적 차폐(psychological shielding)를 최소화하는 중심성(centrality) 지역이 이상적이다. 중심성은 캠퍼스 면적의 중심이 아니라 교육연구활동 중심지를 의미하므로 대학본부, 연구동과 강의실, 학생(복지)회관 등을 연결한 삼각벨트(triangular belt) 내가 적절하다. 특히 심리적 차폐거리는 도서관 이용에 상당한 영향을 미치는 요소다.
⑤ 복수의 도서관을 고려할 경우, 중앙관은 캠퍼스 교통중심지나 물류센터 근처, 기숙사보다 강의동 근처, 이공계 강의동보다 인문사회계 강의동에 인접·위치하는 것이 바람직하다. 주제관과 분관은 단과대학 배치를 우선적으로 고려하되 경영관리 효율성을 후순위로 간주할 때는 연구동과 강의동에서 50m 내에 위치하는 것이 바람직하다.
⑥ 그 외에 고려해야 할 입지조건은 부지의 정지비용(整地費用), 지하 장애물, 고도 적합성, 확장가능성 등이다.

이러한 입지선정 기준 가운데 지형과 부지가 양호하다면 요체는 중심성과 심리적 차폐 거리다. 이러한 기준에 부합하는 국내외 사례는 상당히 많다.

먼저 단일 도서관 사례 중 우수한 입지의 압권은 조선조 사학기관을 대표한 〈그림 6-10〉의 도산서원(陶山書院) 광명실(光明室)을 들 수 있다. 광명은 남송시대 유학자 주자(朱子)(朱熹의 존칭, 1130-1200)의 '만권서적 혜아광명'(萬卷書籍 惠我光明)에서 취한 단어다. 당시 열람·보존 등 도서관 기능을 수행한 동광명실(1819년 건립)에는 역대 제왕의 내사서적(內賜書籍)과 퇴계 선생의 수택본(手澤本)을 보관하였고, 서광명실(1930년)에는 국

〈그림 6-11〉 도산서원 광명실(좌)과 울산과학기술원 학술정보관 입지

내 유학자의 문집 등 1,217종 4,917권을 보존하였다. 이들은 2003년부터 한국국학진흥원에 기탁되어 보존하고 있다. 또한 울산과학기술원(UNIST) 학술정보관도 방사형 캠퍼스에 심리적 차폐거리가 전혀 없어 입지가 뛰어난 사례로 간주할 수 있다.

다음으로 복수 도서관 사례는 캘리포니아대학(University of California, Irvine) 부속도서관 입지가 우수하다. 〈그림 6-12〉[13]를 보면 캠퍼스 중앙의 알드리치 공원(Aldrich Park, 직경 200m)을 중심으로 중앙도서관(Langson Library, 102)과 과학도서관(520)이 마주보며 서비스를 분담하고 있다.

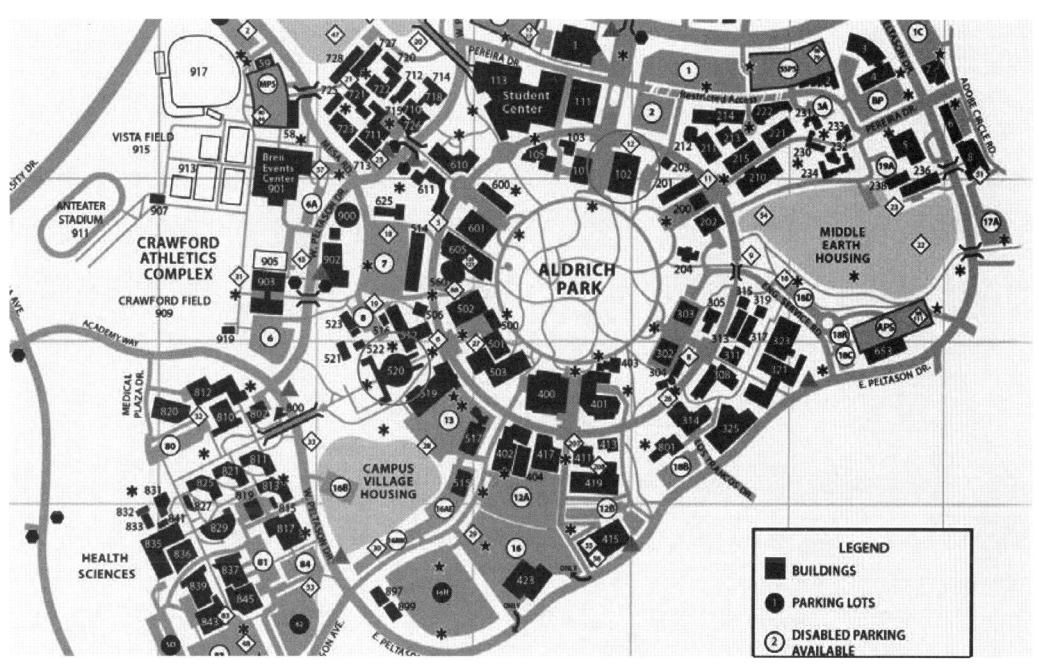

〈그림 6-12〉 캘리포니아대학(UC Irvine)의 중앙도서관 및 과학도서관 위치

마지막으로 중앙도서관과 주제별 도서관(실)을 캠퍼스 전역에 적절하게 분산배치한 사례로는 켄터키대학(University of Kentucky)과 나고야대학(名古屋大学, 동산캠퍼스)이 대표적이다. 켄터키대학은 〈그림 6-13〉[14]처럼 총 9개 주제별 도서관(농업, 디자인, 교육, 법학, 예술, 의학, 과학기술 등)이 학문(주제) 밀착형으로 배치되어 있다. 나고야대학(동산 캠퍼스)은 야마테도리(山手通り)를 기준으로 동쪽에는 토요다 강당을 비롯한 대학본부와 이공계 학부·대학원이 위치하며, 서쪽에는 중앙도서관, 1학년 전학교육관, 문학부, 법학부, 경

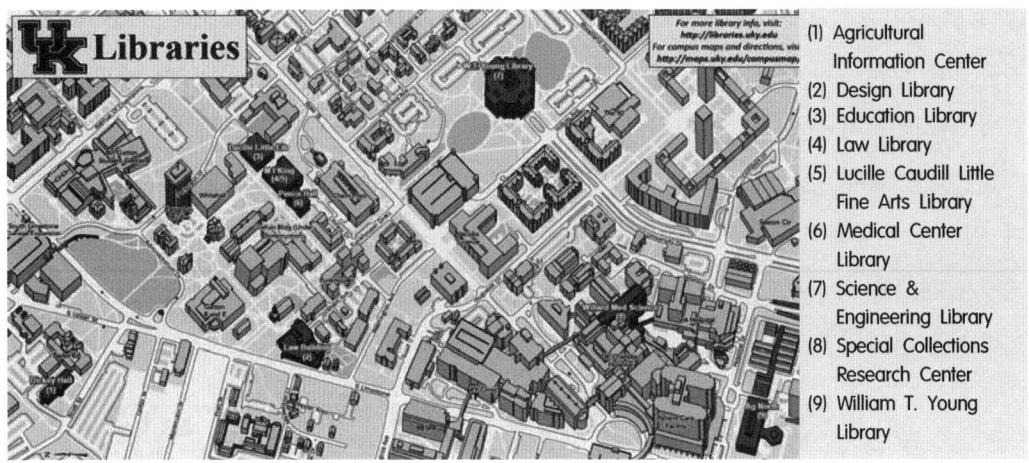

〈그림 6-13〉 미국 켄터키대학(UK) 주제별 도서관 배치

제학부, 교육학부 등 인문사회계 학부 및 대학원이 자리잡고 있다. 이를 위한 13개 주제별 도서실(문학, 법학, 경제학, 공학, 생명농학 등)이 〈그림 6-13〉[15]과 같이 조밀하게 배치되어 있어 학문영역별 학부 및 연구소의 접근·이용 편의성을 극대화하는 데 기여하고 있다.

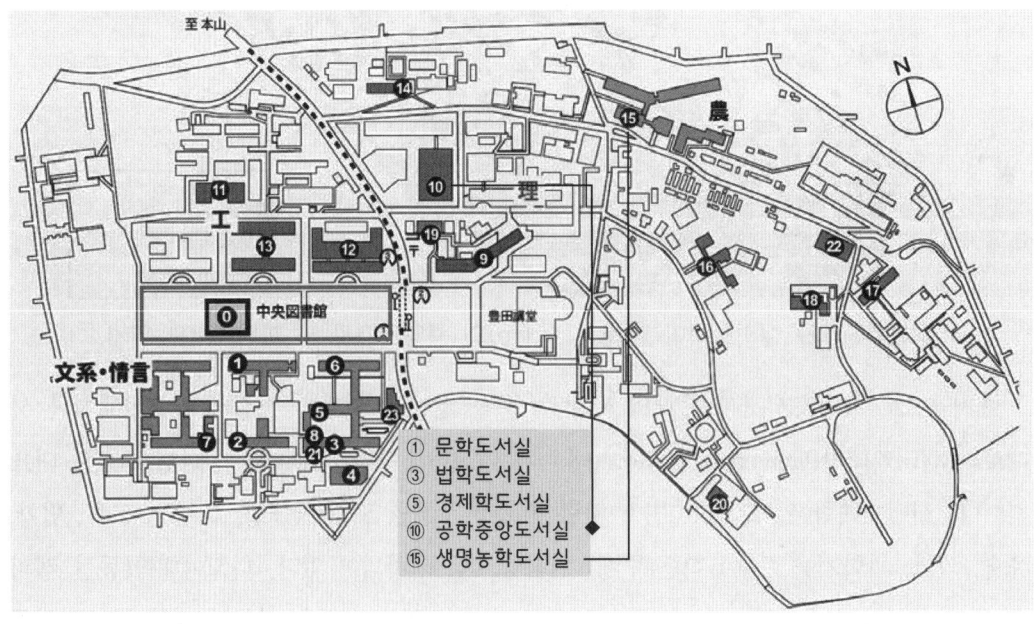

〈그림 6-14〉 나고야대학(名古屋大学) 부속도서관 위치(東山 Campus)

2.1.5 건물 형태와 층고

도서관을 신축할 때 입지선정에 못지않게 중요한 요소가 외형적 독창성이다. 외형에는 입지조건, 용적율(容積率, 연면적 ÷ 부지면적)과 건폐율(建蔽率, 1층 바닥면적 ÷ 부지면적), 지상 및 지하층 구성비율, 층별 고도와 층간 여유, 지붕형태 등이 변수로 작용한다. 이들에 대한 기본방향을 제시하면 다음과 같다.

① 형태는 디자인, 색채, 마감재 등으로 대학 역사 및 학풍을 나타내는 것이 바람직하다.
② 단면적(가로 × 세로)은 〈그림 6-15〉처럼 3(5) : 2(3)의 장방형(長方形)으로 설계해야 공간 활용성이 높아진다. 그 이유는 단면적이 장방형일 때, 내부 순사용면적을 정방형으로 계획할 수 있고 유효공간의 활용성 및 가변성이 극대화되기 때문이다.

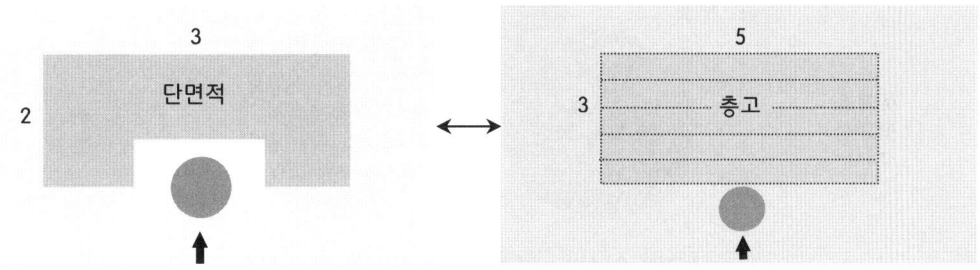

〈그림 6-15〉 대학도서관 신축계획의 단면적 및 층고 모형

③ 층수는 지상층과 지하층으로 구성하되, 지상은 5층 이하가 바람직하다. 다만 5층 이상으로 건축할 때는 내진력(耐震力)을 확보해야 한다. 또한 마루바닥에서 천장까지의 높이는 층고에 영향을 미치므로 건물의 상당부분이 주통로(主通路) 아래에 위치할 경우에는 층고를 낮추어야 한다.
④ 지하와 지상의 비율은 1 : 2로 구성해야 자료수장 및 동선구성이 용이하다.
⑤ 대지면적이 충분할 경우에는 수직적 증축보다 수평적 확장이 미래 확충이나 자료 및 인력의 이동 측면에서 유리하다.

2.2 증개축 계획

도서관 건물을 완벽하게 신축하였더라도 시간이 경과하면 여러 요인으로 인하여 증축 또는 개축(리모델링)이 불가피하다. 기존 건물의 대체나 증축, 용도변경, 별동건축, 개보수, 단순 외형변경 등을 검토하기 위한 주요 계획과정은 〈그림 6-16〉과 같다. 그 중에서 증개축의 필요성, 기존 건물의 분석·평가, 증개축 목표 설정, 규모 및 방법의 구체화에 주목할 필요가 있다.

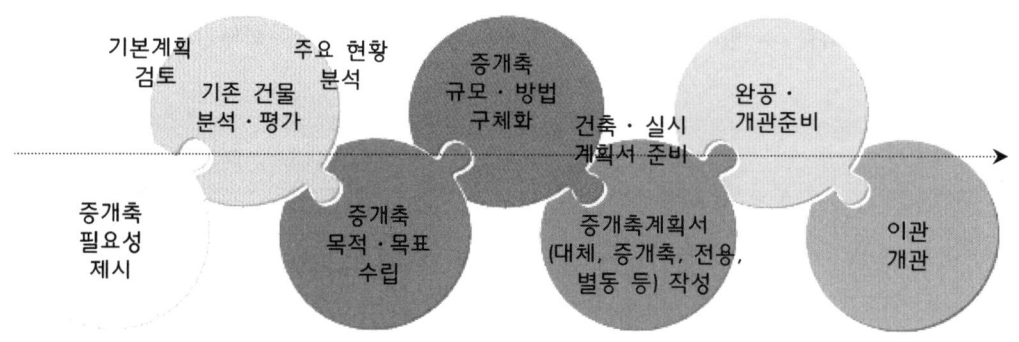

〈그림 6-16〉 대학도서관 증개축 계획과정

(1) 증개축 필요성 제시

건물의 증개축 요인은 무수히 많다. 그 가운데 대학도서관과 밀접한 요인은 다음과 같다. 이들을 중심으로 검토·확인과정을 거쳐 필요성을 제시한다.

- 서비스 정책 및 전략 변화에 따른 시설공간의 기능적 전환
- 장서증가로 인한 수장공간 증설 및 배치전환
- 이용자 요구증가에 따른 열람석, 수용공간, 세미나실, 가구·설비 증설
- 멀티미디어, 디지털 전자자료 등을 이용하기 위한 정보기기 도입과 설치
- 새로운 서비스 및 공간 제공에 필요한 인력배치 및 가구·설비 도입

- 디지털 정보공유 및 학습공간을 위한 스터디 라운지, 전자형 로비와 독서실, 멀티미디어랩 등 신설과 군집
- 건물 노화에 따른 개선
- 장애인 등의 이용편의 제공을 위한 시설공간 개선
- 신축설계 오류나 운용에 따른 문제점 수정과 보완 등

(2) 기존 건물의 분석 · 평가

기존 건물 · 공간의 현실적 약점, 업무수행 및 서비스 제공에 따른 문제점, 이용자 요구 등에 대한 실증데이터 또는 경험을 기초로 증개축 기본계획서를 검토하여 증개축이 필요한지를 결정한다. 이를 평가하기 위한 항목에는 기본계획의 한계, 건물 성능을 포함한 문제점, 현행 서비스의 강점과 약점, 이용자 불만족 이유, 인력과 예산, 중장기 계획 대비 목표 달성도 등이 포함된다. 평가내용 및 개선방안은 모든 직원이 공유하고 관장에게 문서로 보고해야 한다.

(3) 증개축 목적 · 목표 수립

도서관 증개축 계획은 단기와 중장기로 나눌 수 있다. 전자는 최종목표에 도달하기 위한 단계적 실행계획(實行計劃)이고, 후자는 최종 목표를 달성하기 위한 전략적 계획(戰略的 計劃)을 말한다. 계획을 수립하는 목표는 규모변수(장서, 직원, 이용자 등) 증가에 따른 가변성, 가구설비 및 정보기기 배치와 교체에 따른 유연성, 신정보매체 도입을 위한 공간 개조나 확장, 기능 변경 및 개보수 용이성 등을 확보하는 데 있다. 요컨대 규모변수 증가에 대비하고, 서비스 내용을 개선하며, 새로운 정보기술과 정보매체를 수용하기 위한 공간 확장성과 활용성을 높이는 데 목적이 있다.

(4) 증개축 규모 · 방법 구체화

대규모 대학도서관은 대개 중앙관(본관) 및 복수 주제관(분관) 시스템으로 구성된다. 중앙관을 신축할 때는 주제관이나 분관의 기능을 재조정해야 하며, 개별관을 증개축할 때도 전체적 조정이나 재구성이 필요하다.

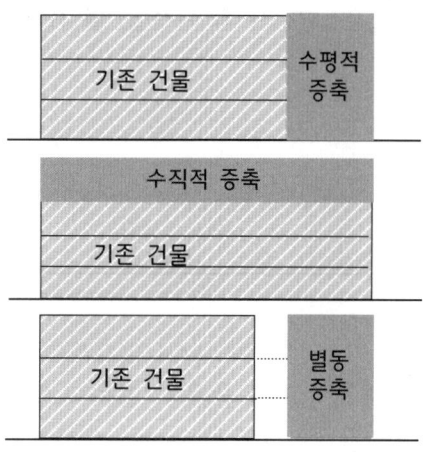

〈그림 6-17〉 대학도서관 증축방식

기존 건물을 유지할 때는 〈그림 6-17〉과 같은 증축이 보편적이며 개축, 별동건설, 용도전용 등으로 구체화된다. 이 경우에 시스템적 유효성, 공간확충 목표, 제약조건 발생, 조성공간의 비용-효과, 미래 확장성, 구조·설비(하중, 내구벽 상황, 설비용량 및 배관시스템 등)에서 잔존수명(殘存壽命)이 충분한지, 부지조건이 적절한지, 건물의 역사적 가치와 구성원의 애착심이 어느 정도인지를 검토해야 한다. 그리고 증축 규모는 인접 도서관의 이용가능성, 학생 증가추이와 캠퍼스 정주비율, 교수방법과 교과과정, 자료유형별 이용률 등을 고려하여 결정한다.

(5) 증개축계획서 작성

도서관 증개축계획서 골격은 신축계획서와 대동소이하다. 다만 기존 건물의 문제점과 평가내용(부지여건을 포함한 건물과 서비스의 상관관계), 개선할 서비스 내용과 필요한 시설은 반드시 포함시키고, 기타는 관례상 생략한다. 그럼에도 증개축계획서는 신축계획서와 동일하게 도서관 요구사항을 건축가에게 제시하거나 양자가 공동으로 작성하는 것이 바람직하다.

제3절 공간 및 동선계획

3.1 공간계획

3.1.1 공간계획 기본원칙

모든 건물은 공간예술의 결정체다. 그 만큼 공간계획이 중요하다. 대학도서관이 하이브리드 지식정보를 축적·보존하고 교수학습 및 학술연구를 위한 다양한 서비스를 지원하려면 과거보다 더 많은 공간이 필요하다.

이에 부응하려면 체계적인 공간계획과 구성이 필요하다. 그것은 연면적과 함께 대학도서관의 우수성과 기능성을 가늠하는 잣대다. 또한 직원공간에 컴퓨터 워크스테이션을 갖추고, 수장공간에 다양한 교육학술정보를 수용하며, 이용공간에 각종 가구와 정보기기를 혼합·배치해야 한다.

따라서 도서관은 건물의 기능성 및 가변성, 다양한 정보기술 수용성, 자료·이용동선 체계성, 디지털 접근성, 미래 확장성 등에 부합하도록 공간계획을 수립해야 한다. 이를 위한 기본원칙은 〈그림 6-18〉과 같다.

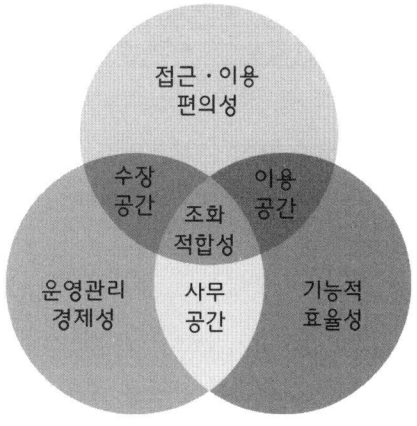

〈그림 6-18〉 대학도서관 공간계획 기본원칙

- 기능공간의 효율성(效率性): 고품질 지식정보와 인간적 서비스를 제공하려면 구조적 및 미적 측면보다 다양한 기능수행에 적합한 공간계획이 필요하다.
- 접근·이용의 편의성(便宜性): 도서관 공간은 방대하고 매우 복잡하며 다양한 요소로 구성된다. 따라서 공간계획은 단순하고, 동선을 최소화하여 접근·이용의 편의성을 극대화해야 한다.

- 운영관리의 경제성(經濟性) : 통상 건축계는 도서관 신축을 모든 계획과 기법의 집합으로 간주한다. 그 만큼 공간구성의 다양성과 운영관리의 복잡성이 내포되어 있다. 따라서 기능성과 편의성에 못지않게 경제성을 추구해야 운영관리 예산·인력의 낭비를 최소화할 수 있다.
- 조화와 적합성 : 수장공간은 자료와 가구, 사무공간은 직원·자료·가구 및 정보기술, 이용공간은 모든 요소가 유기적으로 작용하도록 조화와 적합성을 추구해야 한다.

3.1.2 공간별 구성요소와 적정 기준

대학도서관은 이용공간, 자료 수장공간, 직원 업무공간, 공유공간으로 대별할 수 있다. 각각의 공간을 구성하는 하위요소는 〈표 6-4〉와 같다.

〈표 6-4〉 대학도서관 공간별 구성요소

공 간	주요 구성요소
이용공간	일반열람실, 자료실 이용공간, 정보검색공간, 시청각자료실, 전시실, 기타 공간(경독서실, 세미나실, 창의학습공간, 창조공간, 휴게실, 복사실) 등
수장공간	보존서고, 주제별 자료실, 참고자료실, 연속간행물실, 학위논문실, 지정도서실, 시청각자료실, 기타 특수자료실 등
사무공간	관장실 및 부속실, 부관장(분관장)실, 직원사무실, 전산실, 기타 직원공간, 휴게실, 회의실, 전기실, 보일러실, 창고 등
공유공간	출입구와 로비, 통로와 계단, 편의시설(휴게실, 화장실), 주차장, 식당과 매점 등

(1) 이용공간

① 일반(자유)열람실

일반(자유)열람실은 개인적 학습·독서공간을 말한다. 소지품 반입출이 자유롭고 자료실 폐관 후에도 이용할 수 있다. 그럼에도 도서관 연면적에서 점유하는 비중이 상당하여 자료실 공간계획에 부담을 주고, 소음과 혼잡을 유발한다는 이유로 자료실과 분리하거나 별동건물로 운영하는 사례가 많다. 이를 위한 법적 열람석 기준은 「대학설립·운영규정」 제4조 제1항 별표 2에서 '열람실에 학생정원의 20% 이상'을 명시한 반면에 한국도서관협회는 '학부생의 25% 이상과 대학원생의 30% 이상'을 권장하고 있다.[16] 다만, 법적 기준은 일반열람실을 포함한 도서관 전체에 배치하는 비율임을 유의해야 한다. 그리고 열람석당 법적 면적기준은 없으나, 학부생용은 테이블공간과 통로를 포함하여 2m² 이하, 대학원생용은 자료 2-3권을 동시에 이용할 수 있는 2.8m²가 무난하다.

② 자료이용공간

자료이용공간은 자료실과 서고에 배치된 개인독서·연구석(carrel),[17] 테이블, 정보검색공간을 말한다. 자료수장과 함께 이용편의성을 중시해야 한다.

- 일반자료실(폐가제 서고, 개가제실) : 열람테이블과 소형캐럴은 각각 평균 2.32m², 연구·교수용 캐럴은 3.72-4.0m²로 설계하되, 1인당 소요면적은 영국도서관협회가 제시한 평균 2.5m²[18] 내외가 적절하다.
- 참고자료실 : 열람석을 100석 이하로 배치하되 테이블 50%, 캐럴 45%, 기타 라운지의자 5%를 계획하면 무리가 없다. 이용자 1인당 소요면적은 2.8m²가 적정하다.
- 연속간행물실 : 전체 열람석수의 3-5%에 해당하는 좌석을 할당하고, 주로 4-6인용 테이블을 배치하며, 1인당 소요면적은 2.32m²가 적당하다.
- 신문자료실 : 소요면적은 공식 <그림 6-19>를 이용하면 1인당 약 2.0m²다.[19]

> ■ 신문자료실(1인당 소요면적)
> = [(신문길이 90cm + 신문서가 1개당 측면 통로 폭 46cm) × (최소 시거리 33cm + 남자 엉덩이 두께 평균 19.6cm + 최소 2명 교행통로 폭 80cm + 통로 여유 폭 10cm)] = 2.0m²

<그림 6-19> 신문자료실 소요면적 산출공식

- 기타 : 학위논문실, 지정도서실, 대학사료실 등은 각각 2.32m², 마이크로자료실을 포함한 시청각자료실은 대학생 표준체위를 고려한 3.5m², 지도자료실과 고서실은 3.25-4.0m²로 계획하면 무난하다.

③ 정보검색공간

정보검색실의 적정 면적은 직원수, 컴퓨터·주변기기 수량, 수용인원 등에 따라 다르다. 다만, 최소 52m²(이용자 검색공간 22m²[20] + 정보기기 배치공간 18m² + 온라인 서비스공간 12m²)를 확보할 필요가 있다. 기타 자료실 및 공간에도 적정 단말기를 배치해야 하며, 1대당 2.78m², 1인당 4.5m²면 무난하다.

④ 기타 공간

기타 이용공간에는 경독서공간(經讀書空間, browsing corner), 소형 세미나실, 카운터와 출입구 등이 포함된다. 자료실 주변에 잡지, 사보, 취업정보지 등을 비치하여 가볍게 독서할 공간은 1인당 2.32m²가 적당하다. 세미나실은 10명 내외가 학습토론이나 공동연구가 가능하도록 50m²(1인당 2.32m² × 10명 + 가구설비 및 기타 공간 26.8m²) 이상을 확보해야 한다. 카운터와 입구는 최소 30m², 대출데스크 주변은 약 20%의 여유공간을 확보하는 것이 바람직하다.

(2) 수장공간

① 일반자료실(서고)

일반자료실은 인쇄자료를 개가제로 서비스하는 공간이다. 자료실 소요면적은 자료 크기와 두께, 배가·열람방식, 한계수장률, 서가규격 등에 따라 다르다. 시중 도서의 90% 이상이 크기는 28cm 이하, 두께는 5cm 이하이고, 대개 청구기호 순으로 배가한다. 서가당 수장량은 〈표 6-5〉처럼 자료유형에 따라 다르지만, 서가점유율이 85-86%일 때 한계수장으로 간주할 수 있다. 서가의 경우, 미국은 1련 표준규격(H×W)이 228.6×91.4cm인 양면서가(2련 7단)를 주로 사용하는 반면에 국내는 대학생 표준체위를 감안하여 6단까지 수장하는 경우가 많다.

따라서 서가(2련 6단 양면) 1개당 일반도서 한계수장량은 약 600권(25권/단 × 6단 × 2련 × 2개)이다. 그리고 서가당 소요면적의 경우, 통로 폭을 1.1m[21]로 계상한 개가제 서고는 5.3m², 통로 폭을 0.6m[22]로 계상한 폐가제 서고는 3.7m²다. 결국 서가당 한계수장량과 소요면적을 기준으로 산출한 서고공간의 면적(m²)당 수장량은 개가제 서고가

〈표 6-5〉 서가당 자료유형별 수장기준과 면적산출

구 분	서가(6단)당 수장기준				소요면적 산출 (서가 6단 양면 기준)
	1단	1련	2련(편면)	2련(양면)	
일반도서	25	150	300	600	■ 개가서고 : 서가간격 1.8m × (서가길이 1.83m + 통로 폭 1.1m) = 5.3m²
참고자료	16-17	100	200	400	■ 폐가서고 : 서가간격 1.5m × (서가길이 1.83m + 통로 폭 0.6m) = 3.7m²
제본잡지	〃	〃	〃	〃	

113권(600권 ÷ 5.4m²), 폐가제 서고가 162권(600권 ÷ 3.7m²)이다. 만약 캐럴 등 좌석이 배치된 서고 연면적을 개략적으로 산출하려면 〈그림 6-20〉을 이용할 수 있다. 이 때 여유도(餘裕度, α)는 서가

- 서고 연면적 = [(a ÷ n) + (b ÷ m)] × α
  a : 자료수 ; b : 좌석수
  n : 단위면적당 자료 수용력
  m : 단위면적당 이용자 수용력
  α : 여유도

〈그림 6-20〉 서고 연면적 산출공식

높이와 간격, 테이블 및 의자의 규격과 모양에 따르다. 가령 저단(低段) 서가(3단)는 여유도가 1.5 이상이면 무난하지만 고단 서가(6-7단)는 간격이 1.8m이면 2.0 이상의 여유도가 필요하다.

② 참고자료실

참고자료실은 대개 전용공간 형태로 운영한다. 종합도서관은 2만권, 주제관은 1만권, 분관은 1천권 정도를 수장하면 무난하다. 벽면 양면서가(2련 6단)에 절반을 수장하고 나머지 절반을 중앙 양면서가(2련 3단)에 배치할 경우, 〈표 6-5〉에서 6단 서가는 400권, 3단 서가는 200권을 배가할 수 있다. 따라서 종합(또는 연구)도서관 참고자료실은 총 398m²(10,000권 ÷ 400권(6단 서가) × 5.3m² + 10,000권 ÷ 200권(3단 서가) × 5.3m²)를 확보할 필요가 있다.

③ 연속간행물실

연속간행물실(잡지실, 정기간행물실)은 교양·학술지와 관련 서지, 신문자료 등을 수장하므로 신착잡지·신문 전시공간, 제본잡지·서지 수장공간, 라이선스 전자자료(Web DB, 전자잡지 등) 검색공간 등이 필요하다. 잡지 전시종수는 편면 전시가(2련 6단) 1개당 30-36종, 제본잡지(두께 4-5cm 기준)와 서지는 〈표 6-5〉와 같이 양면서가당 400권(3단은 200권)을 수장하면 적당하고, 서가당 소요면적은 3.7m²(폐가식)-5.3m²(개가식)다. 그리고 신문 과년호 보존서가는 1개당 2m²를 확보해야 한다.

④ 학위논문실

학위논문실 공간은 제본 여부를 감안하여 계획해야 한다. 제본된 석사논문의 두께는 제본잡지와 비슷하므로 〈표 6-5〉에서 양면서가(2련 6단) 1개당 400권, 미제본 박사논문은 평균 3권의 두께가 제본잡지에 상당하므로 서가당 1,200권을 수장할 수 있다. 대개 개가제로

운영하므로 서가당 소요면적은 5.3m²로 계획하면 무리가 없다.

⑤ 지정도서실

지정도서실은 교과목에서 지정한 도서를 확보·제공하기 위한 공간인데 감소하는 추세다. 수장량은 교수방법, 학생수, 과목수 등에 따라 다르지만 대개 5천권 이하(복본은 수강생 8-10명당 1권)가 바람직하다. 따라서 양면서가(2련 6단) 1개당 600권을 수장할 경우, 개가제는 44m²(5,000권 ÷ 600권 × 5.3m²), 폐가제는 31m²(5,000권 ÷ 600권 × 3.7m²)가 필요하다.

⑥ 시청각자료실

시청각자료실에는 지도, 녹음·음반, 마이크로, 비디오테이프, CD-ROM, DVD 등을 수장한다. 이를 위한 가구와 가독장비가 다양하여 소요면적 산출이 매우 까다롭다. 그럼에도 인쇄자료 수장공간의 10% 내외를 계상하면 무난하다.

⑦ 기타 자료실

고전자료(고서·희귀서·고문서 등), 대학사료(학칙·문서·통계 등), 개인문고(저명 인사, 퇴임교수 등)를 위한 공간계획도 필요하다. 수장량과 소요면적의 경우, 폐가제 고서실은 400권과 3.7m², 대학사료실은 600권과 3.7m², 개인문고는 일반도서를 준용한다.

(3) 사무공간

① 관장·부관장실

관장실은 업무를 총괄하고, 운영위원회나 중간관리자 회의를 주재하며, 방문객을 접견하는 공간이다. 회의실 겸용 여부, 부속실 유무에 따라 면적기준이 달라질 수밖에 없지만, 대개 25-42m²(부속실 11.6~15m²)[23]로 제시되고 있다. 부관장(분관장)실은 11.6-23.2m²(간부회의 겸용 30m²)가 적정하다.

② 직원사무실

직원 사무공간은 행정·수서·정리 등 간접적 업무공간과 대출·정보서비스 등 직접적 업무공간으로 대별할 수 있다. 1인당 소요면적을 산출할 때는 직위와 업무 성격을 고려해야 한다. 여러 권장기준을 종합하면 과(팀)장은 11.6-13.94m^2, 정규직은 6-13.94m^2, 보조직은 6.9-11.6m^2, 학생보조원은 4.65m^2다. 업무별로는 수서·장서개발 직원 9.3-11.6m^2, 정리직원 11.6-13.94m^2, 참고사서 9.29m^2, 기타 전문가 9.3-11.6m^2가 적당하다.[24] 그리고 컴퓨터 워크스테이션 환경을 갖출 때는 15-20%의 공간이 더 필요하다.

③ 정보전산실

도서관이 각종 Web DB, 업무시스템, 정보네트워크를 통합적으로 관리하려면 정보전산실을 확보하는 것이 바람직하다. 이를 위해서는 최소 4명의 직원공간(워크스테이션 1개당 6.97m^2)[25], 서버 배치, 항온항습실, 각종 부대자료 및 비품을 보관할 공간을 확보해야 한다. 공식 〈그림 6-21〉을 이용하면 최소 면적을 산출할 수 있다.

- 정보전산실(최소 면적)
= 사무공간 42.76m^2 (워크스테이션 공간 6.97m^2 × 4명 + 여유공간 3.72m^2 × 4명) + 서버(CPU) 배치공간 18.58m^2 + 항온항습실 7.4m^2 (서버의 40%) + 자료보관실 9.3m^2 (서버의 50%) + 비품보관실 6.6m^2 = 85m^2

〈그림 6-21〉 정보전산실 연면적 산출공식

④ 기타 직원공간

도서관은 직원 회의실 및 휴게실도 확보해야 한다. 전자는 컴퓨터 및 부대장비 배치가 필요하므로 1인당 2m^2, 후자는 1인당 1m^2가 적정 수준이다.

(4) 공유공간

도서관 공유공간(共有空間, non-assignable space)은 순면적(純面積, net space)을 제외한 기타 공간이다. 출입구와 로비, 통로와 계단, 엘리베이터, 각종 편의시설(화장실, 휴게실), 기기실, 창고 등이다. 소요면적의 경우, 메트카프(K.D. Metcalf)는 연면적의 65-75%를 순면적, 25-35%를 공유공간으로 제시한 바 있으며, 코헨(A. Cohen & E. Cohen)은 전체공간의 25%를 공유공간으로 제시하였다.[26] 건물의 기능성·효율성·경제성, 디지털 정보환경 등을 감안하면 공유공간은 순면적의 약 25%(연면적의 20%)로 설정하면 무리가 없다.

3.2 공간산출 및 배치

3.2.1 공간규모 산출방식과 사례

(1) 공간규모 산출방식

도서관 공간규모 산출에는 개산방식(槪算方式)과 적산방식(積算方式)이 있다. 개산방식은 연면적을 산출한 후 공간별 배분하고, 적산방식은 공간별 소요면적을 산출한 후 합산한다. 개산방식은 도서관 연면적을 추산하거나 현재 공간규모의 적정성을 개략적으로 평가하는데 유용하다. 그러나 신축계획을 수립할 때는 공간별 적정 면적을 산출하고 디지털 이용행태 및 워크스테이션 공간을 추가한 후에 적산하는 방식이 바람직하다.

주요 국가의 도서관 단체 및 학자가 제시한 대학도서관 소요면적 산출공식을 간추리면 〈표 6-6〉과 같다.[27]

〈표 6-6〉 대학도서관 공간규모 산출공식

구분		산출공식	비고
미국	ALA	▪ SR = 2.787m² / 1인 × 정규학생수 × 25% ▪ SB = 0.0065 / 1권 − 0.0093 / 1권 × 장서수 ▪ SS = (SR + SB) × 1/8	SR : 이용자공간 SB : 자료공간 SS : 직원공간
영국	UGC	▪ GS = NS + 25%(화장실, 계단 등의 잔여공간) ▪ NS = 1.25m² / 학생 1인당 + 10년 후 0.2m² / 학생 1인당 + 특수장서용 공간 + 특별 환경을 위한 조정공간 ▪ 열람석과 면적 = 1석(2.39m²) / 학생 6인당	1.25m² = 0.40m² (좌석) + 0.62 m²(서고) + 좌석 및 서고의 20%(직원공간)
일본	藤井和夫	▪ VSC = V/10 + 40 × S + C/40	V : 장서, S : 좌석, C : 대출
	국립대학 도서관 협의회	▪ S = 1.8U + 3.5G + 5.3(R × 1.5 − 0.21U − 0.336G) + 80T + 500 ( )이 음수면 0으로 하고, 본관은 산출면적에 500m² 가산	U : 학부생, G : 대학원생 정원, R : 장서수(1천권 미만 절상), T : 잡지종수(1천종 미만 절상)
한국	서붕교	▪ NAS = [(장서수 × 장서당 단위면적) + (FTE 학생수 × 수용비율 × 열람좌석당 면적)] × 1.25	서고·열람실 면적의 20-25% 를 관리(행정)시설로 추가
	손정표	▪ 적정기준 : N = 0.64Tm² (a) + 0.01Vm²(b) + 9.7S m²(c) + 0.05(a+b+c)m² ; NS = 0.25Nm²	T : 총학생정원수, V : 장서수, S : 직원수
	윤희윤	▪ 연면적(TS) = 2,240 + 0.72S + 0.008C 공유면적(NS) = 0.2TS	S : 편제정원(학부+대학원) C : 장서

(2) 공간규모 산출사례

도서관이 건축계획을 수립하는 과정에서 공간규모를 산출하려면 공간별로 단위당 면적 기준을 결정해야 한다. 이를 위해 4대 공간으로 대별한 요소별 산출근거 및 적정 기준을 제시하면 〈표 6-7〉과 같다.

〈표 6-7〉 대학도서관 공간별 면적산출 근거 및 기준

공간	공간요소별 산출근거	면적기준(m²)
이용	▪ 일반열람실 좌석 : 학부생의 20%(대학원생의 25%)	2(2.8)
	▪ 일반자료실, 참고자료실(이용자 1인당)	2.5/2.8
	▪ 연속간행물실, 학위논문실, 지정도서실, 신문자료실	2.32/2.0
	▪ 시청각자료실	3.5
	▪ 정보검색실 공간	2.2
	▪ 자료실 검색단말기	2.78
	▪ 기타 공간	2.32
자료 수장	▪ 일반자료실, 연속간행물실(2련 6단 양면서가)	3.7-5.3(개가서고)
	▪ 참고자료실, 학위논문실, 지정도서실(2련 6단 양면서가)	5.3
	▪ 고서실, 대학사료실(폐가제)	3.7
	▪ 시청각자료실	일반자료공간의 10%
사무	▪ 관장실(부속실)	40(부속실 11.6 포함)
	▪ 부관장(분관장)실(간부회의 겸용)	11.6-23.2(30)
	▪ 중간관리자(과장, 팀장)	11.6-13.9
	▪ 사서 / 비사서	9.3-11.6 / 6.9-9.3
	▪ 보조직(학생보조원)	6.9(4.65)
	▪ 회의실 / 휴게실	2 / 1
공유	▪ 출입구, 사물보관실, 로비, 통로와 계단, 화장실, 기기실, 창고 등	순면적의 25%

이용공간 중 일반열람실은 좌석당 면적, 자료이용·정보검색·기타 공간은 1인당 면적으로 산출하는 것이 합리적이다. 자료공간의 경우, 인쇄자료는 열람방식과 서가종류별 소요면적을, 시청각자료는 수장용기 소요면적을 산출기준으로 삼아야 한다. 사무공간은 직위·직무별 1인당 소요면적으로, 기타 공간은 용도별 1인당 소요면적으로 산출하면 편리하다. 공유공간은 3대 공간(이용·자료·사무)의 25%를 적용하면 무난하다. 가구·비품·정보기기 등을 배치하는 과정에서 공간손실이 불가피한 배치손실률(配置損失率, configuration loss rate)은 통상 공간별로 순면적의 (6%[28])를 추가하면 된다.

이러한 공간별 및 구성요소별 면적기준과 배치손실률을 적용하면 대학도서관 신축규모를 산출할 수 있다. 가상 대학(학과 100개, 학생수 2만명)을 사례로 도서관 신축계획(컴퓨터 워크스테이션 구비 + 개가제 운영)을 수립하기 위한 공간규모를 산출하면 〈표 6-8〉과 같다. 그 결과, 가상 대학도서관의 이용공간은 9,070㎡(33.3%), 수장공간은 11,337㎡(41.7%), 사무공간은 1,353㎡(5.0%), 공유공간은 5,440㎡(20.0%)이며, 연면적은 27,200㎡(8,243평)다. 여기에 인사관리의 〈표 4-17〉에서 제시한 장서 및 직원 증가를 추가하면 미래 공간규모를 추정할 수 있다.

〈표 6-8〉 가상 대학도서관 신축계획을 위한 공간규모 산출 사례

공간	공간규모 산출근거		소계
1 이용공간	① 학부생 열람석(편제정원의 20%) : 4,000석 × 2㎡ ② 컴퓨터 단말기(편제정원의 1.0%) : 200대 × 2.78㎡ ③ 배치손실률(6%) : 8,556㎡ (① + ②) × 0.06	8,000㎡ 556㎡ 514㎡	9,070㎡ (33.3%)

2
수장공간
	① 도서(1인당 50권 기준) : 100만권 ÷ 600권(2련 6단 양면서가)
	   = 1,667개 × 5.3㎡
	② 잡지(학과당 50종) : 5,000종(100개 학과 × 50종) ÷ 30종(2련
	   6단 편면전시가) = 167대 × 5.3㎡
	③ 시청각(전자)자료 : 9,722㎡ (① + ②)의 10% = 9,721㎡ × 0.1
	④ 배치손실률(6%) : 10,695㎡ (① + ② + ③) × 0.06
		8,836㎡
		
		886㎡
		
		973㎡
		642㎡
			11,337㎡
			(41.7%)

3 사무공간	① 관장실(간부회의 겸용 및 부속실 포함) ② 사서 : 42명 × 11.6㎡ (표 4-17 참고) ③ 비서서 : 27명(사서의 ⅔) × 9.3㎡ ④ 전산실(직원공간 제외) : 42㎡ ⑤ 회의실(세미나실) : 70명(관장 + 직원 69명) × 2㎡ ⑥ 휴게실 : 70명(관장 + 직원 69명) × 1㎡ ⑦ 워크스테이션 공간 : 35대(직원수의 50%) × 6.97㎡ ⑧ 배치손실률(6%) : 1,276㎡ (①-⑦) × 0.06	40㎡ 488㎡ 252㎡ 42㎡ 140㎡ 70㎡ 244㎡ 77㎡	1,353㎡ (5.0%)
4 공유공간	① 공유공간 : (1 + 2 + 3)의 25% = 21,760㎡ × 0.25	5,440㎡	5,440㎡ (20.0%)
총계(연면적) : (1 + 2 + 3 + 4) = 27,200㎡ (8,243평)			

3.2.2 공간배정 및 배치모형

(1) 공간별 적정 배정비율

대학이 기념비적인 도서관을 신축하거나 공간을 확장할 목적으로 증개축하더라도 공간별 배정비율이 적정하지 못하면 활용성은 저하될 수밖에 없다. 그 만큼 신축·증개축을 계획할 때는 공간배정을 중시해야 한다.

그럼에도 국내외에서 대학도서관 공간배정에 대한 법적 기준은 없다. 다만 건물의 순사용면적이 75% 내외일 때, 규모의 경제성을 확보하는 동시에 공간 활용성이 극대화될 수 있다는 것이 보편적 시각이다. 달리 말하면 이용공간이 적정 수준을 넘으면 수장력이 떨어지고, 사무공간이 너무 협소하면 스트레스가 증가하며, 공유공간 배정이 과도하면 핵심기능 수행에 부담이 된다.

그 가운데 최대 쟁점은 라이선스형 전자자료의 확대에 따른 인쇄자료 수장공간 축소문제다. 대다수 대학도서관이 전자자료를 적극 수용하고 있지만, 인쇄자료의 연간 증가현상도 계속되고 있다. 따라서 〈그림 6-22〉처럼 이

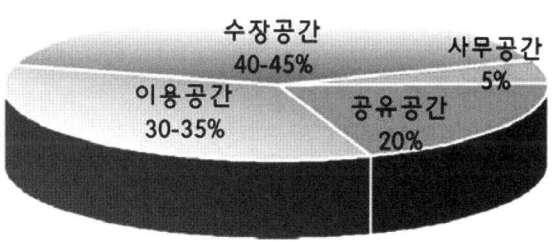

〈그림 6-22〉 대학도서관 공간배정 모형

용공간 30-35%, 수장공간 40-45%, 사무공간 5% 내외, 공유공간 20%(공용 10%, 기계실 5%, 기타 5%)를 배정하는 것이 바람직하다.

(2) 공간배치 원칙과 모형

도서관 공간배치 계획은 건물 형태 및 층고, 방향과 출입구, 계단과 통로, 기둥과 단면적, 장서구성 등을 고려해야 할 뿐만 아니라 인적·물적 동선을 중시해야 하므로 매우 까다롭다. 다만 공간별 적정 배정비율을 감안하면 수장공간, 이용공간, 사무공간, 공유공간의 순으로 우선 배치하되 이용·접근의 편의성, 자료수장의 적절성, 업무처리의 순차성에 부합해야 한다.

① 수장(자료)공간

　수장공간 배치에서는 자료유형 및 주제별 이용도를 우선 고려해야 한다. 이용자 동선길이를 최소화하려면 〈그림 6-23〉처럼 관외대출을 제한하는 자료(연속간행물, 참고자료, 학위논문, 오프라인 전자자료 등)를 저층에, 주제별로 군집할 때는 인문사회, 과학기술, 예체능의 순으로 저층에 배치하는 것이 바람직하다. 그리고 서가배치는 단순하고 직관적이어야 한다. 수장공간 배치가 적정하더라도 시간이 경과하면 공간부족에 직면하고 신축이나 증개축, 자동서고시스템과 밀집배가, 보존공간 추가확보, 배가방식 변경, 제로성장정책, 매체변형(마이크로화, 디지털화) 등을 강구해야 하므로 수장공간 재배치가 불가피하다.

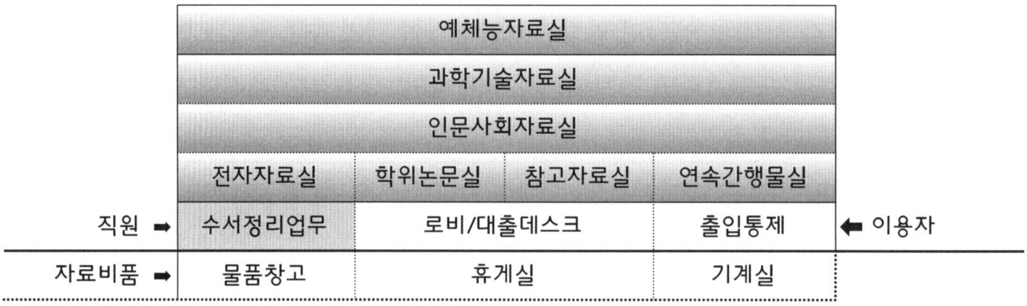

		예체능자료실		
		과학기술자료실		
		인문사회자료실		
	전자자료실	학위논문실	참고자료실	연속간행물실
직원 ➡	수서정리업무	로비/대출데스크		출입통제	⬅ 이용자
자료비품 ➡	물품창고	휴게실		기계실

〈그림 6-23〉 대학도서관 자료공간 배치 기본모형

② 이용공간

　자료실 내 카운터, 테이블과 의자, 캐럴, 검색단말기 등이 배치되는 이용공간은 장방형 내지 중심부 정방형(central square) 배치가 바람직하다. 이를 위해서는 이용자가 집중되는 공간이나 가변성이 높은 공간(카운터, 검색단말기)을 정방형으로 구성하여 중심부에 배치해야 한다. 일반열람실은 별동 건물을 신축하여 인접시키는 것이 바람직하다.

③ 사무(직원)공간

　사무실은 조직구조 변화, 정보전산화 및 정보기술 도입, 자료공간 및 동선의 변화 등으로 재배치가 잦은 공간이다. 모든 사무공간은 핵심업무(자료선정·배가·보존)가 수평적 내지 상향적 동선을 형성하도록 배치하고 유사한 업무는 군집하거나 인접시킬 필요가 있다. 기타 이용공간과 자료실 내 사무공간, 휴식공간은 직원의 프라이버시를 보호할 수 있도록 배치해야 한다.

④ 공유공간

먼저 출입구와 로비는 도서관 이미지를 결정한다. 따라서 입구는 〈그림 6-24〉처럼 직원·자료 동선과 이용자 동선이 마주하도록 설치하고, 이용자용 입구는 출구와 분리해야 혼잡과 간섭을 줄일 수 있다. 출입구의 안내데스크, 사물보관함, 자료분실방지시스템은 이용불편을 해소하는 동시에 접근 편의성을 강조해야 한다. 로비는 개방형으로 구성하되 안내판, 신문전시대, 정보데스크, 검색단말기, 출납데스크 등을 기능별로 분산·배치하는 것이 바람직하다.

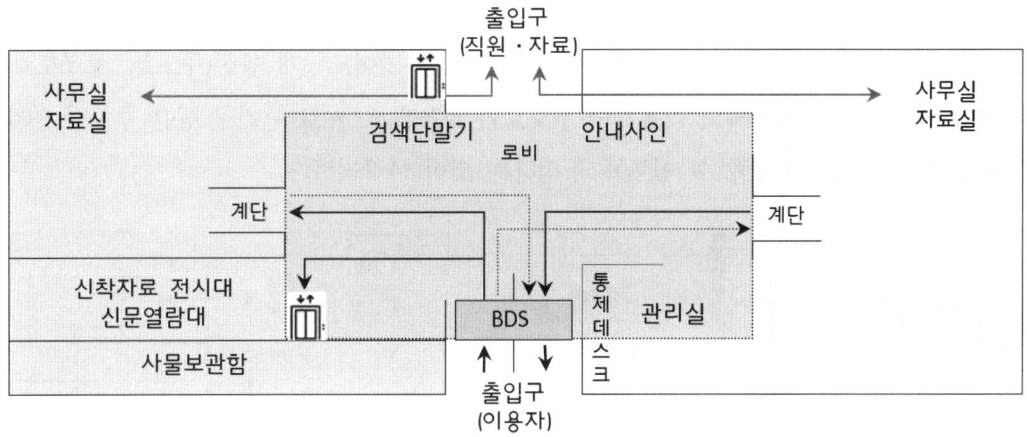

〈그림 6-24〉 대학도서관 출입구 및 로비공간 배치모형

다음으로 입구를 통과한 이용자는 엘리베이터와 계단을 통해 이동하므로 엘리베이터는 이용자용과 업무용을 구분해야 한다. 계단은 입구에서 양방향으로 분리하고, 그 폭은 난간(欄干, handrails)을 포함해 1.5-2.5m로 설계하되, 저층이 고층보다 넓어야 화재 등 긴급상황이 발생할 때 저층 계단의 통행량 폭증과 혼잡을 줄일 수 있다. 계단수는 연면적, 층고, 통행량을 감안하고, 수직높이는 15-19cm가 적당하다. 장애인을 위한 경사도는 5% 이하를 유지해야 한다.

기타 공유시설 중 중요한 공간은 휴게실과 화장실이다. 전자는 지하층이 무난하고, 후자는 자료실에서 최단 거리가 바람직하다.

3.3 동선계획과 사인시스템

3.3.1 동선계획

(1) 교통로와 동선계획

도서관 동선은 건물 접근면과 보행자 접근점이 다양하면서도 일체성을 유지할 때 최소화될 수 있다. 이러한 원칙에 근거한 대학도서관 중심의 주요 교통로와 가상의 건물배치 모형은 〈그림 6-25〉와 같다. 어느 방향에서 출발하든 적어도 3개 동선(주도로, 보조도로, 주차장 연계도로)을 계획하되 이용자는 주도로와 보조도로, 자료나 가구 등은 주차장 연결도로를 통해 이동·운송할 수 있도록 구성하는 것이 바람직하다.

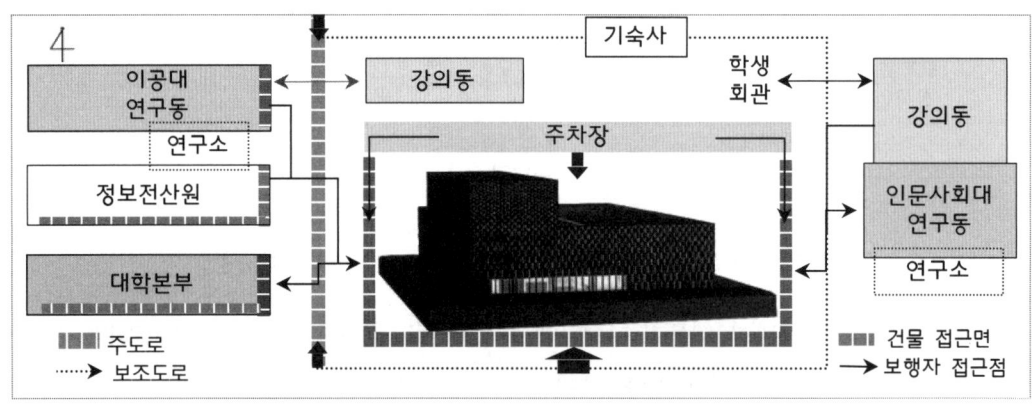

〈그림 6-25〉 대학도서관 중심의 교통로 및 동선계획

(2) 건물구조와 동선계획

도서관 건물은 구조적 측면에서 층수가 많을수록 수직적 동선이 길어진다. 고층 건물일수록 엘리베이터로 이동할 수밖에 없어 집중 이용시간에 대기현상이 심해지고 유지비도 증가한다. 따라서 부지에 여유가 있을 경우에는 수평적 확장이 더 바람직하다. 또한 출입구 주변의 혼잡과 소음을 최소화하기 위해서는 마주보는 방향으로 배치하고, 이용자 출입구의 간섭을 회피하려면 인접시키되 분리하는 것이 바람직하다.

(3) 공간배치와 동선계획

도서관 공간배치 측면에서는 업무 효율성과 접근·이용 편의성을 가장 중시하는 방향으로 동선계획을 수립해야 한다. 업무공간은 계통구분하고, 자료공간은 이용도가 높을수록 저층에 배치하되 학문영역(주제)별로 군집하는 것이 바람직하다. 자료실 단면적을 중심으로 출입구, 직원(자료) 및 이용자 동선의 바람직한 구성모형을 제시하면 〈그림 6-26〉과 같다. 특히 A-B와 C-E의 동선이 충돌하지 않도록 계획해야 한다. 그 외에 관내 수직적 동선과 수평적 동선의 간섭을 회피하려면 실별로 복사시설을 구비하고, 출납데스크를 분리하여 출입구 근처에 반납데스크를 설치하는 방안도 고려할 필요가 있다.

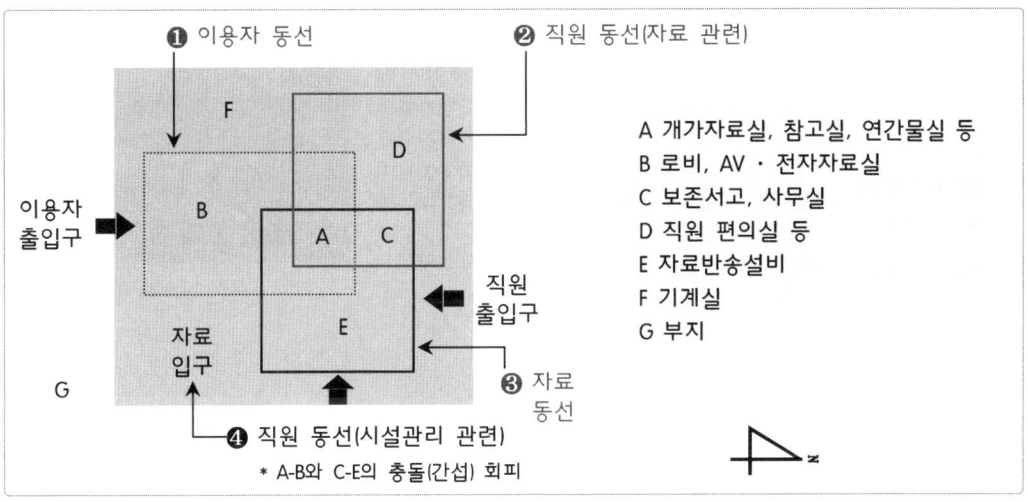

〈그림 6-26〉 대학도서관 동선구성 모형

(4) 서고배치와 동선계획

도서관은 자료유형이나 이용집단에 따라 서고배치 및 열람방식을 달리하여 왔다. 특히 외국 원서의 경우, 연구자에게는 개가제로, 학부생에게는 폐가제로 운영하다가 모든 이용자에게 개방하는 추세다. 개가제 자료실(서고)을 기준으로 자료배치 및 동선의 상관관계를 유형화하면 〈표 6-9〉와 같다.

〈표 6-9〉 대학도서관 서고배치 유형

구분	개념과 장단점	모형
후방서고형 (後方書庫型, rear location)	■ 가장 보편적인 배치형태로 자료실 공간의 전방(남향)에 열람공간과 업무공간을, 후방에 수장공간을 배치하는 방식 ■ 미래 확장에 대비할 수 있고 자연광 확보에 유리하지만, 이용동선이 길어지고 용도변경에 따른 서고 및 열람부분의 변경이 어려움	
중앙서고형 (中央書庫型, center location, central parallel arrangement)	■ 자료실 중앙에 서가를 배치하고 주변에 열람테이블을 배치하는 방식으로 과거 일본 도서관계가 많이 채택하였음. 서가블록형이라고도 함 ■ 사방에서 서가 접근이 가능해 이용동선이 최소화되는 반면에 서고확장이 불가능하고 출입구가 하나일 때는 동선이 더 길어지며, 여러 곳에 출입구를 설치하면 유지·관리비가 증가함	이용공간(☺) 서 고 이용공간(☺)
벽면서고형 (壁面書庫型, wall shelving)	■ 자료실 벽면을 따라 서가를 배치하고 중앙에 열람공간을 배치하는 방식으로 주변서고형(gallery arrangement, peripheral location)으로도 회자되며, 서가가 벽면과 직각이면 알코브형(alcove arrangement), 카운터를 중심으로 서가를 편상(부채꼴)으로 배치하면 방사형임 ■ 서가와 열람공간의 밀착으로 동선이 최소화되지만, 서고 및 열람공간 확장이 어려움	알코브형·방사형

3.3.2 사인시스템

(1) 사인의 개념과 종류

사인은 대학도서관의 교육학술정보서비스 정체성과 공간별 기능을 시각적으로 체계화하는 전략이다. 그것의 궁극적 목적은 각종 시설·공간 정보에 대한 이용자의 인지 및 접근을 지원하는데 있기 때문에 신축과 증개축, 공간을 재배치할 경우에는 반드시 동선계획을 감안하여 사인시스템을 계획해야 한다.

사인시스템의 종류는 형태와 용도로 구분할 수 있다. 먼저 형태별은 다시 선형 사인과 면형 사인으로 나눈다. 선형은 교통 신호등처럼 진로가 비선택적 사인으로 목표지점(目標地點)에 대한 접근기능을 강조하고, 면형은 백화점 사인처럼 진로가 선택적이고 목적지(目

的地)를 중시한다. 대학도서관의 경우, 일방적 시계와 이동상 안전이 보장되는 면형 사인이 바람직하지만 대개 혼용한다. 최근에는 고층화로 선형 사인도 증가하고 있다. 다음으로 용도별로는 안내사인(종합안내, 관내·층별 배치, 카운터, 이용설명, 게시판), 유도사인(주요 유도, 세부 유도), 정점사인(층수, 실명·시설, 공간, 서가), 금지·규제사인으로 구분할 수 있다. 각각의 기능, 표시내용, 설치장소는 〈표 6-10〉과 같다.[29]

〈표 6-10〉 대학도서관 사인시스템 종류와 표시내용

구분		기능	표시내용	설치장소
안내	종합안내	전체 안내	도서관명, 개관시간, 휴관일, 서비스 내용 등	관외, 접근 등
	관내 배치	전체 배치안내	배가, 시설·층 배치도 등	입구, 로비
	층별 배치	층별 배치안내	층별 배가, 시설배치 등	층별 주통로
	카운터	카운터 안내	등록, 출납, 독서안내 등	카운터
	이용설명	실, 시설, 기기 등 이용안내	이용주의, 이용방법 해설 등	실, 시설, 벽면 등
	게시판	연락사항, 포스터	게시판 명칭	입구, 로비 등
유도	주요 유도	주차장, 출입구, 층, 공간의 방향표시	관외, 출입구, 층수, 시설명과 실명 및 방향	관외, 입구, 로비, 분기점, 주통로
	세부유도	서가 및 공간 유도	서가·공간의 내용과 방향	주·보조통로 분기점
정점	층수	층 소재표시	층수	바닥, 벽면 등
	실명·시설	실·시설 소재 표시	실명, 시설명	실, 시설공간
	공간	공간소재 표시	공간명(경독서공간 등)	각 공간
	서가	서가내용 표시	분류기호	기둥, 서가측면 등
금지·규제		금지, 규제	금연, 출입금지 등	금연, 출금 구역

(2) 사인시스템 기본원칙

도서관 사인시스템은 방문자에게 우호적 또는 부정적 이미지를 각인시키는 최초 수단이자 건물·자료 접근을 유도하는 길잡이다. 그럼에도 사인시스템 구성요소는 매우 많고 복잡하다. 실물모형, 안내도와 공간배치도, 사무실·자료실 등의 표식간판, 실체적 대상과 유사하게 표현한 표의문자[30]인 픽토그램(pictogram), 비상조명, 서가에 부착된 분류기호와 책등 라벨 등이 포함된다.

따라서 사인시스템 계획은 대학도서관 공간구성, 자료수장, 이용행태 등에 정통한 사서가 주도해야 한다. 건축가나 디자이너에게 일임할 경우, 미적 디자인이 우수함에도 공간적 특성과 동선을 제대로 반영하지 못하여 혼잡을 가중시키는 장식물로 전락하는 사례가 많기 때문이다.

사인시스템을 계획할 때는 〈그림 6-27〉의 기본원칙을 준수하는 것이 바람직하다. 건물과 공간, 자료와 서비스 등에 대한 순간적 인지와 가독성을 극대화할 수 있도록 명확성, 통일성, 연속성, 가시성, 단순성을 확보해야 한다.

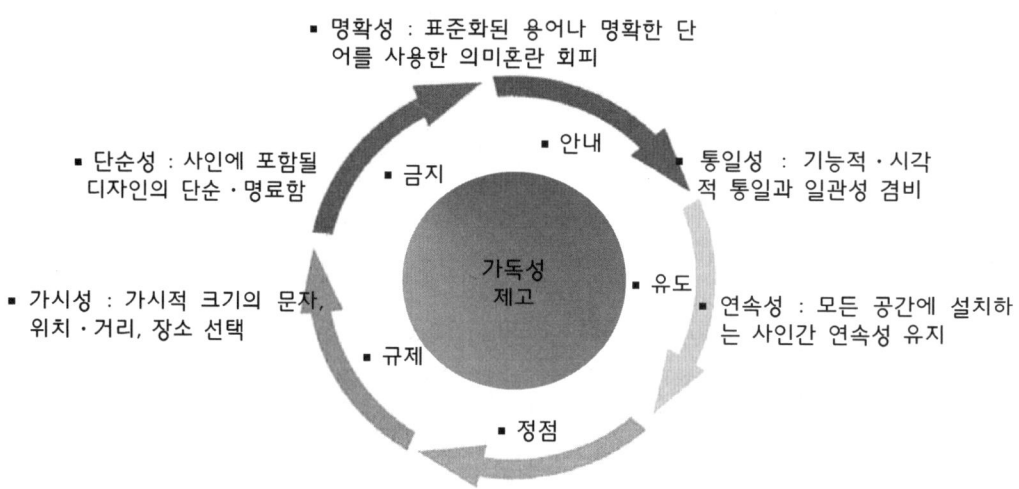

〈그림 6-27〉 대학도서관 사인시스템 기본원칙

(3) 사인시스템 계획과 이용자 동선

사인시스템 계획과정은 위원회 구성, 조사·분석, 기본계획서 작성, 실시설계, 발주와 설치, 평가와 보수로 나눌 수 있다.

- 계획위원회 조직 : 관장, 사인관리자, 예산부서, 건축설계자 및 실내 디자이너, 담당사서, 이용자가 위원회에 참여하는 것이 바람직하다.
- 조사·분석 : 계획자는 도서관 직원 및 건축설계자로부터 구체적인 의견을 청취하는 동시에 독자적으로 수집·분석한 결과를 보고하면 위원회가 지침을 결정한다.
- 기본계획서 작성 : 사인시스템 계획자가 지침에 의거하여 종류, 개수, 배치, 형식에 대한 기본계획을 수립·제출하면 위원회가 검토·확정한다.
- 실시설계 : 대개 신축이나 증개축이 상당히 진행된 상황에서 디자인하는 것이 상례이

므로 현장을 방문하고 모형을 활용하여 구체적으로 설계한다.
- 발주·설치 : 실시설계가 완료되면 도서관측과 계획담당자가 시공자를 선정·발주한다. 시공자는 건축관리자와 협의하여 부착공사에 들어가고, 담당자는 최종 부착위치를 지정하고 감독·확인한다.
- 평가 및 보수 : 위원회는 개관 후 1년간 존속하면서 사인시스템을 평가하여 부실하거나 문제가 있으면 임시처리, 추가발주, 교환 등의 방법으로 보수해야 한다.

한편, 도서관 방문목적과 우선순위는 집단에 따라 다르다. 학부생은 열람실 이용, 자료검색과 입수, 기타 순이지만 교수와 대학원생은 자료이용이 주된 목적이다. 따라서 사인시스템을 계획할 때 이용자 동선을 염두에 두어야 한다.

대학 구성원의 자료실 이용에 따른 일반적 동선패턴(입구 → 자료이용 → 출구)을 사인시스템으로 나타내면 〈그림 6-28〉과 같다. 물론 모든 이용자가 사인시스템을 단계별로 확인하고 자료실에 접근하는 것은 아니다. 그럼에도 여러 대학도서관의 사인시스템은 미적

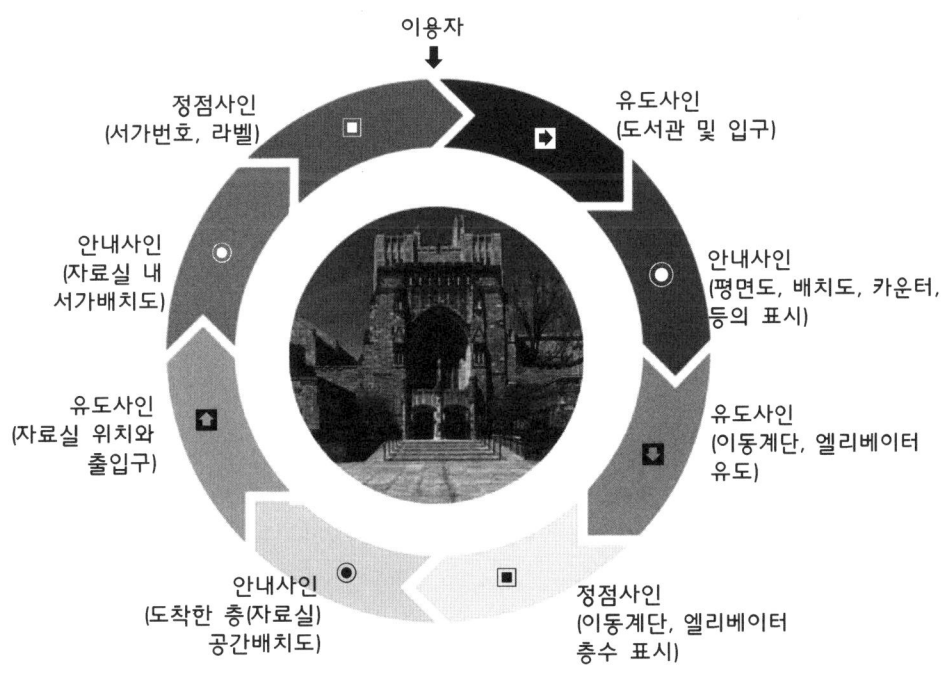

〈그림 6-28〉 대학도서관 자료실 이용동선에 따른 사인시스템 구성

조화 및 기능성 측면에서 임시 게시물에 불과할 정도로 조잡하다. 사인시스템은 내부 배치 구조에 익숙한 직원의 입장이 아니라 처음 방문하는 이용자를 염두에 두고 구성하되, 시각적 고정성(固定性)보다 이동적 연계성(連繫性)에 방점을 두어야 한다.

(4) 사인시스템 디자인

사인시스템은 도서관 이용자가 순간 주시로 자료실에 접근할 수 있고, 약간의 이용경험으로 공간별 위치를 기억할 수 있어야 한다. 이를 위해서는 이용동선에 따른 구성도와 함께 서체와 문자수, 픽토그램, 공간표시를 인간공학적으로 디자인할 필요가 있다.

- 서체는 가독성이 높고 건물 이미지에 부합해야 한다. 대개는 실내에서 판독하는 상황이므로 사인에 비치는 조도(照度), 시계범위(視界範圍), 자획(字劃)의 높이와 폭을 감안하여 최소 문자크기를 결정해야 한다. 예컨대 「미국장애인법」의 건물·시설 접근지침은 모든 사인(W × H)의 비율을 3 : 5, 자획 비율을 1 : 5(10), 문자와 숫자의 비율을 1 : 1로 규정하고 있어 도서관도 준수해야 한다.[31] 문자수는 대규모 사인이라도 5-6자 이내가 바람직하다.

- 픽토그램 : 그래픽으로 표현한 시각적 사인인 픽토그램은 언어기능을 포함하면서도 문자보다 식별력이 높고 이해하기 쉬우며 표시면적을 절약할 수 있다. 대학도서관은 이용자의 지적 수준이 높은 점을 감안하여 픽토그램을 적극 적용할 필요가 있다.

- 공간표시 : 공간표시는 시설전체의 공간배치도(평면도)와 서가배치도로 대별할 수 있다. 대개 1층 로비에 부착되는 공간배치도는 전체 공간구성 및 시설을 인지시키는 데 목적이 있으므로 이용공간 위주로 단순하게 표기하되, 문자크기는 동일해야 한다. 서가배치도는 자료실 입구의 정면 또는 동선이 집중되는 주통로 근처가 바람직하다.

인용정보

1) Joshua Martin and Mandy Haggith, eds., *The State of the Global Paper Industry 2018* (Asheville: Environmental Paper Network, 2018), p.22.

2) T.O. Ochuodho, C.M.T. Johnston, and P. Withey, "Assessing Economic Impacts of Internet Adoption through Reduced Pulp and Paper Demand," *Canadian Journal of Forest Research*, Vol.47, No.10(Oct. 2017), pp.1381-1391 ; 김선웅, 윤병삼, "인터넷 보급 확대가 주요국의 종이 소비에 미치는 영향," 펄프·종이기술, Vol.49, No.3(2017), p.32.

3) Nicholas Negroponte, 디지털이다, 백욱인 역(서울: 박영출판사, 1995), p.15.

4) 윤희윤, "신세기 대학도서관의 건축계획: 정보기술의 영향을 중심으로," 國會圖書館報, 제38권, 제3호(2001, 5·6), p.6.

5) ALA, "Academic Libraries Data: Year in Architecture 2016-2020," 〈https://www.libraryjournal.com/?page=year-in-architecture-2020〉

6) Scott Bennett, *Libraries Designed for Learning*(Washington, D.C.: Council on Library and Information Resources, 2003), p.7.

7) 日本建築學會 編, 建築學便覽 I: 計劃, 第2版(東京: 丸善, 1980), p.1636.

8) 양우현, "대학 캠퍼스의 기능구성과 배치계획에 관한 연구," 박사학위논문, 서울대 대학원, 1993, p.2.

9) K.G.B. Bakewell, *Managing User-centered Libraries and Information Services*(London: Mansell Pub. Ltd., 1997), p.149.

10) A. Curry and Z. Henriquez, "Planning Public Libraries: The Views of Architects and Librarians," *Library Administration & Management*, Vol.12, No.2(Spring 1998), pp.88-89.

11) Institute of Advanced Architectural Studies, *Building Libraries for the Information Age: Based on the Proceedings of a Symposium on the Future of Higher Education Libraries*(1994), edited by S. Taylor(New York: Institute of Advanced Studies, 1995) ; A. McDonald, "Space Planning and Management," In *Resource Management in Academic Libraries*, edited by D. Baker(London: LA Publishing, 1997), p.190.

12) Ronald E. Wyllys, "On the Analysis of Growth Rates of Library Collections and Expenditures," *Collection Management*, Vol.2, No.2(Summer 1978), pp.115-128.

13) University of California Irvine, "UCI Campus Core," 〈https://parking.uci.edu/maps/documents/2020-UCI-CampusCoreMap.pdf〉

14) UK Libraries, "Campus Library Locations and Maps," 〈http://libraries.uky.edu/forms/campuslibsmap.pdf〉

15) 名古屋大学中央図書館, "附属図書館MAP," 〈https://www.nul.nagoya-u.ac.jp/guide/map/index.html〉

16) 한국도서관협회 도서관기준작성특별위원회 편, 한국도서관기준(서울: 동협회, 2013), p.131.

17) 주로 교수나 연구자의 자료이용을 지원할 목적으로 서고 내에 벽면을 따라 설치한 개인용 연구공간(책상 최소면적 55.9×106.9cm)을 말한다.

18) Library Association, College of Further and Higher Education Group, *Guidelines for College Libraries: Recommendations for Performance and Resourcing,* 5th ed.(London: LA, 1995), p.45.

19) 손정표, "대학도서관의 직원·자료·시설계획에 관한 연구: K대학교도서관 사례를 중심으로," 박사학위논문, 연세대학교 대학원, 1993, p.61.

20) 이용자 1인당 정보검색에 필요한 최소 면적이 2.2m² 정도이므로 10명을 동시에 수용할 경우에는 22m²가 필요하다.

21) 「미국장애인법」은 휠체어가 통과할 수 있는 최소 통로 폭을 36인치(91.5cm)로 규정하고 있어 휠체어를 탄 장애자와 다른 이용자가 교행하려면 통로공간이 최소 1.067m가 되어야 한다.(Americans with Disabilities Acts, Accessibility Guidelines for Buildings and Facilities, 4.2.2: Width for Wheelchair Passing)

22) Philip D. Leighton and David C. Weber, *Planning Academic and Research Library Buildings,* 3rd ed.(Chicago: ALA, 1999), p.161.

23) Leighton and Weber, *op. cit.,* pp.290-292 ; Library Association, *op. cit.,* p.46 ; 손정표, 전게논문, p.65.

24) Godfrey Thompson, *Planning and Design of Library Buildings,* 2nd ed.(London: Architectural Press, 1977), pp.120-121 ; Aaron Cohen and Elaine Cohen, *Designing and Space Planning for Libraries: A Behavioral Guide*(New York: R.R. Bowker, 1979), p.82 ; Leighton and Weber, *op. cit.,* pp.295-315 ; 손정표, 전게논문, p.65.

25) Connecticut State Library, *Library Space Planning Guide*(Hartford, CT: The Library, 1999), p.5.

26) Leighton and Weber, *op. cit.,* p.326 ; Cohen and Cohen, *op. cit.,* p.67.

27) Association of College and Research Libraries, "Standards for College Libraries, 1995 Edition," *C&RL News,* Vol.56, No.4(April 1995), p.254 ; University Grant Committee, *Capital Provision for University Libraries: A Report of a Working Party under the Chairmanship of Professor R. Atkinson*(London: HMSO, 1976)(Harry Faulkner-Brown, "Some Thoughts on the

Design of Major Library Buildings," *Proceedings of the Tenth Seminar of the IFLA Section on Library Buildings and Equipment*(The City Library of The Hague, August 24-29, 1997), p.19 ; Library Association, *op. cit.,* p.11 ; 出口 祥子, "圖書館のスペ-ス計劃: 必要總面積の槪算法," 藥學圖書館, 第30卷, 第4號(1985), p.266 ; 徐鵬敎, "大學敎育施設의 效率的 活用에 관한 建築計劃的 硏究," 博士學位論文, 漢陽大學校 大學院, 1988, p.59 ; 손정표, "대학도서관 시설기준에 관한 연구," 圖書館學論集, 第23輯(1995), pp.363-404 ; 윤희윤, "대학도서관기준의 동향분석과 개정안 연구," 한국도서관정보학회지, 제42권, 제2호(2011, 6), pp.5-28.

28) Cohen and Cohen, *op. cit.*, p.84.

29) 高橋 昇, 仲谷 由香理, 仁上 幸治, "新圖書館とサインシステム計劃: UI(ユニバ-シティ・アイデンティティによるデザイン統合システムの開發をめざして," 早稻田大学図書館紀要, 第27号(1987, 3), p.80.

30) S.M. Rokade, "Role of Pictograms in Library: A Study," *American Journal of Educational Research,* Vol.3, No.8(2015), p.1063.

31) Carol R. Brown, *Planning Library Interiors: The Selection of Furnishings for the 21st Century* (Phoenix: Oryx Press, 1995), p.117.

Chapter 7
가구·시설계획과 관리

제1절 컴퓨터 워크스테이션
제2절 가구와 배치
제3절 설비와 시설

제7장

가구·시설계획과 관리

제1절 컴퓨터 워크스테이션[1]

1.1 워크스테이션의 중요성과 구성요소

1.1.1 워크스테이션의 개념과 중요성

1990년대부터 지구촌 지식정보 유통환경은 아날로그와 디지털이 공존하는 디지로그(DIGital + anaLOG)로 발전하여 왔다. 최근에는 디지털 전환(digital transformation)이 4차 산업혁명과 함께 글로벌 메가트렌드로 회자되고 있다. 이러한 하이브리드 지식정보 생태계를 선도하려면 대학도서관은 아날로그 자료를 수집·보존·제공하는 실물공간과 디지털 정보를 수용하여 온라인 서비스를 강화하는 가상공간 및 게이트웨이로서의 역량을 강화해야 한다.

이를 위한 필수 정보기기가 컴퓨터 워크스테이션(computer workstation)이다. 컴퓨터 업계는 워크스테이션을 '컴퓨터와 부대기기(키보드, Visual Display Terminal,[2] 프린터, 스캐너, 팩스, 외부 기억장치 등)으로 구성된 고성능 컴퓨터'로 규정한다. 그러나 가구업계는 '정보기기에 관련 가구를 포함시켜 업무수행에 필요한 최소 기능공간'으로 간주하고 있다.

양자를 포괄하면 대학도서관 워크스테이션은 정보기술(컴퓨터와 주변기기)과 부대가구(테이블, 의자 등)를 배치한 최소한의 작업공간이다. 이러한 워크스테이션이 도서관 공간구성 및 배치계획에서 매우 중요한 이유는 공간수요 및 배치구조에 많은 영향을 미칠 뿐만 아니라 인간공학적 측면에서 여러 부작용을 양산하기 때문이다. 그 중요성을 집약하면 다음과 같다.

- 워크스테이션은 도서관 기능수행의 핵심공간이다. 이를 배제한 장서개발, 자료정리와 DB 구축·관리, 각종 지식정보서비스, 라이선스 전자자료(전자책, 전자잡지, Web DB) 서비스, 인터넷 정보검색서비스는 불가능하다.
- 워크스테이션 환경을 갖추려면 추가 공간(10-20%)을 확보해야 한다. 그 뿐만 아니라 각종 정보기기를 수용할 경우, 기존 배치계획을 전면 수정해야 한다.
- 워크스테이션은 직원의 테크노스트레스와 심리적 부담을 가중시킨다. 또한 업무수행 순서 및 처리과정을 변경·재조정해야 하고, 전원과 배선도 확보해야 하므로 공간 및 가구배치의 재검토가 불가피하다.
- 워크스테이션은 신체적·정신적 피로와 장애를 증가시킬 가능성이 높다.

1.1.2 워크스테이션 구성요소와 기준

도서관 워크스테이션에는 각종 정보자료의 수집·정리, 제공서비스, 아카이빙, 매체변환과 재생, 디지털 마이그레이션 등과 관련된 모든 하드웨어 및 소프트웨어 기술이 포함된

〈표 7-1〉 대학도서관 워크스테이션 구성요소 및 부대가구

구분	구성요소	부대가구 등
컴퓨터와 주변기기	컴퓨터, VDT, 키보드, 프린터, 스캐너, 복사기, CD 드라이브, 디지털 카메라, CD, USB, S/W 등	• 테이블 • 의자 • 서가 • 옷걸이 • 사물보관함 • 케이블 • 조명기구 • 전원장치 등
전송·복사설비	전화, 팩스, 복사기	
마이크로자료	마이크로 리더, 마이크로필름 프린터, 필름/피쉬, 촬영기(16mm, 35mm),	
청각자료	앰프, 레코드 플레이어, 테이프 복제기, 레코드, 디스크, 테이프, 음성증폭기	
시각자료	모니터-TV, 테이프 레코더, 재생·송출장치, 비디오 카메라, 필름 편집기 스크린, 스피커, 영사기, 슬라이드 프로젝터, 제작기, 스크린, 비디오, 영화필름, 슬라이드	

다. 주요 구성요소 및 부대가구는 〈표 7-1〉과 같다.

그 가운데 직원 및 이용자 측면에서 가장 세심한 배치계획이 필요한 요소는 컴퓨터, VDT, 키보드, 프린터, 테이블, 의자 등으로 구성되는 컴퓨터 워크스테이션이다. 직원용 워크스테이션에서 개인용 컴퓨터의 평균 규격(D × W)은 45 × 65cm이므로 단말기·키보드·인쇄자료 등을 배치하는 테이블은 76 × 150cm가 적당하며, 의자는 최소 38-43 × 46cm가 바람직하다. 그러나 이용자용 워크스테이션은 선택하는 가구에 따라 소요면적이 달라진다. 가령 〈그림 7-1〉의 좌측 회전목마형(回轉木馬型, carousel)은 우측 선형보다 배치공간 및 1인당 점유면적에 더 많은 영향을 미친다.

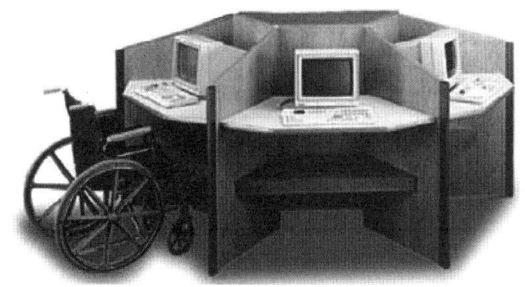 

〈그림 7-1〉 이용자용 워크스테이션(회전목마형과 선형)

〈표 7-2〉 이용자용 컴퓨터 단말기(노트북 포함) 적정 배치기준

제안자	배치기준
Nelson Report	■ 대학 전체의 재학생 5명당 1대
Council of Polytechnic Libraries(영국)	■ 대출용 12대, 온라인 검색용 40대, 상호대차용 4대
Leighton and Weber	■ 1일 방문자 100명당 1대
교육부	■ 학생 100명당 1대

더욱 고민스러운 난제는 배치해야 할 이용자용 컴퓨터 단말기 또는 노트북의 적정수다. 영국 넬슨보고서(Nelson Report)를 비롯한 여러 연구결과와 배치기준을 종합하면 〈표 7-2〉[3])와 같다. 이처럼 배치기준에서 차이가 나는 이유는 캠퍼스 정보인프라 수준, 도서관 정보시스템의 집중화 여부, DB 용량 및 구조, 이용자 인터페이스의 편의성, 온라인 정보자료의 범위와 내용, 접근 및 검색시간의 제한 정도, 이용자 탐색능력, OPAC과 대출시스템의 연계 여부 등이 단말기 배치기준에 영향을 미치기 때문이다. 그럼에도 OPAC, 라이선스

전자자료, 동영상 강의자료, 인터넷 정보검색서비스, 보고서·논문 준비 등을 위한 컴퓨터 단말기와 노트북은 학생 100명당 1대를 기준으로 배치하되 주기적으로 대기현상을 체크하여 증설 여부를 판단할 필요가 있다.

1.2 워크스테이션 VDT 증후군

모든 대학도서관은 컴퓨터 워크스테이션 환경을 갖추고 있다. 이에 따라 직원의 업무 효율성이 제고되고, 이용자도 검색단말기를 이용하여 각종 정보를 신속하게 검색할 수 있다. 그러나 효율성과 편의성 못지않게 부작용도 많다.

대표적인 역기능이 VDT 증후군(症候群, Syndrome)이다. 가장 중요한 인터페이스인 모니터의 사용시간 증가에 따른 각종 부작용을 말한다. 협의의 증후군은 모니터 사용에 따른 시각기능(視力機能) 장애를 의미하지만, 광의로는 컴퓨터 이용에 따른 눈, 손목과 팔목, 허리와 어깨 등 신체적 질환과 전자파 피해를 포괄한다. VDT의 임상적 증후군은 다음과 같다.

- 시력피로(視力疲勞) 및 관련 증상 : 시력피로(eye fatigue)[4]의 의학적 용어는 안정피로(眼精疲勞, asthenopia fatigue)다. 눈이 피로하여 사물의 초점이 흐린 경우와 시력이 저하되는 현상을 말한다. 종종 두통과 위장장애 등을 동반한다. 컴퓨터 사용자의 시력피로는 일반 작업자의 2배에 달하고, 색상이 다르게 보이며, 특히 녹색 문자를 오래 주시하면 분홍색 잔상이 나타난다.
- 신체장애와 요통(腰痛) : 고정 자세에서 키보드를 장시간 조작하고 단말기를 주시하면 손목, 팔, 어깨, 목 등이 굳거나 통증이 발생한다. 게다가 부적합한 자세와 워크스테이션 배치는 요통을 유발한다.
- 신경정신적 스트레스 : 시스템 성능의 저하, 실시간 스트리밍이나 인터넷 검색 등의 지연, 과도한 작업, 기기조작의 단순함 등은 스트레스 원인이 된다. 이로 인해 불안·초조하거나 집중력이 저하되고 기억력도 감퇴된다.
- 기타 생리적 불편 : 소화불량, 복부 팽만감, 열기 등이 있다.

이러한 VDT 증후군의 신체 부위별 발생률은 〈그림 7-2〉와 같다.[5] 가장 심한 부위는 오른쪽 손목과 목인데, 각각 50%를 상회한다. 미국립직업위생안전연구소(National Institute of Occupational Health and Safety)는 시력피로를 신체적 불편(팔목 관절의 터널 증후군, 목·어깨·손목의 통증)보다 더 광범위한 증후군으로 규정하고, 그 원인으로 직접적 및 간접적 휘광(輝光, glare),[6] 과도한 조명, VDT의 부적절한 배치를 제시하였다. 예컨대 하루 3시간 이상 컴퓨터로 작업하면 시력피로로 고통을 받는 88%의 범주에 속하게 된다.[7]

따라서 VDT 사용자는 장시간 작업과 부자연스러운 자세를 지양하고, 주기적 휴식 및 간단한 스트레칭으로 근육통증 및 시력피로를 예방해야 한다. 그러나 더욱 중요한 대목은 컴퓨터 워크스테이션이 인간공학적으로 배치되지 않으면 VDT 증후군의 발생 및 증가가 불가피하다는 점이다. 특히 테이블·의자 높이, 키보드 및 모니터 기울기와 높이, 반사조명 조건, 손목 지지대 유무 등은 신체적 피로나 손상과 매우 밀접하다.

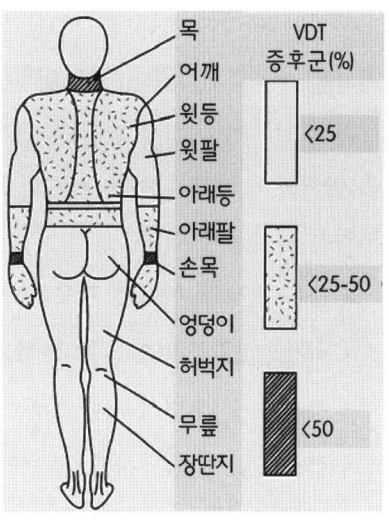

〈그림 7-2〉 신체부위별 VDT 증후군 발생률

1.3 워크스테이션의 인간공학적 배치

1857년 폴란드 과학자 겸 교육학자 자스트르제보스키(W. Jastrzebowski)가 그리스어 'ergo'(작업)와 'nomos'(관리 또는 법칙)를 조합하여 학계에 소개한 것이 인간공학(人間工學, ergonomics or human factors)이다. 유럽에서는 'ergonomics'가 범용되며, 미국에서는 더 광의적인 'human factors'가 지배적이다. 최근에는 전자를 '육체적 인간공학'(physical egronomics), 후자를 '인지적 인간공학'(cognitive egronomics)으로 구별·사용하는 경우도 많다. 인간공학은 인간, 작업환경, 도구의 상호관계를 연구하는 학문이다. 작업자와 이용하는 도구의 물리적 인터페이스를 중심으로 작업환경을 육체에 조화시킨다. 궁극적 목적은 편리한 작업환경을 창출하는 데 있다.

자스트르제보스키
(1799-1882)

동일한 맥락에서 대학도서관 워크스테이션도 인간공학적 설계·배치가 필요하다. 배치계획을 구체화할 때는 사무 및 이용공간에 방점을 두어야 한다. 사무공간은 자료관리 및 서비스 업무의 유기적 흐름과 연계를 가장 중시하며, 이용공간의 정보검색 단말기는 동선을 방해하지 않아야 하고 시력피로를 억제하고 프라이버시를 보호해야 한다. 이를 위한 기본원칙은 다음과 같다.

- 근육 손상과 시각적 피로를 예방 또는 차단하는 방향으로 배치해야 한다.
- 서가·열람공간에 혼합 배치할지, 차폐공간(遮蔽空間)에 배치할 것인지를 결정한다.
- 컴퓨터 및 주변기기는 업무흐름을 방해하지 않으면서 사용 편의성을 높여야 한다.
- 핵심기능 공간은 사람, 정보기기, 부대가구의 일체성을 중시해야 한다.
- 각종 정보기기의 교체, 보완, 증설 등을 대비하여 예비공간을 확보하고 전원 및 통신 배선은 최단거리로 접속할 수 있어야 한다.
- 적정 온습도 유지, 자연광 차단, 정전기 방지를 위한 환경을 갖추어야 한다.

한편, 대학도서관이 워크스테이션 배치원칙을 준수하더라도 인간공학적 배치로 귀결되는 것은 아니다. 워크스테이션은 테이블·의자 등 가구공학(家具工學) 측면과 조명 등 환경공학(環境工學) 측면 외에 작업자 자세 및 스트레스와 같은 신체·정신적 측면과도 밀접하기 때문이다. 컴퓨터 테이블과 의자, VDT와 키보드, 작업자 자세 및 동작, 조명환경, 기타 요소를 중심으로 인간공학적 배치모형을 제시하면 다음과 같다.

(1) 컴퓨터 테이블과 의자

먼저 컴퓨터 테이블과 의자는 인간공학적 배치에 결정적인 영향을 미친다. 여러 지침과 학자가 제시한 테이블·의자의 인간공학적 지침 및 산출공식은 〈표 7-3〉[8]과 같다.

그러나 테이블은 「미국장애인법」이 무릎공간의 최소 면적을 30 × 19 × 27inch로 규정한 것처럼 장애인이 휠체어에 앉은 채 이용하는데 불편하지 않아야 한다. 따라서 2015년을 기준으로 국내 성인(20-24세)의 평균 인체치수를 간추린 〈표 7-4〉[9]에서 테이블 최소 넓이는 앉은 엉덩이 너비와 휠체어 규격(76 × 48cm)을 감안하여 120cm, 깊이는 앉은 엉덩이 무릎 수평길이에 여유공간을 추가한 76cm, 높이는 앉은 오금높이 및 팔꿈치 높이를 더한

〈표 7-3〉 컴퓨터 테이블·의자의 인간공학적 지침(inch)

구분	지침(기준)	넓이(W)	깊이(D)	높이(H)	산출공식
테이블	ANSI/HSF 100-1988	20(최소)	23.5 (발가락에서)	20.2(단신 여성) 26.2(장신 남성)	-
	Univ. of Texas	30-60	30(최소)	23-28	-
	Weisberg & Weiss	48	30(최소)	25.5-29.5(조정가능)	-
의자	ANSI/HSF 100-1988	18.2(최소)	15-17	16-20.5	CH = 0.23 × H (CH : 의자 높이, H : 신장)
	Univ. of Texas	17-20	-	15-21	
	Weisberg & Weiss	18.2(최소)	15-17	-	

70cm 이상으로 설정할 필요가 있다. 요컨대 워크스테이션 공간의 장방형 테이블은 〈그림 7-3〉처럼 최소한 120-150 × 76-106 × 70-76cm가 바람직하다.

한편, 워크스테이션 의자는 각종 사무공간 및 자료실의 그것보다 세심하게 계획해야 한다. 의자가 인간공학적이면 업무 생산성이 40-80% 증가하는 반면에 그렇지 못하면 허리나 팔목 등 근육장애와 시력피로를 초래하기 때문이다. 국내 성인의 평균 인체치수를 감안한 인간공학적 넓이는 앉은 엉덩이 너비에 10% 여유공간을 추가한 40-42cm, 깊이는 앉은 엉덩이 오금 수평길이를 고려한 45-47cm, 높이는 앉은 오금높이에 신발 높이(2-3cm)를 더한 40-44cm가 적당하다. 요컨대 의자의 적정 규격(W × D × H)은 40-42 × 45-47 × 40-44cm다. 다만 의자 높이는 신장에 따라 조절할 수 있어야 하므로 〈표 7-3〉의 산출공식을 이용하

〈표 7-4〉 한국 성인의 평균 인체치수(cm)

신체부위	남자	여자
■ 키(신장)	174.2	160.9
■ 눈높이	162.1	148.8
■ 앉은 키(座高)	93.4	87.4
■ 앉은 눈높이	81.5	76.1
■ 앉은 팔꿈치 높이	26.2	25.1
■ 앉은 오금높이	43.5	39.7
■ 앉은 엉덩이 너비	32.8	32.5
■ 앉은 엉덩이 오금 수평길이	49.7	47.4
■ 앉은 엉덩이 무릎 수평길이	58.2	54.8

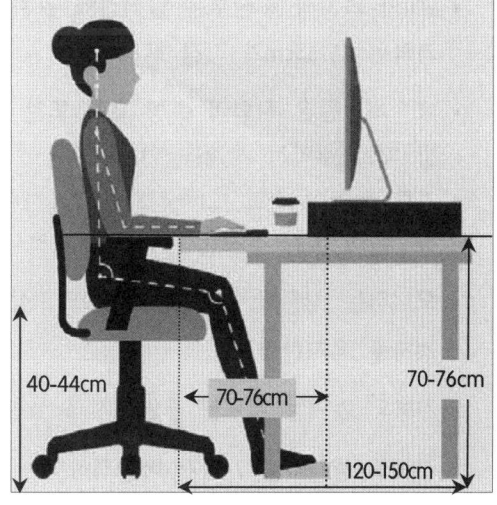

〈그림 7-3〉 워크스테이션 테이블·의자의 인간공학적 배치모형

면 성인 90%를 충족시키는 높이는 남자 42-43cm (0.23 × 평균 신장 174.2cm = 40cm + 신발 높이 2-3cm), 여자 39-40cm(0.23 × 평균 신장 160.9cm = 37.0cm + 신발 높이 2-3cm)다. 그 외에 요추압력을 줄이는 등받이 넓이는 최소 30.48cm(12inch) 이상, 등판 각은 90-110°가 바람직하다.

(2) VDT와 키보드

도서관 워크스테이션 구성요소 중 VDT는 〈그림 7-4〉에서 특히 시력피로와 목에, 키보드는 팔목터널 증후군과 어깨통증에 가장 큰 영향을 미친다. 그 대부분은 모니터 및 키보드의 규격이 아니라 부적절한 배치에서 기인한다. 지금까지 제안된 VDT의 인간공학적 배치기준을 집약하면

〈표 7-5〉 인간공학적 VDT 지침(인치, 각도)

거리/각도 지침	적정 거리 (VDT-눈)	중심시선 위치 (수평선 기준)
Ankrum	25(최소)	15-50°
Atencio	18-29	수평 유지
HSM	12-30	수평 이하
James	28-36	15-40°
Univ. of Texas	18-24	0-15°
한국전산원	-	수평 위 5° - 수평 아래 30°

〈표 7-5〉[10]와 같다. 그러나 국내 성인의 앉은 눈높이(남자 81.5cm, 여자 76.1cm)를 감안하면 다음과 같은 배치조건이 적합하다.

- VDT와 의자의 중심부는 일직선에 위치해야 하며, VDT 화면의 상단과 눈의 인간공학적 거리는 45-65cm가 적절하다.
- VDT 최상단은 시력과 수평 유지 또는 아래에 위치하는 것이 바람직하다. 정면을 주시할 때의 수직적 시계(視界)는 〈그림 7-4〉처럼 0-60°이므로 VDT가 수평보다 높으면 고개를 들어야 하고, 그 상태가 지속하면 목에 통증이 발생하기 때문이다. 반면에 VDT 최상단이 눈과 수평선 이하를 유지하면 화면이 항상 시계 내에 위치한다.
- 모니터는 창문과 직각을 유지하되, 상단보다 하단이 눈에 더 근접하도록 약 5-20°의 경사를 유지한다.
- 키보드 높이는 테이블 표면에서 5cm 이하를 유지할 때 팔목통증을 예방할 수 있다.
- 키보드 경사각은 7-11°가 바람직하다.

(3) 사용자 자세 및 동작

모든 대학도서관 직원은 워크스테이션 환경을 기반으로 테이블 위의 모니터 화면과 키보드를 이용한 데이터의 입력과 처리, 자료검색과 해독, 출력이나 다운로드, 메일서비스, 온라인 지식정보서비스 등의 업무를 수행한다. 이러한 업무의 시각적 대상은 각각 다르기 때문에 워크스테이션 위치를 자유자재로 이동하는데 제약이 따른다. 따라서 사용자 자세 및 동작을 워크스테이션 배치에 맞추어야 한다. 이를 위해 〈그림 7-4〉[11])의 인간공학적 체크 포인트(Ⓐ-Ⓖ)를 중심으로 바람직한 자세 및 동작을 제시하면 다음과 같다.

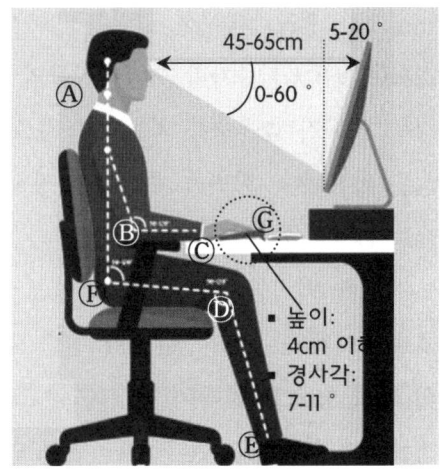

〈그림 7-4〉 VDT 사용자의 자세 및 동작 체크포인트

① 시선(Ⓐ)은 VDT(모니터) 정면으로 주시한다. 이를 위해서는 모니터를 상하 좌우로 조정하거나 의자를 이동시키는 동작이 필요하다.

② 팔(Ⓑ)은 허리를 세운 상태에서 상완부(上腕部, arm)가 어깨에서 자연스럽게 내려오고 전완부(前腕部, forearm)는 팔꿈치와 직각을 유지한다.

③ 손목(Ⓒ)은 키보드 중앙에 위치시키고 수평을 유지한다.

④ 무릎(Ⓓ) 각도는 60-100°가 적정하다.

⑤ 양발(Ⓔ)은 바닥에 붙이되, 허벅지는 가능한 한 바닥과 수평을 유지한다.

⑥ 상체와 다리(Ⓕ)는 앉은 자세에서 직각을 유지한다. 휴식할 때는 스트레칭을 반복하여 목, 허리, 어깨의 부담을 줄인다.

⑦ 마우스(Ⓖ)는 충분한 사용공간을 확보해야 한다.

⑧ 기타 VDT 작업시간은 하루 4시간 이하가 바람직하다. 크르그(R. Crug) 등은 모니터와 시거리를 20inch(50.8cm) 유지하고 20분마다 쉬는 '20-20 rule'을 제시한 바 있다.[12])

(4) VDT 조명환경

도서관 워크스테이션 조명환경은 사무실과 근본적으로 다르다. 통상 사무실은 작업면 조도(照度)13)가 증가할수록 대상물의 가독성과 작업효율이 높아진다. 그러나 VDT 공간의 경우, 조도가 높을수록 키보드나 자료면의 가독성은 증가하는 반면에 문자와 도형의 가독성은 저하된다. 화면을 주시하며 장시간 작업하면 시력 부담이 증가하고 육체적·정신적 스트레스를 동반하기 때문이다.

이러한 역기능은 자연광 및 인공조명의 휘광, 화면 문자와 배경간의 낮은 휘도비(輝度比), 시계와 주변부 밝기의 심한 차이, 화면 반사휘광과 번쩍거림, 문자색 및 배경색의 대비 등으로 인하여 발생한다. 그럼에도 국내 대다수 대학도서관은 VDT 공간의 조명문제를 경시하고 있다. 자연광과 인공조명의 배합, 조명배치와 조도, 반사율과 휘도비 등에 대한 종합적 계획이나 지침이 없다는 사실이 방증한다. 따라서 다음과 같은 인간공학적 배치계획이 필요하다.

- VDT 조명환경의 최대 문제는 고휘도 광원으로 인한 반사휘광(反射輝光)이다.14) 그 원인은 〈그림 7-5〉처럼 자연광이나 인공조명이 VDT 화면과 60°이상의 연직각을 형성하기 때문이다. 따라서 VDT를 비휘광지대(0-15°와 35-60°)에 배치하거나 자연광 입사각(入射角)을 45°이하로 유지하는 것이 바람직하다.

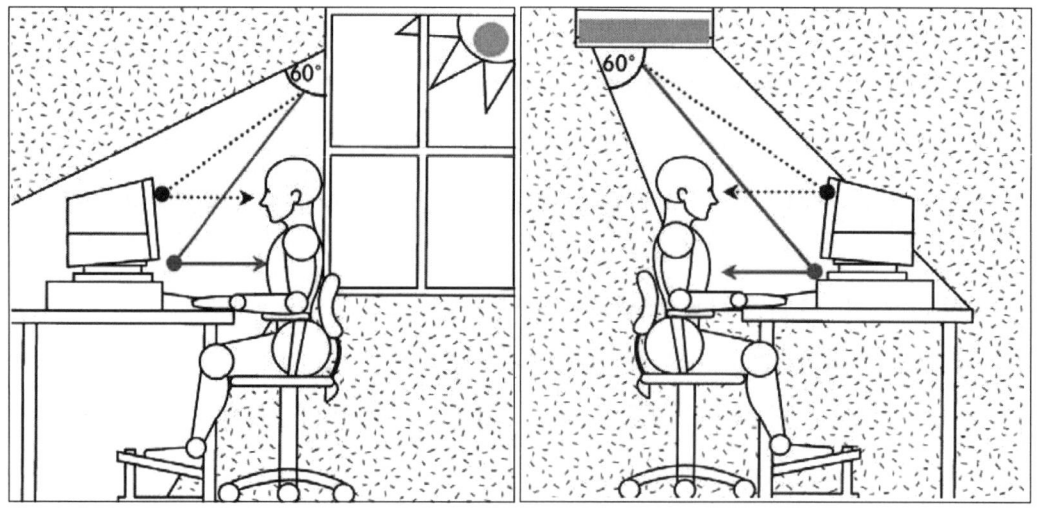

〈그림 7-5〉 워크스테이션 자연광(좌) 및 인공조명의 반사휘광 최소화 모형

- 자연광의 반사휘광을 최소화하려면 〈그림 7-6〉처럼 VDT 화면을 창문과 직각이 되도록 배치해야 한다. 그러나 자연광의 강렬함 때문에 반사휘광을 완전 차단하기는 어렵다. 이를 감안해 창문에 루버(louver)나 블라인드, 반사율 50% 이하인 커튼을 부착한다.

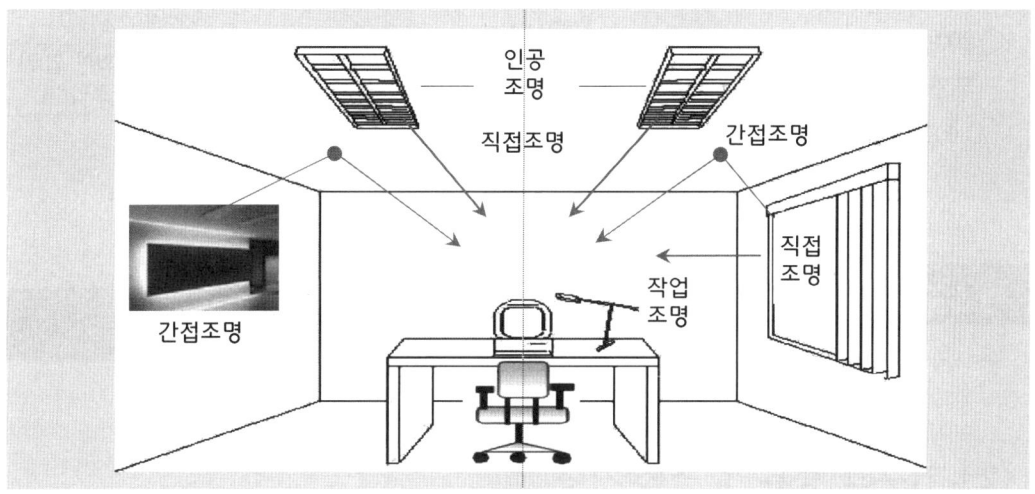

〈그림 7-6〉 대학도서관 워크스테이션 공간의 VDT 배치모형

- 인공조명의 반사휘광을 최소화하려면 천장조명을 이동시키거나 VDT 위치를 조정해야 하는데 후자가 더 용이하다. 이를 위해서는 〈그림 7-6〉처럼 병렬형 인공조명 사이에 VDT를 배치하되 광원과 직각을 이루게 한다.
- 자연광 및 인공조명의 반사휘광을 최소화하기 위한 다른 대안으로는 천장 조명의 조도를 낮추고 작업조명(데스크 램프)으로 보광하는 방안, 반사를 억제하는 조명기구 설치, 빛을 산란시키는 테이블면 색상, 무광택 문서자료 사용 등이 있다.
- VDT 사용자는 다양한 시각물을 교대로 주시하면서 작업하므로 반사휘광에 못지않게 화면 휘도(輝度, brightness)와 대비(對比, contrast)도 중요하다. 고휘도는 눈부심과 잔상을 초래하고, 지나친 대비는 화면 번쩍거림을 심화시킨다. 화면과 키보드·서류면은 1 : 3-5, 중거리 테이블면과는 1 : 2-3, 원거리 건축요소(벽, 칸막이, 바닥, 천장면)와는 1 : 1-2가 바람직하다.[15] 그리고 문자휘도(Lc)와 배경휘도(Lb)의 대비는 5-10 : 1, 주변공간과 작업공간은 1 : 3 이하를 유지해야 한다.[16]
- 반사조명의 경우, VDT 화면은 5-10%, 키보드는 30-40%, 테이블 상단은 40-50%, 자료면은 70-80%를 유지하는 것이 바람직하다.[17]

- VDT 공간의 인간공학적 조도는 〈표 7-6〉처럼 평균 200-500룩스다. 그러나 화면 입사각도는 100-500룩스 (노인은 200-500룩스), 주변(키보드, 서류면)의 수평면 조도는 500-1,000룩스가 더 바람직하다.

〈표 7-6〉 VDT 조명의 인간공학적 기준(lx)

지침(기준)	평균 조도
ANSI/HFS(100-1988) & Univ. of Texas	200-500(18-46fc)
Anshel	215-538(20-50fc)
Weiss	323(30fc)
한국전산원	300-500(대화형 업무) 500-700(자료입력)

제2절 가구와 배치

2.1 가구의 종류 및 선정기준

도서관 가구는 자료(인쇄자료, 시청각자료, 마이크로자료, 전자자료 등)를 제공·보존하는데 필요한 각종 비품과 설비, 정보기기를 말한다. 그 종류는 〈표 7-7〉과 같이 업무수행, 자료수장, 이용서비스, 기타로 구분할 수 있다.

이처럼 가구는 워낙 다양하여 각각에 대한 선정기준을 제시하기란 쉽지 않다. 그럼에도 인간과 자료, 실물 및 가상공간을 연결하는 매개체로서 뿐만 아니라 공간계획적 및 구성요소적 중요성을 감안하면 함부로 선정할 수도 없다. 이에 많은 공간을 점유할 뿐만 아니라

〈표 7-7〉 대학도서관 주요 가구(비품), 설비, 정보기기

용도	주요 종류와 내용
업무 수행	사무용 가구(책상, 의자), 북트럭, 소파와 테이블, 자료 및 장비보관용 캐비넷, 조명스탠드, 조도 및 소음 측정기, 자료분실방지시스템(BDS), Cable TV, 화이트보드, 옷걸이 등
자료 수장	서가(도서, 잡지, 신문), 귀중서가(서장), 캐비넷 또는 보관케이스(지도가, 지도함, 시청각자료), 전자자료(CD-ROM, DVD) 보관케이스, 실물자료함, 모빌랙, 자료소독기 등
이용 서비스	자료전시 서가, 열람용 테이블과 의자, 데스크(대출, 반납, 정보서비스), 자동출납기, 캐럴, 신문열람대, 사전대, 지도대, 브라우징 의자, 검색테이블과 의자 등
기타	게시판, 안내판, 주차장 표지판, 통제데스크, 출입통제기, 사물함, 우산꽂이, 휴식용 소파 및 테이블, 자동판매기 등

배치계획에 상당한 영향을 미치는 서가, 테이블과 의자, 캐럴, 카운터 등을 중심으로 선정기준을 제시하면 다음과 같다.

- 기능성(자료수장, 업무수행, 이용서비스 등 용도별 최적성)
- 편의성(유지, 이동, 조립·분해, 호환 등의 편의성과 용이성)
- 친화성(색상, 무늬, 규격, 디자인, 형태 등과 실내 구조의 조화)
- 품질성(재질의 견고함, 규격의 적절성, 배치의 안정성, 제품의 양산성)
- 경제성(비용부담 정도, 성능 대비 가격의 적정성)

그 가운데 기능성, 편의성, 친화성의 순으로 중시해야 한다. 재질과 디자인이 우수한 가구라도 기능수행에 부적합하면 가치가 반감될 수밖에 없다. 기능이 우수하여도 편의성이 부족하면 이동계획에 저해요소로 작용한다. 가구의 형태와 디자인, 색상은 실내 분위기를 좌우하므로 공간규모 및 형태, 천장·바닥·벽면의 색상 등과 어울려야 한다.

2.2 서가규격 및 배치

2.2.1 인체 동작치수와 서가규격

서가는 대학도서관 가구 중에서 가장 큰 비중을 차지한다. 서가는 재질에 따라 목재서가와 철재서가, 수장여부에 따라 편면(片面) 또는 단식(單式)서가와 양면(兩面) 또는 복식(複式)서가, 선반수에 따라 3-7단 서가, 이동여부에 따라 고정서가와 이동서가, 이동방식에 따라 수동서가와 전동서가, 수장자료에 따라 일반서가와 잡지전시가 등으로 나눌 수 있다. 다만 국내 대학도서관은 일반서고에 6단 목재서가, 참고자료실에 3-6단 목재서가, 보존서고에 7단 철재 또는 목재서가, 연속간행물실에 잡지전시가와 6단 목재서가를 주로 배치하고 있다. 그 가운데 보편적인 서가는 2련 6단 양면 목재서가다.

일반적으로 표준서가 규격(W × H)은 머리를 고정시킨 채 안구를 좌우와 상하로 옮길 때 보이는 시거리(視距離), 시계폭(視界幅), 동작치수(動作値數)에 의해 결정된다. 서가와

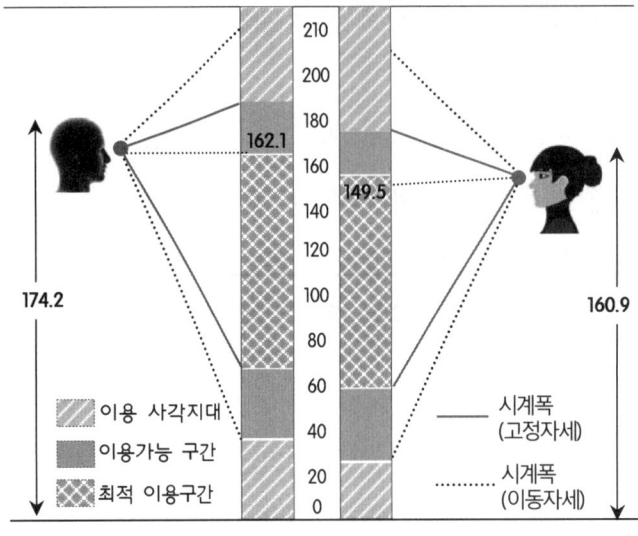

<그림 7-7> 이용자의 서가 동작치수 및 시계

눈의 최적 거리인 약 55cm에서 시계폭(좌우 60°, 상하 50°)을 감안하면 서가 폭은 80cm, 상한 높이는 180.3cm가 적절한 것[18]으로 간주되고 있다. 다만 <표 7-4>에서 국내 성인(20-24세)에 해당하는 대학생의 평균 신장(남자 174.2cm, 여자 160.9cm)을 감안한 동작치수는 <그림 7-7>과 같다. 즉, 고정 자세에서 상하 시계폭이 60-180cm(남자 70-180cm, 여자 60-170cm), 이동자세에서 30-210cm(남자 40-210cm, 여자 30-200cm)이고, 최적 이용구간이 60-160cm(남자 70-160cm, 여자 60-150cm이므로 역산한 표준서가는 6단이다.

표준서가(2련 6단)의 적정 규격은 <그림 7-8>과 같이 1련(section)의 폭을 90cm, 기둥 두께를 1.0cm, 1단(shelve) 높이(두 단간의 중심면 거리)를 30cm[19], 선반 두께를 약 3.0cm, 선반 깊이를 22.5cm[20]로 상정할 수 있다. 이를 적용하면 대학도서관 표준서가의 수평길이는 183cm(90cm × 2련 + 1.0cm × 3개), 수직높이는 183cm(30cm × 6단 + 1.5cm × 2개), 선반 깊이는 45cm(22.5cm × 2개)다.

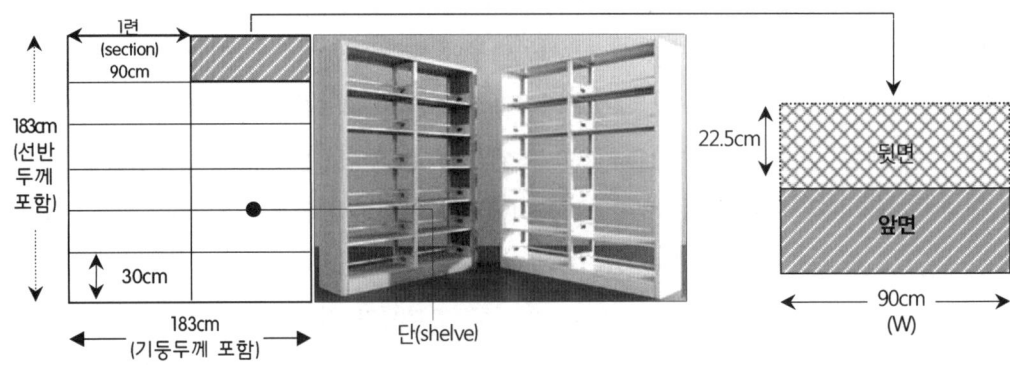

<그림 7-8> 대학도서관 표준서가(2련 6단 양면) 명칭 및 규격

2.2.2 모듈러 플랜과 자료수장력

도서관 공간은 가변성(可變性)이 매우 높다. 매년 연차증가량 만큼 폐기하지 않는 한 장서의 지속적 증가는 수장공간 재배치를 불가피하게 한다. 또한 조직단위 변경이나 신설, 새로운 서비스 공간 조성, 정보기술 및 관련시스템 수용 등도 공간 및 배치구조를 변경시키는 요소다.

이러한 가변성을 감안하여 다양한 건축기법이 적용되어 왔다. 다목적 기능공간을 제공하는 유니버설 스페이스(universal space), 기준치수로 구성된 격자 위에 간벽을 쉽게 이동시킬 수 있는 그리드 플랜(grid plan), 각종 설비시스템을 균등 배치할 수 있는 모듈러 플랜(modular plan), 가변부분과 고정부분을 나누어 가변성에 적극 대처할 수 있는 코어시스템(Core system) 등이 있다. 그 가운데 도서관계에 보편화된 기법이 모듈러 플랜이다. 1930년대 제안된 이래 국내외 대학도서관이 널리 채택하고 있다.

모듈러 플랜은 핵심 기능공간의 가변성을 극대화하는 평면계획이다. 평면 내에 기둥 4개를 장방형(rectangle)이나 정방형(square)으로 구성하여 전체 적재하중(積載荷重, live load)을 균등 분산시키는 동시에 내부 공간의 가변성과 호환성을 극대화하는 방식이다. 기능공간은 간격이 일정한 기둥 사이를 평면으로 구획·사용하고, 공유공간은 계통구분(系統區分, zoning)해 내부 고정 벽을 최대한 축소하여 다목적 활용과 전용이 용이하도록 설계한다. 예시한 〈그림 7-9〉에서 모듈은 복수 기둥의 중심간 치수며, 베이(bay)는 인접한 4개 기둥으로 구획된 공간을 의미한다. 모듈러 계획의 장단점은 〈표 7-8〉과 같다.

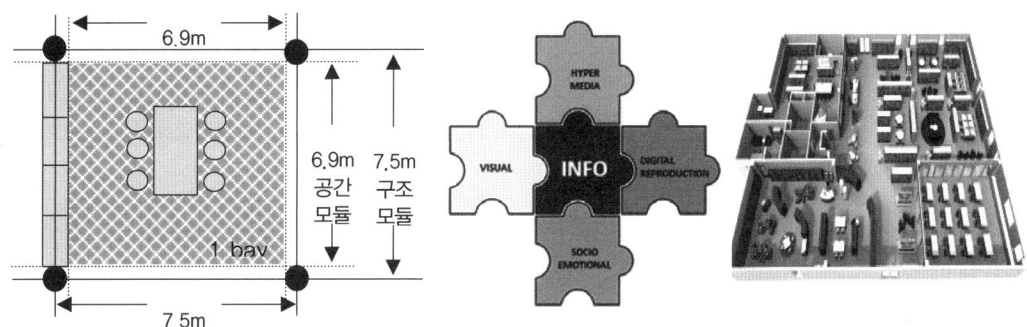

〈그림 7-9〉 대학도서관 모듈러 계획 치수 및 사례

〈표 7-8〉 대학도서관 모듈러 플랜의 장단점

장점	단점
▪ 공간활용에 융통성 부여 ▪ 가구 등 배치손실을 최소화 ▪ 공사비 산출 및 감리감독 편리 ▪ 규격화된 재료 사용으로 건축자재 절감 ▪ 공사기간 단축과 증축 용이	▪ 천장을 높게 설계하는데 따른 건축비 부담 증가 ▪ 전체적인 공간낭비 및 손실 발생(10% 내외) ▪ 조명·냉난방 등 에너지 효율성 저하 ▪ 음향문제 야기

1960년대 후반부터는 모듈러 플랜을 변형한 방식이 적용되어 왔다. 메트카프도 대학도서관 공간을 계획할 때 베이 크기를 달리하여 1/3은 수장공간용 베이를, 1/3은 열람공간에 적합한 모듈을, 나머지 1/3은 모든 목적에 부합하도록 설계하도록 제안한 바 있다.[21] 그러나 국내 대학도서관 모듈치수는 '6.858 × 6.858m'가 가장 많다.[22] 모듈치수별 기둥의 직경, 베이의 단면적, 서가간 거리, 베이당 서가수, 자료수장력을 비교하면 〈표 7-9〉와 같다. 요컨대 모듈치수를 6.9m × 6.9m로 설계하면 폐가서고는 8,670권, 개가서고는 10,404권, 모듈치수가 7.7m × 7.7m이면 폐가서고는 10,800권, 개가서고는 12,960권을 수장할 수 있다. 바닥면적 1㎡당 수장량은 개가제 182권, 폐가제 218권이다.

〈표 7-9〉 모듈치수별 표준서가(2련 6단 양면) 수장력 비교

구분	모듈치수		비고
	6.9m × 6.9m	7.7m × 7.7m	
기둥 직경	45cm	45cm	*서가당 점유면적은 개가제 5.3㎡, 폐가제 3.7㎡ 지만, 모듈치수 내에 통로를 두지 않는다는 가정하에 산출한 것임
베이 단면적	47.61㎡	59.29㎡	
서가간격(폐가제)	1.8m(1.5m)	1.8m(1.5m)	
서가당 점유면적*(폐가제)	3.294㎡ (2.745㎡)	3.294㎡ (2.745㎡)	
배치가능한 서가수(폐가제)	14.45개(17.34개)	18개(21.6개)	
자료수장력(폐가제)	8,670권(10,404권)	10,800권(12,960권)	

2.2.3 서가 배치방식과 적재하중

서가 배치방식은 모듈치수에 따라 다르다. 또한 베이 내에 배치할 것인지, 서가간격과 통로를 어떻게 설정할 것인지, 서가와 부대가구 및 정보검색 단말기를 혼합 배치할 것인지 등에 따라 달라진다. 또한 배가방식은 서가간격에 영향을 미친다.

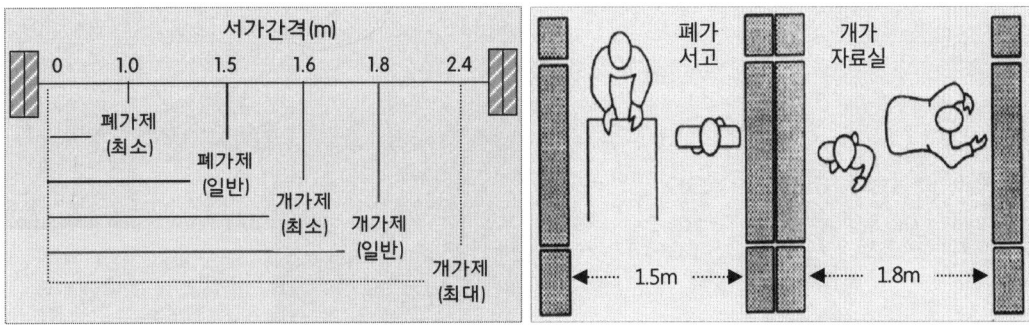

〈그림 7-10〉 자료배치 방식에 따른 서가간격 권장기준

먼저 정상배가는 통로를 포함한 서가간격을 일정하게 유지하는 형태다. 서가간 간격은 〈그림 7-10〉처럼 통상 폐가제의 최소 실용폭(實用幅)인 1.0m에서 개가제의 최대 여유폭(餘裕幅)인 2.4m까지 다양하다. 그러나 직원이 출입하는 폐가(보존)서고는 서가간격 1.5m(통로 폭 0.6m)로, 개가자료실은 서가간격 1.8m(통로 폭 1.1m)로 설정하면 무난하다.

폐가서고에서 직원이 교행하려면 1.5m, 개가자료실에서 직원 북트럭과 이용자가 교행하거나 서가를 브라우징하는 이용자 옆으로 직원·다른 이용자·휠체어 장애인이 통과하는 데 지장을 주지 않으려면 1.8m가 필요하기 때문이다.

다음으로 밀집배가(密集配架, compact shelving)는 수장공간 부족을 해결하거나 수장력을 극대화한다. 서가간격 및 통로를 좁히거나 서가단수 확대, 각 단의 여유공간 최소화, 열람테이블 축소 등이 채택되어 왔으나, 외국에서는 자동서고시스템을 도입하는 사례도 증가하고 있다. 예컨대 베이수가 총 12개인 서고공간에 3가지 배가모형을 적용하면 〈그림 7-11〉과 같다. 첫째, 정

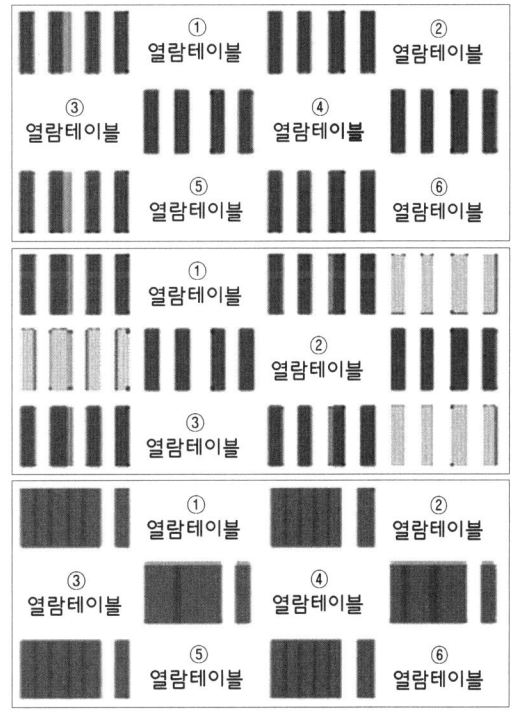

〈그림 7-11〉 자료실 배가모형 : 정상배가 (상·중), 밀집배가(하)

〈그림 7-12〉 대학도서관 밀집배가(모빌랙) 모습

상배가(상)는 양면서가 24개와 열람테이블 6개를 배치하여 약 14,400권을 수장할 수 있다. 둘째, 열람테이블을 절반으로 줄인 모형(중)은 서가 12개를 더 배치할 수 있어 수장력이 21,600권으로 늘어난다. 셋째, 밀집배가 모형(하)은 열람데이블 6개를 유지하면서도 양면서가 42개를 배치할 수 있어 정상배가 때보다 수장력이 1.75배(25,200권) 증가한다. 이처럼 〈그림 7-12〉와 같은 밀집배가는 실물자료 수장력을 극대화하는 대안이며, 특히 〈그림 7-13〉의 자동서고시스템은 정상배가보다 15배 더 수장할 수 있다.

그러나 밀집배가는 전기적, 기계적 장비의 도입에 따른 설치 및 유지·보수비 부담이 크다. 게다가 수장력이 한계에 달하면 증개축하거나 재배가도 불가피하다. 또한 향후 공간용도를 변경하기 어렵고, 이용자의 심리적 거부감을 유발할 수 있다.[23] 따라서 대학도서관이

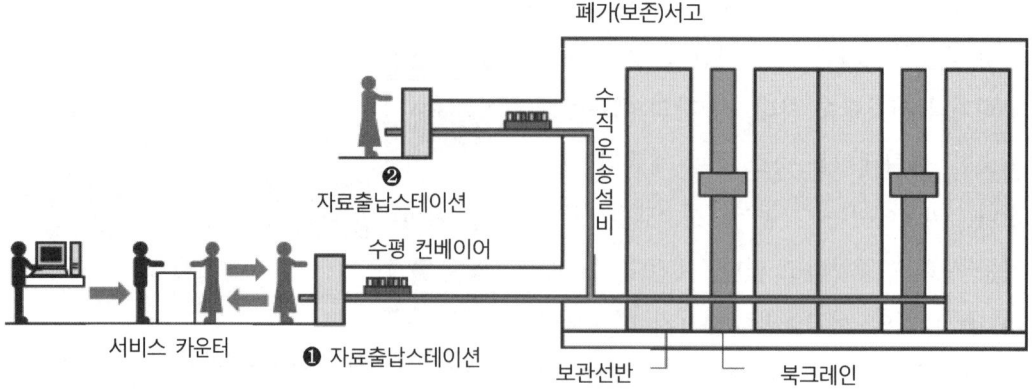

〈그림 7-13〉 대학도서관 자동서고시스템 구성 모형

밀집배가를 계획할 때는 적재하중을 가장 심각하게 고려해야 한다. 적재하중은 '건축물의 각 실별·바닥별 용도에 따라 그 속에 수용되는 사람과 적재되는 물품 등의 중량으로 인한 수직하중'을 말한다. 메트카프는 일반서고 표준 하중을 1feet²당 150파운드(732kg/m²), 이동식 밀집서가를 300파운드(1465kg/m²), 시청각자료 독서공간을 60파운드(293kg/m²), 통로를 100파운드(488kg/m²)로 제안하였고,[24] 코헨은 자동서고시스템 설비중량에 따른 평균 하중을 1feet²당 250-300파운드(1m²당 1,221-1,465kg)로 제시하였다.[25] 한편, 국내 「건축구조기준」(국토교통부고시 제2020-803호)은 〈그림 7-14〉처럼 도서관 열람실 및 해당복도의 적재하중(등분포활하중)을 3.0kN/m²(300kg/m²), 1층을 제외한 모든 층의 복도는 4.0kN/m²(400kg/m²), 서고는 7.5kN/m²(750kg/m²)로 규정하고 있다. 따라서 대학도서관이 밀집배가를 계획할 때는 건물 내구력이 적재하중 기준에 부합하는지를 확인해야 한다.

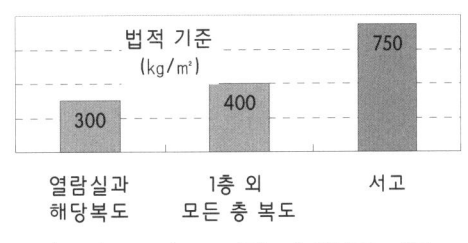

〈그림 7-14〉 도서관 적재하중 기준

2.3 열람테이블·의자의 종류와 배치

도서관 이용자에게 가장 중요한 가구는 각종 자료실에 배치되는 테이블과 의자다. 이들의 공간점유율은 서가 다음으로 높을 뿐만 아니라 이용자 편의성과 직결되므로 세심한 계획이 필요하다.

먼저 열람테이블의 종류는 1인용과 다인용(2-8인), 모양에 따라 사각형과 원형 등 다양하다. 다만, 대학도서관 공간의 효율성, 이용자의 독자적 공간확보 심리와 편의성을 감안하면 정방형 또는 장방형 4-6인용이 바람직하다. 테이블 규격(D×W)은 〈표 7-4〉의 평균 인체지수를 감안하면 1인당 최소 50×90cm를 확보해야 하므로 4인용 테이블(D×W×H)은 100×180×70cm, 6인용은 100×270×70cm가 적당하다. 1인당 바닥면적은 기둥 크기나 배치형태, 출입구 및 창문 등을 감안하여 1.8-2.0m²가 무난하다.

다음으로 의자 종류는 재질, 회전 여부, 팔걸이 유무에 따라 다양하지만, 소요예산과 이용자 안정감·편안함을 함께 고려할 필요가 있다. 의자 규격(W×D×H)은 성인의 평균 인체지수를 감안하여 산출한 워크스테이션 의자 규격을 적용하여 40-42 × 45-47 × 40-44cm로 계획하면 무리가 없다.

이러한 열람테이블·의자의 적정 규격을 기준으로 개자자료실(주제별 자료실, 참고자료실, 연속간행물실, 논문자료실 등)에 적용한 모형을 예시하면 〈그림 7-15〉와 같다.

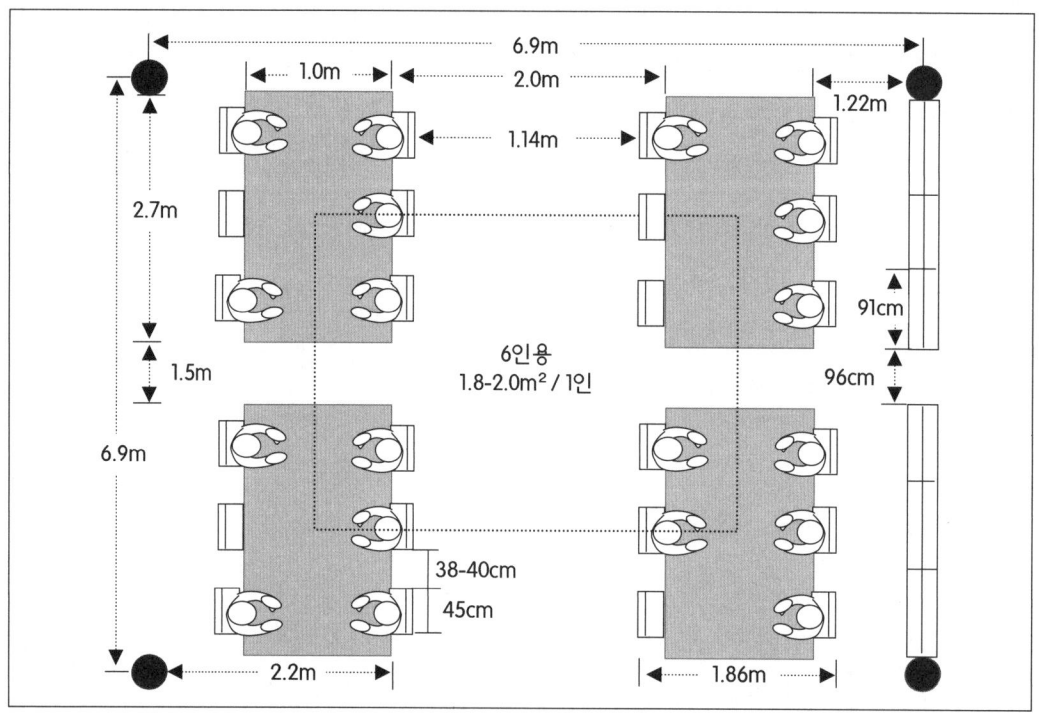

〈그림 7-15〉 대학도서관 자료실 열람테이블 및 의자 배치 모형

2.4 캐럴의 종류와 배치

캐럴(carrel)의 기원은 수도원이다. 수도사들이 큰 소리로 독경하는데 따른 불협화음을 억제하는 가구로 도입되었다.[26] 도서관 캐럴은 자료실 공간에 배치되는 개인용 독서석(讀書席) 내지 개인용 연구석(研究席, individual study cubicles)을 말한다. 거기에는 통상 데스크와 잠금장치, 서가, 램프, 컴퓨터 등이 배치된다.

이러한 캐럴은 외국 대학도서관에 많이 설치되어 있는 반면에 국내에서는 발견하기가 쉽지 않다. 그러나 대학의 교수, 연구자, 대학원생이 자료공간 내에서 장시간 자료를 이용할 수 있도록 배려하는 캐럴은 이용자를 위한 가구계획에서 중요한 부분이다. 그 종류는 좌석수에 따라 1인용과 다인용, 이용집단에 따라 일반용과 장애자용, 용도에 따라 학습용과 연구용, 칸막이 유무에 따라 폐쇄형과 개방형으로 나눌 수 있다. 또한 배치장소에 따라 벽면병렬형(壁面竝列型), 서가병렬형(書架竝列型), 서가밀착형(書架密着型), 중앙배치형(中央配置型)으로 구분할 수 있다. 그 중 벽면병렬의 1-2인용 개방형이 가장 보편적이다. 캐럴의 종류별 배치방식을 예시하면 〈그림 7-16〉과 같다.

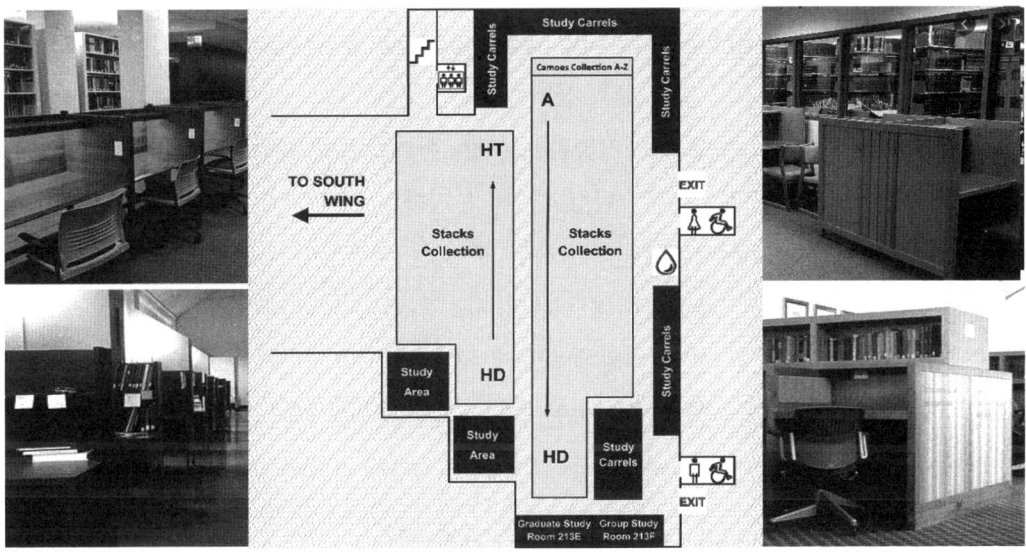

〈그림 7-16〉 대학도서관 캐럴 종류 및 배치

캐럴의 공간별 배치기준은 랑메드(S. Langmead) 등이 이용공간으로 한정하여 1인용 40%, 다인용 10%, 잠금장치 부착한 대학원생용 20% 및 교수연구용 10%, 합동연구실용 10%를 제시하였다.[27] 「미국장애인법」은 대학도서관 캐럴의 5% 이상을 장애자용으로 확보하도록 규정하고 있다. 캐럴당 소요면적(D×W)은 학부생용 일반열람실 55.9×91.4-61×121.9cm, 대학원생용 68.6×121.9cm, 마이크로 가독기 및 워크스테이션용 91.4×152.4cm이며, 간격은 121.9-152.4cm, 인접통로는 83.8-99.1cm로 제시되고 있다.[28]

그러나 국내 대학생 인체치수 평균을 감안하면 학부생용은 60×90cm, 대학원생·교수용은 68×120cm, 간격은 120-140cm, 인접통로는 84-90cm가 적당하다. 또한 장애인용은 최소 48×76cm를 유지하되 휠체어에 앉은 상태에서 무릎이 테이블 아래로 들어갈 수 있도록 69cm 이상의 높이를 확보해야 한다.

2.5 데스크(카운터)의 종류와 배치

데스크(카운터)는 직원이 이용자와 대면하면서 안내와 통제, 자료출납서비스, 질의응답 서비스, 상담 등을 수행하는데 필요한 가구다. 그 유형은 통제데스크(입관통제, 출입증·열람증 확인, 사물함 이용 유도 등), 안내데스크(자료, 이용 등 안내), 대출데스크(대출자 등록, 출납, 기타), 정보데스크(질의응답, 문제해결), 서고관리데스크 등이 있다.

이들의 규격과 모양도 수행하는 기능과 업무량, 부대장비에 따라 다르다. 가장 신중한 결정이 필요한 대출데스크는 대출·반납기능을 분리하되, 순간 업무량이 폭주할 때 다른 직원의 지원이 용이하고 대기행렬을 최소화할 수 있는 장방형이 바람직하다. 표준규격(W×D)은 91.4×76.2cm다. 그러나 대개 컴퓨터 시스템(컴퓨터, 모니터, 키보드, 스캐너, 프린터, 감응재생·제거기 등)을 배치해야 하므로 49×34인치(121.92cm×86.36cm)가 바람직하다.[29] 그리고 데스크 표준높이는 39인치(99cm)며, 직원용 데스크 표면은 일반 책상과 동일한 29인치(73.66cm)가 적당하다. 정보데스크는 컴퓨터 설치공간이 있으면 충분하지만

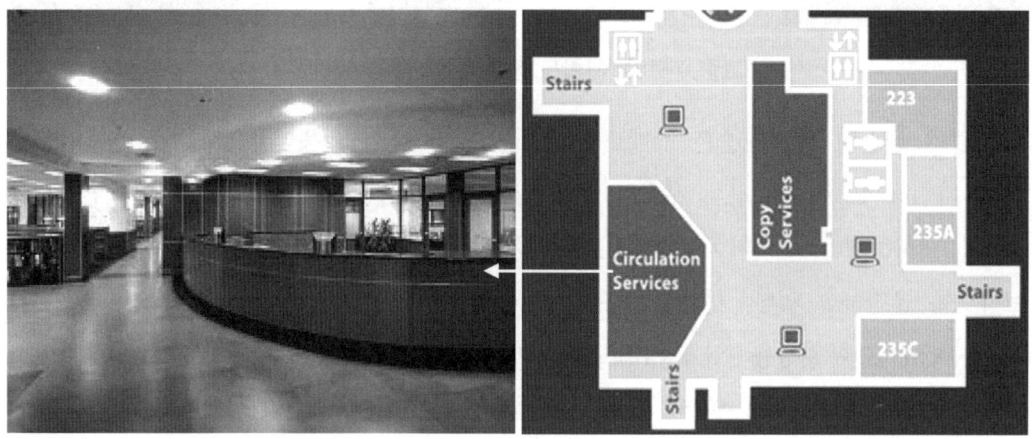

〈그림 7-17〉 대학도서관 대출데스크 배치모형 예시

자료위치, 직원수, 즉답형 정보파일 및 자료 종류, 정보기기, 질문의 종류 등을 고려하여 결정해야 한다.

데스크를 배치할 때는 안전성, 업무 효율성, 이용자 동선, 주변 분위기를 감안하되 특히 직원 및 자료이동이 원활해야 한다. 따라서 통제·안내데스크는 출입구 근처, 대출·참고·서고출입 데스크는 각 자료실 입구, 정보데스크는 자료실이 연결되는 중심부에 배치하는 것이 바람직하다. 이용자에게 심적 부담을 줄이는 개방형 대출데스크의 배치모형은 〈그림 7-17〉과 같다.

제3절 설비와 시설

3.1 조명설비

3.1.1 조명의 중요성

도서관 시설계획에서 조명은 과학인 동시에 예술이다. 조명은 도서관 전체의 이미지 및 공간별 분위기를 좌우할 정도로 중요할 뿐만 아니라 기능수행, 자료이용, 정보인지에 필수적이다. 그 중요성은 다음과 같다.[30]

첫째, 지식정보의 인지적·입수적 측면에서 조명은 시각에 지대한 영향을 미친다. 〈그림 7-18〉에서 인체의 감각부위별 정보인지율을 보면 시각이 87%[31]에 달할 정도로 절대적이므로 조명관리와 적정 조도는 매우 중요하다.

둘째, 인체의 생리적·심리적 측면에서 도서관 업무 및 이용공간의 조명이

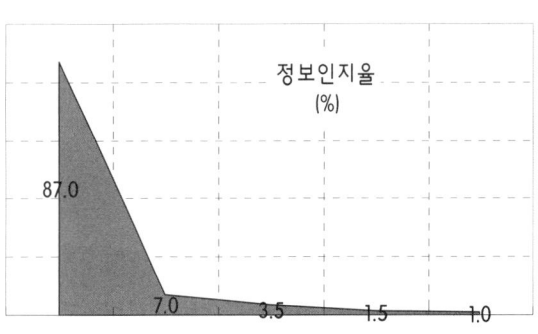

〈그림 7-18〉 인체 감각부위별 정보인지율

불량할 경우에 눈의 피로, 두통, 스트레스, 사고를 유발할 수 있는 반면에 과도하면 눈부심으로 인한 두통 및 스트레스 원인이 된다. 따라서 적정 조도를 이탈하면 시력저하와 피로, 눈부심에 따른 두통, 안구 건조증, 스트레스, 심리적 불안, 우울감, 신경과민 등이 초래될 수 있다.

셋째, 직원의 업무수행·관리적 측면에서 대다수 업무는 고도 집중력을 요구한다. 그 중에서도 시스템 개발, 자료정리, DB 구축, 프로그램 기획 등 전문직 업무는 정교한 작업을 요구하므로 조도관리가 부실하면 집중력 저하로 효율성이 떨어지고 오류가 증가하며 심리적 부담도 가중된다.

넷째, 이용자 자료서비스 측면에서는 조도가 너무 낮거나 높으면 대출과 열람, 독서 및 학습활동, 자료이용 및 정보검색 지원, 각종 프로그램서비스 등에서 불평과 불만이 증가한다. 또한 자료의 내용적 분석과 이해를 위한 인지력, 사고력, 판단력, 집중력 등이 저하되어 시간낭비와 기회비용이 증가한다.

다섯째, 도서관에 대한 인식적 측면에서 조명은 공간에 대한 친숙성, 이동의 편의성, 우호적인 감정 이입에 상당한 영향을 미친다. 특히 조도가 부적절하면 이용자 불평·불만이 표출되고 도서관에 대한 부정적 이미지가 확산되며, 다양한 민원이 제기된다. 이를 방치하면 아무리 도서관의 중요성과 가치를 주장하더라도 설득력이 없고 방문·이용감소로 연결될 가능성이 높다.

요컨대 시각은 정보인지력에서 가장 큰 비중을 차지한다. 시각을 통한 지식정보 입수에 영향을 미치는 설비는 조명이고, 요체는 조도다. 따라서 대학도서관이 조도를 적정 수준으로 관리할 때 업무수행, 자료·공간이용, 정보검색, 독서활동, 학습토론, 과제수행을 위한 주의력·집중력·만족도를 제고시킬 수 있는 반면에 육체적 피로, 심리적 스트레스, 불평과 불만을 최소화할 수 있다.

3.1.2 조명의 종류와 배치

(1) 조명의 종류

대학 구성원이 도서관을 찾는 목적은 지식정보를 검색·입수하는데 있다. 이를 위한 시각은 절대적으로 중요하며, 조명과 밀접하다.

먼저 조명의 종류는 광원을 중심으로 자연광과 인공조명으로 나눌 수 있다. 자연광은 주광(晝光)을 말한다. 그 색상은 정오 백색광(白色光)이지만 실제 스펙트럼은 무지개 색깔, 즉 ROYGBIV(Red, Orange, Yellow, Green, Blue, Indigo, Violet)다. 자연광을 통해 공간별 적정 조도를 확보하고 균일성을 유지할 수 있다면 심리적 안정, 에너지 절약, 미학적 측면에서 가장 바람직하다. 그러나 날씨나 계절에 따라 조도 차가 심하고, 최대한 확보하려면 마루나 벽체 구성에 제약이 따를 수밖에 없으며, 열기·냉기·광선 등을 차단하는 장치가 필요하다. 이러한 이유로 대다수 대학도서관은 인공조명에 의존하고 있다. 그 종류는 백열등(incandescent lamp), 형광등(fluorescent lamp), 고압방전등(high intensity discharge)으로 나눌 수 있으며, 형광등이 가장 범용된다. 전력소비가 백열등의 절반에 불과하지만 수명은 3배 이상 길고, 고압방전등보다 조도가 낮아도 저렴하기 때문이다.

그럼에도 모든 인공조명은 자연광보다 우수한 조도를 제공하지 못한다. 또한 대학도서관이 지출하는 에너지 예산의 약 50%[32]를 차지하므로 주광을 최대한 확보하는 가운데 보광적 차원에서 간접광을 이용한 전체조명과 직접광에 의한 부분조명을 조화시키는 배광계획(配光計劃)이 필요하다.

(2) 조명 배치방식

조명의 궁극적 목적은 대학도서관 업무수행과 이용행위에 적합한 조도를 제공하는데 있다. 따라서 모든 인공조명은 충분한 조도를 확보하는 동시에 내부 공간과 조화를 이루어야 한다. 이를 위해서는 배치방식을 고민할 필요가 있다.

먼저 도서관 전체의 경우, 일반적 배치방식은 〈표 7-10〉처럼 직접조명, 중간조명, 간접조명으로 대별할 수 있다. 대체로 로비와 통로 등 공유공간과 서고에 적용되는 직접조명은 천장이 어두운 대신에 효율이 높고 설비·보수비가 적다. 주로 사무실에 설치하는 중간조명(반직접, 반간접)은 천장 반사율이 50% 이하이며 실내 전체가 밝은 장점이 있다. 단, 작업공간은 스탠드 등으로 보광해야 한다. 이처럼 각각 장단점이 있고 공간별로 요구되는 조명 효율이나 실내 밝기가 다르기 때문에 특정 배치방식이 모든 공간에 적합할 수 없다.

다음으로 특히 조명관리가 중요한 자료실(서고)의 경우, 〈표 7-11〉처럼 4가지 배치방식이 있다. 서가이동 및 서가간격 변동의 자유로움, 천장과 서가상단 사이의 최소 공간 확보 등을 감안하면 서가직각형이 가장 바람직하다.

〈표 7-10〉 대학도서관 조명 배치방식과 적용공간

구분	직접조명	중간조명	간접조명
배광곡선			
조명사례			
특징	조명효율 : 90% 이상 천장이 어둡다. 설치·보수비가 적다.	조명효율 : 40-60% 실내 전체가 밝다. 설치보수비는 중간 정도다.	조명효율 : 10% 이하 천장이 밝다. 보수비가 많이 든다.
적용공간	로비, 통로 회의실, 서고	일반서고, 사무실, 세미나실 워크스테이션 공간	학습연구공간, 특수서고 사무실, 화장실

〈표 7-11〉 대학도서관 서가조명 배치모형과 장단점

구분	배치모형	장단점
천장격자형		▪ 서가이동이 매우 자유롭다. ▪ 서가간격 변경이 자유롭다. ▪ 많은 조명이 확보된다. ▪ 천장과 서가상단 사이에 90cm 이상의 공간이 필요하다.
서가병렬형		▪ 고정서가에 유리하다. ▪ 서가간격 변경이 곤란하다. ▪ 서가 전체 조도가 균일하다. ▪ 비교적 많은 조명이 확보된다.
서가직각형		▪ 서가이동이 대체로 자유롭다. ▪ 서가간격 변경이 자유롭다. ▪ 천장과 서가상단 사이에 30cm 이상의 공간이 필요하다. ▪ 서가상단 조명이 약하다.
서가부착형		▪ 서가와 책등에 조명이 반사되지 않는다. ▪ 서가를 이동할 때 매우 불편하다. ▪ 천장과 서가상단 사이에 90cm의 공간이 필요하다. ▪ 천장이 흰색이어야 한다.

3.1.3 조도기준

대학도서관은 방대한 교육학술자료를 수장하며, 많은 이용자가 출입하는 공간이다. 조명이 열악하고 가구 및 자료의 배치가 부적절하면 안락한 분위기를 창출할 수 없고 직원 및 이용자의 시력과 심리에도 심대한 영향을 미친다.

조명관리의 요체는 적정 수준의 조도 확보다. 여러 학자나 국가기준에서 제시된 조도기준을 공간별로 재구성하면 〈표 7-12〉33)와 같다. 외국의 경우, 사무공간 및 열람·독서공간은 150-300룩스, 자료실 공간 중 폐가(보존)서고는 50룩스, 대출·참고데스크는 300룩스, 공유공간은 100룩스 내외로 제시하고 있다. 국내는 문화체육관광부 조도기준이 KS 규격이나 한국도서관협회 권장기준보다 대체로 높다.

그러나 '한국산업규격 조도기준'(KS A 3011 : 1998)의 도서관 공간구분은 시대착오적이며 조도범위도 국제적 보편성과 괴리가 심하다. OPAC 검색모니터로 대체되어 실존하지 않는 카드목록대가 방증한다. 또한 워크스테이션 공간, 디지털(전자)자료실, DVD열람실, 창조공간 등도 반영하지 못하고 있다. 가장 심각한 한계는 사무실(목록실 등), 자료실(일반 장소), 대출데스크, 시청각·음향실의 표준조도가 각각 200룩스로 국제 평균보다 훨씬 낮

〈표 7-12〉 국제표준 및 관련단체 도서관 조도기준 비교(lx)

구분		ISO 8995/ CIE 008 (2002)	IFLA 원칙 (1998)	KS A 3011 (1998)	문화체육 관광부(2013)	KLA 기준 (2013)
사무 공간	업무·편목 등	-	-	150-300	500-600	-
	수선·제본	-	-	150-300	-	-
	컴퓨터(VDT)	-	-	-	-	500-1,000
	데스크	500	-	150-300	-	-
서고 자료 공간	개가서고	200	200	-	350-700	500
	보존서고	-	50	30-60	200-300	100
	AV실	-	-	150-300	-	-
	MF(지도)실	-	-	-	-	-
열람 독서 공간	열람실	-	200-300	150-300	400-700	300-500
	독서활동	500	-	300-600	-	-
	캐럴	-	-	150-300	-	-
회의·세미나·접대실		-	-	-	400-700	-
전시(진열)공간		-	-	-	500-700	-
공유공간(계단, 통로, 화장실 등)		-	-	-	100-200	-

다는 점이다. 따라서 자연광 및 인공조명의 휘광을 차단할 수 있을 경우, 〈표 7-13〉처럼 사무공간은 300-900룩스, 이용공간(개가자료실)은 300-700룩스, 서고(폐가제) 및 공유공간은 100-200룩스가 적정하다.

〈표 7-13〉 대학도서관 공간별 적정 조도기준

공간		조도(룩스) 100	200	300	400	500	600	700	800	900
수장	보존서고(폐가제)	■	■							
사무	장서개발, 서비스업무, 회의실 등			■	■	■	■	■		
사무	정리, 자료제본·복원, 아카이빙			■	■	■	■	■	■	■
이용	자료열람, 학습연구, 정보검색 등			■	■	■	■	■		
이용	정보데스크, 세미나실, 교육실 등			■	■	■	■	■		
공유	휴게실, 계단, 통로, 화장실 등	■	■							

3.1.4 공간별 조명계획

대학도서관 조명계획에서 가장 중요한 요소는 주광이다. 그것을 최대한 활용하여 적정 조도를 확보하는 가운데 인공조명으로 보광하는 것이 바람직하다. 이를 위한 기본원칙은 다음과 같다.

- 전체조명은 주광에 가까운 연색성을 선택하고, 부분조명은 조도조절이 가능해야 한다.
- 바닥면은 간접조명을 지양하고, 자료보존 및 이용공간은 균일한 조도가 바람직하다.
- 인공조명은 고광도 저질보다 저광도 양질이 바람직하므로 기존 조명기구는 LED로 교체하고 자동점등 등 제어장치를 확보하여 에너지 성능을 최적화해야 한다.
- 조도는 공간별 용도와 목적을 감안하여 달리 설정하되, 최소 밝기를 확보해야 한다.
- 휘도는 $0.5cd/cm^2$이 바람직하다. 특히 천장의 최대 휘도와 VDT 작업면의 휘도비는 8 : 1, 기타 공간은 10 : 1을 초과하지 않아야 한다.
- 균제도(최소 조도 대비 평균 조도)의 경우, 사무실은 0.5 이상, 작업면은 0.8 이상, 전체조명과 부분조명은 0.1 이상이 바람직하다.
- 조명기구 배치는 휘도, 글레어, 반사율, 음영을 최소화할 수 있어야 한다.

이러한 기본원칙을 전제로 공간별 적정 조도를 확보하는 조명계획을 제시하면 〈표 7-14〉와 같다.

〈표 7-14〉 대학도서관 공간별 조명계획

공간	적정 조도 확보방안
수장 공간	■ 보존서고는 균일한 조도를 확보해야 한다. 특히 서가 상하단의 차이를 최소화해야 자료배가 및 이용의 불편을 해소할 수 있다. ■ 보존서고의 주통로 스위치는 출입구에 설치하고, 자동서고시스템은 통로 개방과 동시에 점등이 가능해야 이용 편의성에 부응할 수 있다. ■ 보존서고는 구간별로 이중조명을 설치하여 점등과 소등이 교대로 이루어져야 조명기구의 수명연장과 에너지절약에 기여할 수 있다.
업무 공간	■ 사무실은 정교한 작업이 많으므로 집중조명을 계획하거나 부분조명으로 보광해야 적정 조도를 확보할 수 있다. ■ 표면 반사율은 최소 휘도비(천장 70%, 벽면 40%, 테이블과 작업표면 50%, 마루 20%)를 유지하는 것이 바람직하다. 휘도의 차가 10 : 1 이상이면 눈부심을 유발하고, 소비전력 증가로 유지비가 늘어난다. ■ 천장이 적정 기준(3-3.53m)을 초과하면 데스크 램프로 조도수준을 높여야 한다.
이용 공간	■ 모든 이용공간은 천창을 통한 주광을 최대한 흡입하여 개방적 분위기를 연출해야 한다. ■ 자료열람·학습연구 공간은 확산성이 높은 전체조명을 통해 평균 조도를 확보해야 한다. 특히 디지털 자료실, 정보검색 공간 등은 양질 및 균질의 조도가 바람직하다. ■ 자료이용 및 독서활동 공간의 휘도비는 자료와 테이블 3 : 1, 자료와 주변부 5 : 1, 자료와 원거리 벽이나 서가 10 : 1, 창문과 인접 벽면 20 : 1이 적정하다. ■ 캐럴, 스터티룸, 세미나실, 프로그램 강좌실, 일반열람실 등은 전체조명과 부분조명을 병행하여 공간이용 불편과 에너지 소비를 최소화해야 한다.
공유 공간	■ 중앙로비는 도서관에 대한 이용자의 인상과 이미지를 결정하는 공간이므로 안온하고 친근감을 주는 직접조명이 바람직하다. ■ 통로와 계단, 엘리베이터 공간은 이동에 불편하지 않는 조도수준이면 무난하다. ■ 화장실은 조도가 낮은 간접조명이 바람직하다.

3.2 공조시설

3.2.1 공조의 개념과 원칙

공조(空調)는 난방, 환기, 공기조절을 합성한 HVAC(Heating, Ventilating, and Air Conditioning)을 말한다. 광의로는 공간의 온습도, 공기유동, 기류, 분진, 세균, 냄새, 유해

가스를 사용목적에 부합하도록 조절·유지하는 것이다.

이러한 공조가 대학도서관 설비에서 중시되는 이유는 무수한 진균이 서식·부유하는 공간에 방대한 자료를 수장하면서 다중이 계속 이용하는 환경을 유지해야 하기 때문이다. 그럼에도 대개 신축단계에서 공조문제를 소홀하게 취급하였다가 후에 변경·보완하는 사례가 많다. 기본계획에서 실시설계까지 대상건물이나 공간의 특성, 입지조건, 에너지 사정 등을 고려한 공조계획을 수립하는 것이 바람직하다. 이를 위한 원칙은 다음과 같다.

- 도서관은 「건축물의 설비기준 등에 관한 규칙」 제11조 제4항에 따라 기계 환기설비를 설치해야 하는 다중이용시설(별표 1의 4에서 연면적 3천제곱미터 이상인 도서관)에 해당하므로 '1인당 또는 시간당 36㎥의 환기량'을 보장해야 한다.
- 실내공기 오염은 연간 2회(동절기와 하절기) 측정하는 것이 바람직하므로 오염척도인 온도, 습도, 먼지, 이산화탄소 수준 등을 측정·분석하기 위한 공조 내지 환기대책을 수립해야 한다. 공조설비에는 여과기, 냉각기, 가습 및 감습기, 가열기, 송풍기가 포함되어야 한다.
- 도서관이 공간별 용도나 이용행태에 적합한 공조시스템을 선택할 때 기계 환기설비의 구조 및 설치는 「건축물의 설비기준 등에 관한 규칙」 제11조 제4항에서 규정한 다음 기준을 준수해야 한다.
  ① 용량기준은 이용인원당 환기량을 원칙으로 산정해야 한다.
  ② 다중이용시설의 실내 기류 편차를 최소화해야 한다.
  ③ 송풍기는 외부 기류로 인해 송풍능력이 떨어지지 않는 사양이어야 한다.
  ④ 외부 공기의 공급체계 또는 흡입구는 입자형 내지 가스형 오염물질의 제거·여과장치 등 외부로부터 오염물질이 유입되는 것을 최대한 차단할 수 있어야 한다.
  ⑤ 공기 배출체계 및 배기구는 배출되는 공기가 공급체계 및 흡입구로 직접 들어가지 않는 위치에 설치해야 한다.
- 공조방식은 〈표 7-15〉에서 에너지 비용, 공간의 용도와 기능, 총체적 효율성 등을 고려하면 외기처리공조기 + 팬코일 방식 또는 분산형 공조기 방식이 유리하다.

〈표 7-15〉 대학도서관 공기조화 방식 비교

구분	전열교환기 + 팬코일 방식	외기처리공조기+ 팬코일방식	분산형 공조기 방식	마루 송풍형 공조기 방식
실내 환경	전열교환 방식이어서 온도차가 발생함	쾌적한 환경조성이 가능함	쾌적한 환경조성이 가능함	쾌적한 환경조성이 가능함
유지	천정과 지붕사이에 전열교환기가 설치되고 기기수도 많아 유지조건이 나쁨	팬코일유니트(FCU)가 실내에 설치됨	공용부문에 기기가 설치되어 유지성능이 매우 우수함	공용부문에 기기설치로 유지성능이 매우 우수함
외기 냉방	불가능	가능	가능	가능
초기비용	고가	보통	보통	보통
종합평가	불량	양호	양호	보통

3.2.2 온습도 관리

모든 공조관리의 요체는 온습도(溫濕度)다. 특히 온도는 직무수행 및 서비스 만족에 직접적으로 영향을 미친다. 반면에 습도는 자료보존과 밀접한 관계가 있다. 습도가 높으면 세균 번식을 촉진하고 자료열화가 급속히 진행된다.

도서관의 적정 온습도 기준은 국가나 학자에 따라 다르다. 미국 기준국은 온습도를 각각 26.7℃와 55%, 영국도서관협회(CILIP 전신)는 18±2℃와 35-50%(도서 45-50%, 열람자 35-40%), 메트카프는 16-22℃(폐가서고 16-18℃, 일반 점유공간 18-20℃)와 30-40%(종이 30-40%, 필름 30%)를 제시한 바 있다.[34]

그러나 사계가 분명한 국내 대학도서관은 계절적 온습도 변화폭을 감안하면 〈표 7-16〉처럼 온도 20±2℃, 습도 50±5%가 적정하다. 직원과 이용자 공간은 인체 쾌적온도(快

〈표 7-16〉 국내 대학도서관 공간별 적정 온습도 기준

구 분	하계		동계		비고
	건구온도(℃)	상대습도(%)	건구온도(℃)	상대습도(%)	
보존서고	20	50	20	40	-
사무(회의)·이용공간	22	50	20	40	-
전산실	24 ± 2	50 ± 5	24 ± 2	50 ± 5	항온항습
회의실	22	50	20	40	-

適溫度)인 20-22℃를 유지하고, 일반열람실은 25℃를 초과하지 않는 것이 바람직하다. 보존서고는 온습도가 각각 20℃와 50%일 때 자료수명이 200년이면 10℃와 50%이면 1,260년으로 연장되는 반면[35], 35℃와 50%일 때 16년으로 감소한다. 습도를 일정하게 유지할 수 있으면 온도가 낮을수록 자료보존에 유리하다.

요컨대 적정 온습도를 유지하려면 냉난방 설비를 구비해야 한다. 특히 사무공간과 이용공간의 쾌적감이 낮아지는 상한온도(上限溫度)는 25℃인 반면에 자극에 대한 반응속도, 근육 기민성, 촉각 판별력 등이 저하되는 하한온도(下限溫度)는 13℃다. 더욱 중요한 대목은 공조기 설치가 불가능한 공간의 경우, 외벽을 단열재로 마감하고 창문크기를 줄여 온습도 변동폭을 각각 ±1.5°(5°F)와 ±6% 이하로 통제해야 한다. 이를 위해 상한온도에서 냉방장치를, 하한온도에서 난방장치를 가동하는 것이 바람직하다.

3.2.3 환기계획

인간은 하루의 약 90%를 실내에 체류하므로 공기오염이나 혼탁은 불가피하다. 대개 거주자, 건물구조와 자재, 가구와 비품, 각종기기 가동, 오염된 외부공기 유입 등에 의해 발생하는 휘발성 유기화합물, 오존, 먼지, 미립자, 일산화탄소, 이산화탄소, 공기 중 미세입자인 에어로졸(aerosol), 방사성 가스, 무기가스 등이 오염원이다.[36]

<표 7-17> 대학도서관 실내환경 기준

구분	기준
먼지	0.15mg / m³ 이하
일산화탄소	10ppm(0.001%) 이하
이산화탄소	1,000ppm(0.1%) 이하
온도 / 상대습도	17-25℃ / 40-70%
기류	0.5m / sec 이하

이러한 오염은 대학도서관이 일반 사무공간보다 훨씬 심하다. 방대한 자료와 설비를 수용하고 불특정 다수의 출입과 이동이 빈번한 공간이기 때문이다. 그럼에도 자료와 가구가 밀집되어 있어 창문을 통해 오염된 공기를 배출하고 신선한 공기를 유입시키는 데 한계가 있다. 따라서 <표 7-17>에 준하는 실내 환경기준을 미리 설정하고 다음과 같은 환기계획을 마련할 필요가 있다.

- 건축을 계획할 때 구역, 위치와 방위, 체류시간, 목적과 기능, 부하 등이 유사한 공간은 계통구분이 필요하다. 특히 기능성, 이용시간, 방위, 하중은 공조계획에 결정적인

영향을 미친다.

- 연 2회(동계와 하계) 오염도(온습도, 먼지, CO_2)를 측정하여 환기방안을 마련한다.
- 실내 시간당 환기량(m^2/hr)은 평균 30-50m^2이므로 천장높이가 3m이면 시간당 10-16회, 철근 콘크리트 공간은 시간당 0.3-1회의 자연환기(自然換氣)가 필요하다.[37]
- 자연환기는 남북으로 마주보는 넓은 창문을 이용하는 것이 가장 바람직하다. 창문이 부족하면 공조기를 자주 가동한다.
- 업무공간과 이용공간은 동일한 구역으로 간주하여 공조시설을 계획하되, 방위에 따라 일조량이 다르면 계통구분하여 경제성과 효율성을 높여야 한다.
- 단면적이 넓은 자료공간은 구역별 온도차가 심하므로 창문에 근접한 공간과 내부구역은 별도 공조계획을 수립하여 온도·기류 분포를 균일하게 유지해야 한다.
- 보존서고 면적이 660m^2 이상일 때는 항온항습설비를 갖추어 상대습도를 일정하게 유지해야 한다. 또한 진균, 충해, 먼지, 퇴색, 변색 등을 고려하여 무창구조(無窓構造)로 계획하고 우수한 공조기를 설치한다.
- 출입과 이동이 잦은 자료열람 및 검색공간은 사무공간보다 1-2℃를 낮추어 외부 온도에 근접시킬 필요가 있다.
- 화장실은 시간당 10회(미국)-12회(영국)[38]를 환기시켜야 악취를 막을 수 있다.

3.3 소음관리

3.3.1 소음관리의 중요성

소음(騷音, noise, undesirable sound)은 공기 진동에 의한 음파 중에서 가청적인 것으로서 바람직하지 못한 소리(음)를 말한다. 「소음·진동관리법」 제2조 1호는 소음을 "기계·기구·시설, 그 밖의 물체의 사용 또는 환경부령으로 정하는 사람의 활동으로 인하여 발생하는 강한 소리"로 규정하고 있다. 결국 어떤 목적을 수행하는데 장애요소로 작용하거나 불필요한 소리를 총칭한다. 그 단위는 데시벨(dB)이며, 음압으로 환산한 공식은 다음과 같다.

$$\text{SPL(Sound Pressure Level)} = 20 \log \frac{P}{P_0} \quad (P_0 : \text{기준음압으로 } 2 \times 10^{-4} \text{ dyne/cm}^2, \quad P : \text{측정된 음압})$$

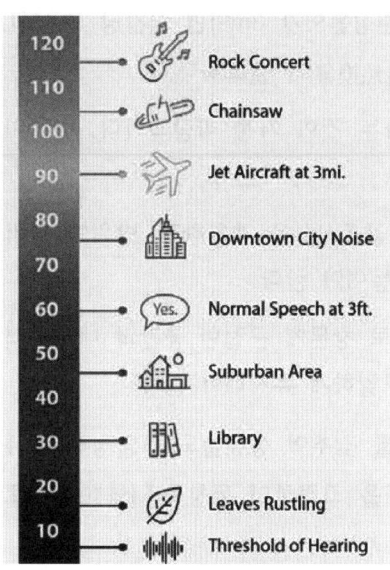

〈그림 7-19〉 소음원별 소음수준

소음의 종류에는 매우 강한 음, 생리적 장애를 유발하는 음, 음색이 불쾌한 음, 사무·연구·독서활동·휴식·안면을 방해하는 음, 기계 등의 진동이 있다. 소음원별 수준은 〈그림 7-19〉와 같다.[39] 이들은 발생지점을 기준으로 외부소음과 내부소음으로 나눌 수 있다. 외부소음은 고음과 잡음(비행기 소리, 자동차 경적, 공사장 소음, 행사소음 등)이 내부로 전도되는 소음이다. 내부소음은 다시 물리적 잡음과 서비스 소음으로 구분할 수 있다. 전자는 관내 각종 정보기기, 전기설비 및 공조시스템 등에서 발생하는 물리적 잡음(雜音, noise)이며, 후자는 직원 및 이용자의 보행·질의응답·자료이동과 배가 등에서 발생하는 서비스 소음(service noise)이다.

이러한 소음 가운데 특히 관내 소음을 통제하지 못하면 청력과 인체(순환기, 내분비계)에 영향을 미쳐 스트레스를 유발하고 업무수행과 자료이용에 지장을 초래한다. 소음관리의 중요성을 간추리면 다음과 같다.[40]

- 청각적 영향은 소음성 난청과 일시성 난청을 유발한다. 전자는 대개 최저 소음인 90-100dB(A)에 장시간 노출될 때 초래되는 내이(內耳)의 변화며, 초기에는 4,000Hz에 대한 청력 저하가 나타나고 심해질수록 저음역(3,000Hz 이하)과 고음역(6,000Hz 이상)에서 청력손실이 일어난다. 후자는 100dB(A) 전후의 소음에 단시간 노출될 때 발생한다. 이러한 청각적 영향은 특히 상근직원의 물리적, 심리적, 사회적 기능을 한시적 또는 영구적으로 저하시킬 수 있다.
- 생리적 영향은 외부 자극에 의한 긴장이 특히 이용자의 맥박증감, 혈압상승, 혈액 및 소변성분 변화, 침이나 위액분비 불량, 호르몬 분비 이상 등을 초래하는 경우다. 장시간 지속·반복되면, 가령 비정상적 맥박과 혈압은 동맥경화나 심장병으로 연결될 수 있고, 위액분비 불량은 위궤양 등 위장병을 일으킬 수 있다.

- 심리적 영향은 소음 자체에 대한 심리적 짜증이나 불쾌감을 말하며 소음수준, 주파수, 지속시간, 발생빈도 등에 따라 증가한다. 다만, 정량화가 어려운 심리적 불편은 주관적 반응을 조사·평가할 때 사용한다.
- 업무수행 측면에서 특히 자료정리 및 DB 구축 공간에 소음이 지속되면 집중력 저하에 따른 오류가 발생하고 심리적 스트레스도 증가한다.
- 자료이용 측면에서 소음관리에 실패하면 대출과 열람, 독서 및 학습활동, 자료이용 및 검색지원서비스, 각종 프로그램서비스 등에서 이용자 불만이 증가한다. 게다가 자료의 내용적 이해를 위한 인지력, 사고력, 판단력, 집중력 등을 저하시킨다.
- 인식적 측면에서 소음으로 인한 이용자 불만과 스트레스는 도서관 및 직원에 대한 부정적 이미지를 촉발하고, 방문 내지 이용의 감소로 이어질 수 있다.

따라서 대학도서관은 환경요소 중에서 특히 건강 및 이용에 다대한 영향을 미치는 소음관리에 주력할 필요가 있다. 이를 위해서는 주기적으로 공간별 소음수준을 측정하고 지속적으로 관리하되, 법적(또는 권장) 기준을 초과할 때는 신속한 저감대책을 강구해야 한다.

3.3.2 소음 허용기준

대다수 대학도서관은 대개 캠퍼스 중심부에 위치하기 때문에 주변도로나 지역사회 생활공간과 일정한 거리가 있어 외부 건설, 기계, 교통, 생활 등의 소음이 내부로 전도되는 경우는 많지 않다. 대신에 창문 개폐음, 정보기기(키보드·프린터·전화·팩스·VDT 등) 작동소음, 자료운반·낙하소음, 보행소음과 작업소음 등이 주요 소음원이다.

이러한 내부소음을 통제하려면 공간별 허용기준을 설정해야 한다. 주요 국가의 도서관 허용소음 한계치를 비교하면 〈그림 7-20〉과 같다. 이처럼 국제기구, 주요 선진국, 국내 「소음·진동관리법 시행령」 제2조 제2항 제2호(「도서관법」 제2조 제4호에 따른 공공도서관의 부지 경계선으로부터 직선거리 50미터 이내의 지역)에 따른 동법 시행규칙(환경부령 제587호) 제20조 제3항 '별표 8'에서 외부 생활소음 허용치를 주간 50-65dB, 야간 45-60dB 이하로 규정하고 있다. 이를 감안하면 도서관 허용소음의 한계치는 주간 40-50dB, 야간 30-45dB 수준이다. 다만 관외 소음보다 관내 소음에 치중하되 공간을 기능별로 계통구분하여 소음기준을 마련하고 관리할 필요가 있다.

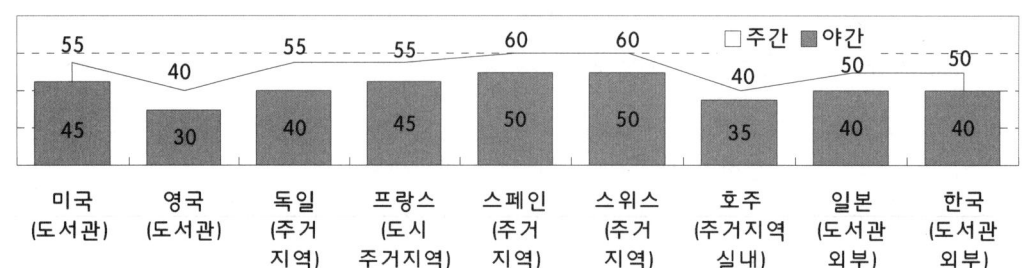

〈그림 7-20〉 주요 국가 도서관 허용소음 한계치 비교

요컨대 소음이 40-50dB이면 일상에서 쾌적감을 느끼는 수준이며, 60dB이면 시끄럽고, 70dB 이상이면 매우 시끄러운 정도다. 대학도서관은 교육학술자료를 이용·독서하는 공간이므로 쾌적함을 인지하는 소음수준인 40dB을 초과하지 않아야 한다. 따라서 〈표 7-18〉과 같이 전체적으로 35dB 정도를 유지하되, 수장·이용공간은 35dB, 사무공간은 35-40dB, 기타 공유공간은 40-45dB이 적정하다.

〈표 7-18〉 대학도서관 허용소음 한계 모형

구분		관외 소음(dB)		관내 소음(dB)		비 고 (상향식 정숙화 원칙 적용)	
		주간	야간	주간	야간		
전체		50	40	40	35	자료수장 및 이용공간 (보존서고, 정보데스크, 자료열람 및 학습공간, 세미나실, 교육연수실 등)	정숙 공간
공간별	자료 공간	-	-	35	35		
	이용 공간	-	-	35	35	업무공간 (사무실, 관리실, 복원작업실 등)	저소음 공간
	사무 공간	-	-	40	35		
	공유 공간	-	-	45	40	공유공간(휴게실, 식당과 매점, 전기·기계실, 창고, 통로, 화장실 등)	소음 공간

3.3.3 소음방지계획

소음은 벽체 투과음, 실내 반사음, 바닥구조를 통한 진동, 환기용 덕트 등 설비를 통한 방출음에 의해 발생한다. 따라서 대학도서관은 소음원, 수음점, 전파경로를 분석하여 공간별 허용수준을 상회하지 않도록 다음과 같은 계획을 수립·적용할 필요가 있다.

- 소음을 식별·판단하고 소음대책 효과를 파악하는데 필수적인 소음지도(noise map)를 작성·관리할 필요가 있다. 소음지도는 도로소음이 대학도서관에 미치는 영향, 외부 소음수준 변화에 대한 정량적 모니터링과 평가, 초과 소음도 산정 및 합리적 관리, 층별 소음도 산정 및 건물 용도에 따른 소음노출 파악, 소음규제 또는 저감목표 설정과 추진 등에 유용하다.
- 외부 소음은 벽체 차음력을 높이고 개구부 틈새를 막으면 저감할 수 있다. 그러나 소음수준이 100dB 이상이면 우수한 벽체를 사용해도 차음이 불가능하다.
- 내부 소음은 흡음력을 10배로 높이면 음압수준이 10dB 낮아지므로 흡음재와 방음재를 사용하여 표면·벽면의 반복적 반사음을 통제할 필요가 있다.
- 내부 소음을 낮추려면 벽체는 40dB, 천장 슬래브는 50dB 이상의 차음력을 확보하고, 바닥에는 카펫이나 고무매트를 부착하는 것이 바람직하다.
- 내부 소음의 다른 실공간 전파는 고밀도 차음재(차음시트)로 분리 내지 격리시키는 것이 가장 간편하고 유용하다.
- 내부 공간이 넓고 개방형일 경우에는 화초(식물) 등을 칸막이로 구획하면 소음 전파경로를 일부 차단하는 동시에 심리적 안정에 도움이 된다.
- 창문유리 두께는 외벽 투과손실과 동일한 규격이 적당하다.
- 출입구는 이중문을 설치하여 사운드록(sound lock) 효과를 높이고 개폐 접촉부를 완충재로 마감하여 진동과 충격을 줄일 필요가 있다.
- 배구부 소음은 흡음장치 또는 소음기를 사용하여 제거하고, 고체 전자음이 유발하는 소음은 기계 하부에 방진재를 부착하여 진동을 흡수시킨다.
- 공유공간은 바닥, 벽면, 천장 등을 흡음처리하여 반사나 전도를 최소화해야 한다.
- 정보기기는 저소음형을 택하고 이용공간에 전달되지 않도록 거리를 유지해야 한다.

3.4 소방시설

3.4.1 화재의 심각성과 원인

화재는 순식간에 막대한 인적 및 물적 피해를 초래한다. 이를 대표하는 사례가 러시아 과학원 도서관(Library of the USSR Academy of Sciences) 화재다. 1988년 2월 14일 발생한 화재는 19시간 계속되어 자료 1,200만건 중 약 40만건이 소실되었고 360만건이 소화용수(消火用水) 피해를 입었으며 340만건에 곰팡이가 번식하였다. 이어 2015년 1월 30일 러시아 과학원 부설 사회과학학술정보연구소(Institute of Scientific Information on Social Sciences) 도서관에 화재가 발생하였다. 1918년 건립된 12,000㎡ 규모에 1,400만건을 소장한 도서관은 〈그림 7-21〉과 같이 화재로 사회과학 학술장서의 15%에 해당하는 542만점(232점은 유일본)이 소실되었다.

〈그림 7-21〉 러시아 사회과학학술정보연구소(INION) 도서관 화재(2015. 1. 30)

이러한 도서관 화재의 원인은 다양하다. 메트카프는 난방·조명·전기장치 배선, 부주의한 건물관리, 가연성 물질의 방치, 흡연 등을 원인으로 지목하였다.[41] 지난 10년간(2010-2019) 국내 도서관 화재건수는 〈그림 7-22〉와 같이 총 33건이며, 발화요인은 부주의, 전기, 기계의 순으로 나타났다.[42]

여러 관종 중에서 특히 대학도서관은 통시적 교육학술정보를 집적한 보고다. 따라서 화재 예방프로그램을 철저하게 준비해야 한다. 이를 위해 관장은 「소방시설 설치·유지 및

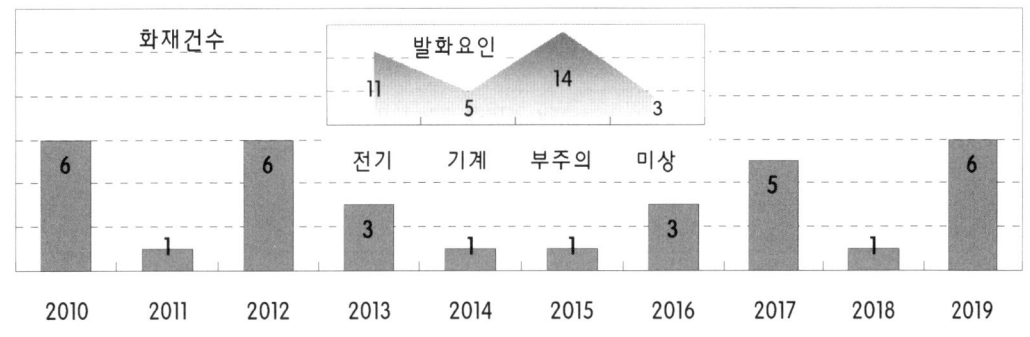

〈그림 7-22〉 국내 도서관 화재건수 및 발화요인(2010-2019)

안전관리에 관한 법률」(약칭 : 소방시설법) 제24조에 따른 「공공기관의 소방안전관리에 관한 규정」 제4조(기관장의 책임)에서 규정한 4가지 감독책임(소방시설·피난시설 및 방화시설의 설치·유지 및 관리, 소방계획의 수립·시행, 소방관련 훈련 및 교육, 그 밖의 소방안전관리 업무)을 성실하게 수행해야 한다. 화재가 발생하면 동법 시행령 11조에서 규정한 것처럼 관장은 "소방대가 현장에 도착할 때까지 경보를 울리거나 대피를 유도하는 등의 방법으로 사람을 구출하거나 불을 끄거나 불이 번지지 아니하도록 필요한 조치"를 취해 인명 및 자료 피해를 최소화해야 한다.

3.4.2 소방시설 기준

도서관은 대학의 재산인 장서와 사람이 많은 공간이다. 그 만큼 화재가 발생할 가능성이 상존한다. 일단 화재가 일어나면 엄청난 인적 및 물적 피해가 불가피하므로 예방조치에 못지않게 소방시설을 갖추어야 한다.

이에 대한 법적 근거가 「소방시설법」인데, 제2조 1호는 소방시설을 '소화설비, 경보설비, 피난설비, 소화용수설비 그 밖에 소화활동설비로서 대통령령이 정하는 것'으로 규정하고 있다. 그리고 제2조 제1항 3호에 근거한 동법 시행령 제5조 '별표 2'의 8호(교육연구시설)는 대학도서관을 특정 소방대상물로 규정하여 제15-17조에서 〈표 7-19〉의 소방시설을 갖추도록 명시하고 있다.

<표 7-19> 대학도서관 소방시설 설치목적 및 기준

설비		설치목적	설치기준
소화	소화기구	초기 소화	▪ 연면적 33m² 이상
	옥내소화전	초·중기 소화	▪ 연면적 33m² 이상 또는 지하층·무창층 또는 층수가 4층 이상이고 바닥면적이 600m² 이상인 층의 전층
	스프링클러	천장 밑 소형 소화	▪ 바닥면적이 1,000m² 이상인 지하·무창층, 4층 이상
	옥외소화전	1-2층 진화	▪ 지상 1·2층 바닥면적의 합계가 9,000m² 이상
경보	비상경보	경보로 초기의 소화/피난 유도	▪ 연면적 400m² 이상이거나 지하층 또는 무창층의 바닥면적이 150m² 이상
	비상방송	경보/유도안내	▪ 연면적 35,000m² 이상이거나 지하층을 제외한 층수가 11층 이상 혹은 지하층이 3개층 이상인 건물
	누전경보기	누전화재 방지	▪ 최대 계약전류용량이 100암페어 이상인 것
	자동화재탐지	화재발생/발화 장소 자동 안내	▪ 연면적 2,000m² 이상
	시각경보기	청각장애인 경보/유도안내	▪ 교육연구시설 중 대학도서관
피난	피난기구	피난지원	▪ 피난층·지상 1-2층 및 11층 이상 층을 제외한 모든 층
	피난구·통로 유도등, 유도표지	시설유도, 피난구 밝기확보	▪ 모든 소방대상물
	비상 조명등	최저 조도 확보	▪ 지하층 포함 5층 이상으로 연면적 3,000m² 이상인 것, 그 외 바닥면적 450m² 이상인 지하층 또는 무창층
소화 용수	상수도 소화용수	흡수, 중계, 방수	▪ 연면적 5,000m² 이상인 것
소화 활동	제연	연기확산 통제	▪ 특별피난계단 또는 비상용 승강기의 승강장
	연결송수관	소화호스 연장	▪ 5층 이상으로 연면적 6,000m² 이상인 것, 그 외 지하층 포함 7층 이상인 것 혹은 지하층이 3개층 이상이고 지하층 바닥면적의 합계가 1,000m² 이상인 것
	연결살수	소방수 방사지원	▪ 지하층으로서 바닥면적의 합계가 150m² 이상인 것
	비상콘센트	소화활동 지원	▪ 지하층을 포함하는 층수가 11층 이상인 특정소방대상물의 경우에는 11층 이상 전층 ▪ 지하3층 이상, 바닥면적 1,000m² 이상인 지하층 전층

또한 대학도서관은 「건축법」 제39조 제2항의 규정에 근거한 동법 시행령에서 정하는 방화구역(防火區域)과 방화벽(防火壁), 주요 구조부의 내화구조화(耐火構造化) 등의 조치를 취해야 한다. 이를 정리하면 <표 7-20>과 같다.

〈표 7-20〉 대학도서관 내화구조 및 방화관리

조문	주요 내용
제46조 (방화구획 설치)	① 법 제49조제2항에 따라 주요 구조부가 내화구조 또는 불연재료로 된 건축물로서 연면적이 1천 제곱미터를 넘는 것은 국토교통부령으로 정하는 기준에 따라 내화구조로 된 바닥·벽 및 제64조에 따른 갑종 방화문(자동방화셔터 포함)으로 구획해야 함
제56조 (건축물 내화구조)	① 법 제50조제1항 본문에 따라 다음 각 호의 어느 하나에 해당하는 건축물의 주요 구조부와 지붕은 내화구조로 해야 한다. 5. 3층 이상인 건축물 및 지하층이 있는 건축물
제57조 (대규모 건축물 방화벽 등)	① 법 제50조제2항에 따라 연면적 1천 제곱미터 이상은 방화벽으로 구획하되, 구획된 바닥면적의 합은 1천 제곱미터 미만이어야 함

3.4.3 공간별 방화계획

대다수 건축물은 화재가 발생해도 인명 피해를 제외한 재산적 피해는 재설치, 구입 등으로 회복할 수 있다. 그러나 화재로 인한 대학도서관 자료의 소실은 화폐가치로 환산할 수 없을 뿐만 아니라 원상복구도 거의 불가능하다. 따라서 다음과 같은 예방조치와 방화계획을 수립·적용할 필요가 있다.

- 모든 전기제품 및 배선의 과부하, 합선과 누전, 접촉 불량 등을 주기적으로 점검하는 한편 업무용 외 전기제품은 사용을 억제해야 한다.
- 직원과 이용자에게 화재의 심각성, 예방대책, 비상조치(비상경보 발령, 소화기 취급방법, 유도 및 대피요령 등)를 교육해야 한다. 화재가 우려되는 작업(용접, 절단)이나 가연성 재료를 취급할 때는 소방당국에 미리 통보할 필요가 있다.
- 내부는 방연구획(防煙區劃)과 대피용 안전구획(安全區劃)을 설정하고, 연기의 옥외배출이 용이하도록 관련 설비를 갖추어야 한다. 방연구획은 불연성 칸막이 벽을 설치하고, 배출구는 천장으로부터 80cm 이내에 설치해야 한다.
- 업무 및 이용공간에는 인체에 유해한 가스계(이산화탄소, 할로겐화합물) 소화설비보다 살수설비(撒水設備)인 스프링클러, 물분무설비 등이 바람직하다.
- 수장공간은 가스계(Halon, FM 200, FE-13) 소화설비를 갖추어야 한다. 특히 보존서고, 전산실, 정보검색실 등은 가스계 설비를 구비해야 자료·시설 피해를 줄일 수 있고 사후 증거보존에도 유리하다.

- 서고와 다른 공간 사이는 내구성이 강한 방화벽(문)으로 구획해야 한다.
- 공유공간(출입구, 실내통로, 계단 등)에는 비상조명등, 피난구 유도등, 통로 유도등을 설치한다. 특히 바닥 비상조명등(非常照明燈)은 1룩스(형광등은 2룩스) 이상으로 약 20분을 비출 수 있어야 한다.
- 대피통로는 양방향으로 확보하되, 바닥 굴곡과 단차를 없애고, 계단에는 내림벽을 설치하여 연기 확산을 차단해야 한다.

3.5 자료분실방지시스템

3.5.1 자료분실과 대책

대학도서관은 학생과 교수를 위한 교육학술정보센터다. 이러한 명제를 반영한 서비스 전략이 폐가제에서 개가제로의 전환이다. 그러나 장서의 무제한적 접근을 허용하는 개가제는 이용자에게 접근 편의성을 제공하는 반면에 직원의 지속적인 재배가, 자료분실 증가, 파오손 도서 속출 등으로 인한 심적 부담은 가중될 수밖에 없다.

그 가운데 난제는 자료분실(資料紛失)이다. 뒤집으면 도서관 장서의 도난이다. 미국 역사상 최대 책 도둑은 1990년 3월 20일 체포된 〈그림 7-23〉의 블룸버그(S.C. Blumberg)다. 그는 북미 268개 대학도서관(하버드, 캘리포니아, 듀크, 미네소타, 뉴멕시코, 위스콘신, 미시간, 코네티컷 주립, 워싱턴 주립 등)에서 「신앙고백」(A Confession of Faith, 1710년 초간본」, 스토(H.B. Stowe)의 「엉클 톰스 캐빈」(Uncle Tom's Cabin, 1852년 초간본) 등 530만 달러(2019년 기준 1,000만 달러)에 상당하는 23,600권 이상(무게 19톤)을 훔쳤다. 그가 법정에서 '책 자체가 좋고 갖고 싶었다'고 진술한 것은 비블리오마니아(bibliomania)였음을 방증한다. 2005년 호주의 주삭(M. Zusak)이 2차 대전 실상을 경험한 부모의 구전을 통해 나치만행을 배경으로 쓴 소설 제목도 「The Book Thief」(책 도둑)다. 무려 230주(약 4년) 동안 「뉴욕타임즈」 베스트셀러 목록에 올랐다. 이러한 대중적 인기에 주목한 퍼시벌(B. Percival) 감독은 2013년 영화로 제작, 2014년 개봉하여 연간 약 9,000만 달러를 벌었다.

〈그림 7-23〉 책 도둑 블룸버그(좌), 주작 소설(중, 2005) 및 퍼시벌 영화(2014)

　과거의 대학도서관은 도서원부, 서가목록 등과 실물자료를 대조하거나 표본추출 방식으로 자료분실률을 추정하였다. 현재는 목록DB와 연계한 RFID(Radio-Frequency Identification)를 이용하여 장서를 점검하고 분실률도 산출한다. 여러 연구 및 조사결과에 따르면 대학도서관 자료분실률은 전체 장서의 평균 1% 내외다.[43]

　이에 다양한 대책을 강구하여 왔다. 폐가제 운영이 대표적인데, 분실률을 최소화하는 장점이 있지만, 이용자 서가접근을 원천 봉쇄한다는 점에서 시대착오적이다. 또한 직원이나 학생보조원 등이 서고 출입구 등에 배치되어 감시하는 방안도 있으나 비용부담이 증가한다. 그리고 개가제 도입과 함께 가장 보편화된 방식은 전자식 분실방지시스템 등을 설치하여 부정반출을 차단하는 것이다. 직원의 심리적 부담을 줄이고 예방효과도 높은 편이다.

3.5.2 단독형 자료분실방지시스템[44]

　전자식 자료분실방지시스템(Book Detection System)[45]은 〈그림 7-24〉의 좌측 사진처럼 출입구에 탐지장치를 설치하고 자료에 저주파 발생장치(라벨 또는 테이프)를 부착하여 무단 반출할 경우에 탐지장치가 신호 발생장치의 특수신호를 감지하여 경보를 울리고 출구가 자동 폐쇄되는 시스템이다.

　그 유형은 탐지장치에 적용되는 파의 종류에 따라 자기방식, 전자기방식, 전파방식으로

〈그림 7-24〉 대학도서관 BDS(좌)와 FRID 시스템

구분되지만, 작동원리는 비슷하다. 가장 보편적인 전파식 BDS를 구성하는 주요 기기와 기능은 다음과 같다.

- 탐지장치(detection unit) : BDS를 구성하는 본체다.
- 신호 발생장치(target) : 자료에 부착되는 〈그림 7-25〉과 같은 라벨(label), 스트립(strips), 태그(tag), 태틀테이프(Tattletapes™) 등을 말하며, 자장의 영향을 받으면 특수신호를 발생한다. 테이프형과 라벨형으로 대별된다.

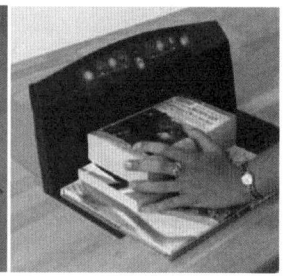

〈그림 7-25〉 신호 발생(좌) 및 재생·제거장치

- 신호 재생·제거장치(charge/discharge unit) : 자료에 부착된 신호 발생장치에 감응력을 부여 또는 제거하는 장치로 〈그림 7-25〉와 같다.
- 개폐 출입구(locking gate) : 자료를 무단으로 반출할 때, 경고음이 울리면서 출구가 자동 폐쇄되는 장치다. 빗장형(bar style)과 회전형(turn style)으로 나눌 수 있다.

이를 설치하는 방식에는 통과방식(通過方式, full-circulating method)과 우회방식(迂廻方式, by-pass method)이 있다. 전자는 대출할 때 자료에 부착된 신호 발생장치의 감응력을 제거한 후 인계하면 이용자가 자료를 휴대한 채 탐지장치를 통과하는 방식이다. 데스크에서 바로 대출받을 수 있을 뿐만 아니라 자료를 휴대하고 반복 출입이 가능하기 때문에 대학도서관에 적합하다. 다만, 대출시 감응을 제거하고 반납할 때 재부여해야 한다. 후자는 직원이 대출수속을 밟는 동안 이용자는 탐지장치를 통과하고, 대출처리된 자료는 탐지장치를 우회하여 이용자에게 인계되는 방식이다. 자료출납 때 감응력을 제거·재생할 필요가 없어 경제적이며 반복 출입이 적은 공공도서관에 적합하다. 그러나 이용자 대기시간이 증가하고 데스크 근처가 혼잡해지는 약점이 있다.

이러한 BDS는 막대한 투자비용과 소모품 비용이 상당함에도 대다수 대학도서관은 설치·운영하여 왔으며, 자료실별로 복수 시스템을 도입한 경우도 적지 않다. 그러나 BDS에는 양면성이 있다. 특히 초기에 많은 자본예산을 투입

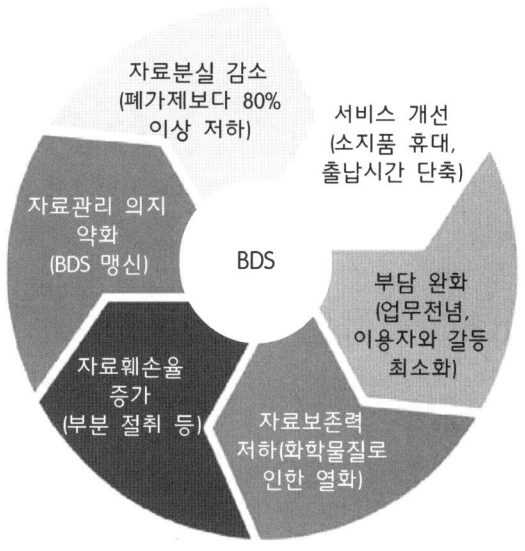

〈그림 7-26〉 BDS 기대효과와 역기능

해야 하고, 매년 자료수집량 만큼 테이프(라벨)를 부착하는데 따른 소모성 경비를 지출해야 하며, 유지·보수비도 계상해야 한다. BDS 도입에 따른 긍정적 기대효과와 역기능은 〈그림 7-26〉과 같다. 따라서 시스템 도입이 정당한지를 판단하려면 분실률 감소와 서비스 개선을 핵심변수로 하는 경제성 분석이 필요하다.

3.5.3 RFID 기반 자료분실방지시스템

도서관에 입수된 책이 장서로 격상될 때까지는 여러 작업과정을 거친다. 등록번호가 부여되면 장서인을 날인하고, 바코드·신호 발생장치·청구기호 등을 부착한다. 그 결과로 장서는 누더기 모습이다. 그것도 모자라 최근에는 〈그림 7-27〉과 같이 RFID 시스템을 도입하는 추세다.

바코드가 근거리에서 빛으로 자료를 1권씩 스캔한다면, 전자태그로 지칭되는 RFID는 원거리에서도 무선 주파수로 마이크로칩이 내장된 여러 권의 태그를 인식한다. 그 속에는 서지정보가 입력되어 있다. RFID 시스템은 컴퓨터, 컨트롤러, 네트워크 통신기술 등이 결합된 것으로서 이용카드 발급, 대출과 반납, 장서점검 및 관리, 정보검색, 자료분실방지, 통

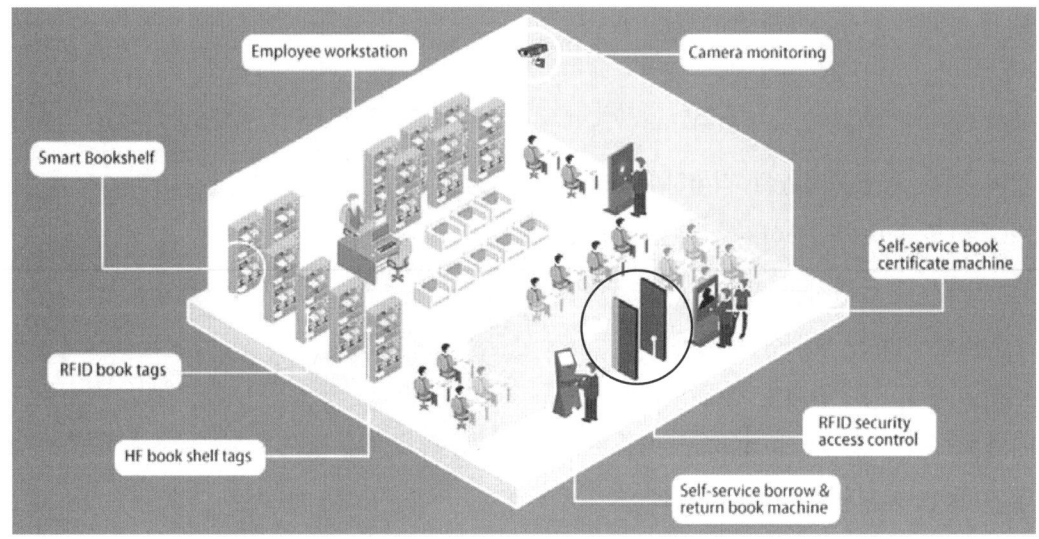

〈그림 7-27〉 RFID 기반 자료분실방지시스템

계생산 등에 활용되며 통합관리 기능을 제공한다. 대학도서관 RFID 시스템 도입의 장점과 단점을 집약하면 〈표 7-21〉과 같다.

이처럼 대학도서관의 RFID 시스템 도입은 여러 측면에서 유리한 점이 많다. 그것이 도

〈표 7-21〉 대학도서관 RFID 도입의 장점과 단점

장점	단점
▪ 바코드보다 훨씬 긴 태그 수명	▪ 바코드보다 훨씬 고가인 태그 비용(4.5배 이상)
▪ 바코드에 비해 수명이 반영구적이며, 수정·재활용 가능	▪ 이용자 프라이버스 침해 및 개인정보(대출이력, 관심주제, 독서습관 등) 누설 가능성의 상존
▪ 태그 칩에 다양한 서지정보(등록번호, 서명, 저자, 청구기호 등) 저장 가능	▪ 두께가 얇은 자료(잡지, 팜플렛, 리플렛, 사진자료, 지도, 악보 등), 금속표지 자료에 태그 부착의 어려움
▪ 자료 식별기능과 보안기능을 동시에 제공하는데 따른 효율성 증가	▪ RFID 태그를 부착한 도서와 미부착 잡지 등으로 인한 이용상 혼란 초래
▪ 여러 책을 동시 대출·반납처리할 수 있어 업무 효율성 증가, 대기시간 최소화	▪ 다수 책을 동시에 대출 또는 반납처리할 때 여러 태그가 겹치면 미인식으로 인한 민원 발생
▪ 이용자가 편리한 시간 또는 24시간 반납할 수 있어 만족도 증가	▪ 태그가 노출되어 제거가 용이하고, 가정용 포일(foil) 등을 이용하여 태그기능을 차단할 수 있음
▪ 노동집약적 업무 감소(대출데스크, 무인반납함 등에 리더 설치)	▪ 출구 폭을 좁혀야 분실방지에 유리한 데 따른 이동 불편 가능성
▪ 전자식 장서점검 지원, 배가 오류 식별	▪ 초기 투자비용 대비 편익(ROI) 산출의 외면과 부재
▪ 자료분실방지시스템 오작동률 저하	▪ 전파의 인체영향에 대한 검증 부재

입 논거로 작용하여 유행처럼 확산되고 있다. 그러나 정보기술계에서 회자되는 〈그림 7-28〉의 '우도(牛道)를 길을 포장하지 말라'(Do not pave the cow path)는 금언을 반추해야 한다. RFID가 대학도서관에 반드시 필요한지, 업무프로세스에 효과적이고 통합적인지를 평가하지 않은 채 만병통치약으로 간주하면 과거에도 경험하였듯이 파괴적 기술(disruptive technology)로 둔갑하여 발목을 잡을 수 있다. 노동집약적 업무의 감소, 처리의 효

〈그림 7-28〉 우도(牛道)의 길

율성 증가 등에 현혹되면 막대한 예산투입을 간과하게 되고, 인적 다운사이징의 빌미를 제공하여 사서직의 직업적 생태계가 위축될 가능성도 있다.

따라서 RFID 시스템은 시대사조에 부합하며 이용자 편의성 제고, 비핵심 업무처리의 효율성 증대 등에 기여함에도 실물장서 관리 및 대출서비스에 무게중심이 있음을 간과하지 않아야 한다. 게다가 바코드 장비를 FRID로 대체하는 상황에서 또 다른 후속기술이 등장하면 다시 도서관리 통합시스템의 마이그레이션이 불가피하다. 특히 자료분실 측면에서는 투입(시스템 구축·유지비) 대비 편익(자료분실 감소율, 서비스 효과)의 경제성 평가가 필요하다. 초기에 막대한 예산(세금과 등록금)을 투입해야 하고 경상비 성격의 유지비(시스템 감가상각비, 운영·수리비, 태그 구입·부착비)를 계속 지출해야 하기 때문이다. 기존 조직문화 및 업무체계와 융합되지 않은 정보기술 만능주의는 대학도서관의 역사성과 정체성, 역할을 추문할 것이다.

요컨대 대학도서관의 명제는 공시적 교수학습자료와 통시적 학술연구정보의 집요한 수집·보존과 최적 서비스다. 이를 위한 기술적 수단에 현혹되어 본질을 망각하는 우를 범하지 않아야 한다. 요체는 교육학술정보서비스를 위한 킬러 콘텐츠의 개발 및 확보다. 이를 외면한 리모델링, 카페공간 창출, 첨단 시스템 구축은 추락의 날개로 둔갑할 수 있음을 망각하지 않아야 한다.

인용정보

1) 윤희윤, "대학도서관의 컴퓨터 워크스테이션에 대한 인간공학적 연구," 한국문헌정보학회지, 제35권, 제1호(2001, 3), pp.101-122.
2) VDT는 컴퓨터 입출력 및 검색에 필요한 모든 정보장치를 총칭하는 북미의 용어며, 유럽에서는 VDU(Visual Display Unit)가 범용된다.
3) Computer Board for Universities and Research Councils, *Report of a Working Party on Computer Facilities for Teaching in Universities*(London: Computer Board, 1993) ; A. McDonald, "Space Planning and Management," In *Resource Management in Academic Libraries,* edited by David Baker(London: Library Association Publishing, 1997), p.200) ; Philip D. Leighton and David C. Weber, *Planning Academic and Research Library Buildings,* 3rd ed.(Chicago: ALA, 1999), pp.242-243 ; 교육부 대학교육정책관실, 1995 대학도서관정보화현황(서울: 교육부, 1995), p.17.
4) 안정피로는 시작업을 계속할 때 발생하는 눈물, 통증, 안부 및 비근부 압박, 두통, 착시, 현기증 등과 같은 고통이다. 시력피로는 휴식을 취하면 회복되는 반면에 안정피로는 대개 회복을 기대할 수 없는 피로다.
5) Dena Tepper, "Participatory Ergonomics in a University Library," ⟨http://ergo.human.Cornell.edu/Library/library2.html⟩
6) 밝은 직사휘광 또는 반사휘광이 시계 내에서 눈부시게 하는 빛이다.
7) Rosemarie Atencio, "Eyestrain: The Number One Complaint of Computer Users," *Computers in Libraries,* Vol.16, No.8(Sept. 1996), pp.40-44.
8) The University of Texas at Austin / Task Force on Ergonomics, "Ergonomics Guidelines: Workstation Health Information for General Libraries Staff," ⟨http://www.lib.utexas.edu/Pubs/eff/guidelines.html⟩ ; Michael Weisberg, "Guidelines for Designing Effective and Healthy Learning Environments for Interactive Technologies," ⟨http://wwwetb.nlm.nih.gov/monograp/ergo/index.html⟩
9) 국가기술표준원, 제7차 한국인 인체치수조사사업: 최종보고서(음성: 동표준원, 2015), pp.128-207.
10) Dennis R. Ankrum, "Visual Ergonomics in the Office," ⟨http://www.urconet.com/office-ergo/setting.htm⟩⟩ ; R. Atencio, *op. cit.,* pp.1-5 ; http://www.hsafety.unc.edu/Manuals/HSMManual/Chapter2html/h2-20.htm ; Tamara M. James, "Ergonomics in the Library," *North Carolina Libraries,* Vol.57, No.3(1999), pp.93-99 ; The University of Texas at Austin, *op. cit.* ; 韓國電算院, VDT 作業環境 指針 硏究(서울: 한국전산원, 1990), p.26.

11) Queen's Primer Ontario, *Computer Ergonomics: Workstation Layout and Lighting*(2004). 〈http://www.labour.gov.on.ca/english/hs/pdf/gl_comp_erg.pdf〉

12) R. Krug, F.C. Wilkinson, and M. Krug, "Computer Calisthenics: Staying Helathy on the Job While Sitting at a Library VDT Workstation," *Technical Services Quarterly*, Vol.13, No.1 (1995), p.35.

13) 조도(illuminance)는 빛이 물체나 표면에 도달할 때의 밀도다. 국제 표준단위는 룩스(meter candle: lx)며, 미국은 foot-candle(fc)을 사용한다.

14) 窪田 悟, "CRTディプルイの人間工學的設計指針の檢討," 人間工學, Vol.26, No.6(1990), p.337.

15) 鄭鎭玄, 李眞淑, "VDT 作業空間의 視覺障害 防止를 위한 照明基準 設定에 관한 硏究(Ⅱ): 適正輝度分布의 再檢討 및 照度設計의 指針設定," 大韓建築工學會論文集, 第10卷, 第5號 (1994. 5), p.136.

16) Illuminating Engineering Society for North America, "Summaries of Common VDT Standards and Guidelines: VDT Lighting," 〈http://www.shrm.org/hrmagazine.articles/0896-vx.htm〉 ; Jeffrey Anshel, *Visual Ergonomics in the Workplace*(London: Taylor & Francis, 1998), p.78.

17) http://www.shrm.org/hrmagazine.articles/0896-vx.htm〉 ; Jeffrey Anshel, Visual Ergonomics in the Workplace(London: Taylor & Francis, 1998), p.78

18) 손정표, "韓國 大學圖書館 家具의 標準化에 관한 人間工學的 硏究: 書架・椅子・冊床・目錄函을 中心으로," 圖書館學, 제11집(1984), pp.18-23.

19) 종이책의 약 90%는 높이가 28㎝ 이하다.

20) 서가에서 가장 신축적이고 보편적인 선반 깊이는 20.3-22.9㎝다.(Leighton & Weber, *op. cit.*, p.161)

21) Leighton and Weber, *op. cit.*, p.127.

22) 계명대, 국민대, 단국대, 부산대, 이화여대 등은 6.9m×6.9m, 경북대는 6.8m×6.8m를 적용하였다.

23) 윤희윤, 장서관리론, 완전개정 제4판(대구: 태일사, 2020), p.414.

24) Leighton and Weber, *op. cit.*, pp.421-430.

25) Aaron Cohen and Elaine Cohen, *Designing and Space Planning for Libraries: A Behavioral Guide*(New York: R.R. Bowker, 1979), pp.113-114.

26) Dom Le Clerq, *Love of Learning and the Desire for God*, trans. Catherine Misrahi (New York: Fordham University Press, 1961) p.18

27) Stephen Langmead and Margaret Beckman, 새 대학도서관 설계: 대학도서관 건축계획지침, 이병목 역(서울: 구미무역출판부, 1994), p.95.

28) Leighton and Weber, *op. cit.*, pp.550-558.

29) Carol R. Brown, *Planning Library Interiors: The Selection of Furnishings for the 21st Century*(Phoenix: Oryx Press, 1995), pp.53-54.

30) 윤희윤, "공공도서관 조도분석 및 개선방안 연구: 대구지역을 중심으로," 한국도서관·정보학회지, 제48권, 제4호(2017, 12), pp.4-5.
31) 照明学会編, 屋内照明のガイド(東京: 電気書院, 1980), p.9.
32) J. Scherer, "Light and Libraries," *Library Hi Tech,* Vol.17, No.4(1999), p.362.
33) D. Heathcote and P. Stubley, "Building Services and Environmental Needs of Information Technology in Academic Libraries," *Program,* Vol.20, No.1(Jan. 1986), p.30 ; J.L. Bube, "The Application of Ergonomic Principles to VDT Workstations," *Technicalities,* Vol.6, No.11(1986), p.9 ; IES, op. cit. ; Leighton and Weber, op. cit., pp.505-506.
34) Leighton and Weber, op. cit., p.755 ; UCSD Libraries, Department of Facilities, "Geisel Library Heating, Ventilating, and Air-nditioning(HAVC) Issues Questions and Answers," 〈http://orpheus.ucsd.edu/fac/fachvac.htm〉
35) Leighton and Weber, op. cit., p.138.
36) Carmel C. Bush and Halcyon R. Enssle, "Indoor Air Quality: Planning and Managing Library Buildings," *Advances in Librarianship,* Vol.18(Orlando: Academic Press, 1994), pp.217-218.
37) 日本圖書館協會, 圖書館ハンドブック編輯委員會 編, 圖書館ハンドブック, 第4版(東京: 同協會, 1977), p.400.
38) Leighton and Weber, op. cit., p.497.
39) Flight Info, "Tracking Noise," 〈https://www.flysfo.com/community/noise/making-sfo-quieter/tracking-noise〉
40) 윤희윤, "대구시 공공도서관 소음조사 및 저감방안 연구," 한국도서관·정보학회지, 제48권, 제1호(2017, 3), pp.4-5.
41) Leighton and Weber, op. cit., pp.525-526.
42) 소방청, 화재통계연감(세종: 소방청, 2010-2019). 〈https://nfds.go.kr/bbs/selectBbsList.do?bbs=B21〉
43) Ted Kneebone, "Library Materials That Go AWOL or the Issue of Security in Illinois Academic Libraries," *Illinois Libraries,* Vol.57, No.5(May 1975), p.341 ; Mick Gregson and Allison Hocking, "Theft and Damage in an Academic Library: The Student Experience," *Journal of Librarianship and Information Science,* Vol.27, No.4(Dec. 1995), pp.191-192 ; 歲森 敦, 北原 夕里歌, 植松 貞夫, "公共圖書館におけるブックデイテクションシステムの設置効果," 日本圖書館情報學會誌, Vol.46, No.1(March 2000), pp.37-38 ; 전국사립대학도서관협의회, 전국사립대학도서관협의회 세미나 종합보고서(1987), p.321.
44) 尹熙潤, "圖書館 資料紛失防止시스팀 導入에 關한 硏究," 國立大學圖書館報, 第6輯(1988), pp.18-53.
45) BDS는 Library Detection System, Theft Detection System, Electronic Detection System, Library Security System, Electronic Article Surveillance(EAS) System 등으로 지칭되고 있다.

Chapter 8

경영평가

제1절 경영평가 기초이론
제2절 평가지표의 종류와 조건
제3절 주요 평가시스템 분석
제4절 경영평가의 기법과 사례

경영평가

제1절 경영평가 기초이론

1.1 평가의 개념적 스펙트럼

도서관 계획수립이 경영관리의 시작이라면 경영평가는 마무리다. 경영관리가 도서관의 사명과 목적을 달성하는데 기여한 정도를 판단하기 위해서는 집행한 결과를 측정·평가해야 한다. 그러나 평가는 다의적인 용어일 뿐만 아니라 측정, 성과평가와 혼용되고 있어 분별할 필요가 있다.

먼저 거시적 평가의 스펙트럼 내에서 사용되는 측정(測定, measurement)은 평가용 근거나 데이터를 수집·분석하는 과정이다. 그 자체에는 '호불호' 등 주관적 가치를 부여하지 않는다.[1] 따라서 측정은 평가의 예비단계로 필요한 자료를 수집·분석하는 과정이며, 대개 수량적 데이터를 수반한다. 여기에 성과(成果, performance)를 선치시킨 '성과측정(performance measurement)'은 업무수행 결과를 평가하기 위한 실적과 데이터를 수집·측정하는 것을 말한다.

다음으로 범용어인 평가(評價, evaluation)의 사전적 의미는 '어떤 행위나 목적에 대한

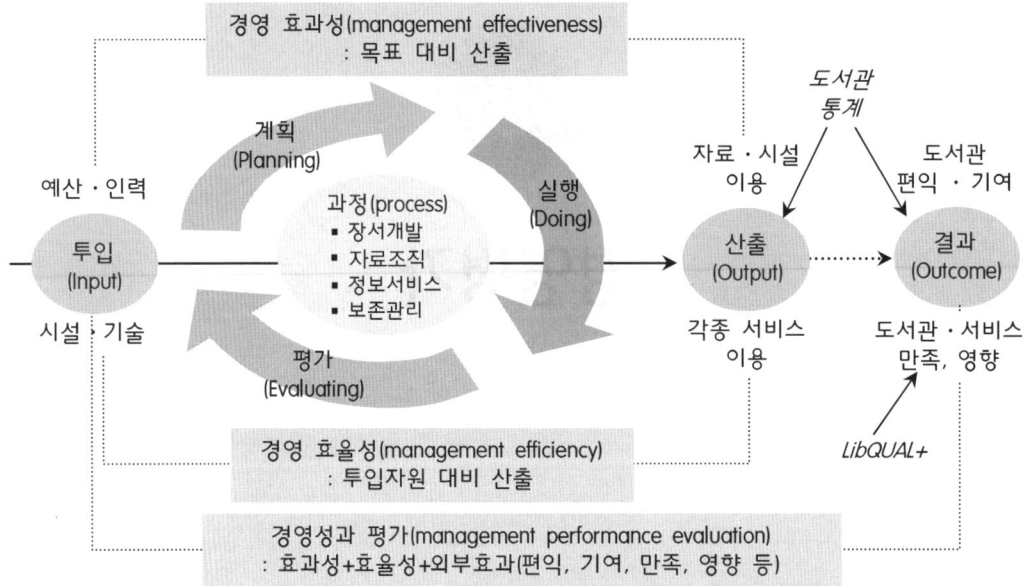

〈그림 8-1〉 대학도서관 경영평가 전모

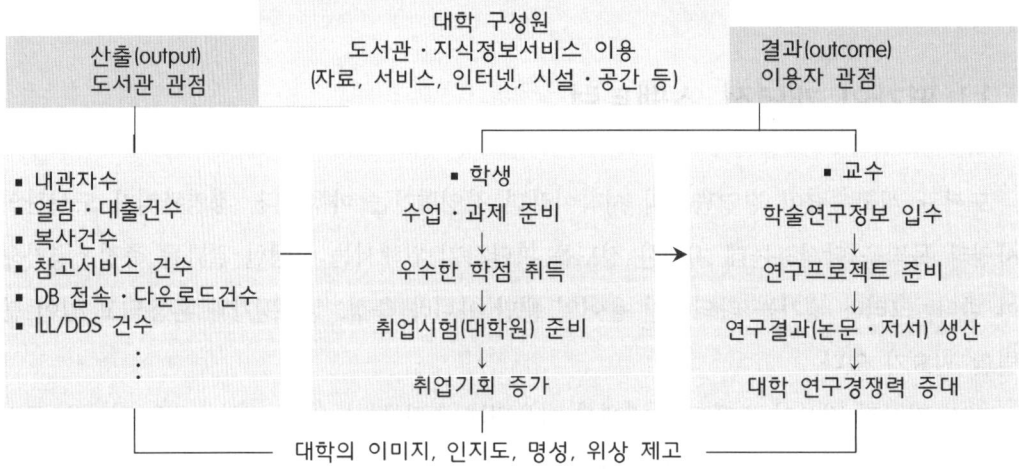

〈그림 8-2〉 대학도서관 산출 및 결과의 차이 비교

가치판단'이고, 보편적 함의는 "서비스나 시설의 효과성, 효율성, 유용성, 적절성을 판단하는 과정"[2]이다. 이를 대학도서관에 적용한 경영평가의 스펙트럼은 〈그림 8-1〉[3]처럼 투입 - 과정 - 산출 - 결과를 포괄한다. 목표와 산출을 대비하면 경영의 효과성(effectiveness) 평가이고, 투입자원을 산출과 비교하면 경영의 효율성(efficiency) 평가이며, 그 결과인 편익,

기여, 만족, 영향 등 외부효과(外部效果, externality)까지 포괄하면 경영성과 평가다.

그런가 하면 거시적 평가의 일부로 성과평가(成果評價, performance evaluation)와 결과평가(結果評價, outcomes assessment)도 회자되고 있다. 성과평가는 도서관이 경영관리, 업무프로세스, DB 성능, 서비스를 통해 얻을 산출과 결과를 평가하는데 방점이 있음에도 투입-산출에 무게중심을 두는 통상적 산출평가(output evaluation)와 혼용된다. 통상적 평가와 구분할 때의 결과평가는 시설·공간 제공, 지식정보서비스 등이 초래하는 외부효과(편익, 기여, 영향 등)로 한정된다. 학업성취도 제고, 정보해득력 향상, 자격취득·취업률 증가, 교수 저술생산 기여 등이 대표적이다.

따라서 대학도서관 경영성과 평가에서 산출과 결과의 차이를 비교하면 〈그림 8-2〉와 같다. 모두 경영평가의 일부지만 엄격하게 구분하면 산출평가에는 결과평가가 제외되는 반면에 결과평가는 산출평가를 포함한다. 그리고 결과평가는 내적 효율성보다 외부효과에 초점을 맞추기 때문에 무형적이고 특정 단위로 세분하기 어렵고 다른 변수가 개입될 여지가 많아 평가하기가 쉽지 않다. 그럼에도 대학도서관 경영평가는 투입-산출 차원을 넘어 외부효과로 확장되어야 한다.

1.2 평가의 중요성과 한계

1.2.1 평가의 중요성

도서관 경영활동은 모든 가용자원을 투입·활용하여 설정한 목적과 목표를 달성하는 과정이다. 여기서 배태되는 경영법칙이 효과성과 효율성이다. 전자는 '정당한 직무를 수행하는지'에 주목하는 목적 지향적이고 목표 대비 산출물 평가다. 후자는 '주어진 직무를 정당하게 수행하는지'에 방점을 두는 자원 지향적이고 투입자원 대비 산출물 평가다.

이러한 효과성과 효율성은 도서관 경영관리 사이클인 PDCA(Plan, Do, Check, Act)에서 세 번째 단계인 체크(평가)를 통해 판단할 수 있다. 따라서 평가하지 않으면 효과성이나 효율성을 확인할 수 없고 품질개선을 기대하기 어렵다. 동일한 맥락에서 크래포드(J. Crawford)와 과거 영국도서관협회가 제시한 평가의 당위성과 목적은 매우 함축적이다.[4]

- 의사결정에 필요한 경영정보 및 경영개선에 관한 기초자료 확보
- 도서관(직원)과 이용자의 커뮤니케이션 제고
- 이용자 경영참여 지원 및 도서관 업무에 대한 이해 촉진
- 자금배정, 지출, 증액요구의 정당화 및 근거자료
- 지역사회나 이용집단에 대한 홍보기능과 정보 배포
- 이용집단별 요구 및 쟁점 확인
- 효과적인 마케팅 전략 구상과 실천
- 서비스 품질 평가 및 개선방안 모색
- 서비스 가치 및 영향에 대한 측정과 평가

그러나 상술한 당위성이나 목적보다 더 절박한 중요성이 있다. 대학도서관이 지구촌에서 생산되는 통시적 및 공시적 교육학술정보를 수집·보존·제공하는 주체임에도 여러 현실적 제약 때문에 존립기반 및 존재이유가 약화되고 있기 때문이다. 다음 6가지가 중요성의 구체적인 정황이다.

- 인터넷 정보유통 환경은 캠퍼스 교육학술정보센터로서의 위상과 지위를 약화시키고 있다. 학내 정보통신원, 학외 정보제공기관과 정보브로커, 인터넷 등이 일조하고 있다. 그 후폭풍이 도서관 해체론, 인쇄자료 무용론으로 비화되고 있다.
- 대학에 적용되는 무차별적 시장경제 논리는 도서관에 적자생존(適者生存)을 강요한다. 구조조정 차원에서 정보통신원, 출판부 등과의 조직적 통합 및 개명, 다운사이징 위주의 조직단위 축소, 비용절감을 위한 핵심기능 아웃소싱 등이 대표적이다.
- 디지털 패러다임은 핵심역량인 실물자료 수집·보존기능을 위축시키고 있다. 분담수서와 자원공용, 인쇄잡지 구독취소와 라이선스 전자잡지 계약, 도서관 상호대차·원문제공서비스(ILL/DDS) 의존도 증가, Web DB 접근성 강화가 대표적이다.
- 지식정보량 폭증, 정보매체 다양화, 핵심 학술정보의 동시버전 유통, 소비자 물가지수를 상회하는 자료가격 인상률, 정보기술의 주기적 마이그레이션 등은 도서관을 '예산의 블랙홀'로 인식시키고 있다. 그에 따른 역기능이 전문사서 노동력의 유연화(파트타임 채용 급증), 핵심장서 공동화(空洞化), 연차증가량 둔화 등으로 나타나고 있다.
- 디지털 정보유통은 학술정보 커뮤니케이션의 선형적(線型的) 경로(저자 - 출판사·서점 - 도서관 - 이용자)를 비선형 구조(저자 - 이용자, 저자 - 출판사·서점 - 이용자, 저자 - 도서관 - 이용자)로 변화시키고, 도서관 우회현상도 심화되고 있다.

- 실물자료 기반의 사서직 노하우 및 서비스 관행은 이용자의 디지털 마인드와 다양한 지식정보 욕구를 충족시키는 데 한계가 있다. 그 결과, 실물자료와 이용자를 중개하는 대출·참고서비스 등 인간적 서비스가 크게 위축되고 있다.

이처럼 대학도서관 경영평가에는 고답적 내지 원론적 이유보다 더 절박한 현실적 중요성이 있다. 고유한 위상과 전통적 역할에 방점을 두되, 디지털 정보기술과 접근패러다임이 초래하는 빛과 그림자를 분석·평가해야 한다. 미래는 과거의 확률적 사건에 근거하여 형상화되듯이 작금의 누적적 현상을 평가하지 않으면 미래에 직면할 위협적 요소를 제거할 수 없기 때문이다. 도서관 경영평가의 불가피성은 미시적·실용적 관점보다 위기상황을 대비한 거시적·전략적 차원에 주목할 때 더 설득력을 지닌다.

1.2.2 평가의 현실적 한계

도서관 업무평가나 성과측정은 경영관리에 필수적이다. 그럼에도 도서관계의 평가실적은 매우 저조하며, 난해한 작업으로 간주하여 왔다.

그 이유는 어디에 있는가. 맥도걸(A. MacDougall)은 언어 및 문화의 차이, 용어의 개념적 모호성, 지표에 내재된 목표의 불분명성, 지표 기대치의 부정확성, 동등한 비교를 위한 절차의 부재 등을 지적하였다.[5] 캐베데(G. Kebede)는 성과평가의 적절성과 중요성에 대한 낮은 인식도, 소요예산 및 전문인력 부족, 도구나 방법론 부재, 유용한 데이터 생산·수집의 어려움 등을 제시하였다.[6] 국내에서도 사회적 인식 부족, 체계적 연구 미비, 종합적 척도개발의 어려움, 도서관에 대한 동기부여 부재 등이 지적된 바 있다.[7]

그러나 저해요인이나 문제점이 해소되더라도 평가가 일상적 업무로 자리매김하는 데 한계가 있다. 각각의 저해요인이 개별적 또는 복합적으로 평가부재에 일조할 뿐만 아니라, 어떤 요인은 다른 요인의 전제로 작용하기 때문이다. 가령 투입할 예산·인력이 충분하여도 지표가 결정되지 않으면 평가할 수 없다. 지표가 확정되어도 데이터를 수집할 수 없으면 평가가 불가능하다. 게다가 평가 및 지표의 개념적 혼란이 계속되면 파행이 불가피하다. 따라서 도서관 경영평가의 현실적 한계를 분명하게 반추할 필요가 있다.

- 도서관은 투입-산출의 손익분기점(損益分岐點)이 불분명한 조직체로 간주되어 왔다.

도서관이 업무평가에 소홀하고 경영평가의 사각지대에 안주한 최대 명분이다. 그 결과, 다른 조직체보다 평가지표 개발이 부진하다.

- 도서관은 전통적으로 양적 지표(소장책수, 연면적, 직원수, 자료예산, 대출데이터 등)를 비교하여 상대적 우수성을 가늠해 왔다. 관장이 재임기관에 최대 업적으로 내세운 '장서 부풀리기'나 '장서 몇 백만권 돌파 기념식' 등이 대변한다. 여전히 '장서수 = 질적 우수성'이라는 인식이 강하다.
- 여러 현실적 이유를 들어 정량적 지표를 중시한다. 다양한 구성요소의 상관관계에 대한 지식이 부족하여 추상적 목적을 측정가능한 용어로 치환하지 못하거나, 서비스 자체가 비가시적이고 평가결과도 매우 주관적이다. 그 외에 서비스의 외부효과를 객관적으로 수량화하기 어려운 측면도 걸림돌로 작용한다.
- 가장 현실적인 한계는 도서관 정체성(正體性) 변화에서 찾을 수 있다. 아날로그와 소장패러다임을 신봉하던 시대는 평가의 범주설정이나 지표구성이 비교적 단순하였다. 그러나 디지털 시대는 소장-접근패러다임을 동시에 구현하는 하이브리드 도서관을 지향해야 하는데, 이를 평가할 지표개발에 어려움을 겪고 있다.

요컨대 대학도서관의 본질적 속성이나 현실적 정황을 감안하면 체계적인 경영평가가 필수적임에도 현실적 한계가 발목을 잡고 있다. 이를 극복하려면 도서관 평가 및 지표의 다의성을 해부하고 미래 지향성을 모색해야 한다. 그것은 평가문화를 수용하고 존재이유를 성찰하는 최소한의 조치이기 때문이다.

1.3 평가의 유형과 과정

1.3.1 평가의 유형

도서관 경영평가는 목표 대비 산출, 투입지표(인력, 장서, 서비스, 시설과 공간, 프로그램 등) 대비 산출과 결과를 정량적 및 정성적으로 측정하는 과정인 동시에 경영진단이다. 그 유형을 다양한 기준으로 세분하면 다음과 같다.

첫째, 평가주체에 따라 내부평가와 외부평가로 나눌 수 있다. 전자는 자체(자기)점검 차원의 평가이고, 후자는 교육부, 언론기관 등이 주관하는 평가다.

둘째, 평가목적을 기준으로 진단평가와 경영평가로 양분할 수 있다. 전자는 도서관 현주소를 파악하고 개선하기 위한 탐색적·발견적 평가인 반면에 후자는 산출결과의 기대성과(편익, 영향, 기여 등)에 대한 정성적·추론적 평가다.

셋째, 평가범주로 나누면 도서관 경영전반을 대상으로 하는 종합평가와 특정 구성요소나 기능으로 한정하는 부문평가가 있다. 전자를 대표하는 사례가 대학기관평가(1982-1992)와 대학종합평가인정제(1994-2006), 「고등교육기관의 평가인증 등에 관한 규정」 및 「대학도서관진흥법」 제14조에 따른 대학도서관 평가다. 후자에는 장서평가, 서비스 만족도 평가, 웹사이트 평가 등이 있다.

넷째, 평가수준에 따라 거시적 평가(macro-evaluation)와 미시적 평가(micro-evaluation)로 양분할 수 있다. 전자는 도서관 시스템의 성공률을 측정하는 정량적 평가로 계량화가 가능하다. 가령 이용자 요구자료의 85%를 소장한 도서관에서 OPAC 검색률이 80%, 서가 배치율이 75%, 서가탐색 성공률이 90%이면 자료 입수가능성은 약 46%(0.85 × 0.8 × 0.75 × 0.9 = 0.459)다. 후자는 시스템 운영방식을 측정하는 정성적 평가다. 예컨대 이용자가 참고서비스에 만족하지 못하는 경우에 요구파악 실패, 탐색전략 오류, 자료 미소장, 서가배치 부정확 등 불만족 이유를 구체적으로 분석하는 것이다.

1.3.2 평가의 주요 과정

도서관 경영평가는 그 속성이나 구분기준을 불문하고 대개 〈그림 8-3〉의 과정을 거친다. 다만 일부 단계에서는 조정·보완해야 할 여지가 있을 뿐만 아니라 목적 및 대상과의 적절성, 지표 및 척도에의 적합성 측면에서 결과의 피드백이 필요하다. 주요 과정을 재구성하면 다음과 같다.

① 평가목적(評價目的)을 명시한다. 이를 위해서는 대학의 사명 및 목적을 도서관의 목적 및 목표와 연계시키는 방향으로 평가목적 및 취지를 설정해야 한다. 평가목적과 활용방안이 분명하지 않으면 평가과정에서 많은 혼선이 발생하기 때문이다.

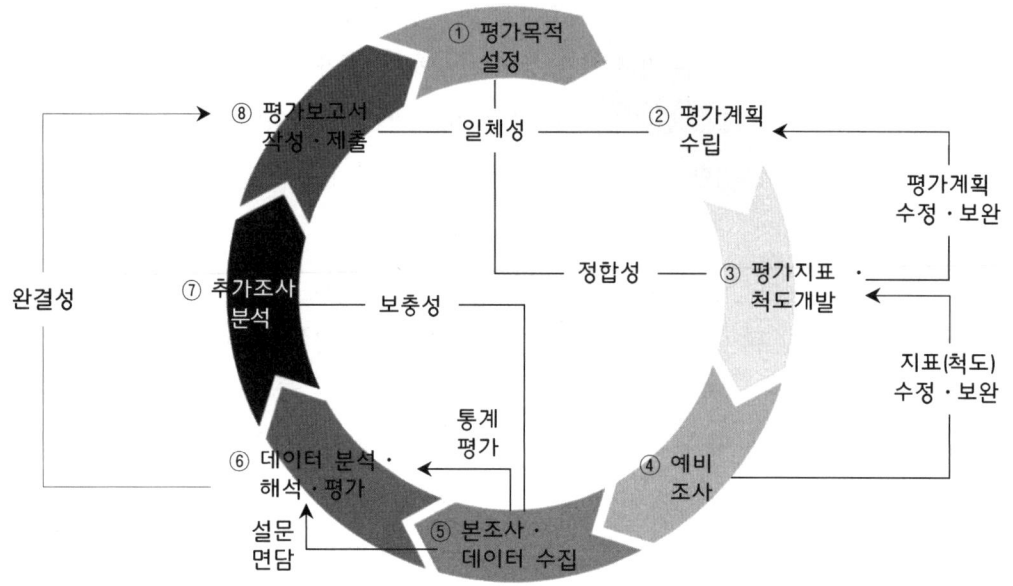

〈그림 8-3〉 대학도서관 경영평가 과정

② **평가계획**(評價計劃)을 수립한다. 계획에는 평가영역, 조사항목과 방법, 조사일정과 비용, 역할분담, 보고서 작성요령 등이 포함된다. 그 중에서 평가영역 설정이 중요하다. 그 이유는 가령 라이선스 전자자료의 만족도를 평가할 경우, 전자잡지로 제한할 것인지, 전자도서도 포함시킬 것인지가 분명해야 결과의 비교·해석이 용이하기 때문이다.

③ **평가지표**(評價指標)와 **평가척도**(評價尺度)를 개발·확정한다. 도서관 경영평가에서 가장 난해한 단계다. 평가영역별 지표 및 척도, 지표별 배점과 가중치 등이 합리적으로 구성되어야 결과가 정당하고 신뢰할 수 있다.

④ **예비조사**(豫備調査, pilot study)를 실시한다. 본조사의 오류 및 한계를 해소하는데 목적이 있다. 표본으로 선정된 이용계층, 주제장서, 서비스를 조사하는 과정에서 제시된 의견과 데이터 분석결과를 평가계획 및 지표(척도)에 반영해 수정·보완하는 피드백 과정이 필요하기 때문이다.

⑤ **본조사**에 착수하여 평가데이터를 수집한다. 데이터 종류는 업무통계와 조사통계로 양분할 수 있다. 전자는 업무수행 결과로 생성된 대출통계, 장서통계, 자료구입비 등 정량적 데이터가 대부분이고, 후자는 설문·면담조사 등을 통해 수집한 이용만족도, 직원 친절성 등과 같은 정성적 데이터가 주류를 이룬다.

⑥ 가장 중요한 단계로 수집된 데이터를 분석·해석하고 평가한다. 이를 위해 다각도로 통계분석하거나 국내외 공인된 또는 자체 평가기준과 비교한다. 예컨대, 수행한 업무나 서비스를 설정한 목표와 비교하거나, 유사한 성격과 규모의 도서관과 비교할 수 있으며, 국제적 기준(IFLA, ISO 등)을 적용할 수 있다. 점수화 과정이 완료되면 평가목적과 대비하여 해석하고 투입-산출의 효율성, 서비스 만족도, 교수학습 및 학술연구 기여도, 사회적 편익 등을 측정한다.

⑦ 부족한 부분이 있으면 추가조사를 실시한다. 이를 위해서는 평가일정을 연기하는 등 후속조치가 필요하다.

⑧ 평가보고서(評價報告書)를 작성하여 평가주체(도서관, 대학 등)에게 제출한다.

제2절 평가지표의 종류와 조건[8]

2.1 평가지표의 개념과 종류

2.1.1 평가지표의 개념적 다의성

도서관 경영평가의 성패를 좌우하는 요소는 평가지표다. 그럼에도 여러 연구결과나 평가모

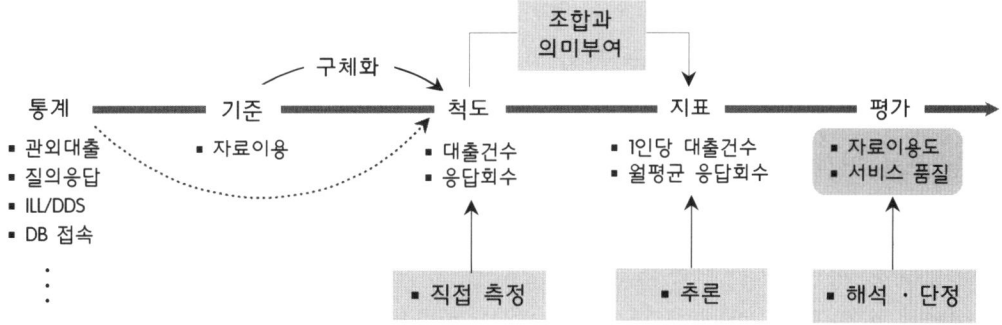

〈그림 8-4〉 대학도서관 통계, 기준, 척도 및 지표의 상관관계

형을 보면 지표를 통계, 기준, 척도, 지수와 혼용하는 경우가 많아 혼란을 가중시키고 있다.

먼저 통계(統計)는 어떤 현상과 활동에 대한 단순한 수치데이터(장서수, 대출건수, 열람석수, 연면적 등)이고, 기준(基準, criteria)은 〈그림 8-4〉처럼 척도(尺度, measure)로 구체화된다. 기준은 복수 통계데이터로 구성되며 주관적인 반면에 척도는 객관적이다. 가령 자료이용은 도서관의 유용성을 판단하는 여러 기준 중의 하나로 관외대출, 관내이용, 상호대차 등과 같은 척도로 구체화될 수 있다. 이 경우에 평가지표를 측정하기 위한 5점, 7점 등으로 표현되는 척도(scale)와 다른 점에 유의해야 한다.

다음으로 척도와 지표(指標, indicator)의 관계에서 척도는 의도적으로 확보한 수량적 결과인 반면에 지표는 복수의 척도를 조합한 결과다. 따라서 척도에 의미를 부여하면 지표가 된다. 예컨대 연간 증가책수와 대출책수를 각각 장서수와 연계하면 장서신선도(藏書新鮮度, 연간 증가책수÷장서수)와 장서회전율(藏書回転率, 대출책수÷장서수)이 되고, 등록학생수와 대출책수를 연계하면 실질대출밀도(実質貸出密度, 대출책수÷등록자수)라는 지표가 된다. 그리고 지표는 통계와 달리 논거가 뒷받침되고, 지향하는 가치와 목표를 함축해야 한다. 그렇지 않으면 정보편린(情報片鱗, information bits)을 조합한 '통계적 기형물' 내지 '좋은 통계' 이상의 의미가 없다.

가장 자주 혼용되는 것이 지표(indicator)와 지수(index)다. 지표는 측정 대상의 상태나 수준 등을 나타내는 개념이자 측정 도구로서 통계수치를 파악하는 데 목적이 있다. 반면에 지수는 복수의 지표를 일정한 기준에 따라 선택·합산하여 개별 지표가 나타내지 못하는 측정 대상의 일반적인 차원을 대표하고자 할 때 사용한다. 가령 도서관 경영평가의 스펙트럼을 투입, 과정, 산출, 결과로 설정할 경우, 각각에 지표를 후치시키면 평가지표(evaluation indicator)다. 그리고 도서관이 교수학습이나 학술연구에 미치는 영향이나 기여는 결과지표(outcome indicator)로서 평가지표의 요체인 동시에 하위지표다. 결과지표는 투입지표 및 산출지표를 연계하여 성과를 추론할 때 사용된다. 사례로는 1인당 자료구입비의 장서품질 기여도, 교수의 전자잡지 다운로드 건수와 논문생산의 상관성 등을 들 수 있다.

요컨대 통계나 척도는 다른 요소와 결합되어 평가지표로 격상될 때 유의미하다. 척도가 경영평가 요소이지만 그 자체로는 존재가치를 정당화할 수 없기 때문이다. 또한 평가(결과)지표는 단순한 통계척도 이상을 함축할 때 유용한 평가도구가 될 수 있다. 따라서 척도와 지표의 범주적 관계는 '지표 〉 척도'다.

2.1.2 평가지표의 종류와 용례

먼저 케이브(M. Cave) 등은 평가지표의 종류를 고등교육기관 성과지표를 중립적으로 기술하는 단순지표, 목적과 무관한 데이터로 구성되는 일반지표, 목적과 성과를 연계하는 성과지표로 나누었다.[9] 가령 장서수 자체는 중립성 단순지표다. 장서수가 많을수록 우수한 대학으로 간주할 경우, 도서관 목적과의 상관성이 낮아 일반지표다. 그러나 연차증가율이 5% 이상이면 장서구성 비율에 변화가 일어나므로 성과지표로 간주할 수 있다.

다음으로 북미연구도서관협회(ARL)는 자료 이용가능성과 실제 이용을 기준으로 평가지표 대신에 성과척도(performance measure)를 사용하였다. 그리고 척도의 종류를 2가지로 나누었다.[10]

- 수동적 척도(passive measures) : 자료 이용가능성을 강조하는 척도다. 매년 수집하는 통계데이터로 확보할 수 있다. 여기에는 자관 소장책수, 컨소시엄을 통한 가용자료수, 네트워크로 이용가능한 전자자료, 전자출판물 비율 등이 해당한다.
- 능동적 척도(active measures) : 자료이용을 대변하는 척도다. 이용통계, 현장조사, 질문지 등으로 확보할 수 있다. 이 유형에는 탐색 시점에 서가상 실물자료 비율, 상호대차 소요시간, 이용자 접근속도 만족, 입수자료의 질적 만족 등이 있다.

그런가 하면, 경영평가를 투입자원 대 산출(또는 결과)의 관계[11]로 규정할 때는 효과성 지표(목표 대비 산출의 비율), 효율성 지표(투입자원 대비 산출의 비율), 경제성 지표(표준비용과 실제비용의 비율)로 나눌 수 있다. 그러나 도서관 경영평가 스펙트럼에 주목하여 투입지표, 과정지표, 산출지표, 결과지표로 세분하는 것이 보편적이고 유용하다. 지표별 사례는 다음과 같다.

- 투입지표(投入指標) : 학생 1인당 또는 학과(전공)당 자료구입비, 컴퓨터 시스템 또는 열람석 이용가능성 등
- 과정지표(過程指標) : 1책당 정리비용, 장서회전율, 대출당 비용, 직원당 대출수, 좌석 점유율, 자료이용당 비용 등

- 산출지표(産出指標) : 학생 1인당 내관횟수 또는 관내이용수, 학생 1인당 대출책수 및 예약건수, 대출반납 소요시간, 도서관 상호대차 신속성, 참고서비스 정확률 등
- 결과지표(結果指標) : 도서관 내지 서비스 만족과 편익, 도서관 이용이 학업성취도, 정보해독력 제고, 논문생산, 연구경쟁력성에 미치는 영향이나 기여 등

이처럼 도서관 평가지표는 적용하는 기준에 따라 다양한 종류로 나눌 수 있다. 수행하는 업무와 기능, 인식도나 주관성의 개입 여부, 구조적 속성, 데이터나 기술내용의 성격을 기준으로 평가지표를 구분·예시하면 〈표 8-1〉과 같다.

2.2 평가지표의 요건과 지향성

2.2.1 평가지표의 요건

도서관은 수행한 업무 및 서비스의 효율성이나 기대편익을 평가하여 캠퍼스 내에서의 존재가치를 설명해야 한다. 이를 위해서는 평가지표 개발이 필요하다.

그 방법은 국제기구의 공인지표나 자국의 평가모형에 포함된 표준지표를 적용하면 무난하다. 그러나 대학 자체평가나 도서관 현주소 평가는 기존의 공인된 지표를 적용하되, 추가와 변용이 필요하고 각각은 일정한 요건을 충족시켜야 한다. 부언하면 평가지표는 도서관의 품질성(자료나 서비스가 이용자 요구·기대에 부합하는 정도), 적시성(자료입수 및 서비스 제공의 시간적 척도), 생산성(투입자원 가치로 나눈 과정·산출의 부가가치)을 측정할 수 있어야 한다. 이를 담보하기 위한 구비조건을 제시하면 다음과 같다.

- 대학 및 도서관의 비전, 목적, 계획 등을 반영해야 한다.
- 업무수행 과정에 대한 종합적 평가도구가 되어야 한다. 각 과정에 투입 및 산출지표인 예산, 화폐가치, 장서·서비스의 질량, 이용자 만족, 조직 유효성 등에 대한 객관적 사실과 데이터를 제공하도록 구성해야 한다.
- 측정·평가대상을 정확하게 반영해야 한다. 예컨대 DB 건수로 정보전산화를 평가할 때 중복데이터를 용인하면 과대평가되는 반면에 학생 1인당 대출건수에 대학원생 데

〈표 8-1〉 대학도서관 평가지표 종류 및 용례

구분	평가지표 종류	용례
업무와 기능	■ 투입지표 : 업무수행이나 서비스 제공에 투입한 인적·물적 자원에 대한 지표	자료구입비, 사서직원수
	■ 과정지표 : 투입자원이 처리되고 산출물로 나타나는 과정을 기능적으로 기술한 지표	연평균 등록책수, 신간 정리속도
	■ 산출지표 : 투입 및 처리과정을 거쳐 산출된 자료나 서비스 등에 대한 지표	월평균 대출건수, 연평균 DDS 건수
	■ 결과지표 : 대학의 위상, 학업성취도, 논문생산성 등 결과(영향, 기여)를 표현한 지표	도서관의 대학경쟁력 기여, 학술지와 연구생산성의 상관관계
관점 (인식도)	■ 객관적 지표 : 달리 해석될 여지가 없는 통계 데이터 위주의 지표	자료의 서가점유율, 연간 증가책수
	■ 주관적 지표 : 철학적, 심리적, 인식적 가치나 평가가 개입되는 지표	서비스 만족도, 사서의 직무 만족도
구조적 속성	■ 단일지표 : 어떤 현상을 직접적으로 나타내는 단순한 지표	총자료수, 연간 대출건수
	■ 복합지표 : 둘 이상 단일척도의 연계지표	학생당 장서수, 교수당 잡지이용회수
데이터 (기술내용) 성격	■ 정량적 지표 : 자료, 서비스, 업무 등을 수치데이터로 계량화한 지표	학생당 열람석수, 교수당 DDS 건수
	■ 정성적 지표 : 수치데이터와 문장형식으로 기술된 지표	주제별 수집강도, 서비스 불만족도

이터가 누락되면 과소평가될 수밖에 없다.

■ 용어 및 개념상 분명해야 한다. 국가, 대학, 도서관, 평가자에 따라 자의적 해석이 가능한 평가지표는 지양해야 한다. 가령 학생 1인당 대출건수는 관외대출 측정지표인 반면에 월간 이용도는 그렇지 못하다. 이용회수, 방문자수, 관내이용, 관외대출을 종합한 것인지 또는 어느 하나를 지칭하는지 불분명하기 때문이다.

■ 현장 기반과 실측 가능성을 전제로 선정해야 한다. 개념과 대상이 분명하고 정확하더라도 데이터 수집이 불가능하면 효용성이 없다. 특히 정성적 지표에는 자료수집 및 산출방법이 명시되어야 한다.

■ 단순하고 명확해야 한다. 자료수집 및 해석이 용이하고 목적을 왜곡시킬 가능성이 낮아야 평가의 어려움이나 거부감을 줄일 수 있다.

2.2.2 평가지표의 지향성

도서관 경영평가는 투입자원(예산, 인력, 시설·공간 등) 대비 기대편익(학업성취, 연구생산 등)을 높이는 데 방점을 두어야 한다. 그래야 대학 경쟁력 및 위상 제고에 대한 교육학술정보와 지식정보서비스의 기여도를 파악할 수 있다.

이를 위해서는 도서관의 각종 정보시스템 및 지식정보서비스가 이용자 지향적이어야 한다. 자원투입을 전제로 장서개발에서 다양한 정보서비스까지의 전모를 〈그림 8-5〉처럼 개방형 상호작용시스템으로 재구성할 필요가 있다. 비록 도서관 업무가 순차성을 강조하더라도 이용자와의 상호작용은 서비스 부문에서 이루어진다. 서비스 과정에서 기대수준과 요구내용이 장서개발에 반영되고 다시 서비스로 발현될 때, 경영성과가 높아질 수 있다.

동일한 맥락에서 대학도서관 평가지표는 투입-산출을 넘어 교수학습 및 학술연구 기여 및 편익을 평가할 수 있도록 확대되어야 한다. 또한 글로벌 사조인 인터넷 정보유통, 디지털 전자자료 확대, 실물자료 디지털화, 온라인 서비스 강화 등을 반영하는 평가지표가 개발되어야 한다. 이를 위한 평가지표의 지향성을 제시하면 다음과 같다.

- 평가도구 차원에서 척도를 지표로 전환해야 한다. 가령 대출건수(척도)가 아닌 1인당 대출건수나 주제별 대출률(지표)을 적용할 때, 장서품질 및 이용도를 평가할 수 있다.
- 평가지표 성격을 투입과 산출에서 경영평가로 확장해야 한다. 전자는 목표수준에 도달한 정도를 대강 판단하는 행위인 반면에 후자는 총체적 결과를 경영관리 측면에서

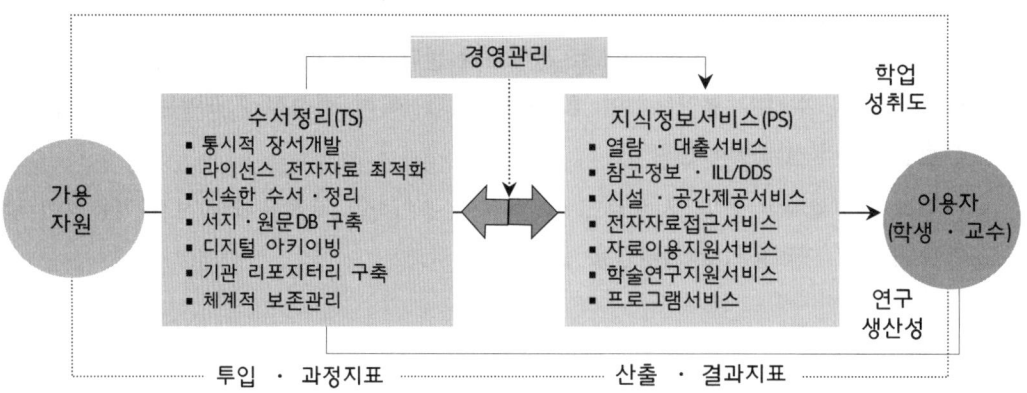

〈그림 8-5〉 대학도서관 경영성과 평가를 위한 통합시스템 전모

재단하는 것이다. 예컨대 개별적 서비스(관외대출, 질의응답, 상호대차, 접근시스템 구축 등)에 대한 평가가 선행되어야 산출서비스 전체를 평가할 수 있고, 결과지표와 결합되어야 경영성과를 평가할 수 있다.

- 정량적 지표에 정성적 지표를 대거 추가해야 한다. 투입자원 수준(1인당 서비스 부담률, 전문직원 확보율, 주제별 또는 자료유형별 예산배정 비율, 공간·배치 적절성), DB 성능(접근 포인트, 목차제공서비스, 잡음률), 장서품질(교과과정과 연계성, 기본장서 충실도, 핵심자료 확보율, 주제별 장서구성 비율, 대출회전율), 이용자 인식도(만족 및 불만족률), 웹사이트 우수성(주제별 검색성능, 주제게이트웨이 기능, 웹정보 링크기능)과 같은 질적 지표가 포함되어야 한다.

- 투입지표에 못지않게 산출지표를 강조해야 한다. 모든 평가는 투입-산출에 기반하기 때문에 산출지표가 존재하지 않으면 객관적 평가가 불가능하다. 다만 산출지표 중 인식도나 만족도를 지표화하는 문제, 즉 품질논증(品質論證)은 사서직의 성배(聖杯, Holy Grail)[12]로 인식되어 왔음에도 여전히 부실하다.

- 평가지표는 투입, 과정, 산출, 결과(편익, 기여, 영향)의 속성이 모두 포함되는 것이 바람직하다. 지출증가로 예산요구의 정당성과 집행결과에 대한 설명책임이 강조되는 상황에 대처하려면 비용분석 및 효율성 평가가 필수적이고 투입·산출 뿐만 아니라 결과를 계측하는 지표개발도 필요하다. 환언하면 경영성과를 총체적으로 평가하려면 비용, 비용-효과, 비용-편익을 통합모형으로 제시하고 검증해야 한다.[13] 비용-효과의 경우, 비용관점에서 산출물(서비스 효과)을 평가지표로 활용하므로 효과는 서비스에 대한 객관적 척도다. 반면에 비용-편익의 경우, 산출(또는 영향)에 대한 이용자 인식가치와 투입비용을 비교·평가하는 관점이므로 편익은 서비스를 측정하는 주관적 척도다.

- 인터넷·디지털·모바일 기반의 정보환경을 반영하는 평가지표가 필요하다. 대다수 대학도서관이 인터넷 정보기술 수용, 서지·원문정보의 즉시적 접근, 망라적 검색, 신속한 디지털 제공서비스에 주력함에 따라 경영관리, 장서개발, 지식정보서비스 등에서 기회인 동시에 부담으로 작용한다. 특히 디지털 네트워크에 기반한 서비스 성능을 평가하려면 다양한 정보유형에 대한 접근·이용 편의성을 평가하는 지표가 필요하다.

요컨대 대학도서관 평가지표는 다중성(多重性)과 복합성(複合性)을 지향해야 한다. 통시적 자료의 집적소와 디지털 게이트웨이로서의 기능을 동시에 수행해야 하기 때문이다. 따라서 정량적 투입지표, 통계위주의 객관적 지표, 시설공간의 하드웨어 지표에 품질지향 산출지표, 만족도 등 인식적 지표, 디지털 소프트웨어적 지표가 추가되어야 총체적 경영평가가 가능하다.

제3절 주요 평가시스템 분석

국내외에서 대학도서관을 위해 제안 또는 적용된 평가시스템은 상당히 많다. 그 가운데 국제단체, 범국가적 단체, 도서관 전문단체(협회나 협의회)의 사례를 중심으로 주요 내용을 살펴보면 다음과 같다.14)

3.1 국제단체(IFLA, ISO) 평가지표

3.1.1 IFLA의 성과측정지표

1988년 시드니 총회에서 윌렘즈(J. Willemse)가 '성과측정'에 관한 논문을 발표하였고, 1989년 IFLA 파리총회에서 성과측정 워크숍이 있었다. 당시 5개의 성과지표(장서개발 적절성, 만족도, 개관시간, 자료주문 및 가용성 지연, 요구자료 입수율)가 제안되었다.

이어 1990년 스톡홀름 총회에서 대학도서관 성과측정 지침을 개발하기 위한 실무단이 구성되어 1991년 예비지표 30개를 선정한 후 7개 영역 17개 평가지표를 확정·발표하였다. 그 대강을 집약하면 〈표 8-2〉15)와 같다. 이 지침은 이용지표를 중심으로 구성하였음에도 도서관의 제활동이 미치는 결과(영향)를 측정하는 지표가 배제되었고 효율성보다 효과성에 치중하였다.

3.1.2 ISO의 성과지표

1998년 국제표준기구(ISO) 산하 정보문헌기술위원회(ISO/TC 46: Information and Documentation) 및 통계성과평가소위원회(SC 8: Statistics and Performance Evaluation)는

⟨표 8-2⟩ IFLA 대학도서관 성과측정지표

영역	성과지표	의미와 범위
일반 이용과 시설	1. 시장 침투력	잠재적 이용자 중 실제 이용자 비율
	2. 요구 대비 개관시간	이용자가 기대하는 개관시간수와 분포 대비 실제 개관시간과 분포
장서 품질	3. 전문가 체크리스트	전문가 체크리스트나 서지에 열거된 자료 중 소장 비율
	4. 장서이용	총문헌수 중에서 특정 기간 내 이용된 비율
	5. 주제장서 이용	모든 대출자료 중 특정 주제자료 비율
	6. 비이용문헌	대출용 장서 중서 일정기간 미대출 자료 비율
목록 품질	7. 인지자료 탐색	탐색자료 타이틀 대비 목록타이틀 비율
	8. 주제탐색	주제(분류)목록과 이용자가 발견한 타이틀 비율
자료이용 가능성	9. 수집속도	자료 출판일에서 도서관 도착일까지 소요기간(주문속도-주문기간)과 전달속도(주문-도착기간) 포함
	10. 정리속도	자료 도착일-서가·목록에서 이용가능한 날까지의 평균기간
	11. 이용가능성	요청자료를 즉시 이용·입수할 수 있는 비율
	12. 문헌제공시간	대출절차 시점에서 이용시점까지의 평균 소요시간
	13. 상호대차 속도	요청문헌의 일정기간(7일, 14일, 21일 등) 내 제공 비율
참고서비스	14. 응답 만족률	질문건수 중 실제 정확한 응답률
원격이용	15. 1인당 원격이용	전자네트워크를 통한 이용집단의 연간 원격정보 이용건수
이용자 만족	16. 이용자 만족	제공서비스에 대한 주관적 산출척도
	17. 원격서비스 만족	전자네트워크 제공서비스 만족(전화, 팩스서비스 제외)

성과지표 29개를 수록한 「ISO 11620」을 발표하였다. 이어 2003년에는 5개를 더 추가하였다. 2008년 8월에 개정된 「ISO 11620」 제2판은 「ISO/TR 20983: 전자도서관서비스를 위한 성과지표」와 통합할 목적으로 23개 지표(접근거부 세션의 비율, 전자서비스 직원 비율, 인구당 좌석수, 인건비 대비 자료구입비 비율 등)를 추가하는 대신에 기존 34개 지표를 검토하여 유용성이 낮은 12개(타이틀 이용가능성, 직원당 대출수 등)를 삭제하여 4개 영역(자원·접근·인프라, 이용, 효율성, 잠재력과 발전) 총 45개 지표로 재구성하였다.[16]

2014년에 개정된 「ISO 11620」 제3판의 도서관 성과지표 영역구성은 전판과 동일한 반면에 지표수는 7개가 추가되어 총 52개로 증가하였다. 영역별 세부지표는 ⟨표 8-3⟩과 같다.[17]

〈표 8-3〉 ISO 11620 도서관 성과지표(2014년 제3판)

영역		성과지표와 의미	소계
I 자원, 접근, 인프라	A. 장서	1. 요구 타이틀의 이용가능성	18
		2. 장서에서 요구 타이틀 비율	
		3. 접근이 거절된 비율	
		4. 장서에서 자료 1천건당 디지털화된 문헌수	
		5. 기관 리포지터리에서 모체기관 자료 비율	
	B. 접근	1. 배가의 정확성	
		2. 폐가서고에서 자료출납 소요시간(중앙치)	
		3. 상호대차 속도	
		4. 상호대차 성공률	
		5. 참고서비스 처리 속도	
		6. 웹목록을 통해 접근가능한 희귀자료 비율	
		7. 안정적인 상태에 있는 희귀자료 비율	
		8. 보존, 수복이 필요한 희귀자료 비율	
	C. 시설	1. 인구당 이용자용 면적	
		2. 인구당 이용자 장소	
		3. 이용자 요구 대비 도서관 개관시간	
		4. 적절한 환경 하의 보존공간 비율	
	D. 직원	1. 인구당 직원수	
II 이용	A. 장서	1. 장서회전율	14
		2. 인구당 대출수	
		3. 비이용 장서의 비율	
		4. 인구당 다운로드 콘텐츠 단위수	
		5. 디지털화된 문헌당 다운로드수	
	B. 접근	1. 인구당 도서관 방문(직접, 가상)수	
		2. 외부 이용자 비율	
		3. 전체 대출에서 외부 이용자 대출의 비율	
		4. 인구당 도서관행사 참여자수	
		5. 인구당 이용교육 참여횟수	
	C. 시설	1. 이용자용 총공간 대비 이용공간수	
	D. 일반 3	1. 표적집단의 응답성공률	
		2. 이용자 만족(이용자 서비스 총가치÷응답자수)	
		3. 참고질의 의지	
III 효율성	A. 장서	1. 장서이용(대출+다운로드+관내이용)당 비용	13
		2. 장서이용당 수집비용	
		3. 다운로드 콘텐츠당 비용	

III 효율성	B. 접근	1. 자료수집 평균 소요시간	
		2. 자료정리 평균 소요시간	
	C. 직원	1. 전체 직원 중 서비스 직원의 비율	
		2. 참고질의응답서비스의 정확률	
		3. 인건비 대비 수서비용(제본, 라이선스 포함) 비율	
		4. 정리직원 생산성	
		5. 직원의 대출·제공서비스 생산성	
		6. 목록된 타이틀당 직원비용	
	D. 일반	1. 이용자당 비용	
		2. 도서관 방문당 비용	
IV 잠재력과 발전	A. 장서	1. 정보제공 총비용 대비 전자자료 지출비 비율	7
	B. 직원	1. 전자서비스 제공직원 비율	
		2. 직원당 공식연수 참가시간수	
		3. 업무시간 대비 교육훈련 시간 비율	
		4. 협력파트너십 및 프로젝트 직원의 비율	
	C. 일반	1. 도서관 세입에서 특별보조금·수입금 비율	
		2. 모체기관 총예산 대비 도서관 예산 비율	
계	-	-	52

그럼에도 대학도서관 경영평가에는 역부족이다. 도서관이 학생의 교수학습 지원이나 학업성취도, 연구집단의 학술연구 생산성, 대학의 대외적 지명도 등에 어떻게 기여하는지에 대한 지표가 없기 때문이다. 다만 전술한 IFLA 성과측정지표와 달리 효율성 지표를 대거 포함시키고 이용자 만족도를 중시하였다는 측면에서 유용성이 높다.

3.2 각국 도서관계 평가지표

3.2.1 미국 ALA/ACRL의 성과척도

1980년대 미국은 고등교육의 사회적 책무성이 증폭된 시기였다. 이에 따라 정부기관과 대학은 하부기관의 역할 및 책임을 평가하면서 특히 재정지출이 많은 도서관의 교육·학술적 기여도에 관심을 표명하였다.

이러한 상황에 주목한 ALA 대학연구도서관부회는 1984년 성과척도특별위원회(Ad Hoc Committee on Performance Measures)를 구성하고 1989년 산하 대학도서관 기준검토위원회가 「1979년판 대학도서관기준: 성과평가」를 개정하였다. 이 기준은 4개 영역(목적과 목표의 설정, 목적개발을 위한 고려사항, 성과측정과 여망의 성문화, 평가기준)으로 구성되었다.[18]

그러나 도서관 기준에는 업무성과 측정에 필요한 척도나 지표가 포함되지 않았다. 이에 1990년 특별위원회는 후속조치로 척도의 개념과 배경, 데이터 수집 및 분석을 상술한 매뉴얼을 발간하였다. 수록된 성과척도는 〈표 8-4〉[19]와 같다.

〈표 8-4〉 미국도서관협회(ALA/ACRL) 대학도서관 성과척도

영역	성과척도	개념과 범주
이용자 전반적 만족	1. 일반적 만족	▪ 도서관을 방문한 동안 여러 활동의 성공, 이용 편의성, 전반적 만족에 대한 이용자 평가
자료 가용성과 이용	2. 대출 3. 관내이용 4. 총이용 5. 이용가능성 6. 요구자료 지연	▪ 대출건수(대출 갱신 포함) ▪ 관내이용건수 ▪ 관외대출과 관내이용 합 ▪ 이용자의 도서관 자료탐색 성공률 ▪ 요구자료 대기시간
도서관 시설과 이용	7. 입관 8. 원격이용 9. 총이용 10. 시설이용률 11. 서비스 포인트 이용 12. 건물 이용	▪ 도서관 방문자 수 ▪ 상호대차, 소장목록·온라인 DB 접근, 전화·전자우편·팩스 요청 ▪ 관내 및 원격이용 합 ; 방문자 및 원격이용 합 ▪ 시설(좌석, 워크스테이션, 복사기)의 이용시간 비율 ▪ 서비스 포인트(대출·참고·정보데스크 등) 평균 이용자수 ▪ 특정 시점의 도서관 체류자 평균
정보 서비스	13. 참고처리건수 14. 참고서비스 만족 15. 온라인 탐색 평가	▪ 참고서비스 처리건수 ▪ 참고서비스 처리·경험·만족에 대한 이용자 평가 ▪ 탐색중개 및 성과, 온라인 탐색의 전반적 만족에 대한 이용자 평가

3.2.2 영국 HEFCE의 성과평가지표

1993년 영국의 4개 지역 고등교육위원회[20]로 구성된 '합동자금위원회 도서관평가그룹'은 폴렛(Sir Brian Follett) 위원장 명의로 'Follett Report'를 발표하였다. 이 보고서 부록 C(성과지표)는 통합성, 이용자 만족, 효과성, 효율성과 화폐가치, 경제성에 관한 지표를 개

발하도록 권고하였다.[21]

이에 따라 위원회가 선임한 '합동자금위원회특별그룹(Joint Funding Councils' Ad-hoc Group)'이 발족하였고, 1995년에 「The Effective Academic Library」를 발간하였다. 이 보고서는 대학도서관 성과개선을 지원하고, 성과지표의 구성 및 적용원칙을 제시하며, 전체의 유효성을 확인할 수 있는 기제를 제안하는 데 목적이 있었다. 이를 위해 'Follett Report'에서 권고한 대로 도서관의 총체적 유효성을 통합성, 서비스 품질, 자료제공, 효율성, 경제성의 합으로 간주하고 영역별 측정지표를 개발하였다. 총 33개 성과평가지표의 세부내용은 〈표 8-5〉와 같다.[22]

〈표 8-5〉 영국 HEFCE 대학도서관 성과평가지표

영역	성과평가지표	영역	성과평가지표
P1 통합성	1. 전략적 일관성(응집성) 2. 자원메카니즘 3. 계획과정 4. 서비스-이용자 연계성 5. 평가 및 감사 메카니즘	P4 효율성	1. 직원 1인당 처리건수 2. 처리건수당 총지출비 3. 직원 1인당 제공된 문헌수 4. 제공된 문헌수당 총비용 5. 1인당 응답한 질문건수 6. 응답한 질문건수당 총지출비 7. 연구시간당 총지출비 8. 1인당 소장책수 9. 소장책수당 총지출비
P2 서비스 품질	1. 이용자 전반적 만족 2. 문헌제공서비스 3. 정보서비스 4. 학습시설 5. 정보기술 프로그램		
P3 자료제공	1. 서비스 기준 충족 2. 개발목표의 충족(달성) 3. 학생 1인당 제공된 문헌수 4. 학생 1인당 대답한 질문수 5. 학생 1인당 정보기술교육 6. 학생 1인당 도서관 학습시간 7. 학생 1인당 소장책수	P5 경제성	1. 1인당 총지출비 2. 1인당 직원 지출비와 운영비 3. 1인당 면적 4. 1인당 수집비용 5. 도서관당 학생수 6. 전문직원 1인당 학생수 7. 좌석당 학생수

3.2.3 일본 사립대학도서관협회의 자기점검·평가 체크리스트

일본 대학평가는 자기점검 형태가 보편적이다. 이에 사립대학도서관협회는 1995년 4월에 「자기점검·평가수법 지침작성위원회」를 설치하고 4년 준비과정을 거쳐 1999년 9월 「自己點檢·評價手法指針」을 완성하였다.

이 지침의 목적은 모든 사립대학도서관이 제3의 평가기관에 의존하지 않고 자관 현황과 개선을 주체적으로 점검·평가하도록 지원하는 데 있다. 전체를 제1부(자기점검·평가수법), 제2부(체크리스트), 부록으로 구성하여 대상과제, 점검방법, 분석·평가수법 등을 예시·해설하였다. 그러나 지침 검토시간의 제약으로 9개 서비스 항목(교육지원, 도서관 공개, 이용자교육, 참고서비스, 전자정보서비스, 관내이용과 대출, 접근성, OPAC, 상호협력)으로 한정하였다. 그 대신에 체크리스트는 〈표 8-6〉처럼 5대 영역으로 나누어 상술하였다.[23]

〈표 8-6〉 일본 사립대학도서관협회 자기점검·평가 체크리스트

대항목	중항목	소항목		세목
I 서비스	1. 서비스 기본개념 2. 정보서비스 3. 이용서비스 4. 컴퓨터 서비스 5. 장서관리 6. 협력, 협력체제 정비, 협력내용 7. 이용자 교육서비스 8. 홍보활동	5 4 7 5 3 8 2 4	38	97
II 정보자원	1. 수집, 장서구축 2. 조직화 3. 보존·제적	3 9 5	17	27
III 시설·설비	1. 시설 설계 2. 이용자를 위한 시설·설비 3. 도서관활동을 위한 시설·설비 4. 관리운영을 위한 시설·설비와 운용·유지개선 5. 방재·안전	2 3 2 2 1	10	29
IV 직원	1. 직원 구성·배치 2. 직원 자질 3. 관리자 4. 도서관의 자주성과 직원의 윤리 5. 직원 교육·연수 6. 직원 지위	7 4 4 2 3 2	22	38
V 조직·운영	1. 대학에서 도서관 위치 2. 운영의 기본방침 3. 운영체제 정비 4. 재정 5. 자기점검·평가	3 4 5 3 3	18	33
계	27	105		224

3.2.4 국내 대학도서관 평가지표

(1) 한국도서관협회의 대학도서관 평가지표

2013년 한국도서관협회는 '대학도서관 평가에 정량적 지표 뿐만 아니라 정성적 지표도 포함되고, 대학평가에서 독립된 영역으로 평가되어야 하며, 그 비중이 대학 총평가 점수의 10% 이상이어야 한다'는 기준을 제시하였다. 그리고 제시한 평가지표 14개는 〈표 8-7〉과 같다.[24]

〈표 8-7〉 한국도서관협회 대학도서관 평가지표

▪ 장단기 계획과 정책의 수립 및 실행여부	▪ 도서관 리포지터리 구축 및 오픈 액세스 실적
▪ 자체평가 계획 및 실시 여부	▪ 홈페이지 구성내용의 적절성과 주제게이트웨이의 기능성
▪ 예산의 규모, 배정 및 집행의 적절성	▪ 소장자료의 접근성, 가용성, 이용률
▪ 인적 자원의 확보율, 구성비율, 전문성	▪ 상호대차 및 문헌제공서비스(ILL/DDS) 실적
▪ 실물자료 및 전자정보의 양적 규모와 질적 충실도	▪ 원격접근, 검색·입수의 편의성
▪ 건물의 면적 및 시설의 적절성	▪ 자료보존 환경 및 보존관리의 적절성
▪ 정보전산화 및 DB 현황	▪ 이용자의 전반적인 만족도

(2) 교육부 대학도서관 평가지표

교육부는 2016년부터 대학도서관 시범평가를 실시하였고, 2018년에는 균형성과표(Balanced Score Card)를 기반으로 평가항목 및 세부지침을 구성하여 시범평가를 계속하였다. 2020년부터 적용한 정식평가는 〈표 8-8〉[25]과 같이 4개 영역, 40개 지표로 구성하였고, 배점은 200점이다. 그리고 정성적 평가지표인 '도서관 특성화 서비스'의 세부 평가기준은 5가지(적합성, 창의성, 시기적절성, 효과성, 대응성)며, 각각 20점을 배정하고 있다.

이러한 평가시스템을 적용한 결과가 우수한 대학에는 기관 표창, 선진 도서관 견학기회 부여 등 인센티브가 주어지고, 대학기관인증평가와 연계할 수 있다. 그러나 현행 평가시스템은 다음과 같은 문제와 한계를 내포하고 있다.

첫째, BSC 기반의 평가시스템은 영역구성의 순차성과 세부지표간(재무와 비재무, 과정

〈표 8-8〉 교육부 대학도서관 평가지표(2020년)

영역	항목	구분		지표명	배점	
1. 도서관발전기반(Ⅰ)	1.1 전략계획	1.1.1 도서관 발전계획	①	도서관 발전계획 필수 세부 항목 포함 여부	12	40
		1.1.2 연도별 시행계획	②	도서관 발전계획 연도별 시행 계획 수립 여부	3	
	1.2 업무규정	1.2.1 학칙 명문화	③	도서관 운영 규정 필수 세부 항목 포함여부	7	
			④	도서관 운영위원회 개최 여부	3	
	1.3 교육	1.3.1 직원 교육시간	⑤	도서관 직원 1인당 교육 참여시간 : 집합교육 (11점) + 온라인 교육 (4점)	15	
2. 도서관발전기반(Ⅱ)	2.1 인적 자원	2.1.1 인적 자원 구성	⑥	재학생 1,000명당 도서관 직원수	15	50
			⑦	도서관 직원 내 정규직 사서직원 비율	10	
	2.2 예산	2.2.1 자료 구입비	⑧	재학생 1인당 자료구입비	13	
			⑨	대학 총결산액 대비 자료구입비 비율	12	
3. 도서관 운영	3.1 도서관 서비스	3.1.1 연구지원 서비스	⑩	대학원생 1인당 연간 이용교육 횟수	5	60
			⑪	대학원생 수 대비 연간 이용교육 참가자수 비율	5	
		3.1.2 교육지원 서비스	⑫	학부생 1인당 연간 이용교육 횟수	5	
			⑬	학부생 수 대비 연간 이용교육 참가자수 비율	5	
		3.1.3 포용서비스	⑭	학술정보 접근 포용서비스 : 장애인 등 취약계층 정보격차 해소를 위한 서비스 제공 여부(2점) + 외국인 유학생 등을 위한 서비스 제공 여부(2점)	4	
	3.2 시설 및 환경 개선, 자료, 도서관 협력	3.2.1 시설 및 환경 개선	⑮	재학생 1인당 도서관 연면적	3	
			⑯	재학생 1인당 최근 3년간 도서관 시설 및 환경 개선 총 투자 비용	4	
		3.2.2 도서자료	⑰	재학생 1인당 연간 증가책수	4	
		3.2.3 도서관 협력	⑱	정보자료 공동활용 기반 구축 기여도(구, KERIS 종합목록 기여도)	3	
			⑲	타 기관 대상 정보자료 공동활용 실적 : 자관 이용자 신청 건수(2점) + 타관 이용자 제공건수(4점)	6	
	3.3 특성화	3.3.1 특성화 사례	⑳	도서관 특성화 서비스	16	
4. 도서관 운영성과	4.1 만족도 조사	4.1.1 도서관 이용자 만족도	㉑	도서관 이용자 만족도	35	50
	4.2 도서관 위상	4.2.1 대학내 도서관장 위상	㉒	대학 주요 의사결정기구(위원회) 또는 주요 회의에 도서관장이 위원으로 참여 여부	3	
	4.3 정보 이용	4.3.1 전자자료 이용	㉓	이용자 1인당 연간 전자자료 원문 다운로드 실적	7	
		4.3.2 자료 이용	㉔	재학생 1인당 대출책수	5	
계				지표수 40개	200	200

과 결과, 단기와 장기)의 균형을 강조하면서 조직의 전략을 비전 및 목표와 연계해야 한다. 그런데 평가의 영역, 항목, 세부지표 및 배점은 균형에 치중한 나머지 과정 및 결과의 연계성이나 지표구성이 허술하다. 예컨대 도서관 발전기반(Ⅰ)에서 '발전계획'은 추상성이 높고 미래지향적이다. 그것이 실천성을 담보하려면 세부계획(장서개발정책, 서비스 강화전략, 연구지원 확대방안 등)이 수반되어야 하는데, 세부 측정지표가 전혀 없다.

둘째, 4대 영역(도서관 발전기반 Ⅰ과 Ⅱ, 도서관 운영, 도서관 운영성과)에 배정된 세부지표도 문제가 있다. 예컨대 용어적 측면에서 영역 4(도서관 운영성과)는 영역 3(도서관 운영)의 결과다. 따라서 영역 4의 '학내 도서관장 위상'(대학의 주요 의사결정기구에 관장이 위원으로 참여 여부)은 대학의 인사시스템 문제이지 도서관 운영과 무관하다.

셋째, 도서관 경영활동은 투입, 과정, 산출이 반복되어 결과로 귀결되어야 한다. 그런데 운영성과 영역에서 '전자자료 원문 다운로드 실적과 재학생 1인당 대출책수'는 산출지표이지 성과지표가 아니다. 성과는 투입-산출의 결과가 대학 및 구성원에 미치는 영향, 편익, 기여 등 외부효과다. 대학도서관이 교육학술서비스를 제공하여 학업성취도가 높아지고 취업역량이 강화되거나 연구지원서비스를 통해 대학의 연구경쟁력 및 브랜드 가치를 제고시키는데 기여해야 성과로 간주할 수 있다. 따라서 성과지표는 전면 재구성하되, 학생과 교수로 구분한 세부지표가 필요하다.

넷째, 영역별 배점의 경우, 발전기반(Ⅰ+Ⅱ)이 전체의 45%(90점)를 차지할 정도로 편향적이다. 주요 인프라를 조속히 충실화해야 하는 당위성과 기대심리에도 불구하고 운영성과의 배점이 25%(50점)에 불과한 것은 여전히 도서관 중심과 투입요소적 색채가 강하다. 대학도서관 평가의 목적, 존재가치, 기여도 등을 감안하면 주객이 전도된 양상이다.

제4절 경영평가의 기법과 사례

4.1 경영평가 모형과 기법

작금의 대학도서관 평가는 경영평가가 아니다. 투입 대비 산출을 기본구조로 삼은 종합적 평가다. 그것도 복수의 척도를 조합한 투입지표(재학생 대비 직원수, 직원당 서비스 부담인구, 직원 중 사서 비율, 대학 총예산 대비 도서관예산 비율, 학생 1인당 자료구입비 및 장서수 등)에 무게중심을 두며, 산출지표(1인당 대출책수, 전자자료 다운로드수)와 성과지표(영향, 기여)의 비중은 매우 낮다. 그럼에도 성과지표, 성과영역, 성과평가라는 용어를 거침없이 사용한다.

〈표 8-9〉 대학도서관 경영평가의 매트릭스 모형

성과 (기여, 영향)	도서관 기능	장서개발·보존관리	시설공간제공	자료이용지도	정보검색지원	디지털정보서비스	열람대출서비스	참고정보서비스	ILL DDS	지정도서제도
학생	등록·수강신청	□	□			□	□	□		□
	수업·과제 준비	■	■	■	■	■	■	□	■	■
	학업(학점)성취도	■	■		■	■	■	■	■	■
	정보해독력 제고			■	■	■	□	□	□	
	취업·자격증 준비	■	■	□						
	대학원 진학	■	■	□				□		
교수 (연구자)	교육강의 지원	■	□	■	■	■	■	□	■	□
	연구과제 준비	■	□		■	■	■	■	■	
	학술연구 지원	■	□		■	■	■	■	■	
대학	사명·목적 성취	■	■	□	□	□	■	■	□	□
	위상과 명성	■	■			■	□		■	
	대외적 이미지	■	■	□	□	□	□	□		
기타(지역사회 개방 등)		□	■	□	□	□	□	□		

우선 대학도서관 경영평가는 투입-과정-산출 중심의 효과성 및 효율성을 평가하되, 궁극

적으로 성과평가로 귀결되어야 한다. 투입에서 산출까지가 도서관 중심의 평가라면, 성과평가는 투입-산출의 외부효과까지 포괄하는 수혜자 편익 중심의 평가다. 따라서 모두를 포괄해야 경영평가의 본질에 충실한 전모가 된다. 그 요체는 〈표 8-9〉와 같은 매트릭스 평가시스템이다. 대학도서관의 장서개발과 보존관리, 시설·공간 제공, 자료이용 지도 및 정보검색 지원, 디지털 정보서비스, 열람·대출서비스, 참고정보서비스, ILL/DDS, 온라인 및 디지털 서비스 등을 학생, 교수, 대학, 기타 지역사회와 연계해야 한다. 도서관이 학생의 학업성적 향상, 정보해득력 제고, 취업준비 및 자격증 취득, 교수집단의 교육강의 및 학술연구 지원, 대학의 사명 및 목적 성취, 위상과 명성, 지역사회 등에 미치는 영향과 기여도를 평가해야 한다.

다음으로 대학도서관 경영평가에는 거시적 경영관리 스펙트럼 내에서 다양한 기법이 동원되어야 한다. 최근까지 대상과 내용을 달리하면서 적용된 평가기법의 대강을 간추리면

〈표 8-10〉 대학도서관 경영평가 기법 비교

구분	개념과 대상	평가기법	적용분야
산출평가 (outputs evaluation)	도서관이 투입한 자원, 제공한 서비스(관외대출, 관내이용, ILL/DDS 등), 적용한 시스템과 프로그래밍 등과 관련된 데이터를 수집하여 산출결과를 평가함	■ 전통적 산출데이터(예, 대출건수, 참고서비스 등) 비교 ■ 포커스 그룹(표적집단) 인터뷰	■ 투입-산출의 효율성 ■ 산출의 경제성 ■ 자원, 서비스, 프로그램의 적절성
성과측정 (performance measurement)	특정 도서관 또는 도서관의 특정 자원, 서비스, 프로그램 제공에 대한 성과를 평가함	■ 이용가능성 연구 ■ 유용성 평가 ■ 웹페이지 분석 ■ 콘텐츠 분석 ■ 기능성 분석	■ 자원, 서비스, 프로그램의 이용가능성·유용성 평가 ■ 자원, 서비스, 프로그램의 효율성·유효성 결정
서비스 품질 평가 (service quality evaluation)	도서관이 전통적 및 네트워크 환경에서 제공한 자원과 서비스에 대한 만족도 내지 총체적 품질의 우수성을 평가함	■ LibQUAL+ ■ 균형성과표(Balanced Scorecard) ■ 벤치마킹(Benchmarking) ■ 모범사례(Best Practices)	■ 이용자 서비스 만족도 분석 ■ 도서관의 서비스 제공-이용자의 인식수준 평가 ■ 직원역량 및 경영평가
결과평가 (outcomes assessment)	도서관 입장보다 수혜자인 이용자 편익가치적 측면에서 자원·서비스 이용이 교수학습, 학술연구, 대외적 위상 등에 미치는 영향이나 기여도를 평가함	■ 가상평가법(Contingent Valuation Method) ■ 투자평가(ROI) ■ 자원, 서비스, 프로그램의 성과(편익, 기대효과, 영향력, 기여도) 평가	■ 도서관 이용과 교육학습 효과의 상관성 ■ 도서관 투자효과 평가 ■ 도서관 서비스가 학술연구 활동에 미치는 영향 및 기여도

⟨표 8-10⟩과 같다. 이들을 적용하여 규모의 경제성, 지식정보 접근·이용 가능성, 이용서비스 품질, 도서관 투자효과를 객관적으로 평가하고 정당한 논거를 확보할 때 경영평가로 간주할 수 있다.

요컨대 현재 국내외 대학도서관 평가시스템은 도서관 중심이고, 투입요소·운영평가의 색채가 강하다. 학내에서 취약한 위상을 높이고 부실한 인프라를 확충하기 위한 전략적 고민이 반영된 것으로 추측된다. 그럼에도 평가항목 및 세부지표 구성은 시대착오적이다. 특히 교육부는 정식평가를 계기로 대학도서관의 핵심역량을 높이는 동시에 교수학습 및 학술연구에 대한 도서관 기여도를 가시화하는 방향으로 평가시스템을 전면 재구성해야 한다.

4.2 경영평가 영역과 사례

4.2.1 경영규모의 경제성 평가

미시경제학에서는 규모의 경제(economies of scale)를 중시한다. 그것은 '규모 증가로 초래되는 평균비용 감소'로 정의되며, '규모에 대한 수확(收穫)'으로도 지칭된다. 도서관경영의 현주소를 평가하는 데 유용하다.

대학도서관 경영관리의 경우, 규모의 경제는 투입물(예산, 직원, 장서, 시설·가구, 정보기술 등)의 증가율보다 더 높은 비율로 산출물(대출건수, 관내이용수, 복사건수, 참고서비스건수, 정보검색건수, 디지털 다운로드수 등)이 증가할 때 발생한다. 그 반대이면 규모의 비경제(非經濟, diseconomies)다. 이러한 규모의 경제는 대개 도서관 외부요인 때문에 발생하는 외부경제(동태적 규모의 경제)와 내부요인에 의한 내부경제(정태적 규모의 경제)로 구분할 수 있다. 전자는 출판계 안정, 정보기술 발전, 대용량 정보매체 등장, 도서관 전산프로그램 개발, 한자처리시스템 개발, 자료수입업체 설립, 원문제공시스템과 통신수단 발달, 인터넷 접속 등에 의해 발생하지만 통제하기 어려워 실측도 곤란하다. 반면에 후자는 도서관 규모가 증가하면 단위당 생산비가 저하되는 내부경제 효과로, 대량 생산편익과 대규모 경영편익이 대표적이다.

〈표 8-11〉 대학도서관 규모의 경제성에 대한 로그-중다회귀분석 결과

변수 \ 결과	B	Beta	T	R^2 (수정 R^2)	F	Durbin-Watson
대출책수(X_1)	.228778 *	.247807	2.544	.70081 (.67719)	29.66948	2.19454
상호대차건수(X_2)	-.019844	-.044085	-.559			
참고서비스건수(X_3)	.081270	.111786	1.330			
개관시간수(X_4)	-.567121 *	-.152772	-2.298			
연차증가량(X_5)	.622140 *	.589656	6.178			
정보전산화(X_6)	.068061	.075842	1.013			
(Constant)	15.293341		8.064			

국내 대학도서관(83개관)의 경제성 연구에서 투입변수(예산총액)에 대한 산출변수(대출책수, 상호대차건수, 참고서비스건수, 개관시간수, 연차증가량, 정보전산화)를 로그-중다회귀분석한 결과는 〈표 8-11〉과 같이 나타났다.[26] 예산총액 변동량에 대한 산출변수의 결정계수(決定係數, R^2)는

$$LogY = 15.293 + 0.229 logX_1 - 0.020 logX_2 + 0.081 logX_3 - 0.567 logX_4 + 0.622 logX_5 + 0.068 logX_6$$

〈그림 8-6〉 대학도서관 규모의 경제성에 대한 로그-회귀방정식

약 0.7(수정 R^2 = 0.677)이고, 예산총액에 대한 추정 로그-회귀방정식은 〈그림 8-6〉과 같다. 방정식의 F값은 약 29.67, 유의도는 유의수준보다 작아 통계적으로 매우 유의하였다. 따라서 부분회귀계수 합(Σbn)[27]에 근거하여 대학도서관 경영규모의 경제성을 평가한 결과는 '$\Sigma bn ≒ 0.4$'이므로 규모의 경제가 존재하였다.

요컨대 국내 대학도서관의 산출률은 투입비용 증가율을 상회하므로 각종 지식정보서비스가 증가할수록 투입비용은 감소한다. 그러나 산출변수 중 개관시간수(X_4)를 제외하면 $\Sigma bn ≒ 0.9$로 증가하여 규모에 대한 수확은 불변에 근접한다. 결국 개관시간수를 유지하면서 경영규모의 경제성을 확보하는 방안을 다각도로 모색해야 한다. 정보전산화 수준을 극대화하여 자료수집·정리에 소요되는 간접비용을 줄여야 한다. 인건비 지출효과를 높이려면 체계적인 직무분석과 합리적 분장이 필요하다. 또한 자료수집량 증대는 수확 감소를 초래하므로[28] 요구·이용행태의 정확한 분석을 전제로 최적 장서를 개발하여 이용률을 높일 필요가 있다. 그 외에 자료검색에서 접근·입수에 소요되는 시간가치를 제고시켜야 서비스가 활성화되고 단위당 지출비용도 절감될 수 있다.

4.2.2 자료 접근 · 이용가능성 평가

자료에 대한 접근가능성(接近可能性, accessibility)과 이용가능성(利用可能性, availability)은 대학도서관 서비스 성능을 가늠하는 잣대다. 양자는 상호비교를 위한 객관적 척도인 동시에 잠재적 역량을 측정하는 지표이기 때문이다.

먼저 접근가능성은 자료입수에 대한 잠재력을 말한다. 이를 측정하기 위한 대용지표가 자료입수 과정에서 겪는 어려움 또는 시간지연(時間遲延, delay time)이다. 그 가능성은 자료입수에 소요된 시간, 즉 노력시간(OPAC 청구기호 확인, 서가검색, 대출절차 등에 투입된 시간)과 지연시간(ILL/DDS 요구서 발송, 우송기간, 이용자 통지 등 소요시간)에 따라 다르다. 칸토(P.B. Kantor)는 이용자 서비스나 업무수행에 소요되는 지연시간 산출공식을 〈그림 8-7〉과 같이 제안하였다.29)

$$지연시간(DT) = \frac{계류\ 중인\ 요구건수}{처리율(1일\ 요구건수)}$$

〈그림 8-7〉 도서관(서비스) 지연시간 산출공식

다음으로 이용가능성은 원하는 자료를 서가에서 발견·입수할 수 있는 정도를 말한다. 실제 데이터 분석이나 모의실험으로 자료 이용가능성을 계산하면 제공능력을 측정할 수 있다. 다만 측정한 결과가 타당성과 신뢰성을 담보하기 위해서는 표본조사나 통계기법이 필요하다. 여러 선행연구에서 도서관 자료의 이용가능성은 평균 40-60%로 나타났다.30) 이처럼 저조한 이유는 미소장(미수집, 구독취소, 구독지연, 결호, 분실과 행방불명), 관외대출 또는 관내이용, 업무수행 오류(미정리 혹은 정리 중, 서지기록 불일치, 배가실수, 배가지연, 제본 중), 이용자 실수(이용자 서지데이터 오류, 검색실패) 등에서 기인한다. 그 중 서지작성 오류는 수정작업과 전산화로, 수서 오류 및 기능장애는 구입이나 재점검으로, 이용자 실수는 적극적 이용지원이나 교육으로 해소될 수 있다. 반면에 대출방해는 대출기간, 대출 제한책수, 단말기수, 복본수, 자료 인기도, 배가순서 등을 종합적으로 분석해야 해결할 수 있다.

이를 측정하는 공식 중에는 쇼(W.M. Shaw)가 제안한 〈표 8-12〉에 주목할 필요가 있다.31) 자료를 탐색할 때 성과척도가 90%이면 이용가능성(Pavl)은 53%가 된다. 따라서 각각의 성과척도, 즉 장애수준을 극복하기 위한 노력을 계속하면 척도값은 상승하고 이용가

⟨표 8-12⟩ 대학도서관 자료 이용가능성, 불만족·성과수준 산출

자료 이용가능성 측정	이용자 불만족 및 성과수준 산출	
	요구값(R_x)	성과값(P_x)
$P_{avl} = P_{bib} \times P_{acq} \times P_{cat} \times P_{cir} \times P_{lib} \times P_{ser}$	$R_5 = R_1-(d_1+d_2+d_3+d_4)$ $R_4 = R_1-(d_1+d_2+d_3)$ $R_3 = R_1-(d_1+d_2)$ $R_2 = R_1-(d_1)$ $R_1 = $ 총탐색건수	$P_1 = R_1-d_1/R_1$ $P_2 = R_2-d_1/R_2$ $P_3 = R_3-d_1/R_3$ $P_4 = R_4-d_4/R_4$ $P_5 = R_5/R_1$
(P_{bib} : 서지적 오류, P_{acq} : 수서오류(미소장), P_{cat} : 목록오류, P_{cir} : 대출방해(대출 중 또는 관내이용), P_{lib} : 도서관 기능장애(분실, 배가실수 등으로 이용 불능상태), P_{ser} : 탐색오류(이용자 목록·서가탐색 실수), P_{bib}, P_{cat}, P_{ser}에는 이용자 실수 포함)	(d_1 : 탐색도구 이용기술 부족으로 인한 불만족, d_2 : 도구준비·배가·관리 착오로 인한 불만족, d_3 : 자료대출 불만족, d_4 : 미소장으로 인한 불만족)	

능성도 증가한다. 또 다른 주목할 연구는 킬고르(F.G. Kilgour) 등의 모형[32]을 차우드리와 아수르(A.S. Chaudhry and S. Ashoor)가 수정·보완한 ⟨표 8-12⟩의 요구값(R_x) 및 성과값(P_x) 산출공식이다.[33] 이를 이용하면 이용자의 다양한 불만족 및 성과수준을 평가할 수 있다.

4.2.3 서비스 품질 평가

도서관 및 서비스 만족도는 외부효과와 함께 경영성과를 가늠하는 핵심지표다. 서비스 만족도는 산출된 서비스 건수가 아닌 제공받은 서비스 품질에 의해 결정된다. 그러나 서비스 품질은 투입되는 유형적 재화(인력, 장서, 예산, 시설·공간, 서비스, 프로그램 등) 뿐만 아니라 무형적 특성(비분리성, 이질성, 소멸성, 가변성 등)을 내포하며, 그것에 대한 인식적 차이가 천차만별이기 때문에 평가하기가 쉽지 않다.

이를 감안하여 대학도서관은 마케팅 분야에서 개발된 파라수라만(A. Parasuraman) 등의 'SERVQUAL'[34]과 대안인 크로닌(J.J. Cronin) 등의 'SERVPERF'[35]를 차용해 왔다. P-E이론, 갭(Gap)이론으로 지칭되는 SERVQUAL은 고객이 기대하는 서비스와 인식한 서비스의 차이로 품질을 판단한다. 그 요체가 ⟨그림 8-8⟩에서 갭 5의 크기와 방향이고, 그것은 4가지 갭에 의해 결정되므로 'Gap 5 = f(Gap 1, Gap 2, Gap 3, Gap 4)다. 이를 측정하기 위한 모형은 5대 차원, 즉 유형성(有形性, tangible), 신뢰성(信賴性, reliability), 응답성(反應性, responsiveness), 확신성(確信性, assurances), 공감성(共感性, empathy)과 총 22개 설문문항으로 구성되어 있다. 한편, 제품에 대한 소비자의 사전 지식이나 경험이 부족할 경우, 기

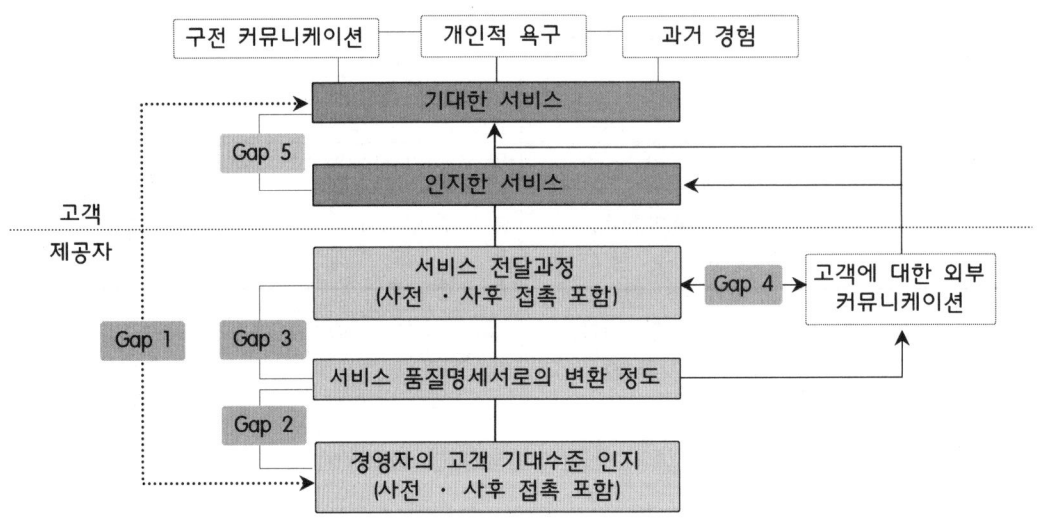

〈그림 8-8〉 서비스 품질평가의 개념적 모형(Gap 이론)

대감을 갖지 못할 경우, 동일한 문항으로 성과와 기대를 반복 측정해도 실익이 없을 경우에 성과로 품질수준을 충분히 측정할 수 있다는 논지에서 개발된 것이 SERVPERF다. 즉, '서비스 품질 = 성과'를 중시한다. 그러나 측정하는 목적이 단순히 서비스 품질 수준을 확인하는 것으로 한정될 경우에 유용할 수 있다.

따라서 서비스 품질 수준의 높낮이나 원인을 분석·진단하는데 방점을 둘 때는 기대수준과 인식수준의 차이를 측정하는 SERVQUAL이 더 바람직하다. 이에 1995-1999년 ARL과 Texas A&M 연구팀(Cook 등)이 교육부 고등교육개선기금을 지원받아 SERVQUAL의 프로토콜을 검토하고 샘플 데이터를 테스트하여 도서관 서비스 품질평가에 적합하도록 변형한 것이 ARL의 LibQUAL+(LibQUA+™, LibQUAL+®)다. 주요 진화과정 및 설문문항 구성은 〈표 8-13~14〉과 같다. 대다수 서비스 만족도 조사가 5점 척도형 체크방식인데 비해 LibQUAL+®의 핵심개념은 〈그림 8-9〉처럼 갭이론을 바탕으로 서비스의 최소 수준, 바람직한 수준, 이용자 인식수준을 각각 9점 척도로 조사한 후 그들의 차이로 품질을 평가한다.[36] 서비스 품질의 적정성(適正性, Adequacy = P – M)과 우수성(優秀性, Superiority = P – D)이 각각 1 이상이면 긍정적인 것으로 해석한다. 각 수준의 개념적 함의는 다음과 같다.

〈표 8-13〉 LibQUAL+® 질문문항 및 차원의 진화

구분	2000	2001	2002	2003-
문항수	41	56	25	22
차원	Affect of Service	Affect of Service	Affect of Service	Affect of Service
	Library as a place	Library as a place	Library as a place	Library as a place
	Reliability	Reliability	Personal Control	Information Control
	Provision of Physical Collections	Self-Reliance	Information Access	
	Access to Information	Access to Information		

〈표 8-14〉 LibQUAL+® 질문문항과 척도구성

차원	질문문항	Low 척도(M/D/P) High
		① ② ③ ④ ⑤ ⑥ ⑦ ⑧ ⑨
서비스 자세 (AS)	AS-1 직원을 신뢰할 수 있다.	
	AS-2 직원은 개별 이용자에게 관심을 가진다.	
	AS-3 직원의 태도는 늘 친절하다.	
	AS-4 직원은 이용자 질문에 응답할 준비가 되어 있다.	
	AS-5 직원은 질문에 대답할 지식을 가지고 있다.	
	AS-6 직원은 열정을 가지고 이용자를 대한다.	
	AS-7 직원은 이용자 요구를 이해하고 있다.	
	AS-8 직원은 이용자를 도울 의지가 있다.	
	AS-9 이용자는 서비스 문제해결을 직원에 의지할 수 있다.	
정보 관리 (IC)	IC-1 자택·연구실에서 전자정보에 접근할 수 있다.	
	IC-2 도서관 웹사이트에서 스스로 정보를 찾을 수 있다.	
	IC-3 과제수행에 필요한 인쇄자료를 소장하고 있다.	
	IC-4 필요한 전자정보자원을 확보하고 있다.	
	IC-5 필요한 정보접근을 지원하는 최신 기기가 있다.	
	IC-6 스스로 접근도구를 이용하기 쉽다.	
	IC-7 독자적인 정보접근을 용이하게 한다.	
	IC-8 필요한 인쇄잡지와 전자잡지를 소장하고 있다.	
장소로서의 도서관 (LP)	LP-1 연구 및 학습의욕을 고취시키는 장소다.	
	LP-2 개인적 작업을 위한 정숙한 공간이다.	
	LP-3 쾌적하고 매력적인 위치에 있다.	
	LP-4 학습 및 연구를 위한 최적 장소다.	
	LP-5 집단적 학습 및 연구공간이다.	

- 최소 서비스 수준(minimal service level) : 도서관이 제공해야 한다고 생각하는 최소한의 서비스 수준
- 바람직한 서비스 수준(desired service level) : 도서관에 기대하는 서비스 수준
- 서비스 인식수준(perceived service level) : 제공받은 서비스에 대한 실제 인식수준

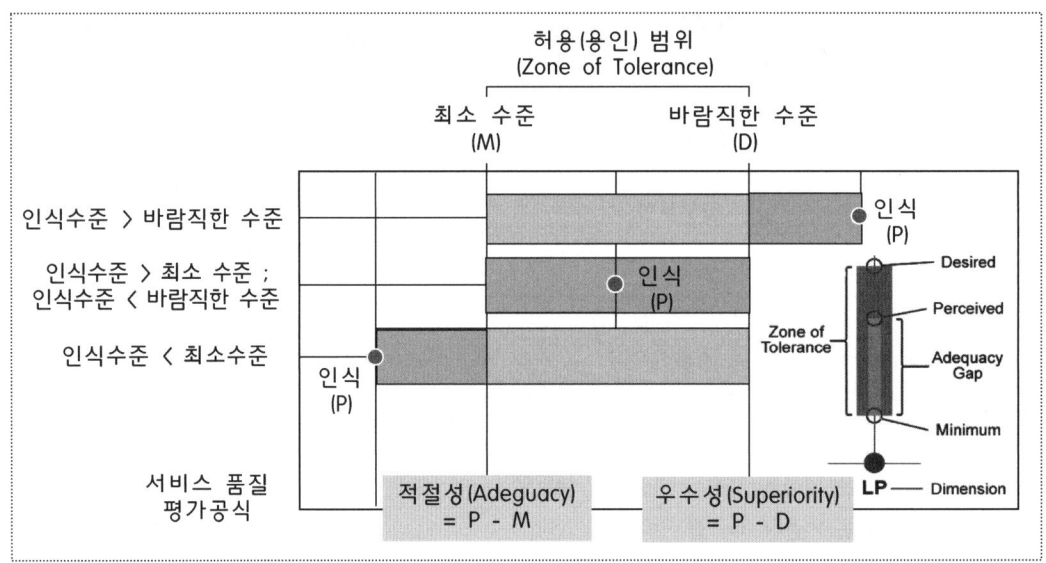

〈그림 8-9〉 LibQUAL+®의 허용(용인)범위 및 서비스 품질평가 공식

2000년 이래 35개국에서 13,000개관 이상이 LibQUAL+®에 참여하였고, 2019년에 완료된 설문도 72,618건에 달하였다.37) 그 이유는 상이한 도서관 상호간 및 서비스 설정에 대한 공통 비교의 기준(norm)을 제공하는 도구이고, 이용자 기대수준 및 인식수준의 차이를 비교하여 서비스 품질의 적절성 및 우수성, 요구에의 적합성을 평가할 수 있기 때문이다. 전자도서관 서비스 품질을 평가하기 위한 e-QUAL과 DigiQUAL+™도 있다. 그러나 LibQUAL+®은 다음과 같은 논리적 및 적용상 한계를 가지고 있다.

- LibQUAL+ 질문지(3개 차원, 22개 문항)는 도서관의 유무형 서비스를 포괄하지 못한다. 가령 '이용자는 도서관 서비스에 어느 정도로 만족하는지, 서비스 품질의 총체적 만족도는 어느 정도인지' 등을 추가할 필요가 있다.
- LibQUAL+는 도서관 경영평가의 요체인 '서비스 제공의 편익, 이용자의 개인적 성과, 대학 기여도'를 연계·평가하는 도구가 아니다. 따라서 '도서관 서비스가 이용자 및

대학에 얼마나 기여하는지'를 평가할 수 없다.
- 차원별 문항의 유사성 내지 중복성 문제도 있다. 예컨대 서비스 자세를 구성하는 9개 문항 중 AS-4(직원은 이용자 질문에 응답할 준비가 되어 있다), AS-6(직원은 열정을 가지고 이용자를 대한다), AS-8(직원은 이용자를 도울 의지가 있다)은 유사성이 높은 반면에 정보관리의 IC-3(과제 수행에 필요한 인쇄자료를 소장하고 있다), IC-4(필요한 전자정보자원을 가지고 있다), IC-8(필요한 인쇄잡지와 전자잡지를 소장하고 있다), 장소로서의 도서관의 LP-1(연구 및 학습의욕을 고취시키는 장소다)과 LP-4(학습 및 연구를 위한 최적 장소다)는 각각 중복성이 강하다.
- 설문 응답데이터의 유효성도 문제다. 웹사이트 접속방식 설문이어서 데이터 수집·분석이 용이함에도 피설문자는 내관자로 한정될 수밖에 없다. 환언하면 비내관자 또는 비이용자가 누락되므로 서비스 품질에 대한 총체적 평가도구로 간주하기 어렵고, 게다가 서비스 외부효과나 기여도는 평가할 수 없다.
- 모든 설문조사가 그러하듯 프라이버시 보호를 중시하는 풍조 때문에 회수율이 저조하다. 실제 LibQUAL+ 응답 회수율은 20-30%에 불과하여 유효한 설문데이터를 수집하기 어렵기 때문에[38] 수집한 데이터 및 분석결과의 신뢰성을 저하시킨다.

따라서 국내 대학도서관 서비스 평가에 LibQUAL+®을 적용하려면 질문지 구성과 문항을 보완해야 한다. 가장 중요한 논점은 서비스가 이용자 및 대학에 얼마나 기여하는지, 즉 인과관계를 반영한 성과평가 문항이 필요하다. 또한 복수 문항을 대변하는 차원의 명칭이 적합한지, 역으로 각 차원에 부합하는 문항이 포함되어 있는지도 검토하고, 문항간 유사성과 중복성을 최소화할 필요가 있다. 그 외에 동일한 서비스가 다수 이용자에게 동시에 제공되더라도 각각의 심리적 기대수준이 상이할 수 있기 때문에 정량적 평가(질의응답건수, DB 검색·다운로드수 등), 정성적 평가(사서의 참고서비스 능력과 인간적 서비스), 서비스 만족도를 분석하는 주관적 평가를 조합할 필요가 있다.

4.2.4 도서관 투자효과 평가

도서관에는 매년 막대한 예산이 투입된다. 따라서 대학도서관은 예산당국과 이해관계자에게 예산의 투자가치를 실증·설명해야 한다. 이를 위한 여러 기법 중의 하나가 각종 자료,

지식정보서비스, 시설공간 제공 등이 학생 능력개발, 교수학습 신장, 프로젝트 수주와 연구 생산성 제고 등에 어떻게 기여하는지를 평가하는 투자효과(投資效果, Return on Investment) 다. 소위 투자 대비 효과(회수)를 의미하는 ROI는 적용하는 분야에 따라 투자수익률(投資收益率), 투자이익률(投資利益率), 투자회수율(投資回收率) 등으로 지칭된다.

이를 대표하는 공식이 2008년 루터(Luther)가 스트로우즈(R. Strouse)의 ROI 모형[39]을 일리노이대학(Univ. of Illinois, Urbana-Champaign)에 적합하도록 수정한 〈그림 8-10〉이다.[40] 이 모형은 대학의 도서관 투자예산과 도서관 자료인용을 통해 확보한 연구비를 대비하여 평가하는 방식이다. 과거 10년간 연구비 신청·수여·사용, 도서관 예산, 교수수, 연구책임자, 발표 논문수 등에 대한 데이터를 수집하고 설문을 통해 연구비 신청서 및 결과보고서 준비에 도서관 자료인용이 미친 영향을 분석하였다. 그 결과, 도서관 투자예산 대비 연구비 수입효과는 1 : 4.38로 나타났다. 대학이 도서관에 1달러를 투자하면 도서관은 4.38달러의 수입을 창출한다는 의미다.

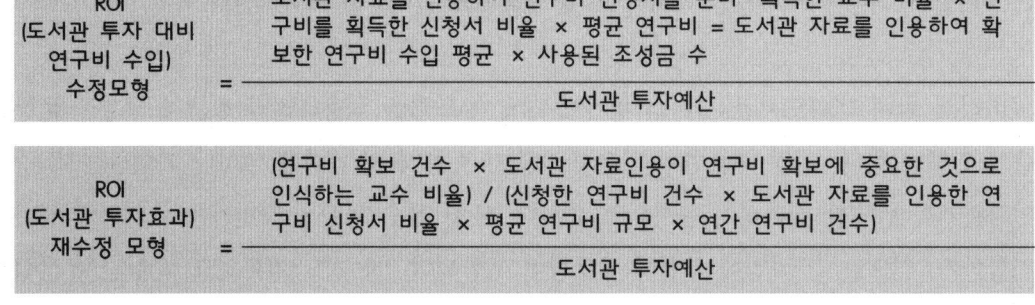

〈그림 8-10〉 대학도서관 투자효과(ROI) 수정 및 재수정 모형

이어 테노피어(C. Tenopir) 등은 박물관도서관서비스진흥기구(IMLS)가 지원한 재정으로 2009년 12월부터 3년간 대학의 도서관 투자가치를 8개국(8개 대학)으로 확대·평가하였다.[41] 일리노이대학 모형을 재수정한 〈그림 8-10〉의 하단 공식을 이용하여 교수 설문, 대학운영자 인터뷰, 연구비 신청과 수입, 도서관 예산 등 정량적·정성적 데이터를 분석한 결과, 도서관 투자예산 총액 대비 대학 연구비 수입은 1 : 0.64~15.54로 나타났다. 추가로 제시된 주요 결과는 다음과 같다.

- 도서관 전자자료 예산에 적용한 ROI는 1 : 0.64~15.5다.
- 8개국 도서관 중 6개국의 ROI가 1 : 1을 상회하였고, 북미 2개 대학은 도서관 예산과 대학 연구비 수입의 상관관계가 높았다. 다만 도서관 투자효과는 대학 목표(연구중심 또는 교육중심, 과학기술의학 또는 인문사회과학 중시) 및 경쟁자금 출처 유무에 따라 다르게 나타났다.
- 교수 설문결과, 도서관 학술자료(논문이나 저서) 인용은 연구비 신청서 1건당 평균 7.5-41.2건, 연구결과보고서 1건당 14.9-26.5건, 발표논문 1편당 22.0-42.2건으로 나타났다. 그리고 논문이나 저서 1건을 인용하기 위해 자료 18.0-40.2건을 읽었으며, 연구비를 확보한 교수가 그렇지 않은 교수보다 도서관 자료의 인용 및 독서가 더 많았다.
- 대학의 3/4(5개), 응답자의 90% 이상이 연구비 신청서를 작성할 때 도서관 학술자료 인용이 필수적이거나 매우 중요하다고 응답하였다.
- 대다수 응답자는 연구비 신청서, 연구결과보고서, 논문발표에 인용한 저서나 논문의 절반 이상을 소속 대학도서관 전자자원에서 접근·입수하였다.

이상의 경영평가 사례 외에도 디지털 네트워크 서비스와 관련된 평가 노력이 계속되고 있다. 이들을 포함한 최근 동향은 다음과 같다.

첫째, 경영평가 기조가 투입지향성(投入指向性)에서 다중복합성(多重複合性)으로 확대하고 있다. 최근 투입자원의 효율성보다 목적 대비 성과를 강조하는 사례가 방증한다. 대표적인 인물이 이도가(糸賀雅兒)인데, 그는 도서관 경영목표에 유효성 개념을 도입하여 평가의 4가지 차원을 자원확보(투입·산출자원과 대외적 확장), 목표달성(투입-산출과 자료접근), 내부효율(업무효율과 이용서비스), 이해조정(커뮤니티 적합도와 특수집단 서비스)으로 상정하였다.[42] 그리고 단기 경영목표는 투입자원 증가(투입평가), 산출자원 증가(산출평가), 경영효율 제고(과정평가)를, 장기 경영목표는 대학 연구·교육활동 기여(결과평가)를 유효성으로 간주·평가하도록 제안하였다.

둘째, 도서관은 실물소장과 디지털 접근을 병행하는 전략을 구사해야 하기 때문에 정체성을 재정립하는 차원에서 인쇄자료 위주의 투입 - 과정 - 산출지표에 전자매체 및 네트워크 서비스 지표를 반영하는 노력이 계속되고 있다. 이를 대표하는 사례가 EAL+, MINSTREL Project, DECIMAL Project, DECIDE Project, MIEL2 EQUINOX Project, ARL E-Metrics 프로젝트 등이다.

셋째, 라이선스 전자자료 및 온라인 서비스를 측정하는데 필요한 전자형 지표가 다양하게 제시되고 있다. 로그인 또는 로그인 불능 건수, 다운로드·출력·브라우징 건수, 온라인 접속시간, 메일·모바일을 이용한 참고서비스 건수, 도서관 웹사이트 방문수, 특정 DB 이용자(IP)수 또는 체류시간, 전자정보서비스 이용지도 시간 및 비율, Web DB에 대한 학내접근 대 원격접근 비율, 총예산(또는 자료예산) 대비 전자자료 입수(계약)예산 비율 등이 대표적이다.

이처럼 최근 대학도서관 경영평가는 성과평가 뿐만 아니라 라이선스 전자자료 및 디지털 서비스의 측정·평가에 집중되고 있다. 이에 따라 모든 대학도서관이 직면하는 난제는 인터넷·모바일·디지털 기반의 지식정보서비스에 대한 정성적 평가다. 경영평가는 대학도서관이 본질적 정체성과 디지털 핵심역량을 강화하기 위해 수행한 결과를 성찰하는 경영관리 수단이다. 도서관 중심과 투입-산출 위주의 평가마인드와 관행을 경영성과로 확장해야 한다. 사고와 발상의 전환, 전략적 접근이 시급하다.

 인용정보

1) Nancy A. Van House, Beth T. Weil, and Charles R. McClure, *Measuring Academic Library Performance: A Practical Approach*(Chicago: American Library Association, 1990), pp.3-4.

2) ISO, *ISO 11620: Library and Documentation: Library Performance Indicators*. 2nd ed.(Genève: ISO, 1998), p.2.

3) 윤희윤, "국내 공공도서관 경영평가의 동향과 지향성," 한국문헌정보학회지, 제43권, 제2호(2009, 6), p.34.

4) John Crawford, *Evaluation of Library and Information Services*(London: Aslib, 1996), pp.5-6 ; Library Association Information Services Group, *Guidelines for Reference and Information Services in Public Libraries*(London: Library Association Publishing, 1999), p.48.

5) Alan MacDougall, "Performance Assessment: Today's Confusion, Tomorrow's Solution," *IFLA Journal,* Vol.17, No.4(1991), pp.372-375.

6) Gashaw Kebede, "Performance Evaluation in Library and Information Systems of Developing Countries: A Study of the Literature," *Libri,* Vol.49, No.2(June 1999), pp.112-117.

7) 홍현진, 이용남, "공공도서관의 성과평가에 관한 이론적 연구," 한국문헌정보학회지, 제33권, 제2호(1999, 6), p.63.

8) 윤희윤, "대학도서관 평가지표의 다의성과 지향성," 한국도서관·정보학회, 제32권, 제3호(2001, 9), pp.91-115.

9) Bob Barnetson and Marc Cutright, "Performance Indicators as Conceptual Technologies," *Higher Education,* Vol.40(2000), p.278.

10) Shirley Baker, "ARL New Measures: Ease and Breadth of Access," 〈http://www.arl.org/stats/program/Access.pdf〉

11) King Research Ltd. *Keys to Success: Performance Indicators for Public Libraries*(London: HMSO, 1990), p.2.

12) Judith Broady-Preston and Hugh Preston, "Demonstrating Quality in Academic Libraries," *New Library World,* Vol.100, No.3(1999), p.124.

13) 慶應義塾大學文學部 圖書館·情報學科, 圖書館サ-ビスの費用と價値: カンタ-等による調査を中心として(東京: 同學科, 1997)

14) 윤희윤, "국내외 대학도서관 평가지표의 비교분석," 情報管理學會誌, 第18卷, 第3號(2001, 9), pp.239-263 ; 윤희윤, "국내 대학도서관의 평가모형 개발에 관한 연구," 한국도서관·정보학회지, 제32권, 제4호(2001, 12), pp.45-75.

15) Roswitha Poll and Peter te Boekhorst, *Measuring Quality: International Guidelines for Performance Measurement in Academic Libraries*(München: K.G. Saur, 1996), pp.41-113.

16) ISO, *ISO 11620: Information and Documentation: Library Performance Indicators,* 2nd ed., pp.10-54.

17) ISO. *ISO 11620: Information and Documentation: Library Performance Indicators,* 3rd ed.(Genève: ISO, 2014), pp.17-98 ; http://produccion-uc.bc.uc.edu.ve/programas/doc/conmuta/udo/ISO11620-2014.pdf

18) ALA/ACRL, "Standards for University Libraries: Evaluation of Performance," *C&RL News,* Vol.59(1989), pp.263-264.

19) Van House, Weil and McClure, *op. cit.,* pp.43-116.

20) HEFCE(Higher Education Funding Council for England), SHEFC(Scottish Higher Education Funding Council), HEFCW(Higher Education Funding Council for Wales), DENI(Department

of Education for Northern Ireland)다.

21) Joint Funding Councils' Libraries Review Group, *The Follett Report*(Bristol: HEFCE, 1993) 〈wysiwyg://28/http://www.cpa.ed.ac.uk/reports/follett/contents.html〉

22) Higher Education Funding Council of England, et al., *The Effective Academic Library: A Framework for Evaluating the Performance of UK Academic Libraries: A Consultative Report to the HEFCE, SHEFC, HEFCW and DENI by the Joint Funding Councils' Ad-hoc Group on Performance Indicators for Libraries*(London: HEFCE, 1995), pp.9-43.

23) 私立大學圖書館協會 自己點檢・評價手法ガイドライン作成委員會, 私立大學圖書館の自己點檢・評價手法ガイドライン(東京: 同委員會, 1999), pp.17-35.

24) 한국도서관협회 한국도서관기준특별위원회 편, 한국도서관기준(서울: 동협회, 2013), pp.137-139.

25) 교육부, 한국교육학술정보원, 2020년 대학도서관 평가 상세 안내(2020. 5).

26) 윤희윤, "대학도서관 경영규모의 경제성 연구," 한국문헌정보학회지, 제32권, 제2호(1998. 6), pp.143-167.

27) 로그-회귀분석표의 부분회귀계수(B), 즉 중다회귀방정식의 상수(bn)를 합산하여 $\Sigma bn \rangle 1$이면 규모의 비경제(규모에 대한 수확감소), $\Sigma bn \langle 1$ 이면 규모의 경제(규모에 대한 수확증가), $\Sigma bn=1$이면 규모의 경제 불변(규모에 대한 수확불변)으로 평가한다.

28) Maurice B. Line, "Access versus Ownership: How Real an Alternative Is It?" *IFLA Journal*, Vol.22, No.1(1996), p.39.

29) Paul B. Kantor, "Availability Analysis," *Journal of American Society for Information Science*, Vol.27(1979), pp.311-319.

30) F. Wilfrid Lancaster, *The Measurement and Evaluation of Library Services*(Washington, D.C.: Information Resources Press, 1977), p.50.

31) W.M. Shaw, "Longitudinal Studies of Book Availability," In *Library Effectiveness: A State of the Art. American Library Association*(New York: The Association, 1980), pp.338-349.

32) Frederick G. Kilgour, "Towards 100 Percent Availability," *Library Journal*, Vol.114(Nov. 15, 1989), pp.50-53 ; Haseeb F. Rashid, "Book Availability as a Performance Measure of a Library: An Analysis of the Effectiveness of a Health Sciences Library," *Journal of American Society for Information Science*, Vol.41(1990), pp.501-507.

33) Abdus Sattar Chaudhry and Saleh Ashoor, "Comprehensive Materials Availability Studies in Academic Libraries," *Journal of Academic Librarianship*, Vol.20, No.5-6(Nov. 1994), p.301.

34) A. Parasuraman, Leonard L. Berry, and Valarie A. Zeithaml, "SERVQUAL: A Multiple- Item Scale for Measuring Consumer Perceptions of Service Quality and Its Implications for Future Research," *Journal of Retailing*, Vol.64(Spring 1988), pp.12-40.

35) J. Joseph Cronin and Steven A. Taylor, "SERVPERF Versus SERVQUAL: Reconciling Performance-

Based and Perceptions-Minus-Expectations Measurement of Service Quality," *Journal of Marketing,* Vol.58(Jan. 1994), pp.125-131.

36) David Green, Martha Kyrillidou, *Procedures Manual: LibQUAL+®*(Washington, D.C.: Association of Research Libraries, 2012), p.11.

37) Association of Research Librarie, "2019 LibQUAL+® Survey Highlights," 〈https://www.libqual.org/documents/LibQual/publications/2019_LQ_Highlights.pdf〉 ; ARL, "LibQUAL+ 2019 Registration Now Open: Join the Global Assessment Community," 〈https://www.arl.org/news/libqual-2019-registration-now-open-join-the-global-assessment-community/〉

38) 須賀 千絵, "利用者の視点を導入した評価," 情報の科学と技術, Vol.57, No.8(2007), p.387.

39) Roger Strouse, "Demonstrating Value and Return on Investment: The Ongoing Imperative," *Information Outlook,* Vol.7, No.3(2003), pp.15-19.

40) J. Luther, "University Investment in the Library: What's the Return? A Case Study at the University of Illinois at Urbana-Champaign," *Library Connect White Paper #1*(San Diego, CA: Elsevier, 2008). 〈http://libraryconnect.elsevier.com/whitepapers/0108/lcwp010801.html〉

41) Carol Tenopir, "大学の図書館に対する投資 第II段階 助成金申請プロセスにおける図書館の価値に関する国際調査,"(2010). 〈http://japan.elsevier.com/news/lc/2010-06-whitepaper-roi2-jpn.pdf〉

42) 糸賀 雅兒, "總論: 圖書館の統計と評價," 情報の科学と技術, 第51卷, 第6號(2001), pp.313-314.

Chapter 9

경영관리 지향성

제1절 지식생태계 변용과 과제
제2절 만트라와 정체성, 그리고 핵심가치
제3절 경영관리의 미래 지향성

제9장

경영관리 지향성

제1절 지식생태계 변용과 과제

1.1 지식생태계 지형의 변화

지식정보는 다양한 생산주체와 유통경로를 거쳐 확산된다. 부언하면 지식과 정보의 생산자 및 출판사, 수집·제공기관, 사회와 이용자, 인터넷 환경 등이 거미줄처럼 연계되어 지식생태계를 구성한다. 그 가운데 교수학습 및 학술연구정보 구심체인 대학도서관의 지식생태계 지형은 〈그림 9-1〉과 같으며, 다음과 같은 변화가 계속되고 있다.

첫째, 거시적 측면에서 지식생태계에 영향을 미치는 요소는 디지털 전환(digital transformation)과 4차 산업혁명으로 대변되는 글로벌 매가트렌드의 부상이다. 이러한 추세가 학술커뮤니케이션 및 지식정보 이용행태를 변화시킴에 따라 대다수 대학도서관이 라이선스 전자자료(E-book, E-journal, Web DB)를 수용하는 데 주력하고 있다.

둘째, 장서개발 측면에서 대학 구성원이 디지털 지식정보를 선호하는 비중이 급증함에 따라 디지털 다운로드 및 아카이빙, 기관 리포지터리(institutional repository) 구축에 많은 예산과 노력을 투입하고 있다. 그런데도 디지털 회색문헌 중심의 웹장서개발은 걸음마 수준에 머물고 있다.

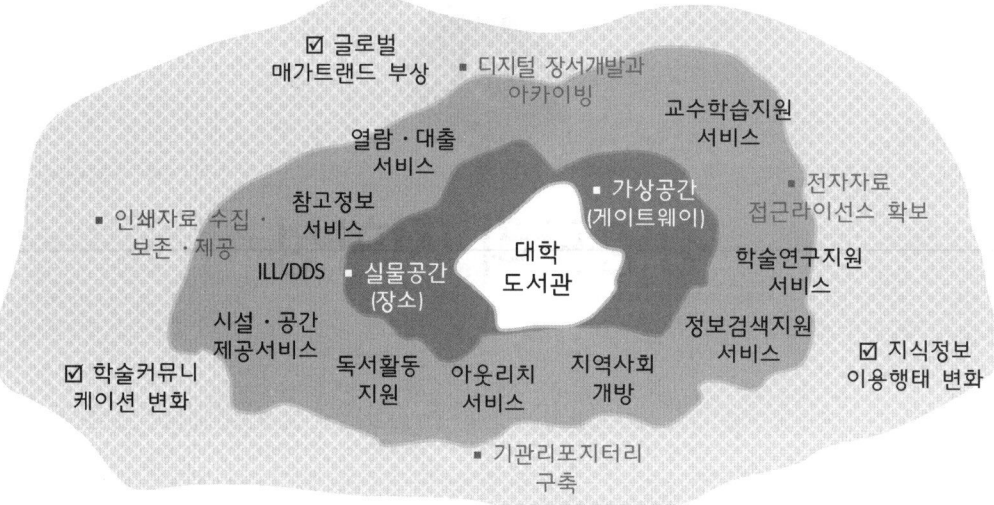

〈그림 9-1〉 지식생태계 지형의 변화와 대학도서관 역할

셋째, 지식정보서비스 측면에서는 하이브리드를 지향하고 있다. 아날로그서비스(열람·대출, 참고정보, ILL/DDS, 아웃리치, 독서활동 지원, 시설·공간 제공 등)에 디지털서비스(온라인 교수학습 지원, 학술연구 지원, 정보검색 지원 등)를 추가하여 이용자의 대학도서관 우회현상을 최소화하는데 혈안이다.

넷째, 공간적 측면에서는 실물공간, 즉 장소로서의 생태적 지위(ecological niche)가 급속히 약화되고 있다. 디지털 패러다임, 인터넷 정보유통, 모바일 이용행태 등이 보편화됨에 따라 지식정보 생태계 총아로 부상한 'Google이나 Naver' 등에 의존하는 경향이 심화되고 있다. 대학도서관은 디지털 가상공간(게이트웨이)으로서의 역할을 강화해야 할 입장에 있다.

요컨대 대학도서관 지식생태계의 미시적 스펙트럼은 수집하는 자료의 요람에서 무덤까지로 한정되지만, 거시적으로는 정보정책, 출판동향, 이용행태, 디지털 정보기술과 연계되어 있다. 이러한 지식생태계 지형에 주목하여 아날로그와 디지털, 소장과 접근, 장소와 게이트웨이 기능이 평형을 유지할 때 캠퍼스 교육학술정보서비스 구심체로 자리매김할 수 있다. 그 책임은 지식정보 분해자인 사서직에 귀속되어 있다. 하이브리드 장서개발, 이용친화형 DB 구축, 다양한 학습공간 제공, 고품질 지식정보서비스를 통해 구성원의 편익을 극대화하고 대학의 학문발전에 기여해야 한다.

1.2 지식생태계의 쟁점과 변용

1.2.1 인쇄자료(종이책) 사멸론

지난 2천년간 인류는 종이책을 중심으로 지식정보를 유통시켜 왔다. 동서와 고금을 불문하고 인류의 삶과 흔적, 기억과 지식이 내장된 종이책에는 저자의 수상(手相)과 지문(指紋)이 응축되어 있다. 신이 인간에게 선물한 천상의 매체다. 그런데 인터넷 쇼비니즘(chauvinism), 디지털 접근주의, 모바일 지상주의가 종이책의 종말을 예단하고 있다.

과연 종이책은 종식될 것인가. 디지털 예찬론과 후폭풍은 고대 그리스 신화에서 주신 제우스(Zeus)가 프로메테우스(Prometheus)에게 형벌로 내린 판도라 상자(Pandora's box)를 연상케 한다. 인터넷 정보기술이 창출하는 가상공간과 비트정보에는 그리스 아고라(agora)에 던져진 판도라 상자처럼 무수한 희망과 해악, 다양한 기대와 우려가 봉인되어 있다. 그럼에도 역사적 발전과 변용을 배제한 채 허황된 주장을 사실처럼 유포하고 있다.

그 가운데 압권이 미래학자 네그로폰테(N. Negroponte)가 주장한, 소위 '인쇄자료 사멸론(死滅論)'이다. 그가 2010년 주장한 논지는 '5년 내에 종이책 소멸이 현실화된다'는 것이었다. 현 시점에서 보면 허사다. 지구촌 종이소비 추이, 국민독서실태조사, 종이책의 휴대성·감촉성·가독성[1]·내구성·완결성·비선형성(nonlinearity) 등을 감안하면 〈그림 9-2〉와 같은 사멸론은 수긍하기 어렵다. 인류가 개발한 점토판, 파피루스, 죽간목독, 양피지 등이 대체된 것과 달리 1세기 초에 등장한 종이는 천년을 유랑하면서 대량 생산되었고 활판 인쇄술과 만나 다시 천년 동안 지구촌 지식기록 및 독서재로서의 위상을 견지하고 있다. 다만 대학도서관 입

〈그림 9-2〉 종이책의 종말

장에서는 주제별 색인지를 대표하던 「Index Medicus」가 DB인 「Medline」으로 대체되었고, 현재는 인터넷을 통해 미국립의학도서관(NLM)이 제공하는 PubMed를 이용할 수 있다. 또한 종래의 많은 인쇄학술지가 라이선스 전자잡지로 대체된 가운데 'OA Journal'까지 등장하여 부분적인 대체를 목도할 수 있다.

그럼에도 캠퍼스의 교수학습 및 학술연구를 지원해야 하는 대학도서관은 방대한 서고에 통시적 실물자료를 보존하여 학문 후속세대의 방문·이용을 보증하는 동시에 디지털 학술연구정보를 가상서고에 집적하여 원격접근·다운로드의 편의성을 제공해야 한다. 소위 아날로그와 디지털을 융합한 하이브리드 지식정보서비스 기관으로서의 정체성 강화에 주력해야 한다. 그것이 위상의 요동과 존재감 추락을 차단하는 첩경이자 정도이기 때문이다.

1.2.2 학술정보 커뮤니케이션의 변용

모든 학술정보는 유통되는 것이 상례다. 이를 함축하는 학술정보 커뮤니케이션의 사전적 개념은 '인간의 지적·창조적 활동이 타인에게 전이되는 사회적 현상'이다. 더 구체화하면 '조사연구 결과인 학술정보가 공식 및 비공식 채널로 유통·공유되고 인용·재창조되는 과정'이다.

이러한 학술정보 커뮤니케이션의 보편적 유통경로는 2가지다. 하나는 학술대회, 세미나, 강연회, 워크숍, 회의 등에서 토론하거나 정보를 교환하는 비공식적 커뮤니케이션이다. 통상 '비공식 연구집단(invisible college)'으로 회자된다. 다른 하나는 사독제(審讀制)를 적용하는 학술지 외 단행본, 연구보고서 등에 연구결과를 게재·유통시키는 공식적 커뮤니케이션이다. 여기에는 지식정보 생산자인 학자와 연구기관, 생산·유통주체인 출판계와 서점, 중간 소비자인 도서관, 그리고 최종 소비자인 이용자(사회)가 연계되어 있다.

그런데 1990년대 중반부터 인터넷과 디지털 기술을 이용한 지식정보 유통환경이 비공식 채널인 가상공간으로 급속히 이동하고 있다. 그 뿐만 아니라 디지털 정보의 가하급수적 증가로 학술정보 커뮤니케이션 구도는 매우 복잡한 양상으로 전개되고 있다. 도서관과 연계하면 〈그림 9-3〉와 같다. 18세기 후반 확립된 학술연구정보의 전통적 유통채널(저자 → 출판사 → 중개상 → 도서관 → 이용자)은 주류 경로이므로 미래에도 대학도서관 존재를 정

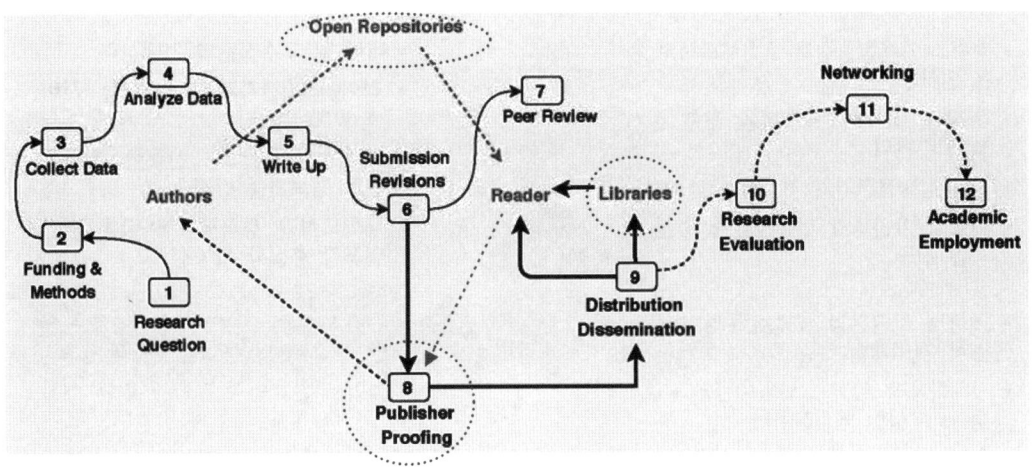

〈그림 9-3〉 학술정보 커뮤니케이션 과정(연구-출판·이용-평가)

당화할 가능성이 높다. 그럼에도 디지털 기술에 편승하여 급부상하는 디지털 유통채널은 대학도서관의 중개기능을 약화시키고 우회를 심화시키고 있다. 디지털 오픈 리포지터리나 출판사 사이트를 이용한 다운로드가 대표적이다.

이러한 접근·이용채널의 다기화는 캠퍼스 학술연구정보 구심체인 대학도서관의 입지를 약화시키고 있어 곤혹스러운 국면이 아닐 수 없다. 모든 분야에서 '지식생산 및 연구결과의 우수성은 정보접근과 유의한 상관관계가 있다'[2)]는 사실을 감안하면 이용자가 보편적 학술정보 유통경로인 대학도서관을 우회하지 않도록 경영관리, 장서개발 및 DB 구축, 라이선스 자료, 접근·이용서비스 시스템을 재구성해야 한다.

1.3 대학도서관의 한계와 과제

도서관은 하이브리드 지식정보서비스, 학습용 시설·공간(소모임, 과제수행, 세미나실 등) 제공, 다양한 지원서비스를 통해 캠퍼스 교수학습 및 학술연구를 최대한 지원해야 한다. 이러한 당위성에서 배태되는 법적 지위가 교육기본시설이고, 기능적 위상이 교육학술정보 구심체다.

그러나 최근 대학도서관 경영환경을 SWOT 분석한 〈그림 9-4〉를 보면 많은 약점과 한

- 캠퍼스 교육학술정보 구심체로서의 높은 인지도
- 누적성, 역사성, 체계성을 갖춘 장서와 보존관리
- 업무 정보전산화와 시스템 구축
- 서비스 마인드와 이용친화형 시설·공간 제공

- 대학 및 교수집단의 기대심리
- 라이선스 전자자료·디지털 서비스 확대
- 지식정보서비스의 신속한 제공을 위한 정보기술 발전
- 대학도서관 정식평가에 따른 핵심 인프라 충실화 가능성

- 내향적 조직문화, 현실안주형 행동양식, 자기개발 부실
- 시대착오적 인식 : 외화내빈(리모델링 vs 부실한 핵심장서)
- 통합검색, 연구지원 등 서비스 역량 및 디지털 마인드 부족
- 지식정보서비스 성과평가 및 외부효과 가시화 부재

- 전통적 서비스(방문이용, 대출·열람, 참고서비스 등)의 지속적 감소
- 대학 다운사이징 전략에 따른 예산·인력 축소
- 이용자의 디지털 지식정보서비스 요구 압박 증가
- 인터넷·디지털·모바일 정보이용 행태로 인한 도서관 의존도 약화

〈그림 9-4〉 국내 대학도서관 현주소 SWOT 분석

계를 내포하고 있다. 그 근원적 이유는 자료예산 및 전문인력 부족에 있지만, 내향적 조직문화·안주형 행동양식·자기개발 부실·디지털 마인드 취약도 일조하고 있다. 대다수 이용자가 온라인 및 디지털 접근을 우선하는 상황임에도 현란한 명칭을 부여한 리모델링이 유행이다. 통시적 핵심장서의 부실을 방치한 채 라이선스 전자자료를 확보하는데 목숨을 건다. 아날로그 및 디지털 자료의 통합검색기능은 부재하거나 매우 부실하다. 막대한 예산을 투입한 전자자료의 경제성 평가 및 외부효과를 입증해야 하는데 안중에 없다.

이러한 약점과 한계는 위상을 저하시키는 단초이자 존재의 위기를 경고하는 징후들이다. 어떤 전략을 구사해야 하는지는 대학도서관마다 사정이 다르기 때문에 일괄하기 어렵다. 다만, 〈그림 9-5〉와 같이 핵심 인프라(조직·인력·장서 등)가 충실한 도서관은 외부 기회를 적극 활용하는 데 내적 강점을 이용하는 **공격적 확장전략(擴張戰略, SO)**이나 외부 위협의 충격을 최소화하거나 회피하는 데 내적 강점을 이용하는 **방어적 안정전략(安定戰略, ST)**을, 핵심 인프라 및 역량이 취약한 도서관은 외부 기회를 활용하여 내부 약점을 극복하는 **국면(또는 방향) 전환전략(轉換戰略, WO)**이나 외부 위협을 최소화하는 동시에 내부 약점을 극복하는 **방어적 생존전략(生存戰略, WT)**을 선택하는 것이 바람직하다.

어떤 경영전략을 선택하든, 현 단계 대학도서관의 공통적 현안은 하이브리드 장서개발,

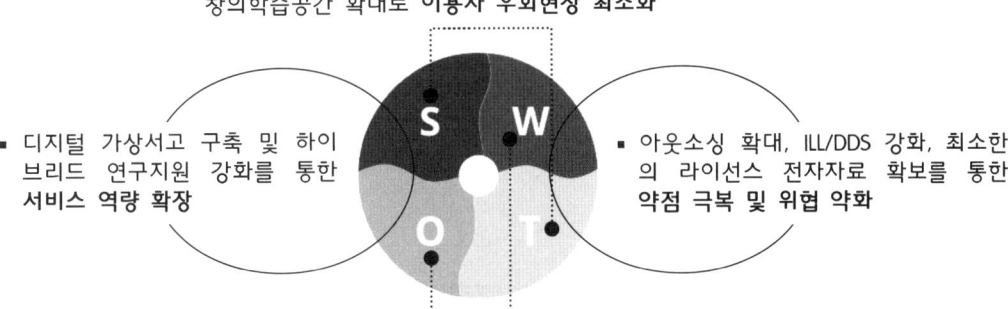

<그림 9-5> 국내 대학도서관 경영전략 선택지

디지털 지식정보서비스 강화, 경영성과의 가시적 입증으로 압축할 수 있다. 이들에 소홀한 채 리모델링, 창의학습 및 창조공간 조성, 스마트도서관 홍보, 예산증액 및 인력증원 요구, 도서관 중요성 주장 등은 어불성설이다.

첫째, 하이브리드 장서개발 충실화, 전자잡지를 비롯한 디지털 학술정보 아카이빙과 가상서고 구축, 주제게이트웨이 기능의 강화가 시급하다. 대학도서관이 캠퍼스 교수학습 및 학술연구를 지원하는 정보공유공간(information commons)으로서의 역할은 투 트랙 전략에 충실할 때 가능하다. 그 하나가 아날로그 자료의 통시적 개발과 체계적 보존관리이며, 다른 하나는 디지털 회색문헌(보고서, 회의자료, 통계·법령데이터 등)의 다운로드와 아카이빙이다.

둘째, 대학 구성원을 위한 디지털 지식정보서비스를 강화해야 한다. 이를 위한 전제조건은 디지털 장서개발, 라이선스 전자자료 최적화, 기관 리포지터리 구축 등이지만, 더욱 중요한 과제는 교수학습 및 학술연구 지원서비스로 발현되어야 한다는 점이다. 디지털 자료의 접근·이용 편의성 강화, 라이선스 전자자료의 통합적 검색기능 제공, 주제별 게이트웨이 서비스, 맞춤형 연구지원서비스 등에 주력해야 한다. 도서관은 전자자료를 계약하여 온라인 검색시스템을 제공하기 때문에 나머지는 이용자 몫이라는 구태와 관행은 일소되어야 한다.

셋째, 대학도서관은 경영성과를 가시적 데이터로 증명해야 한다. 방문자수, 연간 증가책수, 전자자료 계약종수, 대출책수, ILL/DDS 건수 등으로 중요성과 존재이유를 설명하거나 경영성과의 논거로 삼는 것은 시대착오적이다. 예컨대 연간 증가책수는 장서품질에 어떤 의미를 추가하는지, 대출책수가 학업성취도에 어떤 영향을 미치는지, 라이선스 전자자료가 학술연구에 얼마나 기여하는지 등에 대해 논증할 때 예산투자, 인력증원, 공간확충 요구가 정당화될 수 있다.

제2절 만트라와 정체성, 그리고 핵심가치

2.1 도서관의 만트라

BC 3500년경 베다 산스크리트어(Vedic Sanskrit) 만트라야(mantraya)에서 유래한 만트라(mantra)는 만(man 마음, 생각)과 트라(tra, 건너기)의 합성어다. BC 1000년 전에 학자들이 사용하였고, 베다 중기(BC 1000-500) 힌두교의 만트라는 예술과 과학에 융합되어 발전하였다.

인도 힌두교에서 본질적인 개념인 〈그림 9-6〉의 만트라는 후에 불교, 시크교, 자이나교 등에 도입되었다. 그 종교적 의미는 인간의 영적 변화를 초래하는 명상, 읊조리는 찬가, 제사(祭詞), 밀주(密呪), 주문(呪文, incantation), 다라니(陀羅尼, dharani), 광명진언(光明眞言, mantra of light) 등이다. 신자들은 만트라를 통해 우주와 교감할 수 있다는 입장이다. 여기에 브랜드를 선치시킨 브랜드 만트라(brand mantra)는 특정 브랜드의 본질과 정신을 담은 고유한 핵심가치 또는 유전자 코드다.

〈그림 9-6〉 힌두교 만트라

그렇다면 대학도서관의 강력한 브랜드인 만트라는 무엇인가. 오랫동안 대학의 심장, 이념적 중립성, 무한 신뢰성, 교육학습공간, 지식정보서비스 기관, 디지털 정보공유공간, 장소로서의 도서관 등으로 간주되었다. 그런데 최근의 지식생태계 및 학술연구 동향에 주목하면 만트라의 논의 및 재구성이 불가피하다. 2017년 핀필드(S. Pinfield) 등은 SCONUL에 제출한 「미래 학술도서관 매핑」에서 대학도서관의 잠재적 변혁에 영향을 미치는 중핵적 요소(nexuse)를 다음과 같이 제시하였다.[3] 실제로 〈표 9-1〉에 집약한 바와 같이 대학도서관 정의의 기준, 시스템과 기능, 위상과 역할에서 많은 변화가 감지되고 있다.

- 학술연구의 데이터화 : 개방화, 네트워크, 알고리즘 기반의 시스템을 포함한 대규모 데이터세트 및 디지털 가공물에 의한 학술연구 증가
- 연결형 학습 : 기술 기반의 유연한 학습으로 지원되는 새로운 교수법
- 도서관의 서비스 지향성 : 도서관의 전략적 무게중심이 장서에서 서비스로 이동
- 모호해지는 정체성 : 더 많은 협업과 신기술 개발로 인한 전문그룹과 서비스 간의 경계 와해
- 맥락적 압박의 심화 : 고등교육 및 도서관에 대한 요구를 창출하는 무수한 정치적, 경제적, 기타 압력의 등장과 작용

따라서 미래 대학도서관의 만트라, 즉 진언은 '교수학습 및 학술연구를 최대한 지원하는 지식정보서비스'다. 고색창연한 건물, 방대한 실물서고, 첨단 정보기술 기반의 창의학습공

〈표 9-1〉 대학도서관의 정체성 기준, 시스템과 기능, 위상과 역할 변화

구분	장서 기반의 도서관	서비스 기반의 도서관
정체성 기준	도서관 운영지표(장서, 공간, 대출, 참고서비스 등)	대학요구(연구지원, 학생 성공, 지역사회 개방 등)
조직적 성격	관료제(bureaucracy) : 조직의 목표가 수단을 정당화하며 계층화와 엄격한 질서를 강조함	기업형(enterprise) : 목적 및 수단이 끊임없이 변하고 재구성되는 유연성을 중시함
전문지식	주제, 과정	연구, 학습, 창조의 파트너
시스템	후선 지원업무(back office), 업무흐름	디지털 학술성과 공유 시스템
공간구성	장서를 중심으로 구성, 배치	이용자 경험을 중심으로 구성, 배치
장서개발	소장시나리오(just in case)	접근시나리오(just in time)
기능 변화	Outside-in 기능 : 학외에서 생산된 자료를 수집·정리·보존하고 학내 이용자에게 제공(외부 이용자의 접근 제한)	Inside-out 기능 : 모체기관 및 도서관에서 생산된 자료를 외부 이용자에게 개방(기관 리포지터리 강조)
위상과 역할	자료집적소(collection repositories)	정보공유공간(information commons)

간, 디지털 정보공동체 등이 아니다. 여기에 기호학적 논리를 대입하면 건물과 공간은 기표(signifiant)다. 지각하는 기호의 이미지이자 의미 운반체이고 물리적이고 현실적이다. 반면에 서비스는 기의(signifié)다. 기표에 내재된 함의로 정신적이고 추상적이지만 본질과 존재이유를 상징한다. 다시 불가(佛家)의 선문답을 적용하면 대학도서관 건물과 장서는 지식정보서비스를 위한 수단일 뿐 목적이 아니다. 해서 대학도서관의 진언은 '견지망월(見指忘月)'이 아니라 '견월망지(見月忘指)'다. 지엽(수단과 외피)보다 본질(목적과 내피)에 방점을 두어야 하기 때문이다.

2.2 상보적 정체성 확립

도서관이 학생과 교수에게 하이브리드 지식정보서비스를 극대화하려면 어떤 규범과 가치가 내재화된 정체성을 확립해야 하는가. 이에 대한 쟁점은 무수히 많고 논쟁 또한 계속되고 있다. 자주 소환되는 대립적 키워드는 건물과 서비스, 아날로그와 디지털, 접근과 소장, 이용과 보존이다. 이러한 쟁점들은 통시적 교육학술정보센터와 디지털 게이트웨이로 수렴되고 있다.

2.2.1 통시적 교육학술정보센터로서의 정체성

도서관의 웅장한 건물과 방대한 서고, 다양한 가구와 설비, 첨단 정보기술과 정보시스템, 자료와 이용자의 인터페이스는 장소로서의 정체성을 정당화한다. 그 가운데 요체는 수집·보존하는 통시적 실물장서(實物藏書)다.

그럼에도 최근 디지털 정보유통이 보편화됨에 따라 전자자료 중심의 디지털 접근패러다임이 실물자료 기반의 소장패러다임을 제압하는 모습이다. 문제는 모든 대학도서관이 접근패러다임 중심의 경영전략을 구사하면 핵심장서의 공동화(空洞化)가 불가피하고, 그에 따른 피해는 학문 후속세대에 전가될 가능성이 높다는 점이다. 여전히 디지털 아카이빙이 담보되지 않는 상황을 감안하면 디지털 추수주의는 접근·이용을 원천적으로 불가능하게 할 수도 있다.

따라서 미래 대학도서관은 〈그림 9-7〉처럼 통시적 실물장서 보고로서의 학술적 정체성을 견지해야 한다. 인쇄자료의 지속적 출판, 모든 지식정보의 디지털화 불가능, 방문이용을 통한 서가 브라우징과 원본 독서의 필요성, 지불능력이 부족한 학생을 위한 학습자료 및 정보기술 서비스, 자료이용 및 지식정보 교류에 필요한 시설·공간 제공 등이 대학도서관의 벽을 유지하는 요소로 작용한다.[4] 요컨대 대학이 존재하는 한 도서관의 토대는 화강암(花崗巖)처럼 견고한 실물공간이어야 한다. 거기서 배태되는 정체성이 실물수장 및 이용공간으로서의 교육학술정보센터다.

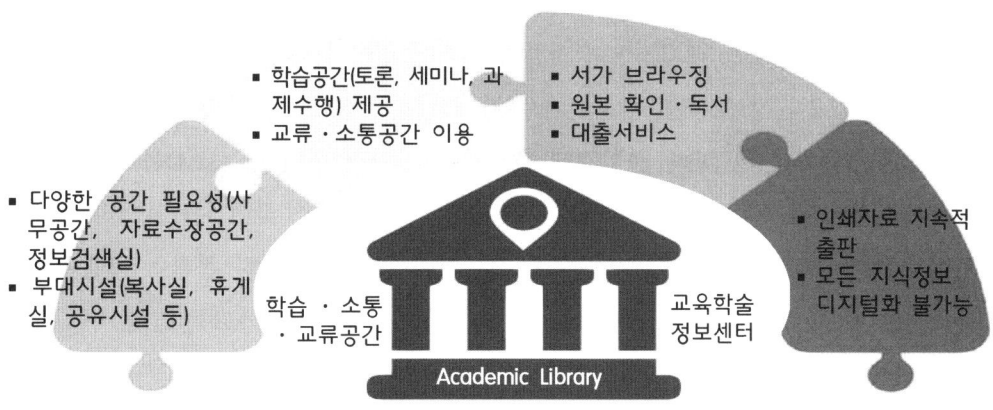

〈그림 9-7〉 교육학술정보센터로서의 대학도서관 정체성

2.2.2 디지털 게이트웨이로서의 정체성

1970년대 등장한 디지털 게이트웨이는 업무전산화, 정보네트워크 구축, 인터넷 정보유통, 전자자료 급증, 디지털 아카이빙, 온라인 접근·다운로드 등에 편승한 디지털 서비스의 아이콘이다. 관문(portal)이나 통로(passage way)를 초월하는 네트워크 기반의 접근 및 내비게이션을 강조한다.

이러한 디지털 게이트웨이가 새로운 정체성으로 부상한 배경은 모든 대학도서관이 소장 여부를 불문하고 인터넷으로 접근·입수할 수 있는 홈페이지와 웹사이트를 제공하는 데 있다. 향후 디지털 장서개발 방법 중에서 소장자료 디지털화, 인터넷 장서개발, 기관 리포지터리 구축을 확대하여 가상서고가 가동되고 통합검색이 가능하면 디지털 게이트웨이로서의 역량은 더욱 제고될 것으로 예상된다.

그럼에도 현재 국내 대학도서관에서는 디지털 정보의 집합체인 가상서고 구축이 걸음마 단계다. 그것은 디지털 아카이빙을 전제로 네트워크를 통한 접근·이용, 마스터 파일에서의 다운로드, 온라인 및 오프라인 프린팅이 가능해야 한다. 또한 기관 리포지터리는 저자 셀프아카이빙(author self-archiving)을 전제로 한다. 저자인 동시에 이용자인 대학 연구자는 생산한 논문 등의 최종본(post-print)을 연구실적물로 제출할 때 업로드하면 도서관이 일괄 다운로드하거나 도서관에 보내야 리포지터리 구축이 용이하다. 그리고 가장 많이 이용하는 라이선스 전자잡지 접근경로는 〈그림 9-8〉처럼 4가지로 대별할 수 있다.[5] 경로 A는 이용자가 개별단위 또는 패키지형 전자잡지에 직접 접근하는 것이고, 경로 B는 도서관이 주로 관리하는 2차 정보 DB를 탐색·이용하는 경우다. 경로 C는 도서관이 구축한 디지털 정보관리시스템을 통해 DB를 통합검색하는 것이고, 가장 빈번한 경로 D는 포털사이트를 이용하는 경우다. 이러한 다양한 경로는 학술연구정보서비스 극대화를 표방하는 대학도서관이 주력해야 할 게이트웨이 기능이다. 정보기술 인프라, 다양한 콘텐츠 개발·관리, 우수한 전문인력 확보 등 난제가 많음에도 디지털 가상서고를 구축하고 인터넷 사이트 및

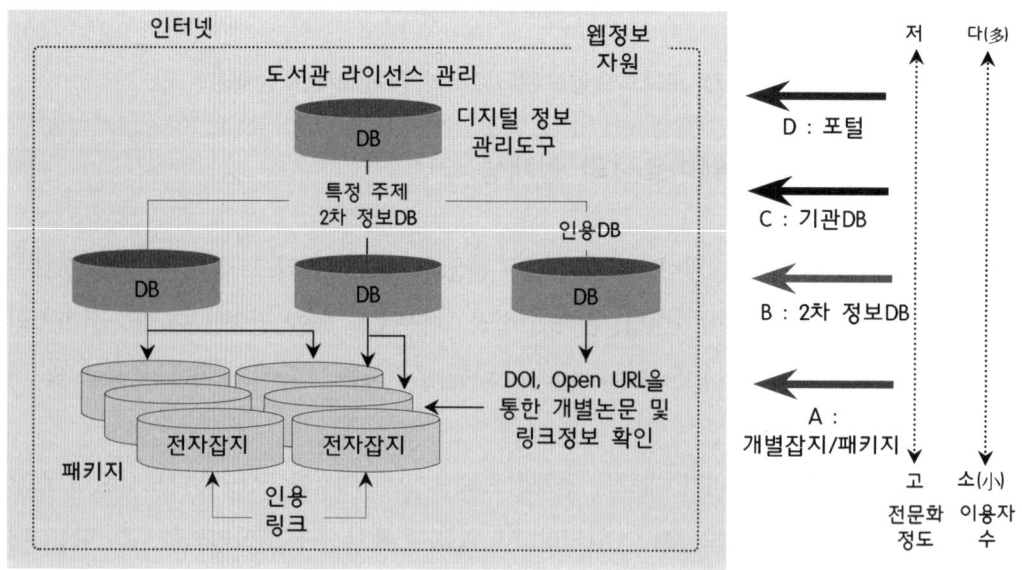

〈그림 9-8〉 대학도서관 전자잡지 접근경로

전문정보 포털사이트를 연계하는 소위 '주제별 가상서고'를 제공하지 못하면 디지털 게이트웨이로서의 정체성은 언어의 유희에 불과하다.

요컨대 대학도서관이 지향해야 할 미래적 정체성은 통시적 실물장서를 기반으로 구축된 디지털 학술연구정보 게이트웨이다. 양자를 아우르면 하이브리드 교육학술정보센터다. 다른 학내외 지식정보기관과 비교한 대학도서관의 최대 강점은 수집·보존할 가치가 높은 실물장서의 무료접근(無料接近)을 제공하는 능력이다.[6] 따라서 아날로그와 디지털을 상보성 전략으로 간주해야 하이브리드 정체성을 확립할 수 있다.

2.3 핵심가치 및 핵심역량 강화

미래 대학도서관이 '통시적 교육학술정보센터'와 '디지털 게이트웨이'를 지향해야 한다면, 기능적 측면에서의 정체성은 소장과 접근의 상보성 패러다임을 수용하는 하이브리드 도서관이다. 이러한 지향성과 정체성을 전제로 교육연구에 필요한 각종 지식정보서비스를 적시에 제공하려면 대학도서관 핵심가치를 재정립하고 핵심역량을 강화해야 한다.

2.3.1 핵심가치 및 기본원칙의 재정립

조직체 핵심가치(核心價値, core value)는 여러 환경변수와 무관하게 유지되는 본질적 가치를 말한다. 즉, '조직이 추구해야 할 본질적 내지 영구적 교리(敎理, tenet)'다.[7] 핵심가치는 조직체의 존재이유를 대변하고, 경영원칙을 규정하며, 여건변화에 적합한 정책을 수립·추진하는 논거로 작용한다.

이를 도서관에 적용한 인물은 고먼(M. Gorman)이 대표적이다. 그는 '기록문화의 보존과 배포, 정보서비스 제공, 지적 자유 수호, 프라이버시 보호, 비합리적 세력에 대항하는 합리주의, 계몽·학습의 책무, 지식정보의 무제한 접근, 민주주의 수호'를 불변의 핵심가치로 간주하였다.[8] 더 압축하면 인류의 지적·정신적 산물인 지식정보를 수집·보존·제공하여 지적 자유와 민주주의를 수호하는 것이다. 이어 인도 석학 랑가나단(S.R. Ranganathan)

<표 9-2> 사서직 신5법칙

법칙	배후 및 행간의 함의
1. 도서관은 인류에게 서비스한다. (Libraries service humanity)	도서관 서비스에 인류의 보편성(普遍性) 원칙을 적용하였다.
2. 지식이 전달되는 모든 형식을 존중하라. (Respect all forms by which knowledge is communicated)	도서관은 모든 지식매체와 전달수단을 동원하여 이용자에게 서비스를 제공해야 한다는 의미를 강조하였다.
3. 기술의 지능적 사용을 통해 서비스를 제고하라. (Use technology intelligently to enhance service)	도서관 서비스를 강화하려면 정보기술 수용과 적용이 불가피함을 피력하였다.
4. 지식에 대한 자유로운 접근을 보호하라. (Protect free access to knowledge)	모든 자료의 무차별, 무료 접근·이용을 보장해야 한다는 사회적 책임성을 명시하고 있다.
5. 과거를 존중하고 미래를 창출하라. (Honor the past and create the future)	현재는 과거의 거울이고 미래의 현재라는 관점에서 온고지신(溫故知新), 법고창신(法古創新)을 강조하는 대목이다.

이 주창한 '도서관학 5법칙'(Five Laws of Library Science)을 각색한 <표 9-2>의 '사서직 신5법칙'(Five New Laws of Librarianship)[9]은 더욱 명시적이다. 이 법칙은 이용자 서비스를 도서관 및 사서직의 기본이념으로 설정하고 수집매체 다양화, 무제한적 접근 보장, 정보기술 도입과 활용 등을 접목하였다. 금과옥조로 삼아야 할 핵심가치이자 공리다.

동일한 맥락에서 대학도서관은 정보매체 생산동향 및 유통경로, 캠퍼스 교수학습·학술연구 환경, 이용집단의 정보접근·이용행태를 주기적으로 조사하여 기본원칙을 수정·보완하거나 재정립해야 한다. 그 지향성은 다음과 같다.

첫째, 종래의 고답적 패러다임은 디지털 시대에 맞도록 재구성되어야 한다. 여전히 긴장관계에 있는 '소장(所藏) 대 접근(接近)'을 '소장과 접근'으로 전환해야 한다. 대학의 유일한 교육학술정보센터와 강력한 정보게이트웨이라는 핵심가치를 내재화하는 상보성 전략이 필수적이다.

둘째, 장서개발의 무게중심을 물량확보에서 품질중시(品質重視)로 전환해야 한다. 책수보다 종수를 강조하는 수집정책, 핵심장서 충실화 전략, 자료속성에 따른 원형보존 및 매체변형을 차별화하는 보존정책이 필요하다.

셋째, 지식정보서비스에는 이용자의 최소 노력, 직원의 최소 개입, 다양한 접근채널과 선택권 보장, 접근·검색시간 및 기회비용 최소화 등의 원칙이 적용되어야 한다.[10] 이를 위해서는 소장여부를 불문한 검색기능 제고, 인터넷 정보의 분석·가공·링크 강화, 주제별 가상서고 구축, 정보접근에서 원문입수까지의 일체성 보장 등이 필요하다.

넷째, 디지털 정보기술을 수용할 때는 인본주의(人本主義)와 경제성(經濟性)을 중시해야 한다. 인터넷 정보기술이 도구를 넘어 인간보다 강조되거나 각종 가구·설비 배치가 인간공학적이지 못하면 역기능이 양산된다. 실제 도서관의 조직환경이나 공간구성을 무시한 채 도입한 정보기술이 충분히 활용되지 못하고 교체되어 예산낭비를 초래하는 사례가 적지 않다.

2.3.2 기능제고와 핵심역량 강화

오랫동안 대학도서관은 학술정보 커뮤니케이션에서 중추신경(中樞神經)으로 간주되어 왔다. 그런데 최근 디지털 정보혁명이 토해내는 문양과 기호는 워낙 다양하여 대안을 모색하는 과정에서 대학도서관 무용론 내지 축소론이 거론되고 있다.

이러한 참을 수 없는 가벼움을 논박하려면 특히 대학이 제기하는 무수한 의문부호를 해명해야 한다. 예컨대 실물자료 수집을 계속해야 하는가, 왜 공간확충이 필요한가, 인터넷 장서개발은 도서관이 통제해야 할 영역인가 아니면 이용자 몫인가, 예산의 블랙홀로 간주되는 라이선스 전자자료의 최적 수용전략은 무엇인가, 도서관은 디지털 게이트웨이 기능을

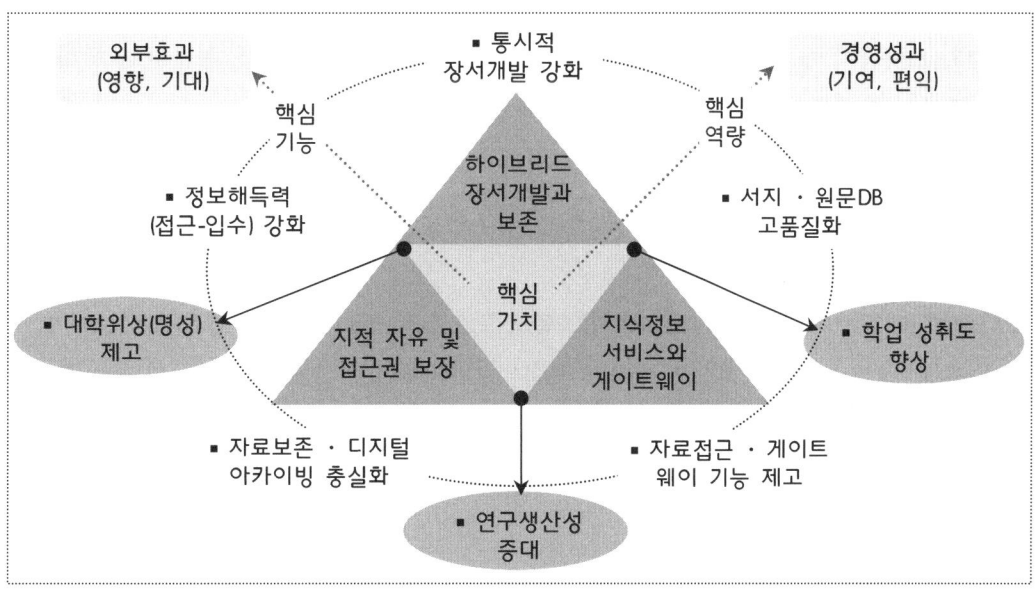

〈그림 9-9〉 대학도서관 핵심가치, 핵심역량, 경영성과(기여)의 연계성

수행하고 있는가 등이다. 모든 대답은 〈그림 9-9〉처럼 핵심가치를 바탕으로 핵심적 기능 및 역량을 강화하여 교수학습 및 학술연구 지원서비스를 극대화하는 것에서 찾아야 한다. 이를 위한 대학도서관 핵심역량 강화 및 역할제고 방안을 적시하면 다음과 같다.

첫째, 교수학습 및 학술연구에 유용한 통시적 장서개발에 주력해야 한다. 충실한 장서는 대학 및 도서관의 우수성과 정체성을 결정하는 요체다. 아무리 비트정보가 폭증하고 온라인 접근·이용의 편의성을 강조하더라도 소장패러다임에 입각한 핵심장서 개발을 포기하면 존재이유도 사라진다.

둘째, 서지·원문DB의 고품질화(高品質化)가 시급하다. 그 동안 소급자료를 포함한 목록전산화를 서두른 결과가 DB 품질의 취약성으로 표출되고 있다. 대다수가 OPAC에서 주제검색(분류기호) 기능을 제공하지만 노이즈가 심하고 신뢰성이 매우 낮다. 상용 전자자료의 라이선스 전략도 다다익선에 방점을 두고 있다. 이들이 대학도서관의 핵심역량을 약화시키는 요소다.

셋째, 자급자족형 장서구축이 신화로 전락한 이상, 디지털 정보의 게이트웨이 기능을 제고시켜야 한다. 미소장자료의 원격접근 및 원문제공서비스, 디지털 회색문헌의 다운로드 및 아카이빙, 웹정보의 게이트웨이 및 포털서비스 기능이 중요하다. 모두를 아우르는 통합검색시스템도 중요하다.

넷째, 도서관이 수집한 아날로그 자료나 디지털 파일은 이유여하를 불문하고 체계적으로 보존하고 관리해야 한다. 구성원의 현재적 이용을 지원하고 후속세대의 잠재적 접근을 보장하기 때문이다. 인쇄자료 원형보존을 위한 서고환경 통제와 탈산정책, 디지털화 등을 위한 전략적 계획과 실천과정이 필요하다. 대학도서관이 존속하는 한 계속되어야 한다. 학내의 어떤 기관도 대신할 수 없다.

다섯째, 캠퍼스의 디지털 정보해득력(情報解得力, information literacy)을 높이는데 기여해야 한다. 대학에는 정보기술을 적극 수용하는 집단이 있고 심리적 거부가 극심한 집단도 존재한다. 특히 후자의 상당수는 무관심 내지 무기력한 집단이다. 따라서 거부집단에게는 디지털 정보기술의 유용성을 인식시키고, 무관심·무기력 집단에게는 이용교육 및 지원을 강화해야 한다.

이상에서 제시한 대학도서관의 핵심역량 및 역할제고 방안이 실천력을 지닐 때, 그리고 다양한 지식정보서비스로 결실을 맺을 때 경영성과(만족, 편익)와 외부효과(영향, 기여)를 기대할 수 있다. 전자는 학업 성취도 향상, 연구생산성 증대 등 직접적 성과를 말하며, 후자는 대학의 인지도 및 위상(명성) 제고 등 간접적 기대를 의미한다.

제3절 경영관리의 미래 지향성

현재 대학도서관의 입지를 약화시키는 최대 환경변수는 인터넷·디지털·모바일 기반의 지식정보 유통이다. 이를 타개하기 위한 현안 중에서 자료구매력 저하와 전자잡지 아카이빙 문제가 소장측면의 과제라면, 디지털 정보게이트웨이 기능의 부실은 접근측면에서 시급한 과제에 해당한다. 그 외에도 사서직 위상의 추락, 정보기술 관리문제, 고비용-저효율 구조 등이 난제로 부상하고 있다. 더 이상의 추락을 막고 비상하려면 냉정한 성찰을 전제로 미래지향성을 모색할 필요가 있다.

3.1 경영관리의 성찰과 몽상

모든 도서관의 경영관리는 계획 - 실행 - 평가의 반복적 사이클이다. 그 대상은 핵심 투입지표(조직, 인사, 예산, 정보기술)에서 산출지표(다양한 서비스 데이터)와 경영성과까지 매우 포괄적이다. 따라서 국내 대학도서관 경영관리를 일괄하여 성찰하기란 쉽지 않지만, 그 대강을 반추하면 〈그림 9-10〉과 같다.

① 조직관리의 특징은 2가지로 압축할 수 있다. 하나는 다운사이징 전략에 따른 사립대 팀제도입과 국립대 조직축소이고, 다른 하나는 학내 유관기관과의 조직적 통합과 개명인데 역량을 역화시키고 있다. 포장만 바꾼 일부 사립대의 파행적 개명은 도서관의 본질적 정체성과 학술적 역할을 훼손하고 있다.

② 인력관리에서는 직원의 석박사 학위취득 지원과 유능한 인력의 중간관리직(中間管理職) 보임사례가 증가하고 있다. 또한 주제전문서비스를 강조하는 방향으로 직무분장

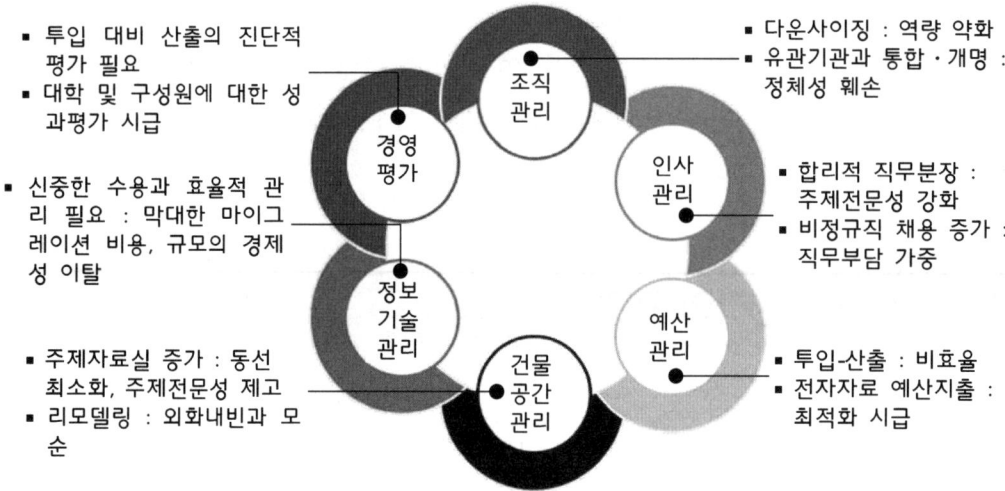

〈그림 9-10〉 국내 대학도서관 경영관리 성찰

이 이루어지는 긍정적 측면이 포착되고 있다. 그런가 하면 정규직이 권장기준에 크게 미달함에도 비정규직을 대거 채용하여 직무부담이 가중되거나 서비스 역량을 저하시키는 부작용도 도처에서 목도할 수 있다.

③ 예산관리는 라이선스 전자자료 수용에 따른 투입 대비 산출의 비효율성(非效率性)이 심각한 수준이다. 특히 패키지형 전자자료(E-journal, Web DB)는 당해 대학의 학과(전공) 특성이나 구성원의 선호도와 무관하게 확대하는 전략을 구사하여 '예산의 블랙홀'로 매도되고 있다. 경상비에 상당하는 전자자료 예산의 최적화를 위한 성과평가가 시급하다.

④ 건물 및 공간관리에서는 최근 주제자료실을 구성하는 사례가 증가하고 있다. 이용자 동선(動線)을 최소화하고, 주제전문성 제고에 기여하며, 장서개발 및 지식정보서비스가 강화된다는 측면에서 바람직하다. 그럼에도 장소로서의 기능성을 높이기 위한 리모델링과 엄청난 예산이 투입되는 RFID 시스템은 라이선스 전자자료 및 온라인 서비스 확대로 방문이용이 감소하는 상황과 대비하면 모순될 뿐만 아니라 외화내빈과 비효율을 대표한다.

⑤ 디지털 정보기술은 신중한 수용과 효율적 관리가 요구된다. 주기적인 마이그레이션에는 막대한 예산이 투입되어야 한다. 게다가 워크스테이션의 인간공학적이지 못한 배치, 규모의 경제성을 이탈하는 원문DB 확보, 테크노스트레스, OPAC 검색기능 및 이용자 인터페이스의 부실 등을 방치하는 사례가 많다.

⑥ 경영성과에 대한 평가는 전무하다. 교육부가 주관하는 정식평가는 성과평가를 위한 지표수 및 배점이 매우 적다. 전국적 및 거시적 평가도 필요하지만, 도서관마다 투입 대비 산출의 현주소를 진단·평가하고, 특히 대학 및 구성원에게 도서관이 어떻게 기여하는지를 입증해야 한다.

이처럼 작금의 대학도서관 경영관리를 가혹하게 반추하는 이유는 성찰과 계획보다 대증요법(對症療法)에 기대는 상황이 더 많음을 지적하기 위함이다. 대학도서관의 위상이 추락하는 것은 날개가 있기 때문이다. 그 날개는 관행과 현실 안주, 성찰 부재와 비효율성, 모순 등이다. 이들을 개선하지 않으면 서비스 지향적인 경영관리는 불가능하고, 그 파장은 존재가치를 더욱 약화시킬 것이다. 그럼에도 현재 대학도서관이 학생과 교수의 지식정보 욕구나 기대를 충족시키고 있는 것으로 인식한다면 이성적 사유(思)와 오성적 사유(想)가 원천적으로 배제된 몽상에 가깝다. 불편한 진실이다. 부실한 현주소를 반추하고 탈각하는 마인드가 필요하다. 도서관계는 '관행과 질서가 조직의 안정을 보장하는 반면에 파행과 혼돈은 그것을 개령한다'[11])는 평범한 진리를 각인해야 경영개혁의 주체가 될 수 있고 대학 구성원도 무한한 지식창고에서 지적 사색과 호기심을 충족시키는데 몰입할 수 있다.

3.2 경영관리의 전략적 지향성

영국 정치학자 겸 역사가, 웨일스대학 교수를 역임한 카(E.H. Carr)는 '역사란 과거와 현재의 대화다'는 명언을 남겼다. 과거는 현재를 비추는 거울이고, 현재는 미래의 좌표를 제시하는 나침반이다. 이러한 공리는 미래 대학도서관의 정체성과 경영관리 지향성을 모색하는데 유용하다.

과거에는 도서관 입구를 통과하면 카드목록함이 가장 먼저 시야에 포착되었다. 웅장한 건물, 방대한 서고, 정숙한 공간, 폐가제 운영 등이 도서관을 대변하는 이미지였다. 그렇게 애지중지하던 카드목록함은 역사의 뒤안길로 사라졌다. 현재로 눈길을 돌리면 도서분실방지시스템, 검색단말기, 정보기술로 무장한 대출대가 눈에 들어온다. 웅장한 건물과 방대한 서고에는 무게감이 더해졌으나 자료실은 개가제로 전환되었고, 개방형 공간마다 컴퓨터 워크스테이션이 배치되어 있다. 도서관을 방문하지 않아도 온라인 대출예약이 가능하고 라이선스 전자자료를 검색·다운로드할 수 있다. 심지어 도서관을 관문으로 삼지 않아도 정보검색과 입수가 가능하다. 현재 대학도서관은 아날로그와 디지털, 실물소장과 원격접근, 실물서고와 가상공간, 원형보존과 매체변형, 사서와 기술전문가, 전통적 서비스와 디지털 서비스 등이 혼재하는 공간이다.

그렇다면 미래 대학도서관은 어떤 모습일까. 과거와 현재를 조합하는 신중론은 실물장서와 대출서비스 중심의 장소적 및 공간적 정체성을 강조한다. 그것은 교육학술정보센터로서의 위상과 역할이 미래에도 지속될 것으로 예측하는 입장이다. 반면에 급진론은 인터넷을 이용한 전자자료와 디지털서비스를 중시하여 포털서비스와 게이트웨이로서의 정체성 중시한다. 그래서 도서관은 '슈퍼마켓 모형'이 아니라 '닷컴'(dot.com)으로 전환된다는 입장이다. 어느 주장이 정당한지는 누구도 확신할 수 없다. 다만, 현재 나침반이 미래 좌표를 제시한다는 역사성에 주목하면 대학도서관을 디지털 인터페이스의 대명사인 아이콘($1m^2$)으로 재단하는 것은 디지털 지상주의의 참을 수 없는 가벼움이다. 대학도서관 수레바퀴는 본질적 정체성과 시대적 패러다임을 조합하는 방향으로 굴러가야 한다. 교육학술정보센터서의 본질적 정체성이 약화되면 서고 속의 망자(亡者, 선대 지식)가 생자(生子, 현재 이용자)를 계몽할 수 없고, 사색과 지혜의 공간이 될 수 없으며, 캠퍼스 지식정보 심장으로서의 역할이 종료된다. 디지털 게이트웨이로서의 역량을 강화하지 않으면 인터넷과 모바일 시대를 역행하는 디지털 낙오자로 전락하고 이용자의 도서관 우회현상도 가속화될 것이다.

이러한 양면성을 감안하면 미래 대학도서관은 하이브리드 장서개발과 보존관리, 다양한 지식정보의 열람·대출·아웃리치서비스, 디지털 정보기술을 이용한 대면접촉 및 온라인 서비스를 병행하여 시너지효과를 극대화하는데 방점을 두어야 한다. 따라서 경영관리 무게중심은 '교육학술정보센터'로서의 위상을 제고시키는데 두되, 게이트웨이 서비스를 강화해야 한다. 부언하면 대학도서관은 본질적 정체성이 견고한 토양 위에서 다양한 지식정보 서비스가 개화되어야 한다. 이를 위한 경영관리의 전략적 지향성을 제시하면 〈그림 9-11〉과 같다.

먼저 음영부분 ❶은 대학도서관 생산성(productivity) 제고와 무관한 **현상유지(現狀維持)** 전략이다. ❷는 투입량(인력, 예산, 정보기술 등)을 늘리는 동시에 산출량(장서와 서비스)

과 경영성과(편익, 기여)를 증가시키는 **경영확대(經營擴大)** 전략이고, ❸은 현재 투입량을 유지하면서 산출량과 경영성과를 늘리는 **매출증대(賣出增大)** 전략, 즉 서비스 및 기여도 확장이다. 그리고 ❹는 투입량을 줄이되 산출량과 경영성과를 증가시키는 **경영효율

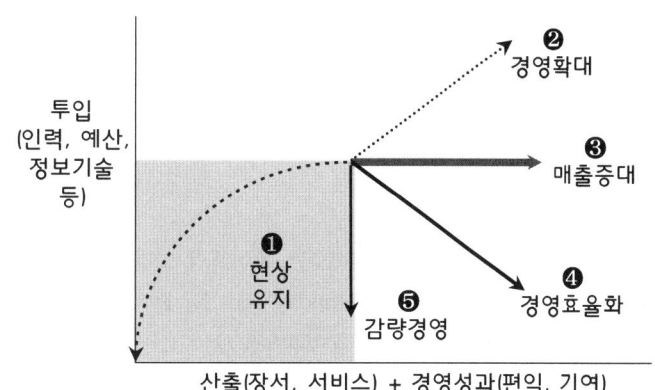

〈그림 9-11〉 대학도서관 경영관리의 전략적 선택지

화(經營效率化)** 전략이고, ❺는 현재 산출량과 경영성과를 유지하면서 투입량을 줄이는 **감량경영(減量經營)** 전략이다.

이러한 전략적 선택지에 대한 호불호는 도서관 사정과 이해집단에 따라 다르다. 통상 대학은 경영효율화, 감량경영, 매출증대의 순으로, 도서관은 경영확대, 현상유지, 매출증대의 순으로, 이용자는 매출증대, 경영확대, 현상유지의 순으로 선호하는 경향이 강하다. 대학 재정여건과 이용자 기대심리를 중시하면 경영효율화가 바람직하지만, 하이브리드 도서관으로서의 핵심역량 강화와 핵심기능 제고를 추가할 경우에는 매출증대를 미래 지향성 및 최적의 전략적 대안으로 간주해야 한다.

요컨대 과거는 현재의 거울이고 현재는 과거와 미래를 연결하는 고리다. 현재는 미래의 등대이자 자화상이다. 과거에서 현재를 발견하고 현재에서 미래의 길을 찾아야 한다. 미래 대학도서관의 만트라는 '교수학습 및 학술연구정보 지원서비스의 극대화'다. 그 길은 익숙한 포장도로가 아니라 전인미답의 미로(迷路)다. 거친 황야와 고산준령을 넘어 찾아가야 하는 북극성이다. 그래서 발심, 몽상과 반역, 견월망지(見月亡指)가 필요하다.

인용정보

1) 컴퓨터 스크린에서의 독서속도는 종이책의 그것보다 25-30% 더 느리다. (E.J. Valauskas, "Waiting for Thomas Khun: First Monday and the Evolution of Electronic Journals," 〈http://www.firstmonday.dk/issues/issues2_12/valuskas/〉)

2) Partricia Milne, "Electronic Access to Information and Its Impact on Scholarly Communication," *Information Online & On Disc 99: Strategies for the Next Millennium*(Sydney Australia, 19-21 Jan. 1999) 〈http://www.csu.edu.au/special/online99/proceedings99/305b.html〉

3) Stephen Pinfield, Andrew M Cox, & Sophie Rutter, *Mapping the Future of Academic Libraries: A Report for SCONUL*(Nov. 2017), pp.15-21.

4) S. Michalak, "Planning Academic Library Facilities: the Library Will Have Walls," *Journal of Library Administration,* Vol.20, No.2(1994), pp.92-113.

5) *Ibid*, p.95.

6) Thomas Mann, "The Importance of Books, Free Access, and Libraries as Places-and the Dangerous Inadequacy of the Information Science Paradigm," *Journal of Academic Librarianship,* Vol.27, No.4(July 2001), pp.273-274.

7) James C. Collins and Jerry L. Porras, "Building Your Company's Vision," *Harvard Business Review,* Vol.74, No.5(Sept./Oct. 1996), p.66.

8) Michael Gorman, "New Libraries, Old Values," *Australian Library Journal,* Vol.48, No.2(Feb. 1999), pp.48-51.

9) Michael Gorman, "Five New Laws of Librarianship," *American Libraries,* Vol.26, No.8(Sept. 1995), pp.784-785.

10) 윤희윤, "정보환경의 변화에 따른 도서관 정보서비스력의 제고방안," 도서관, 제52권, 제3호(1997. 가을), pp.110-112.

11) 윤희윤, "도서관 경영개혁의 동향과 반추: 조직의 통합과 팀제를 중심으로," 한국도서관·정보학회지, 제32권, 제1호(2001, 3), p.34.

색 인

국 문

ㄱ

가구 ·· 302
가변비(可變費) ································· 206
가변생산비(可變生産費) ····················· 206
가상현실 ···································· 121, 152
가우스 함수 ······································· 177
가죽가방 ·· 203
간접비(間接費) ··································· 206
감가상각비(減價償却費) ····················· 209
감량경영(減量經營) ····················· 65, 407
강등(降等) ··· 192
개가서고 ·· 306
개산방식(概算方式) ··························· 272
개인독서·연구석 ························ 19, 267
개인문고 ·· 270
개인용 독서석 ··································· 310
개인용 연구석 ··································· 310
갭이론 ··· 374
거시적 평가 ······································· 349
건축계획 ·· 243
건축구조기준 ····································· 309
건폐율(建蔽率) ··································· 261
견월망지(見月忘指) ····················· 396, 407
견지망월(見指忘月) ··························· 396
결과지표(結果指標) ···················· 352, 354
결과평가(結果評價) ··························· 345
결정계수(決定係數) ··························· 371
경독서공간(經讀書空間) ···················· 268
경력경쟁(經歷競爭) ··························· 179
경성제국대학관제 ································ 43
경영계획 ··· 53
경영관리(經營管理) ······················ 39, 403
경영진단 ·· 348
경영패러다임 ······································· 92
경영평가 ···································· 343, 368
경영합리화(經營合理化) ······················ 65
경영확대(經營擴大) ··························· 407
경영효율화(經營效率化) ···················· 407
계선·막료식(系線·幕僚式) ············· 101
계속교육 ·· 183
계층단축화(階層短縮化) ······················ 47
계통구분(系統區分) ··························· 305
계획 ·· 49, 246
계획예산제도 ····································· 230
고면 ··· 75, 399
고베대학(神戶大學) ··························· 103
고용관리(雇傭管理) ··························· 133
고전자료 ·· 270
고정비(固定費) ··································· 206
고정비용곡선 ····································· 207
고정생산비(固定生産費) ···················· 206
고층구조(高層構造) ··························· 105
공간계획 ·· 265
공간배정 ·· 275
공간배치 ·· 275
공개경쟁 ·· 179
공격적 확장전략(擴張戰略) ··············· 392
공동보존서고 ······································· 20
공동화(空洞化) ··································· 396
공리(公理) ································· 93, 119

공무원교육훈련법 ······················ 187
공무원임용령 ················ 168, 179, 194
공무원임용시험령 ······················ 181
공식예산제도(公式豫算制度) ············· 235
공식적 권리 ···························· 87
공식화(公式化) ························ 91
공유공간(共有空間) ··············· 271, 277
공인사서 ····························· 166
공정성(公正性) ······················· 134
공조(空調) ··························· 319
과업(課業) ··························· 138
과업관리(課業管理) ···················· 43
과정지표(過程指標) ··················· 353
과학적 관리 ··························· 41
과학적 논리 ··························· 44
관료적 형식주의 ······················ 120
관료제(官僚制) ·················· 42, 83
관리 ·································· 39
관리자 ································ 40
관문 ································· 397
관장실 ······························· 270
광명실(光明室) ······················· 258
광명진언(光明眞言) ··················· 394
교리(敎理) ··························· 399
교수겸직형(敎授兼職型) 관장 ··········· 149
교수용 캐럴 ·························· 267
교육기능 ······························· 9
교육기본시설 ················ 15, 68, 391
교육학술정보센터 ················ 396, 406
교육훈련 ····························· 183
구글 ·································· 32
구드 ································· 163
구조기술(構造技術) ·················· 247
국가공무원법 ························· 179
국고보조금 ··························· 226
국립정보학연구소 ······················ 27
국자감(國子監) ························ 4

국자학(國子學) ························· 4
국제표준기구 ························· 358
국학(國學) ···························· 4
굴릭 ································· 43
권한 ······························ 45, 87
규모에 대한 수확 ······················ 370
규모의 경제 ·························· 370
규모의 비경제 ························ 370
균제도 ······························· 318
균형성과표 ··························· 365
그리드 플랜 ·························· 305
근무성적평정 ························· 189
근무평정 ····························· 189
글로벌 메가트렌드 ················ 31, 291
금지·규제사인 ······················· 281
기관 리포지터리 ············ 24, 387, 398
기구정원(機構定員) ··················· 172
기능별 조직(機能別 組織) ·············· 99
기술관료 ······························ 99
기의(signifié) ······················· 396
기준(基準) ··························· 352
기타 경비 ···························· 224
기표(signifiant) ····················· 396
기호학적 논리 ························ 396

ㄴ

나고야대학(名古屋大学) ················ 259
나침반 ······························· 405
난간(欄干) ··························· 277
내구연한(耐久年限) ··················· 250
내부소음 ····························· 324
냉방장치 ····························· 322
네그로폰테 ······················ 244, 389
넬슨보고서 ··························· 293
노화곡선(老化曲線) ··················· 250
노화율(老化率) ······················· 250
능력주의(能力主義) ··················· 193

ㄷ

다라니(陀羅尼) ················· 394
다운사이징 ············ 65, 117, 403
다카야마(高山 正也) ············· 164
단기 계획(短期計劃) ·············· 55
단위비용(單位費用) ·············· 211
단위사업 ····················· 233
닷컴 ························ 406
대과형(大課型) ················· 109
대비(對比) ···················· 301
대중교육 ······················· 8
대체재(代替財) ················· 245
대출데스크 ···················· 312
대피통로 ····················· 332
대학 총경상비 ················· 222
대학 총예산 ··················· 222
대학 ························ 3, 4
대학기관인증평가 ··············· 365
대학기관평가 ·················· 349
대학도서관진흥법 시행령 ··· 175, 185
대학도서관진흥법 ··········· 22, 349
대학사료 ····················· 270
대학설립·운영규정 ·········· 15, 266
대학설립준칙주의 ················ 26
대학연구도서관부회 ············· 164
대학종합평가인증제 ········· 26, 349
대학회계 ····················· 226
데밍 ························· 51
데스크 ······················· 312
도산서원(陶山書院) ·············· 258
도서관 전문가 ················· 153
도서관법 시행령 ················ 175
도서관인 윤리선언 ·············· 168
도서관정보전문가협회 ············ 156
도서관학 5법칙 ················· 400
도서관헌장(圖書館憲章) ·········· 167
도후쿠대학(東北大學) ············ 101

동기유발(動機誘發) ··············· 50
동선계획 ····················· 279
동작치수(動作値數) ·············· 303
동종유사성(同種類似性) ······ 141, 142
디지로그 ····················· 291
디지털 게이트웨이 ··········· 24, 346
디지털 전환 ······ 17, 44, 121, 291, 387
디지털 정보공유공간 ············· 253
디지털 지상주의 ················ 406
디지털 패러다임 ················· 31

ㄹ

라몬트 도서관 ··················· 18
라이선스 전자자료 ····· 92, 218, 387, 404
라인 ························· 100
라인·스탭조직 ················· 101
라인조직 ····················· 100
랑가나단 ····················· 399
랑메드 ······················· 311
러시아 과학원 도서관 ············ 328
로그-중다회귀분석 ··············· 371
리모델링 ····················· 248
리세움 ························· 5
리커트 ························ 83

ㅁ

마르맨 ······················· 209
마스터플랜 ··················· 252
마틴 ························ 225
만병통치약 ··················· 337
만인교육 ······················· 8
만트라 ······················· 394
만트라야 ····················· 394
매출증대(賣出增大) ·············· 407
매트릭스 조직 ················· 108
맥도걸 ······················· 347
맥클러 ························ 53

멀티미디어랩	253
메가트렌드	121
메이어스	164
메이요	83
메트카프	271, 309, 306, 321, 328
면형 사인	281
명령일원화	46
명시적 비용(明示的 費用)	208
모니터	298
모듈러 플랜	305
모듈치수	306
모란	40
목적(目的)	57
목표(目標)	57
무사안일형(無事安逸型)	152
무세이온	5
문부과학성	70
문자휘도	301
문헌정보관	111
물리적 잡음(雜音)	324
미국도서관협회	143, 158
미국립의학도서관	390
미국립직업위생안전연구소	294
미국장애인법	296, 311
미시적 평가	349
민영화(民營化)	69
밀집배가(密集配架)	20, 307

ㅂ

바라타	4
박물관도서관서비스진흥기구	378
반사조명	301
반사휘광(反射輝光)	300
방어적 안정전략(安定戰略)	392
방연구획(防煙區劃)	331
배경휘도	301
배액감가상각(倍額減價償却)	209
배제성	217
배치손실률(配置損失率)	273
배치전환(配置轉換)	192
버나드	83
법학전문대학원	114
베를린대학	7
베버	42
베이	305
벽면병렬형(壁面並列型)	311
변화요인	94
보린	164
보존도서관	20
보존서고	20
복잡성(複雜性)	89
복제편목	46
볼로냐대학	6
부관장	154
부관장(분관장)실	270
부떼뜨	203
부메랑 효과	26
부문관리(部門管理)	41, 52
부문별도서관	20
부문화(部門化)	46, 88
부문화 기준	113
부분계획(部門計劃)	55
북미연구도서관협회	19, 164, 353
분관장	154
분권적 조직(分權的 組織)	105
분화(分化)	87
브라운 대학도서관	101
브랜드 만트라	394
블랙유머	173
블룸버그	332
비경합성	217
비공식 연구집단	30, 390
비례법칙	93
비블리오마니아	332

비상조명등(非常照明燈) ……………… 332
비용-편익 ……………………………… 212
비용-효과 ……………………………… 211
비용-효율 ……………………………… 212
비전 ……………………………………… 57
비전문직원(非專門職員) ……………… 170
비전문직화(非專門職化) ………… 47, 171
비휘광지대 ……………………………… 300
빌헬름 3세 ……………………………… 10

ㅅ

사독제(査讀制) ………………… 216, 390
사립대학도서관협회 …………………… 363
사립학교법시행령 ……………………… 237
사멸론 …………………………………… 389
사명 ……………………………………… 57
사무공간(事務空間) ……………… 246, 270
사무실 …………………………………… 276
사무원 …………………………………… 170
사서자격제도 …………………………… 165
사서전담형(司書專擔型) 관장 ………… 149
사서직 신5법칙 ………………………… 400
사서직렬(司書職列) …………………… 168
사서활동강령(司書活動綱領) ………… 167
사업별 예산제도 ………………………… 233
사업부제(事業部制) …………………… 101
사이몬 …………………………………… 83
사인 ……………………………………… 280
사인시스템 ……………………………… 281
사직 ……………………………………… 195
사회과학학술정보연구소 ……………… 328
사회봉사 ………………………………… 10
산정정원(算定定員) …………………… 172
산출물감가상각(産出物減價償却) …… 209
산출지표(産出指標) ………… 354, 368, 403
산출평가 ………………………………… 345
살수설비(撒水設備) …………………… 331

삼각벨트 ………………………………… 258
삼면등가(三面等價) …………………… 88
상한온도(上限溫度) …………………… 322
생존전략(生存戰略) …………………… 392
생태적 지위 …………………………… 388
서가규격 ………………………………… 303
서가밀착형(書架密着型) ……………… 311
서가병렬형(書架竝列型) ………… 311, 316
서가부착형 ……………………………… 316
서가블록형 ……………………………… 280
서가점유율(書架占有率) ………… 256, 268
서가직각형 ……………………………… 316
서고관리데스크 ………………………… 312
서고배치 ………………………………… 279
서비스 품질 …………………………… 374
선형 사인 ……………………………… 281
설비기술(設備技術) …………………… 247
성과(成果) ……………………………… 343
성과주의 예산제도 …………………… 229
성과척도 ………………………………… 353
성과측정 ………………………………… 343
성과평가 ………………………… 345, 369
성균관 …………………………………… 4
성배(聖杯) ……………………………… 357
세라피움 분관 ………………………… 20
소방시설 ………………………………… 329
소방시설법 ……………………………… 329
소요학파 ………………………………… 5
소음(騷音) ……………………………… 323
소음·진동관리법 ……………………… 323
소음·진동관리법 시행령 ……………… 325
소음방지 ………………………………… 326
소음지도 ………………………………… 327
소장패러다임 …………………………… 396
속인주의(屬人主義) …………………… 180
속직무주의(屬職務主義) ……………… 180
솔로몬의 지혜 ………………………… 153

쇼	372	아리스토텔레스	5
수도원 학교	5	아웃소싱	68
수명주기(壽命週期)	115	아카데모스	5
수용공간(受容空間)	246, 276	안내데스크	312
수직적 확대	117	안내사인	281
수평적 분화	116	안정피로	294
순면적(純面積)	271	알렉산드리아	5
순사용(純使用)	251	알렉산드리아 도서관	20
순환(循環)	51	알코브형	280
술라	5	암묵적 비용(暗默的 費用)	208
슈하트	51	암반지대(岩盤地帶)	257
스위트랜드	75	애보트	164
스탭	100	야마구치대(山口大)	117
스터디 라운지	253	양면서가	268
스털링 기념도서관	16	어윅	43
스튜어트	40	업무분석(業務分析)	138
스트로우즈	378	업무위탁	69
승급	192	업무집중형(業務集中型)	152
승진	192	에도가와대학(江戶川大學)	70
승진기준	193	에반스	40
시각기능(視力機能)	294	에치오니	164
시간지연(時間遲延)	372	엘리어트	15
시계폭(視界幅)	303, 304	엘리트교육	8
시력피로(視力疲勞)	294	여유도(餘裕度)	269
시청각자료실	270	여유폭(餘裕幅)	307
시험과목	181	연간 근무일수	211
신분자격	194	연공서열주의(年功序列主義)	193
신앙고백	332	연구도서관	19
신축	248	연속간행물실	269
신축계획	251, 254	연차증가율(年次增加率)	256
신축입지	257	열람테이블	309
실질대출밀도(實質貸出密度)	352	영국도서관협회	143, 225, 321, 345
실행계획(實行計劃)	55, 263	영기준(零基準) 예산제도	232
심리적 차폐	258	예비조사	350
		예산	203
ㅇ		예산편성(豫算編成)	203
아담스	20	오닐	13

오시로(大城 善盛) ····· 164
오픈 리포지터리 ····· 391
온습도 ····· 321
온정주의(溫情主義) ····· 193
와다(和田 幸一) ····· 164
외부소음 ····· 324
외부화 ····· 68
외부효과(外部效果) ····· 10, 345
외주(外注) ····· 68
용적율(容積率) ····· 261
우도(牛道) ····· 337
우수성(優秀性) ····· 374
우회방식(迂廻方式) ····· 334
운명공동체 ····· 193
운영 ····· 39
운영비 ····· 206
운영연구(運營研究) ····· 43
운영예산(運營豫算) ····· 204
운영핵심 ····· 99
워크스테이션 ····· 272, 291
워크스테이션 의자 ····· 297
위양(委讓) ····· 45
위키피디아 ····· 32
위탁(委託) ····· 69
윌렘스 ····· 358
윌리스 ····· 256
유능한 협상가 ····· 153
유니버설 스페이스 ····· 305
유도사인 ····· 281
유스티니아누스 대제 ····· 5
육체적 인간공학 ····· 295
윤리강령 ····· 167
의무 ····· 87
의자 ····· 309
이도가(糸賀雅兒) ····· 379
이용가능성(利用可能性) ····· 372
이용공간 ····· 246

이용서비스 ····· 99
이용행태 ····· 215
이익공동체 ····· 193
인간공학(人間工學) ····· 295
인간공학적 배치모형 ····· 296
인간공학적 체크 포인트 ····· 299
인간적 정서 ····· 44
인간중심형(人間中心型) ····· 152
인건비(人件費) ····· 205, 210
인공조명 ····· 315
인력계획 ····· 136
인력배치 ····· 50
인사계획 ····· 136
인사고과(人事考課) ····· 146, 189
인사관리 ····· 133
인사이동 ····· 191
인사평가 ····· 189
인재양성 ····· 12
인적자원계획 ····· 136
인적자원관리 ····· 134
인지적 인간공학 ····· 295
인체치수 ····· 296
인터넷 쇼비니즘 ····· 389
일괄지출예산제도 ····· 229
일리노이대학 ····· 378
일반(자유)열람실 ····· 266
일반관리(一般管理) ····· 41, 52
일반자료실 ····· 268
일본도서관정보학회 ····· 158
일본도서관협회 ····· 144
임용 ····· 182
입사각(入射角) ····· 300
입수가능성 ····· 349
입지선정 기준 ····· 257

ㅈ

자격승진제도(資格昇進制度) ····· 194

자격인정제도 … 165	전입금 … 226
자동서고시스템 … 307	전자자료 국가컨소시엄 ACE … 27
자료보존전문가 … 162	전자형 로비 … 253
자료분실 … 332	전환전략(轉換戰略) … 392
자료분실방지시스템 … 333	절충주의(折衷主義) … 194
자료비(資料費) … 205	절충형(折衷型) … 109
자본예산(資本豫算) … 204	접근가능성(接近可能性) … 372
자스트르제보스키 … 295	접근패러다임 … 396
자연광 … 315	정보검색실 … 267
자연환기(自然換氣) … 323	정보공개주의(情報公開主義) … 135
자유학문 … 5	정보공유공간 … 393
자체편목 … 46	정보기술(情報技術) … 247
자화상 … 407	정보기술 게이트웨이 … 126
잔존수명(殘存壽命) … 264	정보데스크 … 312
장방형 테이블 … 297	정보서비스 제공자 … 162
장서 … 249	정보인지율 … 313
장서개발가 … 161	정보전산실 … 271
장서신선도(藏書新鮮度) … 352	정보편린(情報片鱗) … 352
장서회전율(藏書回転率) … 352	정보포털 … 17
재정(財政) … 203	정보해득력(情報解得力) … 402
재정계획서(財政計劃書) … 203	정액감가상각(正額減價償却) … 209
저자 셀프아카이빙 … 398	정원 … 172
적산방식(積算方式) … 272	정원기준 … 175
적재적소(適材適所) … 134, 182	정점사인 … 281
적재하중(積載荷重) … 305	정책(政策) … 58
적재하중 … 309	정책정원(政策定員) … 172
적정성(適正性) … 374	제우스 … 389
전략(戰略) … 58	조도(照度) … 300
전략부문 … 99	조도기준 … 317
전략적 계획(戰略的 計劃) … 56, 59, 263	조명 … 313
전략적 계획가 … 153	조정(調整) … 50
전문사서(專門司書) … 156	조정화(調整化) … 46, 87
전문직(專門職) … 163	조직관리(組織管理) … 85
전문직원 … 156	조직관리자 … 153
전문학교령 … 43	조직구조(組織構造) … 85, 97, 112
전문화(專門化) … 46, 87	조직구조적 특성 … 94
전인주의(全人主義) … 135	조직도(組織圖) … 85

조직몰입도(職務沒入度) ········· 45
조직화(組織化) ············· 49, 84
종이 소비량 ··············· 243
종이책 ···················· 389
종합계획(綜合計劃) ············ 55
종합도서관 ················· 19
주광(晝光) ·················· 315
주문(呪文) ·················· 394
주변서고형 ················· 280
주삭 ······················ 332
주제게이트웨이 ·············· 17
주제관 ···················· 114
주제도서관 ················· 20
주제별 가상서고 ············· 399
주제별 조직(主題別 組織) ······ 101
주제전문성(主題專門性) ········ 125
주제정보 전문가 ············· 162
준가변비(準可變費) ··········· 206
준공공재 ··················· 217
준전문직원(準專門職員) ········ 170
중간라인 ··················· 99
중심부 정방형 ··············· 276
중심성 ··············· 15, 258
중앙배치형(中央配置型) ········ 311
중앙서고형(中央書庫型) ········ 280
중장기 계획(中長期 計劃) ······ 55
증개축 ···················· 262
증분식 예산 ················ 228
지방공무원임용령 ········ 168, 194
지배구조 ·················· 104
지수 ······················ 352
지식생태계 ················· 387
지식정보 게이트웨이 ········· 126
지식정보 게이트키퍼 ········· 161
지식정보공유공간 ············ 17
지원스탭 ··················· 99
지정도서실 ················· 270

지정도서제도(指定圖書制度) ····· 18
지표(指標) ·················· 352
지휘(指揮) ··················· 50
직계식(直系式) ·············· 101
직능구조(職能構造) ········ 86, 99
직무(職務) ·················· 138
직무교육 ··················· 183
직무기술서(職務記述書) ········ 146
직무단위 ··················· 141
직무명세서(職務明細書) ········ 146
직무분석(職務分析) ······ 137, 138
직무연수 ··················· 185
직무자격(職能資格) ············ 194
직무평가(職務評價) ······ 146, 190
직무표 ···················· 143
직업성 ····················· 10
직위(職位) ·················· 138
직접비(直接費) ·············· 206
진리탐구(眞理探究) ············ 12
집권적 조직(集權的 組織) ······ 104
집권화(集權化) ··············· 90

ㅊ

참고자료실 ················· 269
참여주의 ··················· 135
채용 ······················ 178
채용방식 ··················· 179
책 도둑 ··················· 332
책무(責務) ··················· 87
책임(責任) ·············· 45, 87
처리업무 ··················· 99
척도(尺度) ·················· 352
천장 격자형 ················ 316
총가변비 ··················· 206
총가변비용곡선 ·············· 207
총계주의(總計主義) ············ 213
총고정비 ··················· 206

최소 서비스 수준 ················· 376
측정(測定) ························ 343

ㅋ

카운터 ······························ 312
캐나다연구도서관협회 ··········· 159
캐럴 ································· 310
캐베데 ······························ 347
캘리포니아대학 ··················· 259
캠퍼스계획 ························ 252
캠퍼스공원 ························ 259
커리 ································ 256
컬럼비아대학 ····················· 119
컴퓨터 워크스테이션 ············ 291
컴퓨터 테이블 ···················· 296
케네디 ······························· 12
케이브 ····························· 353
켄터키대학 ························ 259
코헨 ························· 271, 309
쾌적온도(快適溫度) ············· 321
쿠사노(草野 正名) ················ 40
크래포드 ··························· 345
크러그 ····························· 299
크리스찬슨 ······················· 209
키보드 경사각 ···················· 298
키보드 높이 ······················ 298
킬고르 ····························· 373

ㅌ

탁사실라 ······························ 4
태스크 포스 ······················ 107
태학(太學) ···························· 3
테노피어 ··························· 378
테이블 ······················· 293, 309
테일러 ························· 42, 173
토교대학 부속도서관 ············· 12
토지기금대학 ····················· 164

토지증여법 ···························· 6
통과방식(通過方式) ············· 334
통솔범위 ···························· 45
통제(統制) ·························· 50
통제데스크 ······················· 312
통합(統合) ························· 87
퇴직 ································· 195
투입지표(投入指標) ····· 348, 368, 403
투자수익률 ······················· 378
투자예산(投資豫算) ············· 204
투자이익률 ······················· 378
투자회수율 ······················· 378
투자효과(投資效果) ······· 212, 378
특별채용 ·························· 179
티노퍼 ····························· 217
팀제 ································ 122
팀제조직 ··················· 109, 122

ㅍ

파괴적 기술 ······················ 337
파라수라만 ······················· 373
파리대학 ····························· 6
파킨슨 법칙 ······················ 172
판도라 상자 ······················ 389
패키지형 전자자료 ·············· 404
패키지형 전자잡지 ·············· 218
퍼시벌 ····························· 332
페이욜 ······························ 42
평가 ································ 343
평가시스템 ······················· 358
평가지표 ················ 351, 352, 354
평균가변비 ······················· 207
평균고정비 ······················· 207
평균비용(平均費用) ············· 207
평균비용곡선 ···················· 207
평균총비용 ······················· 207
평면구조(平面構造) ············· 106

평면형(平面型)	109
폐가서고	306
포이스터	59
포털사이트	399
포털서비스	406
표준서가	303, 304
표준시간	173
표준체위	267, 268
품목별 예산제도(品目別 豫算制度)	228
프라하라드	68
프로그램	58
프로메테우스	389
프로젝트	58
프로젝트 조직	107
프로젝트팀	107
프로젝트형	109
프톨레마이오스 1세	5
프톨레미 3세	20
플라톤	4
피어르	232
피터	173
피터 원리	172
픽토그램	281, 284
핀필드	395

ㅎ

하멜	68
하이브리드 지식정보공유공간	24
하청(下請)	68
하한온도(下限溫度)	322
학문성	10
학부도서관	18
학술도서관	19
학술연구정보 멘토	162
학술정보 커뮤니케이션	390
학술정보관	17, 111
학술정보원	111
학술정보처	111
학술커뮤니케이션	214
학위논문실	269
한계비용(限界費用)	208
한계수장량	268
한계수장률(限界收藏率)	256
한계업무량(限界業務量)	142
한국교육학술정보원	27, 183
한국도서관기준	176
한국도서관협회	176, 365
한국표준직업분류표	168
합리주의	193
해직	195
핵심가치(核心價値)	399
핵심역량(核心力量)	68, 121
행렬조직(行列組織)	108
행정직군(行政職群)	168
헐	173
험프리	62
현금예산(現金豫算)	204
현상유지(現狀維持)	406
혼합형 조직(混合型 組織)	103
화재	328
황금비율(黃金比率)	54
회계감사	236
회귀방정식(回歸方程式)	95, 172
회수기간(回收期間)	212
회전목마형(回轉木馬型)	293
효과성	344
효율성	344
후광효과(後光效果)	190
후방서고형(後方書庫型)	280
후지와라(藤原 祥三)	40
훔볼트	7
휘광(輝光)	295
휘도(輝度)	301
20-20 rule	299

영문

A

A Confession of Faith 332
Abbott, A. 164
Academia 5
Academic and Research Information Mentor 162
Academic library Consortia on Electronic resources 27
academic library 19
academism 10
accessibility 372
accountability 87
ACRL 164
Adams, C.F. 20
Adequacy 374
Administration 39
Akademos 5
ALA 143, 158
alcove arrangement 280
Aldrich Park 259
Annual Growth Rate 256
Aristoteles 5
ARL 19, 33, 70, 164, 218, 353, 374
Ashoor, S. 373
assistant library director 154
associate librarian 154
asthenopia fatigue 294
author self-archiving 398
authority 45, 87
availability 372
Average Cost 207
axiom 93, 119

B

Balanced Score Card 365
Barnard, C.I. 83
Bharatá 4
bibliomania 332
Blumberg, S.C. 332
Bolin, M.K. 164
Book Detection System 333
boomerang effect 26
bougette 203
brand mantra 394
brightness 301
Brown University Library 101
browsing corner 268
budget 203
budgeting 203
bureaucracy 83
by-pass method 334

C

campus plan 252
capital budget 204
carousel 293
Carr, E.H. 405
carrel 19, 310
cash budget 204
Cathedral School 5
Cave, M. 353
ceiling 172
center location 280
central parallel arrangement 280
central square 276

centrality ·· 15, 258
centralization ·· 90
centralized organization ······················ 104
Chaudhry, A.S. ······································ 373
chauvinism ·· 389
chief librarian ······································· 149
Christianson, E. ···································· 209
CILIP ································· 143, 160, 166
clerk ·· 170
cognitive egronomics ··························· 295
Cohen, A. & Cohen, E. ······················· 271
collaborative repository library ··········· 20
Collection Conservation Expert ········ 162
compact shelving ························· 20, 307
complexity ··· 89
computer workstation ·························· 291
configuration loss rate ························· 274
contracting out ······································· 69
contrast ··· 301
controlling ·· 50
coordinating ·· 50
coordination ·· 46
copy cataloging ······································ 46
core competence ···································· 68
core value ··· 399
COSPEM cycle ······································· 52
cost-benefit ··· 212
cost-effectiveness ································· 211
cost-efficiency ······································· 212
COVID-19 ······························· 49, 61, 74
Crawford, J. ·· 345
criteria ··· 352
Cronin, J.J. ·· 373
Crug, R. ··· 299
current budget ······································ 204
Curry, A. ··· 256

cycle ··· 51

D

dean of library ····································· 149
decentralized organization ·················· 105
delay time ··· 372
delegation ·· 45
Deming, W.E. ··· 51
demotion ·· 192
departmental library ······························ 20
departmentalization ································ 88
departmentation ······································ 46
deposit library ·· 20
depreciation cost ·································· 209
desired service level ··························· 376
dharani ··· 394
Diachronic Collection Developer ····· 161
differentiation ··· 87
digital gateway ······································· 24
digital information commons ············ 253
digital paradigm ····································· 31
digital transformation
 ·················· 17, 44, 121, 152, 291, 387
Direct Cost ··· 206
directing ·· 50
discharge ··· 195
diseconomies ·· 370
disruptive technology ·························· 337
Double-declining-balance of
 Depreciation ···································· 209
Downsizing, H. ······································ 65
durable years ·· 250
duty ·· 87

E

ecological niche ··································· 388

economies of scale ⋯⋯⋯⋯⋯ 370
effectiveness ⋯⋯⋯⋯⋯⋯⋯ 344
efficiency ⋯⋯⋯⋯⋯⋯⋯⋯ 344
Eliot, C.W. ⋯⋯⋯⋯⋯⋯⋯⋯ 15
elite education ⋯⋯⋯⋯⋯⋯⋯ 8
employee rating ⋯⋯⋯⋯⋯⋯ 189
employment management ⋯⋯⋯ 133
EPISTE ⋯⋯⋯⋯⋯⋯⋯⋯⋯ 62
ergonomics ⋯⋯⋯⋯⋯⋯⋯⋯ 295
Etzioni, A. ⋯⋯⋯⋯⋯⋯⋯⋯ 164
evaluation ⋯⋯⋯⋯⋯⋯⋯⋯ 343
evaluation indicator ⋯⋯⋯⋯ 352
Evans, G.E. ⋯⋯⋯⋯⋯⋯⋯ 40
exclusivity ⋯⋯⋯⋯⋯⋯⋯⋯ 217
Explicit Cost ⋯⋯⋯⋯⋯⋯⋯ 208
externality ⋯⋯⋯⋯⋯⋯⋯⋯ 345
eye fatigue ⋯⋯⋯⋯⋯⋯⋯⋯ 294

F

Fayol, H. ⋯⋯⋯⋯⋯⋯⋯⋯ 42
FCLIP ⋯⋯⋯⋯⋯⋯⋯⋯⋯ 166
Five Laws of Library Science ⋯⋯ 400
Five New Laws of Librarianship ⋯ 400
Fixed Cost ⋯⋯⋯⋯⋯⋯⋯⋯ 206
flat structure ⋯⋯⋯⋯⋯⋯⋯ 106
Follett Report ⋯⋯⋯⋯⋯⋯ 362
formalization ⋯⋯⋯⋯⋯⋯⋯ 91
Formula Budgeting System ⋯⋯ 235
full-circulating method ⋯⋯⋯ 334
functional organization ⋯⋯⋯ 99

G

gallery arrangement ⋯⋯⋯⋯ 280
Gaussian function ⋯⋯⋯⋯⋯ 177
general library ⋯⋯⋯⋯⋯⋯ 19

glare ⋯⋯⋯⋯⋯⋯⋯⋯⋯⋯ 295
goal ⋯⋯⋯⋯⋯⋯⋯⋯⋯⋯ 57
golden ratio ⋯⋯⋯⋯⋯⋯⋯ 54
Good Negotiator ⋯⋯⋯⋯⋯ 153
Goode, W.J. ⋯⋯⋯⋯⋯⋯⋯ 163
Google ⋯⋯⋯⋯⋯⋯⋯⋯⋯ 32
Gorman, M. ⋯⋯⋯⋯⋯⋯⋯ 75
grid plan ⋯⋯⋯⋯⋯⋯⋯⋯ 305
Gulick, L.G. ⋯⋯⋯⋯⋯⋯⋯ 43

H

halo effect ⋯⋯⋯⋯⋯⋯⋯⋯ 190
Hamel, G. ⋯⋯⋯⋯⋯⋯⋯⋯ 68
handrails ⋯⋯⋯⋯⋯⋯⋯⋯ 277
head librarian ⋯⋯⋯⋯⋯⋯ 149
Holy Grail ⋯⋯⋯⋯⋯⋯⋯⋯ 357
Hull, R. ⋯⋯⋯⋯⋯⋯⋯⋯⋯ 173
human factors ⋯⋯⋯⋯⋯⋯ 295
human resource management ⋯⋯ 134
human resource planning ⋯⋯ 136
Humboldt, W. ⋯⋯⋯⋯⋯⋯⋯ 7
Humphrey, A.S. ⋯⋯⋯⋯⋯⋯ 62
HVAC ⋯⋯⋯⋯⋯⋯⋯⋯⋯ 319
hybrid organization ⋯⋯⋯⋯ 103

I

IFLA ⋯⋯⋯⋯⋯⋯⋯⋯⋯⋯ 358
IMLS ⋯⋯⋯⋯⋯⋯⋯⋯⋯ 378
Implicit Cost ⋯⋯⋯⋯⋯⋯⋯ 208
incantation ⋯⋯⋯⋯⋯⋯⋯⋯ 394
incremental budget ⋯⋯⋯⋯ 228
index ⋯⋯⋯⋯⋯⋯⋯⋯⋯⋯ 352
Index Medicus ⋯⋯⋯⋯⋯⋯ 390
indicator ⋯⋯⋯⋯⋯⋯⋯⋯ 352
Indirect Cost ⋯⋯⋯⋯⋯⋯⋯ 206

individual study cubicles ············ 310
information bits ···················· 352
information commons ················ 393
information literacy ················ 402
information portal ··················· 17
Information Service Provider ········ 162
institutional repository ·········· 24, 387
integration ························· 87
invisible college ···················· 390
ISO ······························· 358
ISO 11620 ························ 359

J

Jastrzebowski, W. ··················· 295
JLA ································ 144
job ································ 138
job analysis ························ 138
job description ···················· 146
job evaluation ······················ 146
job specification ···················· 146
Journal Citation Report ·············· 217

K

Kebede G. ························ 347
Kennedy ··························· 12
KERIS ····························· 27
Kilgour, F.G. ······················· 373
knowledge and information
  commons ······················ 17, 24
Knowledge and Information
  Gatekeeper ······················ 161
KS A 3011 ························ 317

L

Lamont library ······················ 18
Land Grant Universities ············· 164

Langmead, S. ······················ 311
Law School ························ 114
LBS ······················· 228, 233, 234
less-hierarchy ······················· 47
liberal arts ·························· 5
LibQUAL+ ························· 374
library associate ···················· 170
library director ····················· 149
Library Issue Solver ················ 153
Library Professionals ················ 153
life cycle ·························· 115
lifetime ··························· 250
Likert, R. ··························· 83
line ······························· 100
line organization ···················· 100
Line-item Budgeting System ········· 228
list of duties ······················· 143
live load ··························· 305
logos ······························ 44
Lump Sum Budgeting System ········ 229
Lyceum ····························· 5

M

MacDougall, A. ···················· 347
macro-evaluation ··················· 349
management ························ 39
manpower planning ················· 136
mantra ···························· 394
mantra of light ····················· 394
mantraya ·························· 394
Marginal Cost ····················· 208
Marman, E. ······················· 209
Martin, M.S. ······················ 225
mass education ······················ 8
master plan ························ 252
matrix organization ················· 108

Mayo, E.	83
McClure, C.R.	53
MCLIP	166
measure	352
measurement	343
Medline	390
Megatrend	121
merit or competence	193
merit rating	189
Metcalf, K.D.	271
micro-evaluation	349
middle line	99
minimal service level	376
mission	57
modular plan	305
Moran, B.B.	40
Morril Act	6
motivating	50
Museion	5
Myers, D.A.	164

N

Negroponte, N.	244, 389
Nelson Report	293
net space	271
NII	27
noise	323
noise map	327
non-assignable space	271
non-professional	170
non-rivalry	217

O

objective	57
Occupied Percent of Shelves	256
OhioLINK	217
O'Neil, R.M.	13
operating budget	204
operating core	99
operation	39
operation research	43
organization	83
organization chart	85
organization management	85
organization structure	85
Organizational Manager	153
organizing	49, 84
original cataloging	46
outcome indicator	352
outcomes assessment	345
output evaluation	345
outsourcing	68

P

Pandora's box	389
paraprofessional staff	170
Parasuraman, A.	373
Parkinson, C.N.	172
Parkinson's law	172
pathos	44
payback period	212
PBBS	234
PBS	233, 234
PDCA	51, 345
Peer Review	216
perceived service level	376
Percentage of Marginal Capacity	256
Percival, B.	332
performance	343
performance evaluation	345
performance measure	353

performance measurement 343
Performance-Based Budgeting
  System 229
peripatiker 5
peripheral location 280
personal management 133
personnel planning 136
PEST 62
PESTLE 62
Peter Principle 172
Peter, L.J. 173
physical egronomics 295
pictogram 281
pilot study 350
Pinfield, S. 395
Planning Programming Budget
  System 230
planning 49
Platon 4
Poister T.H. 59
policy 58
portal 397
POSDCORB 43
POSDEM cycle 52
position 138
post-print 398
PPBS 230, 234
Prahalad, C.K. 68
privatization 69
Production Depreciation 209
profession 163
professional librarian 156
program 58, 233
Program Budgeting System 233
project organization 107
project 59, 233

Prometheus 389
promotion 192
psychological shielding 258
Ptolemaios I. Soter 5
Ptolemy III 20
public finance 203
public services 99
PubMed 390
Pyhrr, P.A. 232

R

Ranganathan, S.R. 399
rear location 280
red tapism 120
regression equation 95
research library 19
reserve book system 18
resignation 195
responsibility 45, 87
retirement 195
Return on Investment 212, 378
RFID 시스템 335, 404
RFID(Radio-Frequency Identification)
  .... 333, 335, 404
right 87
RISS 27
ROI 378
ROYGBIV 315

S

scale 352
SCONUL 395
semi-public goods 217
Semi-variable Cost 206
seniority 193
SERVPERF 373

SERVQUAL ·· 373
Shaw, W.M. ····································· 372
Shewhart Cycle ································· 51
Shewhart, W.A. ································· 51
signifiant ·· 396
signifié ··· 396
Simon, H.A. ····································· 83
SMART ··· 64
SNS ··· 32
specialization ··································· 46
staff ··· 100
staffing ··· 50
STEER ·· 62
Sterling Memorial Library ···················· 16
storage stack ···································· 20
Stowe, H.B. ··································· 332
Straight-line Depreciation ·················· 209
strategic apex ··································· 99
Strategic Planner ····························· 153
strategy ·· 58
Strouse, R. ···································· 378
Stueart, R.D. ·································· 40
subject gateway ································ 17
Subject Information Specialist ··········· 162
subject-divisional library ···················· 20
subject-divisional organization ·········· 101
subprofessional staff ························ 170
Sulla, G.M. ······································· 5
Superiority ····································· 374
support staff ···································· 99
supporting staff ······························· 170
Sweetland, J.H. ································ 75
SWOT ······································ 62, 391

T

Takshashil ··· 4

tall structure ··································· 105
task analysis ··································· 138
task ·· 138
task force ······································ 107
task management ······························ 43
Taylor, F.W. ······························ 42, 173
team-based organization ··················· 109
technical services ····························· 99
technostructure ································· 99
tenet ··· 399
Tenopir, C. ······························· 217, 378
The Book Thief ······························· 332
Total Fixed Cost ······························ 206
Total Variable Cost ·························· 206
transfer ··· 192
triangular belt ································· 258

U

Uncle Tom's Cabin ·························· 332
undergraduate library ························ 18
undesirable sound ···························· 323
unit cost ·· 211
unity of command ····························· 46
universal education ······························ 8
universal space ······························· 305
Università di Bologna ·························· 6
universitas ·· 4
university ··· 4
University at Buffalo ························ 103
university librarian ·························· 149
University of California, Irvine ········· 259
University of Kentucky ····················· 259
Urwick, L. ······································ 43

V

Variable Cost ································· 206

VDT ································ 298	Wilhelm III, F. ···················· 10
VDT Syndrome ················ 294	Willemse, J. ······················ 358
Vedic Sanskrit ··················· 394	Wisdom of Solomon ·········· 153
virtual reality ············ 121, 152	workforce plan ················· 136
vision ································· 57	Wyllys, R.E. ······················ 256
vocationalism ····················· 10	ZBB ································· 232

W · Z

wall shelving ···················· 280	Zero Based Budgeting ········ 232
Weber, M. ·························· 42	Zeus ································ 389
Wikipedia ··························· 32	zoning ····························· 305
	Zusak, M. ························· 332

지은이

저자	윤희윤(尹熙潤) 대구대학교 문헌정보학과 교수
출생	경북 청송(靑松)
학력	■ 경북대학교 도서관학과(도서관학사) ■ 경북대학교 대학원 도서관·정보학과(도서관학석사) ■ 성균관대학교 대학원 문헌정보학과(문학박사)
학내 경력	■ 대구대학교 출판부장(2000-2002) ■ 대구대학교 중앙도서관장(2010-2012) ■ 대구대학교 사회과학대학 학장 및 사회복지대학원장(2015-2016)
외부 경력	■ 한국도서관·정보학회 회장(2012-2013) ■ 한국도서관협회 회장(제26대, 2013-2015) ■ 대통령 소속 도서관정보정책위원회 위원(2007-2011, 초대 및 제2기) ■ 대통령 소속 도서관정보정책위원회 법제도개선 소위원장(2013-2015, 제4기) ■ 국립중앙도서관 자문위원회 위원장(2013-2015) ■ 서울특별시교육청 도서관정책자문위원회 위원장(2013-2015) ■ 전국도서관운영평가위원회 위원장(2014-2015)
저술 활동	■ 도서관경영경제학(공역, 경인문화사, 1995) ■ 대학도서관경영론(저서, 경인문화사, 1996) ■ 정보자료분류론(저서, 태일사, 1998) ■ 장서관리론(저서, 태일사, 1999) ■ 한국도서관기준(공저, 한국도서관협회, 2003) ■ 도서관 사서직제도 연구(저서, 태일사, 2005) ■ 디지털환경의 과학기술 정보자원 개발(공저, KISTI, 2005) ■ Libraries in Korea(공저, WLIC, 2006) ■ 공공도서관경영론(저서, 태일사, 2010) ■ 한국도서관기준(책임, 한국도서관협회, 2013) ■ 대학도서관경영론, 개정3판(저서, 태일사, 2013) ■ 도서관의 고령자서비스(공역, 태일사, 2014) ■ 공공도서관정론(저서, 태일사, 2017) ■ 도서관 지식문화사(저서, 동아시아, 2019) ■ 문명과 매체, 그리고 도서관(저서, 태일사, 2020) ■ 장서관리론, 완전개정 제4판(저서, 한국도서관협회, 2020) ■ 정보자료분류론, 완전개정 제6판(저서, 태일사, 2020) ■ 한국 공공도서관을 말한다(저서, 태일사, 2020) ■ SSCI 및 한국연구재단 학술지 논문(134편), 기타 다수

대학도서관경영론 (완전개정 제4판)

1996년 8월 30일 초판 발행
2002년 2월 28일 개정판 발행
2004년 9월 30일 완전개정 제2판 발행
2013년 3월 2일 완전개정 제3판 발행
2015년 8월 20일 완전개정 제3판 수정발행
2021년 3월 5일 완전개정 제4판 발행

지은이 _ 윤희윤
펴낸이 _ 김선태
발행처 _ 도서출판 태일사(www.taeilsa.kr)
　　　　　대구광역시 중구 2·28길 26-5(남산동)
　　　　　전화 053-255-3602 | 팩스 053-255-4374
등록일자 _ 1991. 10. 10
등록번호 _ 제 6-37호

정가 30,000원

ⓒ윤희윤 2021　　ISBN 979-11-87268-48-2　93020

이 책은 저작권법에 의해 보호를 받는 저작물이므로 동영상 제작 및
무단전재와 복제를 금합니다.